KB043361

다문화 클라이언트와 가족을 위한
사회복지실천

Multicultural Perspectives in Social Work Practice with Families, 3e, ISBN 978-8261-0829-6,
Elaine P. Congress, Manny J. González,

다문화 클라이언트와 가족을 위한

사회복지실천

Elaine P. Congress · Manny J. González 편저

김욱, 최중진, 김연수, 심우찬, 박소연, 임인걸, 박소영, 이지하, 원지영 옮김

Multicultural Perspectives in Social Work Practice with Families

사회복지 전문출판 나눔의집

차례

추천의 글

미국에서의 삶에 영향을 미치는 세계 속의 여러 변화는 그 속도가 너무 빨라서 사회복지실천의 기술 혁신과 연구 경향이 그 변화를 따라 잡기가 매우 어려울 정도이다. 지난 10년간의 급격한 변화는 미국 밖에서 벌어진 전쟁, 정부의 폭력적인 탄압, 그리고 세계 경제의 변화 등과 같은 국제적인 사건들에 의한 것이라 할 수 있고, 또 국내 상황에 의한 변화도 분명히 있다. 그러한 변화의 결과로, 새 이민자와 난민 집단이 쇠퇴해버린 대도시로 몰려드는 현상이 나타나는데, 그 이유는 그 도시들이 역사적으로 오랜 기간 외국에서 이주해 온 사람들을 받아들여 왔기 때문이다. 이렇게 새로 이주해 오는 이주민은 영어를 구사하지 못하며 유색인종인 경우가 많고, 예전에는 외국인 집단 이주에 영향을 받지 않던 시골지역으로 가기도 한다. 지난 50년간의 기술 발전은 우리가 어떻게 생각하고, 학습하며, 상호작용하는지를 바꾸어 놓았고, 미국 전역에 걸쳐 전통적인 관계와 가족 유형을 비전통적인 가족 유형, 그리고 대안적 삶의 방식으로 바꾸어 놓았다. 그래서 많은 사회복지사는 그들이 서비스를 제공해야 하는 사람들의 문화를 이해하는 데 실패하고 있다. 많은 사회복지사는 그들과는 다른 가족 유형에 대한 지식이 거의 없을 때가 많고, 이러한 가족에게 적절하게 개입하고는 싶지만, 효과적으로 개입할 실천기술과 지혜가 부족할 것이다. 변화하는 경제, 정치, 국가의 인종과 민족 특성에 적응한 결과로, 또 경우에 따라서는 부적응의 결과로 지속적으로 변화해야 하는 제도적 장치가 생겨났고, 이는 안타깝게도 우리가 마치 분열된 국가에 살고 있는 것은 아닌가 하는 생각을 종종 갖게 한다. 여기에 살고 있는 각각의 집단이 거대한 미국이라는 모자이크에 보탬이 되는 사회적, 문화적 차이를 가지고 있음을 존중하는 일은 미국이라는 국가 전체가 직면한 도전이며, 특히 서비스 제공자가 직면한 과제이다. 그리고 또 한 가지 과제는 이 나라에 살고 있는 모든 사람의 기회구조를 방해하거나, 발전시키는 경제적, 정치적, 사회적 힘에 대해 이해하는 일이다. 이 책을 신중하게 읽는다면 실천가들이 이러한 도전에 직면하는 데 도움을 줄 것이다.

이 책은 각 장이 다음 장의 기초가 되도록 구성되어 있다. 이번 개정판은 건강과 장애가 문제의 중심이 되는 가족, 그리고 성적소수자와 그 가족을 대상으로 하는 실천을 포함하도록 내용을 검토하고 실천 범위를 넓혔다. 책의 전반에 걸쳐 있는 실천 사례는 독자가 특정 문제 행동과 상황을 위한 실천 분야 내에서 개입하는 데, 혹은 분야와 분야를 넘나들면서 개입하는 데 따르는 어려움을 이해하도록 도울 것이다. 이 책은 실천 접근으로 시작하고 있고, 다양한 배경을 가진 클라이언트가 더 나은 삶의 기회를 잡을 수 있도록 사회복지실천 전문가가 도울 때 선택해야 할 윤리적인 이슈와 향후 방향성에 대한 충분한 고찰로 마무리된다. 그리고 이 책은 직접실천과 간접실천 전략과 양식을 제시하고 있다. 실천방법의 실례가 되는 것은 다음과 같다. Congress와 Kung이 쓴 "문화적으로 다양한 배경을 가진 가족의 사정과 역량강화를 위한 문화도의 활용", Ortiz Hendricks의 "유능한 문화적 접근을 위한 다문화 삼각모형: 아동, 가족, 학교를 중심으로", Abu-Ras의 "아랍계 미국인에 대한 개입", 그리고 Pardasani와 Goldkind의 "다문화 서비스를 위한 기관 관리"가 있다. 나열된 장은 독자들에게 행정적 실천을 통해 다양한 클라이언트 집단을 환영하는 환경을 조성하는 데 필요한 통찰력을 제공할 것이다.

이 책은 다양한 문화와 인종 집단의 전 생애에 걸친 사회문제의 넓은 영역을 다루고 있다. 약물중독, 가정폭력, 그리고 HIV와 함께 살아가는 가족에 대한 내용이 Hanson과 Sealy가 쓴 "문제음주자 대상 증거 위주 부부 및 가족치료: 다문화적 관점에서"라는 장에 담겨 있고, Brownell과 Ko가 쓴 "가정폭력 피해 이주여성을 위한 다문화 사회복지실천" 그리고 Moreno는 "HIV/AIDS의 영향을 받는 라틴계 가족과의 상담"이라는 장을 썼다. 또한 독자는 Joyce, Bunn과 Engstrom이 쓴 "고문 생존자를 위한 임상 사회복지"라는 장을 통해 이민자 그리고 난민자 가족에게 미치는 부정적인 영향에 대해 소개받을 것이며, 법적인 이슈에 대해서는 Chang-Muy가 쓴 "이민자와 난민들을 대상으로 한 실천에서의 법적 이슈들: 취약한 신규 이민자 공동체를 대상으로 한 임상 사회서비스 실천—여성, 청소년, 난민"에서 접하게 될 것이다.

이 책은 문화적으로 더욱 민감하고 적절한 방식으로 실천하기를 희망하는 사회복지 전문가와 복지서비스 제공자에게 좋은 출발이 되어 줄 것이다. 문화적으로 민감하고, 적절한 실천의 중요성을 인식하게 되면, 실천가는 클라이언트의 다양성을 존중하게 되며, 더 나아가 그러한 인식은 전문가로서 문화적이고 인종적이며 민족적인 다양성이 이 사회에 제공하는 풍요로움을 즐길 수 있게 한다. 이러한 내용은 Suárez와 Lewis가 쓴 "영적 · 문화적으로 다양한 가족들: 문화, 종교, 영성의 교차점"에 잘 묘사되어 있다. 이 책은 배경이 다른 사회복지실천가와 클라이언트 간 관계의 일부분으로서의 차이를 실천가가 이해하는 데 그치지 않고, 상호 존중하는 관계를 형성하는 방법을 제시하는 발판이 되어 준다. 좋은 출발로써 이 책은 앞으로 전개되는 각 장에 포함된 각각의 문제 분야와 각각의 집단에 대해 지금까지 그 어떠한 책도 도달하지 못했던 깊이 있는 탐색을 할 수 있도록 실천 전문가들에게 원동력을 제공할 수 있기를 기대해 본다. 대학원 학생이 교재로 사용한다면, 졸업과 동시에 대학원 과정에서 우리 세대는 누릴 수 없었던 새로운 지식으로 한 단계 앞선 다문화 실천 속도에 발맞춘 여행을 시작하게 될 것을 확신한다.

포드햄대학교 사회복지대학원 학장

Peter B. Vaughan, PhD

들어가며

다문화 클라이언트와 가족을 위한 사회복지실천Multicultural Perspectives in Social Work Practice with Families(제3판)은 이전 판에서 다룬 내용과 새로운 내용을 포함하고 있다. 실천가들이 문화적으로 다양한 배경을 가진 가족들과 보다 효과적으로 일하는 데 도움을 줄 수 있는 최근의 지식과 연구결과를 포함하기 위하여 이전 판의 내용을 상당 부분 개정하였다. 특히 대부분의 사례들은 새로운 것이다. 이 책의 장들 중 3분의 1은 완전히 새로운 내용으로 구성되었다. 예를 들면, 3장은 다문화 가족들을 돌보기 위한 증거기반모델evidence-based model에 초점을 두고 있고, 6장에서는 다문화 청소년들의 이슈를 다루고 있으며, 7장은 일용직 노동자들에 초점을 두고 있다. 11장은 히스패닉계 미국인, 12장은 아시아계 미국인, 13장은 북미 원주민/토착민 가족들과 일하는 내용을 다루고 있다. 그리고 17장에서는 문화적으로 다양한 가족들과 함께 일하는 데 영향을 미칠 수 있는 법적 이슈에 초점을 두고 있다.

제2판의 경우와 마찬가지로 이 책에서 '문화'는 민족, 인종, 출신국, 종교를 포함하는 포괄적인 용어로 사용되었다(Lum, 2004). 비록 종교와 인종은 문화 속에 포함된다 할지라도 사회계층class은 아니다. 실천가는 부정확한 일반화를 피하기 위해서 가족의 사회경제적 계층을 반드시 고려해야 한다. 흔히 최근 미국으로 이민 왔거나, 인종 및 사회차별의 피해를 지속적으로 입어 온 가족들은 빈곤한 사람들이다. 이 책에서 다루어진 대부분의 가족들은 빈곤하지만, 문화적으로 다양한 배경을 가진 가족들 모두가 빈곤한 것은 아니다. 문화적으로 다양한 배경을 가진 가족들을 사정할 때 임상가는 문화변용 정도, 빈곤, 억압의 역사, 언어와 예술, 인종차별과 편견, 사회정치적 요인, 자녀양육 방법, 종교, 가족구조, 삶의 가치와 태도, 그리고 도움요청행동 같은 요인들을 인식해야 한다(Lum, 2004). 임상가는 또한 가족의 기능에 영향을 미칠 수 있는 가족의 재정적 자원의 상황에 대해서도 인식해야 한다.

이 책은 문화적으로 다양한 배경을 가진 가족들을 사정하고 치료하는 데 있어서 가장 최근의 이슈들을 다루고 있다. 이 책에서 모든 이슈들을 다 다루지는 못하지만 다문화 가족들과의 실천현장에서 나타날 수 있는 가장 중요하고, 최근 부각되는 몇 가지 이슈들에 초점을 두고 있다. 이 책은 민족적이고 문화적으로 다양한 배경을 가진 그룹에 대한 효과적인 심리사회적 치료에 반드시 포함되어야 하는 다문화 실천의 세 가지 부각되는 요인들인 클라이언트의 세계관, 언어, 종교를 다루고 있다(González, 2002).

문화적으로 다양한 가족들과 함께 일을 하는 데 있어서 미시적 관점과 거시적 관점 모두 중요하다. 가족을 사정하는 것은 치료의 시작과 동시에 이루어진다. 좋은 사정은 가족의 경계, 규칙, 역할, 구조에 대한 이해를 포함한다. Olson의 자기보고 사정도구self-report assessment tool(Olson, Russell, & Sprenkle, 1989)에서는 상황적 스트레스에 대한 유연성과 응집력의 측면에서 가족의 반응을 살펴보았다. Beavers 모델(Beavers & Hampson, 1993)과 McMaster 모델(Epstein, Bishop, Ryan, Millter, & Keitner, 1993)은 가족기능을 사정하는 데 사용되어 왔다. 생태도(Hartman & Laird, 1983)는 가족과 외부자원과의 관계를 살펴보고, 가계도(McGoldrick, Gerson, & Schallenberg, 1999)는 실천가가 현재와 과거 모두의 가족관계를 더 잘 이해하는 데 도움을 준다.

기존의 가족사정도구가 문화적으로 다양한 배경을 가진 가족을 이해하는 데 초점을 두지는 못했기 때문에 문화도culturagram가 만들어졌고(Congress, 1994), 이후 개정되었다(Congress, 2002; Congress, 2008). 이 책의 1장에서는 사정과 치료 계획양식으로서 문화도를 살펴본다. 저자인 Congress 박사와 Kung 박사는 문화도의 다양한 부분과 문화도가 어떻게 사정에 활용되는지를 설명하기 위하여 오랜 교육과 실천경험으로부터 나온 임상적 예시들을 사용하였다.

클라이언트를 집단 혹은 가족치료로 만날지에 대한 의사결정을 우리는 어떻게 내려야 하는가? 2장은 집단실천과 가족실천의 유사점과 차이점을 살펴보는 데 초점을 두었다. Congress박사와 Lynn박사는 가족과 집단실천의 중요한 원칙을 설명하기 위해서 성인자녀를 둔 서부 아프리카계 가족의 사례를 통하여 이러한 이슈들을 논의하였다.

문화적으로 다양한 가족들과 함께 일하는 데 있어서 가장 효과적인 치료방법은 무엇인가? 다양한 치료 모델의 사용을 지지하는 증거는 사회서비스 전달에 있어서 중요하게 여겨진다(Gambrill, 2010). 3장에서 González 박사는 다문화 가족에 대한 특정한 개입방법의 사용을 지지하는 증거기반실천evidence-based practice에 대해 살펴보았다. 문화적으로 적절한 인지행동치료cognitive-behavioral therapy는 민족적, 인종적으로 다양한 배경을 가진 클라이언트를 위한 증거기반 치료의 예로 강조되었다.

많은 사람들은 가족문제로 도움을 청하고, 가족서비스기관이나 정신건강 기관들을 찾는다. 만일 기관의 상황이 고려되지 않는다면 아무리 숙련된 임상실천가라 할지라도 가족 계약, 사정, 그리고 개입을 성공하기 어렵다. 예를 들어, Green(1999)은 다문화 기술과 지식은 정신사회적 보호를 담당하는 개별서비스 제공자만을 위한 것이 아니라고 언급하였다. 보호제공자들이 고용되어 있는 사회적 시스템인 휴먼서비스기관 또한 문화적으로 유능한 임상서비스를 제공하기 위해 노력해야 한다. 4장에서 Pardasani 박사와 Goldkind 박사는 실천현장에서 실천가와 행정가들이 어떻게 문화적 유능감을 유지할 수 있을 것인지에 대해 소개하였다. 그들은 기관지도자들이 지속적으로 이사진, 행정가, 직원, 정책, 그리고 프로그램 같은 모든 수준 또는 분야의 문화적 유능감을 사정해야 한다고 제안한다. 그들은 현장에서 일어나는 다양한 문화적 배경을 가진 사람이나 그룹에 대한 부정적 인식과 상황에 대해서 관심을 가지고, 그러한 문제를 어떻게 해결해 나갈 것인지를 다루고 있다.

이 책의 두 번째 섹션에서는 전 생애주기에 걸쳐 다양한 배경을 가진 가족들과 함께 일하는 데에 초점을 두었다. 학교는 매우 다른 문화를 가진 아동들이 교류하고 배우는 주된 장소이다. 5장에서 Ortiz Hendricks 박사는 아동, 가족, 학교의 다문화적 삼각관계에 대해 살펴보았다. 그녀는 학교시스템 안에서 아동 및 그 가족들과 보다 효과적으로 일하기 위한 다른 문화에 대한 이해의 필요성을 강조하였다. 그녀는 사회복지사들이 그들 자신의 문화적 배경을 잘 이해하고, 문화적으로 다양한 배경을 가진 아동과 가족들과 일하는 데 있어서 문화적으로 유능한 기준을 적용해야 할 필요성에 대해 논의하였다.

청소년기는 이민자 가족들에게 있어서 종종 도전이 요구되는 시기로 특히 청소년들은 미국화되기를 열망하고, 부모들은 그들의 이민 전 국가의 풍습을 더욱 고수하고자 할 때 그러하다. 6장에서 Aymer 박사는 다문화 청소년들과 일하는 데 있어서의 특별한 도전에 대해 논의하였다.

이번 개정판에 중요하게 새로 추가된 부분은 일용직 근로자의 정책과 실천적 이슈에 초점을 두고 Acevedo 박사와 Perez 박사가 쓴 7장이다. 이 인구집단은 매우 취약하고 종종 착취당하지만 이전의 사회복지 문헌들에서는 거의 논의되지 않았다. 사회복지적 개입뿐만 아니라 법적 개입이 이 인구집단과 함께 일하는 데 필요할 수 있다.

전 세계적으로 그리고 미국에서도 노인인구는 증가하고 있다. 노인들은 매우 다양한 문화적 배경을 가지고 있다. 8장에서 Gutheil 박사와 Heyman 박사는 다양한 문화적 배경을 가진 노인들과의 사회복지실천에 있어서 중요한 이슈들을 지적하였다. 이 장에서는 노인과 그 가족과 함께 일하는 데 있어서 다양한 배경을 가진 노인인구 사이에서의 건강 차이, 중요한 사정 이슈, 서비스 이용, 그리고 치료접근방법에 대해서 살펴보았다. 사회복지사가 다양한 문화적 배경을 가진 노인 클라이언트와 그들의 가족을 이해하고, 함께 일할 필요성을 사례를 들어 설명하였다.

조부모가 손자녀를 돌보는 것은 증가하는 현상인데, 특히 유색인종 집단 사이에서 증가하고 있다. 9장에서 Cox 박사는 문화적으로 다양한 배경을 가진 조부모들을 지지하고 힘을 증진시키기 위한 역량강화 훈련 프로그램의 매우 성공적인 사용에 대해 기술하였다.

'아프리카계 미국인 가족들과 일하기 위한 아프리카 중심적 접근'으로서 Aymer 박사가 쓴 10장은 미국에 거주하는 아프리카계 미국인들의 역사적 배경과 그들이 겪은 인종차별에 대해 다루었다. 아프리카 중심적 체계 적용의 중요성, 언어의 사용, 영성, 가족 관계, 그리고 정신건강에 대한 신념 모두 이 장에서 다룬다.

이 책의 공동편저자인 González 박사와 Acevedo 박사는 11장에서 라틴계 가족들과 함께 일하는 데 있어서의 임상적 이슈들을 살펴보았다. 히스패닉계/라틴계는 미국에서 가장 빠른 인구 증가를 보여주는 다양한 배경을 가진 소수민족 집단이기 때문에 새롭게 집필된 이 장은 특히 시의적절하다. 저자들은 히스패닉계의 다양한 국가적 배경뿐만 아니라, 친절simpatiá, 대인지향적personalismo, 가족지향적familismo, 신뢰confianza, 존경respecto 같은 중요한 문화적 성격, 그리고 여성의 자기희생성marianismo과 남성의 자존감 및 책임감machismo 같은 젠더역할에 대해서도 살펴보았다. 또한 히스패닉계/라틴계의 종교와 영성의 중요성도 강조되었다. 이 새로운 11장은 증가하는 히스패닉계/라틴계 인구와 함께 일하는 임상실천에서 활용하기 위한 전략으로 마무리하고 있다.

아시아계 미국인 가족들의 수는 급격하게 증가하고 있고, 12장에서 Chung 박사는 아시아계 가족들과 함께 일하는 데 영향을 미칠 수 있는 임상적 사정과 치료와 관련된 이슈들을 살펴보았다. Chung 박사는 세대 간 갈등, 아시아계 미국인 가족과 함께 일하는 데 있어서의 도전, 문화적으로 적절한 개입 같은 시의적절한 이슈를 다루고 있다.

이 책을 준비하는 데 있어서 편저자들은 원주민 같은 고유의 미국인first Americans을 포함시키지 않았음을 인식하게 되었다. 몇 세기에 걸쳐 많은 북미 원주민들이 질병과 전쟁으로 목숨을 잃었고, 이제는 도시에서 흔히 볼 수 없게 되었기 때문에, 현재 미국 내 북미 원주민은 전체 인구의 단지 1% 정도만을 차지하고 있다. 13장에서 Lakota 부족 출신의 사회복지교육자인 Weaver 박사는 트라우마와 억압이 어떻게 북미 원주민들의 경제적, 사회적, 그리고 심리적 안녕에 부정적으로 영향을 미쳤는지를 살펴보았다. 북미 원주민 가족들의 정신mind, 신체body, 영혼spirit, 마음heart이라는 치유의 바퀴medicine wheel를 이해하는 것의 중요성은 이들 가족들에게 문화적으로 민감한 서비스를 제공하는 임상가의 능력을 증진시킨다.

이 책에 추가된 흥미로운 부분은 Abu-Ras 박사의 아랍계 미국인 가족에 초점을 둔 14장이다. 이 증가하고 있는 이민자 그룹은 특히 미국 9.11테러 이후 빈번하게 오해를 받아왔다. 실천가들은 아랍 국가들 사이의 차이점과 아랍인들의 종교적 배경, 그들의 심리사회적 욕구, 정신건강에 대한 태도, 가족 관계, 치료에 있어서의 이슈에 대해서 더욱 잘 배울 수 있을 것이다.

15장에서 Mallon 박사는 게이와 레즈비언이 가족 내에서 직면하는 이슈들을 다루고 있다. 게이와 레즈비언의 심리사회적 욕구와 위험, 이들과 일을 하는 데 있어서의 임상적 이슈, 이들과 일을 하는 데 필요한 조언 등을 살펴보았다.

Suárez 박사와 Lewis 박사는 16장에서 문화적으로 다양한 배경을 가진 가족에 있어서 영성spirituality의 역할에 대해서 설명하였다. 미국의 전반적 종교적 동향뿐만 아니라 종교와 영성 사이의 차이점이 강조되었다. 이 장은 문화와 종교적 관점 사이의 상호연관성에 초점을 두었고, 그러한 관점들이 심리적 그리고 대인관계적 행동에 영향을 미치는지를 살펴보았다. 종교적 신념과 영성을 중요시하는 문화적으로 다양한 배경을 가진 가족과 함께 일하는 실천적 함의로 이 장을 마무리하였다.

많은 문화적으로 다양한 배경을 가진 가족들은 시민권자로부터 "영주권자 green card holder"나 "서류 미비자undocumented"와 같은 다양한 사회적 지위를 가진 구성원들로 이루어진다. 17장에서 법학 교수인 Fernando Chang-Muy는 우리가 서비스를 제공하는 클라이언트의 복잡한 법적 지위에 대해서 알기 쉽게 설명하고 있다. 이 장은 여성, 아동, 난민 같은 세 가지의 신규 이민자 그룹에 초점을 두면서 이민 관련 정책과 법에 대해 살펴보았다. 이민 온 클라이언트와 그 가족의 권리를 옹호하기 위해 사회복지사가 변호사와 함께 일할 수 있는 방법들을 논의하였다.

합법적 이민자, 난민, 서류미비 이민자 등 미국으로 이주해 오는 최근 이민자들이 González, Rosenberg, Rosenberg 박사들이 쓴 18장의 초점이다. 또한 이 장에서는 그들의 정신건강 욕구, 서비스의 접근성, 사회복지실천을 위한 함의를 살펴보았다. 비록 이민자와 난민들은 우울과 트라우마적 스트레스와 같은 심리적 문제로 인해 위험이 증가하게 될 가능성은 높지만, 치료를 적게 받을 가능성이 많다. 그 이유는 그들의 경제적 어려움, 문화적으로 유능한 서비스에 대한 접근성 결여, 정신건강치료를 받는 데 대한 고유한 문화적 저항감, 그리고 정부기관에 대한 일반적인 불신 때문이다. 정확한 사정과 문화적으로 민감한 개입의 중요성이 사례를 통해 제시되었다.

19장은 고문으로부터 생존한 클라이언트를 돕기 위한 임상실천에 초점을 둔 새로운 장이다. 이 주제는 출신국과 이주과정에서 고문을 경험한 후 미국으로 이주하는 난민들의 수가 증가하고 있어 특히 중요하다. 어떤 사람들은 미국으로 이주해 온 후 망명자 지위를 신청하기도 한다. Marianne Joyce, Mary Bunn과 David Engstrom 박사는 고문생존자의 임상사정과 치료이슈를 다루기 위해서 포괄적인 접근을 사용해 왔다.

비록 10년 전에 비해 지금은 HIV/AIDS를 보다 잘 치료할 수 있게 되었지만, HIV/AIDS에 걸린 개인과 가족 모두에게 HIV/AIDS는 여전히 큰 어려움을 준다. 20장에서 Moreno 박사는 라틴계 사람들, 특히 여성과 LGBT레즈비언, 게이, 양성애자, 트랜스젠더들에 대한 낙인과 치료이슈들을 살펴보았다. 이 장은 HIV/AIDS로 영향을 받고 있는 라틴계 사람과 그들의 가족들과 함께 일하는 데 도움이 되는 개입방법에 대한 논의로 마무리하였다.

증거기반치료는 최근의 주요한 치료방법 중 하나이다. 21장에서 Hanson 박사와 Sealy 박사는 문제 있는 음주자들의 효과적인 결혼과 가족치료에 대한 최근의 연구들을 살펴보았다. 증거기반실천의 관점을 적용하기 위해서 저자들은 알코올중독자인 푸에르토리코 가족의 사례를 들어 이 접근방법이 어떻게 치료와 연관되고 치료를 촉진하는 데 사용될 수 있는지 제시하였다.

문화적으로 다양한 배경을 가진 가족들에 있어서 가정폭력은 특별한 문제를 야기한다. 22장에서 Brownell 박사와 Ko 박사는 폭력에 직면한 다수의 문화적으로 다양한 배경을 가진 여성들이 도움의 필요성을 인식하는 데 있어서 그리고 서비스를 구하고 받는 데 있어서의 특별한 욕구와 도전에 대해 논의하였다. 서류미비여성non-documented women의 특별한 어려움과 라틴계, 아시아계, 동남아시아계의 매 맞는 여성들의 특별한 이슈들도 논의되었다. 문화적으로 다양한 배경을 가진 매 맞는 여성들의 발견과 치료에 영향을 미칠 수 있는 정책과 다양한 치료방법에 대한 논의로 이 장을 마무리하였다.

라틴계는 미국에서 가장 빠르게 증가하고 있는 그룹이고, 2050년에 이르면 청소년의 25%는 히스패닉 배경을 갖게 될 전망이다. 최근 관심은 라틴계 여자 청소년들의 자살 시도가 증가하고 있다는 점이다. 23장에서 Alonzo 박사와 Gearing 박사는 라틴계 여자 청소년과 그들의 가족들을 보호하고 개입하기 위한 전략을 설명하고 있다. 치료방법은 사례를 통해 제시되고 있다.

이 책의 마지막 장에서 Congress 박사는 가족치료에 있어서 윤리적 이슈와 동향에 대해서 살펴보았다. 여러 가지 이유에서 가족치료는 종종 가장 많은 윤리적 도전을 야기한다. 문화적으로 다양한 배경을 가진 가족에게 있어서 역전이, 비밀보장, 자기결정, 가치 차이와 같은 이슈가 논의되었다. 증거기반실천은 가족치료의 과정에 영향을 미치는 중요한 최근의 경향이다. 클라이언트와 그들 치료가의 다양성의 증가는 가족을 대상으로 하는 임상실천현장의 미래에 영향을 미칠 것이다.

참고문헌

Beavers, W. R., & Hampson, R. B. (1993). Measuring family competence: The Beavers system model. In F. Walsh(Ed.), *Normal family processes* (2nd ed.). New York, NY: Guilford Press.

Congress, E. (1994). The use of culturagrams to assess and empower culturally diverse families. *Families in Society*, 75(9), 531-540.

Congress, E. (2002). Using culturagrams with culturally diverse families. In A. Roberts & G. Greene (Eds.), *Social work_desk reference* (pp. 57-61). New York, NY: Oxford University Press.

Congress, E. (2008). Using the culturagram with culturally diverse families. In A. Roberts & G. Greene (Eds.), *Social work_desk reference* (2nd ed., pp. 57-61). New York, NY: Oxford University Press.

Epstein, N. B., Bishop, D. S., Ryan, C., Miller, I., & Keitner, G. (1993). The McMaster model view of health family functioning. In F. Walsh (Ed.), Normal family processes (pp. 138-160). New York, NY: Guilford Press.

Gambrill, E. (2010). Evidence-informed practice: Antidote to propaganda in the helping professions? *Research on social work practice*. Thousand Oaks, CA: Sage.

González, M. J. (2002). Mental health intervention with Hispanic immigrants: Understanding the influence of client's worldview, language and religion. *Journal of Immigrant and Refugee Services*, 1(1), 81-92.

Green, J. (1999). Cultural awareness in the human services: A multi-ethnic approach (3rd ed.). Boston, MA: Allyn and Bacon.

Hartman, A., & Laird, J. (1983). *Family oriented treatment.* New York, NY: Basic Books.

Lum, D. (2004). *Social work practice and people of color.* Belmont, CA: Brooks-Cole.

McGoldrick, M., Gerson, R., & Schallenber, S. (1999). *Genograms: Assessment and intervention.* New York, NY: W.W.Norton.

Olson, D. H., Russell, C. S., & Sprenkle, D. H. (Eds.). (1989). *Circumplex model: Systemic assessment and treatment of families.* New York, NY: Haworth Press.

한국어판을 내며

다문화 클라이언트와 가족을 위한 사회복지실천Multicultural Perspective in Social Work Practice with Families의 한국어 번역판 서문을 쓸 수 있게 되어 매우 기쁘게 생각합니다. 이 책에서 편저자 역할을 공동으로 맡은 Manny Gonzáles 박사와 나는 문화적으로 유능한 사회복지실천을 위해 중요한 광범위한 이슈들에 초점을 맞추고 이 책을 기술하였습니다. 이 책은 다양한 인구집단을 대상으로 일하는 사회복지사들의 지식과 기술을 더욱 발전시키기 위해 쓰여졌습니다.

우리는 주로 우리와 비슷한 문화적 배경을 가진 클라이언트와 함께 일하는 데에 많은 지식을 가졌지만 미국의 사회복지사들은 종종 문화적으로 자신과 다른 배경을 가진 클라이언트를 만나게 되고, 이것은 한국의 사회복지사들도 마찬가지라고 생각합니다. 이 책은 이러한 클라이언트들과 그들의 가족과의 임상실천 과정에서 사회복지사들에게 필요한 지식과 기술을 제공합니다. 또한 이 책은 최근 더욱 많은 주목을 받고 있는 증거에 기반한 사회복지실천 모델에 대한 풍부한 논의를 제공합니다.

이 책을 읽으며 사회복지사들은 약물남용, 정신건강, 건강, 아동복지 등 서로 다른 문제와 이슈를 가진 클라이언트들과 좀 더 효과적으로 일할 수 있는 방법을 배울 수 있을 것입니다. 또한 어린이, 청소년, 중년과 장년, 노년 등 서로 다른 연령대로 이루어진 클라이언트 집단과의 임상에 대한 실천적인 정보도 얻을 수 있을 것입니다. 이 책에는 서로 다른 인종집단과의 임상 사회복지실천에 대한 많은 사례도 담겨져 있습니다.

끝으로 이 책이 한국의 사회복지 관계자들을 위해 번역할 만한 가치가 있다고 믿어준 경기대학교의 김욱 교수를 비롯해 함께 번역작업에 동참한 동료교수 및 연구자들에게도 감사한 마음을 전합니다. 특히 김욱 교수는 지도교수의 연으로 처음 만나 오랜 시간을 함께 했고 훌륭한 학자로 성장하는 모습을 멀리서나마 응원할 수 있어서 기쁩니다. 김욱 교수를 비롯해 이 책의 번역에 참여한 동료교수 및 연구자들이 앞으로도 훌륭한 연구와 교육을 계속할 수 있기를 기대합니다.

이 책에 담긴 많은 정보와 사례들이 한국의 사회복지 관계자들에게 유용한 지식과 기술이 되어 그들이 다양한 인구집단을 돕는 데 더욱 효과적으로 사용될 수 있기를 희망합니다.

이 책에 대한 질문이나 의견이 있으신 분은 congress@fordham.edu로 이메일 주시면 성의껏 답변해 드리겠습니다.

감사합니다.

포드햄대학교 사회복지대학원 부학장/교수

Elaine P. Congress, MSSW, DSW

옮긴이의 글

이 책은 Elaine P. Congress와 Manny J. González가 공동편저자로 참여하고 다수의 해당분야 전문가가 집필한 Multicultural Perspectives in Social Work Practice with Families(2013) 제3판을 완역한 것이다. 이 책에서는 다문화 가족들의 경험과 그들과 함께 일하는 사회복지사들이 직면하는 다양한 최근의 이슈들과 대응방법 등을 다루고 있다.

구체적으로 이 책은 문화적으로 다양한 배경을 가진 가족을 대상으로 한 사정과 개입을 위한 문화도의 활용, 가족 및 집단 접근, 증거기반실천, 다문화 기관 관리와 다문화 모형 등의 내용을 담고 있다. 또한 다문화 배경의 청소년, 일용직 노동자, 노인, 손자녀를 양육하는 조부모, 아프리카계 미국인, 히스패닉계 미국인, 아시아계 미국인, 아메리카 원주민, 아랍계 미국인, LGBT, 영성, 이민자와 난민, 고문생존자, HIV/AIDS, 음주, 가정폭력, 자살, 그리고 윤리적 이슈에 걸쳐 매우 광범위하고 복합적인 내용들을 담고 있다.

역사적으로 오랜 기간 동안 다문화와 관련한 다양한 이슈들을 경험하고 대처해 온 경험을 가진 미국과 마찬가지로 한국에서도 오늘날에는 다문화 가족이 급증하면서 다양한 이슈들의 제기되고 있고 이에 따라 적극적이고 능동적으로 대처해야 할 필요성 또한 증가되고 있는 실정이다. 그러나 사회복지 분야에서 다문화 가족과 일하는 것과 관련된 전문서적이 부족하다는 것을 실감하게 되어 이 책을 번역하기로 하였다.

역자들은 이 책을 통하여 사회복지 정책 및 실천 전문가, 연구자, 학생뿐만 아니라 관련 학계나 실무자들이 다문화 가족과 일하는 데 필요한 문화적 민감성과 유능감을 증진시키고, 효과적으로 일하는 데 필요한 지식과 기술을 증진시키는 것을 돕고자 하였다. 이 책은 다문화 가족과 함께 일하는 데 있어서의 이론적 기반과 더불어 실천적 방법들을 다루고 있고, 특히 이해를 돕기 위하여 실천현장에서 적용할 수 있는 다양한 사례와 통계자료들을 다수 제시하고 있다. 비록 이 책의 주된 배경인 북미권과 상황은 다를지라도 이 책이 한국에서 다문화 가족과 함께 일하는 사회복지 관련자들에게 어떠한 관점이 요구되며, 어떻게 접근해야 할 것인지에 대한 유익한 정보를 상당 부분 제공해 줄 수 있을 것으로 본다.

이 책은 9명의 역자들이 각각 3개의 장 정도를 맡아 번역을 진행하였다. 서문(들어가며, 한국어판을 내며), 1, 24장은 김욱 선생이, 2, 3, 7장은 김연수 선생이, 4, 17, 18장은 원지영 선생이, 5, 6장은 최중진 선생이, 8, 13, 23장은 박소연 선생이, 9, 16. 21장은 임인걸 선생이, 10, 15, 20은 이지하 선생이, 11, 12, 14장은 박소영 선생이, 추천의 글, 19, 22장은 심우찬 선생이 각각 번역하였다. 역자들이 다문화 사회복지실천과 관련된 이슈들에 관심을 가져오다가 이 책을 한국에 소개하는 것이 좋겠다는 뜻을 모아 번역에 참여했지만 내용을 충분히 이해하고 한국어로 번역하는 것은 쉽지 않았다. 역자들이 교차검독하며 교정 작업을 하였음에도 불구하고 오역이 있거나 저자의 뜻을 충실히 전달하지 못한 부분이 있다면 이는 전적으로 역자들의 책임임을 밝혀둔다.

이 책이 원래 여러 저자들에 의해 각기 다른 문체로 기술되었고, 번역 또한 여러 사람이 참여하다 보니 용어나 문체를 통일하기 위한 노력을 기울였음에도 불구하고 한계가 있었음을 고백하지 않을 수 없다. 또한 이 책이 주로 북미권의 저자들의 경험과 환경을 토대로 저술되었으므로 한국 사회에서 책의 내용을 어떻게 이해하고, 어떻게 적용할지에 대한 고민은 우리들의 몫이다.

끝으로 이 책을 번역할 기회를 마련해 주시고, 번역과정을 지지해 주신 도서출판 나눔의 집 관계자들, 특히 꼼꼼하게 편집과정을 진행해 주신 양송희 선생님께 감사드린다. 그리고 정리를 도와준 경기대 박사과정의 김재희 선생에게 고마운 마음을 전하고 싶다. 또한 이 책의 번역을 허락해 주신 스프링거 출판사 관계자와 한국어판 서문을 써주신 포드햄 대학교의 Congress 교수님을 비롯한 원저자분들께 감사의 마음을 전한다.

2016년 1월

역자 일동

일러두기

1. 이 책은 다음의 책을 우리말로 옮긴 것이다. Elaine P. Congress & Manny J. González, Multicultural Perspectives in Social Work Practice with Families (Third edition), Springer Publishing Company, 2012.
2. 지명 및 외래어는 관례로 굳어진 것을 빼고, 국립국어원의 외래어 표기법과 용례를 따른다.
3. 각주는 '엮은이의 주'와 '옮긴이의 주'가 있으며, 엮은이의 주는 1, 2, 3…, 옮긴이의 주는 •, ••, •••…으로 표시했다.

1

문화적으로 다양한 배경을 가진 가족의 사정과 역량강화를 위한 문화도의 활용

Elaine P. Congress and Winnie W. Kung

미국은 점차 문화적으로 다양한 사회가 되어가고 있다. 2050년에는 비히스패닉계 백인이 절반에도 못 미치는 인구(46%)를 차지할 것으로 예측된다(U.S. Census Bureau, 2008). 국가 전체적으로 외국 태생인구는 13%인 반면, 큰 대도시 지역인 뉴욕시와 같은 곳은 지역주민의 37%가 외국 태생이다(U.S. Census Bureau, 2010). 더욱이 5세 이상 미국 인구의 약 21% 정도는 가정에서 영어가 아닌 다른 언어를 사용하고, 이 중 13%는 스페인어를 사용한다(U.S. Census Bureau, 2010).

사회복지 전문직의 시작시기부터 사회복지사들은 다양한 배경을 가진 클라이언트에 대한 존중의 중요성을 강조하였다(Addams, 1911). 가장 최근의 윤리강령에서는 사회복지사와 클라이언트 사이의 문화적 차이점을 이해하고 다른 문화를 가진 사람들과 함께 일하는 데 있어서 역량을 발휘하도록 권고하였다(National Association of Social Worker[NASW], 2008). 더욱이 최근 윤리강령은 사회복지사가 이민자의 법적 지위에 따른 차별에 대항하여 일하도록 권고하고 있다. 이 책의 이전 버전과 이번 장에서 논의할 가족사정도구의 한 종류인 문화도culturagram는 문화적으로 다양한 가족들이 증가하고 있다는 인식과 함께 사회복지사가 가족들 사이의 문화적 차이점을 이해하고 일하는 데 적용할 수 있도록 개발되었다.

다양한 가족들에 대한 이해를 시도할 때, 문화적 맥락 안에서 가족을 사정하는 것이 중요하다. 그러나 가족의 문화적 정체성을 포괄적 혹은 총체적으로만 고려하는 것은 과도한 일반화와 고정관념을 야기할 수 있다(Congress, 2008b). 미국에서 40년 동안 살아 온 푸에르토리코인 가족과 지난달에 미국으로 이주한 멕시코인 가족은 비록 그들이 같은 히스패닉계라 할지라도 매우 다르다. 20세기 초에 미국으로 이주한 중국인 가족은 최근에 이주한 티베트인 난민가족과 매우 다르다. 심지어 같은 나라와 지역에서 온 두 가족도 매우 다르다.

■

문화도culturagram

생태도(Hartman & Laird, 1983)와 가계도(McGoldrick, Gerson, & Schallenberg, 2007)는 가족을 사정하는 데 유용한 도구이지만, 이 도구들은 가족을 이해하는 데 있어서 문화의 역할의 중요성을 충분히 부각하지 못한다. 문화도는 가족 내의 문화의 역할을 이해하는 것을 돕기 위해 최초로 개발되었고(Congress, 1994, 1997), 수정되었다(Congress, 2002, 2008b). 이 도구는 문화적으로 유능한 실천을 증진시키는 데 사용되고(Lum, 2010), 매 맞는 여성(Browmnell & Congress, 1997), 아동(Webb, 1996), 노인(Brownell, 1997, Brownell & Fenly, 2009), 이민자 가족(Congress, 2004, 2010), 건강문

그림 1.1 | 문화도[1]

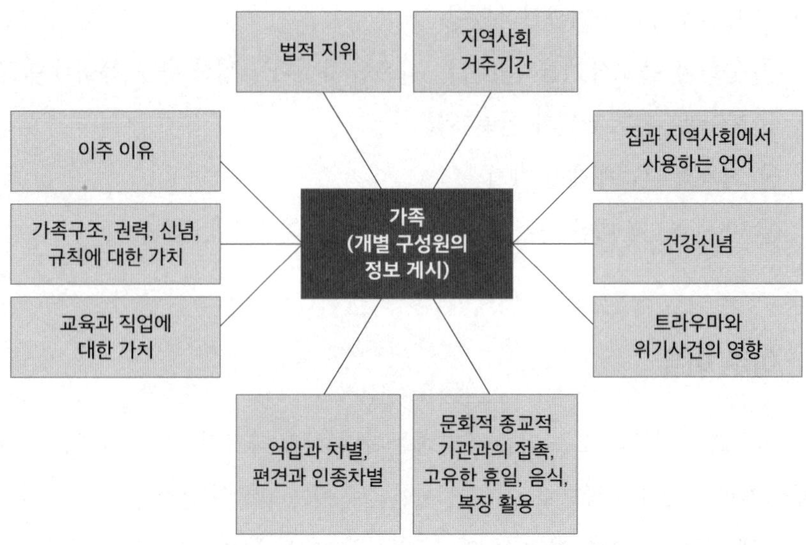

제가 있는 가족(Congress, 2004)과 일하는 데 사용되었다.

가족사정도구인 문화도는 문화적으로 다양한 배경을 가진 가족을 개별화하는 데 도움이 된다(Congress, 1994, 2002, 2008b). 가족의 문화도를 완성하는 것은 임상가가 가족의 사회문화적 상황을 더 잘 이해하도록 하는 데 도움을 주어 그 가족에게 적합한 개입을 할 수 있게 한다. 2008년에 수정된 문화도는 다음의 10가지 사항에 대해서 조사한다(그림 1.1 참조).

① 이주 이유
② 법적 지위
③ 지역사회 거주기간
④ 집과 지역사회에서 사용하는 언어

1 문화도의 이전 버전은 Congress(2008a)에 있음.

⑤ 건강 신념과 접근성

⑥ 트라우마와 위기사건의 영향

⑦ 문화적, 종교적 기관과의 접촉, 고유한 휴일과 특별한 행사, 음식과 복장

⑧ 억압과 차별, 편견과 인종차별

⑨ 교육과 직업에 대한 가치

⑩ 가족구조에 대한 가치–권력, 위계, 규칙, 하위체계, 경계

이주 이유

미국으로 이주해 오는 이유는 가족들마다 각기 다르다. 많은 가족들은 경제적 기회를 찾아 미국으로 오지만, 어떤 경우에는 고국의 정치적, 종교적 차별로 인해 이주해 오기도 한다. 어떤 사람들은 다시 자신의 나라로 돌아가기도 한다. 그들은 종종 공휴일과 특별한 행사를 위해 왕래하다가 결국에는 고국으로 돌아갈 수 있다. 출신국의 가족과 지인들과 지속적으로 친밀한 사회적 연대를 유지하는 것은 가족으로부터 단절되는 느낌을 감소시킨다. 그와 같은 친밀한 접촉은 가족, 특히 젊은 세대에게, 그들의 문화적 유산과 정체성의 유지를 가능하게 한다. 그 결과로 이민자 가족의 세대 간 문화적 차이는 감소될 수 있다. 다시 고국으로 돌아갈 수 없음을 아는 사람들은 고립감을 느끼고 새로운 나라에서의 사회적 네트워크가 더욱 절박하게 된다. 사회복지사들은 그들이 민족 커뮤니티를 적극적으로 찾아 나가는 것을 격려할 수 있다. 이메일과 스카이프skype와 같은 현대적 의미의 의사소통은 이민자들이 고국에 있는 친지들과 접촉을 유지하는 것을 가능하게 한다.

최근의 이민자들은 초기의 이민유형과는 다르게 가족 단위로 혹은 가족 일부가 함께 온다(Lum, 2010). 예외적으로 중국 남부의 푸저우Fuzhow에서 오는 불법 이민자와(Kwong, 1997) 인도와 파키스탄에서 오는 남부 아시안 2세들의 경우 종종 혼자 오는 경우가 있다. 많은 사람들은 그들 민족그룹 내에서 결혼

하기를 원하며, 결혼알선소 등을 통해서 신랑에 의해 서신으로 정해진 신부들 mail-ordered brides도 증가하는 추세이다(Loiselle-Leonard, 2001). 이민자 신부들은 그들 가족 내의 새로운 역할에 적응해야 하고, 다른 문화와 지리적 위치에 적응해야 하기 때문에 스트레스가 매우 크다(Liao, 2006).

결혼생활이 순탄치 않을 경우, 이 여성들은 아무런 사회적 지지 없이 외국에 갇혀 있다고 느낄 수 있다. 미국사회에서 가정을 벗어나 생활하는 것이 쉽지 않을 것이고, 고국으로 돌아가는 것 또한 수치심으로 참을 수 없기 때문에 어떤 사람들은 가정폭력을 견뎌 내야만 한다(Loiselle-Leonard, 2001). 일부 사람들은 그들의 이민절차가 완료되지 않았고, 남편을 떠나면 추방될 수 있다는 두려움 때문에 갇혀있다고 느낀다. 다행스럽게도, 최근 변화된 이민법에 의해 매 맞는 여성들의 일부는 합법적 신분이 아닐지라도 미국에 거주하는 것이 허가되었다(Violence Against Women's Act, 1998). 이 법은 억압받는 많은 이민 여성들에게 안심과 희망을 주고 있다.

일부 가족들은 줄어드는 경제적 기회로 인해 미국 내에서, 특히 시골에서 더 도시지역으로 종종 이동한다. 이러한 경우 새로운 사회적 네트워크를 만들고, 새로운 지역에서의 적응이 요구된다.

법적 지위

가족의 법적 지위는 개개인과 가족 전체에 영향을 미칠 수 있다. 같은 가족 구성원 중에서도 시민권자, 미국에 머무는 법적 권리를 가지고 시민권자가 되기 위한 절차를 진행 중인 영주권자, 그리고 불법체류자가 있을 수 있다. 이 책의 17장인 "이민자와 난민들을 대상으로 한 실천에서의 법적 이슈들"이라는 Chang-Muy의 장에서는 이러한 다양한 이민자의 지위와 관련해서 더욱 자세히 설명하고 있다. 만일 가족 구성원들이 불법체류로 추방에 대한 두려움이 있다면, 이 가족은 숨기는 성향을 가져 비밀스러워질 것이고 사회적으로 고립될 것이다. 잠재기의 아동과 청소년은 다른 사람들이 그들의 법적 지위를 아는 것에 대한 두려움 때문에 동료관계를 발전시키는 데 어려움을 겪을 것이다. 가족체계 렌즈를 사용하면, 이 가족의 외부 경계는 더 엄격해질 것이고 가족 내의 내부 경계는 일치되지 않고 보다 분산되어 더욱 큰 곤경에 빠지게 될 것이다. 가족들은 추방당할 수 있다는 우려로 자신들에게 필요한 사회적 또는 건강 서비스를 찾지 않을 것이다. 9.11 테러 이후 이러한 불안감은 더욱 심해졌다.

일부 불법체류 이민자는 가족과 지지시스템을 뒤로 하고 홀로 이곳에 온다. 한 예는 최근 중국 남부의 푸저우로부터 오는 이민자의 유입이다(Kwong, 1997). 이 이민자들은 언어 면에서의 부족함에 따른 제약으로 큰 어려움을 경험하고 있고, 이 나라에 오려고 졌던 빚을 갚기 위한 큰 경제적 부담을 가지고 있다(Kwong, 2002). 더욱이 의료혜택의 부족은 그들이 건강 혹은 정신건강에 문제가 생겼을 때 삶을 더 어렵게 만든다(Kwong, 2002). 뉴욕시의 차이나타운에서 이들과 함께 일하는 사회복지사는 이들이 사회적 고립과 거대한 스트레스로 인해 조현증(구, 정신분열증)으로 많은 사람들이 고통 받고 있으며, 짧은 정신질환 치료 후 병원을 계속 들락날락하는 회전문현상이 나타나고 있다고 밝혔다. 재발률은 1년에 4차례까지 발생한다.

지역사회 거주기간

지역사회 거주기간은 개별 가족 구성원마다 다를 수 있다. 일반적으로 미국에 일찍 온 가족 구성원은 다른 구성원보다 더 동화되어 있다. 최근 현상 중 하나로 과테말라나 남아메리카의 어머니들은 먼저 미국으로 이민 온 후 나중에 아이들을 데리고 온다. 이러한 상황은 개인과 가족의 발달에 명백한 영향을 줄 수 있다. 중요한 시기에 1차 양육자의 부재는 아이들의 발달에 영향을 미칠 뿐만 아니라, 이후 나이가 든 후 이 나라에서의 재결합은 이 가족에게 적응문제를 야기할 수 있다. Sciarra(1999)는 이 가족들은 아동이 일찍 부모들로부터 버림받았다는 원망, 다시 만난 부모와 이제 헤어져야 하는 중간 양육자 사이의 충성심에 대한 갈등, 부적절한 부모의 권위와 리더십, 부모와 자녀 사이의 문화변용 차이 등의 문제에 직면한다고 설명하였다. Sciarra는 다른 문화 사이의 이슈로서 세대 간 갈등의 재구성 같은 기술과 두 문화 공존을 위한 치료 목표를 가지는 것이 도움이 된다고 말했다.

어떤 이민자 가족들이 직면하고 있는 문제는 이러한 재결합 가족의 문제와는 정반대이다. 이들은 "우주비행가족astronaut families"이라고 불린다(Irving, Benjamin, & Tsang, 1999). 지난 10년간 대만과 홍콩의 정치적 불안정으로 인해 많은 중국인 가족들은 미국과 캐나다로 이민을 왔다. 그러나 이 같은 이동은 종종 이 가족들에게 경제적 손실을 의미한다. 왜냐하면 이 가족의 가장, 주로 아버지의 전문적인 자격과 경험이 이곳에서는 인정되지 않음으로 인해 수입이 감소되기 때문이다. 많은 가족들은 아동과 어머니가 먼저 이주하는 경향이 있고, 아버지는 가족과 합류하기 위해서 주기적으로 두 지역을 왔다 갔다 하는 경향이 있다. 이는 결혼관계에 도전이 될 뿐만 아니라, 때로는 불륜과 결혼의 실패라는 결과를 가져오고, 아버지와 아이의 관계 또한 위태롭게 한다. 이 같은 현상은 이주를 위해 많은 비용을 지불하는 것이 된다.

최근의 전 세계적인 경제 불황은 이 가족들의 이주에 따른 도전을 더욱 악화시켰고, 가족들의 분리와 혼란을 증가시켰다.

언어

언어는 가족들이 의사소통하는 데 있어 중요한 매개체이다. 종종 가족들은 집에서는 모국어를 사용하지만 지역사회와의 교류를 위해서는 영어를 사용한다. 종종 아이들은 새로 적응해야 하는 국가에서 살아가는 데 영어가 가장 도움이 된다고 인식하기 때문에 영어를 선호한다. 이는 가족 내 갈등을 야기할 수 있다. 실제 의사소통의 문제는 부모들은 영어로 말을 하지 못하고 아이들은 모국어를 조금만 구사할 때 일어날 수 있다. 가족 의사소통에 영향을 미칠 수 있는 다른 중요한 요인은 이주할 때 가족 구성원들의 나이가 다르다는 데 있다. 미국 학교에 다니고 친구관계 형성을 통하여 아이들은 종종 부모들보다 새로운 언어와 문화를 더 빨리 습득할 수 있다. 이러한 부모의 제한된 영어 능력은 가족의 권력구조에 영향을 주어 그들의 권위를 약화시킬 수 있다(Hong, 1989; Hendricks, 2005). 어떤 경우에는 아이들이 가족의 통역가나 문화중개인cultural broker의 역할을 맡게 되고, 때때로 지역사회 자원에 대한 지식을 더 많이 가지고 있기 때문에 리더십 역할을 담당하기도 한다. 이는 특히 가족 내 세대 간 위계가 중요하다고 생각되는 문화권에 어려움을 줄 수 있다(Tamura & Lau, 1992).

이중언어를 사용하는 사회복지사가 이중언어를 사용하는 가족과 일하는 데 있어서의 한 가지 도전은 어떠한 언어를 언제 사용할지에 관한 것이다. 사회복지사는 영어사용자 혹은 모국어사용자의 어느 한쪽 측면에 치우쳐서는 안 된다는 점에 주의해야 한다. 아이들이 모국어를 알아들을 수는 있지만 말할 수 없는 가족의 경우, 이중언어를 사용하는 사회복지사는 아이들에게 설명할 때일지라도 모국어가 존중되고 부모에 대한 존중감을 보여줄 수 있기 때문에 모국어를 사용하는 것이 중요하다(Hong, 1989). 통역자가 필요한 경우, 만약 사회복지사가 가족 구성원을 통역자의 역할을 하는 것으로 결정했다면 민감한 내용을 외면하거나 왜곡하고 있지 않은지 살펴볼 필요가 있다.

예를 들면, 사회복지사는 통역을 하는 가족 구성원이 질문에 대해 불편함을 느끼거나, 일어날리 없다고 생각하여 자살 사고suicidal ideation의 조사를 피하고 있지 않은지 확실히 파악해야 한다(Hong, 1989). 가족과의 미팅 전에 외부 통역자와 토론하는 것 또한 세션의 주요 신뢰에 관한 이해를 확실히 하는 데 도움이 될 수 있다.

건강 신념과 접근성

다른 문화적 배경을 가진 가족들은 건강, 질병, 치료에 대해 각양각색의 신념을 가지고 있다(Congress & Lyons, 1992; Congress, 2004). 많은 의료 인류학자들은 개인의 문화적 신념이 질병의 원인, 증상의 해석, 증상에 대응하는 방법에 영향을 미친다고 주장한다(Cheng, 2001; Kleinman, 1980; Tseng, 2001). 질병에 대한 민감성, 질병 결과의 심각성, 그리고 의료적 개입의 효과성에 대한 인식 같은 개인과 가족의 건강신념은 예방적 건강 서비스를 이용하는 준비와 가족 구성원이 질병에 직면했을 때 실제 도움을 구하는 데 영향을 미친다(Hsu & Gallinagh, 2001; Rosenstock, 1990). 질병에 대한 가족의 반응은 치료과정 및 결과, 질병으로 인해 정상적 생활을 하지 못하는 정도, 그리고 질병에 대한 가족의 적응에 영향을 미칠 수 있다(Rolland, 1994). 예를 들어, 낙인감으로 인해 HIV/AIDS에 대한 치료를 미루는 것은 그 질병이 다른 가족 구성원들에게 전염됨을 통해서 더욱 파괴적이고 지속적인 영향을 야기할 수 있다.

정신질환을 이해하는 데 있어서 이민자와 난민 그룹 간에는 차이가 있다(Bemak & Chung, 2000). 많은 아시아인들 사이에서 정신질환은 나쁜 생각의 꾀병, 의지력의 결핍, 나약한 성격의 결과로 이해된다(Narikiyo & Kameoka, 1992; Suan & Tyler, 1990; Sue & Morishima, 1982). 그런 이유에서, 자기통제와 자신이 스스로 문제를 해결하는 것이 문화적으로 존중되고, 정신질환 전문가로부터 도움을 구하는 것은 종종 지체되기도 한다(Boey, 1999; Loo, Tong, & True, 1989; Zhang, Snowden, & Sue, 1998). 정서적 괴로움을 신체적으로 나타내고, 자신의 괴로운 상태에 대한 신체적 표현을 강조하거나(Kleinman, 1980; Sue & Morishima, 1982; Tseng, 2001; Zhang et al., 1998), 전인적인 정신–육체–영혼 개념을 지지하는 성향으로 말미암아 아시아계 미국인들은 정신건강 전문가들 대신에 의사, 약초전문가, 침술가, 점술가, 성직자에게 도움을 구하는 경향이 있다(Kung, 2001; Kung & Lu, 2008; Sue, Nakamura,

Chung, & Yee-Bradbury, 1994; Uba, 1994). 일부 히스패닉계 사람들은 건강 또는 정신건강문제에 도움을 받기 위한 첫 번째 그리고 때로는 유일한 접근방법으로써 보타니카botanica•나 심령론자spiritualist에게 의존하기도 한다(Congress, 2004). 일부 문화권에 있는 정신질환에 대한 극심한 낙인은 정신건강 서비스를 이용하는 데 있어서 장애물로 작용한다(Kung, 2004; Kung & Lu, 2008). 정신의학적 문제를 '유전적 오점genetic taints'과 '나쁜 종자bad seeds'로 해석하여 유전적 원인으로 보는 관점은 아시아계들이 도움을 받는 데 장애가 된다(Pearson, 1993; Sue & Morishima, 1982). 아시아 문화의 사회중심적 특성으로 인해(Triandis, 1989), 가족들은 체면이 손상되는 것을 염려하므로 직계가족의 범위를 넘어서서 도움을 구하는 것을 피하고, 이는 가족에게 과도한 부담을 준다(Kung, 2001; Sue & Sue, 1999; Sue & Morishima, 1982). 히스패닉계는 명칭과 관련된 낙인감 때문에 "미친 혹은 정신 이상loco"이라는 꼬리표를 다는 것을 피하려고 한다(Congress & Lyons, 1992).

신체적 질병에 직면할 경우, 많은 이민자들은 진단, 약물, 방사선, 수술을 포함하는 전통적인 서구/유럽의 의료적 서비스보다는 자신들의 건강관리 방법을 이용하는 것을 선호한다(Congress, 2004). 가족을 이해하기를 원하는 사회복지사들은 그들의 독특한 건강관리 신념을 반드시 공부해야 한다.

이민자, 특히 불법체류신분인 이민자는 지속적인 의료서비스에 접근하는 데 한계가 있다(Goldman, Smith & Sood, 2006; Derose, Escarce, & Lurie, 2007). 정규적인 의료와 예방서비스의 접근성이 제한받는 상황에서 많은 이민자들은 단지 응급치료에 의존하는 상황에 처하게 되기도 한다. 의료서비스 개정법(The Health Care Reform Act, NILC, April 2010)은 이민자의 의료서비스 보장의 범위를 크게 확대하지 못했는데 왜냐하면 그 법은 불법체류 이민자의 의료서비스를 거부하고, 미국에서 합법적인 지위를 가진 이민자라 할지라도 의

• 약초로 치료하는 무자격 의사 같은 역할을 담당하는 사람

료서비스를 제한했기 때문이다. 그러나 일부 주들은 아동과 임신한 여성들에게 메디케이드와 아동건강보험프로그램CHIP 혜택을 제공하는 것을 선택했다. 의료서비스를 받을 자격이 있는 사람의 경우에도 영어를 구사하지 못하는 단일 언어 사용자들을 돕는 이중언어 서비스 제공자의 부족으로 필요한 서비스에 접근하는 것이 거부당할 수 있다(Kung, 2004).

위기사건

많은 이민자들이 그들의 고국에서와 이민과정에서 그리고 그들의 최근 상황으로 인해 다중의 트라우마를 경험한다. 이러한 트라우마는 이민자와 난민들의 정신건강에 해로운 영향을 줄 수 있다(Pumariega, Rothe, & Pumariega, 2005).

가족들은 "청천벽력bolts from the blue"과 같은 위기와 발달위기에 부딪힐 수 있다(Congress, 1996). 발달위기는 한 가족이 하나의 생애단계에서 다른 단계로 이동할 때 발생할 수 있다. 문화적으로 다양한 배경을 가진 가족의 생애주기 단계는 전통적인 백인 중산층 가족과는 상당히 다르다. 예를 들어, 문화적으로 다양한 많은 가족들은 미혼, 심지어 결혼한 자녀조차도 지속적으로 부모와 근접하게 살면서 "아이를 세상에 내보내기launching children" 단계가 전혀 일어나지 않을 수 있다(Uba, 1994). 만약 헤어짐이 강요된다면 이러한 발달과업이 정신적 외상을 초래할 수 있다.

가족들은 또한 다른 방식으로 "청천벽력"과 같은 위기에 대처한다. 세계무역센터를 공격한 9.11 테러 기간 동안 80개국 이상 출신의 사람들이 사망하였다(Lum, 2004). 수많은 희생자들, 특히 불법체류자들은 전혀 알려지지 않았으며, 그들의 가족들은 종종 다른 사람들이 받았던 지원을 보장받을 수 없는 것에 대한 우려가 있었다. 위기사건에 대한 가족의 반응은 종종 문화적 가치와 관련된다. 부양자로서 아버지 역할이 높은 가치를 지닌 이민자 가족에게 가장

인 아버지의 죽음 또는 부상은 중대한 위기이다. 강간은 어떤 가족에게나 분명히 중요한 위기이지만, 결혼 전 순결에 높은 가치를 두는 가족에게 있어서 청소년 여성의 강간은 특히 정신적 외상이 클 수 있다.

문화적 차이로 인해, 가족들은 아동양육과 아동학대에 대한 다양한 인식을 가질 수 있다. 이로 인해 어떤 이민 가족들은 아동학대로 고소당하고, 아동보호기관과 법적 시스템에 연루될 수 있다. 아동보호서비스에 의뢰되는 것은 많은 가족들에게 위기로 인식되고, 특히 부당한 처벌로서 법원의 명령으로 아이의 훈육에 대한 상담을 받게 된 가족의 경우 이 위기는 굉장한 분노와 수치심을 일으킨다(Waldman, 1999).

신체적 질병의 치료에 대한 다른 신념은 그 문제를 해결하는 데 있어서 다른 접근방법을 야기할 수 있다. 어떤 접근방법의 경우 부모들이 학대와 방임으로 고소를 당하는 결과를 가져오기도 한다. 예를 들어, 아이의 육체적 고통을 덜어주기 위해 부모가 코이닝coining• 또는 부항cuppin과 같은 방법을 실시하는 것은 흉터를 남길 수 있고 이는 아동학대로 잘못 해석될 수 있다(Uba, 1994). 어떤 부모들은 부작용의 가능성이나 건강 신념의 이유로 아이들이 약을 복용하는 것을 거부할 수 있는데, 이는 아동방임으로 고소당하는 결과를 가져오기도 한다(Fadiman, 1997). 이 같은 부당하고 깊은 수치심을 경험하게 하는 혐의는 가족에게 중대한 위기를 가져올 수 있다.

고유한 휴일과 특별한 행사, 문화적, 종교적 기관, 음식 및 복장 활용

각 가족은 독특한 휴일과 특별한 행사를 가지고 있다. 어떤 행사는 세례, 성인식bar mitzvah••, 결혼, 장례 같이 발달단계가 한 단계에서 다른 단계로 전환

• 동전이나 그와 비슷한 금속을 이용하여 오일, 연고 등을 피부에 스며들도록 문지르는 것

•• 바르 미츠바bar mitzvah는 유대교에서 행하는 13세가 된 소년의 성인식

을 가져오는 표시이다. 사회복지사는 이 같이 가족의 삶에 있어서 중요한 전환의 계기를 나타내는 행사의 문화적 의미를 이해하는 것이 중요하다. 어떤 민족들은 구정Lunar New Year과 같은 그들만의 대축제일을 가지고 있는데 이는 미국인들의 추수감사절과 같은 정도 또는 더할 정도로 많은 아시아 가족에게 중요하게 여겨진다. 이민자 가족들이 그들 자신의 중요한 기념일을 축하하는 것을 돕는 것은 그들이 전통을 지키고 문화적 정체성을 강화할 수 있기 때문에 가치 있는 일이다. 이러한 기념일을 축하하기 위해 특별한 음식들이 준비되기도 한다.

문화적 기관과 접촉하는 것은 이민 가족에게 지지를 제공하기도 한다. 가족 구성원들은 문화적 기관들을 다르게 이용한다. 예를 들어, 아버지는 사회적 클럽에 참여할 수 있고, 어머니는 모국어를 사용하는 교회에 다닐 수 있는 반면, 청소년들은 미국 문화에 더욱 일체감을 가지기 때문에 이와 같은 기관에 참여를 거부할 수 있다. 종교적 신념은 문화적으로 다양한 배경을 가진 가족들에게 많은 지지를 제공할 수 있고, 임상가들은 그들의 공식적 종교기관과 접촉을 시도하기를 원할 것이다. 같은 성씨 사람들의 연합clansmen's association은 아시아계 미국인들 사이에 일반적인 현상이고, 이는 종종 이민 가족에게 중요한 지지를 제공한다. 예를 들어, 같은 성씨 사람들의 연합은 뉴욕시에 정착한 푸저우의 새로 온 중국 이민자들에게 상당한 재정적 지지를 제공한다(Kwong, 1997). 개인 사업주들 간 지지 또한 많은 한국계 미국인들의 사업 성공에 있어서 중요한 요인으로 알려졌다(Park, 1997). 사회복지사들은 이러한 자원들을 잘 인지하고 있어야 이를 잘 활용해 가족들에게 도움을 줄 수 있다. 그러나 대부분 아시아계 같은 성씨 사람들의 연합은 이러한 이민그룹의 정신건강 이슈에 대한 지식의 부족으로 심리사회적 문제에 대한 지원과 지지를 제공하지 못한다.

억압과 차별, 편견, 그리고 인종차별

많은 이민자들은 그들의 모국에서 억압당한 경험이 있고, 이러한 경험은 그들이 고국을 떠나 미국에 이민 오도록 만들었다. 그들 중 일부는 출신국가에서 경험한 사회적, 정치적, 신체적, 정서적 차별 정도로 인하여 미국에 난민으로 이주하고, 다른 일부는 그들의 고국으로 돌아가는 것에 대한 두려움 때문에 망명자 지위를 신청한다.

그러나 어떤 이민자들은 그들 국가에서 주류 집단이었기 때문에 미국에 도착하기 전까지 편견을 경험한 적이 전혀 없을 수 있다. 미국에서 그들은 언어, 문화, 인종적 차이로 인한 차별과 인종차별의 피해자일 수 있다. 최근의 불법체류자들에 대한 미국정책은 다른 미국인들로부터 이러한 새로운 이민자들을 더욱 분리하고 차별하는 역할을 한다.

문화도의 이전 버전을 검토하고 피드백을 통해 이 영역은 이민 가족 경험을 이해하는 중요한 측면으로써 2008년에 추가되었다.

교육과 직업에 대한 가치

모든 가족들은 직업과 교육에 대해 다른 가치를 가지고 문화는 이러한 가치에 중요한 영향을 미치는 요인이다. 사회복지사들은 가족을 이해하기 위해서 이러한 가치가 무엇인지 탐구해야 한다. 출신국과 미국 사이의 경제적, 사회적 차이는 이민 가족에게 영향을 줄 수 있다. 예를 들어, 어떤 문화권에서는 낮은 지위의 고용이 남성가장에게 매우 모욕적일 수 있다. 아버지가 일을 구할 수 없거나 보잘 것 없는 일자리를 가질 때 특히 이민 가족에게 충격적일 수 있다. 이러한 결과는 모국에서 개인이 가졌던 전문적 자격과 경험이 이 나라에서는 종종 인정받지 못하기 때문에 나타난다. 이와 같은 사회경제적 계층에의 하향 이동은 많은 이민 가족들에게 부가적인 스트레스와 도전이 된다.

때때로 가치갈등은 가족 구성원들의 경쟁 욕구에 의해서 일어날 수 있다. 이러한 경우는 아들이 집에서 멀리 떨어져 있는 명망 있는 대학에 전액 장학금을 받는 조건으로 입학허가를 받았을 때 발생할 수 있다. 가족은 교육의 중요성을 항상 믿어 왔지만, 부모는 교육을 추구한다 할지라도 가족이 함께 지내야 하고 그들의 유일한 아이가 집을 떠나는 것을 원하지 않는다.

다른 예는 잠복기 연령latency-age의 미국 아동이 종종 자신의 지역과 멀리 떨어져 있는 큰 학교에 다니고 가족을 떠나 또래관계를 발전시키기 시작하면서 일어난다. 교육을 적게 받고 지역에 국한되며, 어린 아이들에게 일을 하고 동생을 돌보는 것이 기대되는 배경을 가진 이민 가족들은 개인의 학업 성취와 또래관계에 초점을 둔 미국 학교체계는 이질적일 수 있다. 더욱이, 역사적으로 개인과 가족의 억압을 경험한 이민 아동은 그들의 새로운 학업환경 안에서 고립과 외로움을 많이 느낄 수 있고, 이는 동료로부터 괴롭힘을 당하거나 몰이해적인 학교직원으로부터 차별을 당할 때 더욱 악화될 수 있다.

어떤 문화권에서는 성별에 따라 교육에 대한 가치를 다르게 여긴다. 예를 들어, 다수의 히스패닉계 소녀들은 그들의 학업성취가 소년들의 학업성취에 비해 높이 평가되지 않기 때문에 학교를 그만두기도 한다(Zambrana & Zoppi, 2002). 더욱 중요한 것은 이러한 소녀들이 집안일을 하고 동생들을 돌보는 주요 책임을 진다는 것이다. 소녀들은 학교가 끝난 후 학교에서 요구하는 숙제를 수행하는 데 시간이 모자라거나 거의 없음을 알게 되고, 학업을 지속하는 것에 어려움을 겪게 되어 결국 학교를 그만두게 되기도 한다.

가족구조에 대한 가치 – 권력, 위계, 규칙, 하위체계, 경계

각 가족들은 자신들의 독특한 구조, 권력관계에 대한 신념, 역할, 가족 내부와 외부의 경계, 특정 가족관계의 의미를 가진다. 임상가들은 이러한 가족의 성격을 개별적으로 분석할 필요가 있을 뿐만 아니라, 가족의 문화적 배경의 맥락 안에서 이해할 필요가 있다. 어떤 가족들은 남녀관계, 특히 결혼에 있어서 다른 신념을 가질 수 있다. 남성지배적 위계적 가족구조를 강조하는 가족은 더욱 평등한 성 관계를 선호하는 미국 사회에서 갈등에 직면할 수 있다. 이는 소수민족 가족 사이에 가정폭력을 증가시키는 결과를 가져올 수 있다(Erez & Globokar, 2009). 전통적으로 가족 내의 성 역할은 또한 가족, 특히 이주 후 상황변화가 일어난 가족에게 상당한 영향을 준다. 예를 들어, 어떤 문화권에서는 여성들에게 집안일이나 보육과 같은 가족 내의 일들을 돌보는 것이 기대되고, 남성들은 바깥일을 하고 소득자의 역할을 담당하는 것이 기대된다. 그러나 이주 후 가족의 사회경제적 지위의 변화는 배우자 모두 집 밖에서 일하도록 만들었다. 만일 가정 관리의 역할이 단지 여성에게만 엄격히 지속적으로 부여된다면, 여성에게 과부담이 될 수 있다. 여성은 일을 찾을 수 있고, 남성은 고용되지 않은 상황에서, 만일 그 가족이 역할적응상 융통성이 부족하다면, 가족 내의 갈등, 비난, 부담은 점차 커지고, 가족의 생존은 위협받을 수 있다.

성에 따른 위계뿐만 아니라 세대 간 위계 또한 문화적 규범에 의해 많은 영향을 받는다. 보다 전통적인 문화는 노인세대에 더 높은 권위와 존경을 부여하는 경향이 있고, 부모의 권위는 절대적인 것으로 생각되기도 한다(Tamura & Lau, 1992). 임상가들은 그러한 고유의 문화적 차이를 인식해야 하고, 때때로 세대 간을 중재해야 한다. 그들은 조심스럽게 이 상황을 다루어야 하는데, 한편으로는 가족의 문화에 대해 존경을 보여야 하고, 다른 한편으로는 긴장과 갈등을 덜어주기 위해 세대 간 의사소통을 요령 있게 증진시켜야 한다. 조심스러운 중재를 통해, 각자의 관점이 반영되고 최종 의사결정에 고려되는 것이 기대된다. 그러나 가끔 실천가는 어떤 문화권에서는 젊은 세대의 관점이 분명하게 표현된 이후에도 노인 구성원이 의사결정의 궁극적 힘을 가진다는 것을 받아들여야만 한다.

마지막으로, 다른 문화적 배경을 가진 가족들은 가족 하위체계에 대해 다른 강조점을 부여할 수 있다. 서구문화권에서 부부 하위체계는 가족의 기반으로 간주된다(Minuchin, 1974). 그러나 어떤 문화권에서는 기본단위가 배우자 간 공동부모 역할이 강조되는 부모 하위체계이다(Uba, 1994). 더욱이, 부모 하위체계는 다음과 같은 것들이 포함되는데, 예를 들어 히스패닉계 가족에게는 조부모, 숙모, 삼촌이 부모 하위체계의 중요한 동반자일 뿐만 아니라, 대부모• 의 역할 또한 매우 중요할 수 있다(Garcia-Preto, 1996). 임상가들은 문화적 가치에 유의해야 하고, 가족에게 귀중한 자원이 될 수 있는 중요한 체계 내의 사람 system players을 제외하지 않고 실천에 임해야 한다. 전통적인 중국인 문화권 같은 경우 부모-아동 하위체계(아버지-아들 그리고 어머니-아들 양자관계)와 심지어 형제들 간의 관계가 부부관계보다 더 중요하게 여겨진다(Tamura & Lau, 1992).

가족 내 경계든 하위체계 내 경계든 간에 적절하다고 여겨지기도 하고, 몹시 분산되는 것 또한 매우 문화적이라 할 수 있다(Olson & Gorall, 2003). 예를 들어, 어떤 아시아 문화권에서는 나이 드신 어머니를 미래에 돌보는 것이 아들에게 의지되기 때문에, 어머니와 아들의 유대는 매우 가깝고, 어머니가 종종 아들의 결혼관계에 침범하고 때때로 며느리를 지배하려 드는 것으로 비추어진다(Berg & Jaya, 1993). 또 어떤 아시아 가족들은 아이들이 8세 혹은 10세가 될 때까지 부모와 함께 자는 것이 매우 일반적인 관습으로 여겨지는데, 이는 부부생활의 역기능 또는 부모와 아이 관계가 곤경에 빠진 것으로 이해될 필요는 없다(Berg & Jaya, 1993). 사회복지사들은 자신들과 다른 문화적 가치를 가진 가족들에 대해 심판적인 태도를 피해야 한다.

다음의 사례는(Congress, 2008b) 어떻게 문화도가 독특한 문화적 배경이 있는 가족을 보다 잘 이해하고 치료적 개입을 제공하는 데 사용될 수 있는지를 설명하고 있다.

• 교회에서 대자와 대녀가 될 아이의 세례식에 입회하고, 종교적 가르침을 주는 부모의 역할을 담당하는 사람

사례

32세의 Maria Sanchez는 학교를 빼먹고 밤 늦게까지 집에 들어오지 않는 12세 아들 Jose와 갈등이 증가하고 있기 때문에 지역사회에 있는 가족서비스기관을 찾았다. 그녀는 또한 천사 같은 9살 딸 Maritza가 있다. Maritza는 매우 조용하고, 다른 아이들과 어울리는 것을 결코 원하지 않으며, 대신 어머니의 가사 일을 도우면서 어머니와 함께 집에 있는 것을 좋아한다. Maria Sanchez는 아들 Jose가 그녀의 최근 파트너인 Manuel이 진짜 아버지가 아니라는 이유로 존경하지 않아도 된다고 믿는 것이 갈등의 원인이라고 설명하였다. 아들 Jose는 어머니와 새아버지가 영어를 하지 못하기 때문에 바보라고 불평하였다. Jose는 학교에서 몇몇 학생들이 자신의 억양을 가지고 놀리기 때문에 가능한 한 빨리 영어를 배우는 것이 매우 중요하다고 느끼고 있으며, 선생님들은 밝은 피부의 라틴계를 좋아한다고 믿기 때문에 부모가 그의 학교 경험이 얼마나 어려운지 이해하지 못한다고 느낀다. Jose는 어머니, 새아버지, 이복여동생 Maritza보다 훨씬 어두운 피부를 가지고 있다. 지난 새해 주말에는 Jose가 사라져 특히 어려움을 겪었다.

20세에 Maria Sanchez는 첫 번째 남편인 Jose Sr.와 푸에르토리코에서 미국으로 이주하였다. 그들은 푸에르토리코에서 매우 가난했었고, 미국에 더 많은 구직기회가 있다고 들었다. 아들 Jose가 유아일 때, Jose Sr.는 푸에르토리코로 돌아갔고 다시 돌아오지 않았다. 얼마 후 Maria Sanchez는 과테말라에서 뉴욕으로 온 Manuel을 만났다. 그녀가 Maritza를 임신한 후 그들은 함께 살기 시작했다. Manuel은 그의 마을에서 몇 명의 사람들이 정치적 이유로 죽임을 당했기 때문에 과테말라로 돌아가는 것이 매우 두렵다고 말했다. Manuel은 불법체류자이기 때문에 임시직 일자리만 찾을 수 있다. 그는 Maria Sanchez가 푸드 스탬프를 신청해야만 하는 상황에 쑥스러웠다. Maria Sanchez는 가정간병인으로서 최저임금을 받는다. 그녀는 9년 전 가족과 함께 살기 위해 온 어머니 Gladys와 매우 친밀하다. Gladys는 Maria Sanchez에게 이웃에 있는 기관에 가서 도움을 요청하기 전에 심령론자에게 가족 문제에 대해 도움을 요청할 것을 권유했다. Manuel은 뉴욕에 친척들이 없지만, 이웃의 사교클럽에 몇 명의 친구들이 있다.

문화도는 사회복지사가 다른 문화적 배경을 가진 가족을 사정하는 데 도움을 줄 뿐만 아니라 적절한 개입을 시작하는 데도 도움을 준다. 문화도를 작성한 후에(그림 1.2), 사회복지사는 Maria Sanchez 가족을 더 잘 이해하게 되고, 그들의 욕구를 사정하고, 치료계획을 세운다. 사회복지사는 Manuel의 불법체류 신분이 가족의 지속적인 스트레스원임에 주목하게 되었고, Manuel을 불법체류자들의 법적 지위보장을 돕는 무료 법률서비스에 의뢰하였다. 사회복지사는 또한 그들의 종교적 배경을 알아본 결과, 가족이 가톨릭 신앙을 가지고 있음에도 스페인어를 하는 성직자가 있는 성당을 찾지 못해 미국에 온 이후로 성당에 간 적이 없는 것을 알아냈다. 사회복지사는 가족이 일주일에 한 번 스페인어로 미사를 올리고 히스패닉계 신도들이 많이 있는 가톨릭 성당을 찾는 데 도움을 주었다. 이후에 Maria Sanchez와 Manuel이 성당의 여성부과 아동부에 참여하면서 성당은 가족의 지지망이 되었다.

사회복지사는 세대 간에 일종의 의사소통 문제가 있는 것을 인식하게 되었다. Jose와 Maritza는 이중언어 사용자로 집에서는 종종 영어로 이야기하고, Maria Sanchez와 Manuel은 이를 대부분 이해하지 못한다. 어른들은 서로 간 그리고 아이들과 스페인어로 대화를 나눈다. Maria Sanchez와 Manuel은 때때로 아이들과 영어로 대화하며 영어를 연습하기를 원하지만, 특히 Jose는 부모의 엉터리 영어에 짜증을 내는 편이

그림 1.2 | 사례에 적용된 문화도

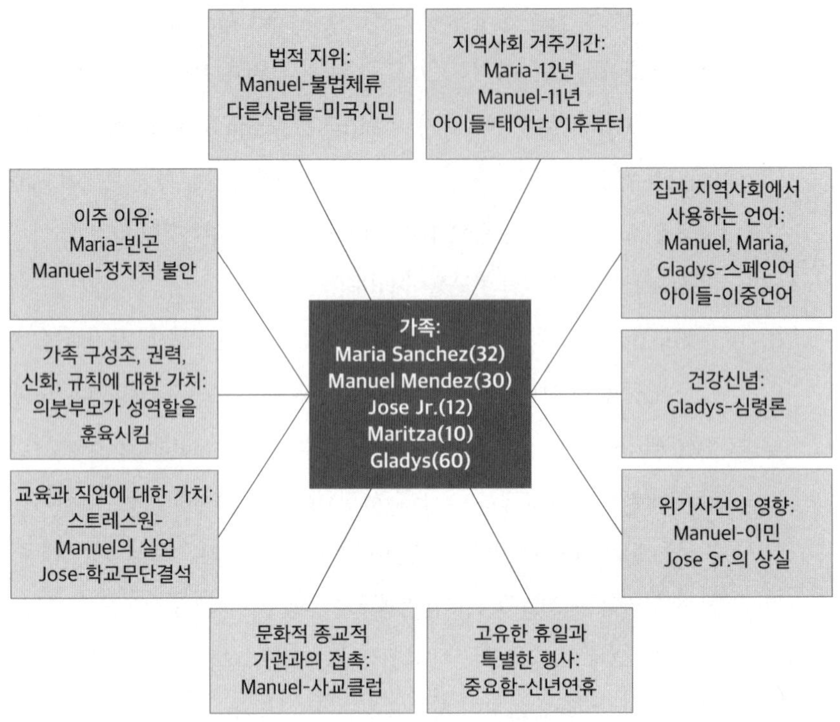

※ 참고: 문화도의 이전 버전은 Congress(2008a)에 있음.

다. 어떠한 경우든 간에, 의사소통은 기본적인 정보 교환과 규칙 설정에 제한되었다. 사회복지사는 이 부부에게 이웃에 있는 무료 성인교육 프로그램에서 영어공부를 하도록 권장하였다. 그러나 이중언어를 사용하는 사회복지사는 이 부부를 만날 때, 특히 가족세션 기간 중에 아이들에게 언어에 대한 존중감을 미묘하게 전달하기 위해 스페인어를 조심스럽게 사용하였다. 아이들과 개별세션을 할 때 사회복지사는 아이들이 자신을 더 잘 표현할 수 있는 영어를 사용하였다.

언어의 장벽으로 인해 Jose는 가끔 가족을 대신하여 통역가로 활동해야 했는데, 예를 들어, 가족이 사회보장국Social Security Department에 업무가 있을 때나 할머니가 심각한 질병으로 입원하는 기간 동안 의사와 만났을 때이다. Jose는 가끔 친구들과 보내는 시간을 빼앗는 이 같은 가족을 위한 의무에 대해 억울해 했다. 그는 또한 그의 어머니와 새아버지는 그의 욕구는 전혀 고려하지 않고 가족을 도울 것을 요청하고 일정 역할을 강요한다고 느낀다. 사회복지사는 그가 문화적 중개인으로서 훌륭한 과업을 수행하는 것이라고 그의 가족을 위한 책임을 재구성하면서도, 그가 적절한 자율성이 필요하다는 것을 인정해 주었다. 사회복지사는 부모, 특히 Jose에 대한 지배력을 행사하는 어머니의 권위를 확고히 하고, 역량을 강화하는 치료목적을 달성하기 위해 일하는 한편, 부모가 나이에 맞는 독립성을 획득하고 싶은 Jose의 욕구를 이해하는 것을 돕는 중개자로 역할을 수행하였다.

학교에서, Jose는 종종 편견과 차별의 대상이 된다고 말한다. 5장에서 Carman Hendricks는 이민아동들이 미국 학교체계에서 직면하는 도전들을 일부 서술하였다. 가족과 일하는 임상가는 다른 문화적 배경을 가진 학생들을 돕는 데 있어서 학교의 정책과 프로그램을 알기 위해 학교와 교류할 필요가 있다.

Maritza의 사회적 위축 또한 분석되었다. Maritza는 소녀로서 기대되는 집안 일을 하기 위해 집에 머물기를 원하는 것도 알게 되었다. 그녀는 아버지인 Manuel과 오빠 Jose와 같은 남성들이 집안 일을 돕는 것이 적절치 않다고 생각하는 것을 알았다. 그녀는 어머니가 외부에서 힘든 일을 끝낸 후 추가적인 집안일을 하는 것을 나누어 하고, 건강이 허약한 할머니의 일도 거들어 주기를 원한다. 그 결과, 그녀는 친구들과 노는 시간을 희생하고 집안 일을 돌보기 위해 집에 머문다. 사회복지사는 일상적인 가정의 의무에 더 관여시키기 위해 요령 있게 Manuel에게 요청하여 그가 일을 하지 않아도 되고 헌신을 통해 가족들에게 그의 사랑을 보여줄 수 있는 방법을 재구성하였다. Maritza 또한 친구들과 더 사회화하기 위해 성당과 방과 후 프로그램 활동에 참여하도록 하였다.

다음은 이민 가족에 대한 또 다른 사례이다.

Ping은 남편의 정신질환을 치료하는 정신과의사에 의해 차이나타운에 있는 가족서비스센터에 상담을 받기 위해 의뢰된 44세 중국 여성이다. 인테이크[intake] 단계에서 그녀는 남편의 짜증 때문에 신경과민, 심장 두근거림, 호흡 곤란, 불면증으로 고통 받는다고 말했다. 그녀는 남편과 18세, 16세인 두 아이들을 보살피는 과정에 인척[in-laws]과의 관계에 있어서 중간에 끼어 있다고 종종 느낀다.

Ping은 중국 남부의 가난한 시골지역에서 왔다. 그녀는 20년 전 미국에 성공적으로 이민 온 집안의 한 남성과 중매결혼으로 이민을 왔다. 이 결혼은 신랑가족은 정신건강이 염려되는 아들을 위한 아내를 얻고, 신부가족은 미국 시민권을 얻기 위한 명백한 합의로 이루어졌다. 클라이언트의 결혼 동기는 가족의 더 나은 미래를 위한 의지의 반영이었다. 클라이언트는 처음 미국에 와서 차이나타운에 있는 식당에서 일했다. 그러나 결국 남편과 두 아이를 돌보는 데 완전히 몰두하게 되었다. 남편은 조현증•으로 진단받았고, 3년 전 매춘부를 통해 HIV에 감염되었다. 이 부부는 지난 10년간 잠자리를 함께 하지 않았고, 클라이언트는 남편의 감염 소식에 크게 반응하지 않았다. HIV의 치료를 위한 항바이러스 약물치료 식이요법이 시작되면서 그의 정신건강은 심하게 악화되었다. 엉뚱하고 편집증적인 행동은 아들에게 영향을 주어 폭력 분출을 쉽게 하게 되었다. 남편도 아들도 어떠한 정신건강 또는 정서적 문제를 인정하지 않았고, 남편의 가족은 클라이언트가 전통적, 가족경로 외의 도움을 구하는 것을

• 편견을 줄이자는 취지로 새롭게 명명된 정신분열증의 새로운 명칭

반대하였다. 그러나 그녀는 반대에도 불구하고 마침내 남편을 위한 정신의학적 보호나 그녀 자신을 돕는 상담 등 다양한 서비스에 접근할 수 있었다.

클라이언트가 기관에 도착할 무렵, 여전히 남편을 돌보는 것에 진이 빠지기는 하지만, 남편의 증상이 개선되고 있었다. 젊은 딸은 부계의 조부모와 따로 살고 있으며, 상당히 잘 지낸다. 클라이언트의 주요한 걱정의 발단은 아들이 경찰과 트러블을 일으킬 것을 우려하는 것이었다. 발달장애를 가진 아들은 위협을 주는 정신적 또는 신체적 장애를 가진 다른 사람들과 직업훈련을 받고 있다. Ping은 그녀가 아들에게 적합한 일자리를 찾아주지 못하면 그가 나쁜 쪽으로 빠져들 것을 우려하고 있다. 또한 그는 클라이언트의 친구가 운영하는 작은 슈퍼마켓에서 자원봉사를 하고, 무술 집단에서 활동한다. 여러 세션이 진행되면서, 사회복지사는 클라이언트가 아들에 대한 애착을 억제할 조짐을 보이고, 아파트를 떠나서 그녀의 인척 및 딸과 지내는 것이 점차 확실해졌다. 이는 그녀가 아들의 순응과 좋은 행동을 얻는 방법이다. 그러나 아들의 반응은 어머니의 관심을 더 끌기 위한 노력의 일환으로 더 저항하고 심지어는 폭력적이 되었다.

다른 중요한 문제는 Ping이 양육 역할에 너무 몰두한 나머지 자신의 욕구를 충족하고 자신을 보호하는 일을 소홀히 한다는 점이다.

그녀가 결혼의 사회적, 문화적 전제에 의해 형성된 가족 구성원들에게 매우 중요한 역할을 수행하고 있는 것 또한 현실이다. 그녀가 자신을 위해 시간을 쓰는 몇 안 되는 영역 중 한 가지는 종교생활과 관련이 있다. 그녀는 불교신자이고, 매주 일요일마다 여럿의 작은 집단들을 통해 지지를 받는 사원에서 시간을 보낸다. 클라이언트의 도움 요청에 대한 문화적 이해는 그녀가 전문가로서 도움전문직을 우러러 보는 것처럼 보였고, 이는 그녀가 상담과정에 있어서 자신의 자주성과 관여를 포기하게 만들기도

하였다. 분산된 서비스로 인해, 그녀가 가족을 위해 일하는 많은 기관들에 대응하는 것 그 자체도 특히 그녀의 제한된 영어 능력과 함께 중요한 스트레스원이었다.

문화도를 이용하는 것은, 실천가가 Ping과 그녀 가족의 상황을 더 포괄적으로 이해할 수 있게 하였다. 첫째, 이주이유 조사를 통해, 클라이언트가 정신질환을 가진 사람과의 중매결혼으로 매우 어려운 상황에서 시작했다는 것이 분명히 나타났다. 원가족을 미국으로 오게 하기 위해 결혼을 유지한 그녀의 의무는 새로운 이민자들이 보통 경험하는 이민 스트레스보다 더한 추가적인 압박일 수 있다. 실천가는 클라이언트의 효도에 대한 문화적 가치와 결혼가족뿐 아니라 원가족에 대한 의무의 중요성에 공감하게 되었다. 실천가는 중국 문화에 있어서 가족의 중요성을 이해하고 존중한다. 그러나 실천가는 그녀가 건강한 상태나 가족역할을 적절히 수행하는 상태가 아닌 것을 강조함으로써 그녀 자신과 가족을 돌보는 데 있어서 균형을 유지하는 것을 도울 수 있다. 재구성을 통하여 실천가는 가족에 대한 문화적 의무를 전적으로 받아들이는 클라이언트가 어디에 있는가where the client is로부터 시작하였다.

비록 Ping은 20년 전에 미국으로 왔지만, 그녀의 언어 장벽으로 인해 지역사회 내 접촉과 지지는 매우 제한적이다. 실천가는 클라이언트가 불교신자이고, 영적으로 그리고 사원의 사회적 지지를 통해 지원을 받고 있음을 주목하였다. 클라이언트는 사원의 정기적인 방문을 유지하도록 권장되었다. 클라이언트가 가진 제한된 사회적 지지로 인해, 실천가는 그녀를 정신질환 환자의 친척들을 위한 기관의 지지집단에 의뢰하였다. 실천가는 또한 그녀가 중국커뮤니티를 벗어나 도시에서의 이동반경을 증가시키기 위하여 제2언어로서의 영어(ESL) 수업에 등록하도록 권장하였다. 많은 복지, 건강, 정신건강, 사회서비스 기관은 영어에 능숙하지 않은 소수민족 사람들에게 서비스를 제공할 수 있는 이중언어를 사용하는 직원이 현저히 부족한 실정이다. 이는 사실 차별이다. 이 가족은 남편을 위한 SSI, 의료보호, 정신건강보호, 아들을 위한 직업훈련과 상담, 클라이언트를 위한 개인과 집단 상담, 클라이언트를 위한 성인교육프로그램을 제공하는 아시아 커뮤니티 센터와 같은 다양한 기관과 조직들과 관련되어 있다. 실천가는 필요한 서비스를 실행할 준비가 되도록 클라이언트와 가족을 위해 많은 옹호활동과 사례관리기능을 해야 했다.

돕는 과정에서, 실천가는 또한 Ping이 종종 그와 관련된 입장에서 공손하다는 것을 인식하였다.

역량강화와 강점관점 접근으로부터 실천가는 클라이언트가 그녀 자신과 가족을 가장 잘 알고 있기 때문에 상담과정에 그녀의 관여를 이끌어 내는 것이 중요하다는 사실을 강조했다. 처음부터 끝까지 Ping과 함께 치료 목적을 달성하기 위한 성실한 노력이 실천가에 의해 행해졌다. 그녀는 돕는 과정에 점차적으로 반응하고 더 적극적으로 참여하였다. 클라이언트는 사실 매우 강하고 회복력이 있는 사람으로 그녀의 강점은 종종 사회복지사에 의해 다시 그녀에게 반영되었다.

Ping이 설명했듯이, 그녀의 가족은 그녀 남편의 정신건강과 건강문제를 위한 외부의 도움을 구하는 데 있어 많은 저항이 있었다. 특히 정신건강문제에 대한 도움 요청이 늦는 것은 가족 내에서 문제가 해결되기를 기대하는 아시아계 미국인들 사이의 일반적인 현상이다. 이러한 저항은 많은 아시안 문화권에 있는 정신질환에 대한 강한 낙인감이 일부 이유가 된다. 다행인 것은 클라이언트가 외부의 도움을 구하는 노력을 끊임없이 계속했고, 실천가의 도움으로 결국 다양한 서비스에 연결되었다. 실천가는 도움을 구하는 클라이언트의 의지를 칭찬했고, 가족에 대해 실천가(외부 사람)와 문제점을 공유하는 것은 가족을 배신하는 것이 아니라 그녀 자신과 가족을 돕는 적극적이고 긍정적인 방법이라고 그녀를 확신시켰다. 더욱이 정신질환의 특성과 전개과정에 대한 가족의 정신심리교육은 치료를 받고 정신질환에 대한 수치심과 낙인감을 개선하고 가족을 돕는 데 필요하다.

중국 문화에서 중요하게 기억해야 할 것은 결혼역할에 비해 부모역할이 더 중요하다는 점이다. 그래서 Ping이 남편 대신에 아이들에 대한 관심에 초점을 두는 것을 선택할 때, 실천가가 이를 동의하는 것은 중요하다. 또한, 대가족은 중국 문화에서 매우 중요하고, 이와 같은 상황에서 클라이언트는 이러한 지지 자원이 소외되는 것을 원하지 않는다. 실천가는 클라이언트에게 아들과의 상호 증가되는 부정적인 악순환을 줄이기 위해 서로 상호작용할 수 있는 전략적인 방법을 제안하였다. 그는 또한 시집사람들과의 잦은 갈등을 개선하기 위해 클라이언트를 도왔다.

중국 문화에서 직업은 매우 높은 가치를 가진다. 이에 따라 Ping의 아들의 일자리를 찾아주는 것은 그녀와 가족에게 중요하다. 실천가는 또한 클라이언트가 아들이 생산적인 활동에 참여할 수 있도록 비공식적 자원을 결집할 수 있음을 주목하였다. 지역 슈퍼마켓에서의 자원봉사 기회와 무술 집단은 아들이 혜택을 받을 수 있는 중국 커뮤니티의 중요한 자원이다.

지금까지의 논의는 문화도가 가족 사정뿐만 아니라 적절한 개입계획을 돕는 데 어떻게 사용될 수 있는지를 명확히 하는 것을 돕는다. 문화도는 사회복지사가 다른 문화적 배경을 가진 가족들과 더 효과적으로 일하는 것을 돕는 필수적인 도구로 여겨진다. 문화도를 사용하는 것은 실천가로 하여금 이민 가족을 종단적으로 이해할 수 있게 한다. Drachman(1992)은 이민자와 함께 일을 하는 데 있어서 이민자의 현재 상황뿐만 아니라 고국에서의 경험과 이민과정에서의 경험을 이해하는 것이 중요하다고 강조하였다. 문화도를 적용하는 것은 이민자들이 그들의 출신국에서, 미국으로 오는 과정에서, 그들의 최근 환경에서 직면했던 복합적인 신체적, 정서적 트라우마에 대한 이해를 돕고, 적절한 개입을 계획하도록 돕는다.

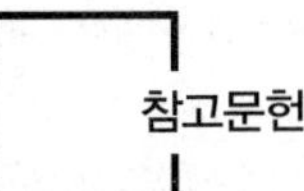

참고문헌

Addams, J. (1911). *Twenty years at Hull-House.* New York: Macmillan.

Bemak, F. P., & Chung, R. C. (2000). Psychological intervention with immigrants and refugees. In J. F. Aponte & J. Wohl (Eds.), *Psychological intervention and cultural diversity* (2nd ed., pp. 200-213). Needham Heights, MA: Allyn & Bacon.

Berg, I. K., & Jaya, A. (1993). Different and same: Family therapy with Asian-American families. *Journal of Marital and Family Therapy, 19*, 31-38.

Boey, K. W. (1999). Help-seeking preference of college students in urban China after the implementation of the "open-door" policy, *International Jounal of Social Psychiatry, 45*(2), 104-106.

Brownell, P. (1997). The application of the culturagram in cross-cultural practice with elder abuse victims. *Journal of Elder Abuse and Neglect, 9*(2), 19-33

Brownell, P., & Congress, E. (1998). Application of the culturagram to assess and empower culturally and ethnically diverse battered women. In A. Roberts (Ed.), *Battered women and their families: Intervention and treatment strategies* (pp. 387-404). New York: Springer.

Brownell, P. & Fenly, R. C. (2008). Older Adult Immigrants in the United States: Issues and services. In F. Chang-Muy & E. Congress (Eds.) *Social work with immigrants and refugees: Legal issues, clinical skills, and advocacy* (pp. 277-307). New York: Springer.

Caple, F. S., Salcido, R. M., & di Cecco, J. (1995). Engaging effectively with culturally deverse families and children. *Social Work in Education, 17*(3), 159-170.

Cheng, A. T. A. (2001). Case definition and culture: Are people all the same? *British Journal of Psychiatry, 179*, 1-3.

Congress, E. (1994). The use of culturagrams to assess and empower culturally diverse families. *Families in Society, 75*(9), 531-540.

__________ (1996). Family crisis- Life cycle and bolts from the blue: Assessment and treatment. In A. Roberts (Ed.), *Crisis management in brief treatment* (pp. 142-159). Chicago: Nelson-Hall.

__________ (1997). Using the culturagram to assess and empower cultural diverse families. In E. Congress, *Multicultural perspectives in working with families* (pp. 3-16). New York: Springer.

____________ (2002). Using culturagrams with culturally diverse families. In A. Roberts & G. Greene (Eds.), *Social work desk reference* (pp. 57-61). New York: Oxford University Press.

____________ (2004). Cultural and ethnic issues in working with culturally diverse patients and their families: Use of the culturagram to promote cultural competency in health care settings. *Social Work in Health Care, 39*(3/4), 249-262.

____________ (2008a). Using the culturagram with culturally diverse families. In A Roberts & G. Greene (Eds.), *Social work desk reference* (2nd ed., pp. 57-61). New York, NY: Oxford University Press.

____________ (2008b). The culturagram. In A. Roberts & G. Greene (Eds.), *Social work desk reference* (2nd ed., pp. 57-61). New York, NY: Oxford University Press.

Congress, E., & Lyons, B. (1992). Cultural differences in health beliefs: Implications for social work practice in health care setting. *Journal of Social Work Practice in Health Care, 17*(3), 81-96.

Derose, K. P., Escarce, J. J., & Lurie, N. (2007). Immigrants and health care: Source of vulnerability. *Health Affairs, 26*(5), 1258-1268.

Drachman, D. (1992). A stage of migration framework for service to immigrant populations. *Social Work, 37*, 68-72.

Erez, E. & Globokar, J. (2009). Compounding vulnerabilities: The impact of immigration status and circumstances on battered immigrant women, *Sociology of Crime, Law & Deviance, 30*, 129-145.

Fadiman, A. (1997). The spirit catches you and you fall down: *A Hmong child, her American doctors, and the collision of two cultures*. New York: Farrar, Straus, and Giroux.

Garcia-Preton, N. (1996). Latino families: An overview. In M. McGoldrick & J. Giordano, *Ethnicity and family therapy* (2nd ed., pp. 141-154). New York: Guilford Press.

Goldman, D. P., Smith, J. P., & Sood, N. (2006). Immigrants and the cost of medical care. *Health Affairs, 25*(6), 1700-1711.

Hartman, A., & Laird, J. (1983). *Family-oriented social work practice*. New York: Free

Press.

Hendricks, C. O. (2005). The multicultural triangle of the child, family, and school: Culturally competent approaches. In E. Congress and M. González, *Multicultural Perspectives in Working with Families* (2nd ed., pp. 71-92). New York: Springer Publishing Company.

Hong, G. K. (1989). Application of cultural and environmental issues in family therapy with immigrant Chinese Americans. *Journal of Strategic and Systemic Therapies, 8*(bonus), 14-21.

Hsu, H. Y., & Gallinagh, R. (2001). The relationships between health beliefs and utilization of free health examinations in older people living in a community setting in Taiwan. *Journal of Advanced Nursing, 35*(6), 864-873.

Irving, H. H., Benjamin, M., & Tsang, A. K. T. (1999). Hong Kong satellite children in Canada: An exploratory study of their experience. *Hong Kong Journal of Social Work, 33*(1-2), 1-21.

Kleinman, A. M. (1980). *Patients and healers in the context of culture.* Berkeley: University of California Press.

Kung, W. W. (2001). Consideration of cultural factors in working with Chinese American families with a mentally ill patient. Families in Society: *The Journal of Comtemporary Human Services, 82*(1), 97-107.

__________ (2004). Cultural and practical barriers to seeking mental health treatment for Chinese Americans. *Journal of Community Psychology, 32*(1), 27-43.

Kung, W. W. & Lu, P. C. (2008). How symptom manifestations affect help seeking for mental health problems among Chinese Americans. *Journal of Nervous and Mental Disease, 196*(1), 45-54.

Kwong, P. (1997). Manufacturing ethnicity. Critique of Anthropology, 17(4), 365-387.

_________ (2002). Forbidden workers and the U.S. labor movement: Fuzhounese in New York City. *Critical Asian Studies, 34*(1), 69-88.

Lee, E. (1982). A social systems approach to assessment and treatment for Chinese American families. In M. McGoldrick, J. K. Pearce, & J. Giordano (Eds.), *Ethnicity and family therapy* (pp,527-551). New York: Guilford Press.

Lian, M. S. (2006). Domestic violence among Asian Indian immigrant women: Risk factors, acculturation, and intervention, *Women and Therapy, 29*(1-2), 23-39.

Loiselle-Leonard, M. (2001). Arranged marriage, dowry and migration: A risky combination for Hindu women. *Canadian Social Work Review, 18*(2), 305-319.

Loo, C., Tong, B., & True, R. (1989). A bitter bean: Mental health status and attitudes in Chinatown. *Journal of Community Psychology, 17*, 283-296.

Lum, D. (2010). *Culturally Competent Practice: A Framework for Understanding Diverse Groups & Justice Issues [Paperback]* (5th ed.). Belmont, CA: Brooks-Cole-Thomson.

McGoldrick, M., Gerson, J., & Schallengerg, J. (1999). *Genograms: Assessment and intervention*. New York: W.W.Norton.

Minuchin, S. (1974). *Families and family therapy*. Cambridge: Harvard University Press.

Narikiyo, T., & Kameoka, V. (1992). Attributions of mental illness and judgements about help seeking among Japanese-American and White American students. *Journal of Counseling Psychology, 39*(3), 363-369.

National Association of Social Workers. (2008). *Code of ethics*. Washington, DC: NASW Press.

Olson, D. H., & Gorall, D. M. (2003). Circumplex model of marital and family systems. In F. Walsh (Ed.), *Normal family processes: Growing diversity and complexity* (3 rd ed., pp. 514-548). New York: Guilford Press.

Park, K. (1997). *The Korean American dream: Immigrants and small business in New York City*. Ithaca, NY: Cornell University Press.

Pearson, V. (1993). Families in China: An undervalued resource for mental health. *Journal of Family Therapy, 15*, 163-185.

Pine, B., & Drachman, D. (2005). Effective Child Welfare Practice with Immigrant and Refugee Children and Their Families. *Child Welfare, 84*(5), 537-562.

Pumariega, A. J., Rothe, E., & Pumariega, J. B. (2005). Mental health of immigrants and refugees. *Community Mental Health Journal, 41*(5), 581-597.

Rolland, J. S. (1994). *Families, illness, and disability: An integrative treatment model.* New York: Basic Books.

Rosenstock, I. M. (1990). The health belief model: Explaining health behavior through expectancies. In K. Glanz & F. M. Lewis (Eds.), *Health behavior and health education: Theory, research, and practice* (pp. 39-62). San Francisco, CA: Jossey-Bass.

Sciarra, D. T. (1999). Intrafamilial separations in the immigrant family: Implications for cross-cultural counseling. *Journal of Multicultural Counseling and Development, 27*, 31-41.

Suan, L. V., & Tyler, J. D. (1990). Mental health values and preference for mental health resources of Japanese-American and Caucasian-American students. *Professional Psychology: Research & Practice, 21*(4), 291-296.

Sue, D. W., & Sue, D. (1999). *Counseling the culturally different: Theory and practice*. New York: Wiley.

Sue, S., & Morishima, J. K. (1982). *The mental health of Asian Americans*. San Francisco, CA: Jossey-Bass Publishers.

Sue, S., Nakamura, C. Y., Chung, R. C.-Y., & Yee-Bradbury, C. (1994). Mental health research on Asian Americans. *Journal of Community Psychology, 22*, 61-67.

Tamura, T., & Lau, A. (1992). Connectedness versus separateness: Applicability of family therapy to Japanese families, *Family Process, 31*(4), 319-340.

Triandis, H. C. (1989). The self and social behavior in differing cultural contexts. *Psychological Review, 96*, 508-520.

Tseng, W.-S. (2001), *Handbook of cultural psychiatry*. San Diego, CA: Academic Press.

Uba, L. (1994). *Asian Americans: Personality patterns, identity, and mental health*. New York: Guilford Press.

U.S. Census Bureau. *An Older and More Diverse Population by Mid Century, Newsroom (August 2008)*. Retrieved from http://www.census.gov/newsroom/releases/archives/population/cb07-123.html

U.S. Census Bureau. (2010). American community survey 1-year estimates. Retrieved from http://factfinder2.census.gov/faces/tableservices/jsf/pages/productview.xhtml?pid=ACS_10_1YR_DP02&prodType=table

Violence Against Women Act. (1998). Retrieved from http://4www.women.gov/own/violence.htm on Feb 2, 2012.

Waldman, F. (1999). Violence or discipline? Working with multicultural court-ordered clients. *Journal of Marital and Family Therapy, 25*, 503-516.

Webb, N. (1996). *Social work practice with children*. New York: Guilford Press.

Zambrana, R. E., & Zoppi, I. M. (2002). Latina students: Translating cultural wealth into social capital to improve academic success. *Journal of Ethnic and Cultural Diversity in Social Work, 11*(1-2), 33-53.

Zhang, A. Y., Snowden, L. R., & Sue, S. (1998). Differences between Asian and White Americans' help seeking and utilization patterns in the Los Angeles area. *Journal of Community Psychology, 26*(4), 317-326.

2

문화적으로 다양한 가족에 대한 가족 및 집단 접근: 협력 증진을 위한 대화

Elaine P. Congress and Maxine Lynn

임상가들은 대개 가족치료와 집단실천을 따로 학습하지만, 이러한 두 방법론이 문화적으로 다양한 가족과 함께 일할 때 어떻게 통합될 수 있는지를 탐색해보는 것도 도움이 된다. 이 장에서는 가족 및 집단 실천에서 사정과 개입기술들을 비교하고 대조해보는 것에 초점을 둔다. 특히 임상가가 가족의 문화가 어떻게 가족 및 집단실천의 활용에 영향을 미치는지를 고려한다면, 각각의 방법은 다양한 가족들에게 효과적으로 사용될 수 있을 것이다.

가족치료와 마찬가지로 집단실천에도 여러 다양한 모델들이 있지만, 집단실천과 가족치료를 통합하는 논문은 거의 찾아보기 어렵다. 최근 문헌들을 검토해보면 집단실천은 AIDS환자의 가족성원들(이혼한 가족, King, 1998), 기분장애mood disorder가 있는 아동의 가족들(Fristad, Goldberg, & Gavazzi, 2003)을 대상으로 실시된 적이 있다. Getz(2002)는 가족치료기법들이 어떻게 집단실천에 통합될 수 있는지에 관해 제시하였다. 정신분열증 환자 가족을 대상으로 한 다수의 가족집단실천도 있다(Mullen, Murray & Happell, 2002). 이러한 집단들은 지지망을 만들어나감으로써 다수의 가족집단들이 사회적 고립감을 감소시키고 정신질환과 관련된 낙인감을 극복해나가도록 하는 것으로 알려져 있다(Gopalan & Franco, 2009). 이전의 문헌들은 이 두 모델들이 어떻게 다르고 유사한지를 보다 이론적으로 조망하였다(Garvin, 1986; Hines, 1988; Ritter, West, & Trotzer, 1987).

이 책의 첫 번째 판에서는 가족치료와 집단실천이 어떻게 밀접하고, 어떻게 다른지에 관해 질문을 던졌다. 유사성에 초점을 두는 것은 실천의 일반적인 특성을 강조하고, 차이에 대한 이해를 증진시키며, 가족과 집단실천가들이 클라이언트에 대한 개입을 향상시키는 새로운 기술을 배우는 것을 돕는다. 가족과 집단 실천 모두에서 임상가들은 자신의 편견과 선입견에 주의를 기울여야 하며, 자신과 클라이언트 간의 문화적 차이에 민감해야 한다. 또한 임상가들은 가족이 속해 있는 더 큰 지역사회뿐만 아니라 즉각적인 사회적 체계와 환경을 알고 있어야 한다(Norton, 1978). 이 장에서는 집단 실천가와 가족치료자가 문화적으로 다양한 가족에 대한 사정과 치료에 어떻게 접근하는지를 설명하기 위하여 사례 예시를 함께 보여준다. 최근의 문헌들은 이민자와 난민 집단이 증가하는 추세를 보이고 있다고 제시한다(U. S. Census, 2012). 이들 가족의 대다수는 미국에 정착할 당시 이미 정신적으로 큰 충격을 받은 상태에 있다. 대처와 적응의 과정은 다양한 촉발사건들에 의해 영향을 받고, 심각한 정서적 도전을 받는 것으로 귀결된다. 다문화적 관점은 일련의 돕는 역할들을 통합하는 것을 필요로 한다. 가족과 확대가족과 더불어 의미 있는 지역사회 구성원까지 포함하는 것을 요구한다. 개입 시에는 가족과 집단 모델 모두를 사용할 것이다(Chung, Bemak, Ortiz & Sandoval-Perez, 2008).

가족 및 집단 실천의 시작 단계에서 중요한 주제는 참여자 구성과 참여, 그리고 사정이다. 계약, 규범설정, 그리고 역할에 대한 논의는 치료의 중간 단계에서 다루어지며, 이 단계에서는 가족과 집단실천의 서로 다른 개입들이 비교될 것이다. 치료의 마지막 단계에서 가족과 집단의 대조적인 종결 이슈가 논의될 것이며, 집단실천가와 가족치료자 간 대화에 기반을 둔 결론과 제언으로 이 장은 끝을 맺을 것이다.

사례

이 가족은 살고 있는 집에서 강제 퇴거 당할 위기에 직면해 있었기 때문에 지역사회 보호 프로그램에 서비스를 받기 위해 지역사회보호 프로그램에 의뢰되었으며, 편모인 어머니는 조울증 진단을 받았다. 이 가족은 가나 출신의 기독교적 배경을 지닌 서아프리카계의 45세 미망인인 Gaby와 그녀의 24세 딸 Mewa, 23세 딸 Nana, 21세 아들 Koby, 19세 아들인 Kio, 그리고 18세 딸인 Osa로 구성되어 있다. 어머니의 두 형제자매는 가까이 살고 있으며, 부모님은 아직도 가나에 살고 계신다.

Gaby는 16년 전에 미국에 왔고, 자녀들은 6년 전에 왔다. 그녀는 가나에서 고등학교를 졸업했고, 교통사고로 사망한 남편과 12년 동안 결혼생활을 했었다. Gaby는 미국에서 가사도우미로 15년 동안 일했으며, 조울증으로 입원한 경력이 있다.

의뢰 당시 Gaby는 수입이 전혀 없었으며, 심각한 임대료 체납금이 있었고, 투약을 중단한 이래로 주요 정신과적 증상이 나타나고 있었다. 성인이 된 4명의 자녀는 모두 출가하지 않고 집에서 어머니와 동거하고 있었고, 그 중 3명은 일을 했지만 가계에는 도움이 되지 못했다. 막내딸은 주립 단과대학에 다니고 있고, 막내아들은 아무 일 없이 그냥 집에서 지내고 있다. 막내아들은 발달장애가 있으며, 한 번도 학교교육 과정을 마치거나 지적 장애아와 발달장애아를 위한 프로그램에 참여한 적이 없었다. 자녀들은 그들이 집세의 일부를 내는 데 기여해야만 하며, 그렇지 않으면 아파트를 잃을 것이란 사실에 충격을 받았다. 장녀인 Mewa는 가사를 돌보는 책임을 어느 정도 맡고 있으나 어머니를 마치 어린아이 다루듯 대하고 있다. Gaby는 자신이 자녀들을 부양할 수 없다는 사실에 마음이 많이 상했다. 이 사례에는 다루기 어려운 많은 문화적 이슈가 있다. 비록 많은 아프리카 문화권에서 자녀들은 부모를 돌보는 것이 자신의 책임이라고 느끼고 있지만, Gaby는 자신의 성인 자녀들을 돌보는 것이 자신의 책임이라고 믿고 있다. Gaby는 자녀들이 의존적이면서도 권리를 주장하는 태도를 가지게 된 데에 미국문화가 일부 기여했다는 것을 알고 있다.

이 가족을 만나는 일 외에도 사회복지사는 교회 사람들을 만나고, Gaby가 입원한 동안에는 병원 직원회의와 치료 계획회의에도 참석하였다.

■

체계이론

비록 가족실천과 집단실천의 개입단위는 다르지만, 이 두 모델 사이의 가장 분명한 유사점은 이 둘이 모두 체계이론에 대한 의존도가 매우 높다는 것이다. 이는 한 성원의 지위 변화는 전체로서의 체계뿐만 아니라 모든 다른 구성원에게도 영향을 미친다는 것을 의미한다. 가족치료자는 한 명의 가족원이 보이는 증상은 곧 그 가족이 스트레스를 경험하고 있으며, 이전의 균형 상태를 유지하는 데 어려움이 있다는 의미로 해석한다. 각각의 가족 구성원은 서로에게 영향을 미치며 외적인 스트레스에 의해 영향을 받는다. 행동은 단선적이기보다는 순환적인 것으로 이해된다. 앞서 제시한 사례에 의하면, 가족치료자는 Gaby뿐만 아니라 모든 가족성원들이 가족을 부양하지 못하는 결과를 초래한 어머니의 정신질환에 의해 영향을 받아왔다고 믿는다.

집단치료자와 가족치료자 모두는 역사적인 것, 그리고 '지금 여기'라는 맥락을 모두 중요하게 생각한다. 그러나 중요한 차이는 가족치료자는 아주 초기부터 광대한 가족력의 그림을 그릴 수 있는 반면, 집단치료자는 집단 안에서 내력history을 도출해내야 한다는 것이다. 모든 사람들은 가족 안에서 초기 집단 경험을 하게 된다. Yalom과 Leszcz(2005)은 초기 집단 경험에서의 문제들을 클라이언트가 집단치료를 찾게 되는 최고의 동기 요인으로 본다. 집단과 가족치료자 모두 각각의 치료 단위를 변화에 대한 맥락을 제공하는 것으로 보며, 치료 세션에서 개별 성원의 변화에 영향을 미치는 것을 돕기 위해 과정을 검토하고 이용한다. 문화적 이슈는 변화에 대한 맥락의 바탕을 형성하며, 선택된 개입 내에서 검토될 필요가 있다.

■

포함

가족과 집단실천가 모두에게 초기의 이슈는 포함이다. 가족에 대해서는 선택권이 거의 없다. 친숙한 격언에 따르면 "친구는 선택할 수 있다. 그러나 가족은 그렇지 않다"고 한다. 초기 가족치료자는 한 가정에 살고 있는 모든 가족성원들이 가족치료에 함께 참여해야 한다고 믿었다(Ackerman, 1966). 그러나 모든 가족성원들이 참여하도록 하는 데는 어려움이 있다. 사례에서 자녀들은 사회복지사와 만나는 것을 원하지 않았고 사회복지사를 의심스러워했다. 그들은 어머니가 병이 있고 치료가 필요하다고 보았으며, 임대료를 지불하지 못하는 것에 대해 정부가 책임을 져야 한다고 생각했다. 가족치료자들 중 일부는 다른 곳에 사는 확대가족을 포함시킨다(Boszormenyi-Nagy & Spark, 1973). 이러한 접근에서, 가족치료자는 인근에 살고 있는

Gaby의 형제들을 포함시키기를 원할 수도 있다. 흔히 주요 질병과 소득 상실과 같은 트라우마는 오래된 갈등을 다시 불러일으킬 수 있고 분열을 초래할 수 있다. 자녀들은 가나에서 어머니가 그들을 떠났을 때나 이전에 입원했을 때 또는 어머니가 그들이 새로운 문화에 적응하는 것을 돕지 않았던 때 느꼈던 예전의 버려졌던 느낌을 다시 느낄 수도 있다.

가족은 그들이 소수 집단minority group의 일원이기 때문에 고립감과 낙인을 더 깊이 경험할 수도 있다. 편견은 그들이 경험해 온 상실감과 상처를 더 악화시킬 수도 있다.

집단성원에게 가장 중요한 이슈는 포함이다(Northern & Kurland, 2001). 새로운 성원은 상처를 받을까봐 조심한다(Northern & Kurland, 2001). 비록 그들이 사는 인근에 많은 아프리카계 가족들과 지역사회 서비스들이 있지만, 이 가족은 고립된 상태로 남아 있고, Gaby는 사는 곳에서 멀리 떨어진 교회활동에 적극적으로 참여하고 있었다.

Gaby는 정신질환에 대처하도록 도와주는 집단프로그램에 참여할 것을 제안 받았다. 그녀는 자신의 상태를 받아들이지 못하거나 또는 자신이 직면한 도전의 특성을 전적으로 이해하지 못하기 때문에 집단프로그램에 참여하는 것을 주저하였다. Gaby는 가족의 무반응 때문에 집단에 참여할 준비가 되지 않았을 수도 있고, 집단 참여를 조심스러워할 수도 있다. 그러나 집단 경험은 Gaby가 다루어야 하는 다양한 체계와 협상하는 데 필요한 조언을 제공해 주며, 자신의 감정을 확인하고, 가족과 상의할 수 없는 이슈들을 탐색할 기회를 제공하는 것으로 Gaby에게 도움이 될 수 있다.

Mewa는 가족에서 어머니의 기능을 대신해오고 있다. 집단은 그녀가 자신의 좌절감을 다루고, 가족으로부터 벗어나 자신의 삶을 개발하며, 항상 무거운 책임감을 느끼지 않도록 하는 것을 허용한다. 다른 가족성원들도 가족으로부터 어느 정도 독립성을 얻기 위해 집단에서 사회적 경험의 혜택을 받을 수 있다. 이 가족의 경우 막내딸만 북부에 떨어져 있는 대학에 다님으로써 가족으로부터 벗어날 수 있었다. 이 가족은 이민자라는 낙인, 정신질환이 있는 가족원이 있다는 낙인, 그리고 발달장애가 있는 가족원이 있다는 낙인에 직면해 있다. 집단은 대인상호작용을 통한 학습을 포함하여, 자신의 문제를 일반화하는 과정을 통해 치유를 경험하게 한다(Yalom & Leszcz, 2005).

이 가족의 힘은 상당히 변화되었다. Gaby는 가족을 재정적으로 그리고 정서적으로 관리하였다. 질병과 수입 감소에 맞닥뜨렸을 때 Gaby는 이러한 역할을 생각할 수 없었다. 자녀들은 이러한 역할을 맡을 수 없었고, 그들을 보호할 수 있는 힘 있는 사람을 찾았다. 집단실천은 흔히 힘을 다루고, 한 사람의 개인적 힘에 영향을 미치거나 이를 향상시키는 실천양식이다.

■

참여

집단구성의 이질성과 동질성은 초기 집단 발달에서 흔히 문제가 될 수 있다. 집단 치료자들은 어느 정도의 이질성은 성장에 도움이 되지만, 너무 과도한 이질성은 희생양을 만들거나 집단의 조기 종료를 가져온다는 것을 알고 있다(Yalom & Lesczcz, 2005). 집단구성에서 "노아의 방주Noah's Ark" 원칙은 희생양을 조장하지 않고 이질성을 소개하는 방법을 제공한다(Yalom & Leszcz, 2005). 그러나 가족치료에서는 말 그대로 나이, 역할, 그리고 힘에 따른 이질성이 있다. 확실히 가족에는 부 또는 모, 한 명의 자녀, 또는 한 명의 남성이 존재한다. 또한 가족은 밀착되어 있는 것으로 보이기도 하는데, 이러한 밀착은 가족이 간혹 기능적이지 못하게 하거나 구성원의 개별성 발달을 저해하기도 한다.

성인 자녀에게 집단 경험은 사회기술을 향상시키고, 자신의 역할 모델과 상호작용할 수 있는 기회가 될 수 있다. 집단에서는 자녀들이 가족 내에서와는 다른 방식으로 타인들과 관계를 맺을 수 있는데, 이는 그들에게 특정한 가족 내 역할 수행이 요구되지 않기 때문이다.

집단실천에서 새로운 구성원들은 함께한 내력shared history이 없으며, 집단 초기에 집단 지도자는 집단 문화의 개발을 촉진하는 과업을 가진다(Shulman, 2009). 집단은 각 성원이 동등한 힘을 가지며, 치료자는 각 성원이 참여하는 동등한 기회를 보장하기 위해 지속적으로 일한다는 민주적인 가치에 기반을 두고 있다(Brown, 1991). 집단과 반대로, 가족은 이전부터 존재하는 힘의 차이를 지니고 있으며, 치료자는 이러한 차이를 강화하거나 또는 가족 내에서 이제까지와는 다른 힘의 격차를 조성할 수도 있다. 앞서 논의된 가족 사례의 경우, Mewa는 우리가 개입하기 이전에는 가족에 대한 책임을 져야 한다는 요청을 받아 왔다. 정신질환이 있는 부모를 둔 많은 청소년들은 그들의 연령대를 넘어서는 과도한 책임을 져왔으며, 그들이 가족생활을 잘 보살필 수 없다는 사실에 좌절감을 느낀다. 그들은 여전히 보살핌 받기를 원한다. 그러므로 자녀들은 보다 이질적인 집단에 있는 것이 중요할지도 모른다. 우리는 이 가족의 구조를 변화시키려고 시도하는 것이 과연 문화적으로 민감한 것인지 질문할 수 있으며, 이것이 좋지 않은 결과를 가져올 수도 있음을 염려할 수 있다.

클라이언트의 참여는 집단실천과 가족치료 모두에 필수적이다. 만약 문제시되는 환자가 있고, 가족들이 치료자는 단지 증상을 보이고 있는 성원을 다루고 치료해야 한다고 믿는다면, 가족을 참여시키는 것이 어려울 수 있다. 일반적으로 가족치료 또는 치료의 효과성에 있어 체계적 관점에 익숙하지 않은 문화적으로 다양한 가족의 경우 이러한 믿음은 특히 강할 수 있다. Gaby는 그녀와 그녀 가족이 가족치료가 필요하다는 사실을 부정할 수도 있다.

이 가족에게 참여가 어려울 수 있는 또 다른 이유는 Gaby가 그녀 가족 안의 문제를 부정할 수도 있기 때문이다. 흔히 가족들은 그 가족에게 수치감을 가져올 수 있는 문제를 인정하지 않으려고 자녀에게 있는 증상을 합리화하거나 부정한다. 이것은 익숙하지 않은 새로운 나라에 적응해서 살아가려고 노력하는 이민 가족에게 특히 중요한 이슈가 될 수 있다. 만약 한 가족성원이 스스로 수용할 수 없는 문제를 지니고 있다면, 그 가족은 이러한 이슈에 민감할 수 있다.

발달장애가 있는 19세 된 아들이 집에 머무르고 있다. 그는 고등학교도 마치지 못했고, 침대에 자주 누워 있다. 이러한 경우에 집단은 교정적인 정서적 경험을 제공할 수 있다(Yalom & Leszcz, 2005).

■

사정

사정과정의 한 부분으로서, 가족치료자는 가족의 구조, 위계적 질서, 사람들 간의 연결 정도와 유형, 의사소통 양상, 의사결정, 그리고 우세한 가치들과 신화들을 탐색한다. 많은 서아프리카계 가족들은 전문적 도움을 받는 것을 주저하기 때문에 이 가족도 도움을 구하는 것이 매우 어렵다. 사실, 우리는 이 가족이 살던 집에서 쫓겨나고 서로 헤어지게 될 예정이 아니었다면 그들이 치료에 참여하는 것에 동의하지 않았을 것이라고 추측한다. 심지어 이제는 가족 체계적인 이슈보다는 오히려 Gaby의 정신질환이나 임대료 체납금과 같은 개별적인 가족성원의 문제를 "해결하는" 데 초점을 둘 수도 있다. 어느 누구도 그들의 아버지와 그 죽음 또는 자녀들이 8년 동안 가나에 남겨져 있었던 것에 대해 언급하지 않는다.

가족들은 흔히 상실에 대해 서로 다른 반응을 보인다. 가족치료자는 확대가족과의 이전의 관계가 어떠했는지를 물을 수도 있다. 그들에게는 아버지의 죽음이 있었다. 자녀들은 8년 동안 일차적인 보호제공자를 잃어버렸고, 가나에 있는 친척들을 잃어버렸다. 그들의 어머니는 정신질환 때문에 그들이 필요할 때 함께 있어줄 수 없었다. 집단은 종종 가족이 직면한 도전 때문에 부족했던 원가족의 보호 역할을 재현해 줌으로써 이 가족이 직면한 도전으로 인해 부족할 수 있었던 보호를 제공할 수 있다.

■

계약

계약은 가족치료와 집단실천 모두에서 발생한다. 가족치료를 위해 이 가족과 계약을 맺는 것이 어려울 수 있는데, 이는 그들이 가족치료가 필요하다는 것을 인식하지 못하기 때문에 또는 단지 한 사람만이 문제를 지니고 있다고 생각하기 때문이다.

집단실천을 위한 계약은 성원들이 잘못된 기대를 하지 않도록 매우 명확해야 한다. 함께한 내력은 때때로 집단에 참여하는 것을 주저하도록 한다. 성원들은 또한 다르다고 지목되는 것을 원하지 않는다.

규범설정하기

집단치료의 초기부터 중간단계까지, 집단실천가는 집단규범을 만들기 위해 노력해야 한다. 이를 촉진하기 위해서, 성원들은 서로 경청하기, 차이를 존중하기, 그리고 다른 사람이 참여하도록 돕기를 포함하는 적절한 규범을 발전시켜야 한다. 이것은 성원들이 극도로 상처를 받았거나 도움이 필요할 때는 도전적인 일이 될 수 있다. 집단성원들은 상실과 상처를 경험한 집단의 다른 성원들의 지지를 받는 것으로부터 상당한 도움을 받을 수 있다. 집단성원들은 그들이 집단 내에서와 외부의 삶에 대처하도록 돕고, 상호부조의 요소들을 배우도록 돕는 새로운 규범을 발전시킬 수 있다. 이 가족의 성원은 집단경험을 통하여 터득한 기술을 현재의 일상적인 도전에 대처하는 데 활용할 수 있다.

반면에, 가족은 이미 매우 강한 규범들을 지니고 있다. 사실, 가족의 현존하는 규범들은 외부인으로서 가족치료자가 그 가족과 초기에 연결되는 것을 어렵게 할 수 있다. Gaby의 가족에서, 그 가족은 특히 과거와 현재의 감정들을 소통하는 것뿐만 아니라 외부인과 연결되는 것에 대한 현존하는 규범들을 탐색해야 한다. 교육, 일, 자녀양육에 대한 가족의 규범들과 가치들 또한 탐색되어야 한다. 장애를 가진 아들이 숨겨져 있고, 가족에 의하여 돌봄을 받고 있지만 외부에 나가 기술들을 배울 수 있는 기회가 주어지지 않는다. 이 가족은 어머니가 모든 가족성원들을 돌보고, 필요한 것을 공급해야 한다고 기대하며, 그들은 어머니의 취약성을 인식하지 못하고 있다. 가족치료자는 치료에 참여하는 것에 대한 적절한 규범들을 설정해야 한다. 실천가는 클라이언트들에게 가족치료가 그들의 문제에 대해 도움을 줄 수 있다는 것을 가르칠 수 있다. 가족들은 또한 치료에서 그들의 감정을 솔직하게 개방적으로 의사소통하는 것을 적절하게 만드는 규범을 발전시키도록 용기를 얻을 수 있다.

가족치료와 집단실천에서 임상적 이슈들

특히 전이와 역전이에 있어서 실천가의 역할은 가족치료에서 특별히 중요하다. 흔히 원가족 내에서의 구성원의 위치는 치료자가 가족체계로 들어갈 때 재창조된다. Gaby와 그녀의 성인이 된 딸은 가족 내에서 상당한 힘을 가지고 있는데, 이것이 그들의 문화를 반영하는 것인지는 불분명하다. 이 가족은 또한 대학에 다니고 있으며, 변호사가 되기를 원하는 막내딸에게 많은 희망을 걸고 있다. 모든 치료자들은 그들 자신의 독특한 가족 경험을 지니고 있기 때문에 강한 역전이 감정이 가족치료자에게 자주 일어나며, 가족치료자가 대신 대리 외상vicarious traumatization을 입을 수 있는 위험이 존재한다. 이 개념은 정신적 외상을 입은 클라이언트와 오랫동안 일한 후에 치료자들에게 나타날 수 있는 부정적 영향으로서 정의되어 왔다(Cunningham, 2003). 치료자는 Gaby가 자신의 책임을 다하기 위해 정신을 차려야만 한다는 점에서 부정적인 역전이 감정을 가질 수도 있다. 또 다른 역전이 이슈는 성인 자녀가 스스로 책임을 져야 한다는 치료자의 반응이다. 클라이언트의 정신적 외상이 치료자에게 전달되는 영향력으로 인해 생기는 치료자의 대리 외상 반응은 가족과 집단 치료자 모두에게서 일어날 수 있다(Cunningham, 2003).

집단치료에서, 성원들 간의 관계와 성원들과 지도자와의 관계의 비이성적 측면은 집단에 상당히 많은 영향을 미친다. 전이는 집단에서 나타날 수 있는 왜곡과 분노감의 기초가 된다.

■

치료 모델과 기술

가족 및 집단치료자들이 변화를 초래하기 위하여 지지, 재명명, 직면, 그리고 해석을 포함하는 유사한 기술들을 사용하는 반면, 임상가들은 항상 이러한 기술들의 중요한 차이를 인식하고 있어야 한다. 집단성원들은 대개 회기와 회기 사이에는 서로 만나지 않는다. 사실, 회기 사이에 사회적 만남을 갖는 것은 치료집단에서는 대개 권장되지 않는다(Yalom & Leszcz, 2005). 그러나 가족치료에 참여하는 가족들은 지속적으로 함께 살고 있다. 이러한 지속되는 밀접한 근접성 때문에 가족치료자는 특히 직면과 해석을 사용하거나 또는 한 회기와 다음 회기 사이에 일어날 수 있는 부정적인 결과의 위험성을 지닌 채 이러한 기술들을 사용하도록 가족성원들을 격려하고 있다는 점에 유의해야 한다.

가족치료와 집단실천에는 서로 다른 모델들이 사용되어 왔다. 가족 개입 모델들에는 정신역동, 구조적, 인본주의적, 의사소통, 전략적, 이야기 모델들이 포함된다. 구조적 모델과 의사소통 모델은 이민자 가족에 개입하는 데 유용한 것으로 알려져 있다(Ho, 1987). 재명명과 증상 감소도 이민자 집단에 빈번하게 사용되는 효과적인 치료기술이다. 정신역동적 가족치료자는 심각한 상실에 관한 억압된 감정을 더욱 의식화하는 데 초점을 둘 것이고, 가족성원들이 지니고 있는 양가감정을 탐색할 것이다. 이러한 상실을 조부모를 잃음과 고향을 떠나 미국으로 온 것과 같은 가족이 이전에 경험하였던 상실과 연결시키려는 시도도 할 것이다. 구조적 가족치료 모델을 따르는 치료자는 어머니가 책임이 있고 자녀들은 그녀의 말을 들어야 한다는 것을 명확히 함으로써 가족을 재조직화하려 할 것이다. 치료자는 Gaby의 정신질환 증상이 최근에 발현되었기 때문에 Gaby가 가족 내에서 권위적인 인물로서의 그녀의 역할을 그만두었는지 우려를 나타내기도 할 것이다. Satir와 같은 인본주의학파에 속한 가족치료자는 각 가족성원의 자아존중감을 구축하는 개입을 할 것이다. 의사소통 가족치료자는 가족성원들에게 특히 자신의 감정에 관해 더욱 개방적으로 이야기하라고 격려할 것이다. 의사소통 가족치료자는 어떤 역할에 고착되어 있고, 행동에 융통성이 없고, 굳어져 있는 특정 가족성원이 누구인지를 확인할 것이다. 전략적 가족치료자는 Gaby가 증상을 보이는 것이 가족원들에게 상실의 경험들을 계속 생각나도록 하는 역할을 한다고 해석할 수도 있다. 전략적 가족치료자는 증상을 어떤 한계 내에서 제한하거나 또는 그 이슈를 재구성할 수 있다. 가족치료자는 Gaby에게 가족을 단결시킬 수 있기 때문에 그녀가 계속해서 우울증상을 보여야만 한다고 이야기하며, 역설적인 개입을 사용할 수도 있다. 이야기 가족치료자는 어떠한 생각도 가족에 적용시키지 않으며, 오히려 각 가족성원들이 자신의 이야기를 하고, 그래서 그들 자신의 현실을 창조하도록 허용한다. 치료자가 어떤 가족치료 모델을 사용하든지, 치료자는 이 가족이 치료자의 문화와는 매우 다를 수 있는 문화로부터 왔으며, 이것은 치료과정에 중요한 영향을 미칠 수 있다는 것을 기억해야 한다.

사회적 집단실천모델은 건강을 생각한다. 이 모델은 이 가족의 성원들이 정신건강 서비스가 필요하다고 생각하지 않기 때문에 유용하다. 이 가족의 행동은 증상으로서가 아니라 정신적 외상을 주는 경험에 대한 비효과적이거나 또는 도움이 되지 않는 적응으로써 이해될 수 있다. 집단에 참여하는 것은 개인이 자신의 정체성을 바라보는 방식을 변화시키며, 공동체 의식을 갖는 데 도움을 준다(Dass-Brailsford, 2007). 이것은 특히 이민자 가족에게 중요한데, 이는 그들이 정상적이고 잘 어울리기를 원하며, 이를 위해 노력하기 때문이다. 집단 구성원이 된다는 것은 이민자와 같이 주류 사회가 그들을 받아들이지 않는다고 느끼는 취약한 사람들에게 효과적이다(Dass-Brailsford, 2007). 집단은 또한 이 가족이 경험했던 상실감을 채워줄 수 있다. 이 가족은 모국으로부터의 친구 및 동료관계를 상실하는 경험을 했다. 집단은 안전한 장소에서 정신적 외상이 되는 이슈들을 나눌 수 있는 기회를 제공한다. 사회적 집단실천모델은 성원들이 새로운 친구 및 동료관계를 발전시키는 것을 돕는다.

위기를 활용하는 집단 양식은 성인 자녀가 독립적인 삶을 구축하기 시작하는 것을 도울 수 있기 때문에 이 가족에게 유용할 것이다. 자녀들은 스트레스적인 사건에 더욱 취약하다. 자녀들은 8년 동안 어머니가 없었고, 아버지는 돌아가셨으며, 그들은 가나에서 그들을 길러주었던 조부모의 곁을 떠났고, 그들의 어머니는 현재 그들과 함께 있어 줄 수가 없다. 집단은 스트레스적인 사건을 완충시키고, 성원들의 강점을 인식하고 구축하며, 대처기술을 강화시킨다(Shulman, 2009).

집단실천은 치료 방향과 치료적 측면들을 반영하는 교정적인 모델을 포함한다. 이 모델에서는 개인적 변화가 예측되고 변화를 강화하기 위한 활동들이 유도된다. 집단치료에서 개입의 범위는 정신역동적이거나 지지적이거나 심리교육적일 수 있다.

Gaby는 집단치료접근을 통해 정신질환과 삶의 변화와 관련된 이슈를 다루는 데 있어서 도움을 받을 수 있다. 그녀는 자신의 증상을 더욱 효과적으로 다룰 수 있고 기본적인 욕구들을 다룰 수 있을 것이다. 성인자녀는 가족 내에서의 변화에 적응하고, 독립성을 발달시키는 대처기술을 향상시키기 위해 집단치료로부터 도움을 받을 수 있을 것이다. 그들은 또한 정신질환이 있는 어머니를 둔 자녀 집단으로부터 그들의 좌절감을 다루고, 어떻게 어머니의 행동에 적응하는지를 알게 되는 도움을 얻을 수 있을 것이다.

■

종결

이 가족은 최근 어머니와 가족성원들로부터 받는 보호의 부족뿐만 아니라 그들의 아버지, 지지체계, 그리고 가나에 두고 온 가족성원들을 포함한 많은 상실을 경험하였다.

집단실천에서 종결은 가족치료에서의 종결과 매우 다르다. 집단이 종결할 때, 성원들은 흔히 서로를 다시 만나지 못한다. 집단 실천가는 집단 경험을 최소화해서는 안 되며, 종결에 대한 개인적 감정과 집단 감정에 조심스럽게 개입해야 한다.

반면, 가족치료를 종결할 때, 개인 가족성원들은 서로를 지속적으로 계속 만나게 될 것이다. 종결은 가족에게 이전의 상실감을 일깨울 수 있으므로 치료자는 마지막 회기에서 이러한 점을 다룰 수 있도록 준비해야 한다. 상실감은 다른 최근의 상실들을 경험한 다양한 배경을 지닌 가족들에게 특히 극심할 수 있다.

결론과 제언

이 장에서는 정신질환을 진단받은 가족성원이 있는 정신적 외상, 재정적 안정성의 상실, 그리고 살던 집에서 강제 퇴거될 위기를 경험하고 있는 한 이민자 가족을 대상으로 실천의 맥락에서 집단과 가족실천의 유사성과 차이성에 관해 설명했다. 집단 및 가족치료 이론과 기술에 대한 지식은 집단 및 가족 실천가들의 실천기술을 향상시켜야 한다. 이 두 모델에 대한 점진적인 논의는 전문가들이 가족치료, 집단치료, 또는 두 개의 조합 중 어느 것이 문화적으로 다양한 가족에 개입하는 데 더욱 효과적일 것인지에 대한 결정을 내리는 것을 도와주어야 한다.

문화적 다양성에 관해 민감해지는 것은 모든 실천양식들에 해당된다. 실천가는 자신의 문화적 배경에 대해 알고 있어야 하며, 어떻게 이것이 치료에 영향을 미치는지를 사정해야 한다. 실천가는 또한 문화적으로 미묘한 차이에 민감해야 하며, 클라이언트의 문화에 대한 편견과 가정들을 알고 있어야 한다. 어떤 모델이 선택되든지 간에, 사회복지사는 가족에 개입할 때 집단 관점을 유지하는 것뿐만 아니라 집단치료에서도 가족 접근을 유지할 수 있어야 한다. 이 목표를 성취하기 위해서, 아래의 지침들이 개발되었다.

- 돕는 전문직의 학생들은 문화적으로 다양한 클라이언트와 그 가족들에 개입하는 집단과 가족모델들을 학습함으로써 보다 통합된 실천을 준비해야 한다.
- 실천가들은 클라이언트가 가족과 집단실천 둘 다에 의해 도움을 받을 수 있는 가능성을 탐색해야 한다.
- 집단에 개입할 때, 실천가는 집단 기능에 영향을 미치는 가족역동을 항

상 인식하고 있어야 한다.

- 가족치료와 집단실천 사이의 논의는 지속되어야 한다.
- 이중 관점의 상호관계와 효과성에 대한 연구가 수행될 수 있다.
- 클라이언트의 문화에 대한 이해는 개입 영역에 영향을 미치고, 클라이언트를 돕기 위해 보다 통합된 접근을 하도록 허용한다. 두 개의 양식 모두 또는 각각을 활용하는 실천가들은 클라이언트와 공개적이고 직접적인 방식으로 문화적 차이를 언급해야 한다.
- 가족치료자와 집단성원은 모두 다양한 문화적 배경을 지닌 클라이언트에 개입할 때 통합된 모델을 사용함으로써 일련의 향상된 상호작용으로부터 이득을 얻을 수 있다.
- 이민자에 대한 차별과 편견을 증진시키고 이민자 집단의 정신건강에 스트레스적 요인을 가중시키는 현재의 정치적 환경의 도전을 고려해야 할 필요가 있다.

참고문헌

Ackerman, N. (1966). *Treating the troubled family.* New York: Basic Books.

Boszormenyi-Nagy, I., & Spark, G. (1973). *Invisible loyalties: Reciprocity in intergenerational family therapy.* Hagerstown, MD: Harper & Row.

Brown, L. (1991). *Groups for growth and change.* New York: Longman.

Chung, R., Bemak, F., Ortiz, D., & Sandoval-Perez, P. (2008). Promoting the Mental Health of immigrants: A multicultural/social justice perspective, *Journal of Counseling and Development, 86*(summer), 310-317.

Cunningham, M. (2003). Impact of trauma work on social work clinicians: Empirical findings. *Social Work, 48*(4), 451-459.

Dass-Brailsford, P. (2007). A practical approach to trauma. Thousand Oaks,

CA: Sage.

Fristad, M., Goldberg, A., & Gavazzi, S. (2003). Multi-family psychoeducation groups in the treatment of children with mood disorders. *Journal of Marital and Family Therapy, 29*(4), 491-504.

Garvin, C. (1986). Family therapy and group work: Kissing cousins of distant relatives in social work practice. In M. Parnes (Ed.), *Innovations in social group work Feedback from practice to theory* (pp. 1-15). New York: Haworth.

Getz, H. (2002). Family therapy in a women's group: Integrating marriage and family therapy and group therapy. *Family Journal, 10*(2), 220-224.

Gopalan, G., & Franco, M. (2009). Multiple family approach. In A. Gitterman & R. Salmon (Eds.), *Encyclopedia of social work with groups.* New york: Rutledge.

Hines, M. (1988). Similarities and differences in group and family therapy. *Journal of Specialists in Group Work, 13*(4), 173-179.

Ho, M. (1987). *Family therapy with ethnic monorities.* Newbury Park, CA: Sage.

King, L. (1998). A cultural challenge: Multiple family groups for post-separation and post-diverce families in Hong King. *Social Work With Groups, 21*(1/2), 77-87.

Mullen, A., Murray, L., & Happell, B. (2002). Multiple family group interventions in first episode psychosis: Enhancing knowledge and understanding. *International Journal of Mental Health Nursing, 11*(4), 225-233.

Northern, H., Kurland, R. (2001). *Social work with groups* (3rd. ed.). New York: Columbia University Press.

Norton, D. (1978). *The dual perspective: Inclusion of ethnic minority content in the social work curriculum.* New York: Council on Social Work Education.

Ritter, K. Y., West, J. D., & Trotzer, J. P. (1987). Comparing family counseling and group counseling: An interview with George Gazda, James Hanson and Alan Hoestadt. *Journal of Counseling and Development, 65*, 295-300.

Shulman, L. (2009). *The skills of helping individual, families, groups and communities* (6th ed.). Belmont, CAL Brooks/Cole.

U.S. Census (2012). The Foreign-Born Population in the United States 2010: American community survey report. http://www.census.gow/prod/2012pubs/acs-19.pdf, Retrieved July 28, 2012.

Yalom, I., & Leszcz, M. (2005). *The theory and practice of group psychotherapy* (5rh ed.). New York: Basic Books.

3

다양한 인종의 클라이언트에 대한 증거기반 실천

Manny J. González

사회복지, 심리학, 정신의학의 학문분야에서 치료 결과를 보고하는 연구들은 전 생애에 걸쳐 개인의 심리적 욕구를 다루는 데 있어 서로 다른 심리치료접근의 효능과 효과성을 입증해 준다(Beutler & Crago, 1991; Hibbs & Jensen, 1996). 지난 40년 동안, 연구를 하는 실천가들은 환자 또는 클라이언트 집단에서 일련의 임상적 증상들과 디스트레스의 수준들을 개선시키는 심리치료의 효과를 지지하는 증거를 찾기 위해 전문적 탐색을 지속해왔다. La Roche와 Christopher(2009)는 치료에 있어 심리치료적 모델의 성공률은 자연적으로 증상이 호전되는 것보다 더 크지 않다고 결론지은 Eysenck(1952)의 치료 결과 문헌고찰에 대한 반향으로서 이러한 탐색이 널리 시작되었다고 주장하였다. Eysenck(1952)의 고찰은 임상적 개입과 선택된 심리치료 접근들의 효능과 효과성을 설명하려는 목적을 지닌 체계적인 치료결과 연구들을 위한 초석을 마련하였다. 증거기반 실천과 경험적으로 지지된 심리사회적 치료의 현재 상태는 이러한 탐색이 낳은 산물이다.

치료결과 연구와 증거기반 심리사회적 치료의 발달이 임상 서비스와 정신건강 서비스의 보급을 향상시키는 데 유의미하게 기여해 왔다는 것이 명확하지만, 임상 연구가들은(예: Bernal, Jimenez-Chafey & Domenech Rodriguez, 2009; Hwang, 2009; Rossello & Bernal, 1999) 증거기반 실천을 문화적으로 다양한 클라이언트 집단의 심리사회적 치료에 적용하는 것에 대한 우려를 표하고 있다. 이러한 우려의 근원에는 특정한 문화적 및 언어적 맥락 안에서 발달된 증거기반 치료가 그 치료가 발달된 환자나 클라이언트 집단과 동일한 문화적 가치, 풍습, 언어를 공유하지 않는 민족문화를 지닌 환자 집단에도 적합한지 아닌지에 대한 이슈가 자리 잡고 있다. 문화와 특정한 사회적 · 민족적 변인들이 임상 서비스의 효과적인 보급과 진단 및 치료 과정에 영향을 미치기 때문에(González & González-Ramos, 2005 참조), 이와 같은 우려는 항상 심리사회적 실천의 선두에서 고려되어야 한다. 이러한 우려에 더하여, 일부 정신건강 학자들은(Atkinson, Bui & Mori, 2001; Miranda, Bernal, Lau, Kohn, Hwang & LaFromboise, 2005) 증거기반 치료에 대한 연구에서 소수 민족과 소수 인종 표본이 빠진 것을 기록해왔다. 심리치료 조사 연구에서 민족적, 인종적, 언어적으로 다양한 표본 집단을 모집하고 보유하는 것은 증거기반 실천의 문화적 적용cultural adaptation에 매우 중요하다.

이 장에서는 민족적으로 다양한 클라이언트에 대한 증거기반 실천의 개요를 제시할 것이다. 정신보건 그리고 임상실천 현장에서의 증거기반 실천과 문화적 유능성에 대한 통합적 이해를 토대로 증거기반 치료를 문화적으로 적절하게 적용하기 위하여 선택된 개념적 틀이 제시될 것이다. 문화적으로 적절하게 적용된 인지행동치료는 민족적, 인종적으로 다양한 환자 집단을 위한 증거기반 치료의 예시로써 또한 강조될 것이다.

정신건강 보호에서 증거기반 실천과 문화적 유능성

증거기반 실천은 "특정한 문제를 지니고 있으며 어떤 일련의 맥락하에 있는 개인들에게 누구에 의한 무슨 치료가 가장 효과적인가?"(p. 111) 하는 Paul(1967)의 중요한 실천기반 연구 질문에 의하여 상당 부분 인도되었다. 의학(Sackett, Strauss, Richardson, Rosenberg & Haynes, 2000 참조)에서 증거기반 운동과 유사하게, 사회복지와 심리학 전문가 훈련에서 증거기반 실천은 특정한 심리적 및 사회적 영역을 통해서, 그리고 관련 연구와 환자의 가치에 대한 임상실천의 통합을 통하여 환자의 치료결과를 향상시키는 것을 주요한 목적으로 삼고 있다. 이러한 목적에 의해 미국 심리학협회는 심리학에서 증거기반 실천을 "환자의 특성, 문화, 그리고 선호의 맥락에서 임상적 전문지식을 지닌 가능한 최상의 연구의 통합"으로 정의하였다(미국 심리학협회 증거기반 실천 task force팀, 2006, p. 273). 클라이언트의 특성, 문화, 그리고 선호의 맥락에서 실천가의 임상적 전문지식에 대한 강조와 함께 이러한 정의는 사회복지를 포함하는 돕는 전문직의 가치기반에 잘 부합한다. TF^Task Force^팀에 따르면, 증거기반 실천의 목적은 "경험적으로 지지된 심리학적 사정, 사례구성^case formulation^, 치료적 관계와 개입의 원칙들을 적용함으로써 효과적인 심리학적 실천을 증진하고 공공의 건강을 향상시키는 것이다"(p. 284). 만약 이러한 목적이 임상 실천가와 보호체계에 의하여 이행된다면, 민족적으로 인종적으로 다양한 집단의 개인적이고 문화적인 특성, 선호, 가치는 환자의 결과 향상 및 심리사회 치료의 효과적인 전달이라는 증거기반 실천의 전체적 목적에 부합해야 한다. 이는 정신건강과 임상 서비스의 제공에 있어 문화적 유능성에 대한 욕구를 이해하는 것에 의해 촉진될 것이다.

심리사회적 서비스의 제공에 있어 문화적 유능성에 대한 욕구는 다음의 두 가지 중요한 요인에 의해 그 필요성이 정당화된다: (a) 미국 내에 문화적 다양성과 다문화적 인구집단이 증가하고 있다는 점, (b) 잘 알려진 바와 같이 민족적, 인종적, 언어적으로 다른 경우 정신건강 서비스 이용에 차이가 있다는 점(Bernal & Scharron-del-Rio, 2001). 임상적이고 조직적인 관점에 따르면, Sue와 Torino(2005)는 문화적 유능성을 다음과 같이 정의하였다.

> 문화적 유능성은 클라이언트와 클라이언트 체계의 최적의 발달을 극대화하는 조건들을 만들어 내거나 이를 위한 행동에 관여하는 능력이다. 다문화적 상담의 유능성은 다원주의적 민주주의 사회에서 효과적으로 기능하는 데 필요한 상담가의 인식, 지식, 그리고 기술의 획득(다양한 배경을 가진 클라이언트를 위해 의사소통하고, 상호작용하고, 협상하고, 개입하는 능력)에 의해 성취된다. 또한 이는 모든 사람들에게 더욱 적절하게 대응할 수 있는 새로운 이론과 실천, 정책, 그리고 조직 구조를 개발해야 함을 효과적으로 주장하는 것을 통해 조직적/사회적인 수준에서 성취된다. (p.8)

문화적으로 유능한 실천에서 주요 변인인 문화는 심리치료의 과정과 인간의 상태를 이해하는 데 직접적인 영향을 미치는 복합적이고 다차원적인 개념구성체이다. 그러나 문화는 문화적 민감성이 있는 심리치료와 문화적 유능성이 있는 정신건강 서비스의 발달에서 항상 다른 무엇보다 중요한 개념구성체로써 적절한 관심을 받아왔던 것은 아니다(Guarnaccia & Rodriguez, 1996; La Roche & Christopher, 2009). 소수 민족 또는 민족적 · 인종적으로 다양한 클라이언트를 대상으로 한 증거기반 실천은 문화는 시간과 공간을 초월하여 인간 유기체의 생리심리사회적 기능에 영향을 미치는 하나의 현상이라는 인식에 전제를 두고 있어야 한다. 증거에 기반한 심리사회적 개입을 실행하고 발전시키는 데 문화가 기여하는 역할을 인식하면서, 미국 심리학협회의 증거기반 실천 Task Force팀은 이 개념구성체를 다음과 같이 분명히 정의하였다.

> 문화는… 흔히 정체감을 공유하는 것으로 귀결되는 일련의 광범위한 현상을 초월하여 이해되는 것이다(예: 공유된 가치, 역사, 지식, 의식, 그리고 관습). 인종적 및 민족적 집단은 공유된 문화를 지니고 있다. 그러나 그들의 개별적 성향은 농문화deaf culture, 도심 빈곤지역 문화inner-city culture 등과 같은 문화 집단을 규정하는 유일한 특성이 아니다. 문화는 다차원적인 개념구성체이고, 문화적 요인들은 각 환자들을 독특하게 만드는 사회계층 및 개별적 특성들과 떨어져 별개로 이해될 수 없다. (p. 278)

증거기반 실천과 문화적 유능성의 통합은 임상세팅에서 문화적 민감성을 갖춘 심리치료가 실행되도록 할 수 있다. 소수 민족을 대상으로 한 심리치료연구에서 Hall(2001)의 업적을 참고하여, La Roche와 Christopher(2009)는 다음과 같이 언급하였다. "문화적 민감성이 있는 심리치료는 심리치료를 특정한 문화집단에 맞추는 것이다. 그래서 한 집단 출신의 사람이 다른 문화집단을 위해 고안된 개입보다 특정한 유형의 개입으로부터 더 많은 혜택을 받을 수 있도록 하는 것이다(p. 398)." 문화적 민감성이 있는 심리치료는 상호연관된 세 가지 영역으로 구성된다. 첫 번째 영역은 특정 환자 집단에게 독특한 민족적, 인종적, 그리고 문화적 요인들을 신중하게 정의하는 것이다. 두 번째 영역은 특정 문화 집단에서 다른 문화와는 상대적인 독특하거나 또는 더욱 탁월한 특성들을 포괄하는 것이다. 마지막 영역은 문화적으로 다양한 환자 집단의 욕구를 강조하는 데 초점을 맞춘 문화적 민감성이 있는 임상적 개입들을 포함하는 것이다. 문화적으로 다양한 집단의 정신건강 또는 심리사회적 욕구에 부응하기 위해 변형되거나 만들어진 증거기반 실천은 이상과 같이 기술된 영역들을 포함해야 한다.

■

증거기반 치료의 문화적 변형을 위한 개념적 틀

문화적으로 유능한 실천과 증거에 입각한 심리사회 치료를 통합하는 것은 복합적인 과업이다. 그러나 이러한 통합이 불가능한 것은 아니다. 이는 민족적으로 다양한 환자들의 사회문화적이고 사회경제적인 맥락을 고려하는 치료에 대한 체계적인 접근을 하는 데 기여할 수 있다. Bernal과 동료들(2009)은 이러한 통합이 문화적 변형cultural adaptation 절차를 사용함으로써 이루어질 수 있다고 주장한다. 그들은 문화적 변형을 "클라이언트의 문화적 양상, 의미, 가치와 양립할 수 있는 방식으로 언어, 문화, 그리고 맥락을 고려하여 증거기반 치료나 프로토콜protocol을 체계적으로 변경하는 것"으로 정의한다(p. 362). 문화적 변형은 민족적으로 다양한 환자의 심리사회적 문제는 일차적으로 새로운 치료접근으로 다루어져야 한다고 주장하는 실천과학자들(Comas-Diaz, 2006 참조)과 어떤 유형의 변형 과제에 착수하기 전에 다양한 문화집단을 대상으로 현존하는 심리사회적 치료는 변화 없이 검증되어야 한다고 믿는 학자들(Elliot & Mihalic, 2004 참조) 사이를 하나로 연결시키는 다리로서의 역할을 수행한다.

문화적 유능성과 증거기반 실천의 통합을 촉진시키려는 목적을 지니고, 다양한 민족적, 인종적 및 언어적 배경을 지닌 환자 집단에 대해 심리치료 또는 심리사회적 치료를 문화적으로 변형 가능하게 만드는 다수의 개념적 틀(예: Bernal, Bonilla, & Bellido, 1995; Hwang, 2006, 2009)이 발전되어 왔다. 문화적 유능성을 갖춘 정신건강 연구에 대한 Rogler, Malgady와 Rodriguez(1989)의 틀은 현재 문화적으로 변형된 심리치료적 틀이 기반을 두는 매우 중요한 영역을 제공한다. Rogler와 동료들(1989)은 정신건강 연구, 실천 및 치료 혁신에서 다음의 5가지 영역에서 문화적 이해를 향상시킬 것을 제안하였다: (a) 임상/정신건강과 관련해 제시된 문제에서 문화적 요인들, (b) 도움 요청과 서비스 활용, (c) 정확한 진단에 영향을 미칠 수 있는 요인들, (d) 치료적 이슈들, (e) 환자의 치료 후 적응. Hwang(2006)은 이런 중요한 틀이 "문제 발달의 시간적 순서와 문화가 기여하는 영역들을 서비스 전달에서 강조하기 때문에" 소수 민족에게 효과적인 치료를 제공하는 데 중요하다고 하였다(p. 703).

생태학적 타당성과 문화적 민감성 틀

Bernal, Bonilla와 Bellido(1995)에 의해 개발된 생태학적 타당성과 문화적 민감성 틀은 문화적 유능성과 증거기반 치료의 제공에서 클라이언트가 경험한 민족문화적 세계와 치료자가 가정하고 있는 특정 심리치료의 특성들 사이의 조화를 증진시켜야 할 필요가 있다고 제시한다. 이 틀은 8가지 문화 민감성 요인에 초점을 두고 있는데, 이는 언어(적절하거나 문화적으로 친화적인지), 개인(클라이언트와 치료자 간의 치료적 관계를 형성하는 데 민족적 유사성과 차이점의 역할), 은유(상징과 개념), 내용(치료자의 문화적 지식), 개념(문화와 맥락에 일치하는 치료 개념), 목적(긍정적이고 적응적인 문화적 가치에 대한 지지), 방법(치료 방법의 문화적 향상), 맥락(문화적응상 스트레스 문제의 위험성과 사회적 지지체계와의 단절의 위험성을 증진시키고, 특정한 민족 문화적 다양성이 있는 클라이언트 집단에 대한 사회적 유동성의 감소를 증진시킬 수 있는 경제적, 사회적 맥락의 고려)이다. Rossello와 Bernal(1999)은 우울증이 있는 푸에르토리코 청소년들을 대상으로 인지행동치료와 대인상호작용 치료를 문화적으로 적절하게 변형하는 데 이 틀을 성공적으로 사용하였으며, 이렇게 변형된 치료는 임상 시험에서 효과가 있는 것으로 나타났다. 유사하게, 이 틀은 아이티 태생의 미국 청소년들을 대상으로 한 인지행동집단치료를 문화적으로 적절하게 변형하는 데 사용되기도 하였다(Nicolas, Arntz, Hirsch, & Schmiedigen, 2009 참조).

심리치료 변형과 변형 틀

Hwang(2006)은 경험적으로 지지된 치료의 치료적 수정을 안내하는 것을 돕기 위하여 심리치료 변형과 변형 틀Psychotherapy Adaptation and Modification Framework: PAMF을 고안하였다. 심리치료 변형과 변형 틀PAMF의 주요한 개념적 기반은 다음과 같은 서로 다른 정신건강 영역에 문화가 영향을 미친다는 것이다: (a) 정신병의 유병률, (b) 질병의 원인학, (c) 디스트레스의 현상학, (d) 진단적 이슈와 사정 이슈, (e) 대처 양식과 도움-추구 경로, (f) 치료와 개입. 이 틀은 6개의 치료적 영역과 25개의 치료 원칙들을 포함하고 있다[치료 원칙들을 모두 검토하기 위해서는 Hwang(2006) 참조]. 이 틀의 6개 치료 영역은 다음과 같다: (a) 역동적인 이슈들과 문화적 복합성, (b) 클라이언트에게 심리치료에 대해 알려주기 및 정신건강 인식 증진시키기, (c) 정신질환, 그 원인, 그리고 적절한 치료에 관한 문화적 신념 이해하기, (d) 클라이언트-치료자 관계 향상시키기, (e) 디스트레스의 표현과 의사소통에서 문화적 차이 이해하기, (f) 환자 집단에게 구체적인 문화적 이슈 강조하기. 25개의 치료 원칙은 클라이언트에게 질병 발달의 생리심리사회적 또는 전인적 모델 알려주기, 치료의 심리교육적 측면에 초점두기, 현존하는 문화적 강점과 클라이언트의 치료에 치유가 되는 실천 통합 방법 찾기, 그리고 전통적이고 토착적인 치유 형태에 맞추어 조정하기와 같은 예들을 포함한다. 비록 PAMF는 최근에 유입된 아시아계 미국 이민자들의 정신건강 욕구에 부응하기 위하여 고안된 것이지만, 이것은 많은 다양한 민족문화적 집단을 대상으로 한 증거기반 실천에 적용될 수 있을 것이다. 사실, 한 치료결과 연구에서, PAMF는 불안장애를 앓고 있는 멕시코계 미국 학생들을 대상으로 인지행동 치료를 적용하는 데 사용된 적이 있다(Wood, Chiu, Hwang, Jacobs, & Ifekwunigwe, 2008). 이 틀은 또한 다양한 원조전문직을 대상으로 한 임상 교육/훈련을 향상시키는 데도 사용될 수 있다.

심리치료 변형을 위한 구성 방법

심리치료 변형과 변형 틀의 부산물로서, Hwang(2009)은 또한 심리치료 변형을 위한 구성 방법Formative Method for Adapting Psychotherapy: FMAP을 발전시켰다. FMAP는 심리치료의 문화적 변형을 위한 지역사회 기반의 하의상달식 접근이다. Hwang(2009)에 따르면, FMAP는 "치료 변형을 위한 아이디어를 생각해내고, 이론적으로 확인된 변형들에 대한 추가적인 지지를 제공하며, 치료적 반응성을 증가시키기 위한 보다 구체적이고 세련된 제안들을 제공하고 이를 더 구체화하는 것을 돕기 위하여 상의 하달식인 PAMF와 함께 사용하기 위하여 개발된 것이다(p. 370)." 실천에 기반한 증거 원칙들과 일관되게(Fox, 2003 참조), FMAP 접근은 5단계로 구성되는데 이는 (a) 지식을 발생시키고 이해당사자들과 협력하기, (b) 발생된 지식을 이론 및 경험적, 임상적 지식과 통합하기, (c) 초기에 문화적으로 변형된 임상적 개입 검토하기, (d) 문화적으로 변형된 개입 검증하기, (e) 문화적으로 변형된 개입을 최종화하기이다. 이 틀은 우울증이 있는 중국계 미국인들을 대상으로 매뉴얼화된 치료를 고안하는 데 사용되기도 하였다.

■

문화적으로 변형된 인지행동 치료

인지행동치료CBT는 사고, 행동, 감정이 밀접하게 관련되어 있다는 전제에 기반을 두고 있다(Beck, Rush, Shaw, & Emery, 1979 참조). 또한 우울, 불안, 정신건강 및 심리사회적 장애와 관련된 기타 질병의 치료를 위한 증거에 기반을 둔, 단기치료적 접근이다. 우울한 감정을 치료하기 위해서, 이

치료 접근은 이러한 감정에 영향을 미치는 사고와 행동을 확인하려 한다. 우울증 치료에서 인지치료의 일차적인 목적은 우울한 감정을 감소시키고, 클라이언트가 우울하다고 느끼는 시간을 단축시키고, 우울증을 방지하는 대안적인 방법을 가르치며, 개인 자신의 삶에 대한 자기통제감을 증가시키는 것이다. 치료는 클라이언트의 사고가 어떻게 감정에 영향을 미치는지, 일상적인 활동들이 어떻게 감정에 영향을 미치는지, 그리고 다른 사람들과의 상호작용이 어떻게 감정에 영향을 미치는지를 이해하도록 돕는 것에 방향이 맞추어진다.

소수 민족을 대상으로 한 증거기반 정신건강 보호의 영향력에 관한 최근 연구들(Miranda et al., 2005; Voss Horrell, 2008)은 불안 및 우울장애를 앓고 있는 아프리카계 미국인, 히스패닉, 아시아계 미국인을 대상으로 한 CBT의 효과성을 지지한다. 문화적으로 변형된 CBT 접근은 또한 민족적 · 문화적으로 다양한 환자 집단의 디스트레스 증상을 감소시키는 데도 효과적이다. Wood와 동료들(2008)은 예를 들면, 구체적인 사례연구를 통해 불안장애를 앓고 있는 멕시코계 미국 학생들을 대상으로 문화적으로 변형된 CBT가 어떻게 긍정적인 결과를 초래할 수 있는지를 기록하였다. 그들의 연구에서 Wood와 동료들(2008)은 CBT의 문화적 변형에서 다음과 같은 문화적 유능성 원칙들을 통합하였다: (a) 클라이언트의 문화적 실천, 문화적응 상태, 이주 역사, 언어 유능성과 선호, 그리고 다른 관련성 있는 배경 역사에 관해 인식하는 시간 갖기, (b) CBT 기술의 수용을 증진하기 위해 클라이언트와 그 가족의 정신질환과 그 치료에 대한 개념화를 존중하기, (c) 치료적 관계를 향상시키기 위해 클라이언트와 가족이 가치를 부여하는 CBT 목표 수립하기, (d) 부모의 우려를 경감시키기 위해 학교 직원들과 적극적으로 협력하기, (e) 가족의 이해와 참여를 증진시키기 위해 초기에 오리엔테이션 회기 제공하기, (f) CBT에의 참여를 촉진시키기 위하여 부모역할의 문화적 맥락에 관해 인식하기, (g) 아동의 CBT 치료에 확대가족 참여시키기, (h) 치료에 더욱 전념하도록 하기 위해 CBT 기술을 가족의 문화적 신념과 전통에 맞추어 조정하기, (i) 문화적 규범을 따르는 의사소통 방식이 치료에 잘 따르지 않으려는 것을 위장하는 것은 아닌지 고려하기, (j) 자녀의 적응 문제가 문화적응 차이로 인한 것일 수 있음을 염두에 두되 이 주제에 대해 가족에게 언급하기 전에 문화적 전문가와 상의하기. 치료에 대한 증거기반 모델과 이러한 원칙들의 통합은 정신건강 서비스를 충분히 이용하지 않고 조급하게 치료를 중단하는 경향이 더 많은 민족적으로 다양한 클라이언트 집단을 대상으로 한 치료 결과가 긍정적으로 나타날 가능성을 증가시켰다.

주요 우울증이 있는 히스패닉 사람들을 대상으로 한 12회기의 문화적으로 변형된 인지행동치료에 대한 탐색적 연구에서, Interian, Allen, Gara와 Escobar(2008)는 치료를 완료한 환자들의 경우 치료 후 우울 증상이 평균 57% 감소되었다고 보고하였다. 치료 프로토콜treatment protocol을 만든 문화적 변형은 다음을 포함하였다: (a) 환자가 미국에 몇 년간 거주하였는지, 이주에 대한 그들의 적응, 가족성원들의 행방과 사회적 지지의 변화에 관해 질문하는 것을 포함하는 민족문화적 사정의 활용, (b) 치료적 현상을 묘사하기 위하여 히스패닉들이 흔히 사용하는 용어를 포함하여 스페인어로 치료를 제공하는 것, (c) 치료에서 가족 중심성에 대한 고려. 연구 결과에 기반을 두고, Interian과 동료들(2008)은 현존하는 치료에 문화적 변형은 임상적으로 유용할 것이라고 기록하였으며, 그들은 임상가들이 CBT를 민족문화적 사정을 통해 보완할 것을 제안하였다.

Interian과 동료들(2008)이 실시한 연구와 유사하게 Kohn, Oden, Munoz, Robinson과 Leavitt(2002)는 우울증상이 있는 저소득층 아프리카계 미국 여성을 대상으로 16주간으로 매뉴얼화된 인지행동 집단치료 개입을 문화적으로 변형하여 실시하였다. CBT 집단 개입의 문화적 변형은 구조적이고 교훈적인 두 가지 영역에서 이루어졌다. 구조적 수준에서의 변형은 다음을 포함하였다: (a) 집단을 아프리카계 미국 여성으로 제한하기, (b) 응집력을 촉진하기 위하여 집단을 폐쇄집단으로 유지하기, (c) 치료 동안에 경험적 명상운동experiential meditative exercises을 추가하고, 16주간의 개입 종료 시 종결의식 추가하기, (d)

CBT 기술을 설명하기 위해 사용된 언어의 일정 부분을 변화시키기. 예를 들면, 과제라는 단어를 사용하는 것 대신 집단 참여자들은 "치료적 연습"이라는 단어를 더 선호하였다. 교훈적 수준에서는 치료 양식에 문화적으로 구체화된 네 가지 영역의 내용이 추가되었다: (a) 건강 관계 만들기, (b) 영성, (c) 아프리카계 미국인 가족 이슈들, (d) 아프리카계 미국인 여성 정체성. 개입 종료 시, 집단의 여성들은 Beck의 우울척도(BDI)로 측정하였을 때 우울증적 증상들이 유의미하게 감소하였음을 보여주었다.

이상과 같은 연구는 민족적 · 문화적으로 다양한 환자 집단에서 우울과 불안의 증상들을 감소시키는 데 문화적으로 변형된 인지행동 치료의 효과성에 대한 증거를 제공한다. 인용된 연구는 일차적으로 히스패닉과 아프리카계 미국인 환자에게 적용한 것이지만, 일부 출판된 사례 연구는 문화적으로 변형된 CBT가 일본인 클라이언트(Toyokawa & Nedate, 1996 참조)와 정통 유대인들(Paradis, Friedman, Hatch & Ackerman, 1996)과 같은 다른 다양한 민족 집단을 대상으로 한 치료로 선택될 수도 있다는 것을 제시한다. 치료 모델과 같이, 문화적으로 변형된 CBT는 연구 증거와 문화적 유능성 둘 다에 의하여 입증된 치료 접근의 실제 예시가 된다. 이 모델은 또한 경험적으로 지지된 치료와 문화의 실제 사이에 존재할 수 있는 통합적이고 상호보완적인 관계의 양상을 설명해준다.

■

결론

문화 현상과 사회적 맥락에 있어 과학의 통합은 증거기반 실천의 개발, 검증, 실행에 모두 동일하게 중요하다. 만약 이러한 통합이 임상 조사와 임상 서비스의 전달에서 간과된다면, 다양한 민족적, 인종적, 언어적 배경을 지닌 클라이언트들은 부적절하거나 부적합한 심리사회적 보호를 받을 위험에 처하게 될 수 있다. 문화적 변형 틀은 심리사회 치료에 대한 증거기반 모델의 적절성을 평가하기 위해 사용되어야 한다. 이 장에서 강조된 심리치료 변형 틀은 증거기반 치료와 문화적 유능성 사이의 간극을 이어주는 역할을 한다. 문화적으로 변형된 인지행동 치료의 효과성에 관해 인용된 연구들에 의해 설명된 바와 같이 민족적 · 문화적으로 다양한 환자를 대상으로 한 증거기반 치료에 관한 문헌이 증가하고 있으며, 긍정적인 치료 결과들이 나오고 있다. 문화적으로 변형된 증거기반 치료에서 긍정적인 치료 결과들은 정신건강 서비스가 국가의 다양하고 변화하는 인구사회학적 프로파일을 반영해야 한다는 인식이 커져가는 현 시대에 환영받고 있다. 문화적 유능성과 증거기반 실천은 가까운 미래에 계속해서 임상 서비스의 근간을 이룰 양대 주요 이슈들이다. 이 장에서는 이 두 가지 이슈와 이들의 통합에 대한 필요성을 강조하였다.

참고문헌

American Psychological Association Presidential Task Force on Evidence-Based Practice. (2006). Evidence-based practice in psychology. *American Psychologist, 61*(4), 271~285.

Atkinson, D, R., Bui, U. & Mori, S. (2001). Multicultural sensitive empirically supported treatments: An oxymoron? In J. G. Ponterotto, J. M. Casas, L. A. Suzuki & C. M. Alexander (Eds.), *Handbook of multicultural counseling* (2nd ed., pp. 542~574). Thousand Oaks, CA: Sage.

Beck, A. T., Rush, A. J., Shaw, B. F., & Emery, G. (1979). *Cognitive therapy of depression.* New York: Guilford.

Bernal, G., Bonilla, J., & Bellido, C. (1995). Ecological vailidity and cultural sensitivity for outcome research: Issues for the cultural adaptation and development of psychosocial treatments with Hispanics. *Journal of Abnormal Child Psychology*, 23(1), 67~87.

Bernal, G., & Scharron-Del-Rio, M. R. (2001). Are empirically supported treatments valid for ethnic minorities? Toward an alternative approach for treatment research. *Cultural Diversity and Ethnic Minority Psychology*, 7(4), 328~342.

Bernal, G., Jimenez-Chafey, M. I., & Domenech Rodriguez, M. (2009). Cultural adaptation of treatments: A resource for considering culture in evidence-based practice. *Professional psychology: Research and practice*, 40(4), 361~368.

Beutler, L. E., & Crago, M. (Eds.). (1991). *Psychotherapy research: An international review of programmatic studies*. Washington, DC: American Psychological Association.

Comas-Díaz, L. (2006). Latino healing: The integration of ethnic psychology into psychotherapy. *Psychotherapy: Theory, Research, Practice, Traning, 43*(4), 436~453.

Elliot, D. S., & Mihalic, S. (2004). Issues in disseminating and replicating effective prevention programs. *Prevention Science, 5*(1), 47~53.

Eysenck, H. J. (1952). The effects of psychotherapy: An evaluation. *Journal of Consulting Psychology, 16*(3), 319~324.

Fox, N. J. (2003). Practice-based evidence: Towards collaborative and transgressive research. *Sociology*, 37(1), 81~102.

González, M. J., & González-Ramos, G. (Eds.). (2005). *Mental health care of new Hispanic immigrants: Innivations in clinical practice*. New York: Haworth.

Guarnaccia, P. J., & Rodriguez, O. (1996). Concepts of culture and their role in the development of culturally competent mental health services. *Hispanic Journal of Behavioral Sciences*, 18(4), 419~443.

Hall, G. C. (2001). Psychotherapy research with ethnic minorities: Empirical, ethical and conceptual issues. *Journal of Consulting and Clinical Psychology*, 69(4), 502~510.

Hibbs, E. D., & Jensen, P. (Eds.) (1996). *Psychosocial treatments for child and adolescents disorders*. Washington, DC: American Psychological Association.

Hwang, W. C. (2006). The psychotherapy adaptation and modification framework: Application to Asian Americans. *American Psychologist,* 61(7), 702~715.

__________ (2009). The formative method for adapting psychotherapy (FMAP): A community-based developmental approach to culturally adapting therapy. *Professional Psychology: Research and Practice*, 40(4), 369~377.

Interian, A., Allen, L. A., Gara, M. A., & Escobar, J. I. (2008). A pilot study of culturally adapted cognitive behavior therapy for Hispanics with major depression. *Cognitive and Behavior Practice, 15*(1), 67~75.

Kohn, L. P., Oden, T., Munoz, R, F., Robinson, A., & Leavitt, D. (2002). Adapted cognitive behavioral group therapy for depressed low-income African American women. *Community Mental Health Journal, 38*(6), 497~504.

La Roche, M. J., & Christopher M. S. (2009). Changing paradigms from empirically supported treatment to evidence-based practice: A cultural perspective. *Professional Psychology: Research and Practice*, 40(4), 396~402.

Miranda, J., Bernal, G., Lau, A., Kohn, L., Hwang, W. C., & LaFromboise, T. (2005). State of science on psychosocial interventions for ethnic minorities. *Annual Review of Clinical Psychology, 1*(2), 113~142.

Nicolas, G., Arntz, D. L., Hirsch, B., & Schmiedigen, A. (2009). Cultural adaptation of a group treatment for Haitian American adolescents. *Professional Psychology: Research and Practice,* 40(4), 378~384.

Paradis, C. M., Friedman, S., Hatch, M. L., & Ackerman, R. (1996). Cognitive behavioral treatment of anxiety disorders in Orthodox Jews. *Cognitive and Behavioral Practice, 3*(4), 271~288.

Paul, G. (1967). Strategy of outcome research in psychotherapy. *Journal of Consulting Psychology*, 31(2), 109~118.

Rogler, L. H., Malgady, R. G., & Rodriguez, O. (1989). *Hispanics and mental health: A framework for research.* Malabar, FL: Krieger.

Rossello, J., & Bernal, G. (1999). The efficacy of cognitive-behavioral and interpersonal treatments for depression in Puerto Rican adolescents. *Journal of Consulting and Clinical Psychology*, 67(5), 734~745.

Sackett, D. L., Straus, S. E., Richardson, W. S., Rosenberg, W. M., & Haynes, R. B. (2000). *Evidence based medicine: How to practice and teach EBM* (2nd ed.). London: Churchill Livingstone.

Sue, D. W., & Torino, G. C. (2005). Racial-cultural competence: Awareness, knowledge, and skills. In R. T. Carter (Ed.), *Handbook of racial-cultural psychology and counseling: Training and practice* (vol. 2 pp. 3~18). Hoboken, NJ: Wiley.

Toyokawa, T., & Nedate, K. (1996). Application of cognitive behavior therapy to interpersonal problem: A case study of a Japanese female client. *Cognitive and Behavioral Practice,* 3(4), 289~302.

Voss Horrell, S. C. (2008). Effectiveness of cognitive-behavioral therapy with adult ethnic minority clients: A review. *Professional Psychology: Research and Practice*, 39(2), 160~168.

Whaley, A. L. & Davis, K. E. (2007). Cultural competence and evidence-based practice in mental health services: A complementary perspective. *American Psychologist, 62*(6), 563-574.

Wood, J. J., Chiu, A. W., Hwang, W. C., Jacobs, J., & Ifekwunigwe, M. (2008). Adapting cognitive behavioral therapy for Mexican American students with anxiety disorders: Recommendations for school psychologists. *School Psychology Quarterly, 23*(4), 515~532.

4

다문화 서비스를 위한 기관 관리

Manoj Pardasani and Lauri Goldkind

■

국가의 인구통계학적 변화와 사회복지실천현장

국가의 휴먼 서비스 기관human service agencies은 오늘날 미국 인구의 문화적 다양성을 반영한다. 다문화 인력 및 고객은 더 이상 이례적이지 않다. 인구통계적으로 21세기 중반까지 대략 50%의 미국인이 소수 민족 그룹으로 구성될 것으로 예상된다. 라틴계는 가장 커다란 소수민족 그룹인 데 반해, 아시아인은 소수민족 그룹 가운데 가장 큰 성장률을 기록했다(미국 인구조사, 2011). 2000년과 2010년 사이에 히스패닉 인구는 2000년 전체 인구의 13%를 차지했던 3,530만 명에서 43% 성장했다. 이런 성장세가 지속된다면, 히스패닉과 라틴계 인구는 계속해서 증가하여 2000년 12.6%(7명 중 1명 꼴)에서 2050년 30.2%(3명 중 1명꼴에 가까워짐)까지 지속적으로 증가할 것으로 예상된다(Shrestha & Heisler, 2011). 아시아인 인구는 2000년과 2010년 사이 43% 증가하여 480만 명으로 증가했고, 미국 흑인 인구는 미미하게 증가하여 현재 미국 전체 인구의 12.6%를 차지하고 있다(U. S. Census, 2010). 다양한 문화, 민족, 국적으로 구성된 이민자, 망명자 그리고 그 가족이 보다 나은 기회와 조건을 찾아 미국 전역에 정착하자 미국의 인구 구성이 변하고 있다. 최근에 미국 인구통계청U. S. Census Bureau은 대략 3,900만 명의 정식 이민자들이 미국에서 살고 있으며, 7,000만 명의 외국에서 태어난 사람들이 2050년까지 미국으로 이민할 것으로 예상하고 있다(American Community Survey, 2010). 한때는 도시에서 볼 수 있는 현상이라고 여겨지던 상황이 미국 전역의 타운과 시골 지역사회에서 나타날 수 있다. 나아가 더 다양한 인구집단과 노동력 유입의 경향이 지속될 것으로 보인다.

사회복지기관은 이런 다문화 환경에서 지속적으로 두 가지 도전에 직면할 것이다: (a) 성별, 인종, 나이, 종교, 성적 정체성, 민족, 출생국 등 지속적으로 이질화되어가는 사업장 관리, (b) 다른 문화, 언어, 가치, 종교, 이민 혹은 난민 경험 등의 다양한 범위를 대표하는 고객의 서비스 욕구 충족. 미국의 인구통계학적 변화에 대한 광범위한 의견 일치가 존재하는 반면, 어떻게 성공적으로 다양성을 끌어안고 다문화인구에게 서비스를 제공할 조직적인 문화를 창조할 것인가에 대한 이해는 빈약하다.

■

변화하는 미국 노동인구

미국의 노동인구(25세부터 64세)는 미국의 전면적인 인구통계적 변화의 한가운데 서 있다. 1980년부터 2020년까지 백인 노동 인구는 82%에서 63%로 감소될 것이다. 동일한 기간에 노동인구 중 소수민족의 비중은 18%에서 37%로 두 배가 될 것으로 보이며, 그 중 라틴계 비율은 6%에서 17%로 거의 3배가 예상된다(National Center for Public Policy and Higher Education, 2005). 미국 노동부는 사회복지, 사회 서비스 혹은 지역사회실천 영역에서 일하는 개인들 대략 3명 중 1명이 백인이라고 발표했다(2011). 이와는 대조적으로 사회복지사협회NASW가 주도한 공인사회복지사 전국 설문조사에서는 직업으로서 사회복지사의 비율이 여성(81%), 백인(86%)으로 불균형하게 조사되었다. 또한 아시아인, 라틴계, 미국 흑인 사회복지사는 고작 14%를 구성하고 있으나, 이러한 소수 민족 집단은 향후 몇 십 년간 현저하게 증가할 것으로 전망했다(NASW Center for Workforce Studies, 2006). 현재까지 사회복지에서 레즈비언, 게이, 양성애자, 트랜스젠더LGBT인 개인들의 비중이나 종교적 배경에 대한 비중 관련 정보는 불충분하다. 그럼에도 불구하고, 사회복지 일터에서 다양성과 다문화주의가 왜 중요한 이슈인가는 쉽게 알 수 있다.

■

누가 휴먼 서비스의 리더인가?

모든 지표가 다문화, 다민족 인구의 증가 경향을 압도적으로 나타내는 것과는 달리, 이사회 혹은 중역 레벨의 휴먼 서비스 리더들은 백인 남성이 압도적으로 대다수를 차지하고 있다. 많은 비영리단체 이사회는 인종적으로 동일한 구성원과 외부에서 기인한 활동 참여 실패로 인해 그들이 서비스를 제공하는 대중과 단절되었다. 50% 이상이 흑인고객인 비영리단체의 18%는 흑인 이사Black Trustees가 없으며, 라틴계 단체의 32%는 라틴계 이사가 없다.

평균 86%의 이사가 백인이며, 7%가 흑인African American, 3.5%가 라틴계이며, 나머지가 기타 소수 민족으로 구성되어 있다(Ostrowerer, 2007).

다문화적 관리 면에서 우수한 실천 능력을 보여준 사회복지기관 리더들의 인구통계학적 특징에 대해 미비하지만 알려진 바는 리더가 사회복지 직원의 인종적 분포를 반영한다는 것과 그 사회복지 직원이 클라이언트와 비슷한 인구통계적 특성을 반영한다는 것을 제시한다. 하지만 여전히 사회복지기관의 대표들은 압도적으로 백인이다. 이런 기관들의 남성 리더들은 전체 사회복지 전문 노동력 남성 비중보다 높은 비중을 차지한다. 3개 주(뉴욕, 뉴저지, 남부 코네티컷)에서 저자들이 실시한 200여 개의 사회복지기관 설문조사에서 백인 리더는 대략 78%로 확인된 반면, 라틴계는 겨우 2.4%, 흑인은 7.1%로 확인되었는데 이는 전체 소수민족의 구성을 반영하지 못하는 결과이다. 설문조사한 리더의 3분의 1(34%)이 남자로 판명되었다(Goldkind and Pardasani, 2010).

하지만 사회복지기관은 사회복지 전문인력에 제한되지 않는다. 대부분의 휴먼 서비스 기관은 현재 다른 전문적인 지식을 갖춘 개인과 팀으로 일하며 관련 부문과 상호 연결된 형식으로 움직이고 있다. 그러므로 기관과 조직은 다양한 고객의 욕구에 대응하는 한편, 다양한 노동인력을 수용하기 위한 도전에 직면하고 있다.

■

문화적 역량 및 다문화주의의 정의

다문화주의는 "일방적인 동화 규범에 대한 일반화된 반대, 인종 혹은 민족 집단에 대한 평등 고취와 문화적 다양성에 대한 존중, 인내, 혹은 환영, 문화적 다양성에 대한 촉진, 그리고 특정 인종 혹은 민족 집단에 대한 권리와 보호의 주장"이라고 정의된다(Bass, 2008). 하지만 사회복지 전문직은 단순히 다양성과 차이를 환영하지 않는다. 사회복지 전문직은 문화적 규범 및 믿음을 인류 곤경의 개념화에 연결시키려 노력하고, 그것을 개인과 사회적 변화를 위해 이용하려고 노력한다. 사실상 사회복지사협회NASW의 윤리규범Code of Ethics은 사회복지사들이 사회적 정의에 대한 기준을 지키고, 폭압적인 권력에 적극적으로 맞서기를 바랄 뿐만 아니라, 교육을 받고, 사회적 다양성의 본질을 이해하기를 바란다.

문화는 어떻게 문제가 정의되고 명시되어 있는지, 어떻게 개개인이 도움을 구하는지, 도움을 주고자 하는 사람이 어떻게 문제를 받아들이고, 어떤 선택과 해결방안을 제시하는지 도움을 주는 데 필수불가결한 요소이다(Pinderhughes, 1989). 문화적 역량은 윤리적, 법적 사회복지의 실행이다. 문화적 역량은 고객의 가치와 믿음체계를 통합하여 사회복지기관과 사회복지사가 효과적으로 서비스를 제공하게끔 하는 행위, 태도 그리고 정책의 조합이다. 문화적 역량은 개인이 내면적 편견을 힘들게 인식하도록 하며, 그들 자신의 세계관을 왜곡시키는 과정이다. 문화적 역량은 또한 우리 조직문화에 기틀을 잡고 환영하는 분위기, 고객과 임직원을 위한 일하는 환경을 창조한다.

개인과 조직에는 아마도 문화적 역량 연속성에 따라 다양한 수준의 인식, 지식, 기술이 존재하며, 그리고 이것은 개인과 조직의 유효성에 영향을 준다(Cross, Bazron, Dennis, & Isaacs, 1989). 문화적으로 역량 있는 기관 혹은 개인은 다른 문화에 대해 깊이 존중하고, 기꺼이 배우고자 하며, 사람들의 다른 세계관에 관여할 준비가 되어 있고, 문화적으로 다양한 개인 혹은 집단들을 위해 적절한 참여 기술을 사용하고 개입을 재단하며 조정하고자 한다(Cross et. al., 1989).

■

일터에서 다문화적인 도전들

여기서 논의될 주제와 관련하여 사회복지기관의 리더와 매니저들은 두 가지 도전에 당면해 있다.

문화적으로 역량 있는 서비스 제공

문화적으로 역량 있는 서비스의 제공에 대한 욕구는 몇몇의 연구가와 서비스 제공자에 의해 인식되었다(Furman, Negi, Iwamoto, Rowan, Shukraft, & Gragg, 2009; Ramos-Sanchez, 2009; Switzer, Scholle, Johnson, & Kellerher, 1998; Taylor, Garcia, & Kingson, 2001). 연구 결과는 미국 흑인과 라틴계 소비자들이 사용 가능한 자원에 대한 접근이 어렵고 제한적인 지식을 갖는 경향이 있는 것으로 나타났다(Martin & Bonder, 2003; Ramos-Sanchez, 2009; Furman et al., 2009). 소수인종 소비자가 서비스를 받는 데 가장 일반적인 장애물은 서비스 제공자의 둔감함, 사회경제학적으로나 인종적으로 다른 배경을 갖고 있는 소수인종 소비자에 대한 불신, 이러한 소비자의 정신적, 종교적 믿음을 케어care하고 결합하는 것에 대한 주저, 그리고 의사소통의 장벽이다(Hodge & Bushfield, 2006; Martin & Bonder, 2003; Wlliam, 2006; Yan & wong, 2005). Bandyopdhyay와 Pardasani(2011)에 따르면 다학문 지역사회보건센터의 소비자들은 직원의 문화적 민감성, 다른 성별의 독특한 욕구 이해, 치료계획에 있어 종교와 영성의 중요성에 대한 인식, 문화적으로 적절한 의사소통(통역사, 두 언어로 읽을 수 있는 교재 등)이 다양한 고객에게 효율적으로 서비스를 제공하기 위한 중요한 수단이라는 것을 강조했다.

인종/민족의 이슈와 더불어, 더 큰 관심을 갖게 된 주제는 사회복지사업에 있어서 성적 정체성과 성적 취향이다. Davies(1996)는 문화적으로 역량 있는 실천을 "레즈비언, 게이 혹은 양성애적 정체성을 이성애와 평등하게 긍정적인 인간 경험과 표현으로 긍정"(p. 25)하는 것으로 강조한다. 긍정적인 실천가들은 LGBT의 정체성을 옹호하고 환영한다(Crisp and McCave, 2007; Tozer & McClannahan, 1999). 성 정체성에 관한 이슈는 게이와 레즈비언 클라이언트에 대한 논쟁에 빠져 잊혀지기도 한다. Markman(2011)과 Vanderburgh(2008)는 사회복지사가 아웃리치outreach를 하고, 종합적으로 욕구를 사정하며, 성전환 클라이언트를 위한 맞춤형 개입을 개발할 필요가 있음을 강조한다.

고객을 대상으로 하는 실천practice으로 영성과 종교적 믿음을 사정하고 결합하는 것이 강조되고 있다. Hodge(2006)는 이것이 클라이언트에게 중요한 경우 치료의 주요한 차원으로써 종교적, 정신적 요소를 결합하는 "영적 개입spiritual interventions"이라는 용어를 만들어냈다. Gilligan과 Furness(2005)는 사회복지사들이 종교적이고 정신적인 믿음을 중요하다고 믿는 서비스 사용자의 욕구에 대하여 적절히 대응할 필요가 있다고 주장한다. 그들은 문화적으로 역량 있는 실천은 삶에 있어서 개인의 결정에 대한 믿음과 신념의 영향력에 대한 이해에 달려 있다고 주장한다(Gilligan & furness, 2005).

마지막으로, 역사적으로 이민에 의해 세워진 국가에서 사회복지의 범위 안의 이민자와 망명자의 욕구와 관심은 주요한 관심거리이다. 이민의 복잡한 과정이 개인의 경험과 역경에 영향을 줄 것으로 보인다면 이에 대한 이해는 필수적이다(Foster, 2001; Furman et al., 2009; shier, engstron, & Graham, 2011). 선택(자발적 대 비자발적), 과거의 트라우마, 가족으로부터의 분리, 동화정책에 대한 압박, 상이한 문화에 대한 적응, 거주에 대한 법적 지위, 그리고 착취와 관련한 이민의 성격은 망명자와 이민자 소비자들에 의한 도움 추구 결정Help-seeking decisions에 영향을 준다.

문화적으로 역량 있는 리더십과 인적 자원 관리

앞에서 논의된 바와 같이 사회복지 관리자는 그들의 조직 안에 다양성을 환영하고 촉진함으로써 허용적인 조직의 문화를 창조해야 하는 도전을 점점 더 받고 있다(Findler, Wind, & Mor Barak, 2005; Cox, 2001; Miller & Katz, 2002). 사회복지기관들은 갈수록 다학문화되고 있으며 리더들은 성별, 인종/민족, 연령, 국적, 성적 지향과 성적 정체성, 종교, 사회계층, 그리고 교육적 배경 측면에서 다양한 인력을 관리해야 할 필요가 있다.

다양성에 대한 선행 연구들의 검토는 인구통계학적 차이들이 조직구성원들이 상호작용하고 업무 수행하는 방식에 긍정적 또는 부정적인 영향을 미칠 수 있음을 제시한다(O'Leary & Wethington, 2006). (종교/민족, 교육, 경력 면에서) 다양한 인력은 창의적인 문제 해결(McLeod & Lobel, 1992; Watson, Kumar, & Michaelsen, 1993), 혁신적인 실천기술(bantel & Jackson, 1989), 직원 간의 협력(Cox, Lobel, & McLeod, 1991), 그리고 다양한 시각과 가치를 고려하고자 하는 준비성(O'Reilly, Williams, & Barsade, 1997)과 정적으로 관련되어 있음이 발견되어 왔다. Acquavita, Pitman, Gibbons과 Castellanos-Brown (2009)은 사회복지사들을 대상으로 전국적인 설문조사를 실시하였고 조직의 다양성이 사회복지사들의 직업 만족도를 증가시킨다는 것을 발견했다.

그러나 단순히 다양한 인력을 가지고 있다는 것 자체가 더 나은 생산력이나 직업 만족도를 보장하지는 않는다. 사실상, 다양성을 가진 일터는 더 큰 대인관계상의 갈등, 팀 응집력의 결여, 열악한 의사소통, 낮은 직업 만족도와 관련되어 왔다(O'Leary & Weathington, 2006). 건강한 환경을 만들고 클라이언트에게 효과적으로 서비스를 제공하기 위해 인력의 고유한 다양성을 활용하려면 사회복지 관리자들과 지도자들이 문화적으로 역량 있는 일터를 일구는 데 있어 자기 자신의 역량에 주목할 필요가 있다. Findler, Wind와 Mor Barak (2007)은 "공정성, 소속, 사회적 지지와 같은 조직문화 변수들이 복지well-being,

직업만족도, 조직에 대한 헌신이라는 직원의 성과"(p. 64)와 관련되어 있다고 보고하였다. Mamman(1996)은 또한 상황적 요인들(다른 배경을 가진 타인에 대한 태도, 다양한 그룹에 대한 노출, 조직의 문화, 다양성에 대한 경영 태도)과 차이를 다루기 위해 직원들에 의해 사용되는 상호작용 전략(회피 대 행동)이 다양한 일터에서 개별적 직업 경험을 매개하는 요인이라고 지적하였다. Mamman(1996)은 개인의 문화적 배경이 변화될 수 없는 반면, 매개 변수들로서 확인된 요인들은 다양한 소비자들에게 보다 역량 있는 서비스를 제공하면서 직원 동기부여와 팀워크를 향상시키는 조직 경영에 의해 해결될 수 있다고 보았다. Acuavita 외(2009)는 또한 직원들에 대한 관리적 지지supervisory support와 일터에서의 포함/배제inclusion/exclusion에 대한 인식이 직원들의 직업에 대한 만족도와 일을 잘 하고자 하는 동기 부여에 있어서 주요한 역할을 하고 있다고 보고하였다.

문화적인 역량을 개발하기 위한 전략들

Edewor와 Aluko(2007)는 다문화적 일터를 만들기 위한 몇 가지 단계를 확인하였다. 이는 예시에 의한 경영, 다양성에 관한 명시적인 정책, 훈련 프로그램들, 차이에 대한 인식과 인정, 소수자 그룹으로부터의 투입에 대한 적극적 추구, 문화적으로 역량 있는 행위에 대한 보상, 직원들 사이의 사회화를 위한 기회 증가, 융통성 있는 일자리 환경, 직원 간의 상호작용과 성취에 대한 지속적인 모니터링이다. 이 섹션에서 우리는 조직 내에서의 문화적 역량을 개발하고 향상시키기 위한 전략들을 다음 두 가지 수준에서 확인할 것이다.

① 서비스 전달

② 조직 내 리더십과 인력 관리

문화적으로 역량 있고 허용적인 조직을 만들기 위해서, 리더(이사진과 관리자들)는 일터를 변화시키기 위한 그들의 동기에 관하여 깊이 있게 탐색할 필요가 있다. 이러한 자기성찰은 그것이 리더십에 의해 실시되는 행동 계획을 결정한다는 점에서 중요하다. Ely와 Thomas(2001)는 조직 리더들의 행동들에 대한 세 가지 관점으로 차별과 공정성discrimination-and-fairness, 통합과 배움integration-and-learning, 접근과 적법성access-and-legitimacy을 제시하였다. "차별과 공정성 관점은 문화적 다양성이 기본적으로 그것의 고유한 덕목으로 인해 수행되어야 하고 재정적인 성과와 연결되어서는 안 되는 도덕적 필수항목이라고 제안한다. 통합과 배움 관점은 다양한 배경과 경험에서 온 아이디어의 다양성이 다양한 방식으로 조직에 도움이 될 수 있다고 제시한다. 마지막으로 접근과 적법성 관점은 조직의 문화적 다양성과 조직을 둘러싼 지역과 소비자 기반의 다양성을 매칭하는 것의 유익성을 지지한다(O'Leary & Weathington, 2006, p. 6에서 인용)." 이 장에서 저자들은 이 세 가지 관점들이 기본적인 전문직으로서의 가치와 사회복지의 사명을 잘 보여주는 만큼 이 모든 관점들이 변화의 과정에 통합될 필요가 있다고 믿는다.

조직의 동기가 명백하게 지지되었을 때, 리더들은 서비스와 인력, 이사회, 그들의 소비자 기반에 대한 총괄적인 사정을 실시할 필요가 있다. 이는 몇 가지 단계들을 포함한다: (a) 관리자, 이사진, 직원, 그리고 클라이언트에 대한 인구통계학적 정보 수집, (b) 조직이 위치한 지역사회에 대한 프로파일 개발, (c) 최근 서비스 모형이 다양한 소비자와 지역사회의 다른 구성원들의 욕구에 부합하는지에 대한 사정, (d) 직원 사기와 응집력 평가, (e) 다양한 그룹과 일하는 것과 관련한 직원들의 인식, 지식, 기술 수준 사정, (f) 일터에서 다양성과 관련한 조직의 사명과 정책 검토, (g) 조직이 어떻게 다양성을 다루어 왔는지에 대한 역사적 인식 수집의 단계. 이러한 사정이 완료되고 관리자, 이사진, 직원에 의해 검토되었을 때 조직은 변화와 성장의 과정을 시작할 수 있다.

문화적으로 역량 있는 서비스 전달 보장

조직에 의해 제공되는 서비스와 프로그램들이 다양한 소비자의 욕구를 충족시키기 위해서는 다음의 단계가 중요하다.

a. 소비자와 지역공동체의 인구통계학적 프로필을 반영하는 직원 고용

직원의 프로필은 최대한 고객의 다양성을 반영할 필요가 있다. 소수자 그룹으로부터의 소비자들, 특히 권리가 박탈되고 억압받고 차별받는 그룹에 속한 이들은 그들과 "연결"되는 데 있어서 어려움이 있는 직원을 경계할 수 있다. 신뢰는 사회복지사－클라이언트 사이의 치료적 라포를 형성하는 데 있어 기본적인 요소이고, 이는 클라이언트 집단으로부터 직원을 모집함으로써 향상될 수 있다. 우리는 모든 클라이언트를 같은 인구통계학적 특성을 가진 직원과 매치해야 한다고 주장하는 것은 아니다. 우리는 다양한 배경을 가진 역량 있는 직원의 존재가 아웃리치와 기관과 소비자의 관계를 향상시킬 수 있다고 믿는다. 또한 직원들이 기관이 활동하는 지역공동체 안에서 가장 널리 쓰이는 언어를 구사하는 것은 중요하다. 만일 이중언어를 구사하는 직원이 없다면 인턴이나 지역공동체 동료들, 자원봉사자들을 통해 통역 서비스를 제공할 수 있도록 하는 노력이 있어야 한다. 또한 기관의 형태는 정확하고 종합적인 정보의 공유를 격려하는 형태로 전환되어야 한다. 전단지와 브로슈어는 적합한 언어로 만들어질 필요가 있으며, 보다 중요한 것은 사진에 서비스를 받는 소비자들을 반영하는 것이다.

b. 직원과 관리자들을 위한 훈련

문화적으로 역량 있는 전문가가 되는 것은 자기인식을 개발하고 실천에 관한 지식과 기술을 향상시키는 것을 요구한다. 이러한 점에서 직원에 대한 훈련은 중요하다. 훈련은 직원과 관리자들이 그들 자신의 편견, 선입관, 오래 간직해 온 고정관념과 가치에 직면하도록 도전을 준다. 타인에 대한 자신의 믿음을 말하고 이해할 수 있는 것은 도움이 되지 않는 것을 버리고 새로운 정보와 아이디어를 통합하기 위해 필요하다. 훈련의 두 번째 목적은 다양한 클라이언트 집단에 대한 인식과 지식을 향상시키고 효과적인 실천을 위한 주요 기술을 개발하는 것이다. 이는 직원들 간의 대화, 직원과 현 소비자들 간의 대화, 그리고 지역사회 리더와 서비스를 받는 집단의 대표자들과의 대화를 요구한다. 기관들은 직원들에게 정보를 주고 교육할 수 있는 지역사회 리더, 전문적 트레이너와 전문가들을 초대할 수 있다. 마음속에 새겨야 할 한 가지 이슈는 훈련이 지속적으로 이루어져야 한다는 것이다. 매우 자주, 기관은 위기나 심각한 불만에 대한 대응으로 훈련을 제공하고, 이에 대한 후속 노력은 하지 않는다. 문화적 역량을 개발하는 것이 장기간의 과정인 만큼, 훈련은 전략적이고 지속적으로 제공될 필요가 있다. 다시 말해서, 이러한 훈련은 조직 문화의 일부분이 되어야 하며 직원, 관리자, 이사진의 직업 의무의 주 요소가 되어야 한다.

c. 근거기반 개입을 포함

사회복지기관들에서 근거기반 개입에 대한 인식과 통합이 증가하고 있다. 또한 다양한 집단을 대상으로 하는 효과적인 개입에 대한 중대한 양의 연구가 존재한다. 기관들은 이러한 문서화된 개입과 서비스 모형들을 조사하고 이를 고객의 특정 욕구에 맞도록 적용하는 것이 마땅하다. 이러한 모형들은 역사적으로 서비스가 부족하고 억압되고 낙인찍힌 인구집단의 구성원들을 대상으로 효과적인 모집, 계약, 사정, 실천을 위한 아이디어를 제공할 수 있을 것이다.

d. 소비자 자문단을 형성

클라이언트 임파워먼트는 사회복지의 중요한 목적이다, 그리고 소비자가 그들의 치료에 협조하도록 허락하는 것은 그 미션을 깨닫게 하는 중요한 전략이다. 클라이언트의 다양성을 반영하는 소비자 자문단은 관리자, 직원, 소비자 사이의 신뢰를 형성하는 효과적인 도구가 된다. 자문단은 또한 새로운 프로그램 아이디어를 시험하고, 직원 역량에 대한 현재 인식을 사정하며, 충족되지 않은 욕구를 알아내고, 서비스에 대한 소비자의 만족을 평가하는 역할을 한다. 자문단은 기관이 그들의 서비스를 향상시키고 그 공동체에 최대한의 이익을 제공하기 위한 아이디어와 지침을 제공할 수 있다. 관리자는 자문단 구성원들이 반발이나 생색내는 태도로 대우받는 것에 상처받기 쉽다는 사실을 인식해야 한다. 자문단 구성원들이 직원들의 박해로부터 보호받을 수 있도록 모든 노력을 기해야 한다. 그리고 자문단에 의해 도출된 아이디어에 대해 전적이고 진지한 숙고가 있어야만 한다. 그렇지 않다면 자문단은 관리자를 위한 "대변인"으로 비추어질 것이고 동료 소비자들로부터 지지받지 못할 것이다.

e. 공동체 리더와 동료 멘토 육성

공동체 내에서 파트너십과의 연계를 개발하는 것은 기관의 번영을 위해 중요하다. 다른 공동체 조직들과의 파트너십은 새로운 클라이언트에 대한 접근성을 증가시키고, (파트너로의 의뢰를 통해) 현재 클라이언트를 위한 서비스를 향상시키며, 공동체 안에서 친선을 쌓기 위해 전략적이고 조직적일 필요가 있다. 유사하게 소수자 집단의 리더 또는 서비스가 부족한 집단의 동료를 육성하는 것은 기관이 더 넓은 소비자층에 접근하는 것을 도울 것이다. 공동체의 구성원들은 의뢰를 위한 문지기로서 역할을 할 수 있고, 공동체의 의심과 반대를 감소시키는 데 도움이 되며, 효과적인 서비스를 위한 가치 있는 지침을 제공한다.

f. 서비스가 충분하지 못하고 취약한 집단에 대한 모집과 아웃리치(사례발굴, outreach)

앞에서 논의된 것처럼, 공동체의 어떤 구성원들은 기관의 서비스에 대한 신뢰나 지식의 부족으로 인해 기관에 도움을 요청하는 것에 대해 저항한다. 덧붙여, 그들의 정체성, 지위, 또는 문제에 대한 사회적 낙인은 도움을 회피하도록 만들 수 있다. 서비스가 충분하지 못한 집단의 구성원들에게 이야기를 거는 특화된 아웃리치 노력을 개발하는 것은 필수적이다. 기관은 공동체로 진입하기 위해 그들의 직원, 공동체 파트너, 동료 멘토들을 활용할 수 있다. 다양한 인구집단을 대상으로 한 근거기반 개입기법의 통합은 유익하고 효과적일 수 있다. 모집 방식(포스터, 광고, 다양한 장에서의 프레젠테이션 등)은 언어적 능력, 인구학적 특성(인종/민족, 성적 지향성, 성 정체성, 종교, 건강 상태 등)과 접근하고자 하는 사람들의 욕구를 고려하여 디자인되어야 한다.

역량 있는 리더십과 인적 자원 관리

문화적으로 역량 있는 인력을 개발, 유지하기 위해서는 다음의 단계가 중요하다.

a. 다양한 이사진의 모집

사회복지기관과 마찬가지로 비영리조직의 이사회는 다양한 배경을 가진 지원자들로 구성되어야 한다. 그러나 이사회 구성원들이 늘 서비스를 받는 소비자들의 다양성을 반영하는 것은 아니다. 이는 직접적으로 기관이 문화적 역량을 개발하는 과정에 관여하고자 하는 동기와 능력에 영향을 미친다. 다양한 배경을 가진 이사회 구성원들은 문화적 차이에 대한 지침을 제공하고 인식을 높일 수 있다. 그들은 관리자가 서비스가 충분하지 않은 공동체로 진입할 수 있도록 원조하고 기관이 신뢰성을 구축하도록 돕는다.

b. 간결하고 구체적인 서면화된 정책

모든 조직들은 정책과 진행 매뉴얼을 가지고 있다. 보통 기관들은 인적 자원 면에서 다양성을 높이고 인력 면에서 차별을 막기 위한 정책을 명백하게 설명한다. 이러한 서면화된 정책들은 사회복지기관들이 준수해야 하는 현존하는 다양한 인적 자원법에 의해 강하게 영향을 받는다. 분명하게 쓰여진 정책은 인종적, 민족적, 성적 괴롭힘이 뿌리내리고 적대적인 작업환경이 조성되는 것을 막는 데 효과적이다. 인종적으로 동기화된 발언, 민족적 비방, 성희롱의 정의에 해당하는 미묘한 협박으로 인해, 직원 도덕성과 함께 기관의 평판과 공공 이미지는 쉽게 손상될 수 있다. 기관들은 각 직원의 존엄성과 개인적인 괴롭힘, 스트레스, 그리고 대인관계상의 마찰로부터 자유로운 환경에서 일할 권리를 인정하는 정책(그리고 감시 규정준수)을 개발할 필요가 있다. 이러한 정책들은 특히 모든 유형의 괴롭힘과 차별적 행동을 금지하고, 해고 또는 개인의 법적 금전적 책임을 포함하는 처벌을 명시해야 한다. 정책 매뉴얼은 또한 직원들이 학대나 괴롭힘을 보고하는 데 필요한 지침을 제공하고 직원들이 이러한 사건을 보고할 수 있도록 보호해야 한다.

c. 직원, 관리자, 이사회 구성원들을 위한 훈련 제공

이러한 유형의 훈련은 서비스 전달에 있어서 문화적 역량을 증대시키기 위해 앞에서 제시되었던 것과는 다르다. 이러한 훈련은 특별히 무엇이 문화적으로 역량 있는 기관을 구성하는지, 차별과 괴롭힘에 관한 법과 기관의 정책, 그리고 직원들이 이러한 사건을 보고하는 데 있어서 가능한 대안들에 대한 정보를 제공하는 것에 중점을 둔다. 훈련은 또한 합법적이고 윤리적인 의사소통의 효과적인 방법을 배우는 가운데 안전한 환경에서 관리자와 직원들이 서로에 대한 그들 자신의 편견과 고정관념에 직면하는 데 관여한다. 이는 또한 만일 직원과 관리자가 집단의 결속력을 증가시키기 위한 갈등 해소와 팀 빌딩의 기술을 배울 수 있다면 도움이 될 것이다.

d. 직원들을 위한 멘토링 제공

소수집단에 속한 직원들은 흔히 그들의 동료로부터 소외당하거나 전략적 동맹에서 배제당했다고 느낀다. 어떤 배경을 가졌든 새로운 직원이 현존하는 집단을 깨고 들어가 합류하는 것은 어렵다. 특히 소수집단의 구성원이 받아들여지기는 더욱 어렵다. 이는 아마도 다른 직원들의 "다르다"고 여겨지는 사람에 대한 무관심, 경계심 또는 꺼림 때문일 수 있다. 이러한 꺼림은 새로운 직원이 속한 집단에 대해 존재하는 편견이나 잘못된 것을 말해 그 사람을 불쾌하게 할 수 있다는 두려움 때문일 수 있다. 또는 새로운 직원은 자신이 그들 공동체를 대변해야 하는 것처럼 느끼도록 만드는 그들의 신념과 관습에 대한 질문 공세를 받을 수도 있다. 대화와 정보의 교류는 화합하는 팀을 만들고 문화적 역량을 높이는 긍정적인 수단이다. 그러나 이러한 과정에는 지도가 필요하다. 관리자는 모든 직원들에게 포함inclusion의 과정을 촉진할 수 있도록 멘토링을 제공할 수 있다. 갈등이나 부러움을 유발할 수 있는 만큼 케어는 소수집단의 직원 멘토가 아니더라도 주어져야 한다. 그러나 일반적인 멘토링 과정은 모든 직원들이 가치를 인정받고 존중되고 있다고 느끼도록 해준다.

e. 사회화를 위한 기회의 창조

일상적인 업무 책임 이외에 사회화의 기회는 직원들이 그들의 공헌이 가치 있다고 느끼도록 해주고 직원들이 서로를 개인적으로 알 수 있도록 허락한다. 전형적인 근무일은 정신없이 바빠서 직원들이 의미 있는 방식으로 서로를 대할 시간이 거의 없다. 작업장으로부터 떨어져 교제하는 것은 직원들이 좀 더 편안하고 자유롭게 대화할 수 있도록 한다. 이는 자유롭고 열린 아이디어의 교환을 허락하고, 관심과 공감을 높이며, 라포 개발을 돕는다. 만일 직원들이 그들 스스로 교제하도록 남겨진다면, 그들은 그들이 좋아하고 함께 있기 편안한 상대만을 초대할 것이다. 그러나 관리자에 의해 조직된 이벤트는 모든 직원들이 초대되고 서로 교제할 기회를 갖도록 보장한다. 이러한 이벤트는 직원들의 의욕을 고취시키고 공동체 정신을 형성하도록 돕는다.

f. 정책 준수와 조직의 사기에 대한 지속적인 모니터링

기관이 끊임없이 그 문화적 역량을 향상시키기 위해 애쓰는 것은 이사회와 관리자의 윤리적 도덕적 책임이다. 조항들은 지속적이고 조직적으로 직원 모집, 개발과 훈련, 괴롭힘이나 차별 방지, 그리고 최적의 서비스 전달과 관련한 기관 정책의 준수를 감시하도록 만들어질 필요가 있다. 더 나아가서, 리더십은 일상적으로 직원과 소비자 모두의 사기를 사정하고, 불평과 불만을 평가하며, 모든 수준에서 참여적인 의사 결정을 보장하는 과정에 관여할 필요가 있다.

다문화 관점으로 조직 문화 만들기

논의했듯이, 다양성을 최적화하는 기관 문화를 만드는 것은 오늘날 휴먼 서비스 관리자와 리더들이 직면한 중요한 도전 중 하나로 여겨진다(Brody, 1993; Hasenfeld, 1996; Menefee, 1997). Hyde(2004)는 다양성과 조직 문화의 다문화 차원을 설명하고, 기능적이고 번영하는 다양성의 분위기를 조성하거나 손상시키는 조직적인 특성들을 탐색하기 위한 개념 틀로 '다양성 분위기 diversity climate'라는 구절을 사용한다. 그들은 다양성 분위기를 직원 다양성의 수준과 이러한 다양성을 촉진하려는 노력, 그리고 더 나아가서 다양성의 혜택을 극대화하는 환경에 의해 측정된 조직 다양성의 폭과 깊이를 포착하도록 만들어진 구성체로 정의한다.

> 조직의 다양성 분위기는 대부분 다양성 의도 모형의 주요 목적을 달성하는 정도를 반영한다: 모든 직원들이 그들 최적의 수준으로 업무 수행을 할 수 있는 문화적으로 다원적인 장소의 창출(Hyde & Hopkins, 2008, p27)

더 견고한 다양성 분위기로 구성된 조직들은 다문화적 관점을 가지고 조직 문화를 고취하려는 장기적인 방향성과 헌신을 반영하는 노력을 기울인다. 여기에는 아웃리치 노력(직원과 고객 모두), 직원 책임성, 자원 할당 그리고 계획화에 대한 다양성을 반영하는 것을 포함한다(Cox, 2001; Hyde, 2003, 004;

Iglehart, 2000; Norton & Fox, 1997). 다양성 분위기를 만들기 위한 장기적인 지향orientations은 가장 견고하고, 지속적인 결과들을 산출하는 경향이 있는 반면, 더 빈번하게 조직들은 (문화적 민감성과 의사소통에 대한 간헐적인 교육들을 포함하는) 트레이닝과 비차별적 정책 개발에 관여하며, 이는 조직적인 문화에서 약하거나 중도적인 변화를 가져오는 경향이 있다. 다른 조직적인 변화나 개발 전략과 비슷하게 다양성 계획들은 리더십 부족, 높은 업무량 요구, 직원 저항 그리고 공동체 참여 실패에 의한 방해에 가장 민감한 듯하다.

문화적 역량에 대한 장애요인들

우리는 내부적으로 차이를 존중하는 분위기를 만들고 외부적으로 문화적으로 유능한 치료방법을 적용하기 위한 문화적 능력을 향상시키는 몇 가지 전략들을 서술하였다. 하지만 우리는 또한 차이를 존중하고 다양한 범주의 직원들이 휴먼 서비스 전문가로 성공할 수 있는 조직의 분위기와 문화를 만드는 데 있어 장애가 되는 요인들에 대한 현실적인 이해를 갖고 있어야 한다. 효과적인 다문화적 분위기에 대한 두 가지 잘 알려진 장애요인 혹은 도전은 미시적 공격성microaggression과 인종차별의 회피이다. 미묘한 인종차별과 억압, 이 두 가지 형태들은 직원과 직원 수준에서뿐만 아니라 직원과 고객 수준에서 일어날 수 있다. 휴먼 서비스 관리자들로서 우리는 어떻게 무의식적으로 억압적인 방어기제를 사용하는지 깨닫고 모든 직원과 고객들을 존중하고 환영하는 분위기를 만들기 위한 전략들을 개발해야 한다.

인종적인 미시적 공격성은 간결하고 흔한 일상 언어, 행동 또는 환경적인 모욕들이다. 의도적이든 아니든, 이는 피부색이 다른 사람들에 대한 적대적, 경멸적, 또는 부정적인 인종적 무시와 모욕이다. 미시공격의 가해자들은 때때로 그들이 인종/윤리적 소수집단과 상호작용할 때 이런 의사소통에 참여한다는 것을 알지 못한다(Sue et al., 2007). 미시공격은 미묘한 무시, 무시하는 눈길, 몸

짓, 톤으로 무의적으로 전달된다. 이런 교환들은 그들이 종종 결백하거나 악의가 없다는 것으로서 묵살하거나 얼버무리고 넘어가는 일상대화와 상호작용에서 너무 만연해 있고, 자동적이다. 그러나 이미 지적된 바와 같이 미시공격은 유해하다. 왜냐하면 그들은 수혜자들의 심적이고 영적인 에너지를 약화시키고 불평등을 만들어냄으로써 다수의 실천현장에서 성과를 악화시키기 때문이다(Franklin, 2004; Sue, 2004).

Sue와 그의 동료들은 미시공격의 주요 세 가지 유형으로 공격[microassault], 모욕[microinsult], 무시[microinvalidation]를 제시했다. 공격[microassault]은 명백히 인종적으로 동기부여된 공격으로 주로 욕하기, 회피성 행동 또는 고의적인 차별적 행동을 통해 고의로 희생자를 아프게 하기 위한 언어적, 비언어적 폭행에 의해 특징화된다. 공격은 대부분 소수 또는 개인적인 수준에서 이루어지는 '구식' 인종차별로 불리어지는 것과 유사하다. 비록 그들이 가해자들에게 어느 정도의 익명성을 허락하는 제한적인 "사적인" 상황[micro]에서 일반적으로 표현되지만 그들은 대부분 종종 의식적이고, 고의적이다. 모욕[microinsult]은 무례함과 무신경을 전달하고, 개인의 인종적 유산 또는 정체성의 위신을 비하하는 의사소통에 의한 것이 특징이다. 무시[microinvalidation]는 흔히 가해자는 모르지만 명백하게 유색인종에 대한 숨겨진 모욕적인 메시지를 전달하는 미묘한 무시를 나타낸다. 무시는 유색인종의 심리적 사고, 느낌 또는 경험적인 현실성을 배제하며, 무시하거나 무효화하는 의사소통에 의해 특징지어진다(Sue et al, 2008).

전인적이고 문화적으로 역량 있는 관리 실천을 위한 계획은 안전하고 생산적인 학습 환경을 조성함으로써 관리자들이 인종에 대해 이야기하는 것에 대한 그들의 두려움과 저항을 극복하도록 도와야 한다(Sanchez-Hucles & Jones, 2005). 교육과 개발 프로그램이 탐구를 촉진하고 관리자들이 불편함과 취약함을 경험하도록 허락하는 방식으로 구조화되고 조성되는 것은 중요하다(Young & Davis-Russell, 2002). 문화적 역량을 위한 전제조건은 항상 인종적 자기인식을 하는 것이다. 미시적 공격성의 이해도 이와 같다. 자아인식의 이런 수준은 인종적 미시공격성을 알려주는 잠재된 선입견과 편견을 표면 위로 떠오르게 한다. 교육과 훈련은 다음을 달성하는 데 있어서 관리자들을 도와야 한다: (a) 일반적으로 그리고 특히 그들 안에 있는 인종적 미시 공격성을 확인하기 위한 능력 향상시키기, (b) 그들 자신을 포함해서 어떻게 인종적 미시 공격성이 유색인 클라이언트에게 해로운 영향을 미치는지 이해하기, (c) 인종 편견을 극복하기 위해 수정된 행동을 취해야 하는 책임 인식하기(Sue et al., 2008).

문화적으로 역량 있는 관리를 위한 미래 방향

사회복지기관들은 문화적으로 역량 있는 다문화 조직들을 만들고, 유지할 책임이 있다. "단순히 많은 다른 문화 집단들을 포함한 조직은 단지 복수 조직이다. 하지만 만일 조직이 이런 다양성을 높이 평가한다면 이것은 다문화로 여겨진다(Edewor & Aluko, 2007, p. 190)." 문화적으로 강력한 조직은 조직 내에서 모든 수준의 다양한 직원을 통합하고, 직원과 소비자들의 인권을 향상시키며, 차별과 괴롭힘을 예방하고, 그들이 존재하는 공동체와 연결되고, 그 주민들의 욕구를 충족시키는 프로그램과 서비스를 제공하며, 정당하고 공정한 사회를 지지하는 조직이다. 기관들이 단지 다양성을 수용할 뿐만 아니라 그 다양성의 가치를 높이 평가하고 통합하는 것은 중요하다.

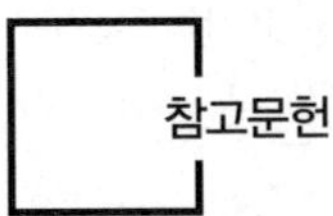

참고문헌

Acquavita, S. P., Pittman, J., Gibbons, M., & Castellanos-Brown, K. (2009). Personal and organizational diversity factors' impact on social workers job satisfaction: Results from a national internet based survey. *Administration in Social Work*, 33, 151~166.

American Community Survey (2010). *Selected social characteristics in the United States: 2006~2010 American Community Survey 5-year estimates*. Washington, DC: US Department of commerce.

Bandyopadhyay, S., & Pardasani, M. (2011). Do quality perceptions of health and social services vary for different ethnic groups? An empirical investigation. *International journal of Non-Profit and Voluntary Sector Marketing*, 16(1), 99~114.

Bantel, K., & Jackson, S. (1989). Top management and innovation in banking: Does composition of the team make a difference? *Strategic Management Journal*, 10, 107~124.

Bass, S. (2008). Multiculturalism, American style: The politics of multiculturalism in the United States. *Journal of International Diversity in Organizations, Communities and Nations*, 7(6), 133-141.

Brody, R. (1993). *Effectively managing human service organizations*, Newbury Park: Sage.

Cox, T. H. (2001). *Creating the multicultural organization: A strategy for capturing the power of diversity*. San Francisco: Jossey-Bass.

Cox, T. H., Lobel, S. A., & McLeod, P. L. (1991). Effects of ethnic group cultural differences on cooperative, and competitive behavior on a group task. *Academy of Management Journal*, 34, 827~847.

Crisp, C., & McCave, E. L. (2007). Gay affirmative practice: A model for working with gay, lesbian and bisexual youth. *Child and Adolescent Social Work Journal, 24*, 403-421.

Cross, T., Bazron, B., Dennis, K., & Isaacs, M (1989). *Towards a culturally competent system of care: A monograph of effective services for minority children who are severely emotionally disturbed*. Washington, DC: Georgetown University Child Development Center.

Davies, D. (1996). Towards a model of gay affirmative therapy. In D. Davies & C. Neal(Eds.), *Pink Therapy: A Guide for Counselors and Therapists Working with Lesbian, Gay and Bisexual Clients. Buckingham: Open University Press.*

Edewor, P. A., & Aluko, Y. A. (2007). Diversity management: Opportunities and challenges in multicultural organizations. *International Journal of Diversity, 6*(6), 189~195.

Ely, R. & Thomas, D. (2001). Cultural diversity at work: The effects of diversity perspectives on work group processes and outcomes. *Administrative Science Quarterly, 46*(2), 229~273.

Findler, L., Wind, L. H., & Mor Barak, M. E. (2007). The challenge of workforce management in a global society: Modeling the relationship between diversity, inclusion, organizational culture, and employee well-being, job satisfaction and organizational commitment. *Administration in Social Work, 31*(3), 63~94.

Foster, R. P. (2001). When immigration is trauma: Guidelines for the individual and family clinician. *American Journal of Orthopsychiatry, 71*(2), 153~170.

Franklin, A. J. (2004). *From brotherhood to manhood: How Black men rescue their relationships and dreams from the invisibility syndrome.* Hoboken, NJ: Wiley.

Furman, R., Negi, N., Iwamoto, D., Rowan, D., Shukraft, A., & Gragg, J. (2009). Social work practice with Latinos: Key issues for social workers. *Social Work, 54*(2), 167~174.

Gilligan, P., & Furness, S. (2006). The role of religion and spiritually in social work practice: Views and experiences of social workers and students. *British Journal of Social Work*, 36, 617~637.

Goldkind, L., & Pardasani, M. (2010). *Assessing the core competencies of social service administrators and managers.* Paper presented at the Council on Social Work Education (CSWE) Annual Program Meeting, Portland, Oregon.

Hasenfeld, Y. (1996). The administration of human services. In P. Raffoul & C. McNeece (Eds.), *Future issues in social work practice* (pp. 191~202). Boston: Allyn & Bacon.

Hayles, R., & Russell, A. (1997). *The diversity directive: Why some initiatives fail & what to da about it.* New York: McGraw-Hill.

Hodge, D. R. (2006). Spiritually modified congnitive therapy: A review of the literature. *Social Work*, 51, 157~166.

Hodge, D., & Bushfield, S. (2006). Developing spiritual competence in practice. *Journal of Ethnic and Cultural Diversity in Social Work, 15*(3/4), 101~127.

Hyde, C. (2003). More harm than good? Multicultural initiatives in human service agencies. *Social Thought*, 8, 23~43.

_______ (2004). Multicultural development in human services: Challenges and solutions. *Social Work*, 49, 7~16.

Iglehart, A. (2000). Managing for diversity and empowerment in social services. In R. Patti (Ed.), *The handbook of social welfare administration* (pp. 425~444). Thousand Oaks: Sage.

Mamman, A. (1996). A diverse employee in a changing workplace. *Organization Studies*, 17(3), 449~477.

Markman, E. R. (2011). Gender identity disorder, the gender binary and transgender oppression: Implications for ethical practice. *Smith College Studies in Social Work*, 81(4), 314~327.

Martin, L., & Bonder, B. (2003). Achieving organizational change within the context of cultural competence. *Journal of Social Work in Long Term Care*, 21(1/2), 81~94.

McLeod, P. L., & Lobel, S. A. (1992). *The effects of ethnic diversity on idea generation in small groups.* Paper presented at the Annual Academy of Management Meeting, Las Vegas, Nevada.

Menefee, D. (1997). Strategic administration of nonprofit human service organizations: A model of executive success in turbulent times. *Administration in Social Work*, 21, 1~19.

Miller, F. A., & Katz, J. H. (2002). *The inclusion breakthrough.* San Francisco, CA: Berret-Koehler.

National Association of Social Workers (NASW) Center for Workforce Studies (2006). *Assuring the sufficiency of a frontline workforce.* Retrieved December 12, 2011 from http://workforce. socialworkers.org/studies/nasw_06_execsummary.pdf.

National Center for Public Policy and Higher Education (2005). *Income of US workforce projected to decline if education doesn't improve.* Retrieved December 12, 2011 from http://www.highereducation.org/reports/pa_decline/index.shtml.

Norton, J., & Fox, R. (1997). *The change equation: Capitalizing on diversity for effective organizational change.* Washington, DC: American Psychological Association.

O'Leary, B. J., & Weathington, B. L. (2006). Beyond the business case for diversity in organizations. *Employee Responsibilities and Rights Journal,* 18(4), 283~292.

O'Reilly, C., Williams, K., & Barsade, S. (1997). Group demography and innovation: Does diversity help? In E. Mannix & M. Neale (Eds.), *Research in the management of group and teams.* Greenwich, CT: JAI Press.

Ostrowerer, F. (2007). *Non-profit governance in the United States: Findings on performance and accountability from the first national representative study.* Washington, DC: Center on Non Profits and Philanthropy, The Urban Institute.

Pinderhughes, E. (1989). *Understanding race, ethnicity and power:* The key to efficacy in clinical practice. New York: Free Press.

Ramos-Sanchez, L. (2009). Counselor bilingual ability, counselor ethnicity, acculturation, and Mexican Americans' perceived counselor credibility. *Journal of Counseling and Development,* 87(3), 311~318.

Sanchez-Hucles, J., & Jones, N. (2005). Breaking the silence around race in training, practice, and research. *Counseling Psychologist,* 33, 547~558.

Shier, M. L., Engstrom, S., & Graham, J. R. (2011). International migration and social work—A review of the literature. *Journal of Immigrant and Refuge Studies,* 9, 38~56.

Shrestha, L., B., & Heisler, E. J. (2011). *The changing demographic profile of the United States* Washington, DE: Congressional Research Service.

Sue, D. W. (2004). Whiteness and ethnocentric monoculturalism: Making the "invisible: visible. *American Psychologist,* 59, 759~769.

Sue, D. W., Capodilupo, C. M., Torino G. C., Bucceri, J. M., Holder, A. M. B., Nadal, K., & Esquilin, M. (2007). Racial microaggressions in everyday life: Implications for clinical practice. *American Psychologist,* 62(4), 271~286.

Switzer, G., Scholle, S., Johnson, B., & Kelleher, K. (1998). The Client Cultural Competence Inventory: An instrument for assessing cultural competence in behavioral managed care organizations. *Journal of Child and Family Studies,* 7(4), 483~491.

Taylor, B., Garcia, A., & Kingson, E. (2001). Cultural competence versus cultural chauvinism: Implications for social work. *Health and Social Work, 26*(3), 185~187.

Tozer, E. E., & McClanahan, M. K. (1999). Treating the purple menace: Ethical considerations of conversion therapy and affirmative alternatives. *Counseling Psychologist*, 27, 722~742.

U. S. Census Bureau (2011). *Overview of race and Hispanic origin: 2010*. Washington, DC: US Department of Commerce.

U. S. Department of Labor (2011). *Labor force characteristics by race and ethnicity*. Report #1032. Washington, DC: US Bureau of Labor Statistics.

Vanderburgh, R. (2009). Appropriate therapeutic care for families with pre-pubescent transgender/gender-dissonant children. *Child and Adolescent Social Work Journal, 26*(2), 135~154.

Watson, W. E., Kumar, K., & Michaelsen, L. K. (1993). Cultural diversity's impact on interaction process and performance: Comparing homogeneous and diverse task groups. *Academy of Management Journal, 36*, 590~602.

Williams, C. (2006). The epistemology of cultural competence. *Families in Society,* 87(2), 209~220.

Yan, M., & Wong, Y. (2005). Re-thinking self-awareness in cultural competence: Toward a dialogic self in cross-cultural social work. *Families in Society,* 86(2), 181~188.

Young, G., & Davis-Russell, E. (2002). The vicissitudes of cultural competence: Dealing with difficult classroom dialogue. In E. Davis-Russell (Ed.), *The California Schoool of Professional Psychology handbook of multicultural education, research, intervention, and traning* (pp. 37~53). San Francisco: Jossey-Bass.

5

유능한 문화적 접근을 위한 다문화 삼각모형: 아동, 가족, 학교를 중심으로

Carmen Ortiz Hendricks

2006년, 학교사회복지는 지난 100년간 사회복지전문직의 일부로서 함께 할 수 있었던 것을 자축했다. "학교사회복지사들은 학교와 가정 그리고 지역사회를 연결하는 전문가로 출발해 현재까지 그렇게 남아 있다(Allen-Meares, 2008, p. 3)."

도시빈민지역 공립학교에서의 사회복지는 다문화 사회복지의 한 장으로 내담자 집단의 문화와 사회적 지위에 대한 지식이 서비스 전달의 중심이 된다. 미국 도시 전체에서 급격히 증가하는 인종적 · 민족적 다양성으로 인해 주류의 학교체계와 그들이 서비스를 제공하는 지역사회 간 문화의 차이가 자주 발견된다. 이를 위해 이중 또는 다중의 언어와 문화에 익숙하고 문화적으로 유능한 학교사회복지사의 수를 증가시켜 그러한 차이를 줄일 필요가 시급하다. 본 장은 다양한 문화적 배경을 가진 가족과 아동이 서로 다른 가치와 믿음 그리고 역사적 경험을 가지고 있는 공립학교의 전문가들과 소통할 때 특히 아동을 사정하고 도움을 제공하는 과정에서 자주 간과되었던 복잡한 문화적 상호작용에 대해 살펴본다. Freire(1998, p. 71)는 교사를 "문화적 노동자"로 간주하며 그들에게 "학습자의 문화적 정체성과 교육의 실천에서 그것을 존중해야 함"에 대해 생각해보도록 촉구하였다. 이는 문화적으로 유능한 실천가이며 동시에 "문화적 중재자"(de Anda, 1984)가 되어야 하는 학교사회복지사에게도 마찬가지인데 그 이유는 그들이 아동과 주로 작업하는 학교 전문가이며 동시에 가족과 학교의 환경적 역동을 중재하기 때문이다(Bronstein & Abramson, 2003). 문화적으로 유능한 학교사회복지사는 자신의 개인적, 전문적 정체성과 가치에 대해 인식하고 있으며, 다양한 가족과 아동 그리고 그들이 등교하는 학교에서의 언어와 경험 그리고 믿음에 대한 통역자로서 기능할 수 있는 가장 좋은 위치에 있다(Constable & Montgomery, 1985; Staudt, 1991; Franklin, 2000; Garrett, 2006).

학교는 아동과 가족의 삶에 큰 영향을 미친다. 전통적으로 공립학교는 아동에게 미국의 주류가 되는 문화적 가치와 믿음을 전파하고 그러한 문화에 적응하고 동화시키는 책임을 지녔다. 학교는 아동에게 강력한 영향을 미치는 힘이 있는데 특히 아동의 문화적 배경이 그 사회나 학교의 주류가 되는 문화와 차이가 있을 때 더욱 그렇다. 그러한 차이는 최근에 겪은 이민과정과 이중의 문화와 언어적 경험에 기인할 수도 있다. 또한 학교는 학교의 체계에 대한 이해가 부족한 가족이나, 재정이 빈약하거나 학생 수가 너무 많은 도심 빈민지역에 위치한 학교를 상대해야 하는 가족에게도 큰 영향을 행사한다. 이러한 가족들은 지역사회 내에서 이미 무력함과 소외감을 느꼈을 수도 있다. 수많은 가족문제로 인해 아동이 가족으로부터 떨어져 위탁가정에 보내진 이민가정의 예를 들 수 있다(Jackson & McParlin, 2006; Johnson-Reid et al., 2007; Trout, Hagaman, Casey, Reid, & Epstein, 2008). 이민정책에 반대하는 현재의 미국 내 정서를 고려할 때, 이러한 가족과 아동의 욕구가 학교체계와 학교사회복지사에 의해 어떻게 배려되어야 할까? Freire는 자신의 유명한 저서 『억압받는 자의 교육』(Pedagogy of the Oppressed, 1993)에서 교육자와 학교가 억압적인 환경

조건을 영구화시키는 관행을 벗어나 아동과 가족의 삶과 지역사회에서 해방적이고 계몽적인 힘이 되어야 한다고 촉구하였다.

■

다문화 삼각모형

아동과 가족, 학교가 아동의 능력, 지능 또는 학습능력을 측정하면서 갈등을 경험할 때 어쩔 수 없이 하나의 다문화 삼각모형(그림 5.1 참조)이 형성된다(Compher, 1982; Constable & Walberg, 1988; Douglas, 2011). 삼각모형의 꼭짓점에 위치한 각 요인들은 서로 다른 문화적 가치와 목표로 인해 긴장을 느낀다. 동시에 각자는 아동의 긍정적 학습경험을 증진시킬 수 있도록 이해되고 협상될 필요가 있는 각자의 문화를 가지고 있다(Aponte, 1976; Woolley, Kol, & Bowen, 2009). 우선 다음의 질문에 관해 가족과 학교가 서로 매우 상이한 문화적 가정과 기대를 가지고 있을 수 있음을 볼 수 있다:

- 하나의 특정한 문화집단에서 아동은 어떻게 보여지는가?
- 하나의 특정한 문화집단에서 아동으로 존재한다는 것은 어떤 것인가?
- "우세한" 주류문화집단에 속하지 못하는 것은 어떠한 느낌인가?
- 다르게 느끼거나 "(　　)보다 부족"하다고 느끼며 성장한다는 것은 어떤 것인가?
- 그 학교의 특정한 문화는 무엇인가?
- 아동의 교육에 대한 부모의 역할에 부여된 가치는 무엇인가?
- 서로 다른 문화적 집단에서 아동의 지능은 어떻게 측정되는가?
- 서로 다른 문화적 집단이 교육에 부여하는 가치는 무엇인가?

그림 5.1 | 아동/가족/학교 삼각모형

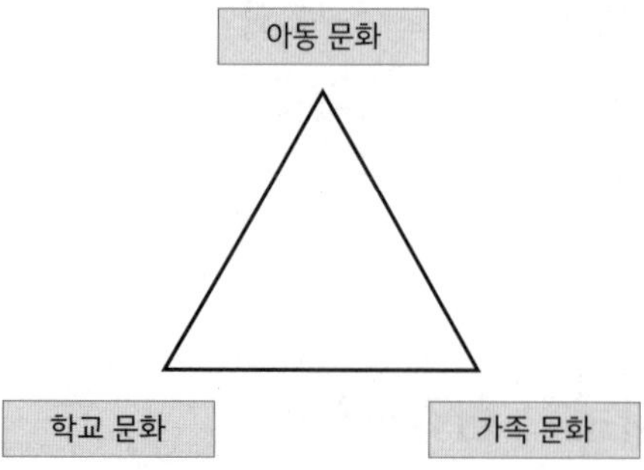

그림 5.2 | 정체성, 학업성취도, 정책 삼각모형

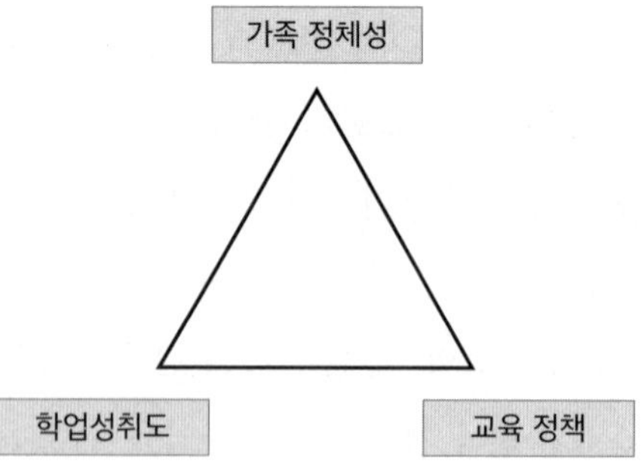

- 전문가들은 "정상성" 또는 발달의 정상적 범위를 어떻게 정의하는가?
- 다른 행동규범이 어떻게 이해되고 적용되는가?
- 학습의 욕구와 문제가 정의되는 맥락은 무엇인가?
- 학습능력에 대한 정의와 꼬리표labels는 문화적으로 어떠한 연결이 있는가?

또한 이러한 질문들은 아동의 학업성취도, 가족의 정체성, 그리고 학교의 정책과 실천 사이의 상호관계를 가리키기도 한다(그림 5.2). 많은 이민가족들이 자녀의 교육에 중요한 가치를 두고 있다. 이러한 상황에서 자녀의 학업성취도는 가족의 문제로 여겨지며, 지역사회 내에서 명성과 인식을 가져다주기도 한다(Ryan & Smith, 1989; Appleby, Colon, & Hamilton, 2001).

체계적 관점에서 체계의 한 부분에 영향을 주는 것은 체계의 다른 부분에도 영향을 미친다. 그러므로 아동의 학업성취에 대한 사정은 가족의 정체성에 대한 사정이나 학교의 교육정책과 실천에 대한 평가와 분리될 수 없다(Dowling & Osborne, 1985; Douglas, 2011). 필요에 의한 한 사람의 문제나 위치의 변화는 다른 것에도 영향을 미치게 된다. 가족체계이론의 다른 모형들처럼 여기서 제시하는 삼각모형은 근본적인 문화적 충돌을 피하며 초점을 맞출 수 있는 많은 편리한 이슈들을 제공한다. 예를 들면, Head Start와 같은 아동조기개입학교프로그램early childhood intervention programs은 아동의 교육적 계획을 세울 때 부모의 참여를 기대하거나 또는 의무적인 참여를 명시하기도 하지만, 이러한 기대가 부모를 반드시 참여하도록 하기엔 충분하지 않다. 학교의 전문가들은 부모/학교의 관계적인 측면을 고려하지 않은 채 아동의 교육욕구에만 집중하는 경향이 있다(Correa, 1989; Hill & Torres, 2010). 부모와 전문가의 상호작용은 때때로 매우 구조화되어 있는데 이는 아동의 교육에 대한 파트너로서 부모에게 무력감을 느끼게 한다. 문화적으로 유능한 접근은 부모와 전문가들 사이에 공유된 이해와 책임을 만들 수 있어야 한다. 부모가 진정으로 초대받고 또 그들의 참여가 적절히 활용될 때 그들은 아동의 교육과정에서 매우 귀중한 자원이며 효과적인 협력자가 될 수 있다(Aponte, 1976; Chavkin & Garza-Lubeck, 1990; Correa, 1989). 부모는 교사와 사회복지사가 자신의 자녀를 보호하고 옹호하며 동시에 의사결정을 할 수 있게 도울 수 있는 가장 좋은 위치에 있다.

그러나 돌봐야 할 일이 많은 부모들은 학교의 컨퍼런스에 참여할 시간이 제한적일 수 있는데 부모의 이해 부족은 전문가에 의해 저항이나 관심 부족으로 잘못 해석될 수도 있다(Delgado & Rivera, 1997; Delgado-Gaitan, 1987). 부모의 제한적인 영어능력과 더불어 이중언어, 문화에 익숙하고 문화적으로 유능한 전문가의 부족 또한 학부모의 참여를 제한한다. 언어적 문제와 이해가 어려운 전문용어의 사용은 부모가 자녀의 교육 계획에 깊게 참여할 수 없도록 부모를 소외시킨다. 더불어 이중언어 교육bilingual education, 특수교육special education, 학업장애learning disability, 언어 또는 발달 지체speech or developmental delays, 주의력결핍장애attention deficit disorder, 과잉행동hyperactivity, 특수한 도움이 필요한 아동special needs children과 같은 용어는 여러 가지로 다르게 해석될 수도 있다. 이러한 기술적 용어들은 미국적인 상황에서 사회적으로 구성되어 온 것이어서 다른 의미로 해석될 수도 있다. 또한 부모를 위해 이러한 용어들이 항상 정확하게 번역되는 것도 아니다(Bennett, 1988). 학교의 전문가들은 아동의 지능을 평가하기 위한 주류문화와 중산층 그리고 서구적 측정기준에 근거한 이러한 진단범주와 진단명을 자유롭게 사용한다. 그러나 문제는 이러한 용어들이 아동이 현재 겪고 있는 교육적 어려움에 기여했을 다른 인생경험에 대한 충분한 고려 없이 광범한 문화와 사회계층집단에 동일하게 사용된다는 것이다.

장애disability라는 용어의 사용이 좋은 예가 될 수 있는데 그것은 어쩔 수 없이 개인의 결핍을 의미하기 때문이다. "도덕적이며 의료적인 모델에서는 장애를 병리적인 개인의 특성으로 정의한다. 반대로 사회적 모델에서는 사회의 다양한 특징으로서의 장애를 강조한다"(Mackelprang, 2008, p. 39). 사회복지사들은 신경인지적, 신체적, 정신적 장애를 주로 다룬다. 그러나 대부분의 부모들은 자녀에 대한 그러한 분류에 저항하고, 그것이 아동의 학습능력에 대한 어떤 측면에서의 어려움을 표현한다기보다 낙인이 되는 것으로부터 아동의 자아정체감을 보호하려 할 것이다. Boyles와 Contadino(1998)는 저서에서 언어 장애, 주의력 결핍/과잉 행동 장애, 강박 장애, 뚜렛 증후군, 반항성 또는 행동 장애, 자폐증, 정신 지체 및 발달 지연, 시각 또는 청각 장애, 납 중독이나 태아 알코올 증후군과 같이 환경에 의해 촉발된 장애 등을 포함하는 광범한 학습장애를 열거한다. 부모가 진단이나 분류를 거부할 때, 전문가는 자신의 교육사정educational assessment이 옳지만 부모가 잘못 이해하거나 자녀가 학습문제로 고통 받는 것을 인식하는 것에 저항한다는 식으로 자동적인 가정을 해서는 안

된다(Dowling & Osborne, 1985; Golden & Gupuzzi, 1986; Hill & Torres, 2010). 대신, 부모는 자녀의 학습장애에 대해 설명해야 한다. 학교의 전문가는 부모를 도우며 동시에 부모가 아동의 학습욕구를 해결할 수 있도록 도울 수 있는 귀한 정보를 배울 수 있다(Bennett, 1988; Harry, 1992b; Kalyanpur & Rao, 1991). 부모의 관점은 아동의 욕구와 세상에 대한 부모의 경험에 대한 더 정확한 표현일 수 있다. 예를 들면, 유색인종인 부모들 눈에는 특수교육 학급에 유색인종아동이 훨씬 더 많은 것으로 보일 수 있다. 이것은 학습장애와 같은 용어가 가지고 있는 인위적인 본질에 대해 부모가 기존에 가지고 있던 인식을 지지하며 특수교육 프로그램은 차별적이고 압제적이라는 관점을 더욱 촉진시킬 수 있다(Dao, 1991; Delgado-Gaitan, 1987; Kalyanpur & Rao, 1991; Gandara & Contreras, 2009).

문화적으로 유능한 학교사회복지사는 특수교육프로그램에 배정되는 것이, 특히 그것이 도심빈민지역의 유색인종 아동의 학습부진과 연결되었을 때, 객관적인 현실이라기보다는 학교의 문화나 사회적 가치를 반영하는 것일 수도 있다는 것을 인식할 것이다(Kurtz & Barth, 1989; Woolley, Kol, Bowen, 2009). 학교에서의 성취와 관련한 문제는 부모, 아동, 교사 모두에게 광범한 의미를 가진다. 몇몇 사례를 통해 이러한 문제를 살펴보자.

사례

여덟 살의 Maria가 울면서 집에 왔는데 선생님이 자신을 더 이상 좋아하지 않으며 다른 반으로 보내려 한다고 하였다. 어머니는 열다섯 살 된 아들을 통역사로 대동하고 Maria가 좋은 아이라고 설명하기 위하여 학교에 갔다. 가정주부인 어머니는 영어와 스페인어를 잘 읽고 말할 수 있었다. 선생님이 Maria가 진단받은 학습장애에 대해 설명하려고 노력했지만, 도미니카 공화국에서 이민 온 이 어머니에게 장애란 눈이 멀거나 사지가 마비되는 것과 같은 심각한 상태를 의미했다. 어머니에게 Maria는 그런 심각한 상태가 아니었으므로 그녀는 Maria가 특수학급으로 옮기는 것을 계속해서 반대할 수밖에 없었다.

한 초등학교 교사들이 언어 발달이 심각하게 늦은 자녀를 둔 한 아시아계 어머니로 인해 골머리를 앓고 있었다. 그 어머니는 자신의 아이가 거주 지역 외곽에 위치한 치료적 교육프로그램으로 옮겨가는 것에 대해 계속해서 거부했다. 학교사회복지사는 이 어머니가 몇 년 전 방글라데시에서 심각한 홍수로 네 명의 자녀를 잃었다는 것을 알게 되었다. 근교에 위치했지만 아이를 다른 곳으로 보내는 것이 이 어머니에겐 너무 큰 스트레스였으며, 아동의 언어 발달을 돕기 위해 다른 방법이 강구되어야 했다.

자메이카에서 자라고 교육받은 한 어머니가 마침내 미국에서 자신과 함께 살 수 있도록 여덟 살 된 아들을 데려올 수 있었다. 자메이카를 떠나기 전 어머니는 마을의 현자wise man와 아이에 대해 상의했고 그 사람은 아이가 미국에서 첫 해를 지내는 동안 많은 어려움을 겪을 것이라고 하였다. 어머니는 첫 해가 지나면 아들의 건강문제와 학습장애가 함께 끝날 것이라고 믿었다.

이러한 예들은 문제에 대한 정의가 다를 때 일어날 수 있는 다문화적인 오해를 잘 보여 준다(Lynch & Stein, 1987). 부모는 그들의 방식으로 자녀가 겪는 어려움을 해석하거나 명명할 수 있는데, 자신들의 문화적 가치와 믿음에 부합하며 자녀의 자아상self-image에 좀 덜 해로운 방식으로 문제를 재명명reframing하여 자녀를 도우려 한다(McAdoo & McAdoo, 1985; Harry, 1992a; Greene, Jensen, & Jones, 1996). 이러한 부모의 노력이 학교당국에 아무리 이상하게 보일지라도 존중될 필요가 있다. 부모들은 자신들이 어떻게 자녀의 학습장애를 바라보는지 설명하기 위해 아래와 같은 문장과 개인적인 이야기를 사용할 수 있다.

- "그 아이는 제 동생이 그랬듯 그 나이 때하고 똑같아요."
- "내가 그랬듯 그 아이도 그걸 극복하고 성장할거예요."
- "그 아이의 아버지도 똑같았어요."
- "그 아이는 선생님들이 보는 것보다 훨씬 더 똑똑합니다."
- "제 아이는 자기 능력을 자랑할 줄 모릅니다."
- "그 아이는 다만 따라잡을 시간이 필요할 뿐입니다."

이러한 인식은 아동 개인의 교육적 사정과 계획에 활용되어야 할 뿐만 아니라 유전적 특징, 발달 또는 성숙과 관련된 요인, 역사적 발전, 의료 및 심리적 발달, 그리고 개인이나 가족의 강점 등을 의논할 때에도 포함되어야 한다. 학교 전문가들의 병리나 결핍의 관점이 아니라 부모들이 인식하는 강점에 초점을 두어야 한다(Tower, 2000; Hill & Torres, 2010).

부모와 교사로부터 자신의 인지-행동 능력에 대해 상이한 언급을 듣는 다문화아동들은 가정과 학교의 문화적 요구 사이에서 흔히 갈등을 경험한다(Freeman & Pennekamp, 1988). 이중의 문화와 언어에 노출된 아동들은 학교에서 선생님의 기대에 부응하도록 문제를 해결하고 다른 사람들과의 새로운 연결방식을 배우고(Bennett, 1988; Lynch & Stein, 1987), 동료학생들의 요구에 남들과 같은 반응을 하며, 주변에서의 경험과 상관없이 자신들의 기원이 되는 문화를 우선하라는 가족의 훈계에 충실하고자 매일 노력한다. 이러한 아동들에게는 어떻게 갈등을 협상하고, 딜레마를 해결하며, 또한 기회를 촉진할 수 있는지를 알려줄 "문화중개인"(Ortiz Hendricks, Haffey, & Asamoah, 1988)이 필요하다. 서로 다른 인종 간의 결합으로 탄생한 아동의 경우 둘 중 어떤 하나의 인종을 선택해야 하는 추가적인 과업을 다루어야만 하게 되는데 이는 다중의 발달적 과업에 직면한 아동과 청소년에게 굉장히 어렵고 스트레스가 되는 경험이다.

학교의 전문가와 부모가 아동의 행동을 설명하기 위해 문화에 기초하며 동시에 문화적으로 편향된 기준을 사용할 때 서로 다른 해석 사이에 사로잡히게 되는 것은 바로 아동이다(Ryan & Smith, 1989). "대부분의 경우 학교의 교육과정은 각 학생이 미리 정해진 시간계획표에 맞추어 특정한 학문적 성취를 해낼 수 있도록 설계되어 있다. 문제는 모든 학생이 이러한 발달 스케줄에 맞추어져 있지 않다는 것이다"(Boyles & Contadino, 1998, p. 1). Boyles과 Contadino는 지능을 사정하는 데 사용되는 도구에 존재하는 여러 가지 편견에 대해서 설명하고 있는데, 가령 "가치 편견value bias"은 우세한 문화에서 받아들여지는 반응을 반영하는 답이 나올 수 있도록 테스트를 설계하는 것을 포함하며, "언어 편견linguistic bias"은 아동 자신의 언어적 발달을 사정하기보다 영어와 같은 특정한 언어에 대한 아동의 지식을 사정하는 것을 의미한다. 학교에서 아동의 어려움을 사정하기 위해 편향된 기준에 의존하기 전 전문가들은 정상성normalcy과 지적 능력에 대한 부모의 기준에 세심한 주의를 기울일 필요가 있는데 그러한 기준이 그들이 서비스를 제공하는 가족들에게 특별한 의미를 가지기 때문이다. 학교의 전문가들이 일관되고 보편적으로 인정된다고 믿는 지능과 능력 그리고 장애에 대한 정의와 다른 문화적 의미가 존재할 수 있다(Dao, 1991; Kalyanpur & Rao, 1991). 많은 부모들이 자녀가 학습장애가 있거나 심각한 신경손상으로 고통 받고 있다는 말을 처음 들을 때 이를 믿지 못한다(Bennett, 1988). 그들은 건강한 몸을 가지고 상식을 활용하며, 두개의 언어를 배우며 초등학업능력을 달성하고, 이미 자신들의 교육수준을 넘어선 자녀를 본다(Ryan & Smith, 1989). 자녀의 이러한 성취는 부모가 능력이 손상되거나 정신적으로 문제가 있는 사람들만을 위해 고안되었다고 생각하는 진단을 거부하게 한다. 부모들은 7살 아동의 과제가 자신들이 교육을 받으며 경험했던 그 어떤 것보다 어려워 보일 때 자녀가 지적으로 우수하다고 볼 수밖에 없다(Spencer, 1988). 강점관점에서 볼 때 부모가 제공한 정의를 작업에 이용할 때 학교 전문가들은 아동이 심각하게 무능력하지 않다는 사실을 강화할 수 있다. 이것은 학교가 아동과 부모가 좀 더 역량강화적인 방법으로 학습에 대한 욕구를 다룰 수 있도록 동기화시킨다.

교육전문가들은 학교에서 아동의 어려움을 검사할 때 아동과 부모가 어려움을 겪는 이유에 대해 이해하려 노력하며 나타나는 몇 가지의 중요한 주제에 대해 설명한다. 그들은 가족의 정체성, 아동의 학업성취, 교육정책은 모두 문화적인 측면에서 이해되어야 하며, 이것은 또한 학교사회복지 서비스와도 문화적으로 얽혀 있다고 하였다(Harry, 1992a, 1992b). 이러한 요인들이 모두 합쳐져 아동이 겪는 어려움은 좁게 정의되며, 관련된 모든 당사자들 간에 융통적이지 못한 엄격한 삼각모형적 대화rigid triangulations of communication가 이루어지게 만든다.

■

가족 정체성

가족 정체성은 아동의 발달양상이나 학습욕구의 이해를 위해 매우 중요한 개념이다. 1966년에 발표된 전국조사인 Coleman 보고서The Coleman Report에 의하면 가족배경은 개인의 학업성취에 가장 많은 영향을 주는 요인으로 밝혀졌다(Andersen & Collins, 1998). 전체로서의 가족에 강한 문화적 가치가 부여된 곳이라면 어디라도 그저 개개인의 집합으로서가 아닌 집단으로서의 가족 정체성에 마찬가지로 강한 가치가 부여된다. 문제는 개인 혼자의 것이 아닌 가족의 문제로 보여진다. 가족은 학교 전문가가 실수로 또는 의도적으로 아동의 학습장애가 가정에서의 어떤 결핍이나 가족의 다른 문제에서 기인했다는 인상을 주게 될 때 이것을 집단의 수치로 느낀다. 부모는 아동의 어려움을 가족의 특성과 연결짓거나 또는 심지어 과거에 저지른 친척의 잘못과도 연결시켜 볼 수도 있다. 반대로, 강한 가족 정체성은 학교에서 문제가 있는 아동에 대한 낙인 또는 수치를 다른 것으로 분산시킬 수도 있다. 즉, 강한 가족 정체성은 전체 가족 내에 취약함을 만들기도 하지만, 아동의 정체성을 지켜주는 역할을 하기도 한다. 아동은 가족 내에서 다른 사람들과 마찬가지로 취급된다. Lynch와 Stein(1987)은 라틴계와 아프리카계 미국인 아동이 보이는 학교에서의 문제가 가족의 다른 성원들도 가졌던 가족의 특징으로 표현되며, 흔히 정상적인 가족의 행동범위에서 벗어나지 않는 것으로 보이는 것을 발견하였다. 따라서 문화적으로 유능한 실천가는 아동의 학습욕구를 다룰 때 가족의 집단 정체성을 고려해야만 한다는 것을 인식해야 한다. 예를 들어, 내향적이거나 또는 과도하게 활동적인 아동은 가족에서 문화적으로 적절한 행동을 보여주고 있는 것일 수도 있다. 가족은 조용하거나 또는 과하게 행동하는 아동을 가족행동의 유전적인 측면을 보이거나 가족에서 선호되는 행동양상의 일부를 보이는 것으로 볼 수도 있다. 다시 말하면, 그 아동은 가족 내에서 항상 그런 식으로 행동하였으며, 그것은 할아버지나 고모로부터 유전된 특성일 수도 있다. 가족은 항상 그런 아동의 행동을 수용하였으며 앞으로도 아동이 그러한 행동을 다룰 수 있도록 계속해서 도울 것이다. 그들은 그러한 행동을 문제나 증상으로 보지 않을 수 있다. 문화적으로 유능한 실천가는 아동에 대한 치료적 서비스를 확보하는 동시에 가족 정체성의 강점에 기반한 해결책을 구축할 필요가 있다(Douglas, 2011).

■

학업 성취

다양한 아동의 학업성취에 대해 살펴볼 때, 특히 이민을 왔거나 난민의 지위를 가진 경우, 아동의 교육에서 제2언어의 습득이 갖는 장점과 단점에 대한 이해가 필수적이다. 아동은 단순히 가정에서 사용하는 언어에서 학교에서 사용하는 다른 언어로의 전환으로 인해 혼란을 경험할 수도 있다(Cummins, 1984; Spener, 1988; Douglas, 2010). 일반적으로 학교는 아동이 이중언어 사용에 대한 도움을 받으며 영어로 이루어지는 수업을 받게 될 것인지, 영어를 제2언어로 습득해야 하는 ESL수업을 먼저 받을 것인지, 아니면 포괄적인 이중언어 교육 프로그램에 바로 들어갈 것인지에 대해 평가한다. 아동의 삶의 주기에서 이민을 경험하는 지점은 아동이 영어와 미국의 학교에 어떻게 적응할지에 큰 영향을 미친다. 부모는 자녀들이 본국에서 공부를 잘했다고 느끼며 현재 겪는 자녀들의 문제가 교사의 과도한 요구나 기대 때문에 나타나는 것이라고 생각할 수 있다. 부모는 자녀가 다른 학습장애 때문이 아닌 제한적인 영어구사능력limited English proficiency: LEP 때문에 교사의 지목을 받게 되는 것으로 느낄 수도 있다. 어떤 부모들은 자녀의 영어능력에 대해 매우 자랑스러워하며 교사들이 지나치게 억양과 발음에 대해 비판적으로 보거나 완벽한 영어를 구사하기를 기대한다고 생각한다(Correa, 1989).

부모들은 ESL, LEP, IEP(개별교육계획위원회)individualized educational plan와 같은 용어와 이중언어 교육, 특수 교육, 자료실resource rooms과 같은 특수한 프로그램으로 인해 더 큰 혼란을 경험하며, 이러한 용어와 프로그램에 대해 많은 잘못된 인식을 가지게 된다. 이중언어 교육에 대한 정책적 갈등은 부모가 이러한 프로그램들이 자녀의 학습을 돕기보다는 방해하는 것으로 믿게 했다. 사실 이중언어 교육은 그 실천이 불분명하며, 일관되지 않게 시행되었다. “비평가들은 이중언어 교육이 부족한 영어기술을 가진 낮은 성적의 학생들을 배출했다고 불평한다. 지지자들은 궁극적으로 자신의 모국어로 읽고 쓰기를 배우는 소수 언어language minority 사용자들이 영어로 읽고 쓰기를 배우는 학생들에 비해 인지적으로 더 많이 개발된다고 반박하였다(Ravitch & Viteritti, 2000, p. 187)." 그렇지만 우리는 어느 쪽이 옳은지 아직 잘 모른다. 역사적으로 보면, 라틴계의 아동들은 이중언어 교육을 받은 반면, 아시아계 아동들은 주로 영어로 교육을 받았다. 이 두 차이로 보았을 때 이중언어/이중문화 학생들에게 최선의 이익이 무엇인지 결정할 수 있기 위해 문화적으로 민감하게 철저히 연구될 필요가 있다. 많은 이민 부모들은 비록 자신들은 새로운 언어를 배우는 것이 어려울지라도 자녀들은 영어를 배울 수 있고 배우고 있다고 확신한다(Dao, 1991; Spener, 1988). 또한 부모들은 자녀가 모국어를 잊지 않고 유지하기를 바란다. 모국어로 말할 수 있는 능력을 잃는다는 것은 흔히 본국에 있는 친척이나 친구들과 의사소통할 수 있는 능력을 잃는 것을 의미한다. 이러한 요인들은 아동이 어떻게 해서라도 이중언어를 구사하도록 엄청난 부담을 가한다. 동시에 영어만 사용하도록 하는 법안에 대한 지지와 반이민적인 정서와 더불어 오늘날 미국의 사회환경은 이민자와 이주노동자 그리고 난민을 덜 환영하는 것으로 보인다. 어린 아동들은 흔히 혼자서 부모와 가족, 학교, 그리고 사회의 요구에 부응하기 위해 노력해야 하는 상황에 처한다. 아동이 학교에서 성공하고 자신의 이중언어와 이중문화에 대한 정체성을 찾을 수 있도록 돕기 위해 문화적인 민감성이 더욱 필요하다.

교육정책과 실천

학교의 문화는 교육과정이 어떻게 전달되는지뿐만 아니라 읽기와 수학을 어떻게 가르치며, 아동이 어떻게 평가되는지에 이르기까지 확대된다. 부모들은 흔히 교육과정이 얼마나 단조로운지, 교수방법이 얼마나 융통성이 없는지, 또 아동의 학습욕구에 대해 새로운 평가방법이 등장할 때마다 얼마나 자주 아이의 교실, 프로그램, 교사, 심지어 학교까지도 변하는지에 대해 불평한다(Sarason, 1982; Gandara & Contreras, 2009). 이민자 부모뿐만 아니라 주류사회의 부모일지라도 부모로서 자신들의 권리를 항상 주장할 수 있는 것은 아니며, 학교의 전문가들에 의해 추천된 교육실천방법을 거부하기 어려울 수도 있다. 아동에 대한 교육적 변화가 자신들의 동의나 이해 또는 자신들의 위치에 대한 이해나 해석에 어떤 믿음도 주어지지 않은 채 일어날 경우 부모와 아동은 혼동되고 좌절감을 느낀다. 어떤 부모들은 이에 맞서 싸우기도 하지만 항상 성공적인 것은 아니다. 이에 대한 좋은 예로서 뉴욕타임즈에 실린 "시는 특수교육을 개편하지만, 학생들은 틈 사이로 미끄러져 내린다City Retools Special Education, But Pupils Are Slipping Through Cracks"라는 제목의 기사에서 다음과 같이 논의된다.

> 특수교육법에 따르면 어린이가 서비스를 받지 못할 때 부모는 공청회를 요청할 수 있다. 중국이민자인 Siow Wei Chu와 남편 Harry Sze는 딸 Jane이 퀸즈의 P.S. 203 학교의 2학년 교실에서 매일 학습지도와 함께 이중언어에 대한 도움을 받을 수 있도록 요청했다. 시는 Jane이 이중언어에 대한 도움을 받아야 하는 것에 동의했지만 아동을 두 명의 교사가 25명의 특수교육과 일반교육 학생을 함께 교육하는 모델을 운영하는 다른 학교로 옮기길 원했다. 어느 시점에서 부모의 변

호사는 교사에게 유치원부터 계속 교육받은 Jane이 P.S. 203에 머무르도록 하는 가족의 요구가 아동을 다른 학교로 옮기려하는 시의 계획보다 더 나은 것인지 물었다. 교사는 "물론이지요"라고 대답했다. 두 번째 공청회 바로 전, 시는 부모의 요청을 받아들이기로 하였다. 그러나 이 승리는 달콤하며 동시에 씁쓸한 것이기도 했는데, 2003년 10월 7일에 열린 Jane을 위한 개별교육계획위원회IEP에서 이중언어에 대한 도움을 바로 받을 수 있도록 한 것이 아니라 1년 후에나 받을 수 있도록 조취했기 때문이다.(Winerip, 2004, p. 26)

이 예는 부모가 자녀를 위한 주장을 펼 능력이 있다 할지라도 비효율적이고 비효과적인 학교 정책과 과부하가 걸려 있고 재정이 열악한 학교가 아동의 교육적 목적을 달성하는 데 오히려 방해가 될 수 있다는 것을 보여준다. 미국의 공립학교 제도와 갈등하고 있는 어떤 부모들은 자녀를 위해 적절한 교육을 얻을 수 있는 유일한 방법은 그러한 목표를 막고 방해하는 학교 정책을 피하는 것이라고 단호하게 생각한다. 그들은 자신의 자녀가 정상적인 지능을 가지고 있으며 나이에 맞는 일반적인 학년에 배정받고 싶은 마음에서 본국에서의 아동에 대한 기록을 조작하거나 잃어버린 것으로 꾸며 미국의 교육시스템보다 한 발 앞서나가려 한다. 부모와 학교가 가족 정체성과 학교 정책에 사로잡혀 있을 때 아동의 학업성취는 고통 받을 수밖에 없다.

■

문화적으로 유능한 학교사회복지사

어느 누구도 처음부터 문화적으로 유능하게 태어나지 않기에 문화적 유능성을 이루는 것은 모든 사회복지사들에게 계속되는 평생의 과정이

그림 5.3 | 내담자/학교/사회복지사의 문화적 삼각모형

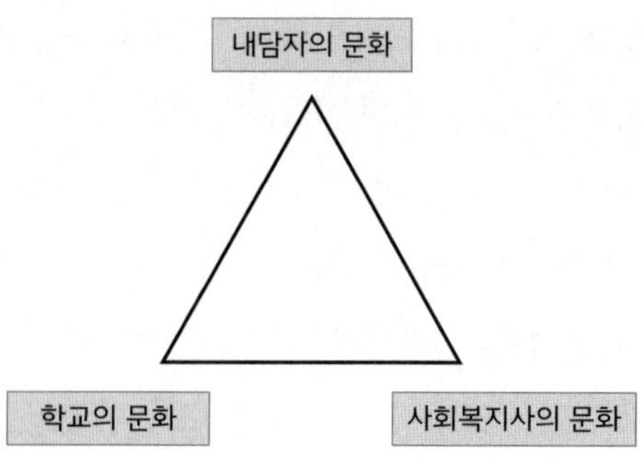

다. "문화적 유능성은 어느 사회복지사에게라도 처음부터 자연스럽게 나오는 것은 아니며 높은 수준의 전문성과 성숙도를 요구하지만 어떻게 문화적으로 유능한 실천가가 훈련되는지에 대해서는 전문적 교육과 실천에서 분명하게 다루고 있지 않다(Ortiz Hendricks, 2003, p. 75)." 빠르게 증가하는 다양한 내담자 집단의 욕구를 충족시키고 교육과 가족 그리고 사회서비스에서 편향되지 않고 문화적으로 민감한 사정을 보장받을 수 있도록 더 많은 이중언어와 문화에 익숙하고 문화적으로 유능한 전문가가 필요하다. 각 문화에 대한 가치, 실천, 관습과 믿음에 대한 민감성과 지식을 높이는 동시에 자신의 개인적 전문적 가치와 믿음을 인식하고 또 내담자와 기관 사이의 문화를 중재해야만 하는 학교사회복지사에게 문화적 유능성은 근본적인 필수사항이다(그림 5.3).

문화적으로 유능한 학교사회복지사는 문화적으로 인식하고, 민감하며, 지식이 풍부한 실천가일 필요가 있으며, 이들은 아동과 그들의 학습에 대한 욕구를 정의하고 평가하는 새로운 방식에 개방적이어야 한다. 그들은 이것을 계속해서 다양한 방식으로 진행한다. 첫째, 학교사회복지사는 학습과 학습장애와 같은 용어의 의미가 문화집단에 따라 달라지는 여러 가지 중요한 방식이 존재한다는 것을 인정하는 것으로 시작해, 이러한 의미와 그것이 부모와 지역사회에 갖는 중요성에 대해 알아볼 필요가 있다. 둘째, 학교사회복지사는 아동의 발달에서 정상 · 비정상을 정의하는 요소를 조사해야 하며, 통상 교육기관에서 이용되는 정상성에 대한 설명보다 더 넓은 개념을 통합적으로 사용해야 한다. 셋째, 학교사회복지사는 자녀의 어려움에 대한 부모의 이론을 조심스럽게 경청하고, 학습에 대한 어려움과 정서적, 정신적 안정에 대한 측정 사이에 존재하는 부모와 전문가 사이의 미세한 구분을 연결할 수 있도록 구성주의적 접근에 근거하여 부모와 작업한다. 마지막으로, 문화적으로 유능한 학교사회복지사는 자녀의 교육계획에 부모가 참여할 수 있도록 다양한 인구집단에 문화적으로 민감하고 친절한 새로운 학교정책과 실천을 주장하는 역할을 해야 한다. Cummins(1984)는 내담자 집단의 문화적 언어적 그리고 지역사회의 욕구를 통합하는 총체적 접근을 지지하였으며, 부모와 작업함에 있어 배타적이기보다는 협동적인 방법이 필요하다고 주장하였다. 그는 "아동이 주류교육에 준비되어 있지 않은 것처럼 보는 것이 사회와 문화적 차이에 기인해 장애아를 만들어내는 우리의 학교 시스템의 엄격함과 무지의 문제일 수 있다"(p. 70)고 했다.

학교사회복지사가 만드는 주요한 기여는 아동과 가족의 사회 · 문화적 욕구에 대한 그들의 사정을 학교의 다른 전문가들과 나누는 것을 포함한다. 이러한 사정은 다음의 요소에 대한 포괄적인 자료와 평가를 포함한다.

① 가족의 구조와 기능
② 세대와 미국 내에서 지낸 기간
③ 본국과 이민과정 자체에서 경험한 트라우마
④ 본국과 미국에서의 가족의 사회경제적 조건
⑤ 모든 가족 구성원의 교육경험
⑥ 인종에 대한 정체성
⑦ 모든 가족 구성원의 언어 능력

더불어 학교사회복지사는 교육에 대한 부모의 태도에 주의를 기울여야 한다. 처음에 부모들은 미국의 교육체계에 많은 희망과 믿음을 가질 수 있으나 점점 시간이 지나며 환상이 깨지고 일반적인 교육에 대해 부정적인 태도를 가질 수 있다. 이러한 양상을 이해하는 것은 학교 전문가들이 부모가 아동의 교육욕구를 성취하는 데 있어 부딪치게 되는 좌절을 막고 방지할 수 있도록 도울 수 있다.

Lynch와 Hanson(1992)은 개입과정에 대한 문화적 가정의 영향을 이해하고, 문화적 자기인식을 강화하며, 문화인식 및 적응에 기여하는 요인을 이해하고, 다른 문화에 대한 정보를 수집하며, 통역자나 해설가를 활용하는 데 있어 지침을 세우는 등을 포함하는 유능한 문화적 실천을 위한 특정의 방법론을 제시한다. 또한 특정의 문화에서 가족과 사회복지사의 원조관계를 어떻게 보는지, 문화적 전통이 문제해결에 어떻게 영향을 미치며, "어떤 특별한 개입기술과 사고방식이 주로 유럽에서 이주하고 그러한 전통을 유지하는 사람들에게 적합한 방식으로 제공되는 서비스보다 특정한 인구집단에 좀 더 효과적인가"에 대해 이해하는 것이 마찬가지로 중요하다(Dungee-Anderson & Beckett, 1995, p. 460).

또한 사회복지사들은 자신의 문화적 배경과 가치에 대해 계속해서 스스로 평가할 필요도 있다(Pinderhuges, 1989; Aponte, 1991; Lum, 1999; NASW, 2007). 이것은 그들이 자신의 문화적 전통이나 그 자체로 하나의 문화적 관점이기도 한 사회복지전문직에 속하는 것이 갖는 특혜만이 아니라 다른 문화적 관점을 경청하고 들을 수 있는 능력을 가질 수 있게 한다. 문화적 자기인식에 대한 폭넓은 정의는 다음과 같은 요인에 대한 이해를 포함한다.

- 개인적 가치, 믿음, 태도, 선입견, 편견, 지식에 대한 패러다임 그리고 이러한 것이 다른 세계관이나 가치 지향과 다를 수 있음.
- 다양성의 넓은 구분 안에 동시에 존재하는 집단 간의 차이: 예를 들어, 흔히 라틴계 미국인으로 알려진 히스패닉과 라틴계는 19 또는 그 이상

의 다른 나라, 사회계층, 역사, 이민 경험, 그리고 지리적 차이를 포함함.

- 다양성에 대한 정의는 인종, 피부색, 민족, 성, 성적 표현과 지향, 종교적 영적 신념, 사회계층과 지위, 연령, 능력, 언어, 국적, 정치적 신념, 지리적 지역적 위치를 포함하는 서로 상호작용하고 복잡하고 중요한 방식으로 결합되는 요인들을 포함함. 사회복지사가 경험하는 도전은 다각적으로 교차하는 이러한 요인들의 본질을 이해하며 다양성의 개별적 특성 또한 인식해야 함.
- 권력, 특권, 탄압과 이것이 사람들에게 어떻게 영향을 미치고, 특히 탄압받는 집단의 구성원으로서 또는 우세한 집단의 구성원으로서, 이것은 그들을 어떻게 정의하는가에 대한 이해
- 트라우마, 식민주의, 압제, 그리고 인간발달과 정신건강에 대한 착취의 영향
- 인종적 정체성 형성의 단계, "커밍아웃"과 성적 지향 형성과 표현의 단계를 포함하는 정체성 발달의 문제
- 다중지위의 통합과 교차하는 정체성 문제(예를 들어, 자신의 정체성을 확고히 하려는 다인종청소년의 노력)
- 개인, 가족, 집단, 지역사회와 작업하는 것은 물론 임상작업, 조사, 행정, 프로그램 개발, 정책 분석 및 홍보, 지역사회조직을 포함하는 실천의 모든 측면에서의 문화적 유능성
- 단지 경제, 사회, 정체적 변수로서의 문화가 아닌 성격발달과 정신건강의 한 부분으로서의 문화
- 선입견과 차별 특히 인종차별, 자기민족 중심주의, 성차별, 나이차별, 이성애주의가 이러한 불평등한 권력관계의 수혜자와 생존자에게 미치는 영향

문화적으로 유능한 지식, 기술, 가치의 개발은 오늘날 작동하는 특정의 사

회적, 정치적, 경제적, 전문적 현실을 생각해볼 때 사회복지사에게 매우 중요하다. 이러한 현실에 변화하는 인구적 특성과 계속되는 유색인종 내담자들의 정신건강 서비스가 존재한다. 사회복지전문직은 최근 대학에서의 사회복지학과 승인accreditation 과정과 다양성에 대한 윤리강령의 개정을 통해 문화적 유능성을 발전시켜 왔다(National Association of Social Workers [NASW], 1999). NASW는 사회복지교육위원회Council of Social Work Education에 의해 2003년에 지지된 사회복지실천에서의 문화적 유능성에 대한 기준(Standards for Cultural Competence in Social Work Practice, NASW, 2000)을 새로이 개발하였다. 또한 NASW는 2007년에 사회복지실천에서 문화적 유능성의 성취를 알리는 지표Indicators for the Achievement of Cultural Competence in Social Work Practice를 개발하였다. 그 지표는 이제 사회복지사들에게 문화적 유능성과 관련된 부분에서 자신의 강점과 약점을 평가해볼 수 있는 능력을 알 수 있게 돕는다. 또한 무엇이 문화적으로 유능한 기관을 구성하는가에 관한 지표도 개발되었다.

북미사회에서 다양성은 서로 다른 집단 간의 갈등에 대한 대화와 관계를 강화할 수 있는 기회라기보다는 흔히 위협으로 경험되며 새로운 긴장을 만든다. Greene(1994, p. xii)은 '범문화적cross-cultural'과 '문화적으로 다양한culturally diverse'과 같은 용어를 "민족, 국가, 종교적 정체성, 인종, 성, 그리고 사회계층에 근거한 인간경험의 다양성에 대한 광범한 용어"라고 정의하였다. 비슷한 맥락에서 Greene은 문화적으로 유능한 사회복지실천CCSWP에 대해 다음의 정의를 고려할 것을 제안하였다.

> 문화적으로 유능한 사회복지실천은 인종과 민족, 성과 성적 지향, 종교적 영적 신념, 사회계층과 지위, 나이와 능력 등과 연관된 권력, 특권, 탄압의 상호작용으로부터 한 사회 내에서 나타나는 복잡한 문화를 다루는 광범한 전문적 지식과 기술, 가치를 포괄하는 것이다.

이 정의는 모든 사람들이 문화적 집단정체성을 가지고 있으며, 사람들이 사회 내에서 상황적 맥락에 기초하여 서로 다른 중요성을 갖는 많은 형태와 종류의 집단에 포함될 수 있다는 것을 인정한다. 사회적 맥락에서 다르다는 것은 단지 "~로부터 다름"이 아니라 "~보다 좋고 나쁜"과 연관되어 있어 인간행동에 대한 규범이 아닌 비정상이거나 결핍으로 보는 사회에서 나타난다. 단지 인간 다양성의 특징으로서의 이러한 차이를 최소화하고 억누르기 위해 사회적 권력과 특권이 사용된다. 이는 누가 권력을 갖거나 우세한 위치에 있건 사회의 주류에 포함된다고 여겨지지 않는 사람들(예: 이민여성)이나 주류사회의 부분이거나(예: 백인여성) 또는 하등한 지위에 있다고 여겨지는 사람들(예: 레즈비언 여성)에 대한 압제에 기여한다.

문화적으로 유능한 사회복지실천은 내담자의 특정한 생활방식에 대한 역동적이고 상호작용적인 사정을 포함하는데 이는 문화의 일반적 범주로부터(라틴계, 아프리카계, 아시아계, 유태인계, 가톨릭을 믿는 아일랜드계 등) 좀 더 특정되고 개별화된 문화 안에서의 또 다른 복잡한 범주의 문화를 포함하는 것이다(Fong & Furuto, 2001; Lum, 1999). Gould(1995)는 문화적 정체성은 일차원적이어야 한다는 기본가정을 반박하는 다문화 개념틀을 제안한다. "다문화 개념틀은 다문화에 대한 학습과 모든 집단의 다문화적 정체성을 알 수 있는 다문화적 유능성을 권장하는 것 이상이다(Gould, 1995, pp. 202-203)." 다음의 특정한 상황이 Gould가 제시하는 다문화 개념틀이 무엇을 의미하는지를 잘 보여준다.

> 푸에르토리코인인 사회복지사가 도미니카 공화국으로부터 온 이민가족과 작업하도록 배정되었다. 이 두 사람을 넓은 의미에서의 계층, 인종적, 민족적 또는 성적 범주를 통해서 볼 수도 있지만 이러한 구별은 그들의 다면적인 문화를 표현하는 데 부족하다. 사회복지사는 푸에르토리코에서 태어나 뉴욕시에서 자란 42살의 라틴계 여자이다. 그녀는 스스로를 백인, 중산층, 라틴계 미국인 전문가로 본

다. 내담자인 Velasquez가족은 실험실에서 기술자로 일하는 27세의 여성과 사촌의 식료품가게에서 일하는 28세의 남자로 구성된다. 그들은 결혼을 했고 슬하에 7세와 5세의 두 아이가 있다. 그 가족은 최근 가족 내의 여러 가지 이유로 도미니카 공화국에서 뉴욕시로 세 번째 이주했다. 가정폭력으로 의심되는 사건들과 과도한 결석, 그리고 최근에 이루어진 7살 난 아동의 학습장애 진단이 의뢰사유이다. 이러한 복잡한 차이에도 불구하고 이 사례는 민족적, 언어적 공통성 때문에 학교에서 유일한 라틴계 사회복지사에게 자동적으로 의뢰되었다.

다문화 개념틀을 통해 이 사회복지사가 자신과 내담자 가족의 비슷한 점과 다른 점을 이해할 수 있도록 도울 수 있다. 라틴계로서 그들은 미국 내에서 또 자신이 태어난 나라 밖에서 받은 압제의 경험을 공유한다. 그렇지만 그들에겐 많은 차이도 존재하는데 우선 미국 내에서 도미니카 공화국 사람으로서와 푸에르토리코 사람으로서 다른 경험을 했는데 이는 서로 다른 역사적 사회적 진화, 서로 다른 영어와 스페인어 구사 능력, 서로 다른 피부색, 서로 다른 이민 패턴, 그리고 서로 다른 시민권자 지위 등을 포함한다. 사회복지사는 이 가족과 또 비슷한 다른 가족들에 대해 미국에서의 경제적 어려움과 차별과 더불어 이민과 재정착, 가족 재구성의 스트레스 등 어려움을 겪는 라틴계 이민자의 압제적 경험을 인식함으로써 큰 도움을 얻을 수 있다(Organista, 2009). 사회복지사와 내담자는 함께 도시빈곤지역의 공립학교 체계에 맞서 서로의 독특한 경험을 이해하는 다문화적 만남에 참여하게 될 것이다(Falicov, 1995).

결론

미국 내에서 문화적 다양성이 증가하며 학교사회복지사는 아동과 가족의 삶에 긍정적 또는 부정적 방법으로 영향을 미치는 공립학교체계를 그들이 효과적으로 다룰 수 있도록 역량을 강화시킬 수 있는 최전선에 위치할 수 있도록 하였다. 이중 언어와 문화에 익숙하고 문화적으로 유능한 사회복지사를 개발하는 것이 특히, 아동이 일종의 학습장애를 보일 때 아동, 가족, 학교 체계 사이에 긍정적 상호작용과 건강한 관계를 위해 매우 중요하다. 문화적으로 유능한 사회복지사는 이러한 체계에 고유한 권력, 무기력, 불공평한 권력관계를 이해하고 다루는 데 중심적인 역할을 담당한다. 모든 학교 전문가들은 자녀의 교육적 욕구를 이해하고 관여할 수 있도록 부모의 권한을 강화시키는 것이 아동에게 최고의 서비스를 제공하는 방법임을 이해할 필요가 있다. "진정한 역량강화는 내담자 체계와 실천가 모두에게 도움이 되는데 내담자와 실천가는 진정으로 서로의 차이와 유사점을 이해하며 서로에 대한 자유와 개별성을 경험한다(Pinderhuges, 1989, p. 240)." 다양한 가족의 역량강화는 많은 수의 아동이 학교 체계와 좀 더 만족스럽고 생산적인 관계를 경험하는 것으로 이어질 것이고, 아동이 가정과 지역사회, 학교에서 다양한 도전을 받아들일 수 있도록 할 것이다. "우리가 학교사회복지의 미래, 교육의 질과 비용에 대한 걱정, 학생들의 학업성취, 책임성, 더 다양한 인종 · 민족 학생 인구집단에 서비스를 제공하라는 요구, 그리고 아동과 가족 안에서의 증가된 사회문제 등을 생각할 때 과연 사회복지전문직은 좀 더 창의적으로 생각하고, 효과적이고 효율적으로 서비스를 제공할 수 있는가에 대한 심각한 도전을 맞이하고 있다(Allen-Meares, 2008, p. 6)." 이것은 학교 전문가, 아동, 그리고 가족이 다문화사회에서 살기 위해 서로를 도와야 하는, 어렵지만 대단히 보람 있는 일이다.

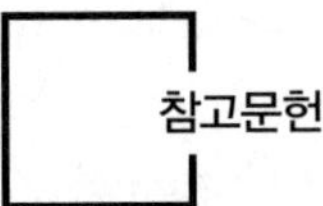

참고문헌

Allen-Meares, P. (1994). Social work services in schools: A national study of entry-level tasks. *Social Work, 39*(5), 560-565.

______________ (2008). School social work. In Mizrahi T. & L. E. Davis (Eds.-in-chief) *Encyclopedia of Social Work* (20th ed., Vol. 4. pp. 3-7). Washington, DC: NASW Press and Oxford University Press.

Andersen, M. L., & Collins, P. H. (Eds.). (1998). *Race, class, and gender: An anthology.* Boston, MA: Wadsworth.

Aponte, H. J. (1976). The family-school interview: An ecostructural approach. *Family Process, 15*(3), 303-312.

Aponte, H. J. (1991). Training on the person of the therapist for work with the poor and minorities. *Journal of Independent Social Work, 5*(3/4), 23-39.

Appleby, G. A., Colon, E., & Hamilton, J. (2001). *Diversity, pooression, and social functioning: Person-in-environment assessment and intervention.* Boston, MA: Allyn & Bacon.

Bennett, A. T. (1988). Gateways to powerlessness: Incorporating Hipanic deaf children and families into formal schooling. *Disability, Handicap and Society, 3*(2), 119-151.

Boyles, N. S., & Contadino, D. (1998). *The leaning differences sourcebook.* Los Angeles, CA: Lowell House.

Bronstein, L. R., & Abramson, J. S. (2003). Understanding socialization of teachers and social workers: Groundwork for collaboration in the schools. *Families in Society, 84*(3), 323-332.

Chavkin, N. F., & Garza-Lubeck, M. (1990). Multicultural approaches to parent involvement: Research and practice. *Social Work on Education, 13*(1), 22-23.

Compher, J. V. (1982). Parent-school-child systems: Triadic assessment and intervention. *Social Casework, 63*(7), 415-433.

Constable, R., & Montgomery, E. (1985). Perceptions of the school social worker's role. *Social Work in Education, 7*(4), 244-257.

Constable, R., & Walberg, J. (1988). School social work: Facilitating home, school, and community partnerships. *Urban Education, 22*(4), 429-443.

Correa, V. I. (1989). Involving culturally different families in the education process. In S. H. Fradd & M. J. Weismantel (Eds.), *Meeting the needs of culturally and linguistically different students* (pp. 130-144). Boston, MA: College-hill.

Cummins, J. (1984). *Bilingualism and special education: Issues in assessment and pedagogy.* San Diego, CA: College-Hill.

Dao, M. (1991). Designing assessment procedures for educationally at-risk Southeast Asian-American students. *Journal of Learning Disabilities, 24*(10), 594-601.

de Anda, D. (1984). Bicultural socialization: Factors affecting the minority experience. *Social Work, 29*(2), 101-107.

Delgado, M., & Rivera, H. (1997). Puerto Rican natural support systems: Impact in families, communities, and schools. *Urban Education. 3*(1), 81-97.

Delgado-Gaitan, C. (1987). Parent perceptions of schools: Supportive environments for children. In H. T. Trueba (Ed.), *Success or failure: Learning and the language minority student* (pp. 131-155). New York, NY: Newbury House.

Douglas, S. T. (2011). *The relationship between parenting styles, dimensions of parenting and academic achievement of African American and Latino students.* Dissertation, New York University, PhD Program, New York.

Dowling, E., & Osborne, E. (1985). *The family and the school: A joint systems approach to problems with children.* London: Routledge & Kegan Paul.

Dungee-Anderson, D., & Beckett, J. (1995). A process model for multicultural social work practice. *Families in Society: The Journal of Contemporary Humana Services, 76,* 459-466.

Falicov, C. J. (1995). Training th think culturally: A multidimensional comparative framework. *Family Process, 34*, 373-388.

Fong, R., & Furuto, S. (Eds.). (2001). *Culturally competent practice: Skills, interventions, and evaluations.* Boston, MA: Allyn & Bacon.

Franklin, C. (2000). Predicting the future of school social work practice in the new millennium. *Social Work in Education, 22*(1), 3-8.

Freeman, E. M., & Pennekamp, M. (1988). *Social work practice: Toward a child, family, school, community perspective.* Springfield, IL: Charles Thomas.

Freire, P. (1993). *Pedagogy of the oppressed.* New York: Seabury Press.

________ (1998). *Teachers as cultural workers: Letters to those who dare to teach.* New York: Westview Press.

Gandara, P. C., & Countreras, F. (2009). *The Latino education crisis: The consequences of failed social policies.* Cambridge, MA: Harvard University Press.

Garrett, K. (2006). Making the case for school social work. *Children & Schools, 28*(2), 115-122.

Golden, L., & Cupuzzi, D. (1986). *Helping families help children: FAmily interventions with school related problems.* Springfield, IL: Charles Thomas.

Gould, K. H. (1995). The misconstruing of multiculturalism: The Stanford debate and social work. *Social Work, 40*(2), 198-205.

Greene, G. J., Jensen, C., & Jones, D. H. (1996). A constructivist perspective on clinical social work practice with ethnically diverse clients. *Social Work, 41*(2), 172-180.

Greene, R. R. (1994). *Human behavior theory: A diversity framework.* New York, NY: Aldine de Gruyter.

Harry, B. (1992a). *Culturally diverse families and the special education system.* New York, NY: Teachers College Press.

________ (1992b). Making sense of disability: Low-income, Puerto Rican parents' theories of the problem. *Exceptional Children, 59*(1), 27-40.

Hill, N. E., & Torres, K. (2010). Negotiating the American dream: The paradox of aspirations and achievement among Latino students and engagement between their families and schools. *Journal of Social Issues, 66*(1), 95-112.

Jackson, S., & McParlin, P. (2006). *The education of children in care. Psychologist, 19*(2), 90-94.

Johnson-Reid, M., Jiyoung, K., Barolak, M., Citerman, B., Laudel, C., Essma, A., ... Thomas, C. (2007). Maltreated children in schools: The interface of school social work and child welfare. *Children & Schools, 29*(3), 182-191.

Kalyanpur, M., & Rao, S. S. (1991). Empowering low-income black families of handicapped children. *American Journal of Orthopsychiatry, 61*(4), 523-532.

Kurtz, P. D., & Barth, R. P. (1989). Parent involvement: Cornerstone of school social work practice. *Social Work, 39*, 407-413.

Lum, D. (1999). *Culturally competent practice: A framework for growth and action.* Pacific Grove, CA: Brooks/Cole.

Lynch, E. W., & Hanson, M. J. (Eds.). (1992). *Developing cross-cultural competence: A guide for working with young children and their families.* Baltimore, MDL Paul H. Brookes.

Lynch, E. W., & Stein, R. C. (1987). Parent participation by ethnicity: A comparison of Hispanic, black and Anglo families. *Exceptional Children, 54,* 105-111.

Mackelprang, R. W. (2008). Disability overview. In Mizrahi T. & L. E. Davis (Eds.-in-chief) *Encyclopedia of Social Work* (20th ed., Vol. 2, pp. 36-43). Washington, DC: NASW Press and Oxford University Press.

McAdoo, H., & McAdoo, J. L. (1985). *Black children: Social educational and parental environments.* Beverly Hills, CA: Sage.

National Association of Social Workers. (1999). *Code of ethics.* Washington, DC: NASW Press.

____________________ (2000). *Standards for cultural competence in social work practice.* Washington, DC: NASW Press.

____________________ (2007). *Indicators for the achievement of cultural competence on social work practice.* Washington, DC: NASW Press.

Organista, K. C. (2009). New practice model for Latinos in need of social work services. *Social Work, 54*(4), 297-305.

Ortiz Hendricks, C. (2003). Learning and teaching culturally competent social work practice. *Journal of Teaching in Social Work, 23*(1/2), 73-86.

Ortiz Hendricks, C., Haffey, M., & Asamoah, Y. (1988). The roles of culture bearer and culture broker in social work practice with culturally diverse families. Paper presented at the *Annual Program Meeting of the Council on Social Work Education,* Atlanta, GA.

Pinderhughes, E. B. (1989). *Understanding race, ethnicity, and power: The key to efficacy in clinical practice.* New York: Free Press.

Ravitch, D., & Viteritti, J. P. (Eds.). (2000). *Lessons from New York: City schools. Baltimore,* MDL The Johns Hopkins University Press.

Ryan, A. S., & Smith, M. J. (1989). Parental reactions to developmental disabilities in Chinese American families. *Child and Adolescent Social Work Journal, 6*(4), 283-299.

Sarason, S. B. (1982). *The culture of the school and the problem of change.* Boston, MA: Allyn & Bacon.

Spener, D. (1988). Transitional bilingual education and the socialization of immigrants. *Harvard Educational review, 58,* 133-152.

Staudt, M. (1991). A role perception study of school social work practice. *Social*

Work, 36(6), 496-498.

Tower, K. (2000). A study of attitudes about school social workers. *Social Work in Education, 22*(2), 83-95.

Trout, A., Hagaman, J., Casey, K., Reid, R., & Epstein, M. (2008). The academic status of children and youth in out-of-home care: A review of the literature. *Children and Youth Services Review, 30*, 979-974.

Winerip, M. (2004, July 4). City retools special education, but pupils are slipping through cracks. *The New York Times*, pp. 1, 26.

Woolley, M. E., Kol, K. L., & Bowen, G. L. (2009). The social context of school success for Latino middle school students - Direct and indirect influences of teachers, family, and friends. *The Journal of Early Adolescence, 29*(9), 43-70.

6

다문화 청소년과의 임상 실천

Samuel R. Aymer

Erikson(1963)은 정체감 대 역할혼동identity vs. role confusion의 개념을 통해 청소년은 자아의 통합을 이루기 전 그들의 내적 외적 영향에 의해 다양한 사회적 역할을 "시도"하게 되며 이는 이후 그들의 심리사회적 성장을 결정한다는 이해의 맥락을 제공한다. 본 장은 라틴계, 아시아계, 아프리카계 미국인 청소년들의 성격발달에 미치는 가족과 사회적 영향의 중요성에 대한 논의를 제공하며, 이를 위해 집단 내 또는 집단 사이에 존재하는 사회계층, 언어, 이민 또는 이주경험, 인종, 피부색과 같은 차이를 강조한다. 흔히 이러한 집단에 속한 청소년들의 심리적 안녕은 자신에게 부정적인 사회 내의 인종적 · 민족적 적대감에 의해 저해된다. 본 장은 다문화 청소년들의 청소년기 발달에 대한 개관을 제공하며, 더불어 이러한 발달기에 전형적으로 나타나는 신체적 · 심리적 변화에 대해서도 서술한다.

본 장은 특별히 인종과 민족성에 관련된 정체성 발달을 설명하는 두 개의 모델에 대해서도 논의하는데 이는 문화적으로 다양한 민족 집단에 속한 청소년의 정서과정에 대한 통찰을 제공할 것으로 기대한다(Cross, 1991; Phinney, 1989). 저자의 임상경험에서 얻은 한 다문화가족에 대한 사례는 다문화 청소년의 자아정체감의 발달(또는 자아정체감의 부족)이 그의 심리적 발달과 얼마나 복잡하게 연결되어 있는가를 보여줄 것이다. 자아정체감 형성에 대한 Phinney(1991)와 Cross(1991)의 모델을 통해 이 청소년의 경험을 살펴볼 것이며, 이는 그의 민족적 · 문화적 정체감이 가족환경과 또래집단에서의 부정적 경험에 의해 영향 받았음을 보여준다.

청소년 발달의 개관

청소년기는 일련의 신체적 · 심리적 변화의 시작을 나타내며, 어린이들에게 불안을 야기한다. 그러한 변화는 "초기 청소년기(11~14세), 중기 청소년기(15~16세), 또는 말기 청소년기(17~20세)(McKenzie, 2008, p. 1)"로 나누어 살펴볼 수 있다. 각 단계와 이에 수반하는 변화는 청소년의 전체적인 기능에 영향을 미친다(Blos, 1962; McKenzie, 2008). 예를 들어 Blos(1962)는 "청소년기는 신체적 변화에 의해 가장 현저하게 특성화되며, 이는 행동의 모든 측면에 반영된다"(p. 5)고 하였다. 생물학적이며 동시에 생리학적인 요인을 강조하는 이러한 견해는 인종, 문화, 민족성 또는 성에 관계없이 적용될 수 있다는 이점을 가진다(Blos, 1962; Mishne, 1986). 얼굴에 수염이 나고 가슴 부분의 근육이 발달하는 등 소년의 몸에서 일어나는 신체적 변화는 사춘기의 시작을 알린다. 마찬가지로 소녀들은 생리를 시작하며, 이러한 발달적 변화는 그녀들이 이제 임신을 할 수 있음을 알린다. 소녀들의 경우 가슴과 엉덩이의 발달이 점차 더 현저해지며, 이것 또한 사춘기의 시작을 알리는 것이다. Blos(1962)

는 "흔히 사춘기는 고민이 많은 청소년들을 더욱 심각하게 수줍어하게 만드는 신체의 변화에 의해 표시된다(p. 8)"고 했다. 또한 음모와 성기의 발달로 설명되는 성징이 양성 모두에서 증가한다(Blos, 1962). 청소년의 기질과 성격에 따라 이러한 변화는 자신의 자아 개념에 지속적이거나 또는 단기적인 영향을 미칠 수 있다. 어떤 소녀들에게는 그것이 부정적인 것이든 긍정적인 것이든 관계없이 사람들의 과도한 주목에 근거해 자신의 신체에 대해 부끄러움을 느낄 수도 있다. 마찬가지로 소년들에 있어 수염이 나고 근육이 발달하는 것 같은 외적인 신체 변화는 그들의 신체적 역량을 나타내며 남성성의 확립이 시작된다. 어떤 청소년들은 남들보다 느린 신체발달을 경험하는데 이는 그들에게 무능력한 느낌을 야기할 수도 있다. Mishne(1986)은 "어린이들은 매우 다른 속도로 성숙하며, 사춘기 변화에 대한 전형적인 연령은 기대와 불규칙성으로 인해 달라질 수 있다(p. 14)"고 했다. 더불어 청소년기에 나타나는 생리적 성장은 호르몬의 변화를 야기하는데 이는 이때 흔하게 관찰되는 그들의 다양한 정서적 반응을 설명한다(Blos, 1962).

가족애착은 청소년의 심리적 성장을 강화하는데 이는 정체감 형성을 촉진하는 중심적인 역할을 하며, 자아의 발달에도 기여한다(Blos, 1962). 청소년은 양육적이며 보살피는 부모나 부모의 역할을 하는 사람들과 관계를 맺으며 자율성과 판단력 그리고 관계의 기술 등을 발전시킨다(Aldwin, 1994). Bowlby(1988)는 어린이에게 성장하며 관계기술을 발전시킬 수 있는 정서적 기반을 안정애착secure attachment이 제공한다고 강조하였다. Winnicott(1965)과 Fairbairn(1962)도 어린이의 안정과 안녕을 역동적으로 조성하는 부모-아동 간의 매트릭스parent-child matrix의 중요성을 이해하지 못하면 아동의 긍정적 심리결과를 기대할 수 없다고 하였다. 애착에 의해 지지되는 심리적 안정성은 어린이가 가족의 가치와 태도 그리고 도덕을 내재화시키도록 도우며 이는 그들의 정체감 형성에 기여한다. 그러므로 Bowlby(1983)의 내적작동모델internal working model은 그들을 돌보는 사람에 대한 어린이의 애착으로부터 얻어진 것으로 이는 청소년의 내적

표상internal representation이 형성될 수 있도록 돕고 이것은 다시 그들의 대인관계 기술 획득을 돕는다.

앞서 소개한 Erikson(1963)의 정체감 대 역할혼동은 청소년이 그들의 가족과 동료집단, 사회환경과 연결되어 과연 자신이 누구인지를 알고자 하는 열망에 대한 중요한 개념이다. 가족에 대한 애착을 통해 얻게 되는 가치와 가르침은 흔히 더 많은 시간을 보내며 중요해지는 주변 친구들의 사고방식에 좀 더 익숙해진 청소년의 변화하는 자아와 심각한 충돌을 경험하기도 한다. 그리하여 초기 아동기에는 도전받지 않았던 가족의 기준은 전면적으로 검토 받게 되고, 이는 자신의 목소리를 개발하고자 하는 청소년의 능력을 키운다. 가족과 가정생활의 필수적인 가치에 대해 질문할 수 있는 능력은 모든 청소년에게 같은 것이 아니라 가족의 특정한 문화적 맥락과 부모-자녀 관계에서 어쩔 수 없이 나타나는 근본적인 힘의 차이power differential로 인해 복잡한 양상을 보인다. 연구에 의하면 특히 청소년기의 정체감 발달은 권위적인 인물에 대해 반항적이고 반대적인 자세를 취하며 촉진된다(Blos, 1962; Erickson, 1963; McKenzie, 2008). 그러나 어떤 의미에서 보면 청소년들이 가정에서 배운 모든 것을 버린다고는 할 수는 없다. 대신 친구 · 동료들과의 경험이 삶에 대한 다른 견해를 갖게 하고 때로 그것은 부모님의 믿음과 다를 수도 있다. 더구나 동료집단에 연결되는 것은 부모와의 연결로 인해 주인의식sense of agency을 행사할 수 없을 때 청소년들이 느끼는 정서적인 "불안"을 중재할 수도 있다. Phinney(2010)는 "모든 젊은이들은 계속해서 변화의 맥락에 있는 가정, 학교친구들, 일과 여가의 복잡한 세계를 항해해야만 한다"(p. 33)고 하였다. 이 말의 중심은 청소년은 다양한 변화를 경험하며 그 결과 혼동과 갈등이 많다는 것이다. 부모와 친구에게 이해받고 수용되며 동시에 한 개인으로서의 느낌을 유지하고자 하는 욕구는 정체감의 발달과 공통적으로 연결된다. Erikson(1968)은 "하나의 정체성에 안주해야 한다는 생각은 청소년들에게 가장 괴로운 것이며 그들은 이를 따를 수도 없다"(p. 132)고 강조하였다. 성적인 지향이나 정체성으로 갈등을 겪고 있는 청소년들은 가족으로부터 소외감을 느낄 수 있고 이것은 자신에 대한 인식에 부정적인 영향을 미칠 수 있다. 정체성 혼동은 반항과 동요를 이끈다. 그러나 Erikson(1963)은 청소년기의 다양한 단계를 경험하는 과정이 그들의 자기개발을 강화시키며 정체감을 지지하게 된다고 하였다.

■

사회문화적 영향과 정체감 발달

앞에 설명한 일반적 개관은 청소년들의 심리사회적 성장을 이해할 수 있는 개념틀을 제공한다. 그러나 백인청소년들과는 달리, 예를 들어 아프리카계, 라틴계, 아시아계와 같은 유색인종 청소년의 정체성 형성은 인종, 문화, 민족, 언어, 이민 등을 통한 문화변용, 그리고 인종억압과 같은 사회문화적 변수에 의해 중단될 수 있다. 다양한 배경을 가진 유색인종 청소년들은 미국 주류사회 내에서 소수자로 인식되는데 Phinney(1996)는 소수지위를 "부정적인 고정관념의 영향력"(p. 924)으로 설명했다. 부정적 고정관념이 널리 퍼지게 된 이유는 인종차별주의를 포함한 다양한 형태의 탄압에 기인한다. 이는 West(1994)의 Race Matters라는 책에 표현되어 있는 것과도 같이 인종은 "미국인들의 삶에서 가장 폭발적인 문제인데 왜냐하면 그것이 우리에게 가난과 피해망상, 절망과 불신의 비극적인 사실을 직면하도록 강요하기 때문이다(p. 155)." 미국사회에서 인종과 인종차별의 힘은, 예를 들면 외국인 혐오증, 피부색과 관련된 색깔주의colorism와 성적 편견과 같은 다양한 억압적 형태의 기초가 된다. Thomas와 Schwarzbaum(2010)는 "실제로 인종에 대한 편견은 노예제도, 미국원주민을 자신의 땅에서 보호구역으로 이동시킨 것, 이차세계대전 중 일본계 미국인들에 대한 억류 등 많은 형태의 억압을 뒷받침해왔다"(p. 1)고 말하며 이러한 관점을 지지한다.

인종억압과 민족적 편견은 다문화청소년들이 미국 사회 내에서 그들의 사회적 위치를 이해하는 데 영향을 미칠 수 있다. 비록 아프리카계, 라틴계, 아시아계 청소년들이 그들의 가족과 문화, 민족적 배경에 기초해 서로 다른 세계관을 가지고 있지만 피부색, 신체적 특징, 이민 상태와 언어능력 등과 같은 식별자identifier는 사회가 이러한 개인을 어떻게 소외시키는지를 말해준다. 이러한 식별자에 대해 부정적 또는 긍정적으로 부여되는 함의는 어떤 집단을 소외시킬 수도 있다. 예를 들면, 푸에르토리코 여성과 피부색에 대한 Lopez(2008)의 연구는 이러한 점을 말해준다. 이 연구에 의하면 사회가 좀 더 밝은 피부색을 가진 사람과 어두운 피부색을 가진 사람을 어떻게 바라보는가에는 차이가 존재한다. 즉, 밝은 색의 피부색을 가진 라틴계 사람들은 어두운 색의 피부를 가진 사람들보다 그들의 피부색에 대한 사회의 고정관념적인 반응으로 인해 덜 고통받는다는 것이다. Pinderhuges(1989) 또한 이러한 Lopez의 연구를 지지하는데 그에 의하면 "피부색에 근거한 정체성에 지위를 부여하는 것은 백인과 유색인종 사이에 권력의 차이를 촉진하며 이는 복잡한 사회구조에 기여한다(p. 71)."

라틴계 남자청소년은 인종과 민족성에 대한 차별에 더 많이 노출되는 것으로 보고된다(Umana-Taylor & Guimon, 2010). Umana-Taylor와 Guimon은 남성이 더 많은 민족적 편견에 대한 경험을 보고하는 이유로 가족 내에서 여성보다 상대적으로 더 많은 자유를 누리던 그들이 사회에서 더 많은 차별적 상황을 인식하기 때문인 것으로 본다. 이와 비슷하게 아프리카계 청소년들도 자신들이 다른 인종에 비해 더 강한 정도의 편견을 받는 것으로 보고한다. Stevenson(2004)은 이것을 상황적 맥락에서 바라봐야 한다고 제안한다. "아프리카계 미국인으로서의 정체에 대한 갈등 또는 아프리카계 남자 청소년의 신체와 영혼 그리고 마음에 있는 정체감은 매우 복잡한 것인데 이는 문명의 발전에도 불구하고 미국사회에서 일찍이 보지 못한 취약한 개인적 · 사회적 수준을 보인다(p. 59)." 유색인종 청소년을 범죄자나 비행청소년으로 표현하는 사회적 고정관념의 힘은 그들을 사회로부터 소외시킨다. 또한 남성의 지위가 강조되는 사회에서 라틴계나 아프리카계 여자 청소년들은 인종적 억압뿐만 아니라 성적 억압까지도 받고 있다는 사실을 잊어서는 안 된다. 여기서 강조하고자 하는 것은 억압이 남녀 청소년의 발달에 다른 방법으로 영향을 미칠 수 있다는 것이다.

앞에서 언급된 집단들과 마찬가지로 아시아계 미국인들에 대한 인종적 · 민족적 차별을 보고하는 많은 연구가 있다(Sue, 1981). Canino와 Spurlock(2000)은 "이차세계대전 동안 이 집단에 포함된 시민들의 권리와 재산을 빼앗고 캠프로 옮겨 살게 한 것은 그들이 불충의 행위를 저지를지도 모른다는 두려움 때문이었다"는 Yamamoto와 Igar(1983, p. 18)의 주장을 인용하며 아시아계의 시민적 권리가 침해당했음을 강조한다. 이러한 역사적 사실은 아시아계 미국인의 문화적 경험의 일부가 되었고 따라서 그것이 아시아계 청소년들의 정체성에 어떠한 영향을 미쳤는지를 이해하는 것이 중요하다. Thomas와 Schwarzbaum(2011)은 문화적 정체성이 억압의 역사적 형성과정과 그 결과와 같은 광범한 범위의 요인을 포함한다고 강조하였다. 이것은 가족이 노예의 후손인 아프리카계 청소년들에게도 해당하는 것이다. 청소년들이 어떻게 과거의 잔학행위가 그들의 인종 또는 민족 집단에 대한 서술에 영향을 미쳤는지에 대해 인식해야 한다는 것은 토론의 여지가 있을 수 있다. 그러나 자신의 역사에 대해 알고 이해하는 것은 최소한 그들의 인종과 민족적 정체성의 형성에 강력한 관련성이 있음을 알 수 있다. Phiney(1989)는 자신의 민족정체성을 잘 모르는 유색인종 어린이들이 스스로에 대한 가치에 대해 불편함을 경험하는 경향이 있고 "소외감"을 느끼게 된다(p. 39)고 말하며 이것의 중요성을 강조했다.

청소년이 자신이 속한 집단의 문화적 맥락에 대한 이해가 없을 때 이들이 느끼는 소외감은 증가한다. 그들의 역사적 문제와 이민경험에서의 어려움에 대해 탐색할 기회를 주지 않는 부모를 둔 2세대 아시아계 청소년의 경험에 대한 연구는 이 집단에서 가능한 문화적 소원감을 보여주는 한 예이다(Park, 2008). 연구에 의하면 이러한 형태의 가족에 포함된 아시아계 청소년들은 그들의 부모가 어떻게 억압적 처우를 극복했는지에 대한 문화적 이해가 부족하였다. 또한 연구에 참여한 청소년들이 이민자로서 부모들이 견뎌온 어려움을 모르기 때문에 흔히 말하는 '모범적인 소수민족'으로서의 그들에 대한 시각을 받아들이는 경향이 존재했다. 비록 이러한 견해가 그들의 긍정적인 자질과 강점에 대해 말하는 것이라 할지라도 이는 미국 내에서의 아시아계에 대한 고정관념을 지지하는 것이다. 또한 청소년의 자기개발이라는 측면에서 보더라도 '모범소수민족'으로서의 고정관념은 결국 사회에서 그들이 어떻게 인식되는가에 대한 단편적인 견해만을 강화하는 것이다. 더구나 특정한 아시아계의 성공이 미국에 거주하는 모든 아시아계에 대한 측정도구로 쓰여서도 안 된다(Sue, 1989; Park, 2008). 일반적으로 아시아계의 이주과정은 문화적 적응과 언어의 문제 그리고 규범적인 신체적 특징으로 받아들여지는 흰 피부와 푸른 눈 그리고 금발과는 다른 특징으로 인해 겪는 다른 유색인종집단의 어려움과 어느 정도 일치하는 모습을 보인다.

사회의 상층으로 이동하고자 하는 열망과 낯선 환경에서 이민자로서의 불안을 극복하는 능력은 아시아계와 다른 유색인종 이민자들의 삶에서 공통된 것이다(Park, 2008). 그러나 아시아계만을 모범적인 소수민족으로 보는 사회의 구분은 성공을 향한 그들의 심리적 추동이 다른 유색인종보다 우월하다는 것을 의미하게 되고 그들에게 특권의 지위를 부여하는 것이다. 기존의 연구들은 "모범 소수민족"이라는 개념이 오히려 아시아계 미국인의 소외를 촉진하는 신화임을 밝힌다(Sue, 1989; Park, 2008). Park(2008)은 모범소수민족으로서 아시아계를 언급하는 것은 그들의 기능에 영향을 미칠 수 있다고 주장하며 다음과 같이 말했다. "모범소수민족에 대한 언급은 완전한 시민권을 의미하기보다 올바르게 '행동하는' 특별한 소수민족에게 부여하는 이등시민권과 같고, 불평도 하지 못하며 그러한 이등적인 지위를 유지하는 것과도 같다(p. 135)."

■

인종과 민족정체성의 발달

다문화청소년과의 임상작업에는 인종과 민족정체성의 중요성이 고려되어야 한다. 인종은 아프리카계 청소년들의 사회적 정체성을 이해하는 데 이용되고, 민족은 라틴계와 아시아계에 대한 분류에 좀 더 적합하게 활용될 수 있다. 그러나 인종과 민족은 매우 복잡한 구성으로 이에 대한 심층적 논의는 본 장의 한계를 넘어서는 것이다. 본 장은 민족정체성의 발달에 관한 Phinney(1989)의 연구와 흑인의 인종정체성 발달에 관한 Cross(1991)의 연구를 바탕으로 논의를 전개한다.

Helms(1990)는 인종정체성의 발달을 한 사람이 자신의 인종적 유산과 특별한 인종집단에 대한 소속감의 정도로 정의한다. 한편 Phinney(1996)는 민족적 정체감의 발달은 자기개념에 대한 중요한 특징으로 그것은 공통으로 나누는 가치와 풍습 그리고 문화적 활동을 구별하는 특별한 민족 집단에 대한 연결을 포함한다고 강조한다. Pinderhuges(1989)는 "민족의 중요성은 사람들이 민족적 의미와 그들 자신의 민족적 배경에 관련한 경험을 검토할 때 나타나는 강한 정서적 반응으로 표현된다(p. 40)"고 하였다. 인종과 민족적 범위 내에서 청소년의 정체성 형성은 유동적이며 미디어, 국제화, 도시화, 이민지위, 문화적응과 동화의 경험 그리고 자신만의 특별한 역사적 과정에 의해 영향을 받는다. 미국에서 태어났기 때문에 자신을 아프리카계라고 여기는 카리브해 지역 출신의 청소년은 자신의 부모와 조부모의 서인도제도 출신의 배경으로 인해 카리브의 문화유산에 연결되었음을 느낄 수 있다. 자신의 문화적이며 민족적인 뿌리에 관한 이러한 이중 의식은 자신의 전통에 뿌리를 내리는 느낌의 필요성과 동시에 자신이 태어난 나라의 전통과 요구를 받아들여야 할 필요를 보여준다.

Cross의 흑인정체성 발달 모델

Cross(1991)는 정체성이 발달하기 위해서는 흑인(모델이 제시되었을 당시 Cross는 아프리카계보다는 흑인이라는 용어를 사용하였다)은 반드시 경험이전단계pre-encounter, 경험단계encounter, 몰두와 재현 단계immersion-emersion, 내면화와 관여의 단계internalization-commitment를 거쳐야 한다고 가정했다.

인종과 관련된 억압과 그것이 아프리카계 미국인들의 삶에 미치는 방식에 대해 최소한으로 인식하는 것이 경험이전단계의 특징이다. 이러한 단계에서 개인은 문화적 인식이 부족하고 지역사회에 특정한 문화적 · 역사적 전통(예를 들면, 확대가족과 영성에 대한 가치)과 분리되어 있어 유럽 중심의 이상과 가치에 자신을 동일화시킨다.

인종차별적 행동을 겪게 되는 경험단계에서 개인은 이를 인식하게 된다. 이는 개인에게 혼란을 야기하고 이전단계에서 가졌던 자신의 유럽 중심적인 인식을 평가하도록 촉진한다. 이때 아프리카계라는 것이 가지는 의미에 대한 자기평가가 일어난다.

아프리카계 미국인으로서의 프리즘을 통해 자신을 바라보고 연결되는 것은 몰두와 재현단계의 특징이다. 개인은 아프리카계 미국인의 문화와 주로 연결되는 문화적 사회적 미학에 완전히 관여하게 된다. 그럼에도 불구하고 개인은 진정으로 아프리카계 미국인으로서의 가치와 이데올로기를 내면화시키지 못할 수 있으며, 이는 아프리카계 미국인이라는 것이 무엇을 의미하는지에 대한 피상적 느낌을 강화시킨다.

개인의 삶에 대한 견해가 성숙하면서 내면화의 단계가 일어난다. 사람들은 아프리카계 미국인이라는 것이 의미하는 바에 대해 좀 더 실질적인 지식을 얻게 되고 다른 아프리카계 사람들과 사회적 망을 형성할 필요를 확인한다. 그렇다고 이 시기에 아프리카계 미국인의 문화를 존중하게 되는 것이 백인문화를 폄하하는 것을 의미하는 것은 아니다.

이러한 과정의 끝인 내면화와 관여의 단계는 개인이 아프리카계 미국인의 문화적 삶의 양식과 동일한 문화적 가치를 받아들이게 되는 것을 말한다. 이것은 문화적 정체감을 강화시키며 그 사람은 아프리카계 미국인의 문화뿐만 아니라 나아가 더 큰 사회에도 연결된 느낌을 갖게 된다.

Phinney의 민족정체성 발달모델

Cross(1991)의 모델과 마찬가지로 Phinney(1989)의 모델도 여러 단계를 포함하는 민족정체성 발달의 측면에 관심을 두며 이는 혼미diffusion, 상실foreclosure, 유예moratorium, 성취achievement의 상태를 포함한다. Phinney(1989)에 의하면 혼미의 단계는 개인이 자신의 민족적 유산에 대한 지식이 부족한 시기이다. 상실의 단계에서 개인은 민족에 대한 제한된 이해를 가지고 있지만 양육방법에 따라 바람직하거나 또는 그렇지 못한 상황적 맥락에 놓일 수 있는 자신의 민족성에 대한 외견상의 인식이 있다. 유예의 단계에서 개인은 자신의 정체성에 대해 혼란스럽지만 자신의 민족성을 검토할 수 있는 능력을 갖게 된다. 마지막으로 성취의 단계에서 개인은 민족정체성 발달의 맥락에서 명확한 자기긍정을 얻게 된다.

두 모델은 인종과 민족성과 관련한 개인의 정체성 발달에 대한 이해를 돕는 개념틀을 제공한다. Cross(1991)의 모델은 어떻게 인종과 인종차별이 아프리카계 미국인의 자기개념에 영향을 미치는지를 다루고 각 단계에서 개인은 다수의 행동적 감정적 반응을 경험하며 이는 결국 자신의 정체성에 관한 자기검토와 성찰을 이끈다. Phinney(1989)의 모델은 소수민족 청소년의 자아정체감 발전단계에 초점을 두며 자신이 속한 민족 집단과 일치하는 정체성을 형성하기 위한 그들의 분투를 보여준다.

사례

Charles는 얼굴에 주근깨가 있고, 녹색의 눈동자와 곱슬머리를 가지고 있으며, 흑인의 신체적 특징을 보이고 어깨에는 두 개의 문신을 한 중간 정도의 덩치를 가진 16세의 청소년으로 아버지인 Ralph와 어머니인 Maria와 함께 초기면접을 위해 저자를 찾았다. Charles의 학교에서는 부모에게 그가 과도한 결석과 함께 마리화나를 피운다고 알려 왔으며, 부모는 직장의 지원센터를 통해 저자에게 Charles의 문제 사정을 의뢰했다. 저자는 Charles와의 개인면담과 부모와의 가족면담을 포함 총 4번의 면담을 실시한 후 그 가족의 가족치료를 의뢰하였다.

Charles의 문제

Charles는 회기에서 상호작용적이었고 관계지향적이었는데 그는 부모에 관한 걱정, 마리화나를 피우는 문제, 학교에서 친구들에게 놀림을 당하는 것 등에 대해 말했다. 그러는 동안 Charles는 저자에게 매일 사람들의 문제에 대해 듣는 것이 무슨 의미가 있는지에 대해 물었다. 이에 저자는 도움이 되도록 준비할 수 있게 해주며, Charles에게도 도움을 줄 수 있을지 알고 싶다고 말했다. 그러한 반응이 강한 작업동맹을 촉진한 것으로 보였다. Charles는 "화가 났을 때 신경을 안정시키기 위해" 마리화나를 피운다고 했다. 그는 놀림을 받는 것에 대해 불평했으며 그것은 그가 혼혈인이기 때문이라고 했다. 그는 지금까지 친구들과 동네사람들에게 "오레오, 황색 쥐, 반반, 아일랜드인이 되고 싶은 놈" 등과 같은 별명으로 불렸다고 했다. Charles는 이렇게 인종에 근거한 별명을 들을 때 분노와 슬픔 사이를 오갔으며, 그의 감정을 다루기 위해 공격적인 성향을 갖게 되었다고 했다. 그러나 Charles는 대인관계에서 공격적인 특징을 보이지 않았는데 이는 직면에 대한 두려움에 근거한 것일 수 있다.

비록 Charles의 학급이 다양한 배경을 가진 학생들로 구성되었지만 그의 사회망은 주로 백인친구들로 이루어졌다. 그는 자신을 백인이라고 생각하고 있었으며 백인친구들과 함께 있을 때 편안함을 느낀다고 했다. 그는 유색인종의 학생들보다 백인학생들과 더 많은 공통점을 가졌다고 했는데 이때 자신의 아버지가 아일랜드인이라는 것을 강조하였고, 그래서 아일랜드에 몇 번 가봤으며, 그 문화를 좋아한다고 하였다. Charles는 그의 백인친구들을 "멋지다"고 표현한 반면, 다른 유색인종 학생들은 "시끄럽고 억지스럽다"고 말했다.

Charles는 아버지가 멋진 사람이라고 표현했는데 그 이유는 아버지가 자신의 일에 대해 "모르는 척" 해주기도 하고 또 초록눈동자와 곱슬머리를 가졌기 때문이라고 했다. 그는 푸에르토리코인인 어머니를 "까다롭고 심각하다"고 표현했으며 자신이 엄마의 불평을 "하루 종일" 들어야만 한다고 했다. 그는 부모님이 자신의 학교성적 때문에 걱정을 하고 자신이 학교에서 잘하기를 바란다는 것을 알고 있다고 했다. 한번은 반 친구들에게 조롱당한 것에 대해 부모님께 말하려고 했었지만 아버지는 그의 그런 감정을 일축해 버렸다고 했다. Charles와 그의 부모는 집에서 인종과 민족성에 대해 거의 얘기하지 않는다. Charles는 자신을 백인이라고 생각하는 것을 부모님도 알고 있는지에 대해 모른다고 말했다.

가족문제

Ralph는 47세의 가톨릭의 아일랜드계 백인이며 아일랜드에 살고 있는 한 명의 형제가 있다. Maria는 43세로 검은 피부의 푸에르토리코인 어머니와 밝은 색 피부를 가진 도미니카인 아버지 사이에서 밝은 색 피부를 가지고 태어났으며 그녀의 부모 역시 모두 가톨릭을 믿고 있다. Ralph와 Maria는 부모님들께 자신들의 관계에 대해 알리기 전까지 2년 동안 데이트를 했다. 가족들은 서로 다른 인종 때문에 그들의 결합을 반대했으며 Maria의 임신을 알게 된 후 그들은 가족들로부터 도망쳐 살았다. 부모님은 그들과의 왕래를 끊었고 Maria의 형제들이 가끔 그녀에게 연락을 했지만 그들과 가까움을 느끼지는 못했다.

Ralph와 Maria는 모두 대학교육을 받았고, 전문직을 가지고 있었으며, 자신의 주택을 소유한 중산층이었다. 그들은 안정된 관계를 가지고 있는 것으로 보였다. Charles와의 면담에 기초해 저자는 부모로서 혼혈에 대해 느끼는 아들의 감정을 이해하고 있는지 탐색했다. Ralph는 아들은 지금까지 괜찮았고 그의 정체성에는 아무런 문제가 없다고 했다. 반대로 Maria는 아들이 두 가지 이유로 혼혈인 것에 대해 힘들어한다고 느꼈다고 했다. 즉, 그의 신체적 특징과 더불어 자신을 혼혈이라기보다는 백인으로 보는 견해 때문에 놀림을 당한다는 것이다. Ralph는 부인의 이러한 견해에 대해 놀림은 그저 "아이들의 장난"일 뿐이라며 일축하고 Charles가 그것을 잘 다룰 수 있을 것이라 했지만 Maria는 그러한 반응을 싫어하는 것처럼 보였다. 부모님의 인종과 민족성이 Charles에게 어떤 영향을 미치는지에 대해 서로 다른 시각을 가지고 있는 것이 분명했다. 그럼에도 두 사람은 가족치료를 통해서 Charles의 정체성에 대한 감정을 돕는 것이 유용할 것이라는 것에 대해서는 동의했다.

■

사정과정에 대한 논의

가족역동성

Charles의 부모님은 자신들에 대해 혼혈인 자식을 키우는 타 인종 간의 결합에 대한 강한 느낌을 가지고 있지 않은 것으로 보였다. 이러한 관찰은 Charles의 정체성에 대한 그의 갈등에 대해 물었을 때 강하게 나타났다. 그들에겐 분명히 인종과 문화 그리고 민족성에 대한 다른 인식을 포함한 차이가 존재했으며 이것이 그들이 가족으로서 어떻게 기능하는가에 영향을 미치는 것으로 보였다. 그들의 가정에서 인종과 문화에 대한 대화는 없었다. 한 연구(Root, 1990)에 의하면 서로 다른 인종과 결합된 가족에서 인종과 문화에 대한 논의로 발생하는 강한 감정이 그러한 대화를 나눌 수 있는 사람들의 능력을 방해하는 것으로 알려졌다. Charles의 정체성에 대한 고민을 다루기 위해 저자는 인종과 문화, 민족성이 그 가족 내에서 어떻게 다루어지고 있는지(또는 그렇지 않은지)에 대해 탐색하는 것이 적절할 것이라고 생각했다. Charles의 인종적 정체성에 대한 서로 다른 인식에 기초해서 저자는 Charles의 부모가 부부로서 그들의 문화적 차이뿐만 아니라 혼혈인으로서의 Charles의 배경에 대해 말할 수 있는 능력이 그들의 불안으로 인해 감추어졌다고 추론했다. 이는 Root(1990)의 관찰을 지지하는 것으로, Charles는 다른 인종 간 결합에 의한 가족 안에서 인종과 문화적 이슈에 대해 대화하는 것이 어려움을 발견하였다.

흔히 다문화가족들은 낙인의 감정을 일으키지 않은 채 언제 그리고 어떻게 인종과 민족성에 대한 문제를 자녀들에게 말할지에 대해 고민한다. 그렇지만 Thomas, Davidson과 McAdoo(2008)와 같은 학자들은 유색인들이 경험하는 인종차별과 관련된 스트레스가 어떻게 그들의 기능을 손상시키는지에 대해 잘 아는 것이 중요하다고 했는데 이것이 그들의 적응적인 대처기술을 활용할 수 있도록 돕는다고 주장했다. 이러한 주장은 Maria와 Ralph에게도 관련이 있으며 성, 인종, 문화, 민족성에 관한 그들의 차이가 자신을 백인으로 보는 자녀를 그들이 어떻게 보는지에 대한 극명한 인식의 차이를 설명할 수도 있다. 이것은 다른 인종으로 이루어진 가족에서 인종과 문화적 걱정거리에 대해 다룰 때 다른 인식을 채택한다는 견해를 강화한다(Crawford & Alaggia, 2010).

실천가들은 사람들을 사회에서 소외시키는 인종과 민족성에 대한 편견이 어디에나 존재하는 본질임을 유념하는 것이 중요하다(Canino & Spurlock, 2000; Boyd-Franklin, 2003; Park, 2008; Pinderhughes, 1989; Sue, 1981). Charles의 부모를 도우며 저자는 그들이 Charles의 정체성 발달과 관련한 어려움을 극복할 수 있도록 돕기 위해 그에게 정서적 지지를 제공하고 인정할 필요가 있다는 것을 말했다. Charles가 남들과 다르게 느끼는 것에 대해 부모가 민감해져야 한다는 것이다. Pinderhughes(1989)에 의하면 "다르게 느끼는 감정은 사람들이 서로 연결된 느낌이나 관계의 신호를 보낼 때 자신은 혼자이고, 고립되었으며, 버려졌다는 감정을 일으킨다. 이러한 감정은 사람들에게 필요한 심리적 일체감과 정상의 느낌을 위협할 수 있다(p. 30)." 자아존중감을 개발하는 것과 관련되어 온전함의 느낌을 얻어야 한다는 Pinderhughes의 주장은 Charles의 아버지 Ralph가 갖는 아들에 대한 견해와 상반된다. 그는 Charles가 스스로를 백인이라고 인식하는 것이 괜찮은 것으로 생각했는데 왜냐하면 결국 부모 중 한 사람은 백인이기 때문이었다. 비록 저자는 아버지의 입장에 공감하고 아들을 받아들여야 할 그의 필요에 대해 이해하기도 했지만, 또 아들과 다른 문화적 · 민족적 배경을 가진 아버지가 진정으로 인종의 문제가 아들의 정체성에 얼마나 복잡한 영향을 미치는지 이해할 수 있을까 하는 의문이 들기도 했던 것이 사실이다.

Charles의 개인 역동성

앞에서 언급하였듯 정체감 형성과 신체적 성숙은 성장하는 청소년에게 고유한 것이다(Blos, 1962; Canino & Spurlock, 2000, 2006; Mishne, 1986; Taylor, 1989). 많은 연구가(Boyd-Franklin, 2003; Phinney, 1989, 1996; West, 1994; Zayas, 2001) 미국사회 안에서 인종적, 민족적, 문화적 차이가 아직도 중요하다고 밝힌다. 이것 때문에 유색인종의 청소년들이 이러한 현실에 대처하는 것이 중요하다. Zayas(2001)는 유색인종 어린이들이 "인종차별주의와 차별 그리고 소외"의 대상이 된다고 했다(p. 363). Charles의 자신에 대한 부정적 내면화는 그의 정체성에 대해 참고 견뎌야 했던 주변의 비하발언에서 기인했을지도 모른다. Crawford와 Alaggia(2010)는 혼혈인종 어린이들은 그들의 모습 때문에 놀림을 받고 이것은 자신을 혐오하는 행동으로 나타나며, 자신이 속한 문화와 민족 집단에 대해 의식적 · 무의식적 반응을 촉발한다고 주장했다(Akbar, 1984; Cross, 1991; Mayo, 2004).

Charles의 민족정체성 발달은 혼미[diffusion]하다는 것이 저자의 임상적 견해인데 이는 Phinney(1989, p. 38)가 말한 "자신의 민족정체성에 대한 탐색과 문제에 대한 분명한 이해가 조금 있거나 또는 없는" 상태를 의미한다. 이러한 단계에서 청소년은 자신의 민족성에 대한 어떠한 의미 있는 연결도 만들 수 없다. Charles의 민족정체성 발달의 부족은 그의 사회적 · 가족적 경험에 의한 것이다. 민족성과 인종, 문화가 눈에 보이지 않는 것으로 취급되는 가정에서 양육되고 자신의 혼합된 인종에 대한 부정적인 사회적 투사에 노출된 것이 Charles의 혼혈에 대한 결여된 친밀성을 설명할 수도 있다. 마찬가지로, Charles의 관점도 Cross(1991)의 경험 이전의 단계를 통해 이해할 수도 있다. 자신을 백인으로 보는 그의 정체성은 이런 문화적 기울임에 대한 아버지의 지지에 기인한 것일 수도 있다. 또한 그의 인종과 피부색에 대한 선입견과 더불어 백인 아버지를 둔 것은 Charles가 그의 아버지와 강한 동일시를 느끼는 역할을 하였을 것으로 가정할 수 있다. 어머니로부터 분리되고 아버지와 동일시해야 할 필요는 다른 남자청소년들의 발달적 성향과 유사하다. 인종과 민족성의 차이에도 불구하고 아버지들의 신체적 모습은 자신들의 남성성을 키우기 위해 남자아이들이 동일시하기 시작하는 모델이 된다(Blos, 1962). Charles에게 이것은 권력과 특권을 가진 사회적 정체성을 가진 아버지를 둔 것으로 강화되었을 수도 있다(Pinderhughes, 1989). Charles의 주변 친구들은 그를 인종적 · 민족적으로 폄하하였기 때문에 그의 부모에게는 그가 동일시하는 모든 문화적 민족적 측면을 찬양하는 환경을 만드는 것이 일시적으로 도움이 되었을 것이다. 학자들은 자신의 문화적 정체성을 인정하는 가족과 친구, 사회적 지지체계를 가지는 것이 자신의 문화와 민족성에 연결되고 소속감을 강화한다고 하였다(Boyd-Franklin, 2003; Phinney, 1996; Pinderhughes, 1989). 반대로 Phinney(1989)는 자신의 문화와 민족성에 연결되는 느낌을 갖지 못하는 청소년은 그들 스스로뿐만 아니라 다른 사람들로부터 심리적 소외감을 가질 수도 있다고 하였다.

■

결론

본 장은 하나의 렌즈를 소개하는데 이를 통해 우리는 다문화 청소년을 이해할 수 있고, 이 집단에게 그들의 인종적 민족적 정체성에 대한 인식을 포함하는 자신에 대한 강한 느낌을 갖는 것의 중요함을 강조하였다. 정체감 형성은 청소년에게 매우 중요한데 그것이 동료들과 자신의 지역사회에 대한 연결을 제공하기 때문이다. 이것의 적합성은 다문화 청소년들의 실제 삶이라는 맥락에서 더욱 설득력을 갖는다. 특히 사회적 억압이 그들의 기능을 어떻게 약화시키는지를 생각해 볼 때 연대감을 나눌 수 있고, 자신의 잠재력을 반영해줄 수 있는 사람들과의 연결은 다문화 청소년들에게 심리적으로 긍정적인 역할을 할 수 있다. 비록 다문화 청소년들이 동일한 집단이 아니고 그들이 속한 계층과 교육수준이 자신에 대한 정의와 사회에서의 소외에 대한 반응을 중재할 수도 있다. 그러나 유색인종 청소년들과 작업할 때 실천가들이 고려해야 할 중요한 사항은 어떠한 종류의 사회적 불평등에 맞서 그들이 대처하고 적응하도록 돕는 것에 신중해야 한다는 것이다.

Charles와 그의 가족에 대한 사례는 민족과 인종, 문화가 가족의 관계에 영향을 미치는 여러 가지 방법의 예를 보여준다. 학교에서 Charles의 행동은 인종과 관련된 놀림에서 유래된 것으로 이러한 청소년들이 느끼는 소외에서 생겨나는 스트레스를 과소평가해서는 안 된다. Charles의 사례는 흔히 인종적 · 민족적 편견으로 인한 피해자가 되는 민족적 · 인종적 소수집단의 청소년들을 돕는 데 문화, 인종, 민족, 가족의 역동이 중요함을 보여준다.

참고문헌

Akbar, N. (1984). *Chains and images of psychological slavery.* Jersey City, NJ: New Mind Productions.

Aldwin, C. M. (1994). *Stress, coping and development: An intergrative perspective.* New York: Guildford Press.

Blos, P. (1962). *On adolescence: A psychoanalytic Interpretation.* New York: Free Press.

Bowlby, J. (1988). *A secure base: Clinical applications of attachment theory.* London: Routledge.

Boyd-Franklin, N. (2003). *Black families in therapy: Understanding the African American experience.* (2nd ed.). New york: Guilford Press.

Canino, I. A., & Spurlock, J. (2000). *Culturally diverse children and adolescents: Assessment, diagnosis and treatment.* (2nd ed.). New York: Guilford Press.

Crawford, S. E., & Alaggia, R. (2010). The best of both worlds? Family influence on mixed race youth identity development. *Qualitative Social Work*, 7(1), 81-98.

Cross, W. E. (1991). *Shades of Black: Diversity in African American identity.* Philadelphia: Temple University Press.

Erikson, E. H. (1963). *Childhood and society.* (2nd ed.). New York: Norton & Company.

Fairbirn, W. R. D. (1952). *An object relations theory of personality.* New York: Basic Books.

Helms. (1990). *Black and white identity. Theory, research, and practice.* New York. Greenwood Press.

Lopez, I. (2008). "But you don't look Puerto Rican": The moderating effect of ethnic identity on relation between skin color and self-esteem among Puerto Rican women. *Cultural and Ethnic Psychology, 15*(2), 102-108.

Mayo, J. A. (2004). Psychotherapy woth African American population: Modifications of traditional approches. *Annals of the American Psychotherapy Association*, 7 (Spring), 10-13.

McKenzie, T. R. (2008). *Theory and practice with adolescents: An applied approach.* Chicago: Lyceum Books.

Mishne, J. M. (1986). *Clinical work with adolescents.* New York: The Free Press.

Park, L. S. H. (2008). Continuing significance of he model minority myth: The second generation. *Social Justice,* 35(2), 134-144.

Phinney, J. S. (1989). Stage of ethnic identity development in minority group. *Journal of Early Adolescence*, 9(1-2), 34-49.

___________ (2010). Understanding developmental in cultural contexts: How do we deal with complexity? *Human Development.* 53(1), 33-38.

___________ (1996). When we talk about American ethnic groups, what do we mean? *American Psychologist 51*(9), 918-927.

Pinderhughes, E. (1989). *Understanding race, ethnicity, and power.* New York: Free Press.

Root, M. P. P. (1990). Resolving "other" status: Identity development in biracial individuals. *Women & Therapy*, 9(1-2), 185-205.

Stevenson, H. C. (2004). Boys in men's clothing: Racial socialization and neighborhood safety as buffers to hypervulnerability in African Amerian adolescents. In N. Way, J. Y. Chu (Eds.), *Adolescents boys: Exploring divers cultures of boyhood* (pp. 59-77). New York: New York University Press.

Sue, D. (1981). *Counseling the culturally different: Theory and practice.* New York: Wiley.

Taylor, R. L. (1989), Black youth, role models and the social construction of identity. In R. L. Jones (Ed.), *Black adolescents* (pp. 155-174). Berkeley, CA: Cobb & Henry.

Thomas, A. J., & Schwartsbaum, S. E. (2010). *Culture & identity: Life stories for counselors therapist* (2nd ed.). Thousand Oaks, California: Sage.

Thomas, H., Davidson, W., & McAdoo, H. (2008). An examination of the young empowered sisters (YES) program: Promoting cultural assets among African American girls through a culturally relevant school based intervention. *Journal of Black Psychology, 34*(3), 281-308.

Umana-Taylor, A. J., & Guimon, A. B. (2010). A longitudinal examination of parenting behaviors and perceived discrimination predicting Latino adolescents' ethnic identity. *Developmental Psychology, 46*(3), 636-650.

West, C. (1994). *Race matters.* New York: Vintage Books.

Winnicott, D. W. (1965). *The maturational process and the facilitating environment: Studies in th theory of emotional development.* Madison, CT: International Universities Press.

Yamamoto, J., & Igar, M. (1983). Emotional growth of Japanese-American children. In G. J. Powell, A. Romero, & H. Yamamoto (Eds.), *The psychosocial development of minority children* (pp. 167-178). New York: Brunner/Mazel.

Zayas, L. H. (2001). Incorporating struggles with racism and ethnic identify in therapy with adolescents. *Clinical Social Work Journal,* 29(4), 361-373.

7

젊은 남성 일용직 노동자들의 고통과 회복탄력성

Gregory Acevedo and Rafael Perez

■

젊은 남성 일용직 노동자들

젊은 남성 일용직 노동자들은 미국에서 가장 소외된 집단들 중 하나이다. 연방정부에 따르면,

> …… 일용직 노동자로 일하는 개인들은 이 나라의 가장 취약한 근로자들 중 하나이다. …… 일용직 노동자들을 근로현장에서 발생하는 학대에 가장 취약하게 만드는 특성들은 제한된 자원의 관점에서 볼 때 그들을 찾고 보호하는 것을 어렵게 만들기도 한다. 또한 드러나기를 원하지 않는 노동자 집단을 보호하는 일은 어려운 일이다. 이러한 어려움들은 법률에 따라 보호받지 못하는 노동자들을 양산할 뿐만 아니라 지하 경제, 불법 이민, 그리고 신고되지 않은 소득과 관련된 더 큰 문

제들을 초래할 수 있다.(미국 회계 감사원: United States General Accounting Office, 2002, p. 25)

일용직 노동자들은 무수히 많은 방식으로 소외되어지고, 흔히 사회의 "그늘 속에서 살아가고 있다."

누가 일용직 노동자들인가? 일용직 노동은 불확실한 노동의 한 유형이다. 불확실한 노동이란 파트타임이나 임시적 노동의 한 유형이다. 미국 회계 감사원은 다음과 같이 기록하고 있다:

> "일용직 노동자"란 일반적으로 매일 또는 단기간으로 일을 하고 임금을 받는 개인들을 일컫는 용어이다. 일을 찾기 위해서, 일용직 노동자들은 흔히 거리의 모퉁이에 모여들거나 그들을 데려가서 일거리를 제공해 줄 고용주들을 기다린다. 이 용어는 또한 고용주들을 고객으로 두고 매일 노동자들에게 일을 할당하는 임시 직원 채용기관에 의해 고용되는 사람들을 포함한다. 일용직 노동자들은 노동시장과 비공식적인 관계를 형성하며, 흔히 매일 다른 고용주들을 위해 일하고, 현금으로 임금을 받으며, 건강 또는 실업보험과 같은 중요한 혜택을 받지 못한다.(2002, p. 1)

일용직 노동은 세계적인 현상으로, 미국에서는 초기 공화국으로 거슬러 올라가서 그 뿌리를 찾을 수 있을 정도로 긴 역사를 지니고 있으며, 미국의 인종에 의해 계층화된 노동시장의 역동의 일부가 되어 왔다(Valenzuela, 2003). 현대사회에서 일용직 노동의 성장은 세계 경제의 통합과 이에 수반되는 전례 없는 이민의 증가가 강화된 결과이다(Sassen, 1991, 1995).

미국에서 무주택자, 가난한 자, 그리고 다른 소외되거나 낙인이 부여된 집단들의 수를 집계하는 것과 마찬가지로, 일용직 노동자의 수를 정확하고 신뢰할 만하게 집계하는 것은 어려운 일이다. 지금까지, 노동통계국Bureau of Labor Statistics: BLS만이 전국적으로 일용직 노동자 집단의 대표 자료를 편찬하였다.

2001년에 노동통계국BLS은 매일 "거리 모퉁이에서 채용을 기다리는" 일용직 노동자들의 수를 약 26만 명으로 추산하였다(United States General Accounting Office Highlights, 2002, p. 1). 일용직 노동자들에 대해 가장 많은 내용을 담고 있는 한 연구에서는 "어느 날이든 대략 117,600명의 노동자들이 일용직 일거리를 찾고 있거나 또는 일용직 노동자로서 일하고 있다고" 보고하였다(Valenzuela, Theodore, Melendez & González, 2006, p. i).

일용직 노동자들의 수를 집계하는 방법은 다양하다. 그러나 그들이 나타내는 프로파일은 다음과 같이 요약될 수 있다. "개별적인 자료는 범위가 좁게 한정되어 있으며, 이러한 개별적 자료들을 하나로 묶어서 본다면, 일용직 노동자들은 젊은 히스패닉 청년이면서 교육을 통한 기술력이 별로 없고 심각한 언어 장벽을 가지고 있는 이들이라고 일반적인 묘사를 할 수 있다(United States General Accounting Office Highlights, 2002, p. 10)." Valenzuela와 동료들(2006)은 일용직 노동자들에 관한 가장 포괄적인 그림을 이와 같이 제공하였다. 또한 이들은 연구한 일용직 노동자들에 대해 다음과 같은 내용을 발견하였다.

- 대부분은 기혼이거나(36%) 또는 파트너와 함께 살며(7%), 거의 3분의 2에 해당하는 자들은(63%) 자녀를 두고 있다; 자녀들의 28%는 미국시민이었다.
- 그들은 "그들 지역사회의 적극적인 성원"이었는데, 52%는 교회에 정기적으로 다니고 있었으며, 22%는 스포츠 클럽(운동 클럽)에 소속되어 있었다.
- 59%는 멕시코에서 태어났으며, 28%는 중앙 아메리카에서 태어났다; 이들은 미국 출생자 가운데 세 번째로 큰 집단이다(7%).
- 75%는 이민서류가 없는 불법체류 상태였다.

■

일용직 노동의 특성

이러한 인구통계는 전형적인 젊은 남성 일용직 노동자의 "양상을 이해하도록" 돕는다. 우리는 또한 그들이 하는 일의 유형의 특성을 이해해야 한다. Valenzuela와 동료들(2006)은 한 순간의 스냅사진이지만 미국에서 일용직 노동자들의 경험을 기록하는 데 중요한 역할을 하였다.

- 일용직 노동자의 42%는 서부에 거주하였고, 23%는 동부에, 18%는 남서부에 그리고 4%는 중서부에 거주하였다.
- 일용직 노동자들을 "고용하는 사이트들"의 79%는 비공식적이었다. 여기에는 일차적으로 거주지역에 인접해 있는 사업체, 집 수리점, 주유소 앞, 그리고 번잡한 길가에 서 있는 것이 포함되었다.
- 대부분의 일용직 노동자들은 주택 소유자/임차인, 건설업자들에 의해 고용된다. 그들은 건축현장 노동자, 정원사와 조경사, 페인트공, 지붕 수리공, 석고벽 설치공으로 고용되었다.
- 83%는 유일한 수입원으로 일용직 노동에 의존하고 있었으며, 일용직 노동은 "저임금"이었다.
- 일용직 노동으로부터 돈을 버는 것은 "불안정하고 불안전한 것으로, 불안정한 월수입으로 귀결되는 것이다 … 그리고 그들의 연간 소득은 15,000달러 이하로 이는 그들을 연방 빈곤 기준점 이하에 머물게 한다(p. ii)."

부족하고 불규칙적인 임금뿐만 아니라, 일용직 노동자들은 흔히 상해를 입게 될 수 있고, 그로 인해 결국 노동할 수 없게 되는 규제가 미비하고 안전하지 않은 작업 환경에 노출되어 있다(Valenzuela et al, 2006). 그러나 일용직 노동자들은 의료보험에 가입되어 있지 않고, 공식적으로 보상을 받을 수 없는 경우가 많다.

법적 이슈들과 일용직 노동

일용직 노동자들의 사회경제적 취약성은 공공 정책, 특히 노동법, 시민권, 이민 법안의 많은 측면들과 관련되어 있다. 지난 10~20년간 고조된 국가 안전 염려와 급격한 경제 침체에 의해 증폭된 반이민정서의 상승은 일용직 노동자들에게 부담을 가중시키는 반이민정책 파동으로 귀결되었다. 전통적으로, 이러한 법적 활동의 일부는 연방 차원에서 일어났다. 그러나 주state와 지방 정책입안에서도 주목할 만한 변화가 있었다.

공공과 법률입안자들은 현행 연방 이민법은 붕괴되었고, 연방정부는 불법체류자들의 유입을 차단하는 데 있어 주 정부를 지원하지 않는다고 주장한다. 결과적으로, 많은 주에서 법률입안자들은 지방 경찰로 하여금 거의 연방정부 요원과 같은 역할을 행사할 수 있도록 하는, 그래서 지방 경찰이 지방의 반이민법anti-immigration laws을 집행하도록 요구하는 반이민정책anti-immigration legislation을 제정하고 있다. 반이민법률은 미 법무부U.S. Department of Justice: DOJ와 이민자 옹호 집단들로부터 막대한 저항에 부딪혀 오고 있다.

특히 일용직 노동자와 같은 불법체류 이민자들은 이러한 차별의 타격을 느끼고 있으며, 결과적으로 부당하게 표적화되고 있다. 그들의 취약성과 이용 가능한 자원의 부족은 그들에게 지속적인 공포와 불확실성을 준다. 결과적으로, 이민자 가족들은 현행 반이민정책에 의해 서로 떨어져 살게 되고, 착취를 당하게 되며, 사회로부터 선거권을 박탈당한다. 뿐만 아니라, 많은 최근 이민자들은 영어 의사소통 능력의 부족과 문화적 차이를 이해하지 못하기 때문에 사기 행위의 희생자가 되기도 한다.

다양한 종류의 입법은 일용직 노동자들에게 매우 중요하며, 이는 다양한 정책 영역과 관련된다. 다음의 개관은 젊은 남성 일용직 노동자들의 노동을 설명하는 데 필요한 일련의 정책들과 프로그램들을 상세히 기술하고 있다.

연방이민법

일용직 노동자들에게 직접적인 영향을 미치는 연방이민법Federal Immigration Laws은 이민과 국적에 관한 법the Immigration and Nationality Act: INA, 8 U.S.C. §1101-537, 1968년의 시민권법안 제8장Title Ⅷ of the Civil Rights Act of 1968, 노동기준법Department of Labor Wage and Hour Laws, 그리고 공정 주거법the Fair Housing Act으로 구체화된다. 최근까지 연방법에 규정된 이민법을 실행하고 집행하는 것은 연방정부의 관할권 안에서 배타적이었다. 그러나 국경 내 이민자들의 증가에 대한 반응으로, 주는 주도권을 잡고 지방이민법 집행을 목적으로 하는 사법권을 통과시켰으며, 그 결과 지방 당국, 이민 지역사회, 그리고 연방기관들 사이의 불일치와 혼란, 그리고 단절을 가져왔다.

헌법상의 도전

미 법무부DOJ와 이익 및 옹호집단들은 여러 헌법상의 문제들을 제시하며 연방법원에 반이민법에 대한 이의를 제기해왔다. 미국 헌법 제2조항은 헌법 제6조에 있는 가장 일반적이고 성공적인 최고 조항이며, 미 헌법the U.S. Constitution, 미 조약U.S. treaties, 그리고 연방법federal statutes을 "미국의 최고법"으로 규정하였다. 다른 헌법상의 문제들은 정당한 법적 절차 조항의 위반, 헌법 수정 제14조하의 동일한 보호, 그리고 헌법 수정 제4조하의 불합리한 조사와 체포를 포함한다.

미 연방법원은 주가 의회가 지향하는 것을 피해가지 못하도록 최고법 조항을 활용한다. 의회는 주가 법의 특정 영역에서 범죄자 또는 민간인 처벌을 시행하지 못하도록 할 수 있으며, 또한 의회는 주가 암암리에 법률을 제정하지 못하도록 할 수 있다. 예를 들면, 법의 전체 영역을 관장하는 것에 의해서 또는 만약 연방법과 주법이 일치하지 않는다면 의회는 확실하게 법의 특정 영역 안에서 입법을 통과시키는 것을 막을 수 있거나 암암리에 주가 입법을 통과시키는 것을 막을 수 있다.

이민국적법

현 연방이민법의 상태는 사전대책을 강구하는 문제에 대한 사후대처식의 반응을 반영하고 있다. 현재 의회의 이민법은 수백만 불법체류자들을 계속 취약한 상태에 머물게 하고, 그들이 괴롭힘과 착취와 비인간적인 처우에 계속 노출되어 있도록 하는 지속적인 체제의 실패에 성공적으로 대처하지 못하고 있다.

1952년 의회는 1952년의 이민국적법the Immigration and Nationality Act을 제정함으로써 이민법을 개정하였다. 의회가 반복하여 이민국적법INA을 수정해 왔지만, 이 법은 연방이민법에 대한 최고 법규로 남아 있다. 1986년, 의회는 아마도 이민국적법의 가장 논쟁이 되는 법률 개정 중 하나인 이민개혁 및 통제법the Immigration Reform and Control Act: IRCA을 통과시켰다. 이민개혁 및 통제법은 불법체류자가 미국에서 합법적으로 일하는 것을 연방차원에서 금지하였다. 이민개혁 및 통제법은 이민정책입안과 집행 노력의 포괄적인 틀을 구축하였다. 의회의 목적은 이민법의 영역에서 배타성에 의한 일관성을 확보하는 것이었다. 이민개혁 및 통제법은 주가 연방차원에서 부여된 이민법을 제정하거나 집행하고 또는 어떤 식으로든 이를 피해가려는 것을 확실하게 막았다. 그러나 그것은 의도적으로 "면허 및 관련법licensing and similar laws"은 금지로부터 배제하였다.

더욱이, 미국 규정 8 1304와 13068 U.S.C. §1304 and 1306은 14세 이상의 외국인이 30일 이상 미국에 체류할 때 미국 정부에 등록하고 등록 서류를 항시 지니고 다닐 것을 요구하였다. 반이민법을 제정한 주는 외국인이 연방차원에서 요구된 등록 서류를 지니고 다니지 않는 것을 일반적으로 가벼운 경범죄에 해당하는 정도의 지방범죄로 정하게 함으로써 체포할 수 있는 충분한 조건을 수립하였다. 일단 경찰의 구금을 받게 되면, 경찰은 미국에서 그들의 이민 상태에 관해 심층적인 질문을 하고, 그 사람을 풀어주기 전에 연방정부로부터 확인을 요청한다.

1996년에, 의회는 불법 이민정책 개혁 및 이민자 책임에 관한 법the Illegal Immigration Reform and Immigrant Responsibility Act: IIRAIRA, 287절Section 287(g)을 통과시켰다. 이는 지방의 집행기관들이 연방의 지도 감독하에 이민법을 집행하는 기능을 하도록 지방의 집행기관에 권한을 부여하는 것에 미 국토안보부the U.S. Department of Homeland Security: DHS 장관의 합의를 공식화한 것이다. 현재 24개 주에서 67개의 동의 각서67 active Memoranda of Agreements: MOA하의 프로그램을 통해 훈련받고 자격을 부여받은 1,075명이 훨씬 넘는 지방자치단체장local officers들이 있다. 지방법 집행은 MOA에 의해 보증된 권한을 사용하고, 연방정부로부터 지도나 지지 또는 관리 감독이 거의 없이 연방법을 집행한다.

IRCA의 "면허 및 관련법licensing and similar laws" 예외조항에 따라서 주는 밀입국자들을 고용하거나, 집을 세 주거나, 또는 운송하는 고용주들과 임대주들에게 적용되는 법을 통과시켰다. 이 법은 밀입국자들을 고용하거나 또는 부동산을 빌려주는 것을 지방범죄로 규정하였다. 면허 및 관련법 예외조항에 따라서, 지방법을 위반하여 유죄판결을 받은 고용주는 그의 면허가 중지되는 위험이 발생할 수 있으며, 반복된 범죄자일 경우 면허가 취소될 수 있다.

주 차원의 반이민정책

2010년에, 아리조나 주는 그 당시에 가장 가혹한 반이민법을 제정하였다 (SB 1070). 그 법의 일부분은 연방범죄를 지방범죄로 전환함으로써 연방의 이민법을 그대로 적용하고 있으며, 이는 지방집행기관이 지방 조례의 모든 위반 상황에 대해서 집행력을 행사할 수 있도록 한 것이다. 일부 사람들은 이것이 반이민정책이 아니라 "반-불법" 입법 제정이었다고 주장해 왔지만, 이 말장난은 납득할 만한 것이 아니며, 오히려 인종적 프로파일링, 착취, 그리고 라틴계 사람들에 대한 전적인 증오가 넘쳐나도록 허락하는 환경을 조성하는 데 기여하고 있다. 결과적으로, 이민자 가족들은 이용당하며, 합당한 대우를 받지 못하고 있다. 어린 아이들은 괴롭힘을 당하며, 성인들은 증오범죄의 희생자가 되고, 차별은 날마다 발생하고 있다.

2012년 6월에는, 대법원이 대부분의 아리조나 주의 반이민법을 위헌으로 보는 기념적인 결정을 공표하였다. 그 결정은 유사한 입법을 통과시켰거나 또는 통과시키는 것을 고려하고 있는 다른 사법권에 대해 이민법은 주로 연방정부의 권한 내에 있다는 명백하고 분명한 신호를 보내는 것이었다. 법원은 세 가지의 주요 규정을 연방법에 위반된 것으로서 위헌으로 보았으며, 또 다른 논쟁적인 규정을 그대로 남겨두었다. 그러나 이것이 향후 헌법상의 문제에 취약할 수 있다는 것을 제시하였다.

아리조나법에 대한 요약은 다음과 같다.

① SB 1070은 외국인이 연방 등록증을 소지하지 않은 것을 주 경범죄로 규정하였다. 대법원은 이 부분을 연방법 우선원칙에 의해 헌법에 위배된다고 판결하였다.

② 만약 그 범죄가 그 사람을 미국으로부터 추방할 수 있도록 하는 상당한 근거가 있다면 영장 없는 체포를 허락하도록 한다. 대법원은 이 부분을

연방법 우선원칙에 의해 헌법에 위배된다고 판결하였다.

③ 반-일용직 노동자/구직 규정solicitation provision. 이 규정은 교통을 지연시키거나 길모퉁이에서 일을 구하는 것을 범죄로 규정하였다. 대법원은 이 부분을 연방법 우선원칙에 의해 헌법에 위배된다고 판결하였다.

④ IRCA의 "면허 및 관련법licensing and similar laws" 예외조항에 따라서, 아리조나 주는 만약 알고 있으면서 또는 의도적으로 불법체류 외국인을 보호하거나 고용하거나 운송하였다면, 회사의 사업 면허를 취소하거나 또는 정지하겠다고 위협하였다. 그 법은 IRCA의 "면허 및 관련법" 예외조항 안에서 정확하게 맞는 것이었기 때문에 대법원은 연방법이 이 부분에 위배되지 않았다고 판결하였다.

⑤ 또한 SB 1070은 지방집행기관으로 하여금 만약 구류자가 불법 이민자라는 합당한 혐의가 있다면 "합법적인 제지, 구류 혹은 체포"되어 있는 동안 그 개인의 이민 신분을 확인하는 노력을 반드시 행하도록 하고 있다. 만약 체포되었다면, 그 구류자는 연방정부로부터 그의 합법적인 상태에 대한 확인 없이는 석방될 수 없다. 대법원은 이 부분을 고수하였다. 그러나 이 법이 실시된 이후에 향후 헌법적인 도전을 받아들일 수 있는 문은 열어 놓았다. 이러한 "두고 보자"는 식의 접근은 인종적인 프로파일링, 학대, 그리고 편견적 처우에 문을 열어 놓기 때문에 이민자 지역사회에 치명적인 위협이 된다.

연방법원에서 아리조나 주의 경험으로부터 교훈을 얻어, 알라바마 주Alabama는 아리조나 주 법이 겪은 고충을 피하기 위해 그들의 반이민법을 손질하였으며, 이민자의 삶의 모든 측면에 타격을 주는 새로운 규정들을 만들었다. 그것은 그들이 어떻게 생계를 유지하는지, 어떻게 학교에 다니는지, 어디서 모이는지에 타격을 주었다. 아리조나 주 법에 있는 규정들에 더하여, 알라바마 주는 다음의 규정들을 포함시켰다.

① 불법 이민자가 주 또는 지방 차원에서 어떤 공적인 혜택을 받는 것도 금지한다.

② 이민자가 공립 대학이나 대학교에 다니는 것을 금지한다.

③ 공립 수준의 고등학교, 중학교, 초등학교에 다니기 전에 전제 조건으로서 법적인 상태를 공개한다. 단, 대법원은 모든 아동은 시민권 획득 여부에 상관없이 12학년까지 공립학교에서 교육받을 권리가 있다고 하였다. 그러므로 이 규정은 학생이 학교에 다니는 것을 금하는 것이 아니다; 이것은 단지 그들에게 그들의 이민 상태를 공개할 것을 요구하는 것이다.

④ 알라바마 주 내에서는 고용주들이 불법 이민자인 것을 알면서도 채용하는 것을 전면 금지한다. 이는 고용주가 연방의 E 신분 확인 조건E Verify requirement에 따랐다면 주의를 기울여 모든 책임을 다했다고 추정하는 것이다.

이민자 일용직 노동자들은 그들이 체포되거나, 추방되거나, 직장에서 상해를 입거나 해서 그들 자신과 가족들을 부양하지 못하는 일이 생기거나 또는 일한 것에 대한 임금을 받지 못할지도 모른다는 지속적인 두려움을 안고 살아간다. "두고 보자"는 식의 접근은 이민자 지역사회와 그들의 지역사회를 관할하는 경찰 사이의 더 큰 틈이 벌어지도록 하고 있다. "이민 서류를 보여 달라는" 규정은 인종적 프로파일링을 불러오는 것뿐만 아니라 경찰들에게 언제 누구에게 다가가야 하는지에 대한 독점적인 결정권을 제공한다. 동시에, 불법이민자들도 합법적 이민자들과 같이 같은 옷을 입고, 같은 음식을 먹고, 같은 학교에 다니고, 같은 식료품점에서 물건을 사고, 같은 공원을 이용한다. 그러므로 합법적 이민자와 불법이민자를 구별하는 유일한 방법은 사회의 어떤 영역을 인종적으로 프로파일링하는 것이다. 이는 이민 상태에 관계없이 모든 이민자들을 인종적 프로파일링과 경찰의 괴롭힘을 당하기 쉽게 만든다.

이에 더하여, 공립학교의 학생들에게 이민 상태를 제시할 것을 요구하는 것은 격리와 편견적 처우를 촉진하고, 오늘날의 경제상황에 부응하지 못하는 학생들의 또 다른 계급을 조성하기 때문에 이민자 지역사회에 긴장과 두려움을 조성한다. 부모들은 그들의 자녀를 학교에 보내기를 거부할지도 모르고, 자녀들은 수업을 하는 동안 지속적으로 두려움을 느끼는 상태에 있을 것이다. Plyler v Doe•에서, 대법원은 모든 아동은 이민 상태에 관계없이 고등학교까지 공립학교를 다닐 권리가 있다고 판결하였다. 이 결정은 또한 모든 아동은 이민 상태에 관계없이 지방 당국에 의한 격리나 편견적 처우 때문에 학교에 가기를 두려워하지 않아도 될 권리가 있다는 의미로써 해석될 수도 있다.

연방공정주거법

연방공정주거법Federal Fair Housing Act: the FHA하에서는, 불법이민자들도 미국 시민으로서 동일한 요구와 권리를 갖는다. 연방공정주거법은 인종, 피부색, 종교, 성별, 가족적 상태 또는 출신 국가에 기반한 차별에 반대하는 행동을 할 개별적인 권리를 창출한다. 즉, 연방법은 시민권 여부에 따른 차별을 하지는 않지만, 출신 국가 여부에 따른 보호를 한다. 그러나 만약 임대주가 특정 국가 출신의 사람들에게 집을 빌려주는 것을 고려하기를 거부한다면, 시민권에 따른 차별은 곧 출신국가에 따른 차별이 될 수 있다.

뉴욕과 같은 주에서는 체류자격이 미비한 시민들을 더 보호하는 법률을 제정하였다. 시 인권법은 뉴욕에서 대부분 유형의 주택 거래를 하는 거주자들을 보호한다. 임대주, 관리자, 건물 관리인, 아파트 소유자, 조합주택 소유자, 그리고 위원회가 거주시설의 매매나 임대 또는 서비스나 시설의 제공에서 개인의 실제 인종, 피부색, 출신국, 성별, 장애, 성적 지향, 교리, 결혼 상태, 동거 상태,

—

• 요르바족의 종교와 가톨릭이 합쳐진 종교 의식

외국인 신분 또는 시민권 상태, 수입의 합법적 근원, 연령, 합법적 직업 때문에 또는 그 사람이 자녀가 있는지 또는 자녀와 함께 사는지 때문에 차별하는 것은 불법이다.

연방공정주거법이 인종, 피부색, 종교, 성별, 가족적 상태 또는 출신국에 근거한 차별로부터 보호하는 반면, 이는 시민권 여부로 인한 차별로부터 보호하지는 않는다. 그래서 연방공정주거법하에서 임대주들은 세입 희망자들을 검토하는 긴 기간이 소요되는 절차를 모든 세입 희망자들에게 동등하게 적용하는데, 이는 출신국에 따른 차별은 아니지만, 사실상은 불법 이민자들을 차별하는 것일 수도 있다. 예를 들면, 임대주는 모든 라틴계 사람들의 여권을 보는 것을 요구하지만, 라틴계가 아닌 사람들에게는 이를 요구하지 않을 수 있다. 반이민법의 제정은 불법체류 이민자들에게 임대를 허용하는 것에 대해 민사와 형사 처벌을 하는 것으로 임대주들을 처벌해오고 있다. 연방법원은 그러한 입법을 위헌으로, 그리고 상위법 우선 원칙에 어긋나는 것으로 만장일치된 반응을 보였으며, 이를 폐지하였다.

공정 근로기준법

공정 근로기준법Fair Labor Standard Act에 따라 이민서류가 구비되었든 미비하든 모든 노동자는 적어도 연방이 정한 최소한의 임금을 받을 권리가 있으며, 주 40시간의 노동과 40시간 이후의 초과근무, 그리고 30분의 점심 휴식을 보장받는다. 이 법은 또한 고용주들이 적절한 시간과 급여 대상자 명단 기록을 지킬 것을 요구한다. 공정 근로기준법은 고용주가 예외 상황을 주장할 수 없도록 "주 사이의 통상 또는 무역 제품 생산에 관여하는 자, 또는 무역에 관여하거나 무역 제품 생산을 하는 기업의 고용인들에게도 적용된다."

많은 고용주들은 일용직 노동자들을 독립적인 계약자들로 분류함으로써 공정 근로기준법의 처벌을 회피한다. 이러한 잘못된 분류는 고용주들이 공정 근로기준법, 그리고 그와 유사한 지방법을 피해가는 것을 가능하게 한다. 고용주들은 지방 또는 연방 세금, 산재보상금을 내지 않아도 되며, 또는 초과근무 수당을 지급하지 않아도 된다. 일용직 노동자들은 이러한 잘못된 분류체계 하에서 착취를 당한다. 고용주들은 그들의 취약성을 전적으로 잘 알고 있기 때문에, 그들은 육체적으로 고된 작업에 대해 일용직 노동자들에게 낮은 임금을 주고, 만약 일용직 노동자들이 상해로 고통을 당한다면 법적 책임을 회피하며, 그리고 일반적으로 일용직 노동자들은 자신의 법적 권리를 잘 알지 못하기 때문에 고용주들은 사전에 동의된 임금을 지불하지 않거나 또는 그보다 낮은 임금을 지불할 수 있다.

반이민법을 통과시킨 주들에 대해, 이러한 법의 영향력은 이민자 지역사회에 냉소적인 메시지를 보내는 것이다. 그 메시지는 분명하고 명확하다. 증오, 편견, 그리고 차별은 의도된 목적이며, 행동의 개별적 권리이다. 그리고 지방법을 집행하도록 하는 것은 그것들을 성취하는 수단이다. 최근의 반이민법 제정의 결과로, 가족이 뿔뿔이 흩어지고, 다치며, 임신한 이민자는 지역병원에 가기를 두려워하고, 범죄 피해자는 지방의 법집행 기관과 접촉하기를 두려워하며, 부모들은 자녀를 학교에 보내기를 두려워한다는 이야기들이 나오기 시작하고 있다. 더욱이, "인구의 상당수가 적절한 주거, 보험, 건강 보호, 또는 교육이 부족할 때 전체 도시가 고통을 당한다." 포괄적인 이민정책 개혁은 개별 주가 아니라 연방정부가 주체가 되어 이루어져야 하는데, 이는 개별 주는 이민법 집행에 능통하지도 않을 뿐만 아니라, 통합상의 문제를 지니고 있는 지역사회를 오히려 더 분열시키는 결과를 초래할 수 있기 때문이다.

비공식 일용직 노동을 둘러싼 공적 전쟁

"거리 모퉁이에 있는" 비공식 일용직 노동자들의 법적 권리와 상태는 "그늘 속에서 살아가는 것"일지도 모른다. 그러나 그들이 일거리를 찾는 특성 때문에 그들은 흔히 드러나 있다. 반이민적 태도, 미사여구, 그리고 처벌적 정책들이 출현한 시대에 일용직 노동자들은 쉽게 의심받고 조롱당하며 불평등의 공공의 표적이 되어 왔다. Valenzuela와 동료들(2006)은 다음과 같이 연구하였다.

> 모든 일용직 노동자들의 약 5분의 1(19%)은 상인들에 의해 모욕을 당해왔으며, 15%는 지역사업체에 의해 서비스를 거부당해왔다. 일용직 노동자들은 또한 일을 찾는 동안 경찰에 의해 모욕을 당했으며(16%), 체포되었고(9%), 소환되었다(11%)고 보고하였다.(p. ii)

2011년 9월 21일 뉴욕 타임즈 사설은 캘리포니아주 Redondo Beach에서 구직금지조례antisolicitation ordinance를 기각한 9번째 순회 판결에 대해 미 상소법원에 박수갈채를 보냈다. 사설의 논평은 단호했다.

> 경찰들이 안전에 관한 그들의 염려사항들을 말하는 동안, 반이민 적대감은 대개 명백하다. 수석 판사인 Alex Kozinski에 의한 9번째 순회 판결에 대한 경멸스러운 반대는 치명적인 고정관념을 요약하였다. 그는 일용직 노동자들을 "일거리를 기다리는 동안 담배를 피우고 침을 뱉는 한 무리의 덥수룩한 남자들"이라 불렀으며, 왜 Redondo Beach가 "안전, 아름다움, 평온함, 그리고 질서정연함"의 명목으로 그들을 몰아내는 것을 허락해서는 안 되는 것인지 이유를 알 수 없다고 기록하였다. 물론 이는 헌법에 위배된다는 점을 제외하고는 안 될 이유가 없다.(New York Times, 2011)

지역사회 보호프로그램secured communities program과 성역도시운동sanctuary cities movement 이 두 가지가 상쇄하는 정책 경향은 지역사회 수준에서 논란이 그치지 않는 전장의 전형적인 예가 된다.

지역사회 보호

지역사회 보호Secured Communities: SC는 미 국토안보부에 의해 관장되는 연방의 국외추방("제거"로도 알려진) 프로그램이다. 이 프로그램은 연방, 주, 도시, 그리고 지방 당국 사이의 쌍방적인 동반자관계를 조성한다. 미 국토안보부에 따르면, 이 프로그램의 목적은 다음과 같다.

① 현대화된 정보 공유를 통해 범죄행위를 한 외국인 체류자를 식별한다.
② 범죄행위를 한 위험한 외국인 체류자를 체포하고 추방하는 것을 확실히 하는 법제정에 우선순위를 둔다.
③ 효과를 지속시키기 위하여 범죄행위를 한 외국인 체류자 법률 집행 절차와 체계를 완전히 바꾼다. 미 국토안보부에 따르면, 이 프로그램은 "가장 나쁜 자the worse of the worst"와 "가장 위험하고 폭력적인 범죄자들"만을 추방하는 것을 목적으로 한다.

그러나 실은, 추방된 대다수의 사람들은 비폭력적인 범죄, 경범죄, 또는 전혀 범죄가 아닌 일로 유죄판결을 받았다.

지역사회보호SC 아래서, 이에 참여하는 주, 시 또는 지방당국에서 체포된 사람의 지문은 미 국토안보부의 이민 데이터베이스를 통해 검사된다. 정상적으로, 그들의 지문은 체포된 사람이 다른 관할구역에서 수배 중인 자인지 아닌지를 알아보기 위해 FBI 범죄자 데이터베이스로 보내질 것이다. 그러나 지역사회보호 프로그램SC하에서, 그 체포된 자의 지문은 미 국토안보부의 이민 데이터베이스를 통해 또한 검사된다. 미 국토안보부 데이터베이스는 이민 지원자, 폭력적인 범죄자, 테러리스트와 연루된 사람의 생체측정 기록을 보관한다.

만약 어떤 일치가 있다면, 이민세관국Immigration and Customs Enforcement: ICE은 당장 통지를 받으며, 구금 연장 영장을 발부할 것인지 아닌지에 대한 선택권이

주어진다. 구금은 이민세관국이 체포와 관련된 법을 집행하는 기관에 요청하는 것이며, 이는 이민 구류자를 석방하기 전에 ICE에 통지하거나 또는 ICE가 어떻게 진행할지를 결정하는 동안 추가적으로 48시간 동안 그들을 구금하도록 하기 위한 것이다.

오바마 행정부 집권하에, 미 국토안보부는 매우 적극적으로 국외추방과 구금 노력을 증가시켰다. 예를 들면, 2009년에는 828,119건의 사건의뢰가 있었고, 95,664건의 불법체류자 사건 확인이 있었으며, 14,360건의 국외추방이 있었다. 2010년에는 3,376,753건의 사건 의뢰가 있었고, 248,166건의 불법체류자 사건 확인이 있었으며, 49,484건의 국외추방이 있었다. 2011년에는 6,919,917건의 사건의뢰가 있었고, 348,958건의 불법체류자 사건 확인이 있었으며, 78,246건의 국외추방이 있었다. 모두 집계하면, ICE의 생체측정 데이터베이스를 통해 1,100만이 넘는 지문이 검사되었고, 이는 692,788건의 불법체류자 사건 확인을 가져왔으며, 142,000건이 넘는 국외추방으로 귀결되었다. 현재는 S.C에 참여하는 44개 주와 자치령에 1,590개가 넘는 지방자치당국이 있다. 이 수는 증가하고 있으며, 미 국토안보부는 2013년까지 총 3,141개의 지방자치당국에 이 프로그램을 수행하도록 하려 하고 있다.

비폭력적인 이민자들을 표적화하는 것뿐만 아니라, SC는 또한 주의 주권을 침해하고 있다. 전형적으로 주는 그의 관할권 안에 사는 사람들의 일반적인 복지를 보호하는 법과 규칙을 제정할 수 있다. SC는 그 권리를 침해하고 주가 거주민의 일반적인 복지를 보호하지 못하도록 하고 있다. 일반적으로, 개별 주는 그 관할권 안에 사는 거주민들을 보호해야 하는 필요성과 법과 질서를 능률적으로 집행해야 할 필요성의 균형을 맞춘다. SC는 상충되는 이념을 조성함으로써 주가 그러한 균형을 만들지 못하도록 하고 있다. 뿐만 아니라, ICE는 지방 정부들이 그 프로그램에 참여하지 않을 선택권이 있는지에 관해 상반되는 성명을 발표함으로써 그 문제의 전형적인 예가 되고 있다.

게다가, SC를 집행함으로써 각 주들에 부여되는 재정적인 부담도 있다. 주는 SC 집행을 위해 연방의 재정 지원을 받지 않는다. 결과적으로, 주와 지방자치당국은 SC를 집행하는 동안 체포된 자가 연방 보호로 넘겨질 때까지, 경찰과 행정 직원에게 시간외 근무 수당을 지급하면서 체포된 자에게 주거를 제공하는 재정적 부담을 떠안는다. 그리고 만약 주와 지방자치당국이 ICE 구금 때문에 잘못된 사람을 불법적으로 구금한다면 스스로를 법적 의무에 노출시키게 된다. 결과적으로, SC는 연방기관처럼 행동하는 지방 법 집행의 역할에 관한 심각한 염려를 드러낸다. 지방법을 집행하는 경찰은 연방의 이민법을 관리하도록 훈련받지 않았으며, 결과적으로 SC의 집행은 각 주마다 다르게 나타날 것이고, 그래서 이웃하는 주들 사이에도 불일치가 나타나게 될 것이다.

궁극적으로, SC는 이민자 지역사회와 지방법 집행 사이에 매우 깊은 틈을 만들고 있으며, 라틴계 지역사회에 대해 인종차별, 지역사회 괴롭힘, 편견의 문을 열어놓는다. SC는 더 나아가 지방법 집행과 그들이 봉사하고 보호하도록 되어 있는 지역사회 사이의 공동의 신뢰를 무너뜨린다. 이민자 가족과 이민자 지역사회는 지속적인 두려움의 상태에서 살고 있다. 가장 단순한 과업이 구금되고 국외로 추방되는 결과를 낳을 수도 있다. 이민자들은 어떤 지방법 집행기관과도 접촉하기를 두려워하기 때문에 범죄를 알리거나, 목격자로 나서거나, 또는 배심원 자리에 앉는 것도 두려워한다. 미국 태생의 라틴계 사람들도 지방법 집행기관에 의한 인종적인 프로파일링 때문에 흔히 표적이 되며, 단순한 지방법 집행기관과의 접촉이 구류나 국외 추방 사례로 변할 가능성도 있다. SC는 긴장과 불확실성으로 가득한 분위기를 조성함으로써 이러한 두려움을 확대한다.

성역도시

성역도시는 합법적인 이민 거주자와 불법 이민자 간의 구별을 하지 않는 도시나 지방자치당국을 일컫는 용어이다. 공공부문, 경찰, 소방 부서, 응급실에서 일하는 직원들과 교사 등은 그들이 일하는 동안에 개인의 이민 상태에 관해 질문하지 않도록 배우기 때문에 그리고 만약 이민 상태가 공공에서 일하는 직원들에게 알려진다 해도, 그들은 그러한 정보를 DHS와 공유하는 것이 금지되므로 그 지방자치당국이 이민자를 위한 성역이 되기 때문에 불법이민자 보호도시라고 일컬어진다.

1996년에, 의회는 불법이민정책 개혁 및 이민자 책임에 관한 법Illegal Immigration Reform and Immigrant Responsibility Act: ILRLRA을 통과시켰다. 이 법 ILRLRA는 공공에서 일하는 직원들이 개인의 이민 상태를 DHS에 보고하는 것을 적극적인 의무로 만들었으며, 시가 만약 공공에서 일하는 직원들이 불법 이민자를 만나게 된다면 연방 경관과 접촉하지 못하도록 하는 것을 금지하였다. 결과적으로, 대부분의 불법 이민자 보호 도시들은 연방정부를 위한 기관이 되는 것에 반대하였으며, 대신 "묻지 말고, 말하지 말라"는 이민정책을 실행하는 것으로 전환하였다. 이러한 접근은 이민 상태 정보를 연방기관과 공유하는 것을 금지하는 것이 아니다. 대신에, 이는 만약 그것이 직접적으로 그 상황과 관련되어 있지 않다면 공공 부문의 직원이 개인의 이민 상태에 관해 질문하는 것을 금하는 것이다. 최근에, 반이민정책을 주장하는 정치인들은 각 주들 안에서 불법 이민자 보호 도시의 실행을 금지하는 입법을 소개하고 있다.

■

일용직 노동자와 일하기

2010년, 이 장의 저자 중 한 명은 New Jersey, Newark의 일용직 노동자들이 직면한 법적 이슈들을 분석하는 보고서를 작성하였다 (Norcia, Perez Jr., Malhorta, & Lonegan, 2010). 이 보고서는 Newark의 지하노동시장을 드러나게 하였으며, 임금과 노동시간과 안전규정 위반으로 고통 받는 시장의 실태를 기록하였다. 이 보고서는 이러한 종류로는 최초로 작성된 것이었으며, 이 후 노동자의 권리, 공동작업센터의 채택, 그리고 지방 및 연방의 임금과 근로시간법을 위반한 고용주들에게 더 엄한 처벌을 지지하는 옹호도구로써 사용되어 왔다.

2010년 겨울에, 나는 New Jersey, Newark의 Stockton 거리에 위치한 "shape up site하역 인부를 정렬시켜 놓고 뽑는 장소"에 여러 번 관찰 방문을 나갔다. 어떤 날 아침이라도 대략 50여 명의 일거리를 찾는 노동자들이 있었다. 그들은 세 개에서 열 개까지의 집단으로 나뉘어 Stockton 거리에 거의 15마일에 걸쳐 늘어서 있었다.

나의 첫 번째 장애물은 노동자들의 신뢰를 얻는 것이었다. 초기에, 나는 나 자신을 노동자들의 보다 나은 권리 보호를 옹호하기 위해 사용될 보고서를 작성하고 있는 학생 변호사로 소개하였다. 그 노동자들은 나와 이야기하기를 거절하거나 또는 내가 다가오는 것을 보기만 해도 Stockton 거리를 따라 도망쳐 내려가 버렸다. 노동자들은 내가 나타나는 것에 대해 매우 회의적이었으며, 나의 의도를 신뢰하지 않았다. 나는 그 노동자들에게 스페인어로 말했고, 그 노동자들은 침묵으로 일관하거나 또는 간단히 "관심 없어요" 또는 "우리는 단지 일하고, 임금을 받아 집에 가기를 원할 뿐입니다"와 같이 대답하였다.

그 다음에, 나는 Newark 노동자들의 노동권을 조직화하고 보다 잘 보호하기 위해 Newark 노동자들과 함께 일하는 지방 지역사회조직 집단과 협력하였다. 그 조직은 교회에서 주간 미팅을 주관하였으며, 그 노동자들이 직면한 현 이슈들을 논의하였다. 다음 2달 동안, 나는 매주 교회에서 열리는 미팅에 참석하였고, 하역 인부를 정렬시켜 놓고 뽑는 장소를 계속 방문하였으며, 이웃 인권 미팅에 참석하였고, 지방 정치인들을 만났다. 또한 노동자들이 이전의 고용주들로부터 지난 임금을 되찾을 수 있도록 도와주었다. 그 노동자들은 천천히 나를 믿고 신뢰하기 시작했으며, 그들의 개인적 경험에 관해 내게 이야기하기 시작했다.

그 노동자들은 Stockton 거리가 교통 여건이 매우 좋기 때문에 그 거리에서 기다리는 것을 선호했는데, 이는 대형 목재/철물점이 그 길의 끝에 위치하고 있으며, 2개의 주요 고속도로에 대한 접근성이 좋기 때문이다. 고용주들은 필요한 물품과 노동자들을 동시에 구할 수 있다. 노동자들은 Stockton 거리에서 기다리는 것을 선호한 반면, 그들은 그 편의성에 대한 상당한 대가를 지불했다. 그들은 그들의 직업이나 국적 때문에 자주 괴롭힘을 당했고 표적이 되었다.

노동자들은 지방의 사업주들, 운전해서 지나가는 사람들, 그리고 경찰에 의해 매일 지속적으로 괴롭힘을 당했다. 이전에는 목재/철물점의 소유주나 관리인이 가게 앞에 모여 있는 노동자들에게 고함을 지르고 소리를 치며 욕설을 함으로써 몇 달간 노동자들을 그의 건물에서 내쫓았다. 주유소, 현금으로 물건을 파는 가게, 음식점은 매일 아침 경찰을 불러 그 노동자들이 그들의 건물에 무단 침입했다고 신고했다. Newark 경찰서는 매번 직업정신에 따라 노동자들에게 매일 정오쯤 그들이 무단침입을 하고 있으며, 돈을 지불해야 한다고 공지하였다. 경관들은 그 몰려든 사람들에게 빨리 돈을 지불하지 않는다면 소환장을 발부하겠다며 위협하였다. 노동자들은 그 자리를 떠난다면 유급의 고용 기회를 몰수당한다는 것 또한 알고 있었기 때문에 항상 경찰들의 요청에 순응하였다.

그 다음에, 나는 조사기간 동안 내가 무엇을 질문해야 하는지 알기 위해 임금과 시간상의 학대에 관한 이야기를 들려달라고 요청했다. 내가 들은 이야기는 매우 비인간적이어서 미국 땅에서 그러한 일들이 발생했다는 것을 믿기가 무척 힘들었다. 예를 들면, 2명의 노동자가 가정집 두 채의 지붕을 수리하기 위해 고용되었다. 그 노동자들은 그 일이 끝날 때까지 하루에 100불을 받도록 약속받았다. 관행대로 그 주인은 매 주말 금요일에 그 근로자들에게 돈을 지불하기로 동의하였다. 약속한 대로 첫 주간 후에 노동자들은 돈을 받으려고 하였다. 주인은 돈이 없다고 말했으며, 다음 주에 돈을 주겠다고 약속하였다. 2주가 지난 후에, 노동자들은 임금을 지불하라고 요구했고, 주인은 다시 돈을 주는 것을 거절하였으며, 대신 그 다음 주에 돈을 주겠다고 하였다. 그 일이 모두 마무리 지어진 후 세 번째 주말에, 노동자들은 다시 임금을 달라고 요구하였다. 주인은 화를 내며, 노동자들에게 돈을 주지 않겠다며 소리를 지르기 시작했다. 그리고 만약 그들이 경찰서를 찾는다면 그는 그의 사촌인 ICE 직원을 부를 것이며, 노동자의 전 가족들은 국외 추방될 것이라고 단언하였다. 그 노동자들은 그럼에도 불구하고 임금을 지불하라고 요구했고, 주인은 신체적 폭력과 추방으로 그들을 협박하였다. 궁극적으로, 행정 당국의 관여에 대한 두려움 때문에, 노동자들은 주인으로부터 돈을 받으려는 어떤 시도도 포기하였다. 결과적으로, 그 근로자들은 협박, 두려움, 그리고 받을 수 없는 상환청구 때문에 각각 1,500달러를 잃어버린 것과 다름이 없었다.

또 다른 노동자는 상가 건물을 짓는 동안 지붕에서 떨어져 심각한 신체적 상해를 입었다. 고용주는 그를 병원으로 보냈으며, 100달러를 현금으로 주면서 그에게 이름을 바꾸고 심지어 자기 밑에서 일했다는 것을 부인하라고 말했다. 그 노동자는 심각한 허리 부상이 지속되었고, 허리 수술을 받았으며, 그 후로 거의 일 년 동안 일할 수 없었다. 고용주는 이후 그의 핸드폰 번호를 바꾸었으며, Stockton 거리에서 마주칠 때면 심지어 그 노동자를 고용했다는 사실조차 부인하였다.

세 번째 노동자는 새로이 지어진 집에 셀락 칠을 하는 데 고용되었다. 그 주인은 일이 끝날 때까지 일당으로 125달러를 지불하는 데 동의하였다. 그 노동자는 2주가 지나 그 일을 마무리 지었다. 노동자가 임금을 달라고 요구했을 때, 고용주는 분노감을 폭발시키며, 그 노동자에게 "끔찍하다"며, 그는 "벽에 다시 셀락 칠을 하기 위해 다른 누군가를 고용해야만 한다"고 했다. 그리고 그 노동자를 "장비를 훔친 것으로" 고소하였다. 그 노동자가 고용주에게 왜 좀 더 일찍 불만을 토로하지 않았는지를 묻자 고용주는 핸드폰으로 911에 신고하기 시작했다. 그 노동자는 그가 무엇을 훔쳤기 때문이 아니라 그가 경찰을 두려워했고 경찰들이 즉시 그 고용주의 편을 들어 그를 체포할 것이라고 생각했기 때문에 이내 포기했다.

마지막으로, 나는 조사 준비를 충분히 마친 후, 노동자들을 설문조사했고, 그들의 생활 여건, 가족 상태, 그리고 고용주-고용인 관계에 관한 문항들을 질문하였다. 그들의 이야기들은 달랐지만, 공통적인 어떤 주제가 있었는데 거의 그들 모두는 다른 노동자들이나 직계 가족들 또는 그들 모두와 함께 살았고, 과거에 임금과 시간상의 학대를 다양한 수준에서 경험하였으며, 노동자 센터 설립을 지지하였다.

설문조사를 실시한 노동자의 96%는 적어도 지난 2년 동안에 적어도 한 건의 임금과 근로시간 규정 위반을 경험하였다. 77%는 사전에 약속된 것보다 더 적은 임금을 받았다고 보고하였으며, 62%는 전혀 임금을 받지 못했고, 88%는 한 주간에 40시간이 넘는 일을 한 것에 대한 초과근무 수당을 받지 못했다고 보고하였다.

조사를 통해 발견한 것은 그늘 속에서 작동하고 점검과 균형이 없는 지하 노동시장의 모습이었다. 고용주들은 모든 영향력을 지니고 있으며, 노동자들은 의지할 것이 거의 없다. 결과적으로, 사업주들, 일반 계약자들, 하위계약자들 또는 개별 주택 소유주들에 의해 노동자들은 취약하고, 노출되어 있고, 착취당하도록 남겨져 있다.

노동자 센터

역사적으로, 이민자 공동-민족 지원 사회immigrant co-ethnic aid societies와 조직들은 사회적 서비스, 재정착 프로그램, 그리고 옹호를 제공해왔다(Cordero-Guzman, 2001). 지역사회 조직의 새로운 형태는 유사한 역할을 수행하며 노동자 센터로 출현하였다(Fine, 2005a; 2006, 2007; Sullivan, 2005). Fine

(2006)의 노동자 센터에 관한 기술은 인보관운동 전통의 기원으로 거슬러 올라간다.

> "노동자 센터"는 이민 지역사회 기반시설의 중추적 구성요소로서 출현하였으며, 이민자들이 미국에서 일자리를 찾도록 도와주는 필수적인 역할을 수행하고 있다. 이 센터는 노동자의 권리, 고용, 노동과 이민법, 법적 서비스, 영어 그리고 많은 다른 프로그램에 대한 정보와 훈련을 제공하는 관문조직이다. 이 센터는 낮은 임금을 받는 노동자들을 미국 시민 생활로 통합하고 집단적인 심의, 교육, 행동을 촉진시키는 중재 기관의 새로운 세대를 대표한다.(p. 452)

Valenzuela와 동료들(2006)의 연구에서 일용직 노동자의 4분의 1(26%)은 지역사회 노동자 센터에 참여하였다.

노동자 센터는 "조직 모델에 따라, 사명을 무엇이라 생각하는지에 따라, 그리고 어떻게 일을 수행하는지에 따라 다양하다(Fine, 2007, p54)." 그러나 이 센터들은 핵심적 특성들을 공유한다: (a) 사회운동 지향, (b) 경제적 이슈와 이민자 권리 두 가지 모두를 조직화함, (c) "다양한 공식적 및 비공식적 연합으로 다른 행동 집단들과 밀접하게 함께 일할" 뿐만 아니라 "종교 기관 및 정부기관"과 연합하는 것을 선호함(Fine, 2007, p54).

연합관계 형성 노력에서, 노동자 센터는 노동조합에 가입한 노동자와 가입하지 않은 노동자 사이, 이민자와 미국 태생 노동자 사이, 그리고 인종과 민족 집단 사이의 상반되는 다수의 관심사들을 다루었다. Fine(2005)은 전략적 이유로 낮은 임금을 받는 노동자들을 대상으로 하는 전통적 노동조합은 이 영역에서 흔히 이주 노동자들에게 초점을 두지 않는다고 언급한다. 그래서 노동자 센터가 전통적 노동조합에 반대하지 않는 반면, 상대적으로 그들과 동반자 관계도 거의 발전되지 않는다. 노동자 센터는 또한 이주 노동자와 비이주 노동자 간의 연대를 강화하려는 노력을 계속해왔고 그들의 공통 관심사를 서로 인정하도록 격려해왔다. 이것의 한 예는 "고용주들이 주의 임금과 근로시간법을 지키지 않는 것을 범죄시하는 새로운 법을 지지하는 시카고와 일리노이 AFL-CIO에 있는 노동자 센터의 연합 로비활동이다(AFL-CIO, 2006)."

전국적으로 노동자 센터는 다양하지만, "저임금을 받는 노동자들에게 집단적 행동을 취하는 기회뿐만 아니라 '집단적 목소리'를 표현할 수 있는 일련의 기회를 제공하는 것"만은 분명하다(Fine, 2005, p. 2). 그래서 이 점에서, 노동자 센터는 "하의상달식" 활동을 위한 중요한 통로로서 전략적인 자리매김을 하며, 그리고 일반적으로 이민자 권리 운동, 노동 조직화, 그리고 사회운동을 지원하는 많은 잠재력을 지니고 있다.

젊은 남성 일용직 노동자 대상 사회복지

일용직 노동자에 대한 사회복지 문헌은 드물다(주목할 만한 문헌 중 하나는 Cleaveland & Kelly(2008)에 의한 것이다). 젊은 남성 일용직 노동자의 욕구들을 강조하는 사회복지의 역할을 고려할 때, 정책 실천과 옹호는 확실히 중요해 보인다. 젊은 남성 일용직 노동자들이 일상에서 직면하는 위험과 스트레스원들 그리고 그것들의 심리사회적 영향은 충격적이다.

예를 들면 최근에, 일용직 노동자가 경험하는 직업적 스트레스의 특성을 조사하는 연구가 시작되었다. Duke와 Bourdeau(2010)는 학문적인 관심을 받은 바 있는 대표적인 이주민 노동 형태인 농장노동에 종사하는 이주노동자들을 대상으로 원래 개발되었던 이민자 스트레스 척도the Migrant Stress Inventory: MSI의 타당도와 신뢰도를 검증하였다. 그들은 일용직 노동자들이 노동과 관련된 스트레스로 인해 고통 받는 비율이 높을 것이라고 가정하였다. Northern California의 일용직 노동자들을 대상으로 수집한 설문조사 자료에 근거할 때, 이 연구는 57.8%의 일용직 노동자들이 불안정성, 관계, 의사소통, 알코올과 다른 약물 사용의 4가지 주요 스트레스 영역에서 높은 비율의 스트레스를 경험하고 있는 것을 발견하였다.

젊은 남성 일용직 노동자들의 고충은 사회복지실천의 전 영역인 미시, 중간, 거시 수준의 개입과정을 요구하는 복잡한 체계적 양상을 지니고 있다. 정신적 외상, 건강 손상, 증진 행위, 가족 개입과 같은 영역에서 많은 일들이 행해져야 할 필요성이 있다. 또한 이러한 유형의 일은 지역사회 수준에서의 밀접한 협력과 법적 전문가들과의 협조가 요구된다. 그 혼합 과정의 주요 요인은 청년 일용직 노동자 그들 자신이다. 그렇게 높은 수준의 위험이 가득하고 억압적인 상황에 직면하여 그들이 보여주는 회복탄력성은 사회복지실천의 견고한 기반이 된다.

참고문헌

The American Federation of Labor and Congress of Industrial Organizations(AFL-CIO)(2006). *A national worker center-AFL-CIO partnership*. Washington, DC: Author. Retrieved August 3, 2008 from http://www.aflcio.org/

Cleaveland, C., & Kelly, L. (2008). Shared social space and strategies to find work: An exploratory study of Mexican day laborers in Freehold, N.J. *The Journal of Social Justice. 35*(4), 51-65.

Cordero-Guzmán, H. (2001). Community-based organizations and migration in New York City. *Journal of Ethic and Migration Studies*, 31, 889-909.

Duke, M. R., & Bourdeau, B. (2010). Day laborers and occupational stress: Testing the migrant stress inventory with a Latino day laborer population. *The Journal of Cultural Diversity and Ethnic Minority Psychology, 16*(2), 116-122.

Fine, J. (2005a). Low-wage workers, faith-based organizing, worker centers and "one big movement" in Dan Clawson's The next upsurge. *Critical Sociology,* 31, 401-409.

_______ (2005b). Community unions and the revival of the American labor movement. *Politics & Society, 33*, 153-199.

_______ (2006). *Worker centers: Organizing communities at the edge of a dream.* Ithaca, NY and Washington, DC: ILR Press and Economic Policy Institute.

_______ (2007). Worker's centers. *Race, Poverty & the Environment*, 54-57.

New York Times(September 21, 2011. "Free speech on the sidewalk." *New York Times*, p. A30.

Norcia, N., Perez Jr., R., Malhorta, A., & Lonegan, B. (2010). *Wage theft & workplace violations among day laborers in Newark's East Ward.* Immigrant Workers' Rights Clinic, Center for Social Justice, Seton Hall Univer4sity Law School. Newark, NJ: Author.

Sassen S. (1991). *The global city: New York, London, Tokyo.* Princeton, NJ: Princeton University Press.

________ (1995). Immigration and local labor markets. In A. Portes(Ed.), *The Economic sociology of immigration* (pp. 87-127). New York: Russel Sage Found.

Sullivan, R. (2005). Do unions make us strong? Worker centers as alternative labor movement organizations. Conference Paper, American Sociological Association Annual Meeting, 2005, Philadelphia, PA.

United States General Accounting Office (2002). *Worker protection: labor's efforts to enforce protections for day laborers could benefit from better data and guidance.* (US GAO Report GAO-02-925). Washington, DC: U.S. General Accounting Office.

____________________________________ (2002). *Worker protection: labor's efforts to enforce protections for dau laborers could benefit from better data and guidance—Hoghlights of GAO-02-925.* (US GAO Report GAO-02-925). Washington, DC: US General Accounting Office.

Valenzuela, Jr., A. (2003). Day labor work. *Annual Review of Sociology* 29: 307-333.

Valenzuela Jr., A., Theodore, N., Meléndez, E., & Gonzalez, A. L. (2006). *On the corner: Day labor in the United States.* Center for the Study of Urban Poverty, University of California Los Angerles. Los Angeles, CA: Author.

8

다양한 문화적 배경을 가진 노인들과 일하기

Irene A. Gutheil and Janna C. Heyman

문화적 다양성을 이해하고 존중하는 것은 사회복지실천을 하는 데 있어 대단히 중요하다. 문화적 다양성이라는 용어는 매우 폭넓은 의미를 포함하며, 다양한 관점에 따라 해석될 수 있다. 문화적 다양성에 대한 논의적 접근이 다양한 방식으로 이루어지고 있긴 하나, 이 장에서는 노인들 간의 민족적 다양성과 이것이 사회복지실천에 함축하는 바를 살펴보는 것에 국한하고자 한다.

논의의 선두에서 미국 내 노인 인구의 증가는 사회적 · 정치적 시사점에 대한 고려와 함께, 최근 몇 년간 더욱 주목을 받아왔다. 이에 반해, 노인 인구의 인종적(민족적) 다양성 증가에 대한 현황과 전망은 비교적 낮은 관심을 받아왔다. 그러나 노인 인구의 증가와 민족적 다양화가 "민족적으로 긴요한 사항"이라는 Yeo(2003)의 주장은 그 주장을 펼친 10년 전과 마찬가지로 오늘날 역시 주목하지 않을 수 없다.

2010년에 실시된 인구 조사에 따르면, 65세 이상 인구는 4천만 명 이상에 이르며, 이는 전체 인구의 13%를 차지(U.S. Census Bureau, 2011)하고 있다.

이 수치는 2000년 이후 530만 명의 고령 인구가 증가한 것으로, 2030년까지 고령층 인구는 7천 2백만 명을 넘어설 것으로 예상되며(U.S. Department of Health and Human Service, 2010), 이는 현재 인구 대비 약 80%의 증가를 의미한다. 또한 2030년까지 65세 이상 인구는 전체 미국 인구의 거의 20%를 차지하게 될 것으로 예상된다(U.S. Department of Health and Human Service, 2010).

이러한 고령층 인구는 지속적으로 다양화되며 증가하고 있는 추세이다. 2010년 발표된 미국 인구 조사에 따르면, 2009년 백인 노인이 전체의 86.7%로 여전히 고령층 인구의 대다수를 차지하고 있으나, 흑인/아프리카계 8.6%(2000년 8.2%보다 상승), 아시아계 3.4%(2.3%에서 상승), 그리고 북미 원주민 0.6% 등 다른 민족이 차지하는 비율이 증가되고 있음을 관찰할 수 있다(U.S. Census Bureau, 2010). 미국 인구 조사에서는 히스패닉계Hispanic origin를 하나의 민족ethnicity으로 간주하며, 이들을 인종의 한 분류로 구분하지 않았다. 전체 고령층 인구 중 약 7%가 그들 스스로를 히스패닉계로 정의한다(5% 미만이었던 데 비해 상승). 미국 히스패닉계 인구의 노령화 징후는 전체 인구 중 65세 이상 인구 비율의 증가에서 관찰되는데, 2000년에서 2009년 사이 전체 인구 중 히스패닉계 인구가 37% 증가한 데 반해, 같은 기간 65세 이상 히스패닉계 인구는 59% 상승하였다(U.S. Census Bureau, 2010).

스스로를 두 개 이상의 인종을 가지고 있다고 응답한 노인은 2000년에서 2009년 사이 거의 48%가량 증가했다. 구체적으로 2000년에는 186,100명이 이 항목에 해당한다고 응답했으나, 2009년에는 274,700명으로 증가하였다(U.S. Census Bureau, 2010).

미국 보건사회복지부(The U.S. Department of Health and Human Services, 2010)는 2020년까지 전체 고령층 인구 중 소수 민족 인구가 차지하는 비율이 24%에 육박할 것으로 예상했다. 민족 다양성의 증가는 부가 조사에 의해 두드러지게 설명되는데, 65세 이상의 백인 노인 인구가 2010년에서

2030년 사이 58%가 증가할 것이라고 예측되는 반면에, 다른 민족 집단의 증가율은 히스패닉계 202%, 아프리카계 114%, 북미 원주민, 에스키모 및 알류트족Aleuts 145%, 아시아 및 태평양 제도계 145%로 더욱 크게 증가할 것으로 예측된다(U.S. Department of Health and Human Services, 2010).

다양한 고령층의 욕구와 관심사를 설명하는 일은 복잡하다. 또한, 각 민족 집단 내 차이점들 역시 인지되고 이해되어야 한다. 예를 들어, 히스패닉계 노인들은 공통의 언어를 사용하고 있지만, 멕시코(52.8%), 푸에르토리코(11.5%), 쿠바(10.9%), 그 외 작은 비율을 차지하고 있는 다수의 국가에서 이민을 왔다. 아시아계 노인들은 공통 언어를 사용하지 않으며, 30개국 이상의 아시아 국가 출신으로(Yeo, 2003), 학자들은 미국 내 아시아계 노인들 사이의 차이점을 고려하는 것이 매우 중요하다고 강조한다(Mui, Nguyen, Kang, & Domanski, 2006). 비히스패닉계 백인 노인들의 다양성 또한 고려되어야 한다. 전 세계로부터 온 이민자들은 풍부하고 광범위하게 다양한 문화유산을 가지고 왔기 때문이다.

다양한 배경을 가진 노인들 중에서는 미국에서 자신의 전 생애를 산 사람이 있는 반면, 그들의 생애 중 한 시점에 미국으로 이민을 온 이들도 있을 것이다. 현재 외국에서 태어난 미국인의 11%, 그리고 전체 노인 인구의 8%를 차지하고 있는 노인 이민 인구는 2050년까지 현재의 네 배가 될 것으로 예상된다(Leach, 2008-2009). 오늘날 노인 이민자들은 과거에 비해 유럽에서 오는 비율이 적어지는 경향을 보이는데, 구체적으로 멕시코인과 중국인이 최근 노인 이민자의 4분의 1을 차지하고 있다(Leach, 2008-2009, pp. 36-37).

건강에 대한 우려

노화와 관련된 가장 보편적인 이슈 중 하나인 건강에 대한 우려는 민족 집단에 따라 다양하게 나타난다. 자신의 건강을 스스로 평가하도록 하는 것은 그동안 노인의 건강을 측정하는 좋은 방법으로 받아들여져 왔다(Ocampo, 2010). 건강 자가 측정의 인종 간 차이는 대규모, 국가적 표본을 사용한 연구에서 증명되어 왔다. 비非히스패닉계 백인들은 비히스패닉계 흑인이나 히스패닉계 노인 집단에 비해 자신의 건강 상태에 대해 탁월하다 혹은 매우 좋다라고 응답하는 경향이 높으며, 괜찮다 혹은 나쁘다고 응답하는 경향은 낮았다(U.S. Department of Health and Human Services, 2009, p. 10). 또한 데이터는 65세 연령 집단의 건강이 노인의료보험Medicare 혹은 저소득층 의료급여Medicaid를 가진 사람들 내부에서도 다양하게 나타나고 있음을 보여준다. 노인의료보험만 가지고 있는 사람들의 29%, 개인 부담을 하는 18%의 사람들이 건강이 괜찮다 혹은 나쁘다라고 응답한 데 반해, 노인의료보험과 저소득층 의료급여 모두 가진 사람의 절반 이상, 약 53%의 사람들이 자신의 건강이 괜찮다 혹은 건강이 나쁘다고 응답한 것이다.

고령층 사망의 주된 원인은 성별과 인종에 따라 달라진다. 65세 이상 여성의 경우, 다섯 가지 주된 사망 요인은 심장질환, 암, 뇌졸중, 만성호흡기병, 알츠하이머이다. 남성의 경우는 심장질환, 암, 뇌졸중, 만성호흡기병, 당뇨이다. 비록 사망의 주요 3개 요인이 소수자로 묘사되는 여성과 비슷하지만, 당뇨는 남성 집단에서 보다 상위권에 랭크되었다(Federal Interagency Forum on Aging-Related Statistics, 2010).

건강 불평등이 복잡한 개념임을 보여주는 요소들이 있다. National Institute on Aging(2010)의 보고에 따르면, "일반적으로, 아프리카계 미국인, 북미 원주민, 그리고 히스패닉계 민족 및 인종 집단은 백인에 비해 건강지표상에서 상대적으로 좋지 않은 상황인 것으로 나타났다. 반면, 아시아계 미국인들은 대부분의 지표에서 백인과 같은 수치를 보이거나 더 건강한 것으로 나타났다(p. 5)."

노인들의 만성 질환은 일상생활 활동과 도구적 일상생활 활동Instrumental Activities of Daily Living에 영향을 미칠 뿐만 아니라, 그들의 건강 역시 해친다(Caskie, Sutton, & Margrett, 2010). 만성 질환은 인종에 따라 다르게 나타날 수 있는데, 예를 들어, 백인과 히스패닉계 노인의 절반이 고혈압을 가지고 있는 데 반해, 흑인 노인은 전체 3분의 2 이상이 고혈압을 가지고 있다. 미국 질병 통제예방센터Centers for Disease Control and Prevention에서 시행된 국가 연구에 따르면, 2007년부터 2008년, 65세 이상 노인 중 비히스패닉계 흑인들은 비히스패닉계 백인보다 더 많은 수준의 고혈압과 당뇨를 가지고 있음이 보고되었다(비히스패닉계 백인의 고혈압 비율이 54%인 데 반해 비히스패닉계 흑인은 71%, 그리고 비히스패닉계 백인의 당뇨 비율이 16%인 데 반해 비히스패닉계 흑인은 30%)(Federal Interagency Forum on Aging-Related Statistics, 2010, p. 27).

청각 장애는 미국 내 전체 성인의 16%가 겪고 있을 정도로 일반적인 만성 질환의 하나로 보고된다(Pleis & Coles, 2003). Pratt 외 동료(2009)의 최근 연구에서는 자기보고식 기입방법을 통해 청력 상실이 인종, 성별, 나이에 따라 달라진다는 것을 발견하였는데, 백인이면서 남성인 경우 더 높은 비율로 청력 손실을 가지고 있는 것으로 나타났다. 일반적으로 청력 손실은 노인들이 80세가 되는 시점에 증가한다(Pratt et al., 2009).

육체적 건강은 정신건강과 연결되어 있다고 볼 수 있다(U.S. Surgeon General, 2009). 노인 우울증에 대한 연구는 광범위한 범위가 보고되는 만큼, 문제의 정도에 대한 정확한 그림을 얻기가 어렵다. 우울증 증세가 있는 사람들은 더 큰 장애를 가지게 되며, 많은 경우 건강 관리 자원을 자주 사용한다. 고령층 내 인종과 우울증 사이의 연관 관계에 대한 연구 결과는 엇갈리게 나타나는데, 몇몇 연구자들은 백인에 비해 아프리카계 미국 노인들이 더 많은 우울증 증세를 보인다고 발견하였으며(Cochran, Brown, & MacGregir, 1999), 다른 이들은 고령층 사이의 우울증은 인종 간 차이가 거의 없다고 발표하였다(Blazer, Landerman, Hays, Simonski, & Saunders, 1998; Cummings, Neff, & Husaini, 2003; Sach-Ericsson, Planty, & Blazer, 2005). 우울증과 인종 간 차이에 미치는 사회경제적 요소들의 역할에 대한 연구는 최근의 문헌에서 가장 강조되고 있다(Sach-Ericsson et al., 2005).

■

경제

경제에 대한 우려는 최근 몇 년간 주요 관심의 대상이 되어 왔다. 미국 내 경제의 불안정한 변화로 인해, 많은 노인들은 종래의 은퇴자로서의 삶이 아닌, 점진적 퇴직과 일자리로의 복직 사이에서 선택해야 하는 상황에 놓여 있다(Giandrea, Cahill, & Quinn, 2009; Raymo, Warren, Sweeny, Hauser, & Ho, 2010).

현재 노인 인구의 약 10%는 빈곤 상태에 놓여 있다(U.S. Census, 2010). 그리고 노인 중 대다수는 사회보장연금, 약간의 예금, 간헐적 노동생활을 함으로써 수입을 얻는다. 많은 노인들이 주택, 음식, 그리고 의료 서비스 유지와 같이 자신의 생존을 위해 분투하고 있다(Pulley Radwan & Morgan, 2010).

경제 상황 우려에 대한 문제는 인종 집단에 따라 다양하게 나타난다. 최근 캘리포니아에서 이루어진 연구에서는 65세 이상 인구의 45%가 경제적 불안이라는 틈에 빠져 있다고 한다(Dumez & Derbrew, 2011). 이 틈은 인종/민족 집단에 따라 다양하게 나타나는데, 히스패닉계의 76%, 아프리카계 미국인의

69%, 아시아계 미국인의 67%가 경제적으로 빈곤을 겪고 있다(Dumez & Derbrew, 2011). Dumez와 Derbrew(2011)는 이러한 노인의 많은 수가 기본적인 욕구를 충족시킬 만큼 충분한 돈을 가지고 있지도 않고, 그렇다고 많은 공공 프로그램의 도움을 받을 수 있는 자격 요건에 해당하지도 못한다고 보고한다.

노인들에게 있어, 의료 서비스 접근을 막는 일차적인 장애물은 재정적 요인이다. 비록 노인의료보험이 노인들의 주된 의료 서비스 공급원이긴 하지만, 의료 서비스의 상당한 부분은 노인의료보험으로 보장되지 않는다. 때문에 노인들은 종종 이 비용을 자신의 돈으로 충당하고 있다. Stanton(2006)에 따르면, 65세 이상 노인들이 소비하는 건강 관리 비용이 전체 미국인이 쓰는 비용의 약 35%를 차지하고 있다고 한다. 건강 관리를 위한 현금 지출에 대한 부담은 노인들이 더 높게 느낀다(Desmond, Rice, Cubanski, & Newman, 2007). 건강 지표에 나타난 소수 집단이 받는 불이익의 존재는, 빈곤이 어떻게 생성되며 건강 불평등이 영속화되는지를 많은 이들이 짐작할 수 있도록 이끌었다(Angel & Angel, 2006, p. 1153).

■

평가

노인에 대한 평가는 생물학적, 심리적, 사회적 요소에 대한 이해가 결합되어 이루어진다. 하지만 노인의 경우 특별히 환경적 요소에 대한 고려가 요구되는데, 그 이유는 변화 혹은 능력의 감퇴라는 측면, 즉 많은 경우 물리적 환경에 크게 영향을 받기 때문이다. 노인의 능력을 평가하는 데 있어 주요한 요소에는 육체적 건강, 심리적 기능, 감정적 웰빙, 성적 기능, 사회적 기능,

영, 일상생활과 관련된 활동에 대한 기능, 경제적, 환경적 웰빙 문제가 포함된다(McInnis-Dittrich, 2009). 문화적 문제 또한 중요한 요소이지만, 많은 경우 그 중요성이 간과된 평가 요소였다. Clarke와 Smith(2011)는 웰빙의 주요 요소인 심리적 자원을 발전시키는 데 있어 문화적 맥락의 중요성에 대해 강조한다.

정확한 평가를 위해, 노인들의 가족 상황을 이해하는 것은 필수적이다. 또한, 평가를 할 때, 가족 구성원이 노인에 대한 중요한 정보를 제공할 수도 있으며, 특히 노인들의 기억력이 좋지 않을 때(Baden & Wong, 2008) 가족이 제공하는 정보는 더욱 중요하다. 가족이 없는 노인의 경우, 그들의 가족력을 이해하는 것이 평가에 도움이 된다. 노인들의 삶 속에서 가족의 중요성에 대한 인지는 국내 장기 요양 시스템의 방벽으로서 가족부양자의 역할에 대한 관심의 증가와 함께 발전되었다. 과거 노인층에 대한 통속적 논의와 전문 문헌에서조차 가족 구성원과의 관계에 대해 거의 관심을 기울이지 않았던 데 반해, 현재는 노인들과 그들의 가족, 그리고 양자 관계의 깊이에 대해 더 큰 평가를 내리고 있다. 게다가 이 관계의 상호성 역시 인지되고 관심의 대상이 된다. 많은 경우 가족적 맥락에서 벗어나 노인을 이해하는 것은 불가능하며, 특히 가족적 맥락은 강력한 가족 지향성이 존재하고 가족이 주된 보살핌의 근원이 되는 소수 민족의 노인들에게 더욱 적용된다(Gelfand, 2003; Trang, 2008-2009).

같은 인종 집단 사이에서도 누가 이러한 보살핌을 제공하도록 기대되느냐에 따라 그 차이가 존재할 수 있다. 예를 들어, 같은 아시아계 미국인이라고 해도 모두 같은 정도의 기대치를 가지고 있진 않다. 베트남 가정에서는 모든 아이들이 그들의 부모를 보살펴야 한다고 기대되진 않으며, 흔히 서로 돌아가며 부모를 보살핀다(Tran, Ngo, & Sung, 2001). 한국 가정의 경우, 부모 봉양의 책임은 장남의 몫으로 맡겨지는 경향이 있다(Kim & Kim, 2001).

아랍계 미국인 노인에 대한 정보는 제한적이지만, 아랍계 미국인에 대한 최대 규모의 연구 중 하나에서(Fakhouri, 2001) 노인이 대가족의 중심으로서 존재한다는 것을 발견했다. 그의 연구에서 아랍계 미국 노인의 대다수는 그들의 배우자 혹은 자녀와 함께 살고 있었다. 그리고 자녀와 함께 살지 않는 노인 중 3분의 2 이상이 적어도 일주일에 2번 자녀와 만남을 가진다고 응답했다. 이는 아랍계 가족 구성원 간 긴밀한 관계의 중요성을 보여준다고 볼 수 있다. 흥미롭게도, Fakhouri의 연구에서 조사된 230명의 아랍계 미국인 3분의 2 정도가 미국 외의 영토에서 태어났다. 이란계 노인 그룹에 대한 Mireshghi(2008~2009)의 논의에서는 다양한 환경적 배경에도 불구하고, 모든 노인들이 미국에 거주하는 이유가 그들의 자녀와 더 가까워지기 위해서임을 언급했다.

가족 이민 역사는 평가를 하는 데 있어 중요한 요소가 될 수 있다. 많은 프로그램에 부적격한 그들의 상황으로 인해, 불법체류자들은 매우 취약한 입장에 처할 수 있다(Gelfand, 2003). 이민을 오게 된 이유가 무엇인지, 이민이 출신국에서 벌어진 충격적인 사건 때문은 아닌지 이에 대한 고려를 할 필요가 있다. 노인들의 신념이나 민족적 정체감 정도에 대한 이해 역시 매우 중요하게 파악되어야 한다(Kolb, 2007). Damon-Rodriguez(1998)는 많은 소수 민족 노인들은 그들의 출신국에서 형성된 생활방식, 그리고 거주국에서 형성된 생활방식 두 가지 모두를 지니고 있다(p. 61)고 진술한다. 다른 가족 구성원들의 문화 적응과 정체성의 정도에 대한 평가 역시 중요하다. 노인들과 다른 가족 구성원 사이의 차이는 오해, 실망감, 때로는 갈등도 야기할 수 있다.

언어는 평가의 주요 구성 요소 중 또 다른 요소이다. 어떤 노인이 미국 내에서 오랜 기간 거주했다고 해서 그가 영어를 유창하게 할 것이라고 추정할 수는 없다. 몇몇 노인들은 자신의 언어로 대화할 수 있는 이들과 이웃에 살거나 커뮤니티를 형성하여 정착하며, 이는 영어를 배워야 하는 필요성을 거의 못 느끼게 만들기 때문이다.

사회복지사는 많은 소수 민족 노인들이 상담을 그들의 마지막 수단으로 사용하는 것임을 이해하는 것이 중요하다(Beckett & Dungee-Anderson, 2000, p. 284). 정확한 평가는 클라이언트의 문화적 가치를 고려해야 한다. 예를 들어, 전통적인 아시아 문화권에서 온 노인들은 가족의 명예를 보호하고자 하는 바람으로 인해 전문적인 상담을 받는 것에 대해 불편함을 느낄 수 있다(Harris, 1998). 또한, 문화적 가치는 건강에 대한 염려가 어떻게 이해되는지, 자신의 증세를 어떻게 해석하는지를 결정하기도 한다. Berkman, Maramaldi, Breon과 Howe(2002)는 건강관리 신념과 가족 관계 패턴과 같은 요소들을 정확하게 평가하기 위해, 문화적인 부분에 대한 세심한 평가 프로토콜이 필요하다고 언급한다.

Baden과 Wong(2008)은 평가에 대한 추가적인 고려가 필요함을 강조한다. 문화적으로 편향된 평가에 대한 논의에서, 그들은 미국 내 거주하는 다양한 문화적 배경을 가진 노인들을 평가하는 데 있어 겪는 가장 큰 어려움 중의 하나는 그들에게 사용하는 심리학 척도가 대체로 백인 노인들에 의해, 그리고 백인 노인들을 위해 만들어진 척도라는 점(p. 596)이라고 주장한다. 저자들은 흔히 사용되는 우울증 선별 척도를 비서구권 노인들에게 사용하는 것에 대해 염려를 표했다. Baden과 Wong(2008)은 임상치료사가 번역된 척도가 가지는 한계성을 이해하는 것이 필요함을 필력하며 하나의 장을 마친다.

부양 패턴을 이해하는 것은 노인들의 상황을 평가하는 데 있어 중요한 부분이다. 일반적으로 가족은 노인을 부양하는 1차 공급원으로 이해되지만, 부양과 지원이 하나의 방향성만을 가지고 있지는 않음을 이해하는 것은 중요하다. 많은 경우, 노인들이 손아래 가족들을 부양하고 있기 때문이다. 이 현상을 가장 두드러지게 볼 수 있는 예는 조부모가 손주들을 키우는 상황이다. 이러한 부양패턴은 민족 집단의 구분을 넘어 존재하지만, 아프리카계 미국인과 히스패닉계 조부모가 백인 조부모에 비해 이러한 역할을 더 맡는 경향이 있다(Hooyman & Kiyak, 2011).

성인 자녀의 부모 부양은 문화적 신념의 영향을 받으며 인종적 집단에 따라 다르게 나타난다(Cravey & Mitra, 2011). Becker, Beyene, Newsom과 Mayen(2003)은 아프리카계, 히스패닉계, 필리핀계, 캄보디아계 미국인들의 세대 간 상호 관계에 대해 조사했다. 그들은 네 집단 모두에서 상호 부조가 가족 생활의 필수 요소임을 발견하였다. 상호 부조의 패턴은 각각의 문화적 가치를 반영하며 집단별로 다르게 나타났다. 이러한 상호 부조의 묘사는 문화적으로 특정한 방법들 중에서 어떠한 방식으로 가족 지속성이 영속되느냐를 설명한다(p. S157).

노인과 가족 내 부양자에 대한 평가는 항상 그들이 가지는 강점에 대한 이해를 포함해야 한다. 노후의 삶 속에서 겪는 수많은 도전과 상실에 대처하기 위해, 노인들은 그들이 일생 동안 사용한 자신만의 대응과 적응 방법을 지속하여 사용한다. 많은 민족 집단이 가지고 있는 강력한 가족 지향성과 같은 가족의 강점(Gelfand, 2003) 또한 파악되어야 한다. 동시에, 강력한 가족 지향성이 존재하기 때문에 이들 노인을 위한 서비스가 필요하지 않다고 판단한다든지, 이들에게 서비스를 알리지 않아도 된다고 가정하지 않는 것 역시 중요하다. 비록 노인들이 가족으로부터 도움을 받는 것을 선호한다 해도, 그들의 요구가 증가하게 되면, 공식적인 시스템에 의존할 수밖에 없는 상황이 발생할 수 있기 때문이다(Gelfand, 2003). 가족 부양자 또한 공식적인 시스템으로부터 도움이 필요할 수도 있다. 비록 가족에 대한 강력한 헌신을 강조하는 문화를 지니고 있다고 해도, 부양자들 역시 부담감이나 소외감을 느끼고, 정신적인 도움을 필요로 할 수 있기 때문이다.

■

서비스 이용

서비스에 대한 접근은 소수 민족 노인들이 겪는 가장 주된 이슈이다(Min, 2005). 서비스에 대한 더 높은 수요가 있다고 해서 그들이 더 많은 서비스를 이용하는 것으로 해석할 수는 없다. 비록 유색 인종 노인들의 서비스 이용에 관한 혼재된 연구 결과가 존재하지만, 이들의 서비스에 대한 수요가 충분히 충족되지 못하고 있다고 보는 것이 일반적인 우려이다. 또한, 소수 민족 성인들의 가족 부양자들은 백인에 비해 공식적인 시스템을 적게 사용하고 있음을 보여주는 연구 역시 존재한다(Dilworth-Anderson, Williams, & Gibson, 2002).

심지어 그들이 서비스를 이용하고자 할 때, 유색 인종 노인들은 그들이 필요로 하는 치료를 모두 다 받지 못할 수도 있다. 예를 들어, 한 연구에 따르면, 아프리카계 미국인들은 그들을 위한 시설이 부족한 관계로 양로원에 들어가는데 백인보다 4배 이상의 시간이 필요하다고 한다(Mor, Zinn, Angelelli, Teno, & Miller, 2004).

Hooyman과 Kiyak(2011)은 그들의 연구에서 서비스 이용에 대한 광범위한 범위의 장벽을 열거하였다. 그들은 장벽을 (a) 문화적, 경제적 장벽, (b) 서비스 시스템 내 구조적 장벽으로 구분하였는데, 문화적 장벽에는 언어 차이, 서비스 사용자와 관련된 인지된 낙인, 의료 서비스 제공자에 대한 두려움 혹은 신뢰감 부족, 지식의 부족이 포함된다. 구조적 장벽에는 1996년 복지개혁입법 1996 welfare reform legislation의 결과로 합법 이민자를 위한 몇 가지 서비스의 자격 요건 변경, 특정 민족 집단을 위해 제공되거나 그들에 의해 제공되는 서비스의 부족, 서비스 이용에 필요한 운송 수단 부족(서비스 제공 지역이 소수 민족이 사는 지역으로부터 먼 거리에서 제공되는 경우), 그리고 소수 민족 노인들의 언어나 문화에 친숙하지 못한 직원이 포함되었다(p. 641).

시스템에 대한 고려 사항들 역시 서비스 이용에 영향을 미치는 한 요인이 될 수 있다. 예를 들어, 만약에 노인들이 당뇨로 인해 입원하게 되고 병원으로부터 당뇨에 대한 정보를 받았을 때, 그들이 당뇨가 무엇인지, 어떻게 관리해야 하는지를 완벽하게 이해했을 것이라는 보장은 없다. 노인들이 생소하게 느끼거나 불편하게 생각하는 방식으로 정보를 제공했을 가능성이 있기 때문이다.

그들은 식단 변화와 같은 의사의 권고 사항을 이질적이라고 느낄 수 있다. 게다가, 노인들은 비공식적인 지원 시스템으로부터 더 나은 도움을 받을 수 있다고 느끼기도 한다. 그러므로 만약에 기관이 그들의 가족 구성원들과 접촉하지 못했다면, 치료에 대한 동반자적 관계를 형성하는 기회를 놓칠 수도 있다. 마지막으로, 몇몇 노인들은 양약보다 전통적 치유법을 더 신뢰하기도 한다.

Ortiz와 Cole(2008)은 그들의 연구에서 히스패닉계 이민 노인들을 위한 서비스 공급 모델을 제시했다. 그들은 노인 이민자들이 그들의 출신국에서 겪었던 경험들과 이러한 이민 전前 경험들이 현재의 서비스 사용에 미치는 영향에 대한 고려가 중요함을 강조했다. 노인들의 요구에 맞춰야 한다는 가족 의무에 대한 신념과 서비스가 제공되지 않았을 때 나타날 수 있는 낙인은 공식적인 서비스 사용에 있어 강력한 영향력을 미친다. 또한, 라틴계 노인들은 그들의 출신국에서 경험했던 서비스 전달 체계에 의해 형성된 기대감을 가지고 오며, 이로 인해 종종 이민국의 서비스 전달 체계에 적응하는 데 어려움을 겪는다(Ortiza & Cole, 2008, pp. 307-308).

가장 크게 인지되고 있는 서비스에 대한 장벽 중 하나는 노인들이 능숙하게 영어를 사용할 수 없다는 점과 영어 외의 언어로 제공되는 서비스가 제한적이라는 점이다. 예를 들어, 뉴욕시에 거주 중인 아시아계 미국인 노인들 사이에서, 영어를 잘한다는 것은 공식 서비스의 사용 여부와 연관되어 있다(Asian American Federation, 2003). 노인들이 영어를 하지 못하고 서비스 제공자들이 통역 서비스를 제공할 수 있는 인력을 확보하지 않은 경우, 가족 구성원들이 대신 통역자의 역할을 수행하도록 요구된다. 인터뷰 시 가족이 동행한다는 것이 노인들에게 편안함을 느끼게 할 수도 있지만, 가족을 통역자로 사용하는 것은 심각한 장애를 만들어낼 수 있다. 동행한 가족에게 자신의 특정 건강 상태나 상황을 공개적으로 이야기할 때 노인들이 불편함을 느낄 수도 있기 때문이다. 이것은 동행한 가족이 어리거나, 동성同姓이 아니거나, 혹은 가족 구성원에 의해 폭력이 발생한 경우 특히 문제가 될 수 있다. 또한 통역을 하는 가족 구성원이 대화 내용을 임의로 바꾸는 상황이 발생할 수도 있다. 이러한 상황에는 다양한 이유가 존재하는데, 서비스 제공자에 의한 보고서가 보다 문화적으로 적절한 것으로 만들기 위해서이기도 하고 노인을 대변할 때 가족의 사생활을 보호하기 위해서이기도 하다. 때때로 서비스 제공자는 통역 중 대화 내용이 변경되었을 때, 변경된 의미를 알 방법이 없다.

노인들이 가장 편안하게 느끼는 언어로, 그들이 가지는 다양한 문화적 배경과 일치하는 서비스를 제공하는 것이 이치에 잘 맞는 일이다. 뉴욕 내 시니어 센터에 대한 연구 중 하나에서는 민족적 혹은 인종적 집단을 대상으로 하는 센터에서 보다 많은 수의 소수 민족 노인들이 참여하고 있음을 발견했다. 또한, 소수 민족의 프로그램 참여도는 프로그램이 한 개의 언어 이상으로 제공되고, 소수 민족 직원의 비율이 높을수록 훨씬 높은 수치를 보였다(Pardasani, 2004).

■

상호 문화적 실천

상호 문화적 역량은 다양한 민족과 일하며, 그들 개개인의 욕구와 걱정거리와 같은 고민사항을 다루는 일의 중요성을 강조한다. Hinton, Franz, Yeo와 Levkoff(2005)는 상호 문화적 보살핌을 평가, 실행, 결과를 다루는 데 있어 진료의 주춧돌과 같다고 표현한다. 사회복지사들은 환자들의 문화적 배경에 대해 알아야 하며, 환자와 그들의 가족, 그리고 주변 환경에서 필요로 하는 부분에 대해 신경을 써야 한다.

마찬가지로 중요한 것은, 사회복지사들은 그들 자신의 가치, 문화적 배경, 인생 경험, 그리고 이러한 요소(환자의 문화적 배경)들이 자신의 관점에 미치는 영향에 대해서도 살펴보아야 한다는 점이다. 사회복지사들은 다른 문화권에서 온 이들과 겪었던 자신의 경험에 대해 생각해 보아야 하며, 이것이 자신의 일에 어떻게 영향을 미치는지 인지해야 한다.

다른 민족 집단과 같이 근무하도록 예상되는 사회복지사들은 이 집단의 역사, 가치, 신념에 대해 가능한 많은 것을 공부함으로써 자신의 일을 준비할 수 있다. 같은 민족 집단에서 온 모든 이들이 같은 인생 경험을 가진다든지 같은 가치관을 지니고 있을 것이라는 추측을 피하도록 필히 주의한다면, 사회복지사들은 노인들을 더 잘 이해할 수 있도록 도와주는 정보와 함께 그들과의 관계를 형성할 수 있다.

그러나 사회복지사들이 자신이 만나는 모든 민족 집단에 대해 이와 같은 준비를 할 수는 없으며, 민족에 대한 필수적인 준비라는 것 또한 고유한 개개인을 정확하게 이해하도록 도와준다고도 할 수 없다. 결과적으로, 문화 교육 모델은 도움은 될지언정 충분하지는 않다. Dyche와 Zayas(1995)는 과정 지향적 접근을 주장했다.

> 우리는 이민자 혹은 소수 민족 환자가 처음으로 의료 혹은 정신건강 관리 제공자를 만났을 때 그들에게 가장 강렬하게 남는 이미지는 전문가적인 스킬이나 환자의 문화적 배경에 대한 지식이 아니라, 존중 받는 치료를 받을 것이라고 환자를 확신시키는 그들의 태도임을 지속적으로 관찰하였다.(p. 394)

존중은 치료적 관계 중 가장 중요한 요소이다. 많은 문화권에서 노인들은 미국보다 더욱 존중과 존경의 대상으로 비춰진다(Yeo, 2003). 따라서 노인을 대하는 사회복지사의 인사 및 치료 방법이 노인들, 그리고 가족과의 관계 발전에 강력하게 영향을 미친다.

노인과 일할 때, 필요한 경우 그들의 페이스에 맞추어 천천히 진료를 진행한다든지, 개개인의 감각적, 인지적 한계에 맞추어주는 것과 같이 그들에게 존중감을 보여주는 것은 중요하다. 그러나 소수 민족 노인들과 같이 일할 때, 다른 요소들 역시 고려되어야 할 필요가 있다. 예를 들면, 환자에게 어떠한 방식으로 인사를 할지 생각해보는 것이 필요할 수 있다. 시선을 맞추거나 악수를 하는 것이 상대방을 존중하지 않는다고 생각될 수도 있기 때문이다. Yeo(2003)는 제스처의 중요성을 강조하고, 중동계 노인에게 자신의 신발 바닥을 보여주는 것과 같이, 몇몇 제스처가 다른 문화를 가진 이들에게는 불쾌하게 여겨질 수 있다고 조언한다.

■

사례 및 치료 접근법

치료적 접근의 선택은 노인들, 그리고 가족들의 필요 사항, 능력, 가치를 기반으로 한다. 노인들의 경험과 바램을 이해하고 존중하는 것은 가장 중요하다. 게다가 가족이 가지는 더 넓은 문화적 맥락 역시 고려되어야 한다. 사회복지사는 노인들의 문화적, 민족적 배경에 가장 적합한 서비스나 치료를 제공하기 위해 창의적이거나 끈질기게 행동할 필요가 있을 수도 있다.

W씨는 법정후견인의 소개로 좋은 노인 주택을 찾기 위해 서비스를 이용하고 있는 85세 미혼 일본 여성이다. W씨는 일본에서 태어났으며, 제2차 세계대전이 발발하기 직전 캘리포니아로 이주했다. 그녀와 가족들은 일본계 미국인 포로수용소에 억류되었다. 포로수용소에서 석방된 후, W씨의 가족은 일본으로 돌아갔다. 그녀는 미국 대도시 중 하나로 이사한 후 일본 회사에서 일을 시작했는데, 그녀는 평생 동안 이 회사에서 머무르며 자신의 직업 경력을 쌓았다.

W씨의 이웃은 그녀가 창문에 대고 소리를 지르고, 그녀의 아파트에서 악

취가 난다고 항의함으로 인해 성인보호서비스Adult Protective Services의 주목을 받게 되었다. 그녀는 집세를 몇 달 동안 내지 않은 상태였고, 전화 혹은 전기가 끊겨 있었다. APS는 그녀가 횡설수설하고 영양결핍상태임을 발견하였는데, 이와 반대로 그녀의 강아지는 건강한 상태였다.

위기상황 이동지원반Mobile Crisis Team의 평가에 따르면, W씨는 응급실로 보내진 후 정신병동에 입원하게 되었다. 이웃들은 그녀의 강아지를 돌보아주었다. 병원은 후견인을 찾기 위한 청원을 했고, 법정 평가인은 일본에 있는 두 형제를 찾아낼 수 있었다. 그러나 그들은 W씨의 행동에 대해 당황하며, 그녀가 가족을 욕되게 하였다고 진술하며 그녀와의 어떤 접촉도 원하지 않았다. 후견인이 지정되고, 노인 요양 관리를 위한 의뢰가 결정되었다. W씨는 알츠하이머 진단을 받았다.

병원 관계자들은 W씨에게 입주 도우미가 필요하다고 느꼈다. 법정 평가인은 그녀가 스스로 인출하지 못할 정도의 상당한 금액이 은행 계좌에서 인출되었음을 보고했다. APS와 경찰 수사를 통해, W씨의 지역 은행 지점의 한 직원이 그녀의 투자금을 횡령했음을 알 수 있었다. 이 상황을 지켜보면서, 그녀의 후견인은 W씨의 아파트를 처분한 후, 이 돈으로 그녀가 지원받을 수 있는 거주 환경에서 서비스를 받도록 사용해야 한다고 결정했다.

노인요양관리사The geriatric care manager: GCM와 사회복지사는 먼저 W씨를 정신병동에서 만났다. W씨는 사교적이고, 자애로웠으며, 영어로 매우 정확하게 대화를 나눌 수 있었다. 그녀는 그녀의 강아지를 매우 걱정했고, 애완견을 향한 사랑만 표현했다. GCM은 그녀의 이웃을 방문해서 W씨에게 보여주기 위해 강아지 사진을 찍었다. 사회복지사와 W씨의 첫 만남이 있은 지 일주일이 채 안되었을 때, W는 넘어져 엉덩이를 다치게 되었고, 수술을 받고 사설 요양원에서 상당 기간 재활치료를 받게 되었다.

사설 요양원에서 W씨는 주변의 사람들을 경계하고 두려워했다. 그녀는 특별히 유니폼을 입은 직원에 대해 반응했다. 어떤 때는 그녀가 휠체어를 엘리베이터에 너무 가까이 붙여, 시끄러운 알람이 울려 그녀가 깜짝 놀라기도 했다. GCM은 요양원 내 담당 직원들을 만나 포로수용소 경험과 현재의 요양시설 생활이 연계된 외상후 스트레스 가능성에 대해 논의했다.

GCM은 알츠하이머 재단Alzheimer's Association, The Japan Society, The Japan-American United Church 등과 같은 주요 지역 프로그램을 대상으로 한 아웃리치를 통해 일본인을 위한 거주 프로그램 유무를 조사했다. 그러나 이 기관 혹은 단체 중 어느 곳도 일본 민족성을 지닌 노인들의 문화적 요구에 초점을 맞춘 거주 프로그램에 대한 정보는 가지고 있지 않았다.

마침내, 인터넷에서 선택 방법에 대해 찾고 있던 중, GCM은 노인들을 위한 특별한 거주지에 관한 기사를 찾아냈다. 그 기사에는 지역 내에서 독립적으로 운영 중인 한 시니어 타운에 오직 소문만으로 천천히, 그리고 자연적으로 일본인 거주자 인구가 증가하고 있다고 언급되어 있었다. 이 거주지는 매끼마다 밥과 된장국을 포함한 식사 서비스는 물론, 모든 테이블에 일본 양념을 놓는 등 일본 거주자 맞춤 식사 서비스를 시작해 왔다. 일본 책과 영화, 음악을 가진 도서관이 설치되어 있었고, 레크리에이션 담당 직원으로 일본인 음악가가 합창단을 이끌었으며, 전직 일본인 발레리나가 음악과 댄스 프로그램에 맞춘 동작을 가르쳤다. 일본 공휴일 역시 기념되고 축하되었다.

GCM은 이 거주지에 연락을 했고, W씨와 함께 방문할 수 있도록 준비했다. W씨는 몇몇 일본인 거주자들과 일본어로 활발하게 대화를 나눴다. 그녀는 가능한 아파트의 입주를 허락받았으며, 다행히도 그녀와 강아지는 함께 살 수 있었다.

W씨는 이 거주지로 이사했으며, 새로운 환경에 빠르게 적응했다. 그녀의 GCM은 그녀가 일상활동을 하는 데 도움을 받을 수 있도록 가정 보건사health aid의 돌봄을 받게 해주었으며, 약 복용에 대해서 조언해주었다. 거주지에서의 처음 몇 주 동안, 많은 일본 거주자들이 꽃이나 작은 선물을 가지고 그녀를 환영하기 위해 방문했다. W씨는 가능한 모든 활동에 참여했으며, 보행기를 밀며 걸어 다니게 되어 보다 건강해지고 독립적인 보행이 더 가능하게 되었다. 지금 W씨는 그녀의 아파트에서 익숙한 것들과, 그녀의 애완견과 함께 살고 있다.

W씨는 사회복지 노인요양관리사로부터 필요한 도움을 받았다. 사회복지사는 W씨의 애완견이 그녀와 가장 긴밀한 관계를 맺고 있음을 이해했으며, 그녀의 강아지를 돌보며 그녀를 안심시키고, 이를 통해 W씨의 신뢰를 얻어냈다. 또한, 사회복지사는 그녀가 같은 문화를 공유하고 있는 이들과 살 수 있는 환경을 찾는 것이 중요함을 인지했으며, 가장 좋은 환경을 찾기 위해 끈질기게 노력했다. 사회복지사의 끈기와 창의력이 W씨가 그녀가 가진 잠재력을 모두 발휘할 수 있도록 이끌었다.

이 사례는 육체적, 사회적, 정신건강 문제를 포함한다. 노인들과 일할 때, 사회복지사들은 오늘날의 노년층이 정신건강 서비스를 받는 것을 일반적으로 익숙해 하지 않음을 명심해야 한다. 정신건강 서비스를 받는다는 것은 몇몇 민족 집단 노인들과 그 가족들에게 있어서 오명이 될 수도 있다. 다른 종류의 서비스를 받아들이는 것 역시 문제가 될 수 있다. W씨의 사례에서, 그녀는 주변에 가족이 한 명도 없었으며, 일본에 거주 중인 가족들은 그녀의 행동에 수치심을 느낀다는 이유로 개입하기를 거부했다.

사회복지사들은 치료를 하거나 서비스에 대해 소개할 때 전체적인 양상을 고려해야만 한다. 사회복지사가 노인을 위한 최선의 치료와 서비스가 무엇인지 빨리 파악하는 데 비해, 노인과 가족들은 그들이 받아들일 수 있는 것에 대해 다른 생각을 가지고 있을 수 있기 때문이다. 결과적으로, 사회복지사들은 소수 민족 노인과 그들의 가족을 위해 일할 때, 유연한 접근 방법을 사용해야 할 필요가 있다. 사회복지사들은 참여자들이 어느 부분까지 수용할 수 있다고 표현하는지, 이에 관한 직접적이고 간접적인 의사소통에 귀를 기울여야 한다.

■

결론

사회복지는 수년 내, 점점 더 민족적으로 다양해지는 노인 인구에 대한 서비스 제공이라는 난제에 부딪힐 것으로 예상된다. 다양한 민족적 배경을 가진 노인들에게 효과적인 서비스를 제공하기 위해, 사회복지사들은 일반적으로, 물론 항상 그렇진 않지만, 노인들이 가족 내에서 중요한 위치를 차지하고 있다는 점을 명심해야 한다. 사회복지사들은 노인과 그들의 가족들이 이해하고, 경험하고, 연령 관련 변화에 대응하는 방법이 그들의 문화적 배경에 의해 강력하게 영향을 받을 수 있음을 인지해야 한다. 이것은 가족 밖에서 도움을 받을 것인지 여부, 도움을 주려는 제의를 어떻게 받아들일 것인가와 같이, 도움이라는 것을 정의하는 방법에 영향을 미칠 수 있다. 더하여, 세대에 따라, 그리고 문화 적응의 정도에 따라, 가족 구성원들은 연령 관련 변화를 다른 관점에서 보기도 하며, 이러한 것을 해결하는 방법에 대해 매우 다른 관점을 가지기도 한다.

다양한 사회 속에서, 노인과 그들의 가족을 대상으로 하는 실천은 일반 사회복지, 노인 사회복지, 상호 문화적 실천의 지식과 기술을 토대로 세워진다. 사회복지사들은 효과적인 실천을 위해 이러한 모든 부분을 활용할 수 있는 능력이 필요하다. 또한 그들은 자신의 가치와 문화가 업무에 미치는 영향에 대해서도 명확히 판단하여 스스로의 관점을 다른 이들에게 강요하지 않도록 해야 한다.

[알림]

저자는 Anne Pagano, LCSW, C-ASWCM의 사례자료 제공에 감사를 표하는 바이다.

참고문헌

Adams, K. B. & Moon, H. (2009). Subthreshold depression: Characteristics and risk factors among vulnerable elders. *Aging & Mental Health, 13*(5), 682-692.

Angel, J. L., & Angel, R. J. (2006). Minority group status and healthful aging: Social structure still matters. *American Journal of Public Health, 98,* 1152-1159. doi:10.2015/AJPH.2006.085530

Asian American Federation of New York (2003). *Asian American elders in New York City: A study of health, social needs, quality of life and quality of care.* New York: Author.

Baden, A. L., & Wong, G. (2008). Assessment issues for working with diverse populations of elderly. In L. A. Suzuki & J. G. Ponterotto (Eds.), *Handbook of multicultural assessment: Clinical, psychological and educational applications* (3rd ed.) (pp. 594-623). San Francisco, CA: Wiley.

Becker, G., Beyene, Y., Newsom, E., & Mayen, N. (2003). Creating continuity through mutual assistance: Intergenerational reciprocity in four ethnic groups. *Journal of Gerontology: Social Sciences, 58B*(3), S151-S159.

Beckett, J. O., & Dungee-Anderson, D. (2000). Older persons of color: Asian/Pacific Islander Americans, African Americans, Hispanic Americans, and American Indians. In R. L. Schneider, N. P. Kropf, and A. J. Kisor (Eds.),

Gerontological social work(pp. 257-301). Belmont, CA: Brooks/Cole.

Berkman, B., Maramaldi, P., Breon, E. A., & Howe, J. L. (2002). Social work gerontological assessment revisited. *Journal of Gerontological Social Work, 40* (1/2), 1-14.

Blazer, D., Landerman, L., Hays, J., Simonsick, E., & Saunders, W. (1998). Symptoms of depression among community-dwelling elderly African-American and white older adults. *Psychological Medicine, 28,* 1311-1320.

Caskie, G. I. L., Sutton, M. C., & Margrett, J. A. (2010). The relation of hypertension to changes in ADL/IADL limitations of Mexican American older adults. *The Journals of Gerontology Series B: Psychological Sciences and Social Sciences, 65B*(3), 296-305. doi: 10.1093/geronb/gbq001

Clarke, P., & Smith, J. (2011). Aging in a cultural context: Cross-national differences in disability and the moderating role of personal control among older adults in the United States and England. *The Journals of Gerontology Series B: Psychological Sciences and Social Sciences, 66B*(4), 457-467. doi: 10.1093/geronb/gbr054

Cochran, D. L., Brown, D. R., & McGregor, K. C. (1999). Racial differences in the multiple social roles of older women; implications for depressive symptoms. *The Gerontologist, 30*(4), 465-472.

Cravey, T., & Mitra, A. (2011). Demographics of the sandwich generation by race and ethnicity in the United States. *Journal of Socio-Economics, 40,* 306-311.

Cummings, S. M., Neff, J. A., & Husaini, B. A., (2003). Functional impairment as a predictor of depressive symptonatology: The role of race, religiosity, and social support. *Health & Social Work, 28*, 23-32.

Damon-Rodriguez, J. A. (1998). Respecting ethnic elders: A perspective for care providers. *Journal of Gerontological Social Work, 29*(2/3), 53-72.

Desmond, K. A., Rice, T., Cubanski, J., & Newman, P. (2007). *The Burden of Out-of-Pocket Health Spending Among Older Versus Younger Adults: Analysis from the Consumer Expenditure Survey, 1998-2003.* Menlo Park, CA: The Henry J. Kaiser Family Foundation.

Dilworth-Anderson, P., Wiliams, I. C., & Gibson, B. E. (2002). Issues of race, ethnicity, and culture in caregiving research: A 20-year review (1980-2000). *The Gerontologist, 42*(2), 237-272.

Dumez, J., & Derbrew, H. (2011). *The economic crisis facing seniors of color: background and policy recommendations.* Berkeley, CA: The Greenlining Institute.

Dyche, L. & Zayas, H. H. (1995). The value of curiosity and naivete for the cross cultural psychotherapist. *Family Process, 34*(4), 389-399.

Fakhouri, H. (2001). Growing old in an Arab American Family. In L. K. Olson (Ed.) *Age through ethnic lenses* (pp. 160-170). New York: Rowman & Littlefield.

Federal Interagency Forum on Aging-Related Statistics. (2010). Older Americans 2010: Key indicators of well-being. Accessed from www.agingstats.gov, June 23,2011.

Gelfand, D. E. (2003). *Aging and ethnicity.* New York: Springer.

Giandrea, M. D., Cahill, K. E., & Quinn, J. F. (2009). Bridge jobs. *Research on Aging, 31*(5), 549-576.

Harris, H. L. (1998). Ethnic minority elders: Issues and interventions. *Educational Gerontology, 24*(4), 309-323.

Hinton, L., Franz, C. E., Yeo, G., & Levkoff, S. E. (2005). Conceptions of dementia in a multiethnic sample of family caregivers. *Journal of the American Gerontological Society, 53,* 1405-1410. doi: 10.1111/j/1532-5415.2005.53409.x

Hooyman, N, A., & Kiyak, H. A. (2011). *Social gerontology: A multidisciplinary perspective.* (9th ed). Boston, MA: Allyn & Bacon.

Kim, S., & Kim, K. C. (2001). Intimacy at a distance, Korean American style: Invited Korean elderely and their marrried children. In. L. K. Olson (Ed.), *Age through ethnic lenses* (pp. 45-58). New York: Rowman & Littlefield.

Kolb, P. J. (2007). Conclusion: Toward culturally competent social work practice. In P. J. Kolb (Ed.) *Social work practice with ethnically and racially diverse nursing home residents and their families* (pp. 253-255). New York: Columbia University Press.

Leach, M. A. (2008-2009). America's older immigrants: A profile. *Generations, 32*(4), 34-39.

McInnis-Dittrich, K. (2008). *Social work with older adults* (3rd. ed.). Boston: Pearson.

Min, J. W. (2005). Cultural competency: A key to effective social work with racially and ethnically diverse elders. *Families in Society, 86*, 347-358.

Mireshghi, E. (2008-2009). Yesterday's Iranian generation: Creating community among older adults. *Generations, 32(4)*, 31-33.

Mor, V., Zinn, J., Angelelli, J., Teno, J., & Miller, S. (2004). Driven to tiers: Socioeconomic and racial disparities in the quality of nursing home care.

Milbank Quarterly, 82(2), 227-256.

Mui, A. C., Nguyen, D. D., Kang, D., & Domanski, M. D. (2006). Demographic profiles of Asian immigrant elderly residing in metropolitan ethnic enclave communities. *Journal of Ethnic & Cultural Diversity in Social Work, 15*(1/2), 193-214. doi: 10.1300/J051v5n01_09.

National Institute on Aging (2010). Review of Minority Aging research at the NIA. Retrieved from http://www.nia.nih.gov/AboutNIA/MinorityAgingResearch.htm#report

Ocampo, J. M. (2010). Self-rated health: Importance of use in elderly adults. *Columbia Medica, 41*, 275-289.

Ortiz, D. V., & Cole, S. A. (2008). Culture, place of origin, and service delivery for Lationo older adults immigrants: The case of Puerto Rican older adults. *Journal of Gerontological Social Work, 51,* 300-314. doi: 1080/01634370802039627.

Pardasani, M. P. (2004). Senior centers: Increasing minority participation through diversification. *Journal of Gerontological Social Work, 43,* 41-56. doi: 10.1300/J083v43n02_04.

Pew Hispanic Center, County of Origin Profiles, retrieved from www.pewhispanic.org/data/origins/

Pleis, J. R., & Coles, R. (2003). Summary health statistics for U.S. adults: National Health Interview Survey, 1999. Vital & Health Statistics—Series 10: Data from the National Health Survey.

Pratt, S. R., Kuller, L., Talbott, E., McHugh-Pemu, K., Buhare, A., & Xu, X. (2009). Puretone detection thresholds as a funtion of gender and race in elderly adults: Hearing results from the Cardiovascular Health Study. *Journal of Speech, Language and Hearing Research, 52,* 973-989.

Pulley Radwan, T. J., & Morgan, R. C. (2010). Today's elderly in bankruptcy and predictions for the elders of tomorrow. *NAELA Journal, 6*, 1-24.

Raymo, J. M., Warren, J. R., Sweeney, M. M., Hauser, R. M., & Ho, J. H. (2010). Later-life employment preferences and outcomes: The role of mid-life work experiences. *Research on Aging, 32,* 419-466.

Sachs-Ericsson, N., Planty, E. A., & Blazer, D. G. (2005). Racial differences in the frequency of depressive symptoms among community dwelling elders: the role of socioeconomic factors. *Aging & Mental Health, 9*(3), 201-209.

Stanton, M. W. (2006). *The high concentration of U.S. health care expenditures.* Rockville: MD: Agency for Healthcare Research and Quality.

Tran, T. V., Ngo, D., & Sung T. H. (2001). Caring for elderly Vietnamese Americans. In L. K. Olson (Ed.), *Age through ethnic lenses* (pp. 59-70). New York: Rowman & Littlefield.

Trang, A. (2008-2009). What older people want: Lessons from Chinese, Korean and Vietnamese immigrant communities. *Generations, 32*(4), 61-63.

U.S. Census Bureau (2010). Annual Estimates of the Resident Population by Race, Hispanic Origin, Sex and Age for the United States: April 1, 2000 to July 1, 2009 (NC-EST2009-04).

__________________ (2011). Age and Sex Composition: 2010 (C2010BR-03). Retrieved from http://www.census.gov/prod/cen2010/briefs/c2010br-03.pdf

U.S. Department of Health and Human Services (2009). 2009 National Health Interview Survey. Accessed from http://www.cdc.gov/nchs/nhis/nhis_series.htm#09reports.

____ (2010). A Profile of Older Americans: 2010. Washington, DC: Author, p. 3. Retrieved from http://www.aoa.gow/AoARoot/Aging_Statistics/Profile/2010/docs/2010profile.pdf

U.S. Surgeon General (2009). Mental health matters. *Public Health Reports, 124*, 189-191.

Yeo, G. (2003). The ethnogeriatric imperative. *Case Management Journals: The Journal of Long Term Home Health Care, 21*(1), 37-45.

9

손자녀를 양육하는 조부모들: 다문화적 관점에서

Carole B. Cox

조부모들은 언제나 손자녀들의 삶 속에서 중요한 역할을 차지해왔다. 최근에는 점점 더 많은 조부모들이 자신의 손자녀들의 주보호자가 되고 있으며 이는 이들의 역할이 더욱 확대되어 가고 있음을 의미한다. 미국 인구조사국에 의하면, 거의 500만 명에 이르는 18세 이하의 아이들이 조부모 가정에서 살고 있으며, 이들 중 4분의 1가량은 친부모가 없는 것으로 나타났다(U.S. Census, 2010).

나아가 이러한 가족들의 증가는 전체 인구집단에서 발생하고 있더라도, 특히 소수 민족 집단들 사이에서 가장 현저하게 나타난다. 이러한 소수 민족 조부모 가족들의 비율은 인종 및 민족에 따라 다양하며, 백인 51%, 흑인 24.2%, 히스패닉/라틴계 18.7%, 그리고 아시아인 2.9%인 것으로 나타났다(U.S. Census, 2010).

이러한 조부모 가족들의 급속하고 지속적인 증가에는 여러 가지 이유들이 있다. 이러한 이유들로는 부모들의 약물남용HIV/AIDS(Joslin & Brouard, 1998),

감금(Dressel & Barnhill, 1994), 살인(Kelly & Danato, 1995), 정신질환, 유기가 있다. 아동복지정책 또한 원인이 되고 있는데, 이는 아이가 친부모로부터 격리되어야 할 때 친척들을 가장 먼저 고려하도록 강제화되어 있고 이럴 경우 대부분이 조부모이다. 한편, 이러한 친척들은 아이들을 맡기 전 양육준비를 위한 지원을 거의 받지 못하고 있고, 아동양육에 대한 공식적인 훈련은 제한되어 있으며, 이들 스스로의 자원이 부족하고, 아동복지시스템에 대한 이해가 부족하다(Christenson & McMurtry, 2007).

동시에, 대부분의 조부모들은 공식적인 아동복지 시스템 밖에서 사적이고 비공식적인 가족적 협의를 통해 아이들을 돌보고 있다. 실제로 공식적인 체계 내에서 친척들에 의해 양육되고 있는 아이들 중 20%가량은 비공식적으로 양육되고 있다(U.S. Census, 2010). 또한 조부모들은 공공기관들의 개입을 종종 주저하는데, 이는 관료적 절차들이 아이에 대한 주보호자로서의 이들의 역할들을 위협할 수 있고 또한 친부모와의 갈등을 악화시킬 수 있기 때문이다. 나아가, 조부모들은 자신의 집과 가족들이 조사에 순응해야 하고 공공기관의 요구사항들에 따라야 하는 것을 꺼려한다. 이는 손자녀 양육의 어려움을 증가시키는 반면, 실제로 경제적 도움이나 혜택들을 받을 가능성은 줄기 때문이다(Cox, 2010).

■

조부모 보호자들의 특성

대다수의 조부모 보호자들은 55~64세 사이의 연령대에 있으며, 그 중 67%가 60세 미만인 것으로 나타났다(AARP, 2010). 빈곤은 이러한 가족들 사이에서 매우 만연한 문제로, 사실상 20%가량이 빈곤선 이하에서 생활하고 있다. 법적 양육권을 가진 조부모들(이하, 양육권 조부모)은 높은 비율로 우울증, 부적절한 자기평가의 건강상태, 여러 만성적 건강문제들, 일상활동을 제한하는 기능상의 문제들을 갖고 있다(Emick & Hayslip, 1999). 게다가 심각한 행동적 문제들을 가진 손자녀를 돌보는 것은 양육권을 가진 조부모들의 정신건강에 부정적인 영향을 미친다(Kelly, Whitley & Campos, 2011).

사회적 고립은 조부모들이 직면하는 주요 문제로, 이는 많은 조부모들이 손자녀를 돌보기 시작하면서부터 자신들의 사회활동을 포기해야만 하기 때문이다. 이러한 고립감이나 소외감은 친부모의 AIDS나 약물남용으로 인해 손자녀를 돌봐야만 하는 아프리카계 미국 및 히스패닉 조부모들 사이에서 더욱 심각하다(Joslin & Harrison, 1998).

양육권 조부모들의 많은 욕구와 소수 민족 집단들에서의 조부모 가족 증가를 감안한다면, 민족성과 문화가 이러한 가족들의 경험에 어떻게 영향을 미치는지를 살펴보는 것은 중요하다 할 수 있다. 본 장에서는 문화가 조부모의 역할과 행동들에 어떻게 영향을 미치는지와 민족성이 개입방법들의 적합성에 어떻게 영향을 미치는지를 논의하도록 한다. 특히, 문화적으로 다양한 양육권 조부모들에게 효과적인 것으로 나타난 임파워먼트 훈련 모델의 활용에 대해 구체적으로 살펴보고자 한다.

■

민족성과 문화

민족 집단들은 가치, 신념, 전통, 행동에 대한 규범들을 구술하는 공유된 문화에 의해 결합되어 있다. 문화는 개인적 또는 집단적 행동을 형성하는 공유된 상징, 신념, 관습들의 집합체로서의 역할을 한다(Ogbu, 1993).

문화는 사람들이 상호작용하고 행동들을 해석하는 방법들에 영향을 미치는 것으로, 조부모들이 자신의 역할들을 경험하는 방식을 결정하는 주요 요인이라 할 수 있다.

문화와는 구별되는 개념인 민족성은 세대 간에 걸쳐 전해지는 독특한 사회적 및 문화적 유산을 통해 집단이 공유하는 민족의식을 의미한다(Gordon, 1964). 미국에서 이러한 민족의식은 주로 인종, 종교 또는 국적과 연관되어 있는데, 이는 이러한 특성들 중 하나를 근거로 특정한 민족 집단에 소속시킴으로써 자신의 정체성을 나타내기 때문이다.

또한, 비록 사람들은 누군가를 특정한 민족 집단의 구성원으로 인정할지라도, 실제로 이러한 정체성을 유지시키는 정도는 개인마다 다르다. 게다가, 민족성은 불변하는 것이 아니다. 개인의 삶에서 민족성에 대한 중요성은, 소수 집단들이 더 큰 사회에 동화되어 가는 것이 더 쉬운 것처럼, 이민 이후에 보낸 시간의 정도에 따라 다양하게 나타난다. 결과적으로, 얼마나 쉽게 조부모들이 부모로서의 역할을 수용하는지에 대한 어떠한 가정도 주의를 필요로 한다.

조부모의 역할 그 자체는 문화와 전통들의 영향을 받는다. 조부모가 손자녀들을 직접 돌보면서 가족 내에서 중요한 역할을 하거나 또는 다소 거리를 둔 역할을 하는 것에 대한 결정을 하는 데 문화의 영향을 받는다. 어떤 사회에서는 친부모가 일을 하러 나간 동안 조부모가 전적으로 아이들을 돌봐야만 하는 책임이 있는 반면, 일부 사회에서는 조부모들의 개입을 기대하지 않는다. 이처럼 조부모들은 가족 내에서 이야기꾼, 가족의 사학자, 특별한 때 베이비시터 이상의 역할들을 수행한다. 그러나 전통적인 역할이 무엇이든지 상관없이, 손자녀들을 돌보고 있는 대부분의 조부모들은 그들이 주요한 그리고 유일한 돌봄자가 될 것을 절대로 기대하지 않았으며, 현재는 그들의 선택이라기보다 필요로 인해 그렇게 해야만 하는 것이다.

동화는 스트레스의 특정한 원인이 될 수 있다. 특히, 동화가 가장 잘 된 조부모들은 손자녀들을 돌보기 위해 과거에 즐겼던 여러 사회적 활동과 역할들을 포기해야만 했던 것을 후회할 수 있다. 이와는 반대로, 동화가 덜된 조부모들은 전통적인 문화나 이로 인해 기대되는 행동들을 고수하지 않으려는 손자녀들과 끊임없는 갈등관계에 빠질 수 있다. 특히, 청소년들은 자신의 자율성에 대한 제한들이나 어떤 행동에 대한 문화적 기대들에 분개할 수 있다. 그러한 갈등들은 관계에 있어서 더 큰 불화를 초래할 수 있으며, 결과적으로 조부모들의 건강을 해칠 수 있다.

이러한 동화의 다양성은 조부모 가정에서 문화의 역할을 이해해야 할 중요성을 강조한다. 개개인의 다양성이 간과된 선입견은 조부모들의 개별적 상황에 대한 현실을 무시하는 것이라 할 수 있다. 이러한 현실에 대한 제고 없이, 가족을 효과적으로 돕기 위한 개입방법들을 설계하거나 제공하는 것은 어려운 일일 수 있다.

문화와 개입들

이러한 조부모 가족들이 직면하고 있는 문제들은 종종 개인 및 가족상담을 필요로 한다. 아이 부모의 부재에 대한 상실감과 슬픔은 관계형성에 영향을 미치고 양육을 더욱 어렵게 만드는 요인이 된다. 그러한 문제들은 많은 아이들이 수년간의 학대나 방임을 당한 후에 조부모에게 맡겨지고 이로 인해 학교에서 행동적 문제들과 어려움들을 경험하게 된다는 사실들로 인해 더욱 심각해진다. 그러나 이러한 조부모들은 서비스에 대한 욕구가 높음에도 불구하고 이에 대한 접근을 꺼려하는 경향이 있으며, 특히 자신의 손자녀들과 공식적인 관계에 있지 않을 경우 그러한 경향이 더욱 강하다(Ehrle & Green, 2002).

이러한 공식적 시스템을 이용하는 것에 대한 거부감에는 많은 요인들이 작용할 수 있다. 많은 조부모들이 손자녀 양육을 창피해하고 가족 내부의 실패로 간주한다. 이와 같이 낙인이 도움을 구하는 데 방해가 될 수 있다. 동화가 덜되고 문화적 전통을 더욱 고수하는 조부모들의 경우 양육권을 가진 조부모로서의 역할을 수용하는 것을 규범적인 의무로 인식할 수 있고, 도움을 받는다는 것 자체가 전통적인 기대 및 규범들과 갈등을 초래할 수 있다고 생각할 수 있다.

또한, 가족을 돕고 아동을 보호하기 위해 설계된 시스템들이 조부모들에게는 위협적일 수 있다. 사회복지사들은 아이들이 잘못될 경우 조부모의 탓으로 돌리려는 태도를 보일 수 있고, 손자녀 양육에 대한 그들의 능력을 의심할 수 있다. 경력이 부족한 사회복지사들의 경우 더욱 조부모들로 하여금 지원자라기보다는 대립적 관료체제를 상대하고 있다고 느끼게 할 수 있다(Pinson-Milburn, Fabian, Schlossberg & pyle, 1996).

다문화적 관점에서의 개입은 많은 소수 민족 조부모들이 공적인 서비스 시스템으로부터 고통 받아 온 억압과 차별들이 서비스 이용에 장애물이 될 수 있다고 인정한다. 부적절한 서비스, 오랜 기다림, 몰이해한 직원들에 대한 경험들이 필요한 프로그램을 이용하는 것에 강력한 방해물이 될 수 있다. 게다가 사회복지사들이나 사회서비스기관에서 일하는 공무원들을 신뢰하지 못했던 나라에서 이민 온 경우 더욱 그들을 역사적인 불평등과 고통의 실체로 보고 잠재적인 도움제공자들로 인지하는 것이 어려워진다(Cox & Ephross, 1998). 조부모들에게 개입방안들을 제안할 때, 이와 같은 다양한 잠재적 방해물들을 고려해야 하며, 이들의 서비스 이용이 낮다고 해서 실제적인 서비스 욕구가 낮다고 인지해서는 안 된다.

문화와 민족성이 어떻게 조부모들의 도움을 찾는 행동 및 서비스 지원에 대한 인식에 영향을 미치는지에 대한 이해는 서비스 이용을 돕기 위한 전제조건이 된다. 왜 도움을 찾으려고 하는지에 대한 이유뿐만 아니라 도움을 찾는 것이 조부모에게 무엇을 의미하는지를 인식해야 한다. 이것은 사회복지사들로 하여금 도움의 필요성에 대한 다양한 민족문화적 관점들, 도움을 받는 것 자체에 대한 낙인들, 그리고 다른 민족 집단으로부터 도움을 받는 것에 대한 수용성 등에 대한 이해를 요구한다.

많은 민족 집단들에게 있어 상담과 문제해결에 초점을 두는 개입들보다 성장, 향상, 배움을 강조하는 개입들이 더욱 매력적으로 보일 수 있다. 또한, 아이들을 위한 서비스를 강조하는 프로그램들이 조부모들의 욕구에 초점을 둔 프로그램들보다 더욱 흥미로울 수 있다.

신뢰는 다양한 민족적 배경을 가진 조부모들과 관계를 발전시키는 데 있어 전제조건이 된다. 조부모들은 사회복지사가 비판적이지 않으며, 선입견 없이 이해하고, 공감하고 있음을 느껴야 한다. 결과적으로, 실천가들 스스로 자신의 신념과 가치들, 그리고 이러한 것들이 자신의 반응과 행동에 어떻게 영향을 미치는지를 인지하는 것이 중요하다. 실천가들은 조부모들의 상황에 대한 자신들의 태도와 조부모 자신이 자녀들의 양육에 실패한 후 손자녀들을 양육하고 있는 조부모들의 능력에 대한 의심들을 인지할 필요가 있다.

모든 사회복지적 관계들과 마찬가지로, 설정된 목표들은 조부모 개개인에게 현실적이고 의미가 있어야 한다. 그러한 목표들은 민족적 정체성에 대한 조부모 자신의 인식과, 고수하는 전통적 가치 및 규범에 부합해야 함을 의미한다. 어떤 경우 목표들은 자기옹호나 리더십에 초점을 맞춘 것들과 같은 전통에 의해 구술되는 것보다 더욱 급진적일 수 있다. 결과적으로, 목표들을 설정하기 위해 문화적 전통들을 아는 것이 중요하나 모든 조부모가 전통들을 동일하게 고수하는 것은 아니라는 점에서 이러한 전통들에 의해 제한을 받아서는 안 된다. 즉, 할머니들이 집에 머물면서 전통적인 역할을 고수하기를 원할 것이라는 추정은 이들이 지역사회에서 리더적 역할을 수행하고 자신의 능력을 개발하고 싶은 바램을 무색하게 할 수 있다.

지지집단

지지집단은 손자녀를 돌보고 있는 조부모들이 자주 경험하게 되는 고립을 방지하는 것뿐만 아니라 여러 중요한 역할들을 할 수 있다. 조부모들을 위한 지지집단은 전국적으로 발전해 왔고 중요한 도움의 원천이 되고 있는데, 이러한 지지집단은 고립감을 방지하고 사회화를 위한 수단을 제공하며 교육하고 배우는 것을 돕는다.

그러나 소수 민족 조부모들을 돕기 위한 지지집단의 중요성은 아직 확실하지 않다. AARP에서 실시한 전국설문조사(AARP, 2004)에 의하면, 지지집단에 참여하는 소수 민족은 아프리카계 미국인(34%)이거나 히스패닉(8%)에 불과한 것으로 나타났다. 특히 이들 두 집단에서 가장 많이 손자녀를 양육하고 있는 반면, 참여율이 낮다는 것은 문제가 될 수 있다. 이는 지지집단이 이러한 집단들의 욕구를 다루지 못하고 있거나, 이들에 대한 접근방법이 비효과적일 수 있음을 의미할 수 있다.

민족성과 문화는 지지집단을 설계하기 위해 고려해야 할 중요한 요소들이다(Cox, 2011). 사실상, 어떤 사람들에게는 집단 내에서 다른 사람들과 나누는 생각들이 자신의 행동기준과 완전히 상반될 수 있다. 어떤 사람은 가까운 친척 외에는 다른 사람들과 가족문제들을 공유하려 하지 않으며, 공유할 경우 경멸, 수치 또는 배제 등을 경험할 수 있기 때문이다. 따라서 많은 사람들이 자신의 문제들을 논의하기 위해 공개집단에 참여하는 것을 꺼려할 수 있다. 따라서 지지집단의 참여율을 높이기 위해서는 양육기술 또는 교육에 초점을 두는 방향으로 재정립할 필요가 있다.

또한 앞서 언급한 바와 같이, 사람들은 자신이 특정 집단에 속해 있기 때문에 특정한 문화적 가치와 행동들을 강력하게 고수할 것이라는 가정을 해서는 안 된다. 어떤 사람은 기꺼이 지지집단에 참여하고 자신의 문제와 걱정들을 공개적으로 토론하기를 바랄 수 있다. 또한, 민족적 차이점들은 조부모들에 의해 보편적으로 공유되는 문제들과 비교했을 때 그 중요성이 떨어진다. 나아가, 만약 지지집단이 민족적 가치와 규범들에 대해 민감하고 박식한 사회복지사와 함께 그들의 전통적 신념들과 일치하여 설계된다면, 문화적 규범과 가치들을 강력하게 고수하는 사람들도 참여를 통한 보상을 경험할 수 있을 것이다.

■

아프리카계 미국인 문화와 조부모들

미국 내에서 차별과 억압으로 채워진 역사는 아프리카계 미국인 조부모들의 역할들에 중대한 영향을 미쳐왔다. 사실상, 아프리카계 미국인들의 문화에서 여성들의 위치에 중요한 영향을 미친 노예제도를 간과할 수 없다. 노예들이 집 안팎에서 강제로 일할 때, 여성들은 자녀양육과 연관된 주요한 전통적 역할들에 대해 갈등해야만 했다. 동시에, 여성들은 가족들이 떨어지지 않고 함께 살기 위한 노예가정의 중심적 인물이었다. 해방과 함께 많은 가족들은 남자들보다 여성들이 비교적 일자리를 찾기 쉬웠던 북쪽으로 이동했다. 결과적으로, 많은 여성들이 가족부양을 위해 중요한 역할을 맡게 되었다.

이 무렵에 조모들은 자신의 자녀들이 직업을 구하거나(Jackson, 1986), 북쪽 및 서쪽 도회지로 이주할 때(Burton & Dilworth-Anderson, 1991) 종종 손자녀들을 양육하였다. 19세기 초부터 1960년대 중반까지 조모가 손자녀들뿐만 아니라 더욱 확대된 친족의 아이들과 고아들까지 양육하는 것은 흔한 일이었다.

오랜 차별과 억압을 초래한 노예제도로 인해 흑인 여성들 사이에서 자급자족은 보편적 특징으로 나타났다(Tate, 1983). 흑인 여성들은 흑인 공동체 내에서 강하고 독립적이며 지략 있는 여성들로 인식되었다(Watson, 1974). 사실상 이러한 유능감이 위협당할 때, 돌봄자의 역할을 하고 있는 아프리카계 미국 여성들은 심각한 스트레스와 우울증을 경험하기도 하였다(Cox, 1995).

그러나 오늘날 대부분의 아프리카계 미국인 조부모들은 자신들이 손자녀를 돌보게 될 것을 기대하지 않았다. 사실은 가족에 대한 책임감과 아동복지 시스템으로부터 손자녀들을 지키기 위해 양육자로서의 역할을 수행하고 있다. 한 조사 결과에 의하면 손자녀를 양육하고 있는 조부모들은 경제적으로 어렵고, 책임감에 대한 스트레스가 크며, 아이 양육을 지속하기 위한 자신의 능력에 대해 걱정하는 것으로 나타났다(Brown & Mars, 2000).

히스패닉 문화와 조부모들

가족 구성원들에게 정서적 및 물질적 부양을 하기 위한 의무감으로 개인적 욕구들보다 가족의 욕구들을 더욱 중요시 여기는 가족주의가 히스패닉 문화를 특징짓는다(Sabogal, Marin & Otero-Sabogal, 1987). 이러한 가치는 아이들과 노인들에 대한 중요성, 그리고 필요 시 서로를 돕는 것에 대한 강력한 의무감을 강조한다. 게다가, 성인자녀들이 그러한 의무감을 충족시키지 못하고 자신들의 역할을 제대로 수행하지 못할 경우 세대 간 불만족을 초래할 가능성은 증가한다(Cox & Gelfand, 1997).

성 역할은 1세대 히스패닉 이민자들 간에, 그 중에서도 특히 노인들 사이에 강하게 남아 있다. 그러한 규범들은 남존여비와 연관된 남성들의 특성들을 기대한다. 예를 들면, 남성들은 지배적이고, 권위주의적이며, 소유욕이 강하고, 가족들에게 좋은 공급자가 되어야 하는 반면, 여성들은 보호를 받고, 남성과의 관계에서 수동적이며, 자녀보호의 역할들이 기대된다.

Sanchez-Ayendez(1994)의 푸에르토리코 여성노인에 대한 연구에 의하면, 자녀양육의 주요한 책임자로 간주되고, 이는 전 성인기에 걸쳐 지속되는 것으로 나타났다. 동시에 엄마의 역할이 여성들의 주된 역할이긴 하나, 가장과 아내의 역할도 수행해야 된다. 게다가, 젊은 히스패닉 여성들은 지역사회에서 유능한 리더의 역할이 기대되기도 한다(Lazzari, Ford & Haughey, 1996).

히스패닉 노인들이 아이들을 돌보면서 자신의 자녀들을 돕는 것은 일상적인 일이다. 히스패닉 가족들이 미국으로 이민을 하게 되면, 아이 돌봄자로서의 그들의 역할이 가족의 성공에 기여하는 만큼 이러한 역할은 더욱 중요해진다. 그러나 그러한 역할들이 세대 간의 가치 차이로 인해 발생할 수 있는 갈등들을 방지하는 것은 아니다(Gelfand, 1993). 성인 자녀들의 부재나 능력 부족으로 인해 친부모의 역할을 대신하고 있는 조부모들의 경우, 그들의 전통적 역할에 대한 인식들을 새로운 사회의 현실에 적응하기 위해 분투하고 있으며 상당한 역할 갈등과 부담들을 경험하고 있는 것으로 나타났다(Burnette, 1999).

■

아프리카계 미국인 및 히스패닉 조부모들과 임파워먼트 집단

임파워먼트 훈련은 일반적으로 조부모들이 새로운 역할을 잘 대처하도록 도와주는 집단들에서 제공되는 특정한 개입방법이다. 임파워먼트는 타고난 강점 및 능력들뿐만 아니라 자존감과 자립감을 개발시킴으로써 자기 자신과 주변 환경을 잘 통제할 수 있도록 도와준다. 결과적으로 임파워먼트 훈련은 특히 자신의 손자녀들과 주변 환경에 잘 대처하기 위해 분투하는 조부모들을 돕기 위해 적합하다.

저자는 아프리카계 미국인 및 히스패닉 조부모들에게 효과적으로 제공되고 있는 임파워먼트 훈련 프로그램을 개발하였다(Cox, 2000). 현재 이 프로그램은 널리 사용되고 있으며, 2009년도에는 전국 지역사회 노인복지기관 협회 Association of Area Agencies on Aging로부터 돌봄과 관련하여 공로상을 수상하였다.

이 프로그램은 총 14번의 강의로 구성되어 있으며, 양육권 조부모들, 지지집단 리더들, 그리고 그 외 지역사회에서 조부모들과 함께 일하고 있는 관계자들과의 협의를 통해 개발되었다. 임파워먼트 훈련이 요구되는 가장 적합한 논의들이 이루어졌고, 특히 조부모들에게 가장 스트레스를 제공하고 있는 문제들에 초점을 맞추었다. 주요 내용으로, 자존감, 의사소통, 문제적 행동에 대한 대처, 상실과 슬픔, 약물남용, 옹호, 서비스 시스템 찾기, 법적인 이슈들을 포함한다.

아프리카계 미국인과 히스패닉 조부모들 모두 어떤 문화적인 분리도 극복하면서 각 주제들에 공통된 관심사들을 나누었다. 사실상 전 과정을 수료하면서 히스패닉 조부모들에게 통역기를 통해 제공된 아프리카계 미국인 조부모들의 프리젠테이션은 매우 성공적으로 수차례 재초청되기도 하였다. 이는 공통적 문제들이 어떻게 문화적 분리를 극복할 수 있는지를 잘 보여준다 할 수 있다.

그러나 두 집단 간에는 양육하는 조부모로서의 역할에 영향을 미칠 수 있는 차이점들이 존재하였다. 아프리카계 미국인 조부모들은 대체적으로 적어도 8학년까지는 교육과정을 이수한 편인 반면, 대부분의 히스패닉 조부모들은 초등학교 정도를 마쳤을 뿐이고 그 중 다수는 학교를 다녀본 적이 없었다. 일부 히스패닉 조부모들은 미국에서 교육을 받은 적이 없었고, 대부분이 매우 제한된 영어를 구사하고 있었다.

그러한 조부모들 간에는 손자녀들과의 관계에 있어서도 차이점이 나타났다. 대다수의 히스패닉 조부모들은 법적 양육권 없이 비공식적 관계에 있었다. 친부모들은 종종 낮 시간 동안 조부모들과 함께 있었고, 친부모가 일을 하러 나가면 조부모는 밤을 새워 아이들을 돌봐야만 하였다. 이와는 반대로, 대다수의 아프리카계 미국인 조부모들은 손자녀에 대한 법적 양육권을 갖고 있었고, 친부모와 약간의 접촉만 있는 정도였다. 결과적으로, 아프리카계 미국인 조부모 집단은 손자녀들에 관한 모든 결정을 내리는 데 있어 책임이 있는 반면, 히스패닉 조부모들은 단지 제한된 권한만을 가지고 있었다. 사실상, 몇몇 히스패닉 조부모들에게도 손자녀들에 대한 법적인 책임은 있었지만 아이들의 복지를 보장할만한 능력은 없는 것으로 나타났다.

두 집단은 또한 지역사회에서의 개입과 서비스 이용에 있어서도 차이가 있었다. 히스패닉 조부모들과는 달리, 아프리카계 미국인 조부모들은 지역사회에서 적극적인 역할수행에 익숙하였고, 많은 조부모들이 Head Start나 지역의 정치적 조직활동에서 자원봉사자로 참여하였다. 비록 양쪽 집단 모두 서비스와 프로그램들에 대해서는 잘 알고 있었지만, 히스패닉 조부모들은 수급자격이 있는 서비스와 혜택들을 요구하는 것에도 훨씬 적극적이지 않았다. 제한된 영어구사와 부족한 통역사들이 이들의 개입과 활동을 더욱 제한하였다.

두 집단은 임파워먼트 훈련에 대한 접근방법에 있어서도 차이를 보였다. 아프리카계 미국인 조부모들은 서로에게 그리고 집단 리더들과 토론하고 질문하는 것에 익숙하였다. 또한 자신의 자녀들에 대한 실망을 포함하여 가족적 이슈들과 문제들을 나누는 데에도 매우 공개적이었다.

이와는 반대로, 히스패닉 조부모들은 심지어 같은 민족적 배경을 가진 집단 리더에 의해 스페인어로 진행됨에도 불구하고 자신의 걱정거리들을 나누는 데 어려움이 많았다. 그들은 제공된 자료들을 배우고 이해하려는 의욕은 높았으나 가족문제에 대해 토론하는 것을 꺼려하였다. 특히, 그들은 약물남용과 AIDS 또는 본인 자녀들과의 어려운 문제 등과 같은 이슈들을 논의하는 것을 주저하였다.

두 집단 모두 손자녀들과 의사소통을 하고 이해하는 방법, 부족한 존중감을 다루는 방법을 배우기 위한 열정이 높았다. 양쪽 집단 모두 청소년 양육이 어린 아이들 양육보다도 더 많은 어려움이 있다고 느끼고 있었다. 두 집단 모두 주변 환경과 또래친구들로부터 손자녀들을 보호하고, 안전을 보장하는 것에 많은 걱정을 하였다. 한편 아프리카계 미국인 조부모들은 손자녀들의 정신적인 건강에 대한 염려가 많았고, 이미 많은 아이들이 이와 관련한 상담을 받고 있었다. 또한, 부모의 상실에 대해 슬픔을 다루는 방법을 배워 손자녀들이 잘 대처할 수 있도록 돕는 것에 관심이 높았다.

결론적으로, 양쪽 아프리카계 미국인 및 히스패닉 조부모들 모두 이러한 집단 경험이 유익했다고 느끼고 있었다. 두 집단 모두 가족들과 문제들을 논의하고, 자신의 욕구를 파악하고, 집과 공공기관에서 자기주장을 하는 것에 더욱 편안함을 느끼게 되었다. 다수의 히스패닉 조부모들은 자신들의 욕구를 파악하고 손자녀에 대한 걱정들을 표출하는 것 외에도, 가족 내에서 자신의 역할들을 강화하기 시작했다고 하였다. 또한, 지역사회에서도 보다 중요한 역할을 맡기 시작하였고, 그 중 일부는 아동들을 위한 더 많은 방과 후 프로그램들을 주정부에 요구하기 위한 집단에 합류하기도 하였다. 히스패닉 조부모들이 자신들의 지지집단 로고로 만들어낸 나무(가족 내에서 조부모들의 중요한 역할을 상징하는 강한 뿌리들과 큰 가지들을 가진 나무)는 이러한 임파워먼트 훈련의 영향력을 표출하고 있다.

■

요약

소수 민족 인구집단 사이에서 조부모들의 역할의 비중이 높아진 것을 감안할 때, 이러한 집단들과의 효과적인 사회복지실천을 위해서는 다문화적 관점이 요구된다. 이러한 조부모들은 이들의 새로운 역할들에 기존의 가치, 전통, 그리고 역사를 반영하고 있으며, 이러한 것들은 계속해서 손자녀들과의 상호작용과 이들이 개입된 시스템들에 영향을 미칠 수 있다. 동시에, 그러한 상호작용들은 시스템들 자체에 의해서도 영향을 받는다. 공식적인 영역에서의 무관심과 차별의 역사들은 많은 조부모들로 하여금 서비스 이용을 방해할 수 있다.

사회복지사들은 이러한 가족들이 직면한 부담과 도전을 덜어줄 수 있는 중요한 위치에 있다. 그러나 가장 효과적이기 위해서는 사회복지사들이 특정 문화 자체와 이러한 문화가 조부모들의 역할과 욕구인식에 영향을 미칠 수 있다는 사실에 민감하고 박식해야 한다. 이러한 배경지식 및 자신의 가치들과 잠재적 선입견들 그리고 태도들에 대해 인식함으로써, 조부모들과 이들 가족들을 강화시킬 수 있는 방안들을 모색할 수 있다.

임파워먼트 훈련 모델은 조부모들이 대처 능력과 기술들을 개발할 수 있도록 도움을 제공해 주는 개입들을 포함한다. 이 모델은 다양한 배경 및 경험들을 가지고 있으며, 공통적 문제들을 가지고 있지만 민족적으로는 다른 두 집단(아프리카계 미국인 및 히스패닉) 조부모들에게 적용될 수 있을 것이다. 이 모델의 성공은 문화적 영향들에 민감함으로써 민족성과 상관없이 양쪽 조부모들은 자기효능감을 더욱 향상시킬 수 있고 이 프로그램과 더불어 성장할 수 있음을 보여준다.

무엇보다도, 문화와 민족성은 자신의 정체성과 사회적 상호작용들의 중요한 측면들인 반면, 동시에 서로 투과할 수 있음을 인식하는 것이 중요하다. 사실상 조부모들은 자신의 풍부한 문화적 유산을 미국 사회의 규범 및 기대들과 통합할 수 있는 능력이 있고, 이들 손자녀들의 삶에 강력한 영향력을 미칠 수 있는 가장 중요한 위치에 있다고 할 수 있다.

참고문헌

AARP. (2004). *Grandparent support groups and minority outreach to grandparents raising grandchildren.* Paper presented at the 2004 ASA/NCOA Jint National Conference. San Francisco, CA.

______ (2004). *More grandparents raising grandkids.* AARP Factsheet. Washington DC: Author.

Brown, d., & Mars, J. (2002). Profile of contemporary grandparenting in African-American families. In C. Cox (Ed.), *To Grandmother's House We Go and Stay: Perspectives on Custodial Grandparenting.* New York: Springer.

Burnette, D. (1999). Social relationships of Latino grandparent caregivers: A role theory perspective. *The Gerontologist,* 39, 49-583.

Burton, L. & Dilworth-Anderson, P. (1991). The intergenerational family roles of aged Black Americans. *Marriage and Family Review,* 1-1, 311-330.

Christenson, B., & McMurty, M. (2007). A comparative evaluation of preservice training of kinshkp and nonkinship foster's adoptive parents. *Child Welfare, 86*(2), 125-140.

Cox, C. (1995). Comparing the experiences of black and white caregivers of dementia patients. *Social work,* 40, 343-349.

______ (2000). Empowerment practice: Implications for interventions with African American and Latina custodial grandmothers. *Journal of Mental Health and Aging,* 6, 385-397.

______ (2010). Policy and custodial grandparents. *Marquette Elder's Advisor Law Review,* 11, Spring, 281-3.5.

______ (2011). Ethnic, gender, and cultural issues in conducting caregiving educational and support groups. In R. Toseland, D. Haigler, and D. Monhan (Eds.), *Educational and Support Programs for Caregivers.* New York, Springer.

Cox, C. & Gelfand, D. (1987). Familial assistance, exchange and satisfaction among Hispanic, Portuguese, and Vietnamese elderly. *Journal of Cross-Cultural Gerontology,* 2, 241-255.

Cox, C. & Ephross, P. (1998). *Ethnicity and Social Work Practice.* New York, Oxford University Press.

Dressel, P., & Barnhill, S. (1994). Reframing gerontological thought and practice: The case of grandmothers with daughters in prison. *The Gerontologist,* 34, 685-691.

Ehrle, J., & Green, R. (2002). *Children Cared for by Relatives: What Services Do They Need? Number B-46, Series in New Federalism.* Washington, DC: The Urban Institute.

Emick, M., & Hayslip, B. (1999). Custodial grandparenting: Stresses, coping skills, and relationahips with grandchildren. *International Journal of Aging and Human Developkment,* 48, 35-61.

Gelfand, D. (1993). Immigration and the older Latino. In M. Sotomayor and A. Garcia (Eds.), *Elderly Latinos: Issues and solutions for the 21st century.* Washington DC: National Hispanic Council on Aging.

Gordon, M. (1964). *Assimilation in American Life.* New York: Oxford University Press.

Jacson, J. (1986). *Black grandparents: Who needs them? In R. Staples (Ed.), The black family: Essays and studies*. Belmont, CA: Wadsworth.

Joslin, D., & Harrison, R. (1998). The hidden patient, older relatives raising children orphaned by AIDS. *Journal of the American Medical Women's Association*, 53, 65-71.

Kelly, S., Whitley, D., & Campos, P. (2011). Behavior problems in children raised by grandmothers: The role of caregiver distress, family resources and the home environment. *Children and Youth Services Review, 33*(11), 2138-2145.

Kelly, S. J., & Danato, E. G. (1995). Grandparents as primary caregivers. *Maternal and Child Nursing,* 20, 326-332.

Lazzari, M., Ford, H., & Haughey, K. (1996). Making a difference: Women of action in the community. *Social Work*, 41, 197-205.

Ogbu, J. (1993). Differences in cultural frame of reference. *International Journal of Behavioral Development, 16,* 483-506.

Pinson-Milburn, N., Fabian, E., Schlossberg, N. & Pyle, M. (1996). Grandparents raising grandchildren. *Journal of Counseling and Development*, 74, 548-554.

Sabogal, F., Marin, G., & Otero-Sabogal, R. (1987). Hispanic familism and acculturation: What changes and what doesn't? *Hispanic Journal of Behavioral Sciences*, *9*, 397-412.

Sanchez-Ayendez, M. (1994). Elderly Puerto Rican women: Value orientations and adjustments to aging. In M. Sotomayor (Ed.), *In triple jeopardy: Aged Hispanic women: Insights and experiences.* Washing DC, National Hispanic Council on Aging.

Tate, N. (1983). The Black aging experience. In R. McNeely and J. Colen (Eds.), *Aging in minority groups* (pp. 95-108). Beverly Hills: Sage.

U.S. Census (2010). *American Community Survey, 2005-2009 American Community Survey 5-Year Estimates,* Washington DC.

Watson, V. (1974). Self-concept formation and the African-American woman. *Journal of African-American Issues, 2*, 226-236.

10

아프리카계 미국인 가족치료에 대한 아프리카 중심주의적 접근

Samuel R. Aymer

본 장은 아프리카 중심주의 학자들이 지적하듯이, 아프리카 혈통의 사람들이 사회에서 소외되는 현상이 묵과되고 있는 현실과 아프리카 중심주의적 요소들이 다양한 담론의 중심에 위치해 있음에 대하여 논의하고자 한다(Akbar, 2004; Asante, 1987). 문화, 영성, 자연 및 집단성의 문제를 널리 알리는 차원에서, 그 철학적 토대는 아프리카계 미국 문화와 전통적인 아프리카의 원칙에 뿌리를 두고 있다(Akbar, 1985; Schiele, 1996). 또한 본 장은, 아프리카 중심주의가 사회과학의 틀이라는 점을 강조하며, 가족의 특이한 과정과 Nguza Saba, 즉 Kwanzaa(콴자)의 7가지 원칙 사이의 합류 지점을 아우르는 치료적 맥락의 연관성을 강조한다(이 원칙들은 본 장의 후반부에서 논의될 것이다). Karenga(1989)가 고안한 Kwanzaa는 문화적 축복이며 그 자기 확증적 목적은 역사적으로 그리고 지금까지 받아왔던 억압이 아프리카계 미국인 가족의 자아 정체성 형성에 어떠한 영향을 미치는지에 대하여 접근하는 임상적 작업에서 사용될 수 있다.

또한 본 장은 아프리카 중심적 관점이 아프리카계 미국인들의 가족 치유에서 어떻게 사용될 수 있는지에 대해서도 탐구한다. 이 집단은 동종이 아닌 것으로 알려져 있다. 아프리카계 미국인 사이에서 일반적인 것은 이들의 조상들이 노예화되었기 때문에, 노예의 잔재가 그들의 이야기에 대하여 알려주고 있다. 따라서 본 장은 노예에 관한 간단한 개요와 함께 시작하며, 가족들이 영향을 받아온 다양한 양상을 강조한다. 사회과학자들은 노예 트라우마 증후군STS과 외상후 노예 증후군PTSS에 주목하고 있으며, 비교적 최근에 주목받고 있는 이 두 가지 증후군들은 노예 제도하에서 자행되었던 충격적인 물리적 및 심리적 폭력 행동과 이로 인한 정신병적 쇼크의 관련성을 설명한다(Akbar, 2004; Latif & Latif, 1994; Leary, 2005; Poussaint & Alexander, 2000).

■

역사적 개요

인식론적 관점에서 볼 때, 아프리카 중심주의 패러다임은 아프리카계 혈통을 가진 사람들의 역사, 문화, 가치, 관습, 영성을 포함한다(Akbar, 2004; Asante, 1987). 이러한 이유로 아프리카 중심적 관점은, 즉 아프리카계 미국인들의 가족치료와 관련해서 보면, 노예제도의 유산이 가족의 역학관계에 영향을 미친 다양한 방법들에 주목하고 있다. 노예제도의 배경 지식을 갖추고 있는 것은 치료 과정에 맥락을 추가하며 임상가들이 이 아프리카계 미국인들을 다룰 때 있어서 역사적인 관점을 바탕으로 가정하는 것을 예방한다. Boyd-Franklin(2003)은 "노예제도는 아프리카 혈통의 사람들이 열등한 사람들로 취급되는 풍토를 만들었다(p. 9)"는 점에 주목하고 있다. 가족의 삶에 있어 노예화의 치명적인 영향에 관한 심도 있는 논의는 본 장 범위 밖의 문제이다.

그럼에도 불구하고, 여기서 논하는 간략한 개요는 노예화와 인종차별에 대한 동시대의 양상이 교차하는 주제들이 어떻게 융합되며, 그로 인해 아프리카계 미국인 가족들의 기능에 어떤 영향을 주는지에 관하여 점차 증가하는 관심에 대한 배경을 제공할 수 있기를 희망하고 있다.

노예화는 "어머니들과 자녀들의 반복된 분리와 언어, 문화, 그리고 자연 종교의 상실이 진정한 아프리카인의 자아를 퇴화시키도록 작용하였다"고 설명될 수 있다(Akbar, 2004, p. 102). 진정한 아프리카인 자아의 관념은 Akbar에 의하여 상정된 것처럼 토착의 아프리카 사람들은 자기효능감을 발전시켰던 다양한 문화적 표현과 종교적 신념, 그리고 강한 가족의 유대를 가지고 있음을 의미하였다(Johnson, 1982; Kardiner & Ovesey, 1962; Staples, 1982). 노예제도는 여성들이 유괴되고, 강간되고, 그리고 '노예의 소유주를 위한 노동자로서 생산하도록 기대되었던' 점에서 진정한 아프리카 자아의 개념을 훼손했다. 여성들은 남성의 거세를 목격하도록 강요되었다. 그들의 아버지, 아들, 자신의 배우자의 거세를 목격한 것이다. Staples(1982)는 다음과 같이 쓰고 있다:

> 노예 남성과 여성은 동등하게 노예소유주의 변덕스러운 권력에 의해 지배되었던 사실에서 시작하여, 아프리카계 남성들은 자신의 남성성이 자기 여자의 강간에 의하여, 자기 자녀의 매매, 여성의 이름과 그녀의 이름을 가진 자녀들의 이름으로 받는 배급에 관한 문제에 의해 침해받는, 즉 자신의 존재감을 인정받지 못하는 상황에 대해 도전을 경험하였다.(p. 2)

남성의 신체적 및 심리적 행복은 매우 불안정했다(Kardiner & Ovesey, 1962, p. 45). 린칭lynching은 아프리카계 남성들에게는 피할 수 없는 진실이었다. 이 관행은 노예로써 팔리는 것과 함께 남자들을 도망쳐야만 하도록 만들고 있으며, 이러한 부분이 가정의 안정을 파열시켰다(Johnson, 1982). 그러한 이유로 인하여, "아버지가 누군지 모르거나, 부재하거나, 또는 존재하더라도 영향력의 행사가 불가능한 상태라서 어머니-자녀로 된 가족은 새로운 환경에서 생존할 수 있는 가족의 유일한 유형이었다(Kardiner & Ovesey, 1962, p. 45)". 이러한 가족의 구성은 자궁가족 혹은 자궁사회uterine family or uterine society라고 알려져 있었고, 전통적인 아프리카 문화와 일치하는 것이 아니었다(Kardiner & Ovesey, 1962). Kardiner와 Ovesey는 "노예화의 조건하에서, 자궁가족은 제도화된 형태라고는 볼 수 없지만, 우선권을 행사하는 데 있어서 부수적인 역할을 했다고 볼 수 있다(p. 46)." 결과적으로 노예 여성은 노예의 제도에 관계된 환경에 대하여 적응적 및 부적응적 반응을 채택했다(Billingsley, 1968; Kardiner & Ovesey, 1962).

노예 외상 증후군

Latif와 Latif(1994)가 만든 용어인 노예 외상 증후군Slave Trauma Syndrome: STS은 노예의 혈통인 아프리카계 미국인들에 대한 노예제도의 외상 효과에 대한 통찰력을 제공하기 시작하는 연구 분야이다. Latif와 Latif(1994)는 STS를 아프리카계 미국인들의 "정신적 외상"이라고 정의하며, "노예제도로부터 받은 심리적 외상은 한 번도 치료되지 않았으며, 그 결과로 나오는 감정적 상처는 세대에서 세대로 내려갔다"(p. 20)고 주장한다. 이들은 노예제도에 영향을 받은 혈통인 아프리카계 미국인들에 대한 STS의 결과를 탐구하기 위해 다음의 질문을 제기하였다.

밀입국한, 사슬에 갇혀 있는, 그리고 배를 태워 외국으로 보내진 시민들이 살해되

> 고, 고문당하고, 강간당하고, 두들겨 맞고, 그리고 들판에서 채찍질 당하며 강제로 노동하며 죽음의 지속적인 위협이 있던 곳에서 무슨 일이 일어나고 있는가? 그들이 앞으로 애완견처럼 낯선 사람에게 빼앗겨 팔릴 아기를 낳는 것을 목적으로 서로 성관계를 가지도록 강요받을 때 그들에게 무슨 일이 일어나는가?(p. 18)

나아가서 이 질문은 STS 담론을 구성하는 것도 도와준다. Latif와 Latif(1994)는 이 질문들의 본질은 노예제에 관련된 심리적 손상과 노예를 물건으로 취급하고 그들의 인간성을 박탈시킨 비인간화 활동에 주목시켰음을 강조한다. 노예제의 외상적 조건은 Herman(1992)이 "훼손된 자아", 즉 노예제도가 어떻게 그들의 기관의 감각, 자아의 강도, 그리고 심리적 안정, 전체감 그리고 안정감을 느끼는 능력을 훼손함으로써 그 희생자들의 정신적인 삶을 지연시켰는지를 반영했던 것이라고 정의할 수 있다. 이 관점은 외상 후 노예제 증후군이 "흑인들의 마음과 신체"에 영향을 줬다(p. 15)고 주장하는 Poussaint와 Alexander(2000)의 지지를 받고 있다.

Latif와 Latif(1994)의 연구에 더하여, Leary(2005) 또한 인구가 수백 년간의 노예제로부터 나오는 다세대 간의 외상을 경험하였을 때 존재하고 지속해서 억압과 보호시설의 억압을 경험하는 조건을 정의하기 위해 "외상 후 노예제 증후군"(PTSS)라는 용어를 사용하여 노예화와 그것이 아프리카계 미국인에 미치는 영향에 대한 주의를 환기하고 있다. 마찬가지로, Fanon(1963) 및 기타(Akbar, 2004; Altman, 1995; Kardiner & Ovesey, 1962; Karenga, 1982)에 의한 연구는 노예제도의 결과가 아프리카계 미국인들의 백인 미국인 표준에 관한 미국인들의 그 자신에 대한 인식에 영향을 미치고 있음을 보여주고 있으며, 이러한 표준은 결국 깊이 뿌리내린 열등감이 노예제 희생자의 마음에 만연하고 있다는 Leary(2005)의 관찰을 강화시키고 있다. 다세대 간 외상으로 틀이 만들어진, Leary의 PTSS 관점은 손상을 주는 효과 또는 노예화는 그 희생자 안에 부적응성 행동을 만들고, 그 반대로 그러한 효과는 Latif와 Latif(1994)의 관점이라고도 볼 수 있는, 다음의 세대로 이어져 왔다는 것이다. 이러한 가정은 다세대 외상과 인종 억압이 진행 중인 현실의 결합은 필연적으로 아프리카계 미국인 가족들의 안정성을 방해하고 있음을 의미한다. Thompson과 Neville(1999)도 같은 주장을 하고 있다.

> 인종차별은 시간이 지나면서 하나의 변화로서, 미국의 정치적 및 사회적 삶을 인내한 결과물로서 발전되었다. 그러므로 인종차별이 특정 역사적 시기에(예를 들면, 이후 따라오는 시민 평등권 운동) 본질적으로 존재하지 않았고, 또 다른 시기에는 우세하였다고(예를 들면, 분리된 미국 남부의 노예제도) 결론 내리는 것은 부정확하다.(p. 168)

실제로 아프리카계 미국인들이 노예의 후손이자 시대의 억압의 희생자라는 사실에서 뿜어져 나오는 내면화된 감정을 해결해오기란 어려운 일이었다. 노예의 후손에게 전해져 내려오는 노예화와 시대의 억압으로부터 나오는 심리적 및 행동적 역학[Leary(2005)에 의하여 기술된 것처럼]은 공허한 자존감, 늘 상존하는 분노, 인종차별주의적 사회화이다.

공허한 자존감Vacant Self-esteem은 자신들의 인간성을 평가절하하는 억압적 맥락 속에서 반드시 살아야 하는 아프리카계 미국인들의 자기 개발을 이야기하는 것이다. Leary(2005)는 아프리카계 미국인들에 대한 고정관념적인 이미지를 조장하는 사회에서 심리적으로 강화되었다고 느끼는 것은 매우 힘들다고 믿는다. 이 개념에서 함의하고 있는 것은 한 사람의 집단에 대한(부정적 혹은 긍정적) 내면화는 자부심을 촉진하는 데 결정적인 관념이라는 것이다. 그리고 부정적인 내면화는 한 개인의 역사가 노예화와 연결되어 있다는 사실과 합쳐질 때, 이것은 아프리카계 미국인들에게 불안감, 수치심, 자기혐오 행동을 유도할 수 있다고 한다.

늘 상존하는 분노Ever-present anger는 아프리카계 미국인들이 해당 반응을 야기한 상황에 비례하지 않을 정도로 보이는 화난 감정을 표면화하는 경향을 의미한다. 현대적 관점에서, Leary(2005)는 차단된 자원과 기회는 구조적 인종차별과 억압과 연결되어 아프리카계 미국인들이 권리와 특권을 누리는 것을 부정한다고 주장한다. 아프리카계 미국인 각자가 이러한 현실을 관리할 수 있는 정도는 그들이 적대적 환경 속에서 자신들의 사회적 현실을 어떻게 이해하게 되었는지에 달려 있다. 늘 상존하는 분노는 노예제도로 거슬러 올라갈 수 있으며, Leary는 "노예제는 선천적으로 화나고 폭력적인 과정"이라고 말한다(p. 137). 노예들에게 범해진 폭력과 비인간적 대우는 다양한 감정들을 유도하였고, 이러한 감정에는 화와 격렬한 분노가 포함된다(Grier & Cobbs, 1968). Leary는 분노는 노예 소유자에 의하여 모형화되었음을 가리키고 있는데, 이러한 노예 소유자의 억압적인 행동은 노예들에게 일반화된 분노를 형성시키는 촉매제가 되었다고 한다. Leary의 이론의 중요한 측면은 수많은 아프리카계 미국인들에게서 관찰되는 분노는 역사적 및 동시대적 관점에서 맥락화되어야 한다는 점이고, 이러한 맥락화가 억압을 관리하기 위한 대응기제가 될 수 있다는 점은 인정되어야 한다.

인종차별주의적 사회화는 그 시작이 노예제인데, 노예가 된 아프리카인들은 지독한 처우를 받게 되었고, 이는 자기 혐오로 이어졌다(Leary, 2005). 예를 들어, 노예 소유주는 피부색에 기초하여 차별 체제를 만들어서, 피부가 좀 더 밝은 노예들(강간으로 인하여 태어나게 된 사람들)을 더 어두운 색의 노예들보다 선호하였다. Leary(2005)는 아프리카계 미국인들 사이의 피부색 역학은 계속되고 있으며 노예제와 피부색과 머리결과 같은 흑인종의 속성을 평가절하하는 문화와 상관관계가 있다고 주장한다. 다른 학자들도 비슷한 주장을 하였고, 이러한 현상들은 아프리카계 미국인들의 가정에서도 발생되고 있다고 하였다(Grier & Cobbs, 1968). 피부색에 관련된 요인들은 본 장의 후반부에서 논의될 것이다.

아프리카 중심주의

사회복지 및 인간행동이론에서의 아프리카 중심주의적 개념의 활용은 지난 10년 이상 주목을 받아왔다(Schiele, 1996). 예를 들면, 학술 분야에서는 아프리카 중심주의적 학문의 목표 중 하나는 규범적인 인간의 성장 및 발전에 관한 일차원적인 관점(예컨대 백인 중산층)을 추구하는 전통적인 유럽 중심 패러다임을 저지하는 것이다. 아프리카 중심주의자들은 아프리카 혈통을 가진 사람들의 사회적 및 정신적 현실에 대한 관련성 측면에서 유럽 중심적 구성체의 최고성에 관한 의문을 제기하는 것이 중요하다고 믿고 있다(Akbar, 2004; Davis, Williams, & Akinyela, 2010). 이러한 질문을 제기함으로써, 아프리카 혈통의 사람들은 모든 담론의 중심에 위치하게 되며, 이에 따라서 사회 소외화를 제거하는 방식을 통해 그들의 경험을 묘사할 수 있는 조건을 형성하게 된다. 아프리카 중심주의적 이론가들은 아프리카의 중심성과 아프리카계 미국인들의 집합적 의식과의 관계를 강조한다(Akbar, 2004). Asante(2008)는 비슷한 지적을 하면서 "아프리카 중심주의는 정확히 말하면 아프리카 사람들이 유럽 중심적 경험의 주변부에서부터 움직여 왔다는 점에서, 위치에 대한 것이라고 할 수 있다(p. 32)"고 하며, 아프리카 중심주의는 문화, 영성, 자연 및 집단(또는 부족)이 아프리카 혈통 사람들의 사회적 및 심리적 환경과 불가피하게 연결되어 있다는 것을 지지하고 있다(Asante, 2007). 문화, 인종, 억압, 영성, 인종차별적 정체성 발전과 아프리카 중심주의적 사회복지의 발전 관행의 렌즈를 통하여 흑인 심리사회적 기능을 탐구하는 사회과학의 영역인 아프리카 철학은 Asante의 아프리카 중심주의 관점에 동의하고 있다(Akbar 2004; Schiele, 1996). 이에 부응하여, Davis, Williams와 Akinyela(2010)는 "아프리카 중심주의적 접근의 기초적 전제는 과거, 현재, 미래의 문화 문제(p.

4)"라고 결론 내렸다.

또한 Schiele(1999)는 "아프리카 중심주의적 패러다임은 현대 아프리카계 미국과 전통적인 아프리카의 철학적 개념에 내포되어 있는 사회과학 패러다임"(p. 285)이라고 가리키고 있다. 이러한 패러다임은 전통적인 아프리카 정신ethos의 특징을 내세우며, 인간의 존재에 대한 철학적인 아프리카 가정은 영성과 사람들, 자연, 공동체 및 조상과의 연결성 측면에 근거하고 있음을 강조하고 있다(Mazama, 2002; Mendes, 1982). 예를 들면, 영성의 시야에서 볼 때, Mazama는 디아스포라를 걸쳐서 그러한 부분이 아프리카계 미국인들에게 중요했으며, 인종차별적 억압과 식민지의 위압적인 효과를 누그러뜨리는 역할을 했다고 주장한다. Mazama의 주장에 관한 더 자세한 설명은 다음과 같다:

> 아프리카 중심주의는 해방운동으로서 그 자체를 유럽의 억압에 대한 아프리카의 저항의 전통으로 새기고 있다. 아프리카의 저항에서 일반적으로 주목할 만한 특징은 영성에 대한 그 의존도라고 할 것이다. 실제로 영성은 언제나 해방을 향한 우리의 수많은 투쟁 속에서, 자메이카의 Nanny•에서부터 아이티의 독립전쟁 및 Nat Turner••에 이르기까지, 역사적으로 중요한 역할을 해왔다. 결국 모든 아프리카 중심주의는 달라야 하는가?(p. 219)

• 자메이카의 국민 영웅으로, 18세기 Jamaican Maroons의 리더로 알려져 있다. Jamaican Maroons는 주로 서아프리카에서 출신의 노예들로 억압된 생활에서 도피하여 독자적인 집단을 형성하여 저항하였다(출처: Government of Jamaica, national heroes listing).

•• 1831년 8월 31일 미국 버지니아에서 발생한 노예혁명을 주도한 아프리카계 미국인 노예였다(출처: Bisson, Terry. Nat Turner: Slave Revolt Leader. Philadelphia: Chelsea House Publishers, 2005.).

가족치료에서의 관계적 및 서술적 렌즈

관계적 및 서술적 가족치료주의의 측면들은 아프리카계 미국 가족을 다루는 데 있어 유용할 수 있다. 정직, 진정성, 개방성은 작업 동맹을 확립하는 역할을 할 수 있는 관계적 속성이다. 인종과 계급에도 불구하고, 치료자는 그의 주관적 현실이 비슷한 형태의 억압(예컨대, 내면화된 억압, 일상적인 작은 공격들에 대한 노출), 즉 2인의 심리적 모형 때문에 발생하는 과정에 의해서 어떻게 손상되었는지를 생각해 보는 것이 중요하다(Altman, 1995). 마찬가지로 Boyd-Franklin(2003, p. 179)은 "개인적으로 만나는 관계"는 치료자와 가족 사이의 작업 동맹에서 신뢰를 낳기 때문에, 아프리카계 미국인 가족과 작업을 할 때 효과적일 수 있다는 개념을 제기하고 있다. 이러한 개념은 우리에게 관계적 작업의 영역에서 상호관계와 역동적이고 상호적인 과정이 임상의와 내담자 사이에 발생하는 상호작용에서 가장 중요하다는 점을 상기시켜 주는 Hadley(2008)에 의하여 지지를 받고 있다. 치료자는 필수적으로 이러한 변수들에 익숙해져서 이전적이거나 반이전적인 주제들이 어떻게 작업에 영향을 주는지에 대한 통찰력을 얻을 수 있어야 한다. 마지막으로 Altman(1995)은 "관계적 심리분석의 관점에서, 내담자와 분석가는 필연적으로 그들의 고유한 성향을 드러낼 수밖에 없다(p. 132)"는 점에 주목하고 있다.

아프리카계 미국 가족들은 동질적이지 않고, 따라서 그들은 치료상 다양한 특이점들을 보여준다. 그러나 이 사람들은 인종차별적 억압의 해로운 효과에 노출되어 있으며, 이는 공유된 취약성을 만들어낸다는 점을 반드시 인정해야 한다. 공유된 취약성이란 수많은 아프리카계 미국인들이 자신들을 향한 인종차별적 반감의 역사가 있던 사회에서 살아가는 것에 관한 잠재적인 신체적 및 심리적 위험에 대하여 어느 정도의 심리적 의식을 가지는 것을 의미한다. 이러한 부분에도 불구하고, 아프리카계 미국인들이 환경적인 독소들, 예를 들면 작은 공격들(예컨대 인종차별주의적 모욕과 차별)에 대한 노출에 어떻게 대처를 하는지에 대해서는 변동성이 있다. 공유된 취약성은 이 집단의 이야기의 중심적인 부분이 되며 그들의 사회적 정체성의 측면을 구성한다. Cooper와 Lesser's (2008)의 이야기 치료 공식은 그들이 "이야기 치료는 지식과 내담자가 자신의 삶이 이해될 수 있도록 어떻게 "이야기화" 시켰는지에 대한 것"(p. 162)이라고 주장한 것과 같은 경향을 보인다. 치료자들은 알지 못하는 지점에서 시작하며, 내담자의 상황에 대한 전문가가 되고자 하는 그들의 경향을 최소화시킨다. 억압받은 사람들에게 이러한 성향을 채택하는 것은 사회적 불평등 경험에 대한 그들의 주관적 진실에 대한 명확한 이해로 이어질 수 있다. "구조주의는 포스트모던 사고, 즉 보편적 진실이란 없으며 현실의 지각자들의 수만큼이나 수많은 현실들이 있다고 가정하는 것에 뿌리를 두고 있다(Cooper & Lesser, 2008, p. 177)." 사회와 가족에서 나오는 부정적인 고정관념적 메시지는 가족 구성원들의 자아존중감을 침식시킨다(Leary, 2005). 치료에서 구조주의적 관점을 이용하는 것은 가족들이 자기 자신들에 대한 긍정적인 관점을 개발하도록 할 수 있으며, 그로 인하여 가족들에게 심리적 현실에 대한 대안적인 구성을 제공한다.

가족들과 작업하는 데 있어 관계적 및 이야기 접근 방식을 유용하게 만들어 주는 것은 연구(Boyd-Franklin, 2003)가 아프리카계 미국인 개인과 가족들이 해당 전문가들을 의심하고 잘 믿지 못하는 경향이 있다는 점을 보여준다는 것이다. 이는 특히 그들이 무감각하고 역사에 대한 이해가 부족하며 현 시점에서의 억압의 경험을 이해하지 못하는 모습을 보일 경우에는 더욱 그러하다. Boyd-Franklin(2003)은 분위기의 개념을 사용하며, 가족들이 그들의 경험에 대한 사회적 및 문화적 맥락에 민감하지 못한 전문가들에 대하여 불안감을 발전시킨다는 점을 강조하고 있다. 분위기의 관념은 가족들이 치료자와 연결할 수 있는지 여부와, 치료자가 그들과 관련될 수 있는지에 대하여 과민하게 반응하는 것을 의미한다. 이러한 현상은 기초적인 "본능적" 감정에 뿌리를 두고 있는데, 이 감정은 치료관계의 발전을 지지하거나 방해할 수 있다(Boyd-Franklin, 2003, p. 178).

■

치료를 위한 기초로서 NGUZO SABA (Kwanzaa의 7가지 원칙)

앞에서 언급한 것처럼, 아프리카계 미국 가족들을 다루는 것에 아프리카 중심주의적 강조는 내적(예를 들면, 개인의 마음속에 생기는/특이한 과정) 및 외적(역사적 및 현재의 억압의 형태) 변수들을 다루는 틀을 필요로 한다. Majors와 Mancini Billson(1992)은 아프리카 중심주의는 "반백인주의가 아닌, 아프리카계 미국인들이 전통적인 아프리카적 가치를 회복함으로써 자신들의 문제를 초월하도록 격려하는 이념"(p. 11)이라고 주장하고 있다. Majors와 Mancini Billson의 목표는 가족치료에서 Nguzo Saba[Kwanzaa의 7가지 원칙(Karenga, 1989)]가 영향을 미침으로써 성취될 수 있다. 매년 열리는 문화 축제인 Kwanzaa는(12월과 1월에 행사함) 아프리카계 미국인들에게 아프리카와 아프리카 미국인들의 경험에 대한 긍정적인 메시지를 심어주기 위하여 구성된 관습과 관련이 있다. Kwanzaa의 7가지 원칙은 사회에서 소외되는 것과 자기 혐오의 감정에 대응할 수 있는데, 이러한 감정들은 빈약한 자부심을 조성하는 것들이다(Aymer, 2010). 7가지 원칙은 다음과 같다.

- **Unoja(통일성)**_가족, 공동체, 국가, 그리고 인종의 통일성을 만들어내고 유지하고자 노력하기

- **Kujucbagulia(자기결정권)**_ 다른 사람에 의하여 정의되고, 불려지고, 만들어지는 것이 아니라, 우리 자신을 결정하고 우리 자신을 지칭하며, 우리 자신을 위하여 창조하고, 우리 자신을 위하여 말하기
- **Ujima(공동의 노력 및 책임)**_ 우리의 공동체를 함께 쌓고 유지하며 우리의 자매들과 형제들의 문제들을 우리의 문제로 만들어 함께 해결해나가기
- **Ujamma(협동 경제)**_ 우리의 고유한 상점, 가게, 그리고 기타 비즈니스와 이윤을 우리가 함께 만들어가기
- **Nia(목적)**_ 우리 사람들에게 전통적인 위대함을 회복시키기 위하여 우리의 공동의 직업과 우리의 공동체 개발을 건설하기
- **Kuumba(창조성)**_ 우리의 공동체에게 우리가 받은 것보다 더욱 아름답고 이익이 되는 것들을 남겨주기 위하여 늘 우리가 할 수 있는 방법으로, 우리가 할 수 있는 만큼 일하기
- **Imani(믿음/신념)**_ 우리의 마음을 다하여 하느님과 우리의 민족과 우리의 부모, 우리의 지도자, 우리의 노력에 대한 정의와 승리를 믿기(Karenga, 1989, p. 45)

치료에서 Kwanzaa의 원칙이 강조하는 가치는 역사적 및 동시대의 억압의 주제에 영향을 받을 수 있는 중요한 자기 기능인 자기 효능감을 강조한다. Karenga(1989)는 Nguzu Saba(7가지 원칙)가 다음의 목표들과 유사한 아프리카 중심적 가치 체계임을 가리키고 있다: "(1) 우리 서로 간의 관계를 개인적 그리고 공동체 차원에서 조직하고 풍요롭게 하는 것, (2) 개인과 민족으로서 우리의 인간적 가능성을 높이는 경향이 있는 기준, 전념 및 우선순위를 확립하는 것, (3) 삶과 성취의 아프리카 중심적 패러다임의 발전 속에서 잃어버린 역사적 기억과 문화적 유산의 회복과 재구성을 돕는 것, (4) 도덕적 지도와 공동체의 가르침에 대하여, 특히 자녀들을 위하여 공동체 윤리 가치의 핵심 체계에 대한 기여의 역할을 하는 것, (5) 아프리카계 사람들과 인류의 새로운 역사를 시

작하는 윤리적 과제에 자기 의식적으로 참여하는 새로운 남자, 여자, 아동이 되도록 도움을 주고 확대되고 있는 아프리카 중심적 공동체적 가치에 기여하는 것(p. 44)"

치료적 함의

아프리카계 미국인 가족들이 보여줄 수 있는 치료 주제는 다음의 내용을 포함하지만, 이에 제한되지는 않는다: 부모-자녀 간 어려움, "다른 어머니"로서의 조부모, 부부간 불화, 이민 및 이주, 경제적 불안, 피부색과 머리 모양과 관계된 내면화된 억압 불안, 아버지에 대한 문제. 중요한 경고는 이러한 어려움들은 치료에서 나타날 수 있는 예들이며, 아프리카계 미국인들에게만 나타나는 독특한 걱정으로 보아선 안 된다는 것이다.

Nguzo Saba를 Hill(1999)의 아프리카계 미국인의 힘(예를 들면, 강한 성취동기, 강한 노동 윤리, 가족의 역할에 대한 유연성, 강한 친족 간의 유대감, 및 강한 종교적 가치)에 대한 획기적인 연구와 통합하는 것은 임상의들로 하여금 가족 기능과 관련된 대처 및 적응 요인들을 다룰 수 있도록 해주었다. Hill의 주장은 이러한 힘들이 아프리카계 미국인 가족의 안정성의 기초라는 것인데, 그 이유는 사회적 및 정치적 기관들은 그들의 관심에 반대하고 있기 때문이다. 강한 친족 유대관계 체계는 반드시 누가 집 안에서 살고 집 밖에서 살고 있는지를 살펴봄으로써, 그리고 가족 구성원들 사이에 존재하는 가족의 유대관계의 유형을 살펴보고, 가족의 사회적 네트워크의 생존도를 분석함으로써 평가되어야 한다(예를 들면, 대부모 제도, 가족의 친한 친구, 교회의 집사 등). Umoja(unity)는 가족 구성원들 사이에 친밀도와 연결을 이해하는 데 사용될 수 있다. Akbar(2004)

는 "종종 묘사되는 아프리카 사람들 사이의 대가족은 일체의식의 관념과 연관이 있다"(p. 125)고 한다. 노예제의 조건하에서, 가족들은 강한 친족 관계를 유지하며, 임상의들이 왜 아프리카계 미국인들의 경험에 대하여 역사적 통찰력을 가져야 하는지를 보여주고 있다(Kardiner & Ovesey, 1962). 또한 Hill의 강한 종교적 가치의 사용은 Imani(믿음)의 원칙을 보완하고 있는데, 그 이유는 그것이 상담자로 하여금 가족들이 심리사회적 스트레스를 해소하기 위해서 어떻게 신앙에 기초한 대처방식을(예를 들면, 기도, 인도를 위하여 조상들에게 요청하기, 종교적 관습에 참여) 사용하는지 평가할 수 있게 해주기 때문이다(Mazama, 2002). Mazama는 영성의 사용은 디아스포라적 민족들에게 해방적 기능의 역할을 했던 보호적 요인임을 나타내고 있다.

아프리카 중심주의자들은 아프리카계 미국인들의 자부심은 그들의 가족 및 아프리카계 미국인 공동체를 향한 애착에 의하여 육성된다고 믿고 있다(Akbar, 1985, 2004; Karenga, 1989; Mbiti, 1969). 개인들은 그들이 속한 집단이나 부족으로부터 높은 관심을 받으며, 강한 성취동기, 강한 노동 윤리, 그리고 가족 역할의 유연성에 대한 Hill의 관점을 지지하고 있다. 게다가 Ujima(공동 노력 및 책임)는 이러한 전제 위에 쌓이는 것인데, 그 이유는 이러한 노력이 개인주의보다는 집합주의, 즉 보살핌의 공적 체계와 반대로 자신의 가족과 공동체에 지지를 바라며 의존하는 경향을 보이는 내담자들에게 있는 기능적 요인을 강조하기 때문이다. 아프리카 중심주의의 중심적 수칙을 뒷받침 하는 근거는 Mbiti(1970)의 입장이다: "나는 우리가 있기 때문에 존재한다. 그리고 우리가 있기 때문에, 내가 있다(p. 108)."

피부색, 머리 모양, 얼굴의 특징에 대한 불안에서 나타나는 자기혐오 반응의 형태를 취할 수 있는 내면화된 억압은 아프리카계 미국인 가족들의 심리치료 작업에서 표면화될 수 있는 잠재력을 가진다. 이전에 언급한 것처럼, 피부색은 가족 내에서 정체성과 대인관계 및 개인의 내적인 과정들을 구성하는 고질적인 문제이다. 연구(Akbar, 2004; Boyd-Franklin, 2003; Leary, 2005; Russell,

Wilson, & Hall, 1992)는 이 가족들 내의 더 밝은 피부색(및 머리 모양)은 특권과 아름다움의 감각을 고취할 수 있음을 보여주고 있으며, 형제들과 다른 가족 구성원들 사이의 격동을 야기할 수 있음을 보여준다. Russell et al.(1992)은 피부색 역학이 아프리카계 미국 공동체와 가족에서 유발되는 수많은 방법들에 대하여 기술하고 있다.

> 정체성은 다측면적이며 어떤 면에서는 모호한 개념이다. 흑인이라는 사실은 개인이 걷고 말하는 방법과 그의 가치, 문화 및 역사에 영향을 주며, 그 사람이 다른 사람들과 어떻게 연관이 되며, 그들이 어떻게 그와 연관이 되는지에도 영향을 준다. 그것은 개인의 초기 사회적 경험에 의하여 지배된다. 역사 및 정치, 의식적인 투입과 표시, 유전적 사고가 외모를 지배한다. 피부색은 정체성에 영향을 주는 것으로 보이지만, 복잡하고 표면적으로는 예측하기 어려운 방법으로 영향을 준다. (p. 62)

Boyd-Franklin(2003)은 비슷한 관점을 반복해서 말하고 있다. 즉, 밝은 피부색을 가진 아동은 가족 내에서 숭배되는 반면, 어두운 피부색의 아동들은 때때로 외면당하거나 평가절하된다는 것이다. 이러한 현상은 종종 비밀 유지로 끝이 나며, 무언의 소란을 만들 수 있으며, 가족 구성원들의 자부심을 약화시키게 된다(Boyd-Franklin, 2003). Latif와 Latif(1994)와 Leary(2005)의 상징, 즉 담론, 피부색 주제는 의미 있는 STS의 결과물로, 노예제도로 거슬러 올라갈 수 있는 것들이다(구체적으로는 들판에서 일하지 않고 특권을 누리고 주인의 집에서 일할 수 있었던 물라토[흑인-백인 혼혈아] 아이를 낳은 노예 여성의 강간). Boyd-Franklin(2003)은 동시대의 아프리카계 미국인 가족들은 계속해서 피부색 불안을 붙들고 싸우고 있으며, 수치심으로 인하여 그들의 감정을 전문가와 공유하는 것을 꺼릴 수 있음을 제시하고 있다. Nia(목적)와 Kujuchagulia(자기결정권) 및 Kuumba(창조성) 원칙을 치료에 활용하는 것은 개인들이 자아수용,

즉 내면화된 부정적 고정관념이 있는 사회적 추정에 대처할 수 있는 중요한 요인을 고려할 수 있도록 해준다. Akbar(1985)는 다음의 내용을 주장한다.

> 자아수용은 모든 긍정적 사회활동의 시작이다. 자신이 누군지 아는 것은 자신이 가진 잠재력의 최고를 알려주며 생산적인 자아 수용으로 이끌어준다. 자신을 받아들이는 것은 자신이 스스로를 좋아하며 자기 자신에 대해 헌신한다는 것을 의미한다. 자신을 수용하는 것은 자기 자신이 되고 원한다는 것을 의미하고, 다른 그 누구도 되고 싶어 하지 않음을 의미하며, 자기를 수용하는 사람은 자기 자신을 표현할 수 있는 어떤 일이든지 한다. 신체적 특징에서부터 문화적 특징에 이르기까지, 목적은 자기 자신을 표현하는 것이다. 자기를 수용하지 않는 사람은 자신의 특징을 바꾸고자 시도하며, 다른 사람처럼 보이고 싶어 한다.(p. 31)

중요한 점은 치료에서 Kwanzaa의 원칙들을 주입하는 것은 환경적 결핍과의 일상의 만남에서 나타나는 인지적 불화를 완화하는 수많은 가족들의 심리적 및 문화적 의식을 고취하는 역할을 한다는 것이다.

■

결론

아프리카계 미국 가족을 치료하는 데 있어서 아프리카 중심주의적 접근방식을 활용하는 것은 임상가들로서는 가족들이 가정에서 나타나는 특이한 역학과 인종차별적 억압에서 오는 스트레스 요인들에 대처할 수 있도록 도울 수 있는 하나의 중요한 방법이다. 치료에 있어서 아프리카 중심주의적 관점은 가족들의 사회적 위치를 구조화시켜 주고, 이들의 심리적 현실을 구성하기 위하여 인종, 억압, 그리고 가족의 삶의 교차가 일관성이 있는지에 대하여 통찰력을 제공한다. Nguza Saba는 치료과정에서 문화적, 정신적, 사회적 인식을 불어넣기 위해 사용될 수 있다. 한걸음 더 나아가서, 치료에 대한 아프리카 중심주의적 접근은 가족들이 Nguza Saba의 주제적 요소들, 즉 문화적 자부심, 유산, 영성, 믿음, 대응, 및 자기 효능감에 연결시킬 수 있도록 해준다. 아프리카계 미국인 가족들과의 치료작업에 있어서 이러한 주제들의 권한부여 효과는 어느 곳에나 존재하는 제도화된 문화적 및 인종차별주의적 억압의 환경에도 불구하고 생존하고 번영하고자 하는 탄력성과 결정을 확인해준다.

참고문헌

Akbar, N. (2004). *Akbar papers in African psychology.* Tallhassee, FL: Mind Productions.

_________ (1985). *The community of self.* Tallahassee, FL: Mind Productions.

Altman, N. (1995). *The analyst in the inner city: Race, class and culture through a psychoanalytic lens.* Hillside, NJ: The Analytic Press.

Asante, M. K. (1987). *The Afrocentric idea.* Philadelphia: Temple University Press.

___________ (1990). *Afrocentricity: The theory of social change.* Buffalo, NY: Amuleft Publishing.

___________ (2007). *The Afrocentric manifsto: Towards an African resistance.* Cambridge: Polity Press.

Aymer, S. R. (2010). Clinical practice with African-American men: What to consider and what to do. *Smith College studies in Social Work, 80*(1), 20-34.

Billingsley, A. (1968). *Black families in White America. Englewood Cliffs,* NH: Prentice Hall.

Boyd-Franklin, N. (2003). *Black families in therapy: Understanding the African American experience.* New York: Guilford Press.

Cooper, M. G., & Lesser, J. G. (2008). *Clinical social work practice: an integrated approach*

(3rd ed.). Boston, MA: Allyn & Bacon.

Davis, A. K., Williams, A. D., & Akinyela, M. (2010). An Afrocentric to building cultural relevance in social work research. *Journal of Black Studies, 41*(2), 338-350.

Fanon, F. (1963). *The Wretched of the earth.* New York: Grove Press.

Grier, W. H., & Cobbs, P. M. (1968). *Black rage.* New York: Basic Books.

Hadley, M. (2008). Relational theory: Inside out, and outside in, in between, and all around. In J. Berzoff & L. M. Flanagan (Eds.), *Inside out and outside in: Psychodynamic clinical theory and psychopathology in contemporary.* New York: Jason Aronson.

Herman, J. L. (1992). *Trauma and recovery: The aftermath of violence from domestic to political terror.* New York: Basic Books.

Hill, R. B. (1999). *The strengths of African American families: Twenty-five years later.* New York: University Press of America.

Johnson, J. E. (1982). The Afro-American family: A historical overview. In. B. N. Bass, G. E. Wyatt, & G. P. Powell (Eds.), *The Afro-American family: Assessment, treatment, and research issues.* New York: Harcourt Brace Jovanovich.

Karenga, M. (1989). *The African American holiday of Kwanzaa: A celebration of family, community and culture.* Los Angeles, CA: University of Sankofa press.

Kardiner, A., & Ovesey, L. (1962). *The mark of oppression.* Cleveland, OH: World Publishing.

Latif, S., & Latif, N. (1994). *Slavery: The African American psychic trauma.* Chicago: Latif Communications Group.

Leary, J. G. (2005). *Post Traumatic Slave Syndrome: America's legacy of enduring injury and healing.* Milwaukie, OR: Uptone Press.

Majors, R., & Mancini Billson, J. (1992). *Cool pose: The dilemmas of Black manhood in America.* New York: Lexington Books.

Mazama, M. A. (2002). Afrocentricity and African spirituality. *Journal of Black Psychology, 3*, 218-234.

Mbiti, J. (1969). *African religions and philosophy.* Oxford England: Heinemann Educational Books.

Mendes, H. A. (1982). The role of religion in psychotherapy with Afro-Americans. In B. N. Bass, G. E. Wyatt, & G. P. Wyatt (Eds.), *The Afro-American family: Assessment, treatment, and research issues.* New York: Harcourt Brace Jovanovich.

Poussaint, A. E., & Alexander, A. (2000). *Lay my burden down.* Boston, MA: Beacon Press.

Russell, K., Wilson, M., & Hall, R. (1992). *The color complex: the politics of skin color among African Americans.* New York: Harcourt Brace Javanovich.

Schiele, J. H. (1996). Afrocentricity: An emerging paradigm in social work practice. *Social Work, 41*(3), 284-285.

Staples, R. (1982). *Black masculinity: The black male's role in American society.* San Francisco. CA: Black Scholar Press.

Thomson, C. E., & Neville, N. (1999). Racism, mental health, and mental health practice. *Counseling Psychologist, 27*(2), 155-223.

11

히스패닉계 미국인과 가족을 위한 임상 실천: 생태학적 관점

Manny J. González and Gregory Acevedo

히스패닉Hispanic은 1970년 미국 통계국에 의해서 만들어진 용어이다. 라틴계Latino[2]는 미국 내 히스패닉의 일상생활을 설명하는 언어적인 관습에서 발생된 말로 그들 스스로를 지칭하는 용어이다. 라틴계라는 용어는 2000년 미국 인구조사에서 처음으로 등장했다. 히스패닉의 범주는 분류되거나 정의될 수 있지만 여전히 "기반을 다져가는 중"이다(Torres-Saillant, 2002). 미국 내 범민족적 히스패닉계 인구는 이민 상태(미국에서 외국태생의 히스패닉계는 라틴계와 전체 외국태생 인구의 상당한 부분을 차지함), 국적, 인종/민족, 언어 사용 및 능력, 거주지, 사회경제적 지위와 같은 중요한 특성에 따라 유동적이다. 히스패닉계와 라틴계 범주에 포함되는 공통된 요소로서 압도적인 스페인어 사용, 사회역사적 · 지리정치학적 영향의 유사성, 사교적인 성격, 개인적인 감정, 그리고 스페인어권에서 생활하는 지리공간적 배경 등을 들 수 있다.

2 "라티노Latino"와 "라티나Latina"라는 용어는 스페인어 "라틴계"의 남성형 및 여성형을 일컬음.

표 11.1 | 출생지 및 유형에 따른 히스패닉 인구

	2000		2010		2000~2010 인구변동	
	명	%	명	%	명	%
전체 히스패닉	35,305,818	100.0	50,477,594	100.0	15,171,778	43.0
출생지 및 유형						
멕시코계	20,640,711	58.5	31,798,258	63.0	11,157,547	54.1
푸에르토리코계	3,406,178	9.6	4,623,716	9.2	1,217,538	35.7
쿠바계	1,241,685	3.5	1,785,547	3.5	543,862	43.8
기타 히스패닉/라틴계	10,017,244	28.4	12,270,073	24.3	2,252,829	22.5
도미니카계	764,945	2.2	1,414,703	2.8	649,758	84.9
중앙아메리카계	1,686,937	4.9	3,998,280	7.9	2,311,343	137.0
코스타리카계	68,588	0.2	126,418	0.3	57,830	84.3
과테말라계	372,487	1.1	1,044,209	2.1	671,722	180.3
온두라스계	217,569	0.6	633,401	1.3	415,832	191.1
니카라구아계	177,684	0.5	348,202	0.7	170,518	96.0
파나마계	91,723	0.3	165,456	0.3	73,733	80.4
살바도르계	655,165	1.9	1,648,968	3.3	993,803	151.7
기타 중앙 아메리카계	103,721	0.3	31,626	0.1	-72,095	-69.5
남아메리카계	1,353,562	3.8	2,769,434	5.5	1,415,872	104.6
아르헨티나계	100,864	0.3	224,952	0.4	124,088	123.0
볼리비아계	42,068	0.1	99,210	0.2	57,142	135.8
칠레계	68,849	0.2	126,810	0.3	57,961	84.2
콜럼비아계	470,684	1.3	908,734	1.8	438,050	93.1
에쿠아도르계	260,559	0.7	564,631	1.1	304,072	116.7
파라과이계	8,769		20,023		11,254	128.3
페루계	233,926	0.7	531,358	1.1	297,432	127.1
우루과이계	18,804	0.1	56,884	0.1	38,080	202.5
베네수엘라계	91,507	0.3	215,023	0.4	123,516	135.0
기타 남 아메리카계	57,532	0.2	21,809		-35,723	-62.1
스페인계	100,135	0.3	635,253	1.3	535,118	534.4
전체 기타 히스패닉/라틴	6,111,665	17.3	3,452,403	6.8	-2,659,262	-43.5

※ 출처: Ennis et al. (2011a).

2010년, 미국 내 히스패닉 인구(푸에르토리코 제외)는 5천만 명 이상(50,477,594)에 달하였다. 2000년과 2010년 사이에, 히스패닉계는 1,520만 명 정도 증가했는데, 이는 43%의 증가에 해당된다(미국 전체 인구 증가율인 9.7%의 4배). 라틴계는 미국에서 증가한 전체 2,730만 명의 절반 이상을 차지하였다(Ennis, Rios-Vargas, & Albert, 2011a). 2010년, 멕시코계는 전체 미국 히스패닉계 인구의 63%를 차지했다. 2000년과 2010년 사이에 멕시코계는 54% 증가(2000년 2,060만 명에서 2010년 3,180만 명)했는데 이들은 2000년과 2010년 사이에 전체 히스패닉계 인구 증가의 약 4분의 3을 차지했다(Ennis, Rios-Vargas & Albert, 2011b).

전통적으로 "빅 3"에 해당하는 멕시코계, 푸에르토리코계, 쿠바계가 전체 히스패닉계 인구의 대부분(2010년 인구조사에서 약 4분의 3 정도)을 차지하는 가운데, 다른 국적을 가진 히스패닉 또한 상당히 증가하고 있다(미국 히스패닉계 인구를 자세하게 분류한 표 11.1 참고). 2000년과 2010년 사이에 과테말라계는 180% 증가하였고, 살바도르계는 152%, 콜롬비아계는 93%, 도미니카계는 85% 증가하였다(Lopez & Dockterman, 2011). 쿠바계와 푸에르토리코계는 각각 44%와 36%로 다소 주춤하였다(미국에서 대다수를 차지하는 히스패닉계 하위집단을 자세하게 분류한 표 11.2 참고). 몇몇 특정 라틴계 집단이 수적으로 매우 우세하지만, 이는 주와 도시 지역에 따라 다르다(Lopez & Dockterman, 2011).

미국에서 라틴계가 경험한 역사적으로 중요한 맥락은 사회적 소외, 빈곤, 정치적인 특권의 박탈이다. (비록 미국 내 히스패닉계 인구의 절반 이상이 미국 태생이지만) "불법" 또는 밀입국 이민과 연관된 낙인으로 인해, 일반인들의 인식, 논쟁, 정책의 초점은 라틴계 이민자들에게 맞추어져 있고, 이는 그들의 합법적인 신분 또는 태생이 어떻든 상관없이 전체 라틴계에 영향을 주고 있다. 남부 빈곤 법률센터the Southern Poverty Law Center의 최근 보고서(2009)는 "모든 라틴계가 아마도 밀입국 신분이라는 추측으로 인해서, 합법적인 신분에 있는 이들에게도

표 11.2 | 미국 내 최대 히스패닉계 하위집단

출생 국가	인구
멕시코계	31,798,000
푸에르토리코계	46,240,000
쿠바계	1,786,000
살바도르계	1,649,000
도미니카계	1,415,000
과테말라계	1,044,000
콜롬비아계	909,000
온두라스계	633,000
에콰도르계	565,000
페루계	531,000

※ 출처: Lopez & Dockterman(2011).

차별이 미치고 있다"(p. 5)고 밝혔다. 미국의 히스패닉계 이민자들과 미국 태생 라틴계들은 현재 수많은 정책 관련 논쟁에 휩쓸리고 있다. 이러한 논쟁의 주제가 되는 이슈로서 이민 및 국경지역 통제를 포함해 피부색이 다른 이들의 삶을 규제하기 위해 만들어진 정책과 시민권, 2개 국어 교육, 복지 개혁, 노동권과 관련된 정책 실행 등을 본질적인 실례로 들 수 있다(Acevedo, 2010).

히스패닉계는 미국의 사회문화적, 정치적, 경제적인 생활에서 중요한 부분을 차지하고 있고 미국의 인구학적 조망을 변화시키고 있다. 라틴계는 미국에서 가장 빨리 증가하고 있는 "소수" 집단이다(Ennis et al., 2011a). 히스패닉계는 미국 노동력의 실질적인 부분을 차지하고 있다거의 15%이고 2018년까지 18%까지 증가할 것으로 전망됨(National Institute for Latin Policy, 2011). 그러나 히스패닉계는 사회경제적으로 매우 취약한 상태에 있다. 임금 및 부의 심한 격차, 높은 빈곤율과 실업률, 낮은 교육 수준 등은 현재 라틴계의 사회경제적 상태를 특징짓고 있다. 저명한 사회학자인 Douglas S. Massey 교수는 최근 뉴욕타임즈의 논평란에 "지난 20년 이상, 히스패닉계는 사회경제적인 위계질서에서 흑인과 백인의 중간에서 이들보다 낮은 위치로 이동하였다. 사실상 사회경제적 복지의 모든 지표에서, 히스패닉계는 흑인들과 비교해서 상대적으로 떨어졌다(Massey, 2011)"고 밝혔다.

미국 내 히스패닉계의 전반적인 특성, 라틴계의 경험을 결정하는 사회문화적, 정치적, 경제적인 역동성, 언어적인 차이와 이민 상태를 포함해서 다양한 국적을 가진 히스패닉 집단 간 그리고 집단 내의 차이점을 비추어볼 때, 이들을 위한 역량 있는 사회복지실천을 터득하는 과업은 더욱 중요해진다. 이주 경험과 복잡한 개인 및 사회환경의 교류와 연관된 심리사회적인 문제는 문화적으로 역량 있는 치료 모델 또는 히스패닉계 개인과 가족에게 적합한 임상 실천 접근과의 관련성 그리고 이들의 욕구를 정당화하기에 충분한 이유가 된다. 많은 히스패닉들이 계속적으로 직면하고 있는, 이주로 인한 급성 스트레스 요인은 대규모로 증가하는 이들 집단의 심리사회적인 안녕과 대처능력을 해치는 억압적인 일상생활의 정황을 만들어내면서, 경제적, 교육적, 사회적인 영역에서 이들이 지속적으로 뒤처지는 경향으로 반영되고 있다. 생태학적 관점과 사회복지실천의 생애 모델 원리를 바탕으로(Gitterman & Germain, 2008), 이번 장에서는 히스패닉계 가족을 위한 임상 실천의 개요가 제시된다. 생태학적 관점은 최적의 신체적, 심리적, 사회적인 안녕을 침해하는 사회환경적인 변수들(예: 인종적 편견, 차별, 빈곤) 뿐만 아니라 문화적으로 다양한 배경을 가지고 있는 클라이언트들이 경험하는 심리사회적인 문제에 대해서 임상가들이 이해할 수 있도록 돕는다. 개별 또는 가족치료 과정에서 개인의 정신건강에 영향을 미치는 문화적인 요소에서 성격 구조 및 그와 관련된 문제를 따로 떼어 생각할 수 없기 때문에, 이번 장에서는 히스패닉계 개인과 가족의 핵심적인 문화적 특성과 함께 그와 관련된 문화적으로 역량 있는 임상실천이 강조될 것이다. 또한 히스패닉계 가족에게 효과적인 심리사회적 개입을 위한 치료 권고 사항과 전략이 이번 장 전반에 걸쳐 강조될 것이다.

■

히스패닉계 개인과 가족의 문화적인 특성

히스패닉계 클라이언트를 위한 임상적 돌봄은 실천가들이 효과적인 심리치료와 문화적으로 일치된 치료를 제공할 때 특수한 문화적인 가치 또는 특성이 어떻게 직접적으로 영향을 주는지에 대한 이해를 바탕으로 예측되어져야 한다. Sandoval과 De la Roza(1986), 그리고 다른 히스패닉 전문가들(Gil, 1980; González & Gonález-Ramos, 2005; Santiago-Rivera, Arredondo, & Gallardo-Cooper, 2002)은 히스패닉계의 심리사회적 스트레스와 사회 기능 개선에 사용되는 치료 전략을 특징짓는, 눈에 띄는 문화적인 가치 및 특성을 확인하고 설명해왔다. 그 가치와 특성의 예로서 친절simpatía, 대인지향적personalismo, 가족지향적familismo, 존경respeto, 신뢰confianza 등을 들 수 있다. 또한 여성의 자기희생marianismo과 남성의 자존감 및 책임감machismo은 치료적 접근과 결과에 영향을 미칠 수 있는 전통적인 히스패닉계 경험의 일부분이 되는 두 가지 성적 역할이라 할 수 있다. 여성의 자기희생과 남성의 자존감 및 책임감은 히스패닉들이 개인 내 및 대인 간 응집력을 유지할 때 이들의 실제적인 중심성이 분명하지 않을 경우에 사용되는 통상적이고 경멸적인 용어라 할 수 있다.

종교나 영성spirituality 또한 전통적인 히스패닉계의 경험에 대한 정보를 제공해주며 임상 사회복지실천의 치료과정을 강화하기도, 때로는 도전을 가하기도 한다. 임상실천가들은 라틴계 집단 내(예: 쿠바계, 멕시칸계, 푸에르토리코계)의 차이점과 상관없이, 히스패닉들이 이러한 전통적인 특성에 기반한 유사점을 공유하고 있음을 염두에 두어야 한다. 그러나 히스패닉계의 문화적응 정도, 사회경제적 지위, 가족 및 젠더 역할 등은 이들의 전통적인 문화 가치 및 특성에 대한 집착과 임상 서비스 이용, 심리사회적 치료의 폭넓은 적용에 영향을 주게 될 것이다. 히스패닉계의 전통적인 문화 가치/특성의 예와 이러한 특성이 임상 및 정신건강 서비스 제공에 어떠한 영향을 주는지 설명하면 다음과 같다.

- **친절**simpatía _친절은 소위 좋은 사람들buenagente과 연관이 있다. 히스패닉계는 느긋하고 호의적이며, 함께 하면 즐거운 사람들에게 끌린다. 친절은 정중함과 즐거움에 부여된 가치이다. 이러한 특수한 인종-문화적 가치의 중요한 한 구성요소로서 적대적인 직면의 회피를 들 수 있다.
- **대인지향성**personalismo _문화적 특성/가치로서의 대인지향성은 제도적이거나 일반적인 태도라기보다는 히스패닉계 환자들이 개인적으로 서비스 제공자들과 관계하는 경향에 반영된다. 히스패닉계 클라이언트들은 진심어린 상호관계를 통해서 임상가들과 따뜻한 개인적인 관계를 발전시키기를 기대한다.
- **가족지향성**familismo _가족지향성은 개인보다 중요시되는 핵가족 및 확대가족에 대한 집합적인 충성심을 지칭한다. 히스패닉계 문화 내의 확대 가족은 생물학적으로 맺어진 가족 뿐만 아니라 대부모 관계compadrazco를 통해 가족체계에 합류하는 구성원들도 포함한다. 생물학적 부모는 아이의 세례식 전에 대부모godparents를 선택한다. 역사적으로, 이러한 관습은 가톨릭교 신앙과 직접적으로 연결되어 있다. 대부모는 특히 제도적이거나 정서적인 지지가 필요한 위기 상황에서 히스패닉계 가족으로서의 중요한 자원이 되는 역할을 맡게 된다. 가족지향성이라는 이 문화적 가치는 매우 문화 적응이 잘된 가족들에게도 강하게 남아 있다(Santiago-Rivera et al., 2002).
- **존경**respeto _존경은 나이, 성별, 사회적 지위, 경제적 지위, 그리고 권위에 기반해서 다른 사람들에게 보이는 적절한 경의의 행동을 말한다. 히스패닉계 공동체 내에서, 연장자들은 젊은이들로부터, 여성은 남성으로부터, 남성은 여성으로부터, 성인은 어린이들로부터, 교사는 학생들로부터, 고

용주들은 직원들로부터 존경을 기대한다. 하지만 임상가들은 히스패닉계 문화 내의 존경이 상호 호혜적인 존경을 의미한다는 사실을 명심해야 한다. 전문가로서 존경을 받는 임상가 또한 클라이언트에게 연령, 성별, 기타 다른 사회문화적 특성에 기반한 정중한 태도를 보여야 한다.

- **신뢰**confianza _ 신뢰는 관계에 있어서 친분과 친밀함을 의미한다. 스페인어로 이 용어는 비공식성과 대인관계의 편안함을 내포한다. 히스패닉계 클라이언트들과 신뢰관계를 발전시킬 수 있는 임상가들은 환자의 심리적인 상태의 향상과 함께 정신건강 및 심리사회적 치료 권고안에 따르는 환자의 의지 정도를 결국에는 알아차릴 수 있을 것이다.

특히 위에서 언급된 차별화된 문화적인 가치와 기대감에 바탕을 둔 최고의 관계적 상태로서의 신뢰를 고려한다면, 계약을 맺고 임상적으로 함께 일하는 협조 관계의 유지도 이와 비슷하게 정의될 수 있음에 주목해야 한다. 문화적인 민감성을 지닌 실천가가 이러한 히스패닉 특유의 개념이 모든 사람들과 일할 때 실제적인 지침을 제공한다는 사실을 명심한다면 생산적인 임상 과정을 발전시키고 유지하는 데 도움을 받을 수 있다. 히스패닉계 클라이언트와 함께 일할 때 임상가는 의식적으로, 특히 임상가의 문화적인 성향과 일치하지 않은, 문화적인 관습을 좀 더 공개적으로 제시하도록 클라이언트에게 요청해야 할지도 모른다. 하지만 공감/감정이입, 존경, 개성, 신뢰 등의 본질적인 특성은 대부분의 모든 대인관계에 폭넓게 적용된다.

가장 공통된 히스패닉계의 전통적인 가치와 특성의 본질은 다음과 같이 요약될 수 있다: (a) 핵가족과 확대가족 구성원들 간의 일체감과 의존성, (b) (핵/확대) 가족이 연소자와 노인들을 돌볼 것이라는 기대감, (c) 유연한 시간 감각 – 많은 히스패닉계 클라이언트들이 현재–시간 관념에 충실함, (d) 적당한 상황에서 신체적인 접근과 접촉이 대화 또는 대인관계 중에 기대될 수 있음, (e) 전통, 전통적인 가족, 그리고 사회적인 역할에 대한 존중(Taylor, 1989).

젠더에 국한된 역할

젠더 역할에 대한 기대와 가치는 전이와 역전이가 클라이언트-치료자 관계 내에서 문화적인 괴리와 오해를 가장 강하게 발생시킬 수 있는 부분이다. 젠더 역할 구분은 히스패닉계 관계망에 있어서 중요한 구성 요소이다. 히스패닉계 가족 구조 내에서 전통적인 젠더 역할은 본질적으로 순종적인 여성성marianismo과 우월한 남성성machismo의 개념과 연관되어 있다. 히스패닉계 여성의 사회화와 관련된 여성성이라는 용어는 여자아이들이 순수하고, 잘 견디고, 아이를 잘 낳아 기르고, 경건하고 도덕적이며, 순종적이면서도 정신적으로 남성보다 더 강한 여성과 어머니로 성장해야 한다는 의미를 내포하고 있다(Gil, 1980). 여성성이라는 개념은 종교적으로 성모 마리아와 연관성이 있기 때문에 가톨릭의 신앙과 직접 관련된다. 비록 여성성이 히스패닉계 여성을 고분고분하고, 자기 희생적이고, 순종적으로 보이도록 하는 데 기여했지만, 가족 체계적인 관점에서 여성(특히 어머니들)이 그 가족 구조 내에서 무언의 힘을 가진 존재임은 확실하다.

임상가들은 히스패닉계 여성 클라이언트의 순종성을 자신감이나 자기주장이 결핍된 것으로 보지 않도록 주의할 필요가 있다.

만약 임상가가 존경을 쉽게 드러내는 클라이언트에 대해, 그 클라이언트가 다른 사람들을 대하는 태도가 임상적인 초점으로 대두된 문제에 내재하는지 또는 그렇지 않은지를 파악하는 것이 아닌, 젠더의 역할 자체에 초점을 맞춘다면, 임상적인 잠재력을 상당히 상실할 수 있다. "남성성, 순종, 그리고 복종 – 복종의 일종의 도착증상으로서의 남성성Masochism, Submission, and Surrender-Masochism as a Perversion of Surrender"이라는 영향력있는 논문에서, Ghent(1990)는 존경심을 무기력감이나 자기 비하와 명확하게 구분하고 있다. 명백한 행동에 대해 피상적인 평가를 내리지 않고 클라이언트가 말하는 의미와 방법에 대해 공감적으로 이해하려고 노력하는 문화적인 감수성과 임상적인 기술을 지닌 실천가는, 만약 히스패닉 가치가 지시하는 대로 보호적인 요소와 상호 호혜적인 관계로 조화를 이룬다면, 우세한 힘에 대한 복종이 일종의 타당한 관계-대인관계적인 역학임을 이해할 수 있을 것이다. 클라이언트가 지닌 의미와 가치에 대한 문화적, 개인적 속성에 따르는 것은 다른 세계관을 지닌 클라이언트와 함께 일할 때 요구되는 구성주의자적, 반실증주의자적 실천의 주춧돌이 된다(Jordan, 2010).

히스패닉계 남성의 젠더 역할 사회화는 남성성을 구성하는 핵심이다. 남성성은 일반 사회과학 문헌에서 남성-여성 관계 내에서 정력, 교만, 성적 공격성을 추종하는 것으로 정의된다(Santiago-Rivera et al., 2002). 그러나 Sandoval과 De la Roza(1986)는 히스패닉 관점에서 남성성이 자기 가족을 보호하고 방어하기 위한 책임을 일컫는다고 기술하고 있다. 가족, 친구, 지역사회에 대한 충성과 책임감은 히스패닉계 남성을 좋은 남자가 되도록 만든다. 히스패닉계 남성은 존경받고 책임감이 있는 남성이 되도록 기대되어진다. 히스패닉 가족 구조 내에서, 남성(특히 아버지와 남편)은 명령을 내리고 다른 이들로부터 존경을 기대한다. 임상치료 계획을 성공시키기 위해서, 실천가들은 이러한 기대된 존경심을 히스패닉계 성인 남성 클라이언트에게 제공하는 기술을 터득해야 한다. 히스패닉계 남성과 여성의 남성성과 여성성의 개념 및 문화적 정의에 집착하는 정도는 문화적응 과정에서 결정될 수 있음에 주목할 필요가 있다. 이러한 전통적인 역할에 대한 집착은 3, 4세대 히스패닉계보다는 최근에 이민 온 히스패닉계에게서 더욱 뚜렷하게 드러난다. Sandoval과 De la Roza(1986, p. 174)는 남성성이 정신건강 서비스 전달에 미치는 영향에 대해 주목했다.

> 남성성은 치료적 개입, 특히 가족치료에 커다란 영향을 주는 히스패닉의 문화적 특성 중 하나이다. 남성성은 히스패닉계 남성이 여성보다 왜 상황이 더욱 악화되어서야 도움을 구하는지에 대한 이유가 될 수 있다. 분명히 히스패닉계 남성은 정신건강 원조를 구하기 위해서 더 큰 고통의 상태에 있을 필요가 있다. 남성성은

치료 과정에 부정적인 영향을 줄지도 모른다. 부부치료나 가족치료의 참여를 남성들이 거부하는 이유는 보통 이러한 치료에의 참여가 자신의 성실함이나 권위에 악영향을 미친다고 인식하기 때문이다.

종교와 영성

다문화적 정신건강 및 심리치료에 관한 문헌(Flores & Carey, 2000; Gonzáles & González-Ramos, 2005; Santiago-Rivera et al., 2002; Sue & Sue, 1999)은 소수민족집단인 히스패닉계의 종교적 또는 영적 믿음에 대한 고착이 임상 사회복지 과정에 어떠한 영향을 주는지에 대해 기술하고 있다. 정신건강 관점에서, 종교와 영성은 개인이 자신의 심리적 세계와 사회환경을 바라보고 연결시키는 방법에 영향을 줄 수 있다. 예를 들어, Comas-Diaz(1989)는 종교가 정신질환과 치료에 대한 히스패닉계의 신념뿐만 아니라 건강관리 행동에도 영향을 미친다는 사실에 주목하였다. 종교적(교파적)인 가치가 고통과 순교자적 고난(자기 부정)에 있을 때, 어떤 히스패닉들은 정신건강 치료를 받지 않기로 선택할 수도 있다(Acosta, Yamamoto, & Evans, 1982). 여성성 및 남성성과 관련하여 위에서 언급한 대로, 문화적인 감수성에 관한 실천원리(Harper & Lanz, 1996)는 심리사회적인 문제가 어떻게 클라이언트의 문화관과 융합되는 방식으로 접근될 수 있는지에 대해 공개적이고 상호건설적으로 탐색해야 한다고 규정하고 있다.

역사적으로, 히스패닉계는 가톨릭 신자로서의 자기정체성을 지니고 있다. 하지만 개신교 교파로의 개종이 라틴계 사회 내에서 드문 현상은 아니다. 현재, 많은 히스패닉들이 오순절교, 제7일 안식일 재림파, 복음교회파 신도들이다. 제도적으로 조직화된 종교 신앙 체계를 고수하는 것 이외에, 일부 히스패닉들은 산테리아santería•, 심령술epíritismo, 민간요법curanderismo과 같은 조상 전래의 영적 의식을 믿는다고 공언할 수도 있다. 임상가는 종교적인 신념과 자기 정의 또는 문제 접근성 간의 상호 침투를 구별할 의무가 있다.

히스패닉계는 적대적인 사회환경 맥락에서 생존 매커니즘으로서 종교와 영성을 사용한다. 예를 들어, 이민자들에게 종교는 환영받지 못하는 침입자로서 미국에 입국한다는 독소적인 정서적 느낌을 완화해주는, 완충장치로서 기능하고 있다. Urrabazo(2000)는 미국 국경을 넘을 당시, 물건을 빼앗기거나, 강간을 당하거나, 구타당한 경험이 있는 히스패닉계 불법 이민자들이 치료를 받을 수 있도록 원조할 때 신앙심과 종교에 치료적인 잠재성이 있음에 주목하였다. 종교는 계속적인 인종차별과 편견, 사회 부정의라는 현실에 처해 있는 히스패닉계를 정서적으로 지지하는 것으로 보인다. 심리적인 위기나 환경적인 어려움이 있을 때, 히스패닉계의 종교적인 믿음체계는 기존의 임상 사회복지실천에 부속된 보완제로 사용될 수도 있다. 임상가들은 많은 히스패닉들에게 교회가 상호 원조와 사회적 지지의 기회를 제공하고 있음을 인지해야 한다. 예를 들어, 도시의 히스패닉계 거주지역에서 거리에 인접한 건물에 들어선 교회 수의 증가는 자기 타당성, 다른 사람들과의 교류, 안내, 그리고 사회적 지지를 발견할 수 있는 "힐링 공동체"에 속하고자 하는 많은 히스패닉들의 열망을 이해할 수 있는 증거가 된다고 Urrabazo(2000)는 평하였다.

라틴계 및 캐리비언계 미국인들에게 종교와 영성은 중요하기 때문에, 히스패닉들이 건강이나 질병을 신체적인 것과 정신적인 것으로 이분화하지 않음에 주의해야 한다. 즉, 히스패닉 문화는 좀 더 통합적이거나 상승적인 관점에서 건강과 심리적인 안녕을 바라보는 경향이 있다. 이러한 관점은 신체, 마음, 그리고 정신espíritu을 포함하는 하나의 연속체 안에서 표현된다. 따라서 히스패닉

• 요르바족의 종교와 가톨릭이 합쳐진 종교 의식

민간에서 사용하는 많은 질병 원인에 관한 개념은 공포, 분노, 질투와 같은 부정적인 감정 상태를 격렬하게 경험한 이후에 발생하는 좋지 않은 결과와 연관되는 것으로 보인다(The National Alliance for Hispanic Health, 2001). 이러한 문화적인 병폐의 치료는 정화, 사회 통합, 그리고 때로는 고해를 포함하는 다양한 사회영성적sociospiritual 의식에 기반하고 있다(Mexican Permanente Foundation, 2000). 히스패닉들은 신체적 또는 정서적인 질병의 증상 완화를 위해서 흔히 멕시칸 민간 치료사curanderos, 심령술사espíritistas, 쿠바계/푸에르토리코계 민간 치료사santeros와 상담을 할 수도 있다.

신경과민: 문화적으로 속박된 신체적 · 정서적 증후의 예시

신경과민Nervios은 초조함, 수면 장애, 식욕 상실, 두통, 특이하지 않은 쑤심과 통증을 지칭한다(Kaiser Permanente Foundation, 2000; The National Alliance for Hispanic Health, 2001). 신경과민은 흔히 대인관계 영역에서 특히 만성적이고 부정적인 삶의 환경을 경험하는 것과 연결되어 있다. 따라서 이렇게 문화적으로 속박된 증후군은 높은 수준의 사회적인 스트레스와 비순응적인 대인관계 및 의사소통을 경험하는 개인에게 자주 나타날 수 있다. 신경과민과 밀접하게 연관된 신경 발작ataque de nervios은 무언증, 과도한 호흡, 운동 항진증, 그리고 의사소통이 불가능한 특징이 있는 발작으로 전환된 증상이다(Guarnaccia, De la Cancela, & Carillo, 1989; Lewis-Fernandez & Kleinman, 1994). 신경 발작은 공포 발작과 유사할지도 모르지만, 정신건강 전문가들은 이를 혼동해서는 안 된다.

위에서 설명한 문화적으로 속박된 상태의 치료를 위해 찾게 되는 민간 치료사들(예를 들어, 멕시칸 민간 치료사, 심령술사, 쿠바계/푸에르토리코계 민간 치료사)은 흔히 특수한 연고를 이용한 마사지, 기도, 양초, 허브 차, 목욕, 가톨릭의 성인들이나 성령에게 하는 기도 등과 같은 다양한 방법을 사용하면서 특별한 종교적/영성적인 의식을 수행하게 된다. 많은 히스패닉들이 질병과 초자연적인 세계의 연관성에 대해 수용하고 있다는 문화적인 이해는 이들의 민간 치료에 대한 집착을 예견하게 한다. 따라서 심령과 마술은 심리적 또는 신체적인 스트레스 요인을 유발하거나 의미심장하게 기여할 수 있다. 질병은 또한 유해한 공기, 지나친 추위와 열, 세균, 먼지, 두려움, 질투, 수치심과 같은 외부적인 환경 또는 내부적(개인적)인 요인들과 연결되어 있을 수도 있다. 미국 내 히스패닉계의 심리적인 상태를 증진하는 데 목적을 둔 임상적인 노력은 아마도 많은 히스패닉들이 도움을 구하는 행위로서의 의료–생물학적 모델과 증상 완화의 영성적 모델 모두에 순응할 것이라는 이해에 바탕을 두어야 한다.

■

생태학적으로 설명되는 치료: 전략과 제언

틈새, 적응, 거래, 상호 호혜와 상호 의존, 사람과 환경 간의 적합 정도를 강조한 생태학적 관점은 히스패닉의 인생 경험을 분석하는 데 안성맞춤이다. 사회생태학, 생활주기 발달, 수직적 및 수평적 스트레스 요인에 민감하게 관심을 둔, 생애 모델life model(Germain & Gitterman, 1995; Gitterman & Germain, 2008)은 사정을 하고 개입 전략을 세울 때 히스패닉계 클라이언트들이 경험하는 임상적인 도전에 대해 설명해 줄 수 있는 실천 접근이다. 이는 생태학적 접근과 생애 모델이 히스패닉계 개인과 이들 가족들의 정신건강 및 심리사회적 욕구를 이해하는 데 효율적으로 활용될 때 명확하게 증명된다.

생태학과 자아 심리학에 바탕을 둔, 사회복지실천의 생애 모델은 인간이 사회환경의 차별적인 측면들과 교환하면서 끊임없이 적응하는 것으로 보고 있다. 인간과 사회환경은 상호작용하고 거래적인 매트릭스 내에서 교환한다(Gitterman & Germain, 2008). 인간과 환경은 서로가 특정한 상황하에서 상대에게 끊임없이 영향을 주는 관계의 견지에서 이해될 수 있다.

Gitterman(2009)은 생애 전반을 통해서, 사람들이 자신들을 둘러싼 환경에 조화롭게 적합하기 위해 애쓴다는 점에 주목했다. 이러한 조화로운 적합성은 흔히 자기효율성 —또는 개인이 다양한 사회환경 내에서 생존하고 번성해 나가는 자신의 능력에 대해 긍정적이고 희망적으로 느낄 때— 과 삶을 지탱할 수 있는 자원의 제공을 통해 환경이 인간의 욕구에 반응함으로써 성취된다. 반대로, 이러한 조화로운 적합성은 개인의 대처 능력이 결여될 때 또는 그러한 능력이 심리사회적인 스트레스와 해로운 환경적인 상황으로 위기를 맞게 될 때 심각하게 침해될 수 있다. 생애 모델 내에서(Germain & Gitterman, 1980), 스트레스는 인간의 욕구 및 능력 그리고 환경적인 특성 간의 불일치로 발생되는 심리사회적인 상태로 개념화된다. 심리사회적 상태로서의 스트레스는 개인적 그리고 환경적인 복잡한 거래의 부산물이다.

생애 모델에 기반한 실천의 핵심적인 신조는 개인이 삶의 과정에서 스트레스에 직면하거나 생활 스트레스 요인을 경험한다는 것이다. 생태학적 관점에서, 생활 스트레스 요인은 인간이 자신의 대처 가능성과 환경적인 자원보다 더 과도하다고 인식되는 복잡하고 위태로운 삶의 문제들로 인해 야기된다(Germain & Gitterman, 1995). 생애 모델에 의하면, 스트레스나 생활 스트레스 요인은 다음 세 가지, 즉 삶의 전환과 충격적인 생활사건, 환경적인 압력, 그리고 역기능적인 대인관계 과정과 연관된 삶의 영역에서 일어나거나 명백하게 나타난다. Gitterman(1996)은 이 세 가지 삶의 스트레스 요인들이 상호 연관되어 있는 한편, 각각 고유한 영향력과 중요성을 지니면서 다양한 방법(예를 들어, 개인, 가족, 집단, 지역사회 실천)과 다양한 클라이언트 체계를 위한 통합적인 개입의 방향을 제공한다는 사실을 강조했다.

생애 모델 내에서의 개입 또는 치료는 역사적으로 유명한 사회복지 전문직의 목적, 즉 사람의 문제해결과 대처 능력을 강화시키는 것과 사람들에게 필요한 자원과 서비스를 제공하는 효과적이고 인도적인 체계의 운영을 촉진하는 것과 연관해서 특징지을 수 있다(Germain & Gitterman, 1980). 사실 처방적이지 않은, 생애 모델에 기반한 실천은 임상 실천가들에게 주요 생활 스트레스 요인에 의해 압도된 개인과 가족들의 욕구를 언급할 때 다양한 기술과 기능을 요구한다. 이러한 기술과 기능은 클라이언트의 자존감과 문제 해결 및 대처 능력을 향상시키고, 집단 기능을 촉진시키며, 조직의 구조, 사회 연계망, 사회환경의 힘을 연계하고 영향을 미치는 데 초점을 두어야 한다(Gitterman & Germain, 2008). Payne(2005)은 실천가들이 확인된 클라이언트에게 생애 모델 접근을 실행할 때 사용할 수 있는 치료적이고 사회환경적인 기술의 유형에 주목했다. 이러한 기술의 예로 변화에 대한 클라이언트의 동기 강화, 승인, 지지, 마음속에 남아 있는 감정의 관리, 모델이 되는 행동, 환경적인 지지의 동원, 사례 옹호, 중재, 문제 해결 기술을 가르치는 것 등을 들 수 있다.

자아 지지적 개입

생태학적 관점과 생애 모델의 치료 원리와 일관되게, Comas-Diaz(1989)는 히스패닉계 클라이언트에게 사용되는 치료 접근/양식과 상관없이, 히스패닉계가 가지고 있는 심리사회적, 신체적, 환경적인 차원에서의 복잡한 치료 기대감에 대해 임상가들이 언급해야 한다고 강조하였다. 치료 기대감 내에, 임상 실천가들은 클라이언트의 개인적인 세계관과 언어와 종교를 포함한 민족-문화적 요소를 효과적으로 통합해야 한다(González, 2002). 예를 들어, Le Vine과 Padilla(Padilla & Salgado De Snyer, 1985에서 재인용)는 히스패닉계의 심리사회적 치료를 위해서 이러한 중요한 요소들을 포함한 다원적인 상담 접근을 제안했다. 그들이 언급한 치료 접근을 설명하면 다음과 같다.

> 다원적인 상담은 클라이언트의 문화에 기초하여 그의 신념, 가치, 행동을 인식하고 이해하는 치료 개입으로 정의될 수 있다. 이 접근에는 문화가 개인에게 미칠

> 수 있는 모든 상황을 평가하기 위해, 클라이언트의 사회적 특성과 문화적 성향뿐만 아니라 그의 개인력과 가족력이 포함된다. 다원적 상담의 목표는 클라이언트가 자신의 개인적, 문화적인 기준을 명확히 세우도록 돕고 이러한 기준에 따라 그들의 행동 방향을 정하도록 돕는 데 있다.

이러한 상담 접근에서, (개인의 세계관, 언어사용, 신념 체계를 포함하는) 문화와 환경적인 상황은 클라이언트의 심리사회적 문제를 이해하기 위한 중요한 자원이 된다.

히스패닉 클라이언트의 심리사회적 문제와 욕구는 흔히 사회경제적인 스트레스 요인, 인종주의, 정치적인 압박으로 인해 악화되기 때문에, 자아 지지적인 치료 접근 또한 이들의 심리사회적 욕구에 부응하는 데 효과적일 수 있다. Goldstein(1995, p. 168)에 의하면,

> 자아 지지적 개입은, 과거를 선택적으로 탐색하기도 하지만, 클라이언트의 현재 행위와 그의 의식적인 사고 과정 및 감정에 초점을 맞춘다. 지금－여기와 현실 지향적인 초점은 클라이언트의 현재 스트레스를 확인하고, 클라이언트가 갈등을 겪지 않도록 그의 기능, 적응 방어기제, 대처 전략, 문제 해결 능력을 회복, 유지, 강화해주며, 환경적인 지지와 자원을 동원한다.

자아 지지적 치료는 클라이언트의 역량강화를 강조하고, 사회환경 내에서의 개입을 촉진한다. 또한, 미국 내 히스패닉계의 삶의 경험과 연관된 실천원리, 즉 클라이언트의 기능에 미치는 사회정치적 상황에 대한 영향력 평가, 민족/문화적 집단으로서의 구성원과 개별적인 클라이언트 간의 균형, 클라이언트의 강점 강화, 자신감, 자존감, 개인적인 힘의 증진, 문제 해결에 대한 선택에 대해 클라이언트에게 교육시키고 그 선택을 최적화하기, 클라이언트를 필요한 자원에 연계시키기, 클라이언트를 상호 원조 및 동료 지지 집단에 연결시키기, 그리

고 집합적이고 정치적인 행동의 촉진을 지지한다(Goldstein, 1995). 자아 지지 치료는 선택된 심리적, 생태학적 기술 또는 전략을 통해 실행된다. 이러한 기술이나 전략의 예로 지지, 환기, 희망 불어넣기, 구조의 사용, 탐색, 명료화, 직면, 교육과 충고, 환경의 수정 등을 들 수 있다(Woods & Hollis, 2000).

사회/환경적 변화 대리인 역할 모델

많은 히스패닉계 클라이언트들(특히 새로운 이민자들)은 흔히 미국 내 확대가족으로부터 제도적인 지지가 부족하므로, 많은 이들이 최소한의 도움으로 복잡한 환경적인 상황(예를 들어, 취업, 주택, 의료보험, 제2외국어로서 영어학습)을 타개해 나가려고 시도한다. 이러한 견해에 근거해서, Atkinson, Thompson과 Grant(1993)는 심리사회적인 성장과 발전을 촉진시키거나 가로막을 수 있는 사회환경의 영향력을 인식하는, 소수민족 클라이언트의 정신건강 치료를 위한 3차원적인 심리사회적 개입 접근(사회/환경적 변화 대리인 역할 모델)을 개발하였다. 이 치료 모델에서, 히스패닉계 클라이언트를 치료하는 임상가들은 확인된 클라이언트의 지지 체계를 강화하는 치료 목적을 가지고 변화의 대리인이나 또는 컨설턴트 또는 충고자로서 기능할 수 있다. 히스패닉계의 성공적인 심리사회적 치료를 위해서는 사례 옹호와 가정 방문 또한 요구될 수 있는데, 환경적인 조정과 함께 가정에서 하는 치료 서비스는 이 치료 접근의 신조와 상당히 일치한다.

Atkinson 등(1993)은 소수 민족 환자를 치료할 때, 다음 3가지 요소를 진단적으로 사정해야 한다고 제언한다: (a) 클라이언트의 문화적응 정도, (b) 제시된 문제의 원인 및 발전에 대한 인식(내적으로 유발되었는지 외부적 환경으로 인해 유발되었는지), (c) 치료 과정에서 달성되는 구체적인 목표. 히스패닉계 클라이언트에게 이러한 치료 접근을 실행할 때, 임상가들은 심리치료사로서의 전문 역할을 옹호자advocate, 중재자mediator, 중개자broker, 자원 연계자resource consultant의 역할로 연장할 준비가 되어 있어야 한다. 옹호자로서 임상가는 압제, 차별, 지역사회 자원에 대한 불평등한 접근 등의 역학으로 악화되는 일상생활에서의 문제를 목표로 개입하게 된다. 중재자로서 임상가는 심리사회적 서비스를 연계할 때 서비스 전달이나 그 서비스가 클라이언트의 욕구를 맞추기에 부적당하거나 효과가 없을 때 클라이언트와 사회복지기관 사이에서 발생될 수 있는 긴장과 갈등을 줄이기 위해 노력한다(Woods & Hollis, 2000). 지역사회 자원에 클라이언트를 연계하는 서비스를 제공할 때 임상가는 중개자 또는 자원 연계자의 역할을 취하게 된다. 이러한 역할을 수행할 때 임상가들은 히스패닉의 문화적인 가치 기반에 일치하면서 클라이언트를 그들 고유의 지지 체계와 치료 체계에 연계할 필요가 있다.

생태학적-구조적 가족치료

히스패닉계 가족들은 흔히 세대 간 갈등과 문화적응으로 인한 갈등 때문에 심리사회적인 스트레스를 경험한다. 가족 역기능의 근원은 본질적으로 내적일 뿐만 아니라 외적이기 때문에, 생태학적-구조적 가족치료는 복잡한 심리학적, 사회적 문제에 대처하기 위해 애쓰는 히스패닉계 가족에게서 흔히 관찰되는 부적응적인 가족 형태를 개선하기에 매우 적합하다. Aponte(1976)와 Minuchin (1974)의 이론적, 임상적 업적에 기반해서 예측해볼 때, 이 가족치료 접근은 문화적응으로 인한 스트레스와 그것이 히스패닉계 가족의 적응적인 기능에 미치는 파괴적인 영향력을 강조한다. 이 접근은 정상적인 가족 과정이 세대 간 차이를 발생시킴으로써 가족 내 갈등을 악화시킬 수 있는 문화적응 과정과 어떻게 상호작용하는지 관심을 갖는다.

Altarriba와 Bauer(1997)는 생태학적-구조적 가족치료를 히스패닉계 가족에게 적용할 때 확인된 클라이언트/환자와 그들의 환경과의 상호작용에 대한 사정이 초기 치료 단계에서 이루어져야 한다고 지적한다. 진단적인 사정 과정에 가족 구성원들 간의 경계의 평가, 가족 구성원들 간의 관계의 정도, 가족의 위계적이고 권위적 구조에 대한 이해, 서비스 요청에 흔히 따르는 모순에 대한 검토 등이 포함되어야 한다. Szapocznik 등(1997)은 쿠바계 가족들이 서로의 상호작용에 관한 문제를 언급하도록 원조할 때 내용 및 과정 단계에서 대두되는 생태학적-구조적 가족치료의 가치에 대해 경험적으로 연구했다. 내용 단계에서는 문화적 · 세대 내 갈등이 임상적 관심의 초점이 될 수 있다. 과정 단계에서의 치료 접근은 심화된 문화적 · 세대 내 갈등의 결과인 의사소통 과정의 결렬을 수정하는 데 목적이 있다. 내용 및 과정의 구별은 인생의 전환 문제, 대인 간의 부적응적인 상호작용, 환경적인 문제와 욕구, 주류 문화에 대한 적응 등에 대처하기 위해 애쓰는 히스패닉계 가족을 치료하는 데 필수적이다.

결론

최적의 정서적인 균형과 사회적 행복을 성취하고 유지하기 위해서는, 유용감, 자신의 삶에 대한 지배력, 다른 사람들과의 건강한 관계를 포함한 기본적인 인간의 욕구가 충족되어야 한다. 이러한 목표를 달성하기 위해서, 문화적으로 고지된 임상 실천 과정에서는 사회적, 문화적인 환경이 개인의 발전과 성장에 미치는 영향에 대한 이해와 함께 개인의 심리사회적 욕구에 대해 언급해야 한다. 히스패닉계는 미국 내에서 가장 인종적으로 다양한 대규모 집단 중 하나를 대표하므로, 임상가들은 이들의 심리사회적인 스트레스를 개선하는 데 적합한, 문화적으로 민감한 치료 접근에 정통해야 한다. 문화적으로 역량 있거나 민감한 심리사회적인 치료를 위해서는 임상적 기술, 감정이입, 그리고 어떻게 문화적 가치, 젠더 역할, 종교나 영성이 심리사회적 서비스를 효과적으로 전달하는 데 영향을 주는지에 대한 인식 등이 요구된다. 이 장에서는 히스패닉계 개인과 가족을 위한 임상 실천에 대한 개요가 제시되었다. 생태학적 관점과 사회복지실천의 생애 모델에 관한 개념적인 토대를 바탕으로, 이 장에서는 사회환경적인 맥락에서 히스패닉계 태생의 개인과 가족들의 교류를 언급하기 위해 사용될 수 있는 몇 가지 선택 가능한 치료 접근과 전략이 강조되었다. 문제의 근원, 클라이언트의 문화적응 정도, 그리고 임상적 개입의 목표는 히스패닉계 클라이언트를 위해서 문화적으로 민감성 있고 역량 있는 심리사회적 치료의 방향으로 항상 유도되어야 한다.

참고문헌

Acevedo, G. (2010). Latin@s in the "public square": Understanding Hispanics through the prism of United States immigration policy. In J. H. Schiele (Ed.), *Social welfare policy: Regulation and resistance among people of color* (pp. 215-236). Thousand Oaks, CA: Sage Publications.

Acosta, F. X., Yamamoto, J., & Evans, L. A. (1982). *Effective psychotherapy for lowincome and minority patients.* New York, NY: Plenum Press.

Altarriba, J., & Bauer, L. M. (1997). Counseling Cuban Americans. In D. R. Atkinson, G. Morten & D. W. Sue (Eds.), *Counseling American minorities* (pp. 280-296). New York, NY: McGraw-Hill.

Aponte, H. J. (1976). The family-school interview: An ecostructural approach. *Family Process, 15*(2), 303-311.

Atkinson, D. R., Thomson, C. E., & Grant, S. K. (1993). A three-dimensional model for counseling racial/ethnic minorities. *The Counseling Psychologist, 21*(2), 257-277.

Comas-Diaz, L. (1989). Culturally relevant issues and treatment implications for Hispanocs. In D. R. Koslow & E. P. Salett (Eds.), *Crossing cultures in mental health* (pp, 31-48). Washington, DC: SIETAR International.

Ennis, S. R., Rios-Vargas, M., & Albert, N. G. (2011a). *The Hispanic population: 2010*. U.S. Census Bureau C2010BR-04. Washington, DC: U.S. Census Bureau.

____________________ (2011b). *2010 Census shows nation's Hispanic population grew four times faster than total U.S. population: Mexicans are largest Hispanic group nationwide and in 40 states.* U.S. Census Bureau. Washington, DC: U.S Government Printing Office.

Flores, M. T., & Carey, G (Eds.). (2000). *Family therapy with Hispanics: Toward appreciating diversity.* Boston, MA: Allyn and Bacon.

Germain, C. B., & Gitterman, A. (1980). *The life model of social work practice.* New York, NY: Columbia University Press.

____________________ (1995). Ecological perspective. In R. L. Edwards (Ed.), *Encyclopedia of social work* (19th ed., pp. 816-824). Silver Spring, MD: NASW Press.

Ghent, E. (1990). Masochism, subbmission, surrender—Masochism as a perversion of surrender. *Contemporary Psychoanalysis, 26*, 108-136.

Gil, R. M. (1980). *Cultural attitudes toward mental illness among Puerto Rican migrant women and their relationship to the utilization of outpatient mental health services.* Unpublished doctoral dissertation, Adelphi University, New York.

Gitterman, A. (1996). Life model theory and social work treatment. In F. J. Turner (Ed.), *Social work treatment: Interlocking theoretical perspectives* (4th ed., pp. 389-408). New York: Free Press.

__________ (2009). The life model. In A. R. Roberts (Ed.), *Social workers' desk reference* (2nd ed., pp. 231-234). New York, NY: Oxford University Press.

Gitterman, A., & Germain, C. B. (2008). *The life model of social work practice: Advances in theory and practice* (3rd ed.). New York, NY: Columbia University Press.

Goldstein, E. (1995). *Ego psycholoty and social work practice* (2nd ed.). New York, NY: Free Press.

González, M. J. (2002). Mental health intervention with Hispanic immigrants: Understanding the influence of the client's worldview, language, and religion. *Journal of Immigrant and Refugee Services, 1*(1): 81-92.

González, M. J., & González-Ramos, G. (Eds.). (2005). *Mental health care for new Hispanic immigrants: Innovations in contemporary clinical practice.* New York, NY: Haworth Press.

Guarnaccia, P. J., De la Cancela, V., & Carrillo, E. (1989). The multiple meanings of ataque de nervios in the latino community. *Medical Anthropology, 11*, 47-62.

Harper, K. V., & Lantz, J. (1996). *Cross-cultural practice: Social work with diverse populations*. Chicago, IL: Lyceum Books.

Jordan, J. V. (2010). *Relational-cultural therapy*. Washington, DC: American Psychological Association.

Kaiser Permanente Foundation (2000). *A provider's handbook on culturally competent care: Latino population*. Oakland, CA: Author.

Lewis-Fernandez, R., & Kleinman, A. (1994). Culture, personality and psychopathology. *Journal of Abnormal Psychology, 103*(1), 67-71.

Lopez, M. H., & Dockterman, D. (2011). *U.S Hispanic country-of origin counts for nation, Top 30 metropolitan areas*. Washington, DC: Pew Hispanic Center.

Massey, D. S. (2011, August 5). Isolated, vulnerable and broke. *The New York Times*, p. A23.

Minuchin, S. (1974). *Families and family therapy*. Cambridge, MA: Harvard University Press.

National Institute for Latino Policy (2011). *2010 Census data—Key points*. New York, NY: Author.

Padilla, A. & Salgado De Snyder, N. (1985). Counseling Hispanics: Strategies for effective intervention. In P. Pederson (Ed.), *Handbook for cross-counseling and therapy*. Conneticut: Greenwood Press.

Payne, M. (2005). *Modern social work theory*. 3rd Edition. Chicago, Ill: Lyceum.

Sandoval, M. C., & De la Roza, M. (1986). A cultural perspective for serving the Hispanic client. In H. P. Lefley & P. B. Pedersen (Eds.), *Cross-cultural training for mental health professionals* (pp. 151-181). Springfield, IL: Charles C. Thomas.

Santiago-Rivera, A. L., Arredondo, P., & Gallardo-Cooper, M. (2002). *Counseling Latinos and la familia: A practical guide*. Thousand Oaks, CA: Sage.

Southern Poverty Law Center. (2009). *Under siege: Life for low-income Latinos in the South*. Montgomery, AL: Author.

Sue, D. W., & Sue, D. (1999). *Counseling the culturally different:* Theory and practice. New York, NY: John Wiley.

Szapocznik, J., Kurtines, W., Santisteban, D. A., Pantin, H., Scopetta, M., Mancilla, Y., ... Coatsworth, J. D. (1997). The evolution of structural ecosystemic theory for working with Latino families. In J. Garcia & M. C. Zea, (Eds.), *Psychological interventions and research with Latino populations* (pp. 166-190). Boston, MA: Allyn and Bacon.

Taylor, O. (1989). The effects of cultural assumptions on cress-cultural communication. In D. R. Koslow & E. P. Salett (Eds.), *Crossing cultures in mental health* (pp, 18-30). Washington, DC: SIETAR International.

The National Alliance for Hispanic Health (2001). *A primer for cultural proficiency: Towards quality health services for Hispanics.* Washington, DC: Estella Press.

Torres-Saillant, S. (2002). Provlematic paradigms: Racial diversity and corporate identity in the Latino community. In M. M. Suárez-Orozco & M. M. Páez (Eds.), *Latinos remaking America* (pp. 435-455). Berkeley, CA: University of California Press.

Urrabazo, R. (2000). Therapeutic sensitivity to the Latino Spiritual soul. In M. T. Flores & G. Carey (Eds.), *Family therapy with Hispanics: Toward appreciating diversity* (pp. 205-227). Boston, MA: Allyn and Bacon.

Woods, M., & Hollis, F. (2000). *Casework: A psychosocial therapy*(5th ed.). New York, NY: McGraw-Hill.

12

아시아계 이민 가정을 위한 임상 실천과 세대 간 문제

Irene W. Chung

■

미국 내 아시아계 이민자들의 다양성

지난 50년 동안, 미국 내 아시아계 미국인의 수는 상대적으로 가장 빨리 증가해왔다(Barnes & Bennett, 2002). 1965년 이래로, 관대한 이민 정책은 가족 재결합, 망명, 노동력 부족, 투자 이민 등의 상황하에서 아시아인들이 미국으로 이주하는 기회를 열어주었다. 2010년 미국 인구조사(Census Briefs and Reports, 2010)에 의하면, 아시아계 인구는 2000년과 2010년 사이에 43.3% 증가했는데, 이는 미국에서 다른 인종의 증가 비율보다 더 높은 수치이다. 현재 미국 내에서 "순수 아시아인"은 전체 인구의 4.8%를 차지하고 있다. 2050년에 이르면, 순수 아시아인 또는 다른 인종과의 혼혈 아시아인의 숫자가 전체 인구의 9%에 이를 것으로 예측된다. 현재 아시아계 미국인의 대부분은 외국 태생이거나 다양한 범위에서 전통적인 아시아 문화의 가치와 규범을 동일시하는 1세대 이민자들이다. 아시아계 미국인 자녀의 대부분은 한명 또는 양쪽 부모가 이민자인 가정에서 생활하고 있다(Zhow & Gatewood, 2000). 하지만 아시아 이민자들은 결코 동일한 집단이 아니다. 이들은 민족, 출생 국가, 종교, 언어, 문화, 역사 등에 있어서 매우 다양하다. 미국 내에서 주류를 이루는 아시아계 집단은 동아시아계(중국, 한국, 일본), 동남아시아계(필리핀, 베트남, 캄보디아), 그리고 남아시아계(인도, 파키스탄, 방글라데시)이다(U.S. Census Briefs and Reports, 2010). 다양한 사회경제적 배경, 이주의 원인 및 이민 상태, 정착을 위한 지지, 문화적응 정도 또한 미국 내 아시아 인구의 프로필에 다양성을 더해준다.

■

아시아계 이민자들이 지닌 공통된 문화 가치와 심리사회적 경험

아시아계 이민자들이 적응할 때 받게 되는 도전과 심리사회적인 문제에 영향을 미치는 공통적인 가치와 경험이 있다. 개인의 이익보다는 가족과 공동체의 안녕을 선호하는 집합주의적 세계관, 권위자에 대한 복종, 가족과 친족 관계 내에서 상호 수행해야 하는 의무와 책임 등을 규정짓는 집단으로서, 아시아인의 자신과 가족에 대한 관념은 유럽계 미국인의 세계관에서 나온 관념과는 매우 다르다(Lam, 1997; Marcus & Kitayama, 1994). 또한 가치와 규범, 언어, 신체적인 특성, 낮은 사회경제적 배경을 가진 아시아계 이민자들의 직업 기술 및 자원의 부족은 흔히 아시아계 이민자들을 집단적인 차별의 대상이 되도록 만들고, 가혹한 근무환경 및 생활 조건, 사회적 고립, 다양한 혜택과 서비스에 대한 접근성 부족 등에 시달리는 주변인이 되도록 만든다. 다음 부분에서는 이러한 문화적인 차이와 어떻게 환경적인 스트레스 요인이 이민자 가족의 통합을 위협하면서 엄청난 적응 문제를 일으키는지와 함께 가족 개입 접근을 위한 함의에 대해 살펴볼 것이다.

아시아계 이민자 가족의 세내 간 갈등

부모의 지지 부족은 흔히 아시아계 청소년과 아동의 낮은 학업 성취도, 비행 행위, 우울증, 자살, 기타 다른 정신건강 문제를 일으키는 근본적인 쟁점사항이기 때문에, 아시아계 이민자 가족의 세대 간 갈등은 아시아 지역사회에서 널리 알려진 관심사이다(Choi, Meininger & Roberts, 2006; Nguyen, 2008; Qin, 2008). 아시아계 이민자 가정에서, 독립성 대 의존성, 자율성 대 순응성의 문제는 또래들로부터 인정받기를 원하고 자신의 정체성과 생활방식을 확립해가는 발달의 교차점에 서 있는 청소년 및 어린 성인 자녀들과 이민 온 부모 사이에서 흔히 볼 수 있는 갈등이다. 이러한 갈등은 매일 일상적으로 하는 심부름, 숙제, 여가 시간을 부모의 기대에 맞추는 문제부터 친구들과 어울리는 사교 활동, 데이트, 대학교, 진로 선택 등에 이르기까지 다양하다. 이러한 갈등은 모든 가정에서 흔히 볼 수 있는 발달적인 문제로 인식될 수 있지만, 이러한 갈등은 다른 종류의 문화적인 가치와 규범, 그리고 특수한 이민 상황에 의해 영향받는 가족의 부모와 자녀들의 인식과 반응에 따라 증폭될 수 있다(Chung, 2006; Qin, 2008).

서구적인 문화 환경에서 교육받고 사회화가 이루어진 아동의 관점에서, 전통적인 아시아적 양육 방식은 설명이나 협상, 정서적인 지지 없이 절대적인 행동 기준에 충성하기를 요구하는, 권위적이고 구속적인 방식으로 인식될 수 있다(Chao, 1994; Nguyen & Cheung, 2009). 아시아계 부모들 또한 정서적인 친밀감과 직접적인 칭찬의 표현을 최소화하고 경험과 감정의 교류 대신 문제 해결과 충고 제시를 강조하는 전통적인 의사소통 방식을 고수하는 경향이 있다(Lee, 1996; Sue & Sue, 2003). 문화적응으로 인한 어려움과 이민 전후에 겪었던 경제적인 어려움으로 인해서 그들의 생활방식은 친족 관계망과 동일 민족 주거지 내에서 일을 하고 사회화가 이루어지는 경향으로 나타난다. 부모가 장시간 일을 해야 하고 영어권 사회와 협상하기 위해 아이들의 언어적 유창함에 의존해야 할 때, 아이들은 흔히 집안에서 더 많은 책임을 떠맡도록 기대된다(Fong, 2002; Qin, 2008). 이 모든 상황은 아시아계 이민 가정 구성원들 간의 정서적인 거리감을 악화시키는 누적된 위험 요소로 작용할 수 있다. 저자가 아시아계 이민 가족과 함께 일할 때, 아이들은 두 세대 간의 문화적인 불협화음과 함께, 더 중요하게, 기저에 깔린 불확실성의 문제, 즉 아이들에게 불만족스러워하고 거절하는 의사소통방식을 보여주는 부모의 양육방법 및 관계 맺는 방식을 보여주는 언급을 자주 하였다.

> 어느날 "사랑해"라고 엄마에게 말했는데, 엄마는 "고마워"라고 말했어요…. 내가 수학에서 A학점을 받았다고 말했더니, 엄마는 또 "고마워"라고 말한 뒤 "계속 잘해"라고 말했어요. 그게 다였어요. (자신과 백인 친구들의 부모와의 관계를 비교했던 7세 여아)

> 제 부모님은 제 생일을 축하해주기 위해 모든 친척들을 초대했어요. 어렸을 때는 별로 신경 쓰지 않았지만, 이제 저는 16살이고 좀 달라지기를 바라고 있었어요…. 저는 그냥 음식을 먹었고 온종일 내 방에 있었어요. (부모가 항상 친척과 친구들을 생각하고 있다고 불평하면서 왜 자신의 생일 축하 파티를 다른 사람들과 함께 해야 하는지 이해할 수 없었던 16세 소녀)

> 엄마는 제가 원치 않는다고 말했는데도 제 방을 치우시는 것을 좋아해요. 저는 제게 물어보지 않고 제 물건을 치우는 것을 싫어해요…. 어느 날 저녁식사를 할 때 아빠는 제 선생님을 만난 일과 선생님이 저에 대해서 걱정한 일에 대해 이야기했어요. 저는 모든 가족 친지들이 있는 자리에서 그 이야기를 하는 걸 원치 않는다고 말했는데, 아빠는 상관 없다고 말했어요. 가족은 가족이라고요…. (사생활의 필요성에 대해 어떻게 부모와 자주 말다툼을 했는지 말했던 15세 소년)

한편, 어떤 부모들은 미국 청소년의 언어 방식으로 —예를 들어, "입 다물어", "혼자 있게 해줘", "상관없어"— 그들 자녀들이 무례하게 감정 분출을 할 때 상처받고 무안함을 느꼈다고 말했다. 그들은 전통적인 아시아 가정에서 성장했던 자신의 과거에 비추어 볼 때 자녀들의 그러한 반응은 매우 무례하며, 받아들여질 수 없는 것으로 인식했다.

가족 체계 관점에서 보면, 세대 간 갈등을 겪고 있는 아시아계 이민 가족은 가족 구성원들의 자기 가치를 지지하고 정당화하는 원천이라 할 수 있는 가족의 통합을 손상시키는, 구조적인 변화에 대처하고 있는 과도한 긴장상태에 있는 체계이다. 권위적인 존재와 양육자로서의 전통적인 부모 역할이 자녀들이 점점 성장하고 미국 문화에 빠져듦에 따라 도전을 받고 있음을 발견하는 부모들은 자녀들의 행위가 복종과 학업적 성공이라는 문화적인 기준으로 측정되지 못할 때 자주 무력감을 느낀다(Chung, 2006; Lee, 1996). 부모들은 흔히 능력 있는 부모가 되는 것에 "실패"했다고 스스로를 자책한다. 한편, 부모들은 자녀들의 결점에 대해 화를 내면서 자신들의 기대감에 부응하도록 자녀들에게 부담감을 가중시키는 경향을 보인다. 이에 대한 반응으로, 자녀들은 가족들로부터 스스로를 고립시킴으로써 대립적인 행위를 강화시키거나 상당한 분노감을 가지고 이를 행동으로 분출하면서 부모의 요구에 굴복한다. 부모와 자녀들 간의 다양한 성격 문제와 대처 기제는 가족 구성원들 간의 감정적인 거리감을 줄일 때 중요하게 고려된다. 하지만, 변화된 사회문화적 환경에 있는 가족 내의 전통적인 부모 역할 규범과 의사소통은 사정과 개입을 할 때 첫 번째로 검토되어야 할 사항이다.

■

아시아계 가족들과 함께 일할 때 겪는 도전

기존 문헌은 의사소통 방식과 도움을 구하는 행동의 극적인 차이로 인해 아시아계 미국인들에게 상담 서비스를 연계하기가 어렵다고 자주 밝히고 있다. 유럽 중심의 심리치료 모델이 치료적인 도구와 대상으로써 명료화와 감정의 과정을 강조하는 반면, 아시아계 미국인들은 상담 회기에서 개인적인 생각과 감정의 노출을 꺼리면서 주로 문제에 대한 충고와 구체적인 해결책을 구하는 데 관심을 보인다. 전통적인 가치를 고수하는 사람들은 일과 다른 활동을 통해 부정적인 사고를 분산시키는 것이 정서적인 어려움을 극복하는 데 최선이라고 믿는 경향이 있다(Sue & Sue, 2003; Chung, 2008). 선행연구에 의하면, 아시아계 미국인들은 정신건강 증상의 원인에 관한 상이한 신념 체계와 정신질환 및 정신건강 치료를 받는 것과 관련된 문화적인 낙인 때문에 정신건강 서비스를 잘 이용하지 않는다(Sue, 1994). 예를 들어, 무기력, 집중력 저하, 자살 생각과 같은 우울 증상은 관습적으로 자제력과 동기부여로 극복될 수 있는 개인적인 약점으로 인식된다. 따라서 학교에서 학업 수행을 잘 못하거나 집에서 행동 문제를 보이는 아동과 젊은이들은 일반적으로 성격 결함이 있는 것으로 간주되어 좀 더 도덕적인 가치를 고양시키고 온전하게 성격 발달을 하도록 요구된다. 가족 내에서의 비정상적인 행위에 대한 단선적인 원인-결과적인 시각은 확인된 환자와 제시된 문제에 대한 초점을 강화시키면서 가족의 상호관계에 관한 폭넓은 문제를 점검하기 위해 가족을 연관시킬 때, 어려움을 제공할 수 있다. 저자의 경험상, 아시아계 가족들은 가족 응집력과 아동의 학업 성공에 문화적으로 역점을 두기 때문에 세대 간intergenerational 갈등과 관련된 상담을 더 하려는 경향이 있다. 하지만, 이들 부모들은 임상가가 아동과 청소년의 바람직한 행동 변화(예를 들어, 학교에 결석 또는 지각하지 않기, 집과 학교에서 책임감있게 행동하기)에 초점을 두기를 기대한다. 그러한 인식은 기저에 깔린 문제로서의 가족 역동성을 언급하지 않고 아동들에게 부모와 비슷하게 권위적인 역할을 취하도록 임상가에게 엄청난 압력을 끊임없이 가하게 된다. 아동이 반응적이고 감정적일 때 부모가 화를 내면서 타협하지 않는 가족의 경우, 그러한 가족을 치료적인 대화로 끌어들이는 일은 임상가에게 매우 도전적일 수 있다. 가족 체계 내에서의 차이점, 경계, 위계적 구조에 관한 문제를 사정할 때, 유럽 중심적인 이론적 관점을 적용하도록 훈련받은 임상가들의 입장에서는 갈등의 원인 및 해결과 관련하여 다른 관점을 가진 듯이 보이는 부모들의 주관적인 경험을 연관시키고 강조하는 것 또한 어려울 수 있다.

문화적으로 민감한 개입

문화적으로 역량 있는 실천을 위해서는 클라이언트의 신념 체계와 행동에 영향을 주는 개인력의 평가를 통해 다양한 문화적 배경을 가진 클라이언트의 문제를 개념화하는 것이 중요하다. 이와 함께, 이들의 강점을 증진시키고 이들의 사회문화적 환경에 적절한 자원을 획득하도록 적응변화를 도와야 한다(Greene, 2008; Sue & Sue, 2003). 가족 체계 관점에서, 가족 내의 구조적이고 행동적인 변화는 문화적으로 적절하고, 권한 부여를 하며, 가족의 주관적인 현실과 동조하는 방향에서 시작되어야 한다.

아시아계 부모의 양육방식과 가치에 대한 감정이입적 시각

아시아계 이민 부모들과 일할 때, 역사적, 문화적, 심리사회적인 관점에서 전통적인 양육방식과 관련된 가치를 평가하는 일은 중요한데, 그렇게 할 때 임상가는 효과적으로 그 가족과 연계하여 그들의 강점과 약점을 사정할 수 있기 때문이다(Chao, 1994; Stewart, Bond, Kennard, Ho, & Zaman, 2002). 역사적으로, 아시아 국가들의 집합주의적이고 상호의존적인 문화의 기원은 중국이 전쟁, 기근, 사회적 불안으로 간헐적으로 고통 받았던 농경사회였을 때, 위계적인 정치적, 사회적 질서에 바탕을 둔 조화로운 대인관계를 장려했던 세속적인 사회 이론이었던 유교로 거슬러 올라간다(Bond, 1991; Lam, 1997). 개개인의 위치와 계급은 이러한 위계적인 삶의 질서 내에서 정해지고, 사회적 · 경제적 안정은 가족과 사회 내에서 각 개인이 구체적인 책임감과 의무를 다함으로써 유지된다. 부모와 연장자들은 어린 세대에게 적절한 돌봄을 제공하고 "다스리다" 또는 부모에 의한 "단호한 가르침과 주입"으로 해석되는 '관Guan'으로 알려진 개념으로 구체화되는 도덕적 · 사회적인 가치를 주입시킬 의무가 있다. 그러나 '관'은 권위적인 양육방식보다 더 폭넓은 뜻을 함축하고 있다. 부모는 양육과정에서 자녀들에게 자제력, 복종, 근면, 학업적인 성공 등의 문화적인 가치를 강조하도록 기대되는 한편, 자녀들에게 지도 감독, 돌봄, 구조적인 매일의 일과를 제공함으로써 깊이 관여할 필요가 있다. 근면, 사려 깊음, 그리고 자녀의 욕구를 예견하는 부모의 자기 희생은 언어에 의한 감정적인 의사소통보다 다른 사람들을 위한 실천을 강조하는 문화에 걸맞기 때문에, 일반적으로 자녀를 위한 사랑의 최고 표현방식으로 간주된다(Chao, 1994). 이상적으로, 자녀들은 그러한 부모에게 헌신하면서 친밀한 관계를 느끼고 자신의 의무를 다하고 부모의 기대를 맞추면서 보답하기 위해 동기부여가 된다(Wu & Yi, 2008). 실제로, 아시아계 이민 가정의 많은 아동들이 부모의 양육 행위를 통해 부모의 사랑과 희생을 느끼며, 이는 학교와 직장에서 이들이 성공하도록 이끄는 주된 자극원이 되는 것으로 알려져 있다(Wu & Chao, 2011). 불행히도 이러한 긍정적인 유대감은 이민 가정에 영향을 주는 내적 그리고 외적인 스트레스 요인을 견디어 내기에 충분하지 않다. 앞에서 논의했듯이, 이주와 관련된 특수한 상황들 —양 부모가 장시간 일하는 것, 유창하게 언어를 구사하지 못하는 어려움, 부모와 자녀 간의 문화적응 차이— 은 아시아계 부모들이 관 관습에 따라 자녀들을 지도하고 관여하고 역할 모델을 제시하는 데 커다란 장애물이 된다. 부모의 따뜻함과 사랑의 전달은 자녀의 순응적인 행동에 초점을 두는 권위주의적인 '관'으로 인해 자주 훼손된다(Qin, 2008). 심리학적 관점에서, 이러한 일들은 삶의 스트레스 요인들을 통제하기 위해 부모들이 엄격하게 준수하는 문화적 가치와 규범의 결과로써, 가족 내에 적대적 관계의 악순환을 가져오는, 불행하지만 흔히 발생되는 경우들이다.

마지막으로, 임상가는 부모들이 자녀들에게 지나친 압력을 행사하고 있다는 가정 없이 아시아 문화권에 있는 아이들의 학업적 성공에 부여된 가치에 주목하여 평가할 필요가 있다. 역사적으로, 경쟁이 치열한 국가 시험제도가 대다수의 농민 계급이 사회경제적 상위 계층으로 이동할 수 있는 통로로 사용되고 자녀들이 시험에 성공할 수 있도록 부모들이 가지고 있는 모든 자원을 지원하기 시작한 것은 중국에서부터이다. 이후 중국인들이 다른 아시아 국가로 이주하고 그 지역에 경제적인 어려움이 발생되면서, 가족에게 명예를 가져오고 부모로서의 능력을 시험하기 위한 수단으로써 부모들이 자녀들의 학업 성취에 초점을 두는 일은 흔한 문화적인 관행이 되었다. 이와 비슷하게, 미국에 있는 많은 아시아계 이주민들도 어린 세대들이 더 나은 기회를 얻을 수 있도록 자국에서 성취한 자신의 정체성, 사회적 지위, 생활방식을 희생해왔다. 따라서 자녀들의 학업 문제에 대한 부모의 분노와 불안은 그들 자신의 희생과 함께 친족 공동체 내에서 그들이 가진 유일한 자원인 자존감에 대한 위협과 매우 강하게 연결되어 있다.

정신역동학적 관점에서, 이러한 상호의존적이고 가족 중심적인 가치와 자제력, 자기 희생의 규범은 중국과 다른 아시아 국가들이 역사적으로 경험해 온 혼란, 상실, 취약함에 대한 방어를 설명해준다. 미래 세대를 위한 투자로서 근면의 효율성에 대한 문화적인 믿음은 자신의 삶에 대한 통제감을 제공하고 특히 경제적인 어려움이 있을 때 무력감과 불안감을 구속시킨다. 같은 측면에서, 부모에 대한 적대감과 분노와 같은 공격적인 감정은 전통적인 아시아 사회에서는 부모에 대한 공경이라는 윤리 덕목 측면에서 문화적으로 금지된다(Chung, 2006). 대신, 공격적인 충동성은 권위에 대한 복종, 자기 비난, 근면, 가족을 위한 희생과 같은 받아들여질 만한 규범으로 이끌어지면서 내재화된다. 스트레스 상황에서 그러한 윤리적 방어는 규정된 대처 행위와 일관된 의미를 제공한다. 따라서 젊은 세대의 이탈 행위는 흔히 이들 아시아계 부모들에게는 좀 더 위협적이고 당혹스럽게 다가온다.

사회문화적 요인에 영향을 받는 아시아계 부모들의 심리와 행위에 대한 풍부한 이해를 바탕으로 이들 가족들과 일할 때, 임상가들은 전후 상황에 맞추어 개입 접근을 할 수 있고 이들 부모에 대한 공감도를 강화시킬 수 있을 것이다.

문화적으로 관련된 상황에서 긍정적인 감정과 행위를 중개하기 위한 전략적 접근

문화적으로 특수한 아시아계 부모들의 사고, 감정, 관계 방식의 기저에는 근본적으로 다른 사람들로부터의 사랑과 돌봄, 그리고 타당성을 구하는 보편적인 애착 욕구가 깔려 있다(Bowlby, 1969). 또한 동일하게 채워지지 않은 욕구는 기저에 깔린 아이들의 반응과 도전적인 행위를 통해서 확인할 수 있다. 문화적인 의미, 환경적인 스트레스 요인, 그리고 성격적인 문제는 가족 내에서 이러한 욕구를 충족시키는 데 장애가 된다. 결과적으로, 인식된 거절로부터 유래된 분노, 불안, 두려움이 가족 내에 퍼지게 되고 이는 부모와 자녀들 간의 긍정적인 의사소통과 행동 수정을 방해한다. 이러한 까닭에, 문화, 정서, 행동의 상호작용은 주기적이고 부정적인 사고와 감정, 반응의 유형을 끊이지 않게 한다(Chung, 2006).

대부분의 아시아계 가족들의 간접적인 의사소통 유형을 고려한다면, 임상가는 이들의 소원해진 관계를 회복하고 행동 변화를 위한 동기 강화를 위해 가족 내의 긍정적인 감정을 확대하는 관여와 개입 전략으로 적극적인 역할을 수행해야 한다. 이는 가족의 보호자로서 견뎌야 하는 어려움과 희생의 상황에서 부모가 자녀에 대해 경험하는 주관적인 실망과 좌절을 직접적으로 타당화함으로써 할 수 있다. 그러한 타당화는 그들이 인식하는 자녀들에 의한 거절과 연관된 분노와 불안감 그리고 전통적인 문화 기준에 걸맞은 능력 있는 부모로서의 실패감을 언급하는 것이다. 동시에, 마찬가지로 가족회기에 참여하도록 권유받은 아이들의 분노감을 타당화하는 것도 이들의 반감을 완화하기 위해 중요하다. 이는 또한 가족 구성원들의 상충된 감정과 일치하지 않는 관점을 용인해 줄 수 있는 안전한 공간을 마련해줄 것이다. 강점과 감정을 직접적으로 타당화하는 것이 가족 내의 규범이 아닐지라도, 이는 가족 구성원들 간의 강한 부정적인 감정을 새로운 방법으로 변화시키는 교정적인 경험이 될 수 있다. Sue와 Sue(2003)는 스트레스 요인에 대처하도록 임상가가 가족 구성원들의 역할과 행동의 확대를 도울 때 문화적 한계 규칙을 초월하는 것이 중요하다고 강조하였다. 정상적으로 인식되지 않는 감정을 명료화함으로써, 임상가는 가족의 정서적 욕구에 맞춰온 부모의 문화적 전이를 제시하고 다른 가족 구성원들에게 반응하라고 압력을 가하지 않으면서 가족 규범을 변화시키는 책임을 지게 된다. 이러한 접근은 의사소통을 촉진하기 위해 부모와 자녀의 사고와 감정을 엄밀히 조사하는 전통적인 서구적 방식보다는 아시아의 간접적인 의사소통 방식에 좀 더 가깝다.

타당성을 제공하는 또 다른 전략은 부모와 자녀들에게 서로 상호 호혜적인 돌봄 행위에 관한 좋은 기억들이 있는지 구체적으로 질문하는 것이다. 문화적으로 중요한 가족의 유대감에 초점을 맞추고 내적인 사고와 감정에 대해 설명적이지만 탐색적이지 않은 반응을 끌어냄으로써, 일반적으로 마음이 뭉클해지는 반응이 나타난다. 예를 들어, "제가 직장에서 집으로 돌아왔을 때 아들이 저에게 차 한 잔을 가져다주곤 했어요", "설거지를 도와주려고 남아 있었던 유일한 사람은 제 딸이었어요", "엄마는 제가 학교 가기 전에 따뜻한 아침식사를 차려주시기 위해 일찍 일어나시곤 했어요", "아빠는 음식 솜씨가 좋아요"처럼 이러한 의견 교환은 가족 내에서 각자의 역할에 대한 타당성을 불러일으키고 가족 구성원들 간의 감정 교류를 촉진시키는 데 도움이 될 것이다. 때때로, 소외된 구성원들 간에 서로 긍정적인 대화를 나누는 것 또한 부모와 형제자매들 중 어느 한 쌍을 구조적으로 재조정하는 데 도움이 될 수 있다.

문화적으로 관련된 상황에서 긍정적인 의미와 행위를 중개하는 전략적 접근

재구성 —임상가가 가족 구성원의 행동 중에서 좀 더 긍정적으로 연관된 의미를 강조하는 가족치료의 한 전략(Nichols & Schwartz, 2001)— 은 부정적인 감정을 완화시키고 가족 내의 행동적인 변화를 위한 동기(인센티브)를 만들어내는 데 사용할 수 있다. 아시아계 가족들과 함께 일할 때, 임상가는 가족에 대한 헌신, 의무와 책임의 상호관계에 내재된 가족 구성원들 간의 상호 의존성, 아메리칸 드림을 추구하는 근면과 희생 등과 같은 사회문화적 현실을 암시하는 개념을 사용하는 것이 중요하다. 예를 들어, 가난하고 엄격했던 부모의 어린 시절과는 달리 미국에서 편안한 삶을 자녀들에게 제공하기 위해 성공하려는 부모의 상황과 관련해서 자녀들의 도전적인 행위를 재구성하는 것은 흔히 도움이 된다. 적대적이기는 하지만 자녀들의 행동은 아메리칸 드림을 달성하려는 부모의 근면성의 증거이며, 그렇게 자녀들은 문화적응을 하고 개인주의적인 의식과 행동을 습득하게 된다. 부모들 또한 이민 성공을 위한 또 다른 대가로 '관' 관습을 완전히 실행하는 것이 어렵다는 사실 —즉, 그들의 장시간 노동과 미국 학교의 교육과정과 대중문화에 대한 생소함에도 불구하고 자녀들의 학업과 사회생활에 열중해서 참여하는 것— 을 인식하게 될 수 있다. 게다가 청소년 발달 문제와 행동에 관한 교육 —변덕스러움, 권위 있는 인물에 대한 반항, 또래에 의한 인정, 수면 패턴의 변화 등— 은 미국 대중문화와 생활양식에 의해 영향 받은 생리학적 변화라는 상황에서 제시될 수 있다. 그러한 재구성과 타당화는 흔히 부모와 자녀 모두가 서로에게 하는 비난을 완화해주고 서로의 행동에 대해 좀 더 공감할 수 있도록 돕는다.

부모가 관여하게 됨에 따라, 양육방식을 수정하도록 부모들을 격려하기 위해 더 많은 재구성이 만들어질 수 있다. 예를 들어, 자녀들이 하는 잔심부름과 책임, 사회활동에 대한 일상적인 지도 감독에 부모들이 초점을 덜 두는 근거는 곧 직면하게 될 경쟁이 심한 대학과 직장 환경 속에서 자녀들 스스로가 자신을 돌보고 사회기술을 습득할 수 있는 기회를 제공하는 욕구로 재구성될 수 있다. 또한 책임감을 지는 미덕을 가르치는 일은 아시아의 문화적인 덕목과 '관' 관습과 일치하는데, 그것은 실수를 통해서 자녀들이 배울 수 있도록 허용함으로써 부모들이 자녀들에게 강화시킬 수 있는 가치 있는 성격 특성일 것이다. 부모들이 자신의 역할에 대해서 다시 한 번 가치 있음을 느끼고 가족 내의 역할 중 일부를 재고함으로써 더 효과적인 부모가 되기 위한 투자에 더욱 동기화가 되면, 자녀들 또한 그들의 감정과 욕구가 긍정적인 방향으로 전환됨을 느끼게 될 것이다. 본 저자의 임상 경험상, 많은 자녀들은, 그들이 더 이상 부모의 분노의 표적이 되지 않고 부모가 여전히 자신들을 소중히 여기고 사랑하고 있음을 확신하는 한, 익숙하지만 제한적인 가족 구조와 자신들의 삶에 부모들이 참여하는 것에 대해 감사하고 있음을 인식할 것이다. 따라서 자녀들은 부모들을 기쁘게 할 수 있는 측정 가능한 행동 변화, 즉 학교에 가거나 제 시간에 숙제를 끝내는 것, 통금 시간을 지키는 것 등에 전념할 가능성이 크다. 그러한 서로 간의 행동적인 양보는 일반적으로 가족 내에서 힐링 과정이 시작되는 계기가 된다.

임상가 자신을 이용하기

모든 가족 실천에서처럼, 가족과의 상호작용 시 임상가 자신을 이용하는 것은 중요한 개입방법이 된다. 모든 가족처럼, 아시아계 이민 가족 내에서도 성격 문제, 부부 불화, 세대 간 갈등을 두드러지게 할 수 있는 비순응적인 행동 등이 발생될 수 있다. 임상가가 가족 내 역동에 참여하고, 특수한 문화적 상호작용에 내재된 공격적인 감정과 행위를 확인해서 포함하고, 가족의 경계와 구조를 회복시키기 위해서 위험을 감수하는 일은 중요하다. 이러한 개입은 공정성, 강점, 돌봄을 표시하는 임상가의 문화적인 부모 전이를 지지하고 가족의 참여를 강화시킨다.

사례

다음 사례는 문화와 이민이 관련된 상황에서 정신역동적, 구조적, 전략적 이론의 관점과는 차별화된 임상가 자신의 이용과 가족 체계 접근을 응용한 실례이다.

> Mary는 어머니인 이씨의 요청으로 가족 주치의에 의해 의뢰된 18세 소녀이다. 초기 상담에서 이씨는 Mary가 학교 성적이 떨어지고 집에서 소외되어 있으며, 쌍둥이 자매인 Emily와 자신에게 화를 분출하고 집안에서의 잔심부름을 소홀히 하고 있다며 걱정했다.
>
> 이씨는 20년 전에 미국에 이민 온 한부모라고 자신을 소개했다. 그녀는 중국 이민자들이 대부분인 의류 공장에서 점원으로 일했다. 그녀와 남편은 법적으로 2~3년 전에 별거한 상태였지만 경제적인 어려움 때문에 여전

히 같은 생활공간에서 지내고 있었다. 이씨는 Mary가 항상 그녀의 아버지와 가깝다고 느꼈고 소원해진 결혼 관계가 가족을 분열시켰음을 애석하게 여겼다. 이씨는 남편이 상담을 미덥지 않아 해서 가족회기에 참여하지 않을 거라고 주장했다. 또한 이씨는 Mary가 자기 자신의 문제와 뚜렷하게 드러난 우울증상을 해결하기 위해 개별적으로 치료사를 만나는 편이 최선일 것이라고 생각했다.

Mary는 임상가와의 두 번에 걸친 개별상담에서 협조적이었다. 그녀는 가족의 모든 변화와 요구와 관련해서 받았던 지지를 감사히 여기는 듯이 보였지만, 부모에 대한 부정적인 감정을 폭로하지는 않았다. 또한 그녀는 이성 관계나 학교에서 선생님과 또래 친구들과의 문제와 관련된 다른 스트레스 요인에 대해서 부인했고 그녀 아버지가 혼자 있는 것에 대해 과도하게 걱정하고 있지는 않았다.

그런데 이씨가 Mary의 컴퓨터에서 발견한 "자살" 유서를 임상가에게 보여주고자 방문하고 싶다며 전화를 했다. 그것은 실제로 Mary가 자신의 슬픔과 외로움을 표현한 일기였다: "비밀을 털어놓을 수 있고 의지할 만한 사람이 있었으면 좋겠다…. 삶이 생각보다 힘들다…." 회기에서 Mary는 자살 생각을 해본 적이 없다고 부인했다. 하지만 이씨는 계속해서 속이 상한 듯이 보였고 말이 없었으며, "Mary가 조금도 좋아지지 않았는데, 저는 그걸 수용할 수 없어요"라고만 말했다. 임상가는 자신이 충분히 도움이 되지 않았음을 인정했고, 이씨의 불안과 분노를 감지하면서 그 기저에 깔린 감정을 언급하는 것이 중요하다고 결정했다. 그러나 이씨에게 그녀의 감정을 공유하도록 직접적으로 묻는 대신, 치료사는 그녀의 의견을 반영하면서 다음과 같이 정중하게 "어머님은 자녀들에게 높은 기준을 가지고 있어요. 어머님 스스로에 대해서도 성장하면서 높은 기대감을 가지고 있었을 거라 생각되네요"라고 말했다. 이씨는 놀란 듯이 보였지만 공감하면서 고개를 끄덕였다. 그녀는 마침내 "현재 내게 최대의 두려움은 Mary가 심각한 우울증에 걸려서 자살하는 거예요. 남편 쪽 가족들은 그들 자녀들의 행복과 성취에 대해 제 자녀들과 항상 비교를 해요. 현재 제가 이혼했기 때문에, 만약 Mary가 잘하지 못하면 그들은 저를 진짜로 무시할 거예요"라고 언급했다. 그런 다음, 그녀가 성장과정에서 어떻게 자신의 어머니로부터 지지를 받지 못했는지 그리고 스스로 자립하면서 어떻게 강인해져야 함을 배웠는지에 대한 정보를 자진해서 제공하였다. 임상가는 Mary와 Emily가 지지적인 어머니를 두고 있어서 다행이라고 평가했다. 이씨는 이에 항변하면서 자녀들이 좀 더 올바르게 성장하도록 키우는 데 그다지 만족스럽지 못하다고 말했다. 임상가는 부모와 친밀하고 안정감을 느끼는 자녀들이 항상 책임감에 더 소홀하게 되는데, 이는 자녀들이 자신들을 위해 항상 곁에 있는 부모에게 의존할 수 있음을 알기 때문이라고 강조했다. 이씨는 약간 미소를 지었지만 직접적으로 그 칭찬을 받아들이지 않았다. 그때 임상가는 그 기회를 잡아서 Mary가 실제로 이러한 힘든 시간을 견디기 위해 어머니의 지지가 필요했다고 말했다. 이씨는 놀란 듯이 보였고 "그 아이에겐 아버지가 있어요"라고 말했다. 임상가는 Mary에게 그녀의 생각에 대해 물었다. Mary는 동의한다고 말했지만 실제로 아버지에게 말할 수 없었다고 밝혔다. 이씨는 말이 없었지만 기쁜 듯이 보였다. 임상가는 그런 다음 Mary의 어머니와 여동생으로부터의 거리감을 이씨와 비슷한 성격 특성을 가진 것, 즉 강인한 태도를 지니고 애정을 요구하지 않는 것으로 재구성했다. 이씨는 고개를 끄덕였고 Mary가 항상 자신의 요구 사항에 대해 솔직히 말하면서 다른 사람들에게 매우 애정이 넘쳤던 Emily와 항상 달랐다고 말했다. 임상가는 이씨에게 전통적으로 너무 지나친 칭찬은 아이를 망칠 수 있지만 Mary가 어떤 올바른 일을 했을 때 칭찬을 해주도록 노력하라고 제안했다. 임상가와의 회기는 이씨와 Mary 사이의 유사한 성격 유형과 이씨의 돌봄 속에서 성장한 Mary의 이야기를 탐색하면서 계속되었다.

몇 주 후에, 이씨는 가족회기에 Emily를 데려오기로 결정했다. Emily는 자신의 생각과 감정에 대해 매우 공개적이었다. 치료사가 Emily에게 어머니와 Mary에 대해 걱정되는 일이 있는지 물었을 때, Emily는 Mary가 말없이 저항하기보다는 어머니가 기대하는 일을 그냥 하기를 희망했는데, 그 이유는 어머니가 급한 성격이고 어머니가 기분이 좋지 않을 때 그것은 가족 내의 모든 사람들을 비참하게 만들기 때문이라고 대답했다. 이씨는 임상가 앞에서 Emily가 한 폭로에 대해 불만족해하면서 Emily를 꾸짖기 시작했다. 두 사람은 말다툼을 했고 Emily는 울기 시작했다. 이때 Mary는 Emily에게 다가갔고 두 자매는 서로 껴안았다. 임상가는 자매에게 이씨가 기분이 좋지 않으니 사무실 밖에서 기다리면 좋겠다고 말했고, 상담가와 이씨는 개인적으로 대화할 수 있었다.

임상가는 이씨가 하는 말을 경청했고 그녀의 딸이 가족 외 다른 사람들 앞에서 자신의 행위에 대해 판단하는 것에 대한 분노와 수치의 감정을 정당화해 주었다. 이씨의 기분이 가라앉게 되었을 때, 임상가는 그녀와 함께 걸어 나간 뒤 두 딸들에게 어머니의 기분이 훨씬 나아졌다고 말했고 이씨를 향해 웃으면서 "제 생각에 집에 갈 때쯤이면 모두들 좋아질 거예요"라고 말했다.

이씨는 몇 주에 걸쳐서 2~3회의 개별 상담에 Mary를 보냈고, 마지막 가족회기에 왔다. Mary는 기분이 좋아진 듯이 보였고 집과 학교에서 더 많은 책임을 수행하는 등 진전을 보였다. Mary는 이씨의 주선으로 이씨가 일하는 공장에서 시간제로 일하는 자리를 얻었고, 이씨의 사장과 다른 동료직원들은 Mary의 업무 기술과 수행 능력을 칭찬하였다. 이씨는 매우 자랑스러워하면서 기뻐했고, 마지막 회기는 모든 사람들의 장점과 가족들이 힘든 전이의 과정을 어떻게 극복했는지 강조하면서 마무리하였다.

가족치료의 관점에서 가족과의 작업을 종료할 때, 중요한 가족 구성원의 상실과 가족 역동의 잇따른 변화에 가족들이 적응하도록 돕는 목적은 성공적인 듯 보였다. 그 가족에게 관여할 때, 임상가는 부모와 자녀로서 이씨와 Mary의 기저에 깔린 감정적 욕구를 언급했고, 문화적이고 가족적인 구조 상황에서 행동의 재구성과 해석, 그리고 애착 관계를 되살아나게 하는 가족 내의 역사에 관한 질문을 통해 긍정적인 감정을 교환하도록 촉진했다. 임상가는 이씨의 행동을 결합하고 그녀의 분노와 불안을 다룰 때 정신역동적인 접근을 택했으며, 자매가 그들 어머니의 전치된 감정의 표적이 되지 않도록 보호하고 가족 내의 경계와 구조를 회복시킴으로써 가족 역동에 발을 들여놓는 위험을 감수했다. 다른 임상가들은 이씨의 딸들에 대한 통제와 침해 문제를 가족 경계에 대한 위배로 개입할 수 있었겠지만, 이 임상가는 이씨의 전통적이지만 다소 비적응적인 양육 방식에 대해 도전하지 않는 대신, 이씨를 지지함으로써 가족 구성원들의 감정적인 거리를 좁히는 데 초점을 두었다. 그 임상가는 또한 가족들이 그들의 감정을 노출하도록 압력을 행사하지 않았고 서로 간에 이야기를 나눔으로써 친밀함과 칭찬을 전달하는 가족의 규범을 존중했다. 대등한 과정으로서, 임상가는 자신의 해석, 평가, 지지에 대해서 언어적인 타당성을 받지 못했지만, 회기에 다른 딸을 데려오기로 한 이씨의 주도성과 그녀의 어린 시절 경험에 대한 자발적인 노출은 임상가의 기술에 대한 신뢰의 전달이었다. 회기에서 이씨의 분노의 표출과 그녀의 계속된 참여는 가족의 내적인 역동에 은밀히 관여하는 것에 대해 임상가가 그녀의 신뢰를 얻었다는 결정적이고도 문화적으로 연관된 승인이었다.

결론

이번 장에서는 아시아계 이민 가족들의 세대 간 문제에 대해 문화적으로 민감한 접근을 어떻게 사용하는지에 관한 개요가 제시되었다. 사정과 개입을 위한 좀 더 감정이입적이고 믿을 만한 상황을 설명하기 위해, 역사적이고 심리사회적인 관점에서 비롯된 문화적 특수성 및 이민자 특수성과 관련된 내용이 제시되었다. 무엇보다, 이번 장에서는 가족 내의 정서적인 욕구를 언급하기 위해 문화적인 가치와 규범을 초월한 치료적인 가치가 강조되었다. Sue와 Zane(2009)은 "선물", 즉 치료를 통한 혜택과 증상 회복 등을 제공하는 임상가의 진실성과 능력은 아시아인의 대인 관계의 본질 및 관습과 일치하고, 상담 서비스에 익숙하지 않은 아시아계 클라이언트에게 효과적인 접근이라고 가정했다. 본 저자는 아시아계 클라이언트와 감정이입적인 관련을 맺고 문화적으로 의미 있는 관계를 형성하려는 임상가의 노력은 가족이 치료에 머무르도록 하는 신뢰와 희망을 만들어내는 결정적인 "선물"임을 믿는다. 이러한 연관성과 관계를 만들어내는 일은 이론적이고 문화적인 지식과 함께 가족의 정서적 욕구에 대한 임상가의 조율에 의해 형성될 수 있다. 이는 참으로 개인과 가족들의 독특한 경향뿐만 아니라 인간 본성과 구체적인 문화적 가치와 규범의 보편성을 통합시키는 문화적으로 역량 있는 실천의 정수라 할 수 있다.

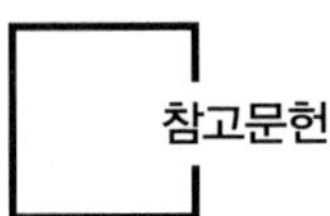

참고문헌

Barnes, J. S., & Bennett, C. E. (2002). *The Asian population: 2000* (Current Population Reports C2KBR/01-16). Washington, DC: U.S. Census Bureau.

Bond, M. H. (1991). *Beyond the Chinese face: Insights from psychology.* New York: Oxford University Press.

Bowlby, J. (1969). *Attachment and loss,* Vol. 1. New York: Basic Books.

Chao, R. K. (1994). Beyond parental control and authoritarian parenting style: Understanding Chinese parenting through the cultural notion of training. *Child Development, 65,* 1111-1119.

Choi, H., Meininger, J. C., & Roverts, R. E. (2006). Ethnic differences in adolescents' mental distress, social stress and resources. *Adolescence, 41*, 163-283.

Chung, I. (2006). A cultural perspective on emotions and behavior: An empathic pathway to examine intergenerational conflicts in Chinese immigrant families, *Families in Society, 87,* 367-376.

________ (2008). Affective lexicons and indigenous responses: Therapeutic interventions with Chinese immigrant elders. *China Journal of Social Work, 1*(3), 237-247.

Fong, T. P. (2002). *The contemporary Asian American experience: Beyond the model minority* (2nd ed.). New Jersey: Prentice Hall.

Greene, F. A. (2008). Competencies for providing services to dissimilar clients. In C. Negy (Ed.), *Cross-cultural psychotherapy* (Ch. 2, pp. 23-34). Reno, NV: Bent Tree Press.

Lam, C. M. (1997). A cultural perspective on the study of Chinese adolescent development. *Child and Adolescent Social Work Journal 14*(2), 95-113.

Lee, E. (1996). Asian families: An overview (Ch. 16); Chinese families (Ch. 17). In M. McGoldrick, J. Giordano, and N. Garcia-Preto (Eds.), *Ethnicity and family therapy* (3rd ed., pp. 227-267) New York: Guilford Publications.

Marcus, H. R., & Kitayama, S. (1994). The cultural construction of self and emotion: Implications for social behavior. In S. Kitayama & H.R. Markus (Eds.), *Emotion and culture* (pp. 89-132). Washington, D.C.: American Psychological Association.

Nguyen, P. V. (2008). Perceptions of Vietnamese fathers' acculturation levels, parenting styles, and mental health outcomes of Vietnamese American adolescent immigrants, *Social Work, 53*(4), 337-346.

Nguyen, P. V., & Cheung, M. (2009). Parenting styles as perceived by Vietnamese American adolescents. *Child & Adolescent Social Work Journal, 26,* 505-518.

Nichols, M. P., & Schwartz, R. C. (2001). *Family therapy: Concepts and methods* (5th ed.). Needham Height, MA: Allyn & Bacon.

Qin, D. B. (2008). Doing well vs. feeling well: Understanding family dynamics and the psychological adjustment of Chinese immigrant adolescents. *Journal of Youth and Adolescence, 37*, 22-35.

Stewart, S. M., Bond, M. H., Kennard, B. D., Ho, L. M., & Zaman, R. M. (2002). Does the Chinese construct of guan export to the West? *International Journal of Psychology, 37*(2), 74-82.

Sue, D. W. (1994). Asian American mental health and help-seeking behavior: Comment on Soldberg et al. (1994), Tato and Leong (1994), and Lin (1994). *Journal of Counseling Psychology, 41*(3), 292-295.

Sue, S., & Sue, D. W. (2003). Counseling Asian Americans. *In Counseling and Therapy with Racial/Ethnic Minority Populations* (4th ed., pp. 327-342). New York: Wiley.

Sue, S., & Zane, N. (2009). The role of culture and cultural techniques in psychotherapy: A critique and reformulation. *Asian American Journal of Psychology,* S(1), 3-14.

Wu, M. Y., & Yi, C. C. (2008). Reconceptualizing parental control and its determinants: The notion of guan, Presentation at the International Conference on Youth Studies, Institute of Sociology, Academia Sinica, Teipei.

U.S. Census Briefs and Reports (2010). *An Overview: Race and Hispanic Origin and the 2010 Census.* Retrieved December 22, 2011, from http://2010.census. gov /2010census/

________________________ (2010). *The Asian Population*: 2010. Retrieved Aug. 2, 2012, from http://www.census.gov/prod/cen2010/briefs/c2010br-11.pdf

Wu, C., & Chao, R. K. (2011). Intergenerational cultural dissonance in parent-adolescent relationships among Chinese and European Americans. *Developmental Psychology, 47*(2), 493-508.

Zhou, M., & Gatewood, J. V. (Eds.). (2000). *Contemporary Asian America: A multidisciplinary reader*. New York: New York University Press.

13

아메리카 원주민 가족 돕기: 7세대 후손의 웰빙을 위한 노력

Hilary N. Weaver

아메리카 원주민Native Americans은 북미 대륙 최초 거주자의 후손이다. 연방정부에 의하면, 오늘날 560개가 넘는 아메리카 원주민 국가가 미국 내 존재한다고 알려져 있다(Ogunwole, 2006). 몇몇 아메리카 원주민 국가는 캐나다나 멕시코 국경을 가로질러 존재한다. 신네콕Shinnecock이나 롱아일랜드 지역 운카초그Unkechaug과 같은 원주민 국가는 주 정부의 인정을 받지만 연방정부로부터는 인정을 받지 못한다. 원주민 부족은 언어, 문화, 사회 체제, 정치 형태, 영적 신념 체계의 관점에 따라 다양하다.

이런 다양한 집단은 흔히 아메리카 원주민Native American 혹은 아메리카 인디언American Indian으로 통칭되어 불리고 있으나, 코만치족Comanche이나 아라파호족Arapaho과 같이 많은 토착민들은 그들이 부족국가 각각의 구성원으로 불리는 것을 선호한다. 몇몇 토착민들은 아메리카라는 용어를 포함하는 명칭(예: 아메리카 원주민, 아메리카 인디언)을 사용하는 것에 대해 불쾌감을 느끼는데, 토착민들이 미국 정부의 수립과 아메리카 대륙이라는 이름이 붙여지기도

전에 이미 아메리카 대륙에 살고 있었기 때문이다. 대신 토착민 혹은 최초의 국가라는 용어가 몇몇 원주민들에 의해 선호된다. 용인되는 용어에 대한 합의는 없지만, 몇몇 용어의 사용은 특정 지리적 영역에서 더 빈번하게 사용된다. 또한, 개인들은 일반적으로 용어에 대해 강한 선호도를 가지고 있다. 이 장에서는 원주민, 아메리카 원주민, 토착민이라는 용어들이 호환되어 사용될 것이다.

인구학적 개요

아메리카 원주민은 젊으며 인구가 증가하고 있다. 미국 인구통계국The U.S. Census Bureau은 2009년 7월 1일 기준, 원주민 인구를 500만 명으로 추산하고 있으며, 이는 전체 인구의 1.6%에 해당된다. 아메리카 원주민은 미국 전체 인구 증가율보다 빠른 속도로 증가하고 있으며, 2050년 7월 1일까지 860만 명, 전체 인구의 2%에 이를 것으로 예상된다(U.S. Census Bureau, 2011). 2009년 현재 아메리카 원주민의 평균 연령은 29.7세이며, 이는 전체 인구 평균 연령인 36.8세와 비교할 만하다. 원주민 중 약 30%가 18세 미만이며, 65세 이상인 경우는 8%를 차지하고 있다(U.S. Census Bureau, 2011).

아메리카 원주민 인구는 미국 전역에 걸쳐 분포하고 있지만, 캘리포니아에 가장 많은 수의 원주민이 거주하고 있으며(739,964명), 뒤를 이어 오클라호마(415,371명)와 애리조나(366,954명)에 많은 수의 원주민이 거주하고 있다(U.S. Census Bureau, 2011). 비록 300개가 넘는 인디언 보호 특별 보류지와 부족 정부가 존재하지만, 아메리카 원주민의 3분의 2 이상이 현재 도시에 거주하고 있다(Ogunwole, 2006). 원주민 인구의 도시화는 최근의 추세이긴 하지만, 많은 원주민 가족들은 2차 세계대전 후 연방정부에서 실시한 재배치 프로그램Feberal relocation program을 통해 몇 대에 걸쳐 도시로 이주해 살아 왔다(Venables, 2004). 인디언 보호 특별 보류지에 남아 있는 원주민 인구는 도시에 거주하는 원주민 인구에 비해 더 젊고, 더 가난하고, 덜 교육받은 경향을 띠고 있다.

2009년 자료에 따르면 아메리카 원주민들 중 23.6%가 빈곤선 이하에 있을 정도로 불평등적인 가난을 겪고 있다(U.S. Census Bureau, 2011). 그러나 통상적으로 가장 높은 실업률과 빈곤율을 가지고 있는 South Dakota 내 보류지에 거주 중인 원주민 그룹들 사이에서조차 빈곤이 매우 다양하게 나타나고 있다는 점을 주목해야 한다. 또한 아메리카 원주민들은 미국 내 다른 민족에 비해 교육 성취에 있어서도 뒤처져 있음을 발견할 수 있는데, 25세까지 고등학교 졸업장을 받는 사람이 80%(전체 인구 대비 비율은 85%), 대학 학위를 받는 비율은 16%로 전체의 28%에 비해 적은 수를 차지하고 있다(U.S. Census Bureau, 2011).

자주권 대 식민지화: 아메리카 원주민을 위한 법적 정책적 맥락

토착민으로서, 아메리카 원주민은 미국 내에서 다른 민족들과는 다른 지위를 가지고 있다. 1924년 미국 국회가 아메리카 원주민을 미국 시민으로 선언하는 법이 통과될 당시(Steinman, 2011), 모든 아메리카 원주민이 미국 시민이 되는 것에 동의하지는 않았다. 많은 수의 원주민들은 그들 자신이 우선이라고 생각하거나 오직 자신의 부족국가의 시민으로 생각했다. 미국 정부가 인디안 부족을 국내 종속국가domestic dependent nations('내국속민'이라고도 함)로 간주하고 있을 때, 이러한 국가 중 몇몇은 그들의 자주권 확대를 위한 노력을 지속하기도 했다(Venables, 2004). 부족국가는 주 정부가 그러하듯, 연방정부의 권위에 종속됨과 동시에 그들 부족 정부에 의해 통치를 받으며 법을 제정하고 시행할 권한을 가진다. 하우데노사우니 연맹Haudenosaunee Confederacy과 같은 몇

몇 원주민 정부들은 자체 여권을 제공하고, 전쟁 선포를 할 수 있는 것과 같은 권한들을 가지지만, 이러한 자주권에 대한 주장은 미국 정부나 다른 국가에 의해 반드시 인정을 받는 것은 아니다. 그럼에도 불구하고, 미국 정부는 일부의 자주권이 부족국가에 있음을 인정한다. 따라서 연방정부는 인디언 공공 의료서비스Indian Health Service, 인디언 교육국the office of Indian Education, 인디언 관련 부서the Bureau of Indian Affairs와 같은 미국 내 타 민족 집단을 위해서는 존재하지 않는 별개의 독립체 운영을 지속하고 있다.

아메리카 원주민이 하나의 민족 혹은 인종 집단이라기보다 개별적인 정치적 조직의 구성원으로 이해되는 것은 역사를 통해, 그리고 현대의 법률과 정책으로 지지된다(Steinman, 2011). 그러나 미국 정부는 부족국가의 고유한 자주권 획득에 대해서는 양면적이고 상충되는 입장을 보이고 있다. 부족국가의 독립국가로서의 지위는 대법원 판결문과 국회 제정법에 의해 확인되기도 하고 약화되기도 했다. 부족 구성원들은 미국 시민이지만, 또 부족국가의 시민으로서의 자격이 유지되기도 했다. 미국 내 아메리카 원주민의 정치적 법적 지위는 많은 점에서 격한 감정을 야기했는데, 다른 원주민들이 미국인이 되는 것을 포용한 데 반해, 몇몇 원주민들은 격렬하게 자주권 획득을 주장했다(Steinman, 2011).

자주권, 혹은 자치 능력은 모든 부족국가가 각 국가 내에서 자신들의 시민권에 대한 기준을 정의할 수 있는 능력을 포함, 모든 법을 제정하고 시행할 수 있는 능력과 자신만의 정부를 가진다는 점에 영향을 받는다. 많은 원주민 국가는 그들의 국민에게 사회 서비스 및 건강 서비스를 제공한다. 그러나 자주권은 식민지화에 의해 심각하게 침식되어 왔다. 대부분의 특별 보류지가 보류지 내에서는 자신의 국민에 대한 법적 권한을 가지고 있지만, 그들의 영토 내에 있는 비(非)원주민에 대한 권한은 매우 제한적이거나 없으며, 이 역시 연방정부에 종속되어 있는 것이 현실이다. 또한, 대부분의 부족 정부가 사회 및 의료 서비스를 위한 재정을 심각하게 연방정부 보조에 의지하고 있으며, 많은 경우 정부 운영 역시도 연방정부의 보조에 의지하고 있다. 아메리카 원주민을 위한 법적 · 정책적 맥락은 자주권과 식민지화가 서로 뒤엉켜 있는 형태를 지니며, 자주권과 식민지화 사이의 균형은 미국 국회와 대법원의 지속적인 재해석에 따라 달라진다.

■

케어 시스템에 대한 접근

토착민으로서의 고유한 위치로 인해 아메리카 원주민은 다른 민족이 이용할 수 없는 몇몇 사회 서비스 및 건강 서비스에 접근이 가능하다. 아메리카 원주민들은 그들의 부족국가를 통해 이러한 서비스에 접근하거나 인디언 건강 보험Indian Health Service: IHS과 같은 연방정부 프로그램을 통해 접근할 수 있다. 얼핏 아메리카 원주민들이 이용할 수 있는 서비스가 더욱 많아 보이지만, 실제로는 이들은 충분한 의료 서비스를 받지 못하고 있는 실정이다(Blankenau, Comer, Nitzke & Stabler, 2010).

IHS는 아메리카 원주민을 위한 의료 및 몇몇 복지 서비스를 제공하는 연방정부 프로그램이다. 미국 정부에 대한 원주민의 의료 서비스 의존도는 식민지화와 함께 증가했다(Blankenau et al., 2010). 부족국가들과 조약을 맺을 때, 미국 정부는 지속적인 신탁 의무를 법으로 제정했다. 의료 서비스에 관한 연방정부 조항은 원주민들에게 협상 카드로 사용되었는데, 유럽인들에 의해 유입된 치명적인 질병으로 인해 원주민 국가들이 의료 서비스 공급을 매우 중요하게 여겼기 때문이다(Blankenau et al., 2010).

원주민들에게 의료 서비스를 제공하겠다는 의무 조항은 지금까지 한 번도 책임감 있게 운영되지 못했다. 연방정부에서 시행된 연구에서는 원주민들의 의료 서비스 이용이 낮으며, 미국 내 다른 의료 서비스보다 열악함을 발견했다(Blankenau et al., 2010). 더욱 심각한 문제는 IHS가 만성적인 자금 부족을 겪었다는 점이다. 구체적으로 연방 죄수의 매년 의료복지 비용으로 3,800달러를 지출한 데 반해, IHS는 환자 한 명당 1,900달러의 비용을 지출했다. 또한 원주민의 50%만이 고용주 기반 의료 서비스를 이용하고 있는데, 이는 백인 이용률 78%와 비교되는 수치이다. 이러한 보험 사용 부족은 많은 부족의 재정적 빈곤으로 인해 더욱 심각해졌는데, 자신들의 재정을 통해 적절한 서비스를 제공해야 하는 부분이 재정 부족으로 인해 한계에 부딪혔기 때문이다(Blankenau et al., 2010). 2009년 현재, 24.1%의 아메리카 원주민들이 어떠한 건강 보험도 가지고 있지 않다(U.S. Census Bureau, 2011).

원주민들은 다른 재정적 후원에 의해 제공되는 서비스를 받기도 한다. 예를 들어, 원주민 청소년들은 비非원주민 청소년에 비해 청소년 사법제도나 병원 입원을 통해 정신건강 치료를 받는 경우가 더 많다(Bigfoot & Schmidt, 2010). 이러한 환경 속에서, 자발적으로 서비스를 사용하게 되는 경우는 줄어들며, 환영 받지 못하거나 생산적이지 않다고 여겨진다.

케어 시스템 이용에 대해 조사할 때, 도시 인구와 특별 보류지 내 인구를 구별하는 것은 중요하다. 도시에 거주 중인 원주민들은 보류지 내 원주민에 비해 원주민 특화 서비스를 적게 이용하고 있다. 도시로의 이주는 때때로 취업과 교육 기회의 증가를 야기하기도 하지만, 의료 서비스 사용의 감소를 불러오기도 한다(Castor, Smyser, Taualii, Park, Lawson, & Forquera, 2006). 비록 원주민 대다수가 특별 보류지에 거주하고 있지 않지만, 연방 기금은 대부분 부족 정부를 대상으로 사용되며, IHS 기금의 1%만이 도시 지역에 거주 중인 원주민을 위해 사용되고 있다(Castor et al., 2006; Duran, 2005).

특별 보류지에 거주 중인 원주민들 또한 사회 및 건강 서비스에 대한 접근이라는 문제에 직면한다. 대부분의 특별 보류지는 시골에 위치하고 있다. 또한 IHS와 부족 사회 서비스가 원주민이 받을 수 있는 유일한 서비스인 경우가 많으며, 이용할 수 있는 서비스 역시 제한적인 경우가 많다. 예를 들어, 보류지 내 IHS 복지 사업 전달 체계는 급성 질환이나 위기 상황을 위한 외래 진료 서비스로 제한되는데, 이 때문에 만성 정신질환을 앓고 있는 이들의 수요를 충족시킬 수 없다(Yurkovich & Lattergrass, 2008). 광활한 특별 보류지 내 멀리 떨어져 살고 있는 원주민들에게 운송 수단의 부족 역시 서비스 접근에 장애물이 된다. 하지만 각각의 특별 보류지마다 서비스 접근성에는 상당한 차이가 있으며, 심지어 근접한 부족들 사이에서조차 상이한 경험을 할 수 있음을 유의하는 것이 중요하다(Blankenau et al., 2010).

■

역경과 회복탄력성: 아메리카 원주민의 심리적 위기와 욕구

원주민 가족은 심각한 스트레스를 경험한다. 현대 아메리카 원주민은 가난과 폭력 속에서 정신적 외상, 건강, 정신건강, 약물 중독, 환경적 위기와 같은 고난을 겪는다. 이러한 문제의 확산을 인지할 수 있도록 전문가들을 조력하는 것이 중요하다고 할 수 있지만, 원주민들이 지금까지 보여준 강점과 회복력을 이해하며 고통을 무릅쓰고 그들의 강점과 회복력을 지속하는 것 역시 중요하다.

트라우마

트라우마는 많은 아메리카 원주민의 삶 속에서 상당히 중요한 요소이다. 미 대륙이 식민지화되기 시작하면서 토착 인구를 향해 실시된 대량 학살은 후

대로 이어지는 트라우마를 초래할 정도의 기억과 함께 고통스러운 유산을 남겼다. 이러한 트라우마는 많은 경우 특정 역사적 사건 혹은 연방 정책의 결과였다(Bigfoot & Schmidt, 2010). 토착 문화와 그들 삶의 방식에 대한 공격은 문화적 트라우마의 결과를 낳았다. 또한 많은 원주민 인구가 겪고 있는 가난과 폭력의 늪이라는 현재 환경은 과거의 트라우마를 악화시키고 있다. 토착 인구의 정신적 외상은 역사적이고, 여러 세대에 걸쳐 발생한, 문화적이며, 시대적이라고 특징지을 수 있다(Bigfoot & Braden, 2009).

식민지화, 대량 학살, 문화적응 스트레스, 고유 문화의 상실, 인종 차별은 역사적임과 동시에 축적된 미해결의 지속적인 트라우마를 야기했다(Brave Heart, 2004). 일반인의 외상 후 스트레스 장애[PTDS] 진단 비율은 8%인 데 반해, 아메리카 원주민의 외상 후 진단 비율은 22%를 차지한다. 과거 원주민이 경험했던 충격적인 사건들은 현재 그들의 건강 문제에도 영향을 미치고 있으며, 이로 인해 집단 간 건강 불평등이 나타나고 있는 것이다(Brave Heart, 2004; Beauchamp, 2004).

아메리카 원주민에 대한 대량 학살은 직접적으로 원주민을 죽이는 데 그친 것이 아니라, 토착 문화 파괴를 위한 것이기도 했다. 이를 위해 식민 통치 과정의 한 부분으로 여성과 노인들의 역할을 약화시키기 위한 구체적이고 의도적인 시도를 했다(Byers, 2010; Smyer & Clark, 2011). 식민지화는 고유 사회 조직을 공격했으며, 이는 지역사회와 구성원의 본질[essence]에 영향을 미쳤다. 이러한 문화 기반 공격에는 모국어 사용 금지, 종교 활동 금지, 개인 혹은 전체 지역 사회의 이전이 포함된다.

원주민의 삶 속에서 차지하는 정신적 외상의 큰 존재는 현재의 건강 서비스 사용에 영향을 미친다. 아메리카 원주민 연장자들의 역사와 경험은 전통 의료 시스템 발전과의 신뢰 발전에 있어 무시될 수 없다. 연장자 집단은 강제적으로 기숙학교를 다니고, 법적으로 종교 활동을 금지 당했으며, 인디언 문화가 수용되지 못하는 사회적 믿음 속에서 살았다. 원주민 언어의 사용 금지, 기숙학교

생활로 인한 부모 역할 모델링 부족, 그리고 그 결과로 생긴 문화와 영적 지식에 대한 세대 간 전승의 감소는 여러 세대를 아우르는 분노와 슬픔을 야기했으며, 이러한 연장자 집단의 발전에 심각한 영향을 미쳤다(Smyer & Clark, 2011, p. 203).

건강, 정신건강, 그리고 물질 남용

건강은 균형적 상태 혹은 평형을 유지하는 것으로 정의된다. 건강하게 산다는 것은 조화로운 감각을 가지고, 영적, 인지적, 감정적, 육체적 범위에서 통제 불능의 상태로 가지 않음을 의미한다(Yurkovich & Lattergrass, 2008). 건강에 대한 이러한 정의는 심신 모두의 건강함에 가까우며, 질병이 없는 상태로 정의하는 서구적 관점과 구별된다. 건강 관련 통계 결과는 토착 인구가 심각한 불평등 상태에 있음을 보여준다.

아메리카 원주민들은 미국 내 거주 중인 모든 인구 중 몇몇 건강 및 사회 지표에서 가장 열악한 상태를 보여준다(Bird, 2002; Droste, 2005; Swan et al., 2006; Wiletto, 2007). 아메리카 원주민의 전통 생활방식의 변화는 식습관과 건강에 영향을 미치는 활동 수준의 변화를 초래했다(Coble & Rhodes, 2006). 아메리카 원주민들은 미국 내 어떤 민족보다 더 비만 인구가 많고, 당뇨병과 같은 관련 질환으로 인해 많은 사람이 고통 받고 있다(Story, Evans, Fabsitz, Clay, & Holy Rock & Broussard, 1999). 당뇨병은 최근 수십 년간 빠른 속도로 증가해 왔으며 심혈관 질병의 위험 인자로 현재 아메리카 원주민의 사망 원인 1위이다(Berry, Samos, Storti, & Grey, 2009). 또한 아메리카 원주민 청소년 및 성인의 흡연율은 미국 내 최고 수준이다(Hodge & Struthers, 2006; Swan et al., 2006).

아메리카 원주민 청소년들은 정신질환 문제에 있어 높은 발병률을 보인다(La Fromboise, Allbright, & Harris, 2010; Tsethlikai, Peyton, & O'Brien,

2007). 원주민이 정신질환을 겪는 비율은 10% 정도로 높은 편이며, 인구의 30% 정도에 이른다(Yurkovich & Lattergrass, 2008). 원주민 청소년들은 알코올과 약물 사용을 동반하는 우울증을 겪는 경향이 더 많다(Nalls, Mullis, & Mullis, 2009).

도시화는 원주민들의 생물심리사회적 문제 발생 위험을 증가시켰다(Evans-Campbell, Lindhorst, Huang, & Walters, 2006). 뉴욕시에 거주 중인 아메리카 원주민들 중 64.5%는 우울증을 겪고 있으며, 50.9%는 불쾌감을 겪은 병력이 있으며, 86.9%는 안전하지 않은 성행위를 하고 있다고 보고했다(Evans-Campbell et al., 2006).

심각한 트라우마 병력과 이로 인해 발생되는 사회 · 건강 문제는 높은 물질 남용 문제가 심각해지는 것에 대한 맥락을 제공한다. 아메리카 원주민은 미국 내에서 가장 높은 알코올, 마리화나, 코카인, 환각제 사용을 보이며, 하와이 원주민 다음으로 가장 많은 수가 메탐페타민을 남용하고 있다(Dickerson et al., 2001). 높은 물질 남용 비율은 높은 비율의 트라우마 및 자살률과 공존한다. 아메리카 원주민 물질 남용자는 또한 높은 비율의 정신질환 문제를 겪게 되는데, 비非원주민 집단보다 더 높은 성性적 · 육체적 학대 및 만성 의료 문제를 경험하고 있음을 알 수 있다.

원주민 청소년들의 알코올 및 약물 사용은 비원주민 또래 집단에 비해 더 빨리 시작된다(Heavyrunner-Rioux & Hollist, 2010; Nalls et al,, 2009). 어떤 점에서는 빠른 알코올 및 약물 사용이 높은 우울증 발병을 위한 자기 치료의 한 과정 속에서 발생한 것이라고 볼 수도 있다(Nalls et al, 2009). 특별 보류지에 거주 중인 청소년들에게서 고위험성 행동이 가장 많이 나타났다(Heavyrunner-Rioux & Hollist, 2010). 비행 또래 집단과 어울리는 것 역시 물질 사용과 관련이 있다.

폭력, 빈곤, 그리고 환경 문제

빈곤과 사회경제학적 불이익은 많은 원주민들에게 매우 중요한 요소이다(Johnson et al., 2007). 많은 원주민들은 재정적 어려움을 경험하고 있으며, 이는 정신적 스트레스 증가와 범죄와 폭력에 노출되는 위험을 가중시킨다(Bigfoot & Braden, 2009).

원주민 조부모 부양자들은 보다 낮은 사회경제적 지위와 수많은 사회 및 건강 불평등 속에서 아이를 양육하고 있다. 또한 이들은 보다 낮은 사회 서비스 이용률을 보여준다(Byers, 2010). 오클라호마 체로키 부족국가Cherokee Nation of Oklahoma 내에서는 조부모의 64.3%가 아이들 부양자 역할을 수행하고 있으며, 무스코기 크리크족 부족국가Muskogee Creek Nation에서는 이들의 숫자가 58.9%를 차지하고 있다. 조부모가 양육에 참여하게 된 가장 큰 이유는 엄마의 부재인데, 오클라호마 주는 여성 수감자 비율이 가장 많은 주로, 오클라호마 주 전체 여성 인구 중 10.6%가 수감되어 있다고 한다. 주기적 구류와 투옥은 또한 볼티모어 원주민 커뮤니티에서도 문제가 되고 있음을 알 수 있다(Johnson et al., 2007).

폭력 사건은 전체 평균의 거의 2.5배에 해당한다. 원주민들은 살인 및 가정폭력 비율에 있어 가장 높은 수치를 보인다. 원주민 아동들은 다른 민족에 비해 더 많은 아동 학대와 방임neglect을 겪는다(Bigfoot & Schmidt, 2010). 뉴욕시에 거주 중인 아메리카 원주민 여성을 대상으로 한 연구는 65.5%의 여성이 대인관계 속에서 폭력을 경험했고, 이들 중 대부분이 성범죄를 당한 경험이 있다고 보고했다(Evans-Campbell et al., 2006). 노인 공경이라는 전통에도 불구하고 원주민 노인에 대한 학대 역시 증가하고 있는데, 구체적으로 경제적 학대가 가장 많은 수를 차지하고 있으며, 그 뒤를 이어 방임 및 정신적 학대가 나타나고 있다(Smyer & Clark, 2011). 전통 문화 가치로부터의 이탈이 노인 학대를 발생시키는 요인이 되었다.

원주민 청소년의 사회환경은 많은 경우 청소년들을 빈곤, 폭력, 약물, 알코올, 편견에 노출시킨다. 특히 범죄와 약물 판매와 같이, 주변 환경에 대한 안전의 부재는 우울증과 알코올 및 약물 사용의 강력한 예측 변수가 된다. 부정적인 학교 및 이웃 환경은 원주민 청소년들에게 유해한 영향을 미친다(Nalls et al., 2009). 지금의 인종차별 풍토와 원주민들이 겪어 왔던 탄압이 건강 불평등을 초래했다(Northridge, Stover, Rosenthal, & Sherard, 2003; Yurkovich & Lattergrass, 2008).

그들의 주변 환경이 주는 부정적인 요인과 더불어 원주민 청소년들은 또래 집단과 학교로부터의 지속적인 편견과 억압에 직면한다. 한 아버지가 아들에게 쓴 편지글에 이러한 부분에 대해 적혀 있다. "너는 너 자신의 문화 정체감을 주장하기 위해 편향된 교육 체계를 고치도록 노력했다. 그리고 너는 이로 인해 사회적, 문화적, 심리적 소외감을 경험했다(Robbins, 2010, p. 21)."

원주민 특별 보류지 내 거주 중인 청소년의 회복탄력성에 관한 연구는 학생들이 직면하고 있는 가장 큰 문제가 다수를 차지하는 백인 문화에 의해 판단되고 있다는 점임을 발견했다. 현대 사회에서, 차별, 편견, 억압에 노출되는 것은 불가피하다(Feinstein, Driving-Hawk, & Baartman. 2009). 현대의 빈곤과 인종 차별은 역사적 상황으로 인한 트라우마가 주는 영향을 악화시킨다(Bigfoot & Schmidt, 2010).

상당한 과제가 남아 있음에도 불구하고 원주민들은 그들의 환경을 개선시키기 위해 노력하고 있다. 이러한 토착민의 회복탄력성은 사업 운영, 자택 소유, 교육 성취에서 증명된다. 원주민들은 문화적 고유성을 유지하면서도 자립 경제에 대한 상당한 진전을 보여 왔다(Grandbois & Sanders, 2009).

평가

원주민 가족들과 일할 때, '가족 구성은 어떻게 되는지'와 같은 기본적인 질문과 함께 시작하는 것이 중요하다. 전통적으로, 핵가족은 원주민 사회에서 흔한 것이 아니었다. 원주민 가정은 많은 경우 다세대로 구성되었으며, 가족들은 아직 태어나지 않은 세대와 더불어 조상들과도 연대감을 유지했다. 원주민 가족들이 혈족 관계가 아닌 이들을 수용하는 경우가 드물지는 않았으나, 그럼에도 불구하고 그들은 이방인을 가족과 같다 생각했다(Smyer & Clark, 2011).

많은 아메리카 원주민 문화는 7세대라는 맥락 속에 존재한다는 믿음을 가지고 있다. 이것은 현재를 기준으로 7세대 전과 7세대 후로 정의되기도 하고, 3세대 전과 3세대 후, 그리고 그 사이에 자리 잡고 있는 현 세대로 정의되기도 한다. 어떤 방식으로 정의되든, 현 세대는 더 큰 원주민 구성 내부에서 상호의존적인 성격을 지닌다. 이전 세대들은 미래를 생각하고 현재를 위한 계획을 세울 책임을 가졌다. 그들의 선견지명으로 인해, 원주민들은 그들의 땅, 문화, 언어, 자주권을 어느 정도 유지해 왔다. 결국 현 세대는 보장할 수 있는 미래를 위해 계획을 세워야 하는 책임을 가지며, 이로 인해 그 다음 세대는 다른 집단과 구별되는 고유한 집단으로서 존재할 수 있게 된다. 7세대 속에 있는 강력한 문화 가치는 원주민에게 반향을 일으킬 만한 예방 메시지와 자주 결합된다. 예를 들어, 원주민 여성들은 임신 중에 술을 마시거나 약을 먹지 않는데, 이는 앞으로 태어날 세대에 해를 줄 수 있기 때문이다.

위에 진술된 원주민의 문화적 맥락 속에서 가족은 광범위하게 정의된다. 하우데노사우니Haudensaunee족의 전통적인 가르침 중 몇몇은 아이들의 영혼이 관념 이전에 존재함을 강조한다. 어떤 면에서 이들은 출산 전에 이미 가족 구성원으로 여겨지며, 이러한 영혼체는 조물주로부터 오는 것이며 자신의 가족을 고를 수 있다. 예비 부모는 아기를 갖기 전 2년 동안 그들의 삶을 사회적 · 경제적으로 준비해야 할 책임을 지닌다. 이러한 전통적인 사고방식은 아기를 위한 최적의 환경을 제공해준다. 또한 힘과 자원은 돌아가신 분들로부터 얻을 수도 있다. 조상이 물려준 생존에 대한 강력한 유산은 현대 사회를 사는 원주민들의 회복탄력성을 고무시켜준다(Grandbois & Sanders, 2009).

대가족 네트워크와 씨족[clan] 체계는 여전히 많은 아메리카 원주민의 삶의 유효한 부분이다. 씨족은 핏줄이 같은 사람들의 집단을 뜻하며 동물이나 자연의 한 특징을 따라 이름을 붙인다(예: 비버 씨족). 씨족 대표는 일반적으로 씨족 구성원의 웰빙에 대한 책임을 지니며, 필요한 경우 상담자, 중재자, 혹은 대변인으로서의 역할을 수행한다.

전통적으로, 상호의존적 · 사회중심적 세계관의 한 부분인 집단 유대는 그 가치를 높이 인정받았다(Grandbois & Sanders, 2009). 회복탄력성은 대가족이나 씨족 제도와 같이 그들의 문화와 가까운 내부 혹은 외부의 인간관계만을 뜻하는 것이 아니라, 모든 생명체와 같이 느끼는 일치감과 연대감을 포함한다(Grandbois & Sanders, 2009, p. 575). 이러한 집단의 성향과 대가족 네트워크는 핵가족이 제대로 기능하지 못하는 경우, 그것을 완충하는 보호 요인이 될 수 있다. 다시 말해, 대가족과 씨족의 구성원들은 다른 가족의 구성원이 자신의 책임을 다하지 못하는 경우, 이들의 자녀나 노인을 보살피는 것과 같은 책임을 다할 만반의 준비를 한다. 이러한 상황의 한 예로, 원주민 여성들은 다른 여느 민족 집단들보다 높은 수준의 손자 양육 비율을 보이고 있다(Byers, 2010).

타인과의 높은 유대감은 많은 경우 지지를 받을 수 있는 좋은 공급원이 된다. 예를 들어, 노인들의 회복력은 가족, 친척, 부족 사회를 통해 양성된다. 마찬가지로, 청소년들의 회복탄력성은 가족이나 또래의 지지에 의해 영향을 받지만, 이러한 시스템에 너무 기대는 경우 충격이 있을 수 있다(Feinstein et al.,

2009). 만약 가족이나 또래 집단 연계망이 제 기능을 하지 못하는 경우, 그들에게 심각하게 부정적인 영향을 미칠 수 있기 때문이다.

집단 응집력은 존중과 책임감이라는 가치의 강조에 의해 지지된다. 토착민 사회의 구성원은 일반적으로 지역사회의 웰빙에 기여할 수 있는 특정 역할에 대해 기대한다. 마찬가지로, 모든 존재(인간과 이외의 것들)에 대한 존중을 강조하는 문화는 가족, 지역사회, 환경의 웰빙에 기여한다. 원주민 지역사회 내 구성원의 상이한 위상은 나이와 지역사회 내 역할과 같은 요인들에 의해 나누어진다. 예를 들어, 원주민 문화에서 고령기 여성 그들의 나이와 부양자로서의 역할에 기반해 특별한 위상을 지닌다(Byers, 2010).

도시 지역에 거주하고 있는 몇몇 원주민들을 포함한 많은 아메리카 원주민들이 자신들의 전통적인 가치와 문화를 강력하게 신봉하고 있지만, 모든 원주민들이 그런 것은 아니다. 일부 원주민들은 자신들의 고유한 가치에 대해 거의 알지 못하거나 지배적인 사회 규범 혹은 다른 문화 집단의 규범에 맞추어 살아간다.

현장 전문가들은 평가 과정의 한 부분으로서 토착민이 자신의 문화를 유지하고 있는 유대감의 정도와 문화에 바탕을 둔 개입이 환자에게 적절한지 여부를 결정해야 한다. 몇몇 평가 도구가 문화적 애착을 측정하려 시도해 보았지만, 이러한 도구 사용은 필수가 아니며, 이러한 많은 도구들은 사실 문화 정체성에 관한 전근대적인 이론을 바탕에 두고 있다. 그러므로 현장 전문가들은 차라리 더 큰 평가 과정의 한 부분으로서 문화 유대감에 관한 질문을 포함시키고 있다.

균형의 개념은 그들의 문화에 기반을 둔 토착민 환자에 대한 평가를 시작할 때 유익하게 사용된다. 균형은 토착민의 신체적 건강과 정신적 건강을 정의하는 한 관점이다(Rybak & Decker-Fitts, 2009). 많은 원주민 문화는 메디슨 휠이나 이에 상응하는 원형에 매우 큰 중요성을 부여한다. 메디슨 휠은 사분면으로 나누어진 원이다. 구체적인 설명에 있어서 부족마다 다양성이 존재하긴

하지만, 일반적으로 메디슨 휠의 사분면은 네 가지 색깔, 방향, 생애 주기, 사람의 인종, 그리고 기타 여러 가지와 연계되어 있다.

신체적 · 정신적 웰니스의 관점에서, 메디슨 휠의 사분면은 정신, 신체, 영혼, 마음을 표현한다. 원의 어떤 측면에서라도 불평등이 발생하면, 이것은 다른 모든 부분에 영향을 미친다. 예를 들어, 당뇨는 질병(신체)에서 비롯되지만, 이것은 다른 삶의 영역(정신, 영혼, 마음)에도 영향을 미친다. 환자의 삶 속에서 이런 다양한 영역들이 어떻게 연결되어 있는지 인지하는 것이 중요하다. 균형의 개념과 평가의 한 부분으로 메디슨 휠을 사용하는 것은 환자가 문제를 어떻게 바라보고 있는지 살펴보고, 문화적으로 의미 있는 방법 내에서 어떻게 개입의 목표를 정할지를 결정하도록 도와줄 수 있다. 그러나 메디슨 휠 체계가 모든 원주민들에게 적용되는 것은 아님을 기억하는 것은 중요하다. 일부는 원에 대해 다른 개념들이 의미 있는 문화에서 왔을 수도 있고, 다른 이들은 고유한 개념에 연결되어 있지 않을 수도 있다.

문화적 전통의 유지가 많은 원주민들에게 지속될 수는 있지만, 환경오염 물질들은 몇몇 전통적 치료의 지속에 문제를 일으킨다. 원주민들은 그들의 전통문화와 삶의 방식을 뒷받침하는 치료가 현대에 와서 건강상의 위협을 가하게 될 때 곤경에 처한 그들 자신을 발견하게 될 것이다. 예를 들어, 전통적으로 스위노미시족Swinomish에게 해산물은 문화적 정체감을 육성하며, 지역사회 응집, 지식 전수, 의례 사용, 식량 안보와 관련되어 있다. 불행하게도, 현 시대에서는 환경오염으로 인해 그들이 의존하고 있는 해산물이 오염되어 버렸다. 이러한 경우, 해산물이 오염되었음에도 불구하고, 건강에 대한 전체론적 개념화를 기반으로 하는 그들의 소비를 막게 됨으로써 스위노미시족Swinomish에 더 큰 악영향을 미치게 된다(Donatuto, Satterfield, & Gregory, 2011).

아메리카 원주민으로서의 삶에 연관된 다양한 위험 요인들이 존재하지만, 그들의 회복력은 빈곤과 만성적인 자원의 부족과 관련된 트라우마에 매일 대응하고 있다는 점에서 분명히 드러난다. 생존, 끈기, 회복탄력성은 원주민 문화의 내재적 특성이다(Grandbois & Sanders, 2009). 전통적인 사고방식에 따르면, 현재의 세대는 그들의 조상과 협정을 맺고 있으며, 미래를 위해 반드시 생존해야 한다. 평가 과정의 한 부분에서, 현장 전문가는 효과적인 대처 기술, 회복탄력성 및 강점을 발견할 수 있다.

원주민 환자에 대한 평가를 시행할 때 명심해야 할 몇 가지 사항은 아래와 같다.

- 원주민이 고유한 문화와 연결되는지 혹은 아닌지에 상당한 다양성이 존재하기 때문에, 문화적 정체성에 대한 평가가 이루어져야 한다.
- 역사적 상황에 의한 트라우마는 현대를 살고 있는 몇몇 원주민의 웰빙에 영향을 미치는 세대 간 현상이다.
- 현대의 인종차별, 억압, 폭력은 많은 원주민이 겪는 공통적 경험이며 역사적 상황에 의한 트라우마를 악화시킬 수 있다.
- 빈곤과 자원에 대한 제한적 접근은 원주민들의 공통적인 경험이며, 트라우마를 악화시키는 추가적인 상황적 스트레스이다.
- 많은 강점들은 문화적 가치, 씨족/확장된 네트워크, 그리고 영성을 포함하는 고유한 전통 속에서 발견될 수 있다.

치료 접근법

현재 사회 및 건강 문제에 사용 가능한 다양한 형태의 개입intervention 접근법이 존재하지만, 아메리카 원주민을 대상으로 하거나 이들에게 적합한 접근법은 거의 없다. 근거 기반 실천에 대한 오늘날의 요구는 원주민 환자와 일하는 현장 전문가에게 특정한 어려움을 제기한다. 적은 인구 수와 원주민 집단 간 다양성으로 인해, 아메리카 원주민을 대상으로 하는 개입 중에 테스트되고 검증된 것은 거의 없다. 사실, 원주민을 대상으로 하는 많은 기관들은 운영 자금 제공자로부터 근거 기반 치료를 사용하도록 강요받는데, 이러한 접근법은 타 민족들에게 효과가 있다고 입증된 것으로, 원주민 집단에 대한 효과성에 대해서는 입증되지 않은 것이다. 이러한 모델들은 일반적으로 원주민의 고유한 가치를 고려하지 않으므로, 원주민, 특히 전통 문화를 지향하는 원주민 환자에게는 비효율적이거나 심지어 유해한 영향을 미칠 수도 있다. 이런 경우, 근거 기반 치료의 진정한 의미는 사라지고 문화적 몰이해만 남게 된다.

이에 대한 대안으로 인디언 아동복지협회National Indian Child Welfare Association Terry Gross 사무총장을 비롯한 몇몇 원주민 학자들은 실천 기반 근거practice-based evidence를 요구했다. 서비스의 질을 증진시킬 수 있는 방법으로 연구원들에게 원주민 환자에게 효율적인 개입에 대해 조사하도록 독려하고, 그렇게 함으로써 치료에 필요한 근거를 모아 다른 원주민 집단에게도 적용할 수 있는 효과적인 모델을 찾는 것이다. 이것은 다른 민족을 대상으로 개발된 치료 모델을 원주민에게 무리하게 적용하는 것에 대해 이용 가능한 대안이다.

일반 원칙으로서 사회학습 이론 및 인지행동 이론에 기반을 둔 개입은 많은 경우 원주민 문화 가치와 호환된다. 인지행동 치료의 원칙은 많은 문화적 가르침과 치유 방법을 보완한다(Bigfoot & Schmidt, 2010).

원주민 커뮤니티 내 서민 원주민을 대상으로 많은 모델이 개발되고 실행되고 있다. The Don't Forget Us 프로그램은 도시 아메리카 원주민을 위해 만든 약물 중독, 간염, HIV 예방 서비스 프로그램 중 한 예다(Wiechelt, Gryczynski, & Johnson, 2009). 많은 원주민 대상 프로그램이 아직 경험적 평가를 받지 않았지만, 몇몇 프로그램은 학문적 문헌에 사용되었다. 예를 들어, Honoring Children: Mending the Circle은 트라우마를 겪는 아이들의 치료를 위해 고안된 트라우마 치료를 위한 인지행동 치료로, 원주민의 고유한 가치 및 웰빙의 개념과 조화를 이룬다. 이 개입의 기본 틀이 순환이라는 많은 원주민 부족이 공유하는 전통 개념 도식을 기반으로 만들어졌기 때문에 원주민 문화에 강한 소속감을 느끼는 사람들에게 적합하다. Honoring the Children: Mending the Circle은 Honoring Children: Making Relatives, Honoring Children: Respectful Ways, Honoring Children: Honoring the Future와 함께 오클라호마 건강과학센터 내 인디언 거주 지구 아동 정신적 외상 센터Indian Country Child Trauma Center at the University of Oklahoma Health Sciences Center에서 계발한 근거 기반 치료 개입 시리즈 중 하나이다(Bigfoor & Braden, 2009).

평가 부분에서 논의했던 메디슨 휠과 같이, 위에서 설명된 개입방법들은 순환적 디자인을 기반으로 한다. 다른 민족들 역시 이러한 개념 기반이 개입에 효과가 있음을 발견했다. 예를 들어, 웰니스 순환이라는 개념은 만성적인 정신질환을 앓고 있는 원주민에게 효과적인 개입이 된다(Yurkovich & Lattergrass, 2008).

많은 원주민들은 서구화된 치료적 도움을 받기보다 전통적이고 고유한 치료를 받으며, 서구화된 치료를 받는 원주민들도 전통적 치료를 병행한다. 이러한 경향은 특별 보류지 내 거주자들뿐만 아니라 도시에 거주 중인 원주민들에게서도 나타난다고 기록된다. 뉴욕시에 거주 중인 아메리카 원주민 여성들에 관한 한 연구에서, 67.9%가 전통적 치료법을 사용하고 있다고 응답했다(Evans-Cambell et al., 2006). 때때로 서구 방식의 개입이 전통적이고 고유한 치료와 결합되기도 한다. 서구의 치료법과 전통적 치료법의 결합은 외상 후 스트레스 장애PTSD를 앓고 있는 원주민 참전 용사를 위한 적절한 치료가 된다(Shore, Orton, & Manson, 2009).

가능한 한 문화에 바탕에 둔 개입은 포괄적이고 범인디언적인 모델이기보다 참가자의 문화에 기반을 두어야 한다. The Healthy Living in Two Worlds 프로젝트는 도시에 거주 중인 하우데노사우니족Haudensaunee(이로쿼이족이라고도 불림) 청소년을 위해 개발된 웰니스 개입이다. 이 개입 계획은 청소년을 교육하고, 특히 유희를 위한 흡연, 건강에 해로운 식이요법, 신체 운동의 부족과 같은 건강 위험 요소를 경감시키는 데 초점을 맞추어 건강한 삶의 방식을 증진시킨다(Weaver, 2010; Weaver & Jackson, 2010)

원주민 환자를 진료한 전문가를 대상으로 한 질적 연구에서 다음과 같은 방법으로 자신의 업무를 향상시킬 수 있음을 발견했는데, 이는 1) 아메리카 인디언 환자에 대해 자신이 가지고 있는 고정 관념과 온정주의적 패턴을 버리고 새로 학습한 것을 업무에 포함시키기, 2) 현대 인종차별과 문화 말살이 비인디언 전문가들, 특히 백인 전문가들을 바라보는 아메리카 인디언 환자들의 관점을 어떻게 형성시켰는지 깊은 이해 획득하기, 3) 원주민 환자의 살아온 이야기를 진실로 경청하고 존중하며, 이 이야기가 그들의 인격과 문화적 강점에 미친 영향에 대해 인지하기(Nicotera et al., 2010, p. 213) 등이다.

아메리카 원주민 환자 치료를 위한 개입의 효율성을 증진시킬 수 있는 치료 권고 지침은 다음과 같이 정리된다.

- 건강한 사회 네트워크와 긍정적인 역할 모델을 강화한다.
- 순환적 방식으로 삶을 이해하는 개입이 자신의 문화에 기반을 둔 원주민 환자에게 더 반향을 불러일으킬 수 있다.
- 개입 시, 인종차별이나 빈곤과 같은 생활 스트레스가 종종 정신질환이나 약물 중독과 같은 문제를 악화시킴을 인지해야 한다.
- 다른 인구를 모델로 한 근거 기반 실천보다 원주민 인구에 효율적이라고 증명된 개입을 찾아보는 것이 효율적이다.
- 많은 원주민에 의해 경험된 광범위한 트라우마에 대한 치료의 경우, 슬픔과 상실감을 받아들이고 치유를 고취시키는 개입이 적절하다.
- 현장 전문가들은 환자들이 전통적인 치유 과정에 참여할 수 있으며, 이렇게 하는 것이 그들의 치료에 생산적이라는 사실을 숙지해야 한다.
- 식민지화와 인종차별의 경험은 원주민에게 영향을 미치는 건강 및 사회

문제에 밀접한 연관이 있으며, 현장 전문가들은 그들 업무의 필수 요소로 사회 정의 개념을 융합시키는 것이 적절하다.

결론

아메리카 원주민들은 젊고 증가하고 있는 인구이다. 빈곤, 인종차별, 트라우마는 많은 원주민의 삶 속에서 발견되는 공통적 요인이며, 이는 이들이 겪는 심각한 사회 및 건강 불평등에 대한 맥락을 제공한다. 수 세기의 식민지화에도 불구하고 원주민들을 하나의 고유한 문화 및 정치 집단으로 인지되게끔 만든 그들의 회복탄력성과 끈기를 인지하는 것 역시 중요하다. 현장 전문가들은 원주민 환자들이 필요로 하는 서비스에 접근하도록 도와주고 그들의 회복탄력성을 길러준다는 점에서 중요한 역할을 수행하고 있다. 전문가들은 또한 토착민에게 영향을 미치는 많은 역경을 방지할 수 있는 사회 정의 내 강력한 근거를 제공할 수 있다. 이러한 이유로, 현장 전문가들은 원주민들의 삶과 그들 후손의 삶을 증진시킬 수 있도록 조력하는 중요한 역할을 한다.

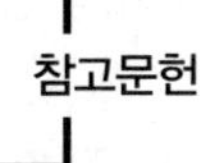

참고문헌

Beauchamp, S. (2004). Mandan and Hidatsa families and children: Surviving historical assult. In E. Nebelkopf & M. Phillips (Eds.), *Healing and mental health for Native Americans: Speaking in red* (pp. 65-73). Walnut Creek, CA: Altamira Press.

Berry, D., Samos. M., Storti, S., & Grey, M. (2009). Listening to concerns abuot type 2 diabetes in an Native American community. *Journal of Cultural Diversity, 16*(2), 56-63.

Bigfoot, D. S., & Braden, J. (2009). Adapting evidence-based treatments for use with American Indian and Native Alaskan children and youth. *Child Law Practice, 28*(5), 76-78.

Bigfoot, D. S., & Schmidt, S. R. (2010). Honoring children, mending the circle: Cultural adaptation of trauma-focused cognitive-behavioral therapy for American Indian and Alaska Native children. *Journal of Clinical Psychology: In Session, 66*(8), 847-856.

Bird, M. E. (2002). Health and indigenous people: Recommendations for the next generation. *American Journal of Public Health, 92*(9), 1391-1392.

Blankenau, J., Comer, J., Nitzke, J., & Stabler, W. (2010). The role of tribal experiences in shaping Native American health. *Social Work in Public Health, 25*(5), 423-437.

Brave Heart, M. Y. H. (2004). The historical trauma response among Natives and its relationship to substance abuse: A Lakota illustration. In E. Nevelkopf & M. Philips (Eds.), *Healing and mental health for Native Americans: Speaking in red* (pp. 7-31). Walnut Creek, CA: Altamira Press.

Byers, L. (2010). Native American grandmothers: Cultural tradition and contemporary necessity. *Journal of Ethnic and Cultural Diversity in Social Work, 19*(4), 305-316.

Castor, M. L. Smyser, M. S., Taualii, M. M., Park, A. N., Lawson, S. A., & Forquera, R. A. (2006). A nationwide population-based study identifying health disparities between American Indians/Alaska Natives and the general populations living in select urban counties. *American Journal of Public Health, 96*(8), 1478-1484.

Coble, J. D., & Rhodes, R. E. (2006). Physical activity and Native Americans: A review. *American Journal of Preventive Medicine, 31*(1), 36-46.

Dickerson, D. L., Spear, S., Marinelli-Casey, P., Rawson, R., Li, L., & Hser, Y. (2011). American Indian/Alaska Natives and substance abuse treatment outcomes: Positive signs and continuing challenges, *Journal of Addictive Diseases, 30*(1), 63-74.

Donatuto, J. L., Satterfield, T. A., & Gregory, R. (2011). Poisoning the body to nourish the soul: Prioritizing health risks and impacts in a Native American community. *Health, Risk, and Society, 13*(2), 103-127.

Droste, T. (2005). States and tribes: A healthy alliance. *State Legislatures*, April, 29-30.

Duran, B. (2005). American Indian/Alaska Native health policy. *American Journal of Public Health, 95*(5), 758.

Evans-Campbell, T., Lindhorst, T., Huang, B., & Walters, K. (2006). Interpersonal violence in the lives of urban American Indian and Alaska Native women; Implications for health, mental health, and help-seeking. *American Journal of Public Health, 95*(8), 1416-1422.

Feinstein, S., Driving-Hawk, C., & Baartman, J. (2009). Resiliency and Native American teenagers. *Reclaiming Children and Youth Journal, 18*(2), 12-17.

Grandbois, D. M., & Sanders, G. F. (2009). The resilience of Native American elders. *Issues in Mental Health Nursing, 30*, 569-580.

Heavyrunner-Rioux, A. R., & Hollist, D. R. (201). Community, family, and peer influences in alcohol, marijuana, and illicit drug use among a sample of Native American youth: An analysis of predictive factors. *Journal of Ethnicity in Substance Abuse, 9*(4), 260-283.

Hodge, F. S., & Struthers, R. (2006). Persistent smoking among Northern Plains Indians: Lenient attitudes, low harm value, and partiality toward cigarette smoking. *Journal of Cultural Diversity, 13*(4), 181-185.

Johnson, J. L., Gryczynski, J., & Wiechelt, S. A. (2007). HIV/AIDS, substance abuse, and hepatitus prevention needs of Native Americans living in Baltimore: In their own words. *AIDS Education and Prevention, 19*(6), 531-544.

LaFromboise, T. D., Albright, K., & Harris, A. (2010). Patterns of hopelessness among American Indian adolescents: Relationships by levels of acculturation and residence. *Cultural Diversity and Ethnic Minority Psychology, 16*(1), 68-76.

Lowe, J., Riggs, C., & Henson, J. (2011). Principles for establishing trust when developing a substance abuse intervention with a Native American community. *Creative Nursing, 17*(2), 68-73.

Nalls, A. M., Mullis, R. L., & Mullis, A. K. (2009). American Indian youths' perceptions of their environment and their reports of depressive symptoms and alcohol/marijuana use. *Adolescence, 44*(176), 965-978.

Nicotera, N., Walls, N. E., & Lucero, N. M. (2010). Understanding practice issues with American Indians: Listening to practitioner voices. *Journal of Ethnic and Cultural Diversity in Social Work, 19*, 195-216.

Northridge, M. E., Stover, G. N., Rosenthal, J. E., & Sherard, D. (2003). Environmental equity and health: Understanding complexity and moving forward. *American Journal of Public Health, 93*(2), 209-214.

Ogunwole, S. (2006). We the People: American Indians and Alaska Natives in the United States: Census 2000 Special Reports. Washington D.C.: U.S. Census Bureau. http://www.census.gov/prod/2006pubs/censr-28/pdf.

Robbins, R. (2010). Striving to remain a Native American in my America: Resistance to past and present injustices (Letter to my son on the day of his second piercing). *Journal for Social Action in Counseling and Psychology, 2*(2), 17-28.

Rybak, C., & Decker-Fitts, A. (2009). Understanding Native American healing practices. *Counseling Psychology Quarterly, 22*(3), 333-342.

Shore, J. H., Orton, H., & Manson, S. M. (2009). Trauma-related nightmares among American Indian veterans: Views from the dream catcher. *American Indian Alaska Native Mental Health Research: The Journal of the National Center, 16*(1), 25-38.

Smyer, T., & Clark, M. C. (2011). A cultural paradox: Elder abuse in the Native American community. *Home Health Care Management and Practice, 23*(3), 201-206.

Steinman, E. (2011). Sovereigns and citizens? The contested status of American Indian tribal nations and their members. *Citizenship Studies, 15*(1), 57-74.

Story, M., Evans, M., Fabsitz, R. R., Clay, T. E., Holy Rock, B., & Broussard, B. (1999). The epidemic of obesity in American Indian communities and the need for childhood obesity-prevention programs. *The American Journal of Clinical Nutrition, 69*(4), 747s-754s.

Swan, J., Breen, N., Burhansstipanov, L., Satter, D. E., Davis, W. W., McNeel, T., & Snipp, C. M. (2006). Cancer screening and risk factors among American Indians. *American Journal of Public Health, 96*(2), 340-350.

Tsethlikai, M., peyton, V., & O'Brien, M., (2007). Exploring maternal social perceptions and child aggression among urban American Indians. *American Indian and Alaska Native Mental Health Research: The Journal of the National Center, 14*(1), 63-84.

U.S. Census Bureau (2011). www.census.gov. Accessed May 25, 2011.

Venables, R. W. (2004). *American Indian history: Five centuries of conflict and coexistence.* Santa Fe, NM: Clear Light Publishing.

Weaver, H. N. (2010). The Healthy Living in Two Worlds project: An inclusive model of curriculum development. *Journal of Indigenous Voices in Social Work, 1*(1), 1-18.

Weaver, H. N., & Jackson, K. F. (2010). Healthy Living in Two Worlds: Testing a wellness curriculum for urban native youth. *Child and Adolescent Social Work Journal, 27*(3), 231-244.

Weichelt, S. A., Gryczynski, & Johnson, J. L. (2009). Designing HIV prevention interventions for urban American Indians: Evolution of the Don't Forget Us program. *Health and Social Work, 34*(4), 301-304.

Wiletto, A. A. (2007). Native American kids: American Indian children's well-being indicators for the nation and two states. *Social Indicators Research, 83*, 149-176.

Yurkovich, E. E., & Lattergrass, I. (2008). Defining health and unhealthiness: Perceptions held by Native American Indians with persistent mental illness. *Mental Health, Religion & Culture, 11*(5), 437-459.

14

아랍계 미국인에 대한 개입

Wahiba Abu-Ras

역사적으로 문화, 문화적 다양성, 문화적 차이는 나라, 지역사회, 민족 집단, 가족, 개인의 정체성, 그리고 어떻게 우리가 서로를 인식하고 대하는지에 커다란 영향을 미쳐 왔다. Barnett(1988)는 실천 상황과 관련하여 문화적 실천의 측면에서 상대적으로 인간의 권리를 판단하고 문화적 다양성을 존중해야 한다고 주장하면서 이는 인간 생존의 기본이라고 역설하였다. 사회복지 분야에서, 연구자들은 어떻게 문화가 사람들의 태도, 신념 체계, 다른 사람들과의 상호작용, 사회 건강 서비스에 대한 접근에 영향을 미치는지 더 중점을 두는 경향이 있다. 이러한 문화적 차이점은 다른 문화권에 있는 사람들에게 접근하고 이들을 돕는 최선의 방법에 대한 이해와 지식을 결정하고 형성하도록 한다.

미국 내에서 가장 빨리 증가하는 인구 집단 중 하나로서, 아랍계 미국인 공동체는 다른 종교와 종교적인 관습, 각 집단 간 그리고 집단 내 종파적 단체, 인종, 사회경제적 계급, 사회인구학적 배경, 정치적인 역사와 정체성, 이민 경험, 문화적응 과정, 신념 체계, 가치, 개인의 차이 등을 토대로 형성된 다른 많은 하위문화로 구성되어 있다. 사회복지사들이 이렇게 다양한 문화에서 온 개인과 가족들을 효과적으로 돕고 이들과 함께 일하기 위해서는, 이러한 특성과 함께 이와 연관된 위험 요소들, 즉 정치적 · 사회적 압제의 역사, 차별, 고정관념, 편견, 언어적 장벽, 도움을 구하는 것에 대한 문화적 태도, 서비스 이용 등을 인지해야 한다. 또한 종교적인 신앙, 가족 지지, 교육적 가치, 지역사회 지도자의 역할, 유연성, 집합적 정체성과 같은 보호 요소를 확인하고 강조하면서 그들의 독특한 강점과 자원에 근거를 둘 필요가 있다. 이번 장에서는 이러한 위험 및 보호 요소와 욕구가 강조되고, 아랍계 가족과 개인에게 흔히 사용되는 실천 접근이 제시될 것이다.

■

아랍계 미국인: 사회인구학적 개요

문화-언어적 용어인 '아랍'은 아랍어를 자신의 언어로 간주하거나 아랍계 후손으로 동일시하는 사람을 지칭한다(Abraham & Abraham, 1983; The Arab Population; Census 2000; Brief, 2003). 아랍계 미국인은 북아프리카에서 아라비아 만에 걸쳐 있는(Suleiman, 1999) 아랍계 나라에서 미국으로 이민 온 아랍인을 지칭한다(Abraham & Abraham, 1983).

아랍계 미국인의 이민은 3가지 흐름으로 발생하였다. 첫 번째 가장 큰 흐름(1880~1931)은 오토만 제국에서 온 212,825명으로, 이들 중 50%는 문맹인, 미혼, 비숙련직 남성이었다(Abraham & Abraham, 1983; Indiana Historical Society, 2010; Naff, 1983; Suleiman, 1987, 1994). 이들은 좀 더 넓은 의미의 아랍 공동체로 동일시하면서 스스로를 모국의 상징들과 연관시켰고 국내외 문제에는 거의 관심을 갖지 않았다(Abu-Laban & Suleiman, 1989). 적은 규모의 수와 성공적인 동화로 인한 상대적인 민족적 비가시성은 그들을 "드러나지 않는 소수"로 만들었다(Abraham & Abraham, 1983). 그러나 1940년대 말과 1950년대 초, 이들 모국과 미국의 외교 정책에 있어서의 정치적 변화로 인해, 많은 사람들이 정치적, 사회적으로 고립되었고 주류 사회에서 소외되었다.

두 번째 흐름(1950년대 초에서 1960년 중반)은 정치적인 불안정(예: 1948년 아랍-이스라엘 전쟁 때 추방된 팔레스타인계 아랍인)을 피하려던 사람들, 수니파 이슬람교도, 학식있는 전문가들, 대학생들로 구성되었다(Suleiman, 1999, p. 9). 그들은 일자리가 있는 곳에 정착하려는 경향을 보였다: 대부분의 비숙련 기술자들은 동부와 중서부의 산업지역에, 그리고 매우 숙련된 기술자들과 전문가들은 새로 조성된 도시 근교나 주요 산업도시 주변의 전원 마을(Abraham & Abraham, 1983)에 정착하였다.

세 번째 흐름(1970년대에서 1980년대)은 동화를 거부하면서 학교, 모스크, 자선단체, 아랍어 교실 등을 개설함으로써 민족-정치적 의식을 불러일으켰던 망명자들이다(David, 2007; Abraham & Abraham, 1983).

대부분의 아랍계 이민자들은 같은 언어, 문화, 조상들이 살던 땅을 공유하지만, 아랍계 미국인 공동체는 이민자들의 거주 지역, 마을, 종교, 국적, 가족, 도착한 시점에 따라 매우 다양하다(David, 2007). 또한 이들의 동화 정도와 "이질적"이라고 느끼는 감정 정도도 다르다. 대부분의 최근 인구 조사에 의하면, 많은 남성 아랍계 미국인들은 자신들이 미국에 속해 있지도 않고 한 나라의 구성원으로 느끼지도 못하는 것으로 나타났다(U.S. Census Bureau, 2010).

아랍계 공동체는 대략 160만 명(U.S. Census Bureau, 2010)에서 350만 명(Arab American Institute: AAI, 2007; Zogby, 2001) 정도로 추산된다. 정확한 숫자는 알기 어려운데 아랍인들이 미국 정부를 믿지 않고 그러한 정보가 그들을 반대하는 데 사용될 것을 우려하여 신원을 밝히기를 꺼리기 때문이다(U.S. Census Bureau, 2010, p. 66). 이들 중 약 31%가 미국에서 출생했고, 외국 태생의 55%가 시민권을 취득하였다(Arab American Institute: AAI, 2007). 34% 정도는 2000년 이후에, 28%는 1990년과 2000년 사이에, 38%는 1990년 이전에 미국에 이민을 왔다(AAIF, 2009). 그들의 평균 거주 기간은 18~32년(남성), 6~7년(여성) 사이이고(El-Badry, 1994; U.S. ACS, 2010), 그밖에 다른 사람들은 미국에서 45년 이상 거주했다(Abu-Ras, 2008, 2009). 2000년도 미국 인구조사에 의하면, 27%는 북동 지역에, 26%는 남부, 24%는 중서부, 22%는 서부에 살고 있다. 이들은 모든 주에 흩어져서 거주하고 있지만, 이들 중 48%는 캘리포니아, 플로리다, 뉴저지, 뉴욕에 집중되어 있고 미시간에도 많은 사람들이 살고 있다(Brittingham & De La Cruz, 2005; U.S. Census Bureau, 2000).

이들 대부분(77%)은 기독교인이고(Zogby, 2001), 약 89%는 고등학교 졸업자이다. 미국 전체 인구의 28%와 10%에 비교해서, 46% 이상과 19%가 각각 대학교와 대학원을 졸업했다(AAI, 2007). 약 79%는 사기업에 종사하고 12%는 정부기관에 종사하고 있다. 이들의 가구 소득 평균값은 $59,012로 전체 미국 인구의 가국 소득 평균값인 $52,029에 비해 높다(AAI, 2007). 마지막으로, 결혼한 부부로 이루어진 가구는 미국 전체 인구에 비해 아랍계인들 중에서 더 흔한 편이다(Brittingham & De La Cruz, 2005).

■

심리사회적 위험과 욕구

이민자의 욕구를 사정할 때 심리사회적 위험요소의 중요성이 간과되어서는 안 된다. 많은 아랍계 미국인들은 이민생활의 역경을 경험하고 있다. 일반적으로 힘들고 스트레스를 유발하는 경험(Aroian & Norris, 2003)

은 사회적 소외감과 적응의 한계(Carlson & Rosser-Hogan, 1991)에서 우울증과 불안(Abu-Ras & Abu-Bader, 2008; Blair, 2000; Hinton et al., 1997)에 이르는 사회적, 정신적 건강 문제로 이어질 수 있다(Blair, 2000; Hinton, Tiet, Tran, & Chesney, 1997; Kuo & Tsai, 1986). 정치적으로 불안하거나 문화적으로 상이한 나라에서 온 이민자들은 정치적으로 안정적이고 문화적으로 유사한 나라에서 이민 온 사람들보다 정신건강 문제를 보일 가능성이 높다(Aroian & Norris, 2003; Khawaja, 2007; Knox & Britt, 2002). 따라서 많은 아랍계 이민자들은 현지의 미국 정부 당국으로부터 소외감을 느끼고 두려워하며, 자신의 문화 범위에서 벗어나는 것을 신뢰하지 않는다(Abu-Ras & Abu-Bader, 2009). 또한 많은 아랍계 미국인들은 고문, 학대, 추방, 전쟁 등을 경험했던 정치적 망명자들인데(Pew Research Center, 2007), 이로 인해 이들은 불안, 불신, 정신건강 문제에 더욱 민감하게 영향을 받는다.

1990년대에 증가되고 9.11 이후 인종 차별로 인해 부추겨진 반아랍 정서로 인해, 아랍계 미국인들은 미국 사회에서 환영받지 못한다고 느끼게 되었고 자신들의 신분이 열등하다는 부정적인 감정으로 고통 받았다(Gavrilos, 2002). 9.11 이후 아랍계 공동체를 대상으로 한 정부차원에서의 정책, 즉 국적과 인종을 근거로 이루어진 감금과 추방은 이들의 불안감과 취약성을 더욱 증폭시켰다(Abu-Ras & Abu-Bader, 2008; ADC, 2002). 9.11 이후의 반격으로 인해 많은 아랍계 미국인들은 그 사건에 대한 "잊을 수 없는 감정"을 가지게 되었고 이로 인해 그들의 삶은 전환점에 이르게 되었다(Abu-Ras, Senzai, & Laird, in press, 2013). 많은 이들이 차별과 증오에 의한 범죄로 인해 "덜 안전하게 느낀다"고 보고하였다(Abu-Ras & Suárez, 2009). 9.11 이후 아랍계 공동체의 정신건강 문제 유발율과 발생률을 언급한 연구(Abu-Ras & Abu-Bader, 2008, 2009; Amer & Hovey, 2007; Amer & Havey, 2011)는 가장 흔한 정신건강 문제, 즉 불안, 심리적 외상 후 스트레스 장애PTSD, 우울증이 부모로부터 자녀들에게로 전해질 수 있음을 보여주고 있다(Sack, Clark, & Seely, 1996).

이민자들이 물질 남용의 위험에 처해 있지만, 공공 치료 센터를 이용하는 아랍계 미국인들은 이들 전체 인구에 비해 훨씬 낮은 비율을 차지하고 있다(Arfken, Kubiak, Farrag, 2008). 이들 모국에서는 알코올 및 약물 남용에 대해서 강하게 낙인을 찍고(Michalak &Trocki, 2006), 구입을 제한하며, 미국에 비해 소비에 대한 관용이 적기 때문이다(United Nations Office of Drugs and Crime, 2008). 이러한 낙인은 치료를 받을 때 문화적인 장애물이 될 수 있다(Link, Yang, Phelan, Collins, 2004).

이민 오기 전의 삶으로 인해, 많은 아랍계 미국인들은 심리적 외상 후 스트레스 장애PTSD, 주의력 결핍증ADD, 주의력 결핍 및 과잉 행동 장애ADHD, 우울증 또는 물질 남용 등에 취약할 수도 있다(Weine & Laub, 1995; Nasser-MacMillian & Hakim-Larson, 2003, p. 156). 9.11 테러 공격 또한 독특하게 이들 집단에게 엄청난 충격을 주었는데, 아랍계 미국인 개인과 공동체는 9.11 이후 이듬해에 1,700%나 증가했던 증오로 인한 범죄(Singh, 2002)의 표적이 되었을 뿐만 아니라, 갑자기 많은 의심과 적대감에 시달렸고(American Civil Liberties Union [ACLU], 2002; American-Arab Anti-Discrimination Committee [ADC], 2002; Singh, 2002), 미국 연방 수사국FBI의 조사(FBI, 2002)를 받았기 때문이다. 결과적으로, 이들은 불안감을 느꼈고 안전에 대해 걱정하였다(Abu-Ras & Abu-Bader, 2008, 2009; Abu-Ras & Suárez, 2009).

또한 9.11 테러는 이들이 예전에 겪었던 충격적인 기억과 경험을 되살렸는데, 즉 차별을 받은 경험을 극대화시키고 이전부터 존재하던 정치적, 경제적, 사회적, 영적, 심리적, 의학적 문제를 악화시켰다. 뉴욕 및 다른 지역에 있는 아랍계 미국인 협회에 의하면(Abu-Ras, 2003, 2007; Ali, Milstein, & Marzuk, 2005), 많은 사람들이 정신건강에 대한 걱정, 결혼 문제, 배우자 학대, 이혼, 정서 및 성격 발달, 내적 의식의 촉진과 관련하여 종교 지도자들에게 심리적인 상담을 받았다(Abu-Ras, Gheith, & Courns, 2008; Al-Radi, 1999).

■

정신건강 서비스 접근에 대한 장애물

기존의 서비스는 미국의 지배적인 민족과 이들 종교 집단에게 맞춰져 있기 때문에, 소수 민족 집단의 문화적인 영향, 서비스 전달 체계와 정치, 개인의 자원, 가부장적 이데올로기, 외부의 도움을 구하는 것에 대한 문화적 신념 차이 등에 대처할 준비가 되어 있지 않다(Abu-Ras, 2003). 아랍계 미국인들은 서양의 정신건강 서비스와 연관된 문화적인 낙인(Gorkin & Othman, 1994), 대부분의 비이슬람 사회복지사의 아라비아어와 이슬람 문화 및 가치에 대한 이해 부족(Abu-Ras & Abu-Bader, 2008)과 같은 부가적인 문제에 직면해 있다. 자원의 부족, 부정적인 사회적 반응에 대한 두려움, 개인적 또는 전문적인 반발, 차별 등으로 인해, 좀 더 적합한 부가적인 서비스가 확립되지 않을 수도 있다(Abu-Ras & Abu-Bader, 2008). 뉴욕시에 거주하는 이슬람인들을 위한 정신건강시설에서의 이맘[Imam•]의 역할을 조사한 한 연구(Abu-Ras et al., 2008)는 이들이 9.11 이후 문화적으로 역량 있는 정신건강 서비스를 제공하는 데 중요한 역할을 했다고 보고하였다. 그러나 아랍계 미국인이 이용할 수 있는 서비스는 제한되어 있기 때문에, 많은 이들이 정신건강 문제에 훨씬 더 많이 노출되어 있는 실정이다(Abu-Ras & Abu-Bader, 2008, 2009; Abu-Ras & Suárez, 2009; Abu-Ras et al., 2008).

환경적 위험과 욕구

이민자들은 차별과 빈번한 반이민자 태도 및 정책에 항상 직면해 왔다. 아

• 예배를 인도하는 성직자

랍계 미국인의 경우, 그러한 시각은 현대적이고 이성적인 유럽의 결핍 또는 일탈 버전으로 아랍과 이슬람 사회를 역사적으로 묘사한 데서 그 근거를 두고 있다(Said, 1978). 그러나 미국 주류사회는 9.11 이후의 공동체적이고 문화적인 연대감과 가해자들과 신체적, 언어적, 문화적인 연계와 유사성을 공유한 사람들을 악마로 취급하는 애국적 정서에 반응했기 때문에 이들에 대한 차별은 고질적이 되었다. 많은 미국인들은 "이슬람인처럼 보이는 사람들"에 대한 폭력의 근본이 되는 선입견을 공유했고 이는 인종 차별과 괴롭힘의 형태로 드러났다(Abu-Ras & Suárez, 2009).

이러한 차별은 "외국인" 같은 외양, 검은 피부, 성별에 따라 다양하고, 이 모든 요인들은 다른 제도적인 차별의 형태와 교차한다(Abu-Ras et al., in press). 아랍계와 이슬람계 미국인들에 의해 제소된 차별 소송을 분석한 한 보고서(Council on American-Islamic Relations: CAIR, 2001)는 다음과 같은 사실을 폭로하였다: 종교적 장소 제공 거부(37%), 직장 해직(13%), 언어적 학대(8%), 불평등한 대우(8%), 고용 거부(7%), 공공시설 이용 거부(5%). 이러한 사건의 절반은 직장에서, 15%는 학교에서 발생하였다. 전체 사례의 25%는 피해자의 인종적 기원과 연관되었고, 18%는 이슬람의 기도에서 비롯되었다. 반이슬람 활동가들은 미국에 "충분한" 충성심을 보이지 않는 이슬람계 미국인을 구금할 것을 요구해왔다(Ali, Liu, Humedian, 2004; Nasser-McMillan & Hakim-Larson, 2003).

또한 아랍계와 이슬람계 미국인들은 상대적으로 부족한 사회적 지지로 인해 더욱 극심하게 고통 받고 있다. 이들은 사회적 지지 체계에 높은 가치를 두고 있는 문화에서 왔지만, 미국인들과 교류하는 능력은 언어적/문화적 장애물에 의해 방해받을 수 있다. 소수 민족으로서, 강한 사회적 지지 체계를 형성할 수 있는 그들의 능력은 미국인들의 불신과 "타자"라는 느낌으로 인해 가로막힐 수 있다. 이와 반대로, 사회적 지지는 실제로 이들이 굳게 단결된 공동체를 형성하도록 도울 수 있지만, 사회적 지지의 결여는 이들의 정신건강에 해가 될 수 있다(Abu-Ras & Suárez, 2009).

정책과 법안의 영향력

9.11 이후 특히 아랍 공동체를 대상으로 한 몇 가지 이민정책은 이슬람계와 아랍계 미국인들을 다른 소수 이민자 집단과 구별하였다. 이러한 정책은 아랍 및 남아시아인 거주 지역에 살고 있는 1,200명 이상의 이슬람인들을 구금하고 (Singh, 2002), 8,000명 이상을 심문하고, 외국인 학생들을 감시하며, 국적과 인종에 근거한 외국인의 이민 및 귀화 신고 과정 서비스에 등록했던 130,000명 중 16%를 추방하는 결과를 가져 왔다(American-Arab Anti-Discrimination Committee, 2002; Eggen, 2003). 이러한 정책과 이후 발생한 상황으로 인해 많은 아랍계 미국인들은 끊임없는 불안감과 취약감을 드러냈다(ADC, 2002).

편견과 고정관념

일반적으로 서구인들은 아랍계 미국인들을 위험하고, 감정적으로 변덕스럽고, 퇴보하는 "기타" 인종으로 여전히 인식하고 있다(Said, 1978). 9.11 이후, 이들은 전형적으로 테러리스트, 납치범, 과격분자 등으로 분류되었다(Abu-Ras & Abu-Bader, 2008; Gavrilos, 2002). 특히 아랍계와 이슬람계에 대한 차별은 이들을 기독교의 적으로 간주하는 일반적인 서구의 시각과 연관되어 있다(Abu-Laden, 1988; Haddad, 1997; Suleiman, 1996). 위에 언급된 인종적인 신분과 시민권에 관한 문제는 아랍계 미국인들에게 엄청난 충격을 가하고 있고, 결과적으로 뒤따르는 적대감은 미국 내 아랍 및 이슬람인들의 삶의 질에 부정적인 영향을 미치고 있다(Haddad, 1997).

이러한 정서의 출현에 대해 많은 연구자들이 지지하고 있다. Lipset과 Schneider(1977)는 이슬람인들에 대한 "부정적이고 인종차별주의에 가까운"

태도 유형을 발견했다. Slade(1981)는 "아랍인들이 미국 내에서 처벌 없이 중상모략 당할 수 있는 인종 집단 중 하나로 남아 있음(p. 148)"을 발견하였다. 43개의 고등학교 사회 교과서를 분석한 연구에서 Jarrar(1983)는 아랍인들이 "미개하고, 퇴보적이고, 사막에서 거주하고, 방랑하고, 전쟁을 좋아하고, 테러리스트이며, 적개심으로 가득 찬 집단(pp. 387-388)"으로 특징지어져 있다고 보고하였다. Bushman과 Bonacci(2004)는 아랍계 미국인들이 아프리카계 미국인, 아시아계 미국인, 히스패닉계 미국인보다 더 많은 편견에 부딪치고 있다고 언급하였다. 따라서 아랍 및 이슬람인들과 이들 관련 기관에 대한 기물 파손, 위협, 공격, 차별, 증오로 인한 범죄는 9.11 이전부터 있었고 만연하는 반이슬람 및 반아랍 정서는 계속 진행 중이라고 볼 수 있다(Abu-Ras & Abu-Bader, 2008, 2009; Abu-Ras & Suárez, 2009; Akram, 2002; Abu-Ras, 2011a; Abu-Ras, 2011b; Cainkar, 2004, 2006, 2009).

그러한 정서는 긍정적인 인종적 자기정체성 발달에 심각한 도전을 가할 뿐만 아니라(Jackson, 1997; Suleiman, 1988), 사회복지사들이 편견을 갖고 잘못된 추측을 하도록 이끌 수 있다. 이는 아랍계 미국인들을 위한 서비스의 효과성을 심하게 훼손할 수 있다. 그럼에도 불구하고, 이러한 문제는 상담이나 정신건강 문헌에서 거의 주목받지 못하고 있다(Erickson & Al-Tamimi, 2001).

한편, 9.11 이전에는 아랍계 미국인 공동체를 위한 정신건강 및 사회복지 서비스가 거의 존재하지 않았다. 또한 무엇이 이용 가능한지에 대한 일반적인 인식 또한 부족했다. 좀 더 폭넓은 공동체를 대상으로 9.11로 인한 충격을 언급하기 위해 다양한 서비스가 개발되었지만, 아랍계 미국인과 이슬람 공동체의 대부분은 그러한 문제를 실질적으로 다루는 데 필요한 훈련을 받지도 못하고 준비도 되어 있지 않았던 종교 지도자들을 찾아갔다(Abu-Ras et al., 2008; Abu-Ras, 2011a, 2011b).

■

아랍계 공동체에 국한된 임상적 사정 요인

사회복지사들과 사회복지 서비스 제공자들은 특정 공동체에 국한된 심리적, 사회문화적, 영적, 정치적인 측면을 고려할 필요가 있다. 예를 들어, 모든 아랍계 이민자들은 국적, 종교, 인종적 배경과 상관없이 공통된 경험, 언어, 많은 문화적 규범과 신앙 체계를 공유한다. 몇몇 사회정치적 압력에 관해서는 위에서 이미 언급하였다.

한 가지 문화적인 도전은 이들이 개인이나 가족 관련 문제를 위해 사회 · 정신건강 서비스를 이용하기를 꺼린다는 점이다(Asward & Gray, 1996; Kulwicki, 1996; Abu-Ras, 2007; Abudabbeh, 1996). 매 맞은 아랍계 미국인 이민 여성에 관한 한 연구는 배우자 학대와 관련된 정신건강 및 사회 서비스가 거의 이용되고 있지 않다고 밝혔다. 이 연구의 참여자들은 가족, 법, 의료 서비스에 더 의지했는데, 이러한 서비스가 여성의 사생활을 덜 침해하는 것으로 보여지기 때문이다. 또한, 정신건강 문제를 가진 아랍계 클라이언트들은 일반적으로 이러한 문제를 언급할 때 "정당한" 핑계를 대기 위해 신체적으로 호소하는 경향을 보였다(Budman, Lipson, & Meleis, 1992; Gorkin, Massalha, & Yatziv, 1985). 그러한 신체적 증상을 호소하는 행위는 문화적 스트레스, 심신의 연결에 대한 높은 자각, 또는 신체적 증상과는 별개로 정신 상태를 설명할 수 있는 개념 또는 용어가 아랍어 내에서 부재한 결과로 설명될 수 있다(Meleis, 1982). 그러한 저항감은 정신건강 개입을 정신 이상과 연관시키거나 미친 사람으로 분류하는 것에 대한 두려움 때문일 수 있는데, 이러한 인식은 심한 낙인을 동반할 수 있다(Gorkin et al., 1985; Kulwicki, 1996). 아랍계 미국인 공동체를 위해 일하는 사회복지사로서의 저자의 경험을 예로 들자면, 30명에 이르는 남녀 클라이언트의 대부분은 공동체의 다른 구성원들이 서비스 현장에서 그들을 발견하지 않을까 걱정하였고, 특히 이들은 자신들이 상담을 했다는 사실을 다른 사람에게 말하지 말아달라고 요청했다(Abu-Ras, 2007).

일반적으로 아랍인들은 다른 사람들과 그들의 감정에 대해 더 염려를 한다. 객관성을 추구하고 자신의 감정을 통제하도록 배우는 서구인들과는 달리, 아랍인들은 특정 상황에서는 더 주관적으로 접근하고, 자신의 고통과 슬픔에 대해 공개적으로 이야기하며, 만약 누군가가 세상을 떠나게 되면 눈물을 흘리는 등 감정을 자유로이 표현한다(Nobles & Sciarra, 2000). 그러나 상담에 관해서, 아랍인들은 서구인들보다 덜 "심리학적으로 관심을 갖는" 경향이 있고 (Jackson, 1997), 대부분 서구적인 상담 접근을 경험하거나 이에 노출된 적이 없다. 이는 그들이 전통적으로 가족 구성원, 부모 또는 연장자에게 충고를 구하기 때문일지도 모른다(Abudabbeh, 1996; Jackson, 1997). 아랍계 미국인들은 사회복지사를 포함해서 가족이 아닌 사람들과는 가족이나 개인적인 문제에 대해 이야기하지 않는 경향이 있는데(Jackson, 1997), 그러한 이야기를 가족이 아닌 사람과 하는 것이 집단의 명예에 대한 위협 또는 가족에 대한 불충으로 보여지기 때문이다(Abudabbeh & Nydell, 1993). 예를 들어, 기존의 여러 연구는(Abu-Ras, 2003, 2007) 많은 아랍계 이민자 여성들이 도움을 구함으로써 가족의 사생활을 침해하는 것과 같은 사회적으로 용납되지 않는 불명예의 결과에 직면하기보다 학대받는 결혼생활에 머물러 있고, 이러한 상황은 실제적으로 폭력을 촉진할 수 있음을 보여주고 있다.

젠더 역할과 관련해서, 많은 아랍계 미국인들은 여전히 여성의 평판과 성적 행동을 가족의 수치와 명성으로 연결시킨다. 여성의 성적 순결과 남성에 대한 복종이라는 전통적인 가치관을 고려할 때, 혼전 성행위, 남자에게 추파던지기, 이혼 요구, 남성의 권위에 대한 도전, 남편에 대한 비난, "도발적인" 옷차림 등은 가족에 대한 수치로 보여질 수 있다(Glazer & Abu-Ras, 1994). 노동시장에서의 여성의 확대된 역할, 교육기회의 확대, 높은 수준의 경제적 독립성에도 불구하고, 이러한 연관성은 아랍인들이 일반적으로 가지고 있는 가장 민감한 가치로 간주된다. 또한 사회복지사들과 정신건강 서비스 제공자들은 젠더 내 차이와 집단 간 차이에 관심을 기울일 필요가 있다. 아랍계 여성들은, 가정과 사회 내에서 상이한 책임감을 가지고 있기 때문에, 일반적으로 더 많은 심리적인 스트레스를 경험한다. 어떤 여성들은 기존의 사회적 집단과 가족 지지의 상실로 인해 외국에서 사회적으로 더욱 고립된다. 또 다른 여성들은 언어적인 장벽으로 인해 통합과 상호교류의 어려움에 직면하게 된다. 이러한 상황 모두, 여성들의 지지 체계를 제한하고, 이들의 도움을 구하는 행위에 영향을 미치며, 사회적 고립을 가속화시키고, 새로운 문화에서 다른 사람들과의 교류를 감소시킨다.

또 다른 도전은 잠재적으로 발생할 수 있는 추방, 문화적 · 언어적 장벽, 전문적인 서비스에 대한 무지, 공동체 내에서의 권리에 대한 이해 부족 등으로 인해 전문적인 도움을 구하기를 꺼린다는 점이다. 만약 이들이 불법으로 이곳에 있다면, 그러한 도전은 가중된다. 새로 온 아랍계 이민자들은 흔히 비아랍계 세계를 두려워하고 불신하는데 이는 9.11 이후에 강화된 경향이다(Abu-Ras & Abu-Bader, 2008). 미국 워싱턴의 정책과 행동이 정당하지 못하다는 이들의 인식은 그러한 태도를 부채질한다. 사실, 9.11 이후 정치적 사조는 매 맞는 아랍계 이민 여성들이 경찰과의 접촉을 꺼려하도록 만들었는데, 이들은 정치적인 괴롭힘과 함께 자신과 자기 가족에 대한 반격을 더욱 두려워하기 때문이었다(Abu-Ras, 2007; Abu-Ras & Abu-Bader, 2008).

일단 상담을 하게 되면, 많은 아랍계 미국인들은 정신건강 서비스 제공자들이 충고를 제공하거나 명확한 방향을 주기를 기대하며, 그럼으로써 그들을 "전문가"로 간주하게 된다(Gorkin et al., 1985). 이는 연장자로부터 충고를 구하는 문화적 관행, 위계적인 사회 구조에 대한 문화적 고수, 또는 신중하게 경청함으로써 권위자에 대한 존경심을 드높이는 조기 사회화 경험 때문일지도 모른다(Abudabbeh, 1996). 결과적으로, 많은 아랍계 미국인들은 중요한 결정을 위해 더 많은 지식을 가진 사람에게 권한을 위임한다. 그들은 이러한 행동을 권위적인 인물이 얼마나 그들을 돌보는지의 척도로 간주할지도 모른다. 따라서 사회복지사들은 자신들의 전문적인 역할과 사회복지사-클라이언트 관계를 명확하게 설명하고 클라이언트의 기대감에 대해 언급할 필요가 있다.

이러한 관계에 영향을 미칠 수 있는 또 다른 문화적 측면은 덜 구조화된 시간관념이다. 아랍계 미국인들은 미래, 사건 또는 상황과는 반대로, 현재에 더 관심을 갖고 초점을 둔다. Meleis(1982)는 아랍계 미국인들이 나중에 대처할 수 있다고 생각하기 때문에 그날 예정된 일에 관심을 보이지 않는다고 설명하였다. 그러므로 미래의 결정에 관한 가정된 상황에 대해 아랍계 클라이언트들이 납득하기를 기대하는 것은 비현실적이다.

강점과 자원

가족 지지와 강력한 가족 가치는 아랍계 이민자들이 가지고 있는 가장 중요한 장점이 되는 자원이다(Ajrouch, 2000). Abudabbeh(1997)는 "오늘날 산업화, 도시화, 전쟁과 대립, 서구화로 인해 아랍계 가족 체계에 많은 긴장감의 징후가 있다. 이러한 압력에도 불구하고, 아랍 세계 전반과 다른 지역에 사는 아랍인들에게, 가족은 개인에게 정서적이고 구체적인 지지를 제공하는 중요한 체계로 남아 있다(p. 118)"고 하였다. 많은 아랍 사회는 집합적인 경향이 있어서 개인주의와 개별주의를 반대하고(Almeida, 1996; Abudabbeh, 1996), 각 가족 구성원의 중요한 목표로 (개인 대신) 가족의 명예와 지위의 강화를 고려하며(Nydell, 1987), 사회 조직과 개인, 그리고 집합적인 정체성에 있어서 가족이 필수적이라고 간주한다(Abudabbeh & Nydell, 1993; Naff, 1983; Soliman, 1986). 따라서 많은 아랍계 미국인들은 자기 자신보다 가족의 안녕을 더 걱정한다. 개인적인 욕구를 고려하는 것이 가족을 배신하는 것이라고 혼동하거나 심지어 죄책감을 느낄지도 모른다(Gorkin et al., 1985).

개인의 안녕에 있어서 또 다른 주요 강점인(Ellison & Levin, 1998) 종교는 감정적인 고통에 대처할 수 있는 틀을 제공해준다. 많은 종교와 문화가 집중되어 있는 도시 환경에서, 위기 상황 시 요구되는 지지를 발견하기는 흔히 역설적으로 어렵다. 힘들 때, 신앙과 종교는 첫 번째로 또는 유일하게 가능한 지지 자원일 수 있다.

9.11 이후, 많은 종교 지도자들은 아랍계 미국인들의 상담을 돕도록 요청받았다(Fannelly, Robert, & Weaver, 2005). 비록 아랍계 미국인들의 대부분이 기독교인이지만, 상당수의 아랍인들이 이슬람 문화를 실천하기 때문에 이슬람교와 기독교를 믿는 아랍계 미국인 모두 이슬람의 전통과 가치를 지지한다(Laza, 2001). 반면, Faragallah, Schumm과 Webb(1997)은 이슬람교를 믿는 아랍계 미국인들이 미국 사회로부터 소외감을 느꼈고 기독교를 믿는 아랍계 미국인보다 소속감을 가지는 경우가 적었다고 밝혔다. 또한 그들은 (종교적 가치와 강하게 연관되어 있는) 전통적인 가족 역할과 문화적 전통을 더 잘 지키고 있지만, 더 많은 차별을 경험하고, 미국에서의 삶에 만족할 가능성이 적다.

그러나 종교는 양쪽 공동체를 위한 예방 및 대처 자원으로써 기능할 수 있다. 종교적인 사회적 연계망은 이민자들이 자신들에게 익숙한 세계를 구축하려는 시도에서 흔히 발생한다(Hattar-Pollara & Meleis, 1995; Maloof, 1981). Abudabbeh와 Hamid(2001)는 확대 가족을 대신해서 예배 장소에서의 종교적 또는 사회적 연계망이 아랍계 미국인들의 문화적응을 도울 수 있다고 제안한다. 심각한 정서적인 문제에 대해서 전문적인 원조가 요구되지만, "이방인" 이민 공동체를 위한 적절한 서비스를 찾아내기는 무척 어려운 것이 사실이다.

일반적으로, 아랍 문화는 항상 아량, 자비, 환대와 같이 다른 사람들에게 좋은 인상을 주는 행위(Nydell, 1987)에 대해 규정하고 있다. 부가적으로, 경제적인 윤택은 그러한 행위를 드러낼 수 있는 이들 가족의 능력을 증가시킬 수 있다(Naff, 1983). 가족의 명예를 위해서 근면, 절약, 그리고 보수적 성향이 권장되므로, 학업 성취와 경제적인 향상이 상당히 추구된다. 반대로, 범죄나 궁색한 행위는 피하도록 강하게 독려된다(Naff, 1983).

■

치료 접근

아랍계 미국인들의 임상적 치료 체계 접근을 방해하거나 촉진할 수 있는 복합적인 심리사회적, 문화적, 영적, 정치적 요소를 고려해볼 때, 치료적인 원조 과정에서 이들 집단 구성원들을 가장 잘 끌어들일 수 있는 몇 가지 치료 전략이 있다. 아랍계 미국인들에게 적절하고 이들 문화에 국한된 정신건강 치료에 관해서 알려진 바는 거의 없지만, 몇 가지 제안을 하자면 다음과 같다.

앞부분에서 논의했듯이, 어떠한 개입 접근을 사용하기 전에 사회복지사들은 아랍계 클라이언트들의 사회적 환경, 이들의 행복에 미치는 환경적인 영향력뿐만 아니라 이용 가능한 자원을 사정해야 한다. 두 번째 단계는 개인의 장점과 가족과의 유대감 정도, 서로를 대하는 가족의 엄격함 정도를 사정하는 것이다. 세 번째 단계는 그들의 종교적인 믿음과 그러한 믿음이 정신건강 문제와 도움을 구하는 태도에 어떠한 영향을 주는지 사정하는 것이다. 네 번째 단계는 정신건강, 두려움, 불안 수준, 공포와 정체성 문제 등을 포함해서 그들의 안녕에 대한 9.11의 영향력을 사정하는 것이다. 성격적인 특성을 사정할 때, 비아랍계 사회복지사들은 이들의 불안, 좌절, 열등감, 수치심, 죄책감, 그리고 서구인들에 대한 수용 정도와 같은 특정한 행동에 추가적으로 관심을 기울여야 한다. 많은 아랍계 미국인들은 미국인들에 대해서 이러한 감정을 가지고 있는데, 그들 시각에서 미국인들은 일반적으로 아랍인들, 특히 아랍계 미국인들에게는 서구적 태도의 전형이라 할 수 있다. 그러한 전이는 "당신들"(미국인들) 대 "우리들"(아랍인들)과 같은 특정 단어의 사용으로 표현될 수 있다. 이러한 구체적인 상황에서, 사회복지사들은 클라이언트들이 미국의 "일반 대중"과 개인으로서의 치료사/사회복지사를 구별하도록 돕기를 바라면서, 감정이입, 용인, 이해를 보여줄 수 있다. 이는 치료사와 클라이언트 간의 신뢰를 쌓는 유대의 일부일 것이다. 이러한 사정에 기초해서, 치료사는 아랍계 클라이언트의 욕구를 언급하기 위해서 구체적으로 설계된 문화적으로 감수성 있는 접근이나 서구적인 치료 접근을 선택하여 적용할 수 있다.

신뢰 형성하기

일부 아랍계 클라이언트는, 특히 서구권 문화에 문화적응이 잘 되어 있지 않고 치료할 때 자기 자신에게 관심을 쏟는 데 익숙하지 않는 경우, 가족이 아닌 다른 사람에게 자신이 가진 문제를 처음부터 노출하려 하지 않을 것이다(Abu-Ras, 2007; Amer & Harvey, 2005). 그래서 그들은 사회복지사의 의도와 동기에 대해 물어볼지도 모르고, 심리상담자들에 대한 문화적인 불신감에 대해 논의할 수 있는 기회를 감사해할지도 모른다(Ali et al., 2004). 클라이언트의 비밀보장을 유지하는 사회복지사의 능력에 대한 일반적인 불신 또한 이슈가 될 수 있다(Nasser-McMillan & Hakim-Larson, 2003). 낯선 이들에게 가족 문제를 노출하는 것과 연관된 사회적인 낙인을 고려하면, 이는 특히 여성 아랍계 미국인들에게 해로울 수 있다(Abu-Ras, 2003, 2007). 또한 클라이언트들은 그들이 좀 더 편안하게 느낄 수 있도록 사회복지사-클라이언트의 비밀유지와 정신적 안정에 대해 재확신을 받을 필요가 있다. 아랍인들에게 지배적인 가부장제적이고 위계적인 사회를 고려하면(Al-Issa, Al Zubaidi, Bakal, & Fung, 2000), 이들은 치료 과정에서 사회복지사가 적극적인 접근을 취해주기를 기대한다. 통찰 중심적 또는 클라이언트 주도적인 심리치료는 거부될 수 있기 때문에(Al-Abdul-Jabbar & Al-Issa, 2000; Nasser-McMillan & Hakim-Larson,

2003), 사회복지사가 좀 더 지시적이거나 충고적인 역할을 취하는 것이 유리할 수 있다. 사회복지사의 감정 노출과 클라이언트 위로 또한 클라이언트–사회복지사 관계를 강화시키는 것으로 믿어진다(Al-Abdul-Jabba & Al-Issa, 2000; Nobles & Sciarra, 2000). 이러한 접근들을 통해 변화를 위한 안전한 환경이 촉진되며, 아랍계 클라이언트들은 사회복지사로부터 배울 수 있게 된다.

심리–교육 개입

많은 아랍계 미국인들의 정신질환에 대해 가지고 있는 낙인과 정신건강 서비스 이용에 대한 부정적인 태도 때문에, 이들에게 첫 번째로 사용할 수 있는 가장 적합한 방법으로 심리교육적 접근을 들 수 있다. 이 접근은 아랍계 클라이언트뿐만 아니라 다른 다양한 민족적 배경을 지닌 클라이언트들이 "계속 진행 중이고 축적되어진 스트레스 및 낙인과 관련된 정서적인 반응과 다른 심리적인 과정에 대해 배울 때 부딪치는 장애물을 확인하고 이를 극복할 수 있도록 (Lukens et al., 2004, p. 109)" 돕는다. 심리사회적 개입 모델을 더욱 효과적으로 사용하기 위해서, 사회복지사들과 치료사들은 정신건강 문제에 대해 클라이언트들을 교육하고 이들의 의식을 높이기 위한 의도뿐만 아니라 클라이언트 —인식, 세계관, 태도, 믿음 체계, 문화적인 가치와 강점, 사용 가능한 자원, 발전시키고 언급되어져야 하는 영역들— 에 대해 배우는 도구로써 심리교육을 사용할 수 있음을 명심할 필요가 있다. 정신건강 서비스 제공자들은 또한 아랍/이슬람의 특수한 문제에 관해서 훈련받아야 한다. Sue 등(1992)은 역량 있는 서비스를 제공하는 데 결정적으로 중요한 3가지 태도, 지식, 기술 영역에 대해서 (a) 클라이언트에 관한 가정, 가치, 낙인, 그리고 아랍 및 이슬람인들에 대해 가지고 있는 부정적인 고정관념에 대한 자각, (b) 차별, 증오로 인한 범죄, 고정관념에 대해 토론하고 치료를 받는 것에 대한 태도를 언급할 수 있도록 안전한 환경을 제공함으로써 클라이언트의 세계관을 이해하는 것, (c) 두려움, 죄책감, 수치심과 같은 감정이 효과성을 제한할 수 있으므로 집단 상담을 피하는 한편, 문화적으로 적절한 개입과 기술의 사용 등으로 요약하였다(Nasser-MacMillan & Hakim-Larson, 2003; Ali, Liu, & Humedian, 2004).

심리교육적 접근은 특히 트라우마가 "아랍 공동체의 존재, 목적, 초점 또는 목적을 위협하고" 공동체 구성원의 죽음과 관련될지도 모를 때 전체 아랍 공동체에 사용될 수도 있다(Williams, Zinner, & Ellis, 1999). 심리교육 모델을 사용하면서 사회복지사들은 과거에의 노출, 문화와 영적인 요소들, 이민 상태, 사용 가능한 공식적 · 비공식적 자원 등 많은 요소들을 구축할 수 있다(Lukens et al., 2004). 9.11 공격 바로 직후, HOPE-NY에서는 강점에 기반한 심리교육적 접근을 개발하였다(더 자세한 정보는 Lukens et al., 2004, p. 111 참고). 이 모델은 비극적인 9.11의 압도적이고 불가해한 트라우마에 직면했던 뉴욕시의 다양한 구성원들에게 적절하고 응용 가능하였다. 이 모델은 4가지 원리, 즉 (a) 체계(개인, 가족, 공동체, 서비스 제공자) 간, 체계 내에서 집합적인 공동체의 돌봄 구축하기, (b) 문화적으로 적절한 과정, 문맥, 내용에 유의하기, (c) 개인과 공동체의 권한부여를 위한 조치로써 정보 배포하기, (d) 계속되는 공동체의 트라우마 상황에서 회복resilience 촉진시키기를 포함한다.

심리교육적 개입은 필수적이고, 정신건강 서비스를 제공하는 시설과 관련된 낙인을 최소화하기 위해서 지역사회복지관과 같은 물리적인 시설을 비낙인화하도록 통합시킬 필요가 있다(Abu-Ras, 2007). 각 언어에 적합한 정보를 배포하고 심리사회적 지식과 교육을 촉진시키는 일은 심각한 스트레스 반응을 확인하는 데 필수적이며, 특히 9.11 공격 이후 개인과 공동체의 회복과 힐링을 강화할 수 있다. 그러한 개입을 통해 사회복지사들은 클라이언트들이 정신건강 및 질환에 대해서 보고하고 치료에 대해 근본적으로 이해하며 장기 치료에 열심히 참여하도록 설득할 수 있다. 그러한 접근은 클라이언트들이 질병을 이해하고 받아들이며 이에 성공적으로 대처할 수 있도록 해주어야 한다. 부가적으로, 사회복지사들은 이슬람의 정신적 · 종교적인 가르침을 통합하고, 신앙에 기반한 심리치료 개입을 도입할 수 있다.

권한부여 접근

클라이언트의 문제나 결함을 그들의 상대적인 강점과 자산의 맥락에서 묘사하는 것은 그들이 경멸당하거나 하찮게 대우받지 않는다는 재확신을 제공하는 것과 함께 효과적인 치료 접근이다. McWhirter(1998)는 잠재적으로 유용한 모델로서 협력, 문맥, 비판 의식, 능력, 공동체에 대해 언급했다. 요약하면, 사회복지사는 문제를 확인하고, 어떻게/왜 그 문제가 일어나거나 악화되었는지 이해하고, 독특한 강점과 개인적/공동체적 자원에 대해 클라이언트가 인식하도록 도와야 한다(Ali et al., 2004). 그러한 모델은 클라이언트들이 그들의 강점을 깨닫고 문화적으로 역량있는 보호를 제공하려는 정신건강 서비스 제공자의 노력을 깨닫도록 도울 수 있을 것이다.

이러한 권한부여 모델을 아랍계 클라이언트들에게 적용할 때, 사회복지사들은 초기에는 클라이언트의 불안 수준을 완화하고 양쪽 모두가 클라이언트의 문제와 관심사를 더 잘 이해하도록 돕기 위해서 이들의 정체성(예. 나이, 인종, 종교, 성적 취향, 기타 다른 특성)을 탐색하는 데 몰두해야 한다. 이는 아랍계 미국인에 대한 일반적인 고정관념과는 완전히 별개로 클라이언트 스스로가 인식하고 있는 대로의 자신의 정체성을 제시하도록 도울 것이다. 그런 다음, 정신건강 서비스 제공자는 강점 자원과 같은 가치를 촉진하도록 돕기 위해서, 클라이언트의 문화적이고 종교적인 가르침과 신앙 체계에 핵심으로 간주되는 긍정적이고 윤리적인 가치를 형성할 수 있다(Abraham, 1995; Abudabbeh, 1996; Erickson & Al-Tamimi, 2001; Jackson, 1997).

부가적으로, 아랍계 2세대의 미국 문화와 아랍계 1세대의 아랍 문화 사이에 존재하는 갈등을 다루기 위해서, 아랍계 클라이언트들이 그들의 민족적인 정체성에 대한 인식과 정의, 문화적응 전략, 문화적응으로 인한 스트레스, 영성 수준 등을 탐색하고 명확히 하도록 격려해야 한다. 정신건강 서비스 제공자들은 클라이언트들이 그들 공동체와 미국 주류사회에 대한 소속감을 찾고 이에 대해 논의하고 언급하도록 촉구해야 할 뿐만 아니라 건강한 심리적 문화적응 전략이 인종 집단별로 다를 수 있다는 점을 강조해야 한다. 예를 들어, Amer와 Hovey(2007)는 2세대/초기 기독교를 믿는 아랍계 미국인 이민자들이 최적의 문화적응 전략으로써 주류 문화에 참여하면서도 그들 자신의 문화적 가치와 관습을 보유하였다는 사실을 발견하였다. 이 경우, 정신건강 서비스 제공자들은 클라이언트들이 두 가지 문화의 도전과 혜택에 대해 좀 더 탐색하고 협의해나가도록 격려했을 수 있고 결과적으로 이들은 건강한 두 문화의bicultural 정체성을 긍정적으로 형성하고 실천할 수 있었을 것이다.

종교와 신앙적인 대처방법 사용하기

이슬람인은 유대와 기독교 교리, 예수의 윤리적 가르침, 십계, 유일신 사상을 믿는다(Jackson, 1997). '알라'라는 단어는 단순히 신을 뜻하는 아랍어이고 기독교인들과 유대인들이 경배하는 같은 신을 지칭한다. 종교는 많은 아랍계 미국인들에게 매우 중요하고 이들 정체성의 핵심 요소라 할 수 있다(Abudabbeh, 1996; Abudabbeh & Nydell, 1993). 사실 종교는 국적, 직업, 결혼 상태와 대조적으로, 사람들을 차별화시키는 요소일지도 모른다(Naff, 1983). 아랍계 미국인들 —더 구체적으로는 이슬람인— 과 함께 일할 때, 비아랍계 사회복지사들은 문화적으로 특수한 기술을 사용하여 이들을 치료하기 위해서 스스로가 이슬람과 그 관습에 익숙해질 필요가 있다. 정신질환이 있는 기독교도와 유대인들을 치료하기 위해 종교와 영성이 인지 치료 모델에 통합되었지만, 아랍계 이슬람인 클라이언트에 대한 관심은 아직 제한적인 상태이다(Hamdan, 2008).

사회복지사들은 아랍계 이슬람 클라이언트들이 트라우마에 대처하기 위해, 기도하거나 코란에 있는 특정 구절을 외우거나 읽는 것과 같이, 이슬람 신조를 사용하도록 제안할 수도 있다(Abu-Ras et al., 2008). 하지만 이러한 접근은 특히 트라우마가 종교적인 정체성과 관련된 것처럼 보일 때에는 주의해서 사용해야 한다(Hedayat-Diba, 2000). 구체적으로, 자살 생각에 관한 문제의 사정은 열렬한 이슬람 클라이언트들에게는 어려울 수 있는데, 특히 그들이 서구 문화에 적응이 덜 된 경우에 그러하다. 이슬람교에서 자살은 금기시되고 있으므로, 많은 이슬람인들은 자살을 범죄적인 행위로 본다. 따라서 사회복지사는 "신이 당신이 죽도록 놔두기를 바라십니까?"라고 수동적인 방식으로 이에 대해 물어볼 수 있다(Hedayat-Diba, 2000).

또한 사회복지사들은 종교적인 심리치료 개입을 시도하기를 바랄 수도 있다. 이슬람 사상에 의하면, 사람의 정신적 · 영적 발달은 순전히 스스로 만족하는 단계에서 시작해서 내적인 평화와 자기 확신의 단계로 진행하는 끊임없이 계속되는 진화의 상태에 있다(Mohit, 2001). 이 과정에서, 어떤 사람은 "온전한 자신"과 궁극적으로 "평화로운 자신"에 이르기 전까지, 자기 의심, 자기 비난, 자기 수용을 경험할지도 모른다. 이맘들[Imams]은 이러한 이슬람의 치료적 과정을 사용해왔는데, 이 과정은 이슬람계 클라이언트들을 치료하기 위해 인지, 행동, 심리역동 치료의 요소와 결합된다(Abu-Ras et al., 2008). 전통적인 이슬람의 가르침은 정신질환을 신과의 불충분한 관계, 신으로부터의 처벌, 또는 헤아릴 수 없는 신의 의지의 결과로 설명하고 있다(Al-Krenawi, 1996; Al-Krenawi & Graham, 1999). 많은 아랍계 이슬람인들은 정신질환을, 죄에 대한 속죄로 흔히 간주되는, 인간 고통의 일부로 인식하고 만약 인내와 기도로 고통을 견뎌내면 그 대가가 배가 될 것이라고 믿는다. 그러한 시험에 직면할 때, 개인의 힐링, 힘, 성장을 촉진하기 위해, 신앙적인 종교 의식 행동(예: 기도, 단식, 회개, 코란 암송 등)을 두 배로 하는 것은 힐링 과정의 일부분이 된다. 이러한 도덕적인 투쟁의 장을 헤쳐 나가면서, 아랍계 이슬람인들은 그들의 타고난 약점을 극복하지 못하게 방해하는 특정 정신질환의 본성을 이해하려고 한다. 그러나 코란이 의학 지식(정신적, 육체적 모두)의 대체물이 아닌 종교적인 지침으로 추종된다는 점에 주목해야 한다.

가족 지지와 가족치료

앞부분에서 언급했듯이, 가족은 대부분의 아랍계 미국인들에게 핵심 요소이다. 가족 역동에 관심을 두는 것은 치료 접근의 계획과 실행에 결정적이다. 가족 내에서 클라이언트의 위치에 대해 앎으로써 그들의 독립 정도, 그들의 주변 세계에 대한 개인적인 시각, 그 클라이언트가 문제에 대처할 때 필요할지도 모르는 지지 정도를 결정할 수 있다. 가족 간 갈등에 더 많은 관심을 두는 것은 매우 중요하다. 가족 기능과 사회적 지지는 불안과 우울증을 완화시킬 수 있는 대처 자원이다. 아랍 문화는 확대 가족 체계에 기반해 있기 때문에, 사회복지사는 혈족의 강한 유대감, 지역사회 관계자들, 집단(예: 종교 지도자), 의료 및 사회 서비스를 이용한 다중체계적인 개입 접근을 옹호할 필요가 있다. 가족치료는 상황과는 상관없이 효과적인 개입일지도 모른다(Amer & Hovey, 2005). 집합적 세계관의 상황 내에서 가족의 가치는 효과적인 서비스 전달에 있어서 대부분의 가족 구성원들이 관여할 때 드러난다. 또한 가족치료는 구성원들이 서로 지지하고, 특히 소외감을 느끼는 가족에게 더 많은 안전감을 제공하도록 도울 수 있다(Abdudabbeh, 1996). 주로 아랍계 미국인들과 함께 일하는 사회복지사들은 가족 구성원을 포함하는 것이 클라이언트의 걱정을 덜어주고 사회복지사와의 신뢰감 발전을 촉진한다고 보고하고 있다(Nasser-McMillan & Hakim-Larson, 2003).

하지만, 이러한 포함 과정은 서구적인 심리치료의 전통적인 기준과 관련해서 다소 어려움을 발생시킬 수 있기 때문에, 클라이언트와 논의해야 한다. 가족의 포함은 특히 아랍계 미국인 여성을 도울 때 적절하다. 아이를 돌보는 일은 연계하기 어려울 수 있고 이는 개별 상담을 방해할 수 있다(Nasser-McMillan & Hakim-Larson, 2003). 더구나 일반적으로 여성이 가족의 경제를 책임지지 않기 때문에, 남편은 치료를 불필요한 지출로 간주할 수 있다(Nobles & Sciarra, 2000). 남편을 치료 과정에 관여시킴으로써 그의 걱정은 줄어들 수 있고 결과적으로 부인이 회기에 참여하기가 더 쉬워질지도 모른다. 이는 또한 집합적인 문화에서는 자연스런 과정의 일부가 될 수 있는데, 아랍계 미국인 여성들이 직면하는 이슈는 가족에게도 영향을 미치기 때문이다(예: 여성의 우울증은 결혼 관계와 주어진 의무를 완수하는 능력에 영향을 미침)(Abu-Baker, 2006). 그러나 만약 문제가 그들 남편에 대한 불만이나 가정 폭력에서 비롯된 것이라면, 남편의 참여는 치료 목적에 유용하지 않을 수 있다(Abu-Baker, 2006). 요약하면, 사회복지사들은 특정 가족 구성원(들)을 포함시키는 것이 클라이언트의 심리적인 안녕에 도움이 될지 여부를 사정해야 한다.

■

실천의 실행과 제언

문화와 문화적 다양성이 소수 민족 집단 가족들을 이해하고 이들을 위해 일하는 데 매우 중요하다는 사실은 자명하다. 아랍계 미국인 공동체는 미국의 주류 사회와 대중 매체에 의해 가장 오해받고, 잘못 이해되고, 부정적으로 인식되고 있는 소수 집단이다. 그러한 시각은 아랍계 이민자들의 정신건강 문제, 가족 위기, 사회문화적 · 정치적인 도전 등에 대처하는 이들의 능력에 영향을 줄 뿐만 아니라 이들을 위해 일하는 사회복지사들과 다른 사람들이 편견, 선입관, 그리고 잘못된 가정을 갖도록 이끌 수 있다.

이번 장에서는 아랍의 지배적인 문화와 관련하여 중요한 유사점, 차이점, 그리고 잘못된 가정 등이 강조되었다. 개입 계획이나 접근을 선택하기 전에, 아랍계 미국인 이민자들의 문화, 이들의 특수한 욕구와 강점, 정신건강 서비스에 대한 이들의 문화적 태도, 그리고 9.11 이후 반아랍적인 정치 문화 풍토를 이해하는 것은 필수적이다. 이들 개인은 문화적, 전통적, 종교적, 가부장적 신념과 가치 그리고 차별, 선입관, 편견, 증오로 인한 범죄, 정치적 · 사회적 정책 등을 포함하는 외부적인 요소 모두에 영향을 받을 수 있는 특수한 욕구와 관심사를 가지고 있다.

이러한 문화적이고 구조적인 이슈에 기반하여, 사회복지사들은 주류의 정신건강 전달 체계에 대해 교육하고 이를 계획하고 실천할 때 아랍계 미국인 공동체의 다양한 문화적 태도, 가치, 신념을 인식하고 고려할 필요가 있다. 또한, 서비스 제공자들은 아랍의 문화적이고 이슬람적인 가치에 친숙해지도록 스스로를 교육해야 한다. 마지막으로, 사회, 건강 및 정신건강 제공자들이 아랍계 개인, 가족, 공동체와 함께 일할 때 이들의 독특한 경험을 반영하는 적합한 기술과 접근을 탐색하는 일은 절대적이다.

반아랍적인 정치적 풍토와 아랍계 이민자들에 대한 증오로 인한 범죄와 차별의 결과로 발생된 정신건강 스트레스를 줄이기 위해서는, 이러한 정신건강 스트레스의 사회적인 근원을 고려할 뿐만 아니라 문화 · 종교 기관이 정보를 제공하도록 돕는 일은 중요하다. 종교와 영성은 아랍 및 이슬람계 개인, 가족, 공동체가 그들의 정신건강 문제에 대처하는 데 중요한 역할을 한다. 영성/종교적인 상담과 종교적인 가르침은 아랍계 클라이언트, 특히 이슬람교 클라이언트에게 효과적일 수 있는데, 이는 일반적으로 코란과 하디스Hadith•가 비신도들을 포함한 대부분의 이슬람인들의 삶의 한 방식으로 간주되기 때문이다.

연구와 사회복지실천 모두를 위한 이번 장의 전반적인 함의는 아랍 하위문화와 하위 민족 집단 간의 차이점, 종파적 단체, 스트레스 원인에 대처하는 남성과 여성의 반응, 미국 내에서의 인종적 괴롭힘, 차별, 증오로 인한 범죄뿐만 아니라 그들 모국 내의 정치적인 불안정과 전쟁의 결과로 인한 공동체의 축적

• 마호메트의 말씀

된 역사적인 트라우마의 영향력을 연구하는 것이 중요하다는 점이다. 9.11과 연관된 스트레스와 공공연한 괴롭힘 이후 10년, 이제 아랍계 미국인 사회는 회복을 시작하고 있다. 사회복지사들은 이들이 가지고 있는 특정한 정신건강 욕구를 효과적으로 언급함으로써 이러한 타이밍에 즉각적으로 대응해야 한다.

참고문헌

Abraham, N. (1995). Arab Americans. In R. J. Vecoli, J. Galens, A. Sheets, & R. V. Young (Eds.), *Gale encyclopedia of multicultural America* (Vol. 1, pp. 84-98). New York: Gale Research.

Abraham, N. *Arab America* Retrieved on May 27, 2011 from http://www.everyculture.com/multi/A-Br/Arab-Americans.html.

Abraham, S., & Abraham, N. (1983). *Arabs in the new world: Studies in Arab American communities.* Detroit, MI: Wayne State University Press.

Abu-Baker, K. (2006). Aram/Muslim families in the United States. In Dawiry, M. A. (Ed.), *Counseling and psychotherapy with Arabs and Muslims: A culturally sensitive approach* (pp. 29-46). New York: Teacher College Press.

Abudabbeh, N. (1996). Arab families. In M. McGoldrick, J. Giordano, & J. K. Pearce (Eds.). *Ethnicity and family therapy* (2nd ed., pp. 333-346). New York: Guilford Press.

______________ (1997). Counseling Arab-American families. In U. P. Gielen & A. L. Comunian (Eds.), *The family and family thrapy: An international perspective* (pp. 115-126). Trieste, Italy: Edizioni LINT.

Abudabbeh, N., & Nydell, M. (1993). Transcultural counseling and Arab Americans. In J. McFadden (Ed.), *Transcultural counseling: Bilateral and international perspectives* (pp. 262-284). Alexandria, VA: American Counseling Association.

Abu-Laban, S. (1988). The coexistence of cohorts: Identity and adaptation among Arab-American Muslims, *Arab Study Quarterly, 11*(8 & 9), pp. 45-63.

Abu-Laban, B., & Suleiman M. (1989). *Arab Americans: Continuity and change.* Belmont, MA: Association of Arab-American University Graduates, Inc.

Abu-Ras, W. (2003). Barriers to services for Arab immigrant battered women in a Detroit suburb. *Journal of Social Work Research and Evaluation: An International Publication, 4*(1), 49-66.

___________ (2007). Cultural beliefs and utilization of services by Arab immigrant battered women. *Violence Against Women, 13*(10), 1002-1028.

___________ (2011a). Perception of Muslim chaplain's role by pastoral care directors and chaplains of New York City hospitals and health care settings. *Journal of Muslim Mental Health, 6*(1).

___________ (2011b). Assessment of the existing chaplaincy and spiritual care services for minority groups as perceived by chaplains and directors of New York City hospitals: The case of Muslim patients. *Topics in Integrative Health Care: An International Journal, 2*(2), ID: 2.2002.

Abu-Ras, W., & Abu-Bader, S. (2008). The impact of 9/11 in the Arab-American well-being. *Journal of Muslim Mental Health, 3*(2), 217-239.

Abu-Ras, W., & Abu-Bader, S. (2009). Risk factors for posttaumatic stress disorder (PTSD): The case of Arab- & Muslim-Americans, post-9/11. *Journal of Immigrant & Refugee Studies, 7(*4), 393-418.

Abu-Ras, W., Gheith, A., & Cournos, F. (2008). Religion and Imam's role in mental health promotion: A study at 22 mosques in New York City's Muslim community. *Journal of Muslim Mental Health, 3*(2), 155-176.

Abu-Ras, W. & Suárez, Z. E. (2009). Muslim men and women's perception of discrimination, hate crimes, and PTSD symptoms post 9/11. *Traumatology, 15*(3), 48-63.

Abu-Ras, W., Senzai, F. & Laird, L. (in press, 2013). American Muslim physicians' public role post 9/11 and minority community empowerment: Serving the underserved. *Journal of Immigrant and Refugee Studies, 60*(1/2).

Ali, O., Milstein, G., & Marzuk, P. (2005). The imam's role in meeting the counseling needs of Muslim communities in the United States. *Psychiatric Services, 56*, 202-205.

Ali, S. R., Liu, M. W., & Humedian, M. (2004). Islam 101: Understanding the religion and therapy implications. *Professional Psychology: Research and Practice, 35*(6), 635-642.

Akram, S. M. (2002). The aftermath of 9/11, 2001: The targeting of Arabs and

Muslims in America. *Arab Studies Quarterly*, 24, 61-118.

Al-Issa, I., Al Zubaidi, A., Bakal, D., & Fung, T. S. (2000). Beck Anxiety Inventory symptoms in Arab college students. *Arab Journal pf Psychiatry, 11*, 41-47.

Al-Abdul-Jabbar, J., & Al-Issa, I. (2000). Psychotherapy in Islamic society. In I. Al-Issa (Ed.), Al-Junun: *Mental illness in the Islamic world* (pp. 277-293). Madison, CT: International Universities Press.

Al-Krenawi, A. (1996). *A study of dual use of modern and traditional mental health systems by the Bedouin of the Negev*. Unpublished doctoral dissertation, University of Toronto, Toronto, Ontario, Canada.

Al-Krenawi, A., & Graham, J. R. (1999). Social work and Koranic mental health healers. *International Social Work*, 42, 53-65.

Al-Radi, O. (1999). *The role of the mosque in mental health*. Paper presented at the Sixth International Congress of WIAMH, Tuzla, Bosnia and Herezegovina.

Almeida, R. (1996). Hindu, Christian, and Muslim families. In M. McGoldrick, J. Giordano, & J. K. Pearce (Eds.), *Ethnicity and family therapy* (2nd ed., pp. 395-423). New York: Guilford Press.

Amer, M. M., & Hovey, J. D. (2011). Anxiety and depression in a post-September 11 sample of Arabs in the USA. *Society for Psychiaty and Epodemiology*, 47(3), 409-418.

____________________ (2007). Socio-demographic differences in acculturation and mental health for a sample of 2nd generation/early immigrant Arab Americans. *Journal of Immigrant Minority Health, 9*, 335-347.

____________________ (2005). Examination of the impact of acculturation, stress, and religiosity on mental health variables for second generation Arab Americans. *Ethnicity & Disease, 15*(1 Suppl 1): S1, 111-112.

American Civil Liberties Union. (2002). International civil liberties report. Retrieved August 23, 2011 from http://www.aclu.org/FilesPDFs/iclr2002.pdf

Ajrouch, K. J. (2000). Place, age, and culture: Community living and ethnic identity among Lebanese American adolescents. *Small Group Research, 31*(4), 447-469.

Arab American Institute Foundation (2009). *Quick facts about Arab Americans*. Retrieved September 29, 2011 from http://aai.3cdn.net/63c6ecf052bdccc48_arm6ii3a7.pdf

Arab American Institute (2007). *Arab Americans demographics*. Retrieved May 30,

2007, from http://www.aaiusa.org/arab-americans/22/demographics

Arfken, C., Kubiak, S. P., and Farrag, M. (2008). Arab Americans in publicly financed alcohol/other drug abuse treatment. Alcoholism Treatment *Quarterly, 26*(3), 229-240.

Aroian, K. J., & Norris, A. E. (2003). Depression trajectories in relatively recent immograntѕ. *Comprehensive Psychiatry, 44*(5), 420-427.

Aswad, B. D., & Bilge, B. (Eds.), *Family and gender among American Muslims: Issues facing Middle Eastern immigrants and their descendants.* Philadelphia: Temple University Press.

Barnett, C. R. (1988). Is there a scientific basis in anthropology for the ethics of human rights? In T. E. Downing & G. Kushner (Eds.), *Human rights and anthropology.* Cambridge: Cultural Survival.

Blair, R. G. (2000). Risk factors associated with PTSD and major depression among Cambodian refugees in Utah. *Health and Social Work, 25,* 23-30.

Brittingham, A., & De La Cruz, P. (2005). We the people of Arab ancestry in the United States: *Census 2000 Special Reports.* Retrieved on May 20, 2011 from http://www.census.gow/prod/2005pubs/censr-21.pdf

Budman, C. L., Lipson, J. G., & Meleis, A. I. (1992). The cultural consultant in mental health care: The case of an Arab adolescent. *American Journal of Orthopsychiatry, 62*(3), 359-370.

Bushman, B. J., & Bonacci, A. M. (2004). You've got mail: Using e-mail to examine the effect of prejudiced attitudes on discrimination against Arabs. *Journal of Social Experimental Psychology, 40,* 752-759.

CainKar, L. (2006). "The social construction of difference and the Arab American experience. *Journal of American Ethnic History, 25*(2-3): 243-278.

__________ (2004). (Summer/Fall). The impact of the September 11 attacks and their aftermath on Arab and Muslim community in th United States. *Global Security and Cooperation Quarterly, Social Science Research Council, 13.* Retrieved January 10, 2008 from http://www.ssrc.org

__________ (2009). *Homeland insecurity: The Arab American and Muslim American experience after 9/11.* New York, NY: Russell Sage.

Carlson, E. B., & Rosser-Hogan, R. (1991). Trauma experiences, posttraumatic stress, dissociation, and depression in Cambodian refugees. *American Journal of Psychiatry, 148,* 1548-1551.

Council on American-Islamic Relations (2001). *The Status of Muslim Civil Rights in the United States.* Washington, DC: Retrieved from http://www.cair.com/CivilRights/CivilRightsReports/2001Report.aspx

David, G. C. (2007). The creation of "Arab American": Political activism and ethnic (dis)unity 1. *Critical Sociology 33*, 833-862. DOI: 10.1163/156916307X 230340.

Eggen, D. (2003, December 19). Tapes show abuse of 9/11 detainees: Justice Department examines videos prison officials said were destroyed. *The Washington Post*, p. A01.

El-Badry, S. (1994). The Arab Americans. *American Demographics,* 1994, 22-30.

Ellison, C. G., & and Levin, J. S. (1998). The religion-health connection: Evidence, theory, and future directions. *Health Education and Behavior, 25*(6): 700-720.

Erickson and Al-Tamimi (2001). Providing mental health services to Arab Americans: Recommendations and considerations. *Cultural Diversity and Ethnic Minority Psychology, 7*(4), 308-327.

Faragallah, M. H., Schumm, W. R., & Webb, F. J. (1997). Accuturation of Arab-American immogrants: An exploratory study. *Journal of Comparative Family Studies, 28,* 182-203.

Flannelly, K. J., Roberts, S. B., & Weaver, A. J. (2005). Correlates of compassion fatigue and burnout in chaplains and other clergy who responded to the September 11th attacks in New York City. *The Journal of Pastoral Care & Counseling, 59*(3): 213-224.

Gavrilos, D. (2002). Arab Americans in a nation's imagined community: How news constructed Arab American reactions to the Gulf War. *Journal of Communication Inquiry, 26*(4), 426-445. DOI: 10.1177/019685902236900.

Glazer, I., & Abu-Ras, W. (1994). On aggression, human rights, and hegemonic discourse: The case of a murder for family honor in Israel. *Sex Roles, 30*(3-4), 269-288.

Gorkin, M., Massalha, S., & Yatziv, G. (1985). Psychotherapy of Israel-Arab patients: Some cultural considerations. *Journal of Psychoanalytic Anthropology, 8,* 215-230.

Gorkin, M., & Othman, R. (1994). Traditional psychotherapeutic healing and healers in the Palestinian community. *Israel Journal of Psychiatry and Related*

Sciences, 31, 221-231.

Haddad, Y. Y. (1997). Make some room for Muslims? In W. H. Conser, Jr., & S.B. Twiss (Eds.), *Religious diversity and American religion history* (pp. 218-261). Athens, Athens: University of Georgia Press.

Hamdan, A. (2008). Cognitive restructuring: An Islamic perspective. journal of *Muslim Mental Health, 3,* 99-116.

Hattar-Pollara, M., & Meleis, A. I. (1995). The stress of immigration and the daily lived experiences of Jordanian immigrant women in th United States. *Western Journal of Nursing Research, 17*(5), 521-539.

Hedayat-Diba, Z. (2000). Psychotherapy with Muslims. In P.S. Richards and A. E. Bergin (Eds.), *Handbook of psychotherapy and religious diversity* (p. 518). Washington, D.C.: American Psychological Association, 2000.

Hinton, W. L., Tiet, Q., Tran, C. G., & Chesney, M. (1997). Predictors of depression among refugees from Vietnam: A longitudinal study of new arrivals. *Journal of Nervous and Mental Disease, 185,* 39-45.

Indiana Historical Society in History: Immigration and Ethnic Heritage. Time Line. Ellis Island: A New Gateway to the United States. Retrieved on May 30, 2011 from http://www.indianahistory.org/teachers-students/teachers/teacher-resources/in-history/in-history-immigration-and-ethnic-herigtage/EllisIsland,pdf

Jackson, M. (1997). Counseling Arab Americans. In C. Lee (Ed.), *Multicultural issues in counseling: New approaches to diversity* (2nd ed., pp. 333-349). Alexandria, VA: American Counseling Association.

Jarrar, S. (1983). *Education in the Arab world.* New York, NY: Praeger.

Khawaja, N. G. (2007). An investigation of the psychological distress of Muslim migrants in Australia. *Journal of Muslim Mental Health, 2,* 39-56.

Kulwicki, A. (1996). Health issues among Arab Muslim families. In B. Aswad & B. Bilge (Eds.), *Family and gender among American Muslims: Issues facing Middle Eastern immigrants and their descendants* (pp. 187-207). Philadelphia: Temple.

Kuo, W. H., & Tsai, Y. (1986). Social networking, hardiness and immigrant's mental health. *Journal of Health and Social Behavior, 27,* 133-149.

Knox, S. A., & Britt, H. (2002). A comparison of general practice encounters with patients from English-speaking and non-English speaking backgrounds. *Medical Journal of Australia, 177*, 98-101.

Link, B. G., Yang, L. H., Phelan, J. C., & Collins, P. Y. (2004). Measuring mental illness stigma, *Schizophrenia Bulletin, 30*(3), 511-541.

Lipset, S. M., & Schneider, W. (1977, November). Carter vs. Israel: What the polls reveal. *Commentary,* p. 22.

Loza, N. (2001). *Insanity on the Nile: The history of psychiatry in Pharaonic Egypt.* Paper presented at the Second Biennial National Conference on Arab American Health Issues, Darborn, MI.

Lukens, E., O'Neill, P., Thorning, H., Waterman-Cecutti, J., Gubiseh- Ayala, D., Abu-Ras, W., Batista, M., & Chen, T. (2004). Building resiliency and cultural collaboration Post September 11th: A group model of brief integrative psychoeducation for diverse communities. *Traumatology, 10*(2), 107-129.

Maloof, P. S. (1981). Fieldwork and the folk health sector in the Washington, D.C. metropolitan area. *Anthropological Quarterly, 54*(2), 68-75.

McWhirter, E. H. (1998). An empowerment model of counsellor education. Canadian *Journal of Counselling, 32*(1), 12-26.

Meleis, A. I. (1982). Effect of modernization on Kuwaiti women. *Social Science & Medicine, 16*(9), 965-970.

Michalak, L., & Trocki, K. (2006). Alcohol and Islam: an overview. *Contemporary Drug Problems, 33*(4), 523-562.

Mohit, A. (2001). Mental health and psychiatry in the Middle East: historic development. *Eastern Mediterranean Health Journal, 7*(3), 336-347.

Naff, A. (1983). Arabs in America: A historical overview. In S. Abraham & N. Abraham (Eds), *Arabs in the new world: Studies on Arab American communities* (pp. 8-12). Detroit, MI: Wayne State University Press.

Nasser-McMillan, S. C., & Hakim-Larson, J. (2003). Counseling considerations among Arab Americans. *Journal of Counseling & Development, 81*, 150-159.

Nobles, A. Y., & Sciarra, D. T. (2000). Cultural determinants in the treatment of Arab Americans: A primer for mainstream therapists. *American Journal of Orthopsychiatry, 70*(2), 182-191.

Nydell, M. K. (1987). *Understanding Arabs: A guide for Westerners.* Yarmouth: Intercultural Press, Pew Research Center (2007). *Muslim-Americans: Middle class and mostly mainsteam.* Washington, DC: Author.

Sack, W. H., Clarke, G. N., % Seeley, J. (1996). Multiple forms of stress in Cambodian adolescent refugees. *Child Development, 67*(1), 107-116.

Said, E. W. (1978). *Orientalism.* New York, NY: Pantheon.

Slade, S. (1981). The image of the Arab in America: Analysis of a poll on American attitudes. *Middle East Journal, 35,* 147-150.

Singh, A. (Ed.). (2002). *We are not the enemy: Hate crimes against Arabs, Muslims, and those perceived to be Arab or Muslim after 9/11* (Vol. 14). New York, NY: Human Rights Watch.

Soliman, A. M. (1986). Status, rationale and development of counseling in the Arab countries: views of participants in a counseling conference. *International Journal for the Advancement of Counseling, 10*(2), 131-141.

Sue, D., Arredondo, P. M., & McDavis, R. J. (1992). Multicultural counseling competencies and standards: A call to the profession. *Journal of Counseling & Development, 70,* 477-483.

Suleiman, M. W. (1999). Islam, Muslims, and Arabs in America: the other of the other of the other. *Journal of Muslim Minority Affairs, 19*(1), 33-47.

_______________ (1996). The Arab-American Left. In P. Buhle & D. Georgakas (Eds.), *The immigrant left in the United States.* New York: State University of New York Press.

_______________ (1994). Arab-Americans and the political process. In E. McCarus (Ed.), *The development of Arab-American identity.* The University of Michigan Press.

_______________ (1988). *The Arabs in the mind of America.* Brattleboro: Amana Books.

_______________ (1987). Early Arab-Americans: the search for identity. In E. Hooglund (Ed.), *Crossing the water.* Washington, DC: Smithsonian Institution Press.

Weine, S., & Laub, D. (1995). Narrative constructions of historical realities in testimony with Bosnian survivors of "ethnic cleansing." *Psychiatry: Interpersonal and Biological Processes, 58*(3): 246-260.

Williams, M., Zinner, E. S., & Ellis, R. R. (1999). The connection between grief and trauma: An overview. In M. Williams, E. S. Zinner, & R. R. Ellis (Eds.), When aj community weeps: *Case studies in group survivorship* (pp. 3-17). Philadelphia: Brunner/Mazel.

United Nations Office on Drugs and Crime, Bernan. World Drug Report (2008). United Nations, 2008.

U.S. Census Bureau (2010). *Qualitative research conductde on behalf of the U.S. Census Bureau. Ethnic and racial sub-population focus group research.* Retrieved on September 29, 2011 from http:///www.census.gov/procur/www/2010communications/final%20report%20-%asian%20&%20arab-american.pdf

__________________ (2000). U.S. Department of Commerce, Economics, and Statistics Administration. Retrieved June 5, 2011 from http://www.Census.gov

Zogby, J. (2001). *What ethnic Americans really think: The Zogby culture polls.* Washington, DC: Zogby International.

15

성별/성적 지향성[*]으로 어려움을 겪는 가족의 상담: LGBT[**]와 가족들

Gerald P. Mallon

"당신은 가족들에게 커밍아웃을 했습니까?"

"당신의 가족은 당신이 레즈비언이라는 것을 어떻게 받아들입니까?"

"당신의 자녀들은 당신이 게이라는 걸 알고 있습니까?"

---

[*] Gender or sexual orientation은 성적 지향과 성 정체성을 의미하는 용어이다. sexual orientation은 성적 지향 혹은 성적 지향성이라고도 한다. 이성애자 · 양성애자 · 동성애자 성적 지향 등으로 나눌 수도 있다. 흔히 "성적 선호"라는 말을 쓰기도 하는데 이것은 올바르지 못한 표현이다. "선호"라는 것은 마치 담배를 선호한다는 것처럼 단지 현재 그것을 좀 더 좋아한다는 정도를 의미하므로, 동성애 또한 선호의 결과로 노력을 하면 바꿀 수 있는 문제로 보는 결과를 빚어낼 수 있기 때문이다. 성적 지향은 생물학적 성[sex], 젠더 정체성, 사회적 성 역할 등과도 구별된다. 현대 심리학에서는 성적 지향이 한 개인의 임의적 선택이 아니라 그 개인을 둘러싼 선천적이고 후천적인 요인들이 매우 복잡하게 상호 작용한 결과로 보고 있다. 자신의 성적 지향을 스스로 깨닫게 되는 시기는 사람마다 다르다. Gender identity/orientation은 젠더 정체성으로 자신의 성별에 관한 근본적인 감정, 즉 자신을 남성 혹은 여성으로 인식하는 것을 말하며, 일반적으로 '성별 정체성/지향성'으로 번역한다(출처: 성적소수자사전 http://kscrc.org/bbs/zboard.php?id=press_dictionary 2014년 8월 12일 Copyright (C)한국성적소수자문화인권센터, 2002-2004).

[**] Lesbian, Gay, Bisexual, and Trans Individuals: 레즈비언, 게이, 양성애자, 트렌스젠더를 의미하는 용어로 축약하여 LGBT로 사용한다.

위의 모든 질문들은 LGBT를 알아가는 과정에서 거의 불가피하게 생겨나는 물음들이다. 가족들은 신체적 및 정서적 자양분을 공급하고, 우리를 과거와 연결시켜 주며, 우리 사회의 관습과 사고방식을 포함한 ―우리가 세상에 대하여 배우는― 맥락을 제공한다(Mallon, 2008a, 2008e). LGBT에게 가족은 매우 중요하다. 비록 일부 극우 이론가들이 LGBT 정체성이 마치 가정생활과 본질적으로 상반되는 것처럼 주장하며, 가족에 위협이 된다는 잘못된 믿음을 조장하지만, 실제로는 전혀 사실이 아니다. LGBT는 다른 누구보다 가족의 일부가 되고 싶어 한다. 서구 사회에서 LGBT라는 정체성에 오명을 씌우는 일들이 상당 부분 지속되면서 LGBT에게 가족은 가장 받아들여지고 싶은 대상 중 하나이다. 대부분의 LGBT는 자신들이 정체성을 밝힌 후에도 가족이 계속해서 그들을 사랑하고 보살펴 주기를 희망한다. 많은 사람들에게 이것은 현실로 이루어졌지만, 안타깝게도 가족들이 받아들일 준비가 되어 있지 않은 사람들도 많다(Ryan, Huebner, Diaz, & Sanchez, 2009).

LGBT인 젊은 사람들 및 그 가족들과 상담을 할 때 사회복지실천의 생태적 관점을 활용하는 것은 가족의 기능과 욕구를 볼 수 있는 폭넓은 개념적 렌즈를 제공한다. 사회복지에서 이러한 관점의 개발을 이끌었던 고(故) 카렐 제르맹Carel Germain(1985)은 "상담은 적응 능력을 고양시키고 그 안에서 기능하는 모든 사람들의 환경을 개선하기 위하여 사람들과 환경 간의 작용을 개선하는 방향으로 가야 한다(Germain, 1985, p. 31)"는 데 주목하였다. 이처럼 상담자들은 그 당사자와 주변 환경 모두를 변화시키는 방향에 영향을 주는 것을 추구할 필요가 있다. 가족의 맥락 내에서 LGBT인 젊은 사람들에 관하여 환경을 변화시킨다는 의미는 가족들을 교육하고 이들의 동성애 공포증(호모포비아)을 다루는 데 있어서 도움을 주는 것을 의미한다. 다음의 사례를 고려해 보라.

사례

Damond는 16세의 트리니다드Trinidad 청소년으로, 어머니가 정신질환으로 입원하게 되면서, 이모와 살기 위해 미국으로 보내졌다. 그의 이모는 한부모로서 루푸스(희귀난치성 질환, 면역체계에 이상이 생겨 발생하는 자가면역 질환으로 알려져 있다)를 앓고 있으며, 직장에 근무하고 있고, 3명의 자녀들을 부양하고 있다. Damond는 어머니의 질병 때문에 우울하다. 그는 어머니와 떨어져 지내게 되면서 소외감을 느끼고 있으며, 새로운 나라와 문화에 적응하는 데 어려움을 겪고 있다. 또한 Damond는 말없이 자신에게서 나타나고 있는 게이 정체성이라는 문제에 직면해 있다.

어느 날 오후 Damond의 방을 청소하던 중, 그의 이모는 그가 학교의 다른 소년에게 쓴 편지를 발견한다. LGBT에 대하여 종교적이고 문화적으로 경멸적인 관념으로 무장된 이모는 혼란스럽고 당황했으며 심지어 Damond의 게이 정체성이 전염성이 있어서 자신들의 자녀들도 영향을 받을까봐 걱정하면서, Damond에게 그가 아프며, 도움이 필요한 상태라고 이야기한다.

이러한 간략한 스케치를 보며, 사람들은 어떻게, 그리고 왜 이 가족이 위기에 처했는지를 알 수 있다. 이 환경에는 수많은 스트레스들이 있다(Kelleher, 2009; Ryan et al., 2009). 이모의 경우 경제적으로 그녀의 만성질환에도 불구하고, 그녀의 가족들을 부양하기 위하여 일하도록 요구받고 있다. Damond는 자신의 어머니의 질병에 대하여 슬퍼하고 있으며, 새로운 환경에 대한 적응에 힘들어하고, 말없이 자신에게서 나타나고 있는 게이 정체성이라는 문제에 직면하고 있다. 여기에 더하여 (가족 구성원일지라도) 동성애 성향이 있는 사람에게는 특히 부정적인 관점을 조장하는 문화적 요인과 Damond의 성적 정체성은 스스로의 선택에 의해 공개된 것이 아니라 "알려진" 것이라는 점, 그리고 Damond가 어떻게 그의 가족들의 분노의 대상이 되었는지를 쉽게 알 수 있다. 이러한 사례가 제시하고 있는 것처럼, 수많은 개인, 가족 및 환경적 요인들이 수렴하고 상호작용하면서 가족에게 영향을 미친다. 다시 말해서 Germain (Germain, 1985, p. 43)이 거의 30여 년 전에 설득력 있게 말한 것처럼, "인간행동은 개인 또는 환경 각각의 작용이 아니라, 개인과 환경 사이의 복잡한 상호작용의 산물이다."

사회복지사들은 가족 중심의 사회복지실천을 강조함에도 불구하고, LGBT를 바라볼 때, "게이", "레즈비언", "양성애자", "트랜스젠더" 개인으로 바라보는 경향이 있으며, 뿐만 아니라 LGBT를 가족의 원래 구성원으로서 각각의 고유한 가족체계의 구성원으로서 접근하는 것이 아니라 선택한 가족(Weston, 1996) 혹은 생물학적 가족(Mallon, 2008e)으로만 바라보는 경향이 있다. "인간은 자신이 가족의 가장 중요한 사람 중 한 명으로서 그 일부로 포함되어 있는 친밀하고 강력한 인간 체계의 맥락에서만 이해될 수 있으며 도움을 받을 수 있다"는 점을 인정하지 않음으로써(Hartman & Laird, 1983, p. 4), 상담자들은 LGBT와 그 가족들 사이에 더욱 긍정적인 관계를 발전시킬 수 있는 여러 가지 중요한 기회들을 놓치고 있다.

이 장은 기존 문헌에 대한 저자의 분석, LGBT 청소년들과 그 가족들을 대상으로 수행된 인터뷰를 통한 질적 자료 분석, 그리고 사람들 및 그 가족들에게 시행한 36년간의 임상 경험에 기초하여, 생태적 관점에서 LGBT와 그 가족들의 경험을 검토한다. 이러한 관점은 서로 간의 관계의 맥락 속에서 개인 및 환경이 한 단위로 이해되는 틀을 만든다(Gemain, 1985, p. 33). 이와 같이 이 장은 LGBT와 그 가족들이 특별하고 고유한 사람들과 마주하게 되면서 겪게 되는 주요한 상호 간의 교환과정을 살펴본다. 즉, 환경적 과제는 모든 구성원들이 이성애자일 것이라고 가정하는 사회와 관련되어 있다. 이 장의 초점은 LGBT를 가족체계의 맥락 속에서 분석하는 것으로 제한되어 있다. 그렇게 함으로써 저자는 다음의 분야들을 탐구한다: 인구통계학적 개요, 심리사회적 고충 및 LGBT들의 심리사회적 욕구, 성적 지향이 현존하는 상황 속에서 개인들을 다루는 임상 평가 주제, 그리고 이러한 사람들을 위한 개입 전략의 권고로 구성된다. LGBT와 그 가족들을 위한 사회복지실천 권고 또한 이 장의 결론에 나타나 있다.

■

인구통계학적 개요

비록 LGBT에 대해서는 여러 가지 고정관념, 즉 대중매체가 고착화시키는 LGBT에 대한 1차원적인 이미지가 존재하지만, 현실의 LGBT는 미국에 있는 모든 인종, 문화, 민족, 종교, 사회경제적 관계, 그리고 가족의 일부이며, 다른 모든 국가에서도 마찬가지일 것이다.

LGBT는 대체로 자신들의 젠더 혹은 성적 지향성을 숨긴 채 사회화되기 때문에, 대부분은 보이지 않는 인구에 속해 있다. 또한 미국의 많은 지역(대부분 시외 지역)에서 대부분의 LGBT들이 자신의 젠더 혹은 성적 지향성을 솔직하게 드러내거나 밝히고 산다는 것은 여전히 위험하다. 미국의 인구통계자료에는 이러한 인구의 존재를 옹호하거나 부정하는 내용이 존재하지 않는다. (성적 지향성을) 숨긴 채 사회화되거나 안전을 두려워 할 실제적 혹은 인지된 이유가 있는 개인들은 보통 인정받고자 적극 나서지 않는다. 비록 LGBT에 대한 인식이 증가하고 있지만, 주로 해당 인구에 대한 미디어의 묘사로부터 나오거나 유명인사와 많은 사람들이 더 자주 스스로를 공개하는 경우가 증가하고 있기 때문이라는 점에서, 사실 미국의 수많은 LGBT들은 "커밍아웃"하거나 "공개적인" LGBT로 살아가지 않으며 여전히 드러내지 않은 채 살고 있다고 가정해도 과언이 아니다.

■

LGBT의 사회심리적 위험요소와 욕구

LGBT는 대부분의 이성애자들보다 더 높은 환경적 및 심리적 스트레스를 경험하는데, LGBT의 젠더/성적 지향성 때문이라기보다는, 주로 LGBT의 젠더/성적 지향성에 대한 부정적인 사회적 반응 때문이다(Cochran, Stewart, Ginzler, & Cauce, 2002; Kelleher, 2009). 그러한 조건은 미국 사회에서 낙인찍힌 집단으로 남아 있는 구성원들에게 독특한 부분이다.

그러한 이유로 수많은 LGBT들은 다음과 같은 분야에서 어려움을 경험한다: LGBT인 클라이언트의 욕구에 민감하며 긍정적인 돌봄체계에 대한 접근(건강, 정신건강, 사회서비스)(Appleby, 1998; Bockting & Avery, 2005; De Vries, Cohen-Kettenis, & Delemarre-Van, 2006; Hunter & Mallon, 1998; Hunter, Cohall, Mallon, Moyer, & Riddel, 2006; Israel & Tarver, 1997; Lev, 2004; Page, 2004; Mental Health America, n.d.; White Holman & Goldberg, 2006), 특히 불안과 관련된 장애와 기분 장애를 감추려는 욕구와 관련 있는 정신질환(Jones & Hill, 2003; Bartlett, Vasey, & Bukowski,2000).

일부 연구에 따르면(Garofalo, Wolf, WlSSOW, Woods, & Goodman, 1999; Remafedi, 1999; Silenzio, Pena, Duberstein, Cerel, & Knox, 2007; Suicide Prevention Resource Center, 2008; Zhao, Montoro, Igartua, & Thombs, 2010) LGBT 청소년은 이성애자인 일반 청소년들에 비하여 자살을 시도하는 사람이 3배까지 더 많은 것으로 나타났다.

LGBT 사회에서 증가하는 약물 남용은 초기 커밍아웃 과정의 많은 부분이

'게이 바'에서 이루어지고 있기 때문이라고 해석할 수도 있다(Baer, Ginzler, & Peterson, 2003; McMorris, Tyler, W hitbeck, & Hoyt, 2002).

정신적 외상의 효과, 심리적, 정치적 및 간접적 효과는 종종 LGBT의 주요 관심 주제로 보고되고 있는데, 이는 "거짓 자아의식" 또는 "진짜가 아닌 자아"의 맥락 속에서 한 개인의 행동, 버릇, 언행 및 삶을 감시하거나 숨기는 것은 심신을 쇠약하게 만들 수 있으며, 부적응적 반응으로 이어질 수 있기 때문이다. 정치적으로 LGBT들은 자주 정치인들의 "도덕적" 논쟁의 주제가 된다. 즉, LGBT의 결혼이라는 주제는 최근 정치적 논쟁이 되고 있는 주제로, 그들을 불법 혹은 부도덕한 것으로 정의하려고 시도하는 정치인들을 혐오하는 수많은 LGBT들에게 정신적 외상을 야기한다(Cooperman, 2004). 커밍아웃은 일회성 행사가 아닌 평생에 걸친 과정이기 때문에, 정신적 충격으로 이어질 수 있으며 (LGBT들을) 지치게 하는 인생의 사건이다. 자신이 부모이며 자녀를 가지고 있는 LGBT들은 자신들의 자녀들이 또래나 그들의 공동체로부터 동성애에 무지한 언급이나 반응으로 인해 고생하는 모습을 바라보면서 간접적인 정신적 충격을 경험할 수 있다(Johnston & Jenkins, 2004).

환경적 위험/욕구_ 비록 모든 LGBT들이 경제적으로 혜택을 받았다는 것은 일반적으로 근거 없는 믿음이지만, 수많은 LGBT들이 경제적 빈곤, 부적절한 주거환경, 또는 주택을 잃거나 실업에 처할 위험을 경험하고 있다(www.aclu.org를 참고). 또한 LGBT들은 높은 수준의 억압과 착취(Pharr, 1988)를 경험하며, 다양한 수준에서 발생하는 공동체의 폭력과 차별에 관한 풍부한 증거들이 포함된 문헌들도 존재한다(Whittle, Turner, & Al-Alarni, 2007). 인종차별 또한 LGBT들이 LGBT 공동체 내부와 외부에서 싸우고 있는 주제이다(Walters & Old Person, 2008). 양성애자(Bradford, 2004, 2006; Fox, 1995, 2004a, 2004b; Israel & Mohr, 2004; Ochs, 1996; Weber & Heffern, 2008)와 트랜스젠더들의 경우, 심지어 이러한 이슈들과 관련해서 상황이 더 악화될 수도 있다(Davis, 2009; Mallon, 2009; Bill & Pepper, 2008; White Holman & Goldberg, 2006;

Whittle et al., 2007).

■

성별/성적 지향으로 어려움을 겪는 가족들에 대한 임상적 평가

비록 모든 LGBT들이 가족 중 누군가가 그들이 레즈비언, 게이, 양성애자 혹은 트랜스젠더라는 것을 확인하였다고 해서 상담을 필요로 하는 것은 아니지만, 일부 가족들은 다양한 이유와 서비스 때문에 사회서비스 기관의 도움을 찾게 되며, 이러한 서비스들은 초기 평가 단계에서는 성별/성적 지향이라는 주제에 관한 것으로 보이지 않을 수도 있다.

다음의 실제 사례는 이러한 일들의 연관성을 보여주고 있다.

사례

젊은 부부인 Betsy와 Clark는 가족서비스 기관에 도움을 청하였다. 처음에 그들은 방과후 프로그램에 참여하고 있던 9살 난 아들 Todd의 행동을 걱정했다. 이 방과후 센터의 직원은 Todd가 다른 아동들을 때리고 있으며, 조용한 시간에 휴식을 취하지 못하며, 종종 짜증을 낸다고 보고하였다. Betsy와 Clark는 방과후 센터가 지속적인 서비스를 거절해서 그들이 직장생활에 어려움을 겪을까봐 걱정하였다. 사회복지사는 Betsy와 Clark와 접촉하여 Todd의 행동, 부부관계에서의 긴장, 그리고 부모들의 생활 만족도에 대하여 평가하였다. Clark는 자신과 Betsy 사이를 점점 멀어지도록 만들고 있던 자신의 악화되고 있는 우울증으로 인하여 고생하고 있었는데, 이는 그가 설명할 수 없는 거리감이었다. Betsy는 그들의 관계 속에서 자기 자신이 될 수 없음에 대하여 몇 차례 언급하였고, 그녀가 나눌 수 없는 비밀이 있음을 암시하였다. 일련의 숙련된 개별 및 공동 상담을 통하여, 이 사회복지사는 Betsy가 그녀의 레즈비언 젠더/성적 지향성의 현실을 인정하고 Clark와 나눌 수 있도록 도울 수 있었다. 이 비밀이 드러나면서 사회복지사, Betsy, Clark는 각자가 개인적으로, 그리고 Todd의 부모로서 직면하고 있는 여러 가지 결정사항들에 대하여 확인하기 시작했고 함께 노력하였다. 이 특별한 가족서비스 기관에 그들의 초기 요청을 반영하는 차원에서, Betsy는 Todd의 소아과 의사 진료실에서 이 기관의 서비스들을 설명하고 있는 브로슈어를 보았던 것을 언급하였고, 이러한 서비스에는 LGBT 부모들을 위한 양육 문제에 대한 집단도 포함되어 있었다. 이 기관에 연결되고 난 후, Betsy는 Clark와의 관계에서 그녀 자신을 표현하는 능력의 가능한 원천의 범위에 대한 진행 중인 평가에 열려 있는 사회복지사를 경험하게 되었다.

다음의 사례는 다른 가족 중심적인 관점에서 보는 젠더/성적 지향성의 문제를 탐구하고 있다.

15세의 파키스탄 남자 아이인 Shamir는 그의 아파트 침실에 앉아서 학교의 한 소년이 그에게 쓴 매우 개인적인 편지를 읽고 있는데, 이 아파트는 그의 어머니, 아버지, 3명의 남동생들과 생활하고 있는 곳이다. 그는 이미 이 편지를 몇 차례 읽었지만, 관계의 세계에서 모험하고 있는 다른 청소년들처럼 그는 이 편지가 그에게 매우 소중하기 때문에 다시 읽고 있는 것이다. 그의 어머니가 주방에서 그에게 전화가 왔다고 소리칠 때, 그는 편지를 침대에 두고 전화를 받기 위해 방을 나온다. 그가 전화를 받는 동안 그의 9살짜리 남동생이 그의 방에 들어가 Shamir가 침대에 두고 온 편지를 읽기 시작한다. 이 어린 동생은 그 내용이 미심쩍은 것을 깨달으면서, 이 편지를 그의 어머니에게 보여준다.

Shamir가 전화를 받은 뒤 돌아왔을 때, 그의 편지가 없어진 것을 발견하고는 공포에 질리기 시작한다. Shamir는 누구든지 그 편지를 읽은 사람은 자신이 게이라는 걸 알 것이 분명하다는 것을 알고 있다. 이 시점에 이르기까지, Shamir는 성공적으로 자신의 정체성을 숨겨 왔다. 그러나 이제 그의 비밀이 공개된 것이다. 그는 스스로 커밍아웃을 할 기회가 없었다는 점에 대해 화가 났다. 그가 게이라는 것이 발견된 것이며, 그것은 큰 차이점이다! 그가 어머니의 얼굴을 볼 때, 그녀가 편지를 읽었음을 알고 있지만, 어머니는 아무 말도 하지 않는다. 그가 어머니에게 다가갈 때, 그녀는 뒤로 물러나 말한다. "아버지가 집에 온 뒤, 남동생들이 모두 잠이 들면, 이 부분에 대해서 이야기할거야."

그 후 몇 시간 동안 Shamir는 두려움과 고립으로 가득하다. 무슨 일이 일어날까? 그의 아버지는 어떻게 할까? 그는 이에 대해 준비가 되어 있지 않고, 그 파급효과에 대하여 두려워하고 있다. Shamir가 모르는 것은 그의 어머니와 아버지가 똑같이 느끼실지에 대한 부분이다. 이것은 정상적인 일이 아니며, 그들은 이러한 일에 대하여 준비가 되어 있지 않다. 아무도 그들에게 게이 아들이 있을 가능성에 대해 말한 적이 없다. 아들을 치료 받도록 해야 할까? 다른 아들들을 보호하기 위해 그를 다른 곳으로 보내야 할까? 다른 사람들에게 이 일을 말해야 할까?

가족 체계를 다룬 경험이 있는 사회복지사에게 위와 같은 사례는 중재를 위한 이상적인 기회를 보여주고 있다. 위기는 발생하였고, 가족은 혼란 속에 있으며, 모든 사람들은 무언가 일어날 것에 대비하고 있다. 가족 구성원들은 혼란스러워 하고, 두려워하고 있으며, 수치스러워 하고, 준비가 안 되어 있으며

화가 나 있다. 그들은 무모한 방식으로 행동할 수도 있고, 정체성이 드러난 개인을 혼내거나, 환경에 의해서 침묵의 음모로 빠져들어 완전히 마비되거나 무감각해질 수 있다. 수년 동안 가족들을 상대해 온 전문가들 혹은 최근에서야 이 분야에 들어온 전문가들도 이 다음에 일어날 일은 언제나 예측할 수 있는 것이 아니라는 점을 알고 있다. 상황이 가족 내 젠더/성적 지향성의 문제와 관련이 있을 때, 사람들은 이 과정에 상당한 모순이 있을 것이라고 거의 확신할 수 있다. 가족 체계의 맥락에서 커밍아웃하는 것은 예측 불가능한 결과를 가져올 수 있다.

■

가족 내에서의 커밍아웃 과정

LGBT의 독특한 현상인 커밍아웃(Coleman, 1981, 1987; Cass, 1979, 1983/1984, 1984; Troiden 1979, 1988, 1989를 참조)은 LGBT들이 자신들의 성별/성적 지향을 인정하고 이 사실을 그들의 개인적 및 사회적 삶에 통합시키는 발달과정이라고 정의할 수 있다(De Monteflores & Schultz 1979, p. 59). 비록 몇 명의 이론가들이 독특한 청소년의 경험의 측면에서 본 커밍아웃에 대하여 쓰고 있지만(Hetrick & Martin, 1987; Mallon, 1998b; Malyon, 1981), 발달적으로 커밍아웃 과정은 결국 개인의 인생의 한 단계가 될 수 있다(Johnston & Jenkins, 2004). 그러므로 자신의 가족 환경 속에서 커밍아웃을 한 개인의 결과는 청소년으로서, 미혼 성인으로서, 그리고 기혼 성인으로서, 부모로서, 또는 조부모로서 고려하는 것이 중요하다.

커밍아웃을 특징짓는 사건과 이러한 과정의 속도는 사람에 따라 달라진다. 따라서 어떤 사람들은 이 과정의 단계를 원활하게 진행하면서 그들의 성별/성적 지향을 받아들이고, 사회적 접촉을 하며 그들의 환경 내에서 잘 적응해 나가기도 한다. 그러나 또 다른 사람들은 자신들의 성별/성적 지향으로 인하여 불안해하고, 그들의 신념은 흔들리며, 자신의 불안을 숨기고 적응하느라 많은 고생을 하기도 한다.

비록 청소년 커밍아웃의 경험은 부모 또는 성인의 커밍아웃과는 질적으로 다르지만, 폭넓게 받아들여지고 모든 가족 구성원들이 공유하는 몇 가지 조건이 있다. 초기 문헌(Silverstein, 1977)은 주로 성 정체성 공개의 부정적 결과에 초점을 맞추고 있으며, 실제로 수많은 부정적 사례가 있지만, 가족 구성원들의 성 정체성 공개에 대하여 다양한 반응이 있다고 보는 것이 어쩌면 더욱 적절한 묘사가 될 것이다(Ryan et al., 2009). Rothberg와 Weinstein(1996, 81)에 의한 다음의 설명은 필자가 생각하기에는 이러한 경험들에 대한 여러 가지 명백한 측면들을 담고 있다고 본다.

> 가족 구성원이 커밍아웃을 할 때, 다양한 반응들이 나온다. 스펙트럼의 한쪽 끝에는 수용이 있지만 … 이러한 발표가 축하받는 경우는 있다고 하더라도 매우 드물다. 예를 들면, 이성애자가 자신의 원 가족들에게 약혼을 발표한다고 가정해 보자.
>
> 보통 기뻐하는 반응을 나타내고, 파티를 열어 많은 선물도 받게 된다. LGBT 남성은 이러한 반응을 얻지 못한다. 그 대신 커밍아웃 발표는 종종 가벼운 반감에서부터 완전한 수용 거절 및 분리에 이르는 부정적 반응을 맞이하게 된다. 이러한 반응들은 주로 수용이 되더라도, 수용을 인정받고자 하는 LGBT에게 상당한 스트레스와 고통을 야기한다.

종교적 요인

특히 강력한 종교적 신념을 가진 가족들과 같은 일부 가족들은 그들의 가족 구성원 중 한 명이 LGBT라는 사실을 모른 상태로, LGBT 정체성을 공개적으로 비난할 수 있다(Helminiak, 1997; Herman, 1997; Henrickson, 2007).

Blumenfeld와 Raymond(1988)는 강한 종교적 신념을 가진 가족들은 종종 가족 구성원에 반대되는 경우라도, 그들의 종교적 관점을 지지하고 있음에 주목하고 있다. 특히 문화적 또는 종교적 편견과 같이 LGBT 정체성을 부정적으로 바라보는 개인적 편견은 한 가족의 "커밍아웃"을 고통스러운 경험으로 만들 수 있다. 이러한 고통은 다음 젊은 청년의 이야기 속에 나타난다.

> 가족들은 모두 내가 트랜스젠더라는 것을 알고 있다. 내가 트랜스젠더라는 것에 관여할 수 있는 유일한 사람은 나의 어머니였다. 내가 볼 때 힘든 시간을 겪을 것이라고 생각했던 그 외 모든 사람들은 모르고 있었다. 내 어머니는 독실한 여호와의 증인이었으며, 그녀는 내가 트랜스젠더라는 사실로 인해 매우 힘든 시간을 겪고 있다. 그녀는 나를 싫어했으며, 바로 오늘까지도 그녀는 하나님의 뜻에 반대되는 것이며, 주님의 일에도 반대된다고 하였고, 주님이 다시 세상에 오시는 날에는 내가 고통당할 것이라고 말했다. 어머니는 내가 어머니의 아들이기 때문에 고통받기를 원치 않는다고 늘 말하지만, 그녀는 자신이 내게 하는 행동으로 인하여 내가 고통받고 있음은 깨닫지 못하고 있다.

사회복지사는 수많은 종교 단체들이 주장하는 강한 반 LGBT 정서와 이러한 정서가 성별 혹은 성적 지향이 문제가 되고 있는 가족 구성원들에게 미치는 영향에 대하여 반드시 알고 있어야 한다. 성경은 역사적으로 잘못 사용되어, LGBT에 반대하는 무기가 되어 왔고, 수많은 신앙 공동체에 상당한 고통을 야기하였다. 몇 가지 훌륭한 자료들(Cooper, 1994; Henrickson, 2007; Metropolitan Community Church, 1990; Parents & Friends of Lesbians and Gays, 1997)이 존재하고 있으며, 이러한 자료들에서는 상담자들에게 LGBT에 대한 대안적인 긍정적 관점을 제공하고 있다.

문화적 요인

인종 및 문화적 민족성 또한 LGBT 공개 과정에서 중요한 역할을 할 수 있다. 수많은 사람들이 피부색 또는 민족성 때문에 억압과 인종차별에 관한 상당한 스트레스를 경험하였던 유색인종들은 가족적인 맥락에서 커밍아웃을 할 때 더욱 큰 어려움을 경험할 수 있는데, 그 이유는 일부 유색인종들은 LGBT 젠더/성적 지향성을 더욱 억압된 상태/지위로 바라보기 때문이다(Battle, Cohen, Warren, Fergerson, & Audam, 2002; Bridges, 2007; Greene, 1994; Grov & Bimbi, 2006; Savin-Williams & Rodriguez, 1993; Walters & Old Person, 2008).

LGBT인 유색인종들은 3가지 문화적 경험에 직면하게 된다. 그들은 그들의 민족 또는 인종 사회에서, 그리고 더 큰 사회에서 구성원의 자격을 경험한다(Battle et al., 2002; Bridges, 2007; Grov & Bimbi, 2006; Walters & Old Person, 2008). 또한 그들은 LGBT 공동체에서 태어난 것이 아니다. 많은 사람들은 청소년기에 그들의 차이를 알게 되며, 그들의 고유한 문화적/인종적 공동체 내에서 그 낙인을 다루어야 할 뿐만 아니라 자신을 지지해주며 자신이 속할 수 있는 레즈비언/게이 공동체를 찾아야만 한다. 레즈비언/게이 공동체는 종종 더 큰 사회의 축소판이 되며, 많은 사람들은 더 큰 사회에서와 마찬가지로 그곳에서도 인종차별을 겪게 된다. 자기 자신을 세 가지 뚜렷한 공동체 내에서 지탱하는 것은 엄청난 노력을 요구하며, 청소년들에게는 스트레스가 될 수 있다(Chan, 1989; Hunter & Schaecher, 1995; Kelleher, 2009; Morales, 1989). 진실은 LGBT는 모든 인종, 문화, 민족, 계급, 그리고 아마도 가족의 일부라는 것이다.

정서적 요인

만약 LGBT로 확인된 개인들이 자발적으로 커밍아웃하기로 선택한다면, 그들은 그 일을 준비할 시간을 가질 것이다. 일부 개인들은 그들의 커밍아웃 과정을 자신을 도와주는 친구 또는 치료사와 더불어 예행연습을 하거나 어떤 사람들은 몇 명의 믿음이 가는 친구들과 긍정적인 공개 행사를 경험한 뒤, 편지를 쓰거나 행사를 계획했을 수도 있다. 그러나 진실은 대부분의 경우, 개인이 이러한 행사를 준비할 시간을 가졌을지라도, 실제 공개의 순간은 대부분의 가족들이 경계를 풀었을 때 허를 찌르듯 이루어진다. 가족들은 이러한 일을 준비할 시기를 가질 기회가 잘 없고, 공개할 경우 종종 충격을 받는다.

심리학자이자 2명의 게이 아들의 어머니인 Jean Baker(1998)는 다음의 글에서 이러한 감정을 완벽하게 표현하고 있다.

> 나는 지금도 그날 밤을 생생하게 기억한다. Gary는 저녁식사를 돕고 있었는데, 그는 원래 종종 저녁식사 준비를 잘 도와주었다. 그는 머리를 새로 잘랐고 나는 그의 머리 스타일을 싫어했다. 나는 여전히 그 이유를 모르겠는데, 그 이유는 Gary가 게이일 수 있다는 생각은 전혀 해본 적이 없었기 때문이었겠지만, 어떤 이유에서인지 나는 그에게 이렇게 말했다. "머리 모양을 그렇게 하면 사람들이 너를 게이라고 생각할거야." 그는 잠시 망설이더니, 나를 똑바로 쳐다보며 말했다. "제 생각에 어쩌면 저는 게이인 것 같아요."
> 나는 내 아들 Gary를 바라보았고, 아무런 말도 할 수 없었고, 망연자실했으며, 어떤 반응도 할 수 없었다. 그러고 나서 나는 울기 시작했고, 게이로 사는 것에 대한 비극에 대하여 앞뒤가 맞지 않게 이야기하기 시작했다…. 나는 청소년기에 겪는 동성애에 대하여 무의식적으로 횡설수설했고, 사람들 안에 생길 수 있는 것이라고 하였고, 그저 반항하기 위해서 하는 것일 수도 있다고 말했다…. 내가 동성애에 대하여 알고 있는 것과 나 자신의 감정과 태도를 살펴보면서, 그날 밤의 내 반

응은 개탄스러웠다고 생각한다. 내 아들은 내가 그의 정직과 용기에 대하여 존중하고 있다고 들을 자격이 있었다. 그러나 그 대신 그가 들은 것은 그의 어머니가 동성애자로 사는 것은 비극이라고 생각한다는 것이었다.

그 첫 번째 밤과 그 다음 날 밤에 했던 나의 반응에 대하여 생각하면서, 나는 여전히 아들의 동성애를 다루는 어머니로서 내 자신의 실제 모습에 대하여 알게 된 것이 부끄럽다. 나는 아들이 동성애에 대하여 그토록 비판적인 사회에서 겪게 될 일들에 대처하는 방법을 어떻게 도울 수 있을지를 먼저 생각하기보다는, 내가 어떻게 느끼는지에 더욱 집중했다. 비록 나는 그것을 받아들이고 싶지 않았지만, 나는 앞으로 내 자신이 겪을지도 모르는 선입견과 낙인에 대하여 걱정하고 있었다.

_Baker 1998, 41-43

첫 번째 커밍아웃을 둘러싼 감정들은 부끄러움, 죄책감, 수치심 또는 완전한 해리 상태에 이르는 것일 수 있다.

수용 또한 가능한 반응이지만, 그것은 대부분의 LGBT들이 경험하기 무척 힘든 것이다.

타인에게 공개할 때의 적절한 대처

LGBT 젠더/성적 지향성을 가족들에게 공개하는 방법을 결정하는 것은 이 시기에 중요한 고려사항이다. LGBT 공개에 극단적으로 부정적인 반응을 보이는 가족, 즉 부모들로부터 집에서 쫓겨난 자녀들이나 상대방에게서 집을 떠나라고 권유 받은 배우자들은 이처럼 위기 상황으로 간주되어야 하는 커밍아웃과정을 다룰 수 있도록 돕는 외부의 중재가 필요할 수 있다(Duffy, 2006). 누구에게 말할지, 그리고 누구에게 말하면 안 될지, 그리고 가족의 맥락 속에서 공개를 어떻게 다룰지는 가족들이 결국에 논의해야 하는 다른 문제들이다. 그러나 공개의 초기 위기를 거치는 것은 중재의 주요 초점이어야 한다.

이 장의 앞부분에서 다룬 Shamir의 사례에서 볼 수 있는 것처럼 "발견되는" 것은 약간 다른 유형의 위기를 촉발시키는데, 이러한 위기 또한 즉각적인 중재를 필요로 한다. 그 이후의 섹션을 통하여 우리는 그러한 가족 체계에서의 아동 또는 청소년의 커밍아웃의 가능성에 대하여 탐구할 것이다.

아동이 가족 체계 내에서 커밍아웃할 때

비록 공개는 발달 과정의 어떤 단계에서라도 발생할 수 있지만, 이 섹션의 목적을 위하여 필자는 특별히 커밍아웃하거나, 아니면 가족에 의하여 LGBT 정체성이 발견된 아동 또는 청소년들과 관계가 있는 주제에 대하여 다룰 것이다.

비록 청소년의 주요 과제 중 하나는 독립을 향해서 가족으로부터 벗어나는 것이지만, 가족들은 여전히 그들에게는 매우 중요한 경제적 및 정서적 체제이다. LGBT 정체성에 대한 정확한 정보의 부족과 LGBT라고 인정된 개인들에 대한 두려움은 많은 가족들이 가족 구성원의 공개에 대처하는 방법에 관한 공포에 이르게 하고 있다.

다음 두 개의 사례는 청소년의 커밍아웃 절차에 관한 몇 가지 사항들을 보여주고 있다.

사례

Yuan이 알려지다found out

Yuan Fong은 18세로, 서부 대도시에 있는 공립 고등학교 3학년에 다니는 중국계 미국인이다. 그는 중국에서 태어난 그의 부모들 및 20세의 형, 그리고 각각 12세와 10세인 2명의 어린 형제들과 함께 아파트에 거주하고 있다. Yuan은 축구팀의 주장이며, 또래와 교사들의 사랑을 한 몸에 받고 있는 학생이다. 그는 매우 잘생긴 청년이다. Yuan은 몇몇 여학생들과 데이트도 하였지만, 축구에 더 많은 관심이 있어서 그 외의 일들에는 많은 시간을 투자하지 않는다. Yuan은 한동안 남성들에 대한 그의 감정에 대하여 알고 있었고, 이러한 감정들을 참으려고 애써왔다. 최근 그는 Tommy라는 한 남학생을 만났고, Yuan은 Tommy를 매우 좋아했으며, 감정을 억누르기가 더욱 어려워졌다. 둘은 처음에는 친구로서 만나다가, 그들의 우정은 연애의 감정으로 발전된다.

어느 날 밤, Yuan의 어머니는 Tommy와 Yuan의 전화 통화를 엿듣게 된다. 그녀가 볼 때 Yuan이 Tommy와 이야기하는 것은 마치 데이트하고 있는 여학생과 이야기하고 있는 것 같았다. Yuan이 전화를 끊자, 그의 어머니는 자신이 들은 것에 대하여 아들에게 이야기한다. Yuan은 어머니의 말을 부정하고 웃으며, 그녀의 불완전한 영어 실력으로 인하여 해석이 잘못되었기 때문이라고 하지만, 그는 실제로는 그렇지 않다는 것을 알고 있다. 그는 어머니가 이 사건을 그냥 넘기지 않을 것을 알기 때문에 공포 상태에 있다.

Yuan의 어머니는 Yuan을 매우 경계하게 되고, 그가 학교에 간 사이 실마리를 찾기 위해 그의 방을 뒤지기 시작한다. 그녀는 Tommy가 Yuan에게 쓴 편지와 LGBT 청소년 단체로부터 받은 작은 카드를 발견하자, Yuan이 게이라고 확신하게 된다. 어머니는 이 정보를 아들의 방을 기웃거린다고 나무랐던 남편과 공유한다. 그들은 모두 혼란스러웠고, 이렇게 그들의 가족의 대한 관념을 변화시키는 새로운 정보에 대하여 어떻게 대처할지 준비가 되어 있지 않다.

Yuan이 축구 연습을 마치고 집에 도착하자, Fong씨 부부는 그에게 대화를 하자고 요청한다. 그들은 아들에게 자신들이 찾은 것에 대하여 이야기하고, 그가 동성애자인지 묻는다. Yuan은 두렵고 허를 찔린 상태에서 어떻게 반응해야 할지 확신하지 못하고 있지만, 다른 방법은 없는 것으로 보인다. 비록 그는 스스로 동성애자라는 것을 어느 정도 확신하지만, 부모들에게 "제 생각에 저는 양성애자 같아요"라고 말하며, 완전한 동성애자가 아니라고 말하는 것이 좀 더 쉬울 것이라고 합리화하고 있다. Fong씨 부부는 그가 누군가에게 성적으로 학대를 당했던 적이 있었는지, 아니면 그냥 으레 겪는 과정일 뿐인지 묻고, 아들에게 주치의를 만나서 상담할 것을 강요한다. 비록 소리 내어 말하진 않지만, Fong씨 부부 또한 이 사태가 자신들의 다른 두 아들에게 어떠한 영향을 미칠지에 대하여 걱정하고 있다. Yuan은 부모가 집을 비웠을 때 때때로 아이들을 돌보았기 때문에, 부모들은 혹시 Yuan이 어린 동생들을 성추행하지 않았는지 궁금하다. 이 가족은 분명히 위기 상태에 있다.

Robin이 커밍아웃하다

Robin은 17세 백인으로 어머니, 아버지, 그리고 두 명의 어린 여동생들과 중서부에 있는 가족이 운영하는 작은 농장에서 살고 있다. Robin은 평범한 학생이며, 공립 고등학교의 11학년이다. Robin은 자기보다 한 살 더 많고 같은 학교에 다니는 Patsy라는 매우 친한 친구가 있다. 초기에 혼란스러운 시기를 겪은 후, Robin과 Patsy는 서로에 대하여 강렬한 감정을 가지고 있음을 깨닫게 되고, 서로에 대한 감정이 "그냥 으레 겪는 과정 이상"임을 깨닫는다. 비록 둘 다 처음에는 레즈비언임을 인정하지 않았지만, 얼마 후 자신들의 정체성을 동성애자라고 인정하게 되고, 나중에는 스스로를 레즈비언이라고 부르는 것이 편안해졌다.

Robin은 가족들과 언제나 가까웠고, 농장 일도 많이 도왔다. 부모에게 거짓말을 하고 싶지 않았던 Robin은 부모에게 자기가 Patsy에 대하여 어떻게 느끼는지 말하기로 결심한다. 그녀는 이벤트를 계획하여, 그녀의 자매들이 잠든 저녁에 부모님께 자기 침실에 앉아 있어 달라고 요청한다.

그녀는 가족들에게 자신이 말해야 할 것이 있으며, 그것은 말하기 쉽지 않은 일이며, 그렇지만 그녀는 가족을 사랑하며 자신이 정말 어떤 사람인지 부모들이 알았으면 좋겠다고 말한다. 그들은 이미 자신의 딸에 대하여 상당히 잘 알고 있다고 생각하며 어리둥절해 한다. 그녀는 자신이 6~7살 정도로 아주 어렸을 때부터 늘 남자 아이들이 아닌 다른 여자 아이들을 좋아했다고 설명한다. 그녀는 처음에는 그 감정이 곧 사라질 줄 알았지만, 사라지지 않았다고 부모에게 말한다. 이 시점에서 그녀의 어머니와 아버지는 그녀가 말하고자 하는 이야기에 대하여 완전히 겁에 질려 있다. Robin은 명확히 말한다. "엄마, 아빠, 나는 여전히 여자애들이 좋고, 요즘 들어서 제가 레즈비언이라는 것을 이해하게 됐어요."

Robin의 부모는 아무 말도 하지 않는다. 그들은 레즈비언 딸을 갖기엔 완전히 준비가 되지 않은 상태이다. 그들은 치료를 제안하고, 그녀가 정말 확신하는지 묻고, 그것은 으레 겪는 과정일 수도 있다고 말하며, 그것이 자신들에게 반항하는 방법인지도 묻는다. 그녀는 이 모든 질문에 아니라고 대답한다. Robin의 부모는 충격을 받고, 혼란스러우며, 수치스럽고, 무엇을 해야 할지도 모르는 상태이다. Robin의 공개는 이 가족을 복잡한 난국에 휘말리게 하였는데, 이 가족은 이러한 난국에 대처할 준비가 전혀 되어 있지 않다.

여러 가족들처럼, 위 가족들도 별로 정확하지 않은 LGBT에 관한 정보를 가지고 있었고, 그 결과 이들은 주요 정보원으로서 시중에 떠도는 근거 없는 믿음에 주로 의존하였다. 처음에 두 가정은 그들의 가족 구성원의 "다름"은 청소년기의 한 단계일 것이라고 믿었다. 두 가정 모두 그들의 어린 자녀가 그들의 성별 또는 성적 지향을 치료를 통해 변화시켜볼 것을 제안하였다. 또한 비록 언급하기에도 놀라운 이야기지만, 가족들은 LGBT 자녀가 어린 형제들을 추행했을 가능성에 대한 두려움을 표현하였다. 이 가족들은 예기치 못한 커밍아웃을 다루어야 했던 대부분의 가족들과 마찬가지로, 분명히 충격을 받은 상태에 있다. 대부분의 부모들은 절대로 자기들이 LGBT 자녀를 낳을 것이라고 생각하지 않는다. 부모들은 또한 동성애를 둘러싼 수치심과 내밀함에 대하여 알고 있으며 그러한 것들은 그들의 자녀의 공개가 그들에게, 그리고 다른 가족 구성원들에게 무엇을 의미할지에 대하여 확신하지 못하게 한다.

몇 가지 경우에서, 비록 Yuan이나 Robin의 사례는 아니지만, LGBT 정체성의 공개는 가족구성원들로부터 나오는 일련의 모욕적 반응으로 이어질 수 있다. 다른 사례에서 LGBT의 공개는 청소년이 가정에서 쫓겨나는 것으로 이어질 수 있으며, 이는 곧 가출로 이어진다. 수많은 가족들에게 있어서 공개의 위기는 초기의 충격적 반응 이후에 가족들이 달라지면서 해결된다(Savin-Williams, 2001). 그러나 부모가 가족의 맥락에서 커밍아웃할 경우, 이 문제는 상당히 달라진다.

부모가 가족 체계에서 커밍아웃할 경우

부모 또는 배우자가 커밍아웃하거나, 아니면 가족 구성원에 의해서 LGBT라는 것이 밝혀질 경우에는 독특하고 구별되는 파급효과가 있다. 위의 사례에서 관찰된 것처럼, LGBT 정체성에 대한 정확한 정보의 부족과 LGBT로 인정되는 개인에 대한 두려움은 많은 가족들에게 이러한 가족 구성원의 공개를 다룰 방법에 대한 공포감을 가져다준다. 수치심과 낙인의 문제는 이 문제를 더욱 복잡하게 만든다. 다음의 두 가지 사례는 가족 구성원에게 있어서 커밍아웃 과정에 관한 몇 가지 사항을 보여주고 있다. 첫 번째 사례에서는 한 아버지가 자신의 게이 정체성을 자신의 아들에게 공개하며, 두 번째 사례는 남편이 예기치 못한 상태에서 자신의 아내에게 "발견되는"경우이다.

사례

아프리카계 미국인인 Wade는 5학년 아동으로, 가톨릭 초등학교에 다니고 있으며, 대도시 환경의 중산층 아파트에서 자신의 아버지 Brandon(35세)과 삼촌 Joe와 함께 거주하고 있다. Wade가 10살이었을 때, 그의 아버지는 Wade의 10년의 생애 중 8년간 그의 가족과 함께 살았던 삼촌 Joe가 사실은 아버지의 인생의 동반자임을 말하기로 결정하였다.

Brandon은 그의 게이 성향을 Wade에게 알리기로 결심했다. 왜냐하면 아들도 나이가 먹었고, 아버지에 대한 진실을 알았으면 했기 때문이다. 그는 아무도 Wade를 놀리기를 원치 않았고, 아들이 아버지가 게이인 것을 발견하기 전에, 자신이 먼저 이야기할 기회가 있으면 좋겠다고 생각했다. Brandon은 공개를 결심했고, Wade와 주방에서 사적으로 앉아 이야기하게 되었다. Joe는 비록 처음에는 이 공개에 관여하지 않았지만, Brandon이 Wade에게 이야기한 후 동참하였다.

처음에 Wade는 충격을 받았고 그의 아버지 혹은 자신과 훌륭한 관계를 유지해오고 있던 Joe 삼촌이 게이라는 것을 부정했다. Wade는 이 문제에 대해서 이야기하고 싶지 않다고 말했다. 비록 그 당시에는 말하지 않았지만, 그는 학교의 친구들과 선생님이 그의 아버지에 대하여 알아내고, 그가 다르게 대우받을까봐 당황했다. 초기 공개 이후, Wade는 자신의 아버지 그리고 삼촌과 거리를 두기 시작했다. Brandon이 상황이 어떤지 확인하였을 때, Wade는 단순히 모든 것이 "좋다"고 대답했다.

그러나 일들은 좋지 않았다. Wade는 학교에서 문제가 생기기 시작했고 (아버지의 공개 이전에 Wade는 A를 받는 학생이었다), Wade의 아버지는 학교로부터 Wade가 교실에서 문제를 일으켰다는 통보를 두 번이나 받았다.

이러한 특별한 행동의 변화에 주목하면서, 학교 사회복지사는 Wade의 아버지에게 전화했고, 협의를 위해 학교에 와주실 것을 요청했다.

Marcellino는 35세의 라틴계 남자로 31세 라틴계 여성인 Marta와 결혼한 지 8년이 되었다. 그들은 2명의 자녀가 있는데, 한 명은 6세인 Pedro이고, 또 한 명은 4세의 Isabel이다. 그들은 남부 대도시의 교외에 있는 작은 집에 살았는데, 이 지역은 그들과 같은 라틴계 노동계급이 주로 사는 곳이었다. 그들은 결혼한 지 8년이 되었지만, Marcellino는 자신이 10대였을 때부터 자신이 "다르다"는 것을 알고 있었다. 그가 결혼했을 때, 그는 남자를 좋아하는 자신의 감정은 변할 것이라고 생각했지만, 결국 변하지 않았다. 그는 이러한 감정을 Marta와 한 번도 논의하지 않았지만, 왠지 그녀가 알고 있을 것이라고 생각했다. 비록 Marcellino가 한 번도 남자와 연애를 해본 적은 없었지만, 그는 게이 바에 자주 다녔고, 때때로 그의 집 근처 시가지에 있는 대중목욕탕에도 갔다.

어느 날 저녁, Marcellino는 그들이 살았던 곳과 가까운 도시의 유명한 게이 바에서 나오면서, Marta의 자매인 Sonia를 만나게 되었다. Sonia는 그가 게이 바에 있었던 것을 알게 되었고, Marcellino는 자신이 게이라는 것을 부정하였으며, 직장에서 알게 된 게이 친구를 만난 것이라고 말했다. 그러나 그가 극심한 두려움에 빠져 있다는 것은 분명했다. Sonia는 Marta의 집을 찾아가서 그녀에게 조용히 이야기하고 싶다고 하며 그녀의 남편이 게이 바에서 나오는 모습을 보았다고 이야기했다. Marta는 이 정보를 듣고 엄청난 충격을 받았으며, Sonia에게 자신이 Marcellino와 사적으로 이야기할 동안 자녀들을 좀 돌봐달라고 요청하였다.

Marcellino가 집에 도착했을 때, Marta는 문에서 그를 맞이하였고 설명을 요구했다. Marcellino는 처음에는 자신이 그 바에 갔었다는 것을 부정하였지만, 몇 분 후, 그가 바에 갔었다는 것을 인정하였고, 이후 그때 처음으로 가본 것이라고 하였다. Marta는 Marcellino에게 당장 집에서 나가달라고 말했다. 그녀는 남편이 자신과 자녀에게 보여주었던 모든 것들과 그가 했던 말이 모두 거짓말이었다고 비명을 질렀다. Marcellino는 어디로 가야 할지 몰랐다. 그의 가족은 페루에 살고 있으며, Marta와 자녀들 빼고는 다른 친한 가족이 없었다. Marcellino는 Marta에게 함께 가족치료사를 만나러 가보자고 간청했다. Marta는 거절했고, 그에게 당장 집을 떠나달라고 말했다.

Marcellino는 혼란스러웠으며, 그의 배우자와 자녀로부터 멀어졌고, 완전히 낙심했다. Marcellino는 동료의 집에 가서 하룻밤 지낼 수 있을지 물어보았다. 아침에 그는 상담을 하기 위해 교구 신부를 만나러 갔다. 신부는 그에게 지역사회에 있는 가족센터를 연결시켜 주었다. Marta는 충격을 받았고, 수치스러워 하고 있으며, 자신의 자매를 제외하고는 그녀와 Marcellino와의 별거에 대하여 아무에게도 말하지 않았다.

비록 부모가 자식들에게 커밍아웃하는 문제는 자신의 남편이 LGBT인 것을 발견한 배우자의 경우와는 많이 다르지만, 두 사례 모두 가족 구성원 중 일부가 이 과정에서 겪을 수 있는 일정 정도의 부정, 충격, 및 혼란을 반영하고 있다. 첫 번째 사례에서, Brandon은 자신의 공개에 대하여 분명히 생각했고, 아들과 함께 이 새로운 사실을 받아들이는 과정을 거치기 위하여 노력할 것으로 보인다. 두 번째 사례의 경우, Marta와 Marcellino는 분명히 공개를 계획한 적이 없었고, 그가 LGBT라는 것이 발견된 결과는 그와 그의 가족들이 지탱하기에는 상당히 무거워 보인다. 대부분의 가족들은 전문가의 도움 없이 자신들의 위기에서 벗어나고, 어떤 가족들의 경우에는 가족 구성원의 LGBT 정체성의 공개가 이루어질 때, 가족들이 온전함을 유지하고 그 구성원들이 경험을 통하여 성장할 수 있도록 지원이 필요할 것이다(Fraser, Pecora, & Haapala 1991;

Kaplan, 1986; Tracy, Haapala, Kinney, & Pecora 1991). 다른 경우에는 도움이 필요할 것이다. 가족 지원 및 가족 상담의 혜택은 특히 위 네 가지 사례의 경우에 의미가 있다(Ryan et al., 2009).

성별/성적 지향과 관련한 어려움이 있는 가족을 치료할 때 고려사항

가족 중심의 서비스는 적어도 공개 과정의 초기 단계에서는 종종 위기 중재 서비스를 요청한다. LGBT 성별 또는 성적 지향의 공개와 같은 높은 스트레스를 경험하는 가족들은 그들의 일반적인 대처 기제가 고장난 상태라는 것을 발견할 수 있고, 긍정적 또는 부정적 방향으로의 변화에 열려 있는 상태로 남아 있을 수 있다. 이러한 조건하에서 가족 구성원의 증가된 취약성은 그들이 당면한 문제의 해결을 위해 도움을 구할 수 있는 촉매제 역할을 할 수 있다(Tracy, 1991; Weissbourd & Kagan, 1989). 만약 가족 보존 기술이 숙련된 전문가들이 존재하고 부드럽게 격려해줄 수 있다면, 가족들이 느끼는 압박은 그들이 변화하고, 걱정을 공유할 수 있도록 동기를 부여할 수 있다. 이러한 중재의 즉각적인 목표는 분명히 가족들을 위기에서 벗어나도록 하고 가족들에게 적어도 위기가 있기 전에 존재하고 있던 일정 정도의 기능을 회복시키기 위함이다(Kinney, Haapala, & Booth, 1991, 16). 수많은 가족 보존 전문가들은 이러한 목표치를 넘어서까지 잘 해내고 있으며, 가족들의 기술 정도와 자원을 높여서 이들이 위기 이후, 전보다 더 잘 기능할 수 있도록 도와주고 있다.

가족들을 다룰 때 가족 중심 접근을 활용하면서(Brown & Weil, 1992; Hartman & Laird, 1983), 다음은 상담자들을 위한 개입의 가이드라인을 몇 가지 제시하고 있다.

■

개입

성별 또는 성적 지향의 공개 문제를 다룰 때, 전문가들은 먼저 그 가족들이 LGBT 성향을 가진 사람에 대하여 가지고 있는 고유한 개인적, 문화적, 종교적 편견에 대하여 탐구할 것을 요구한다. 비록 많은 전문가들은 자신들이 LGBT에 접근할 때 있어서는 편견을 가지고 있지 않다고 믿을 수 있지만, 모든 전문가들은 반드시 먼저 자신들의 고유한 편견을 살펴보고, 이 문제를 다루는 데 편안해야 하는데, 이러한 문제들은 대부분의 서구 사회에서는 "민감한" 것으로 여겨지고 있기 때문이다. 비록 대부분의 전문가들이, 아동복지에 있어서 성별 또는 성적 지향의 문제를 다루기 위한 공식적인 훈련과 교육을 거의 받고 있지 못하지만, 전문가들의 성장에 도움이 될 수 있는 최근에 출간된 도서들(Mallon, 2009, 2010)이 있다.

초기 준비

사람들을 안전하게 지켜주는 것은 이 개입의 주요 목표 중 하나이다. 상담자는 성별 또는 성적 지향의 이슈가 종종 가족체계 내의 폭력으로 이어질 수 있다는 것을 알고 있어야 한다. 폭력에 대한 잠재 가능성을 예측할 수 있는 것은 상담자가 갖추어야 할 필수적인 기술이다.

정보 수집을 통한 초기 면접 준비, 예를 들면 지시된 상담자와 대화하거나 (만약 이 사례가 위탁되었을 경우) 인터뷰 일정을 잡아 가족 구성원들로부터 직접적으로 정보를 수집함으로써 준비하는 것은 상담자가 집에 도착할 때, 진행과정을 쉽게 만들 수 있는 긍정적인 관계를 형성하는 데 도움을 줄 수 있다. Marcellino와 Marta의 사례에서처럼 일부 상황의 경우, 초기 면접을 집을 벗어나 레스토랑이나 지역 센터와 같은 구조화된 환경에서 진행하는 것도 좋은 생각이 될 수 있다. 상황이 잠재적으로 불안할 경우, 공공장소에서의 면접은 가족 구성원들이 좀 더 쉽게 통제를 유지할 수 있게 해준다.

초기 면접

가능하다면 초기 면접은 가족이 함께 살고 있는 집에서 이루어지는 것이 바람직하다. 위에서 제시된 4개의 사례 중 3개의 경우에 집에서 면접을 진행하는 것이 바람직하다. 내담자들을 그들의 근거지인 집에서 만나는 것은 가족 보존의 철학에서 필수적인 부분이다. 전문가들은 가족 구성원들을 대할 때 사려 깊고 신중해야 한다는 것을 의식하고 있어야 한다. 성별 또는 성적 지향과 관련된 사례에서, 가족 구성원들은 커밍아웃을 한 사람이나 성 정체성이 드러난 사람을 대화를 해야 할 필요가 있는 유일한 사람으로 볼지도 모른다.

일부 사례에서는 가족 구성원들을 다 같이 한 번에 만나야 할 때가 있다. 대부분 속상하고, 비관적이며 비협조적인 가족 구성원들이 있을 경우에는 특히 그렇다. 또한 대부분의 경우 그들은 가장 먼저 대화해야 할 대상이다. 이러한 사람들은 자신들이 중요하며 이해받고 있음을 느낄 필요가 있다. 이러한 가족 구성원들을 단계적으로 줄이면서 그들이 자신감을 얻도록 하는 것은 이 과정을 지지하고 다른 가족 구성원들이 참여하도록 격려하는 데 도움이 될 수 있다. 적극적 경청을 통한 참여 —"나"전달법을 활용하는 것(Kinney et al., 1991, Chapter 4); 상황에 대한 전문가들 자신의 감정을 공유하는 것이 가능하도록 하는 것; 가족 구성원들에게 그들의 행동에 대한 결과를 알려주는 것; 휴식 시간을 요청하는 것; 필요하다면 슈퍼바이저의 도움을 구하는 것; 만약 상황이 경찰의 개입이 필요할 정도로 악화될 경우 중립적인 장소에서 다시 만나거나 실제로 집을 떠나는 것 등— 는 전문가들이 초기 방문 시에 고려하거나 행동할 필요가 있는 선택사항들이다.

초기 면접 이후의 연락/접촉

첫 번째 세션은 주로 가장 취약한 상담이다. 구성원이 자신의 성별 또는 성적 지향을 공개한 가족은 앞서 언급한대로 위기 상황에 처해 있는 것이다. 위기에 있는 가족 구성원들은 취약함과 불안함을 느낀다. 어떤 사람들의 경우에는 화를 내고, 또 다른 경우에는 신뢰하지 않는다. 많은 가족들은 낯선 사람에게 가족의 일을 공개하는 것에 대하여, 특히 성별 또는 성적 지향과 같은 민감한 주제에 관한 것일 때는 비밀스럽게 느낀다. 첫 번째 세션의 목표는 주로 모든 사람을 진정시키는 것이다. 신뢰를 확립하고 가족 구성원들과 전문가 사이의 동반자 관계를 형성하는 것은 그 다음 단계이다.

강점과 문제점의 사정 및 목표 설정

두 번째 세션에서 전문가는 가족이 그들의 위기에 대한 정보를 조직하는 것을 도와줄 필요가 있을 것이다. 상담자들은 비난과 낙인을 최소화시키고 대신 변화를 위한 선택사항을 만들어내는 데 집중할 수 있도록 가족 구성원을 다루어야 한다. 이것은 그들의 가족 구성원이 한 가지 면에서, 그러면서도 동시에 이전과 동일한, 여전히 같은 사람이라고 생각하는 사실에 대한 합의점에 도달할 수 있도록, 가족들과 상담함으로써 촉진될 수 있다. LGBT 정체성에 대한 덜 부정적인 해석을 할 수 있도록 가족 구성원을 돕는 것은 중요한 시작지점이 된다. 목표를 설정함으로써, 작은 단계를 취함으로써, 가족을 위한 걱정의 주제를 우선순위로 매김으로써, 그리고 가족 구성원들과 현실적인 관계가 됨으로써 자신의 고유한 기술 결핍 측면에서 문제를 정의할 수 있도록 가족을 돕는 것은 다시 가족의 항상성을 가져다 줄 수 있다. 관리된 돌봄 환경의 맥락에서, 그리고 책임감의 문제를 다루는 것에 대한 수단으로서, 클라이언트의 임상 중재의 진실성을 실험하기 위해 표준화된 결과 수단을 활용하는 것은 점점 상담의 중요한 측면이 되었다(Bloom, Fischer, & Orme 1995; Blythe, Tripodi, & Briar 1994).

가족들이 배우도록 도와주기(가족들의 학습 도움 제공)

위에서 다룬 각각의 사례에서 가장 명백하게 지배적인 요소 중 하나는 LGBT 개인들에 대한 정확하고 유의미한 정보의 부족이다. 가족들을 이끌고 있는 신화와 오해들은 성추행, 치료에 대한 필요성, 그리고 한 개인의 성별 혹은 성적 지향의 변화 가능성에 대한 그들의 초기 우려 속에 생생하게 존재하고 있다. LGBT 가족 구성원에 대하여 가족들이 가지고 있는 관념을 변화시키는 것은 언제나 원활하거나, 쉬운 과정은 아니다. 가족들이 LGBT에 대하여 갖고 있는 수많은 걱정은 비이성적 두려움 및 수치심에 기초하고 있다(Goffman, 1963). 가족의 맥락 속에서 LGBT 성별 혹은 성적 지향을 공개하는 것은 동성애에 대한 사회적인 낙인을 모든 가족 구성원들에게 확산시키는 것이다. Goffman은 이러한 현상을 "courtesy stigma"라고 하였다.

비록 그들은 모든 가족들에 대한 현실적인 기대를 발전시키는 것에 대하여 경고하지만, Kinney et al.(1991, 95)은 내담자의 학습을 촉진시킬 수 있는 몇 가지 방법들이 있다고 주장하고 있다. (1) 직접적인 지도, (2) 모형화, (3) 상호학습이 바로 그 방법들이다. 이러한 전략들은 다음과 같은 방식으로 성별 혹은 성적 지향의 문제에 영향 받은 가족들을 돕는 데 유용할 수 있다.

직접적인 지도(직접적인 교육/설명)

성별/성적 지향 문제를 가진 가족을 다루고 있는 사회복지 전문가는 반드시 가족 구성원들에게 여러 가지 직접적인 지도사항을 제시하고 제공할 수 있는 준비가 되어야 한다. 가족들에게 그들의 자녀 혹은 가족 구성원의 성향에 대한 정확하고 의미 있는 정보를 제공하는 것은 이 과정의 필수적인 부분이다. 독서요법, 즉 가족들에게 읽을 자료를 제공하는 것은 이 전략의 필수적인 구성요소이다. 비록 이러한 정보를 찾는 것은 이용 가능한 정보가 넘쳐날 경우에는 문제가 안 되지만, 이러한 자료들을 일반 서점에서는 찾기 어렵기 때문에, 상담자들은 지역 LGBT 서점이나 인터넷을 통하여 이 정보에 접근할 수 있다. 성별 또는 성적 지향에 대한 가족의 지식을 증가시키는 것(Baker, 1998; Dew, 1994; Fairchild & Haywood, 1989; Griffin, WIrth, & Wirth, 1986; Strommen, 1989; Switzer, 1996; Tuerk, 1995)과 레즈비언과 게이의 부모와 친구처럼 가족들을 지지하는 자원에 대하여 아는 것(parents and Friends of Lesbians and Gays 1990; 1997; www.pfiag.org; www.glpci.org)은 LGBT 가족들에게 힘을 주고 지지할 수 있는 중요한 방법이다. 젊은 사람들에게 문헌들을 제공하는 것, 특히 LGBT 젊은이들이 LGBT 젊은이들을 위하여 쓴 책들을 제공하는 것은 채택될 수 있는 가장 이익이 되는 기술 중 하나이다(see Alyson, 1991; Heron, 1994; Kay, Estepa, & Desetta, 1996; Miranda, 1996; Monette, 1992; Reid, 1973; Savin-Williams, 1998; Valenzuela, 1996; Wadley, 1996a, 1996b). 비디오 자료와 강사를 초청하는 것 또한 이 과정에서 활용될 수 있다. 그러한 정보는 LGBT 성향의 청소년들에게 신화와 고정관념을 없애주고 그들의 정체성에 대한 오해를 바로잡아 주는 데 도움을 줄 수 있어 유용하다. 이 정보는 또한 비성소수자 십대들에게 그들의 LGBT 또래에 대하여 교육하는 데 도움을 줄 수 있다(Greene, 1996; Mallon, 2010).

인터넷과 월드 와이드 웹은 LGBT들을 극단적인 고립에서부터 해방시켰고, 그들에게 채팅방과 게시판에서 다른 게이 및 레즈비언들과 소통할 수 있도록 제한 없는 기회를 제공하였다. 대부분의 LGBT 청소년들은 정체성과 배움을 얻을 수 있는 역할 모델에 관한 정보에 접근하기가 어렵다. 그러나 최근 몇 년간 인터넷은 기하급수적으로 성장하였고 그 성장은 공개적으로 도서관이나 서점에 방문할 수 없었거나 지리적으로 고립된 지역에 거주하던 수천 명의 LGBT

들의 접근을 가능하게 만들었다.

매우 제한된 문헌의 내용이 있고, 이는 LGBT의 공개에 대한 비게이 배우자의 영향에 초점을 맞추고 있는데(Buxton, 1994; Gochros 1989, 1992), 이성애 배우자 네트워크(Straight Spouses Network)라 알려진 www.ssnetwk.org는 LGBT 배우자의 파트너에게 가치 있는 지지를 제공하는 훌륭한 웹사이트이다. Ali(1996), MacPike(1989), Saffron(1996)은 부모가 자녀들에게 커밍아웃할 때 나타날 수 있는 다양한 경우를 상세히 설명하는 자료를 제공하고 있다. LGBT 부모들의 자녀에 관한 다양한 이슈를 다루고 있는 유용한 웹사이트도 존재한다(Children of LGBT Parents Everywhere [COLAGE] is located at www.colage.org).

출판된 자료들은 수도권 지역의 LGBT 서점에서 구매할 수 있다. 이 자료들과 여기서 언급되지 않은 다른 여러 가지 자료들 또한 Amazon과 Barnes & Nobles 웹사이트를 통하여 인터넷으로 주문할 수 있다.

모델링

우리 자신이 내담자에게 행동할 수 있는 방법을 보여주는 모델링은 성별/성적 지향의 문제에 대처하는 가족들을 다룰 때 매우 유용한 전략이다. 커밍아웃한 LGBT 청소년 또는 가족 구성원의 성 정체성 공개에 영향을 받은 가족은 자신들의 경험을 공유하는 다른 개인들 또는 가족 구성원들의 지지 단체에 참여함으로써 이익을 얻을 수 있다. 개인들과 가족 구성원들은 처음에는 지지 단체에 참여하는 것에 대하여 불안해 하지만, 내담자는 그 세션에 동반하도록 동의한 전문가로부터 많은 혜택을 얻을 수 있다. 내담자가 LGBT 주제에 관한 책을 구매하는 데 동행하거나 내담자와 함께 LGBT를 위한 활동에 참여하는 것은 사회복지사들이 내담자를 위한 수용을 모델링할 수 있는 다른 방법이 될 수 있다. 내담자를 LGBT 개인에 대하여 긍정적인 입장을 가지고 있는 지역사회의 종교 지도자와 그들의 신앙과 연결시켜 주는 것 또한 가족 구성원을 위한 유용한 모델링 경험이 될 수 있다.

타인에게서 배우다

가족들은 또한 성별 혹은 성적 지향이 문제가 되는 다른 가족들과 연결시켜 줌으로써 서로 배울 수 있다. 만약 다른 가족들과의 연결이 지리적 거리로 인하여 직접 이루어질 수 없다면, 인터넷이 유용한 대안이 될 수 있다. 성별/성적 지향의 문제에 영향을 받은 LGBT 개인들 및 가족들이 서로 소통할 수 있는 기회들을 포함하고 있는 여러 가지 사이트들이 있다. 가족들이 거주하고 있는 지역사회 내에서 이들을 향한 지지를 위한 자원을 확인하고 접근하는 것은 가족들을 다루는 전문가의 책임이다. 사회복지사들은 이러한 자원들에 대하여 알아야 할 필요가 있으며, 그러한 내담자의 위탁이 있기 이전에 방문할 필요가 있다.

사회복지사들은 또한 학습 과정에서 가족들을 도와주면서 이들에게 어쩔 수 없이 발생하는 장벽을 극복하는 것을 도울 수 있도록 반드시 준비되어야 한다. 가족 구성원들이 새로운 선택이라고 여기는 작은 신호의 인정, 타당화 및 보상과 이러한 사항들을 시도하기 시작하는 것 또한 중요한 과제라고 할 수 있다.

문제 해결

문제 해결 전략에 숙련된 사회복지 상담자들은 성별 혹은 성적 지향의 문제도 그 구성 속에 반드시 포함해야 한다. 전문가들은 가족들의 이야기를 듣고 돕는 일에 반드시 집중해야 하며, 그로 인하여 무엇이 그들을 가장 불편하게 하는지에 대한 원인을 밝혀내야 한다. 대인관계적 문제를 돕기 위하여 내담자를 중재하는 것은 Kinney et al. (1991, pp. 121-124)에 의하여 제시된 모든 방법들, 즉 직접적인 중재, 인지적 전략, 가치, 명확화 및 행동 전략 등을 통하여 발생할 수 있다.

성별 또는 성적 지향의 문제에 대처하는 대부분의 가족들은 그들의 감정을 통제하고 명확화하기 위해 도움이 필요하다. 가족들이 효과적인 의사소통 기술과 문제 해결 전략을 개발하도록 도와주는 것은 가족 보존 모형의 주요 초점으로, 이러한 모형은 특히 LGBT 아동, 청소년 및 가족들에게 효과적이다.

결론

모든 가족 중심 서비스들은 성별 또는 성적 지향의 문제에도 불구하고, 가족의 지지에서부터 가족 보존에 이르기까지 아동과 청소년이 그들의 고유한 가족들에 의하여 가장 잘 양육된다는 입장을 유지하고 있다. 생태학적으로 바라보았을 때, 가족과의 평가와 중재 두 가지 모두 주로 LGBT 개인과 그들이 소통하고 있는 다른 체계, 즉 이 사안에서 가장 중심적이라고 할 수 있는 가족 사이의 적합도(Germain & Gitterman, 1996)에 집중해야 한다. 이처럼 가족 구성원이 자기 정체성을 공개할 때, 또는 성별/성적 지향의 측면에 대처하면서 드러나는 많은 문제들을 가장 잘 해결할 수 있는 사람들은 가족 체계 내에서 숙련된 실력 있는 사회복지사들이다. 그러한 주제들은 환경 내에 있는 집단, 환경 체계 사이에서의 역기능적인 작용, 또는 대처 기술 혹은 전략이 부족한 개인 또는 가족으로서 반드시 다루어져야 한다. 상담자들이 성별 혹은 성적 지향의 문제를 폭넓게 다루는 것에 관하여 자격이 있다고 느끼도록 도와줄 수 있는 가족 중심의 상담자들을 위한 교육과 집중적인 훈련 노력을 제공하는 것(Faria, 1994; Laird, 1996)은 위기 속에 있는 가족들을 위한 지원을 제공하며, 불필요한 가족의 분열을 예방할 수 있게 해준다. 또한 가족 중심의 상담자들은 LGBT 아동 혹은 청소년, LGBT로 인정된 부모, 또는 부부 중 한 사람이 이성애적 성향 외의 판정을 받은 부부를 포함하는 내담자들의 대변인 역할을 할 수 있도록 반드시 준비되어야 한다.

가족 중심의 사회 상담가들은 가족들을 계속해서 유지시켜 주려는 자신들의 주 목표와 더불어 이러한 서비스들을 내담자의 자연 환경의 맥락 속에서, 즉 그들의 지역사회 내에서 제공할 수 있다. 가정 건설 모형homebuilder model과 같은 프로그램들(Kinney et al., 1991)은 성별/성적 지향의 문제와 분투하고 있는 가족들을 도와줄 수 있는 기회를 가지고 있다. 지역사회에 기반을 둔 가족과 아동들의 서비스 센터 또한 가족의 체계 내에서 발생하는 성별 또는 성적 지향의 문제를 해결할 수 있는 여러 가지 기회를 제공한다. 이러한 접근 방식들은 또한 배우자 혹은 부모가 LGBT로 커밍아웃을 하는 다른 상황에 대해서도 의미가 있다. 지역사회 내에서 가족 체계를 다루는 것은 가정 중심 프로그램의 사회복지사들이 가족의 자연환경 내에서 실제로 어떤 일이 일어나는지를 볼 수 있도록 이상적으로 배치시킨다. 가정 또는 지역사회 내에 위치함으로써, 사회복지사는 정확한 평가를 할 수 있게 되며, 가족 체계를 지지하고 보존하는 중재를 구성할 수 있다. 성별 또는 성적 지향의 문제에 대한 더욱 큰 인식 속에서, 가족 중심의 상담자들은 부모를 교육시킬 수 있고, 한쪽 상대방이 LGBT이며 다른 한쪽은 이성애자인 부부가 경험한 고통을 완화시킬 수 있으며, 젊은 LGBT의 삶을 변화시킬 수 있는 새로운 행동을 모형화시킬 수 있다.

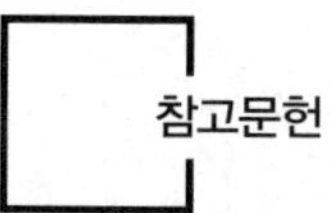

참고문헌

Ali, T. (1996). *We are family: testimonies of LGBT parents*. London: Cassell.

Alyson, S. (1991). *Young, gay and proud*. Boston: Alyson Publications.

Appleby, G. A. (1998). Social work practice with gay men and lesbians within organizations. In G. P. Mallon(Ed.), *Foundations of social work practice with LGBT persons*(pp. 249-270). New York: Haworth Press.

Baer, J., Ginzler, J., and Peterson, P. (2003). DSM-IV alcohol and substance abuse and dependence in homeless youth. *Journal of Studies on Alcohol, 64*(1), 5-14.

Baker, J. M. (1998). *Family secrets, gay sons: A mother's story*. New York: Haworth Press.

Bartlett, N. H., Vasey, P. L., & Bukowski, W. M. (2000). Is gender identity disorder in children a mental disorder? *Sex Roles, 43*(11/12), 753-785.

Battle, J., Cohen, C. J., Warren, D., Fergerson, G., & Audam, S. (2002). *Say it loud I'm black and I'm proud: Black pride survey 2000*. New York: National Gay and Lesbian Task Force. Available from www.thetaskforce.org/reports_and_research/black_pride.

Bloom, M., Fischer, J., & Orme, J. G. (1995). *Evaluating practice: Guidelines for the accountable professional*(2nd ed.). Needham Heights, MA: Allyn & Bacon.

Blumenfeld, W., & Raymond, D. (Eds.) (1993). *Looking at LGBT life*. Boston, MA: Beacon Press.

Bridges, E. (2007). *The impact of homophobia and racism on GLBTQ youth of color*. Washington, DC: Advocates for Youth. Available from www.lgbt.ucla.edu/documents/ImpactofHomophobiaandRacism_000.pdf

Brill, S., & Pepper, R. (2008). *The transgender child: A handbook for families and professionals*. New York: Cleis Press.

Blythe, B., Tripodi, T., & Briar, S. (1994). *Direct practice research in human service agencies*. New York: Columbia University Press.

Bockting, W. O., & Avery, E. (Eds.) (2005). *Transgender health and HIV prevention*. New York. NY: Informa Health Care.

Bradford, M. (2004). The bisexual experience: Living in a dichotomous culture. *Journal of Bisexuality, 4*(1/2), 7-23.

__________ (2006). Affirmative psychotherapy with bisexual women. *Journal of Bisexuality, 6*(1/2), 13-25.

Brill, S., & Pepper, R. (2008). *The transgender child: A handbook for families and professionals.* San Francisco: Cleis Press.

Brown, J., & Weil, M. (Eds.) (1992). *Family practice.* Washington, DC: Child Welfare League of America.

Buxton, A. P. (1994). *The other side of the closet.* New York: Wiley.

Cass, V. C. (1979). Homosexual identity formation: A theoretical model. *Journal of Homosexuality, 4,* 219-235.

__________ (1983/1984). Homosexual identity: A concept in need of a definition. *Journal of Homosexuality, 9*(2/3), 105-126.

__________ (1984). Homosexual identity formation: Testing a theoretical model. *Journal of Sex Research, 20,* 143-167.

Chan, C. (1989). Issues of identity development among Asian American lesbians and gay men. *Journal of Counseling and Development, 68*(1), 16-20.

Cochran, B., Stewart, A., Ginzler, J., & Cauce, A. (2002). Challenges faced by homeless sexual minorities: Comparison of gay, lesbian, bisexual, and transgender homeless adolescents and their heterosexual counterparts. *American Journal of Public Health 96*(5): 773-777.

Coleman, E. (1981). Developmental stages of the coming out process. *Journal of Homosexuality, 7*(2/3), 31-43.

__________ (1987). Assessment of gender or sexual orientation. *Journal of Homosexuality, 13*(4), 9-23.

Cooper, D. (1994). *From darkness into light: What the Bible really says about homosexuality*(3rd ed.) Tucson, AZ: Cornerstone Fellowship.

Cooperman, A. (2004 July 26). Gay Marriage as 'the New Abortion' Debate Becomes Polarizing as Both Sides Become Better Organized, Spend Millions. Washington Post, p. A03.

Davis, C. (2008). Social work with transgender and gender non-conforming persons. In G. P. Mallon(Ed.), *Social work practice with lesbian, gay, bisexual, and transgender people*(pp. 212-242). New York: Haworth.

De Monteflores, C., & Schultz, S. J. (1978). Coming out: Similarities and differences for lesbians and gay men. *Journal of Social Issues, 34*(3), 59-72.

De Vries, A. L. C., Cohen-Kettenis, P. T., & Delemarre-Van de Waal, H. (2006). Clinical management of gender dysphoria in adolescents. In *Caring for transgender adolescents in BC: Suggested guidelines.* Vancouver, BC: Transgender Health Program. Available from http://transhealth.vch.ca/resources/library/tcpdocs/guidelinesadolescent.pdf

Dew, R. F. (1994). *The family heart: A memoir of when our son came out.* Reading, MA: Addison-Wesley.

Duffy, T. (2006). When a spouse comes out: As told from a straight spouse's point of view. *The Family Journal, 14*(1), 88-91.

Fairchild, B., & Hayward, N. (1989). *Now that you know: What every parent should know about homosexuality.* New York: Harcourt Brace Jovanovich.

Fraser, M., Pecora, P., & Haapala, D. (1991). *Families in crisis.* New York: Aldine de Gruyter.

Fox, R. (1995). Bisexual identities. In A. R. D'Augelli & C. J. Patterson(Eds.), *Lesbian, gay, and bisexual identities over the lifespan*(pp. 221-242). New York: Oxford University Press.

______ (2004a). *Current research in bisexuality.* New York. Haworth Press.

______ (2004b). Bisexuality: A reader's guide to the social science literature. In R. A. Fox (Ed.), *Current research in bisexuality* (pp. 161-256). New York. Haworth Press.

Garofalo, R., Wolf, C., Wissow, L. S., Woods, W. R., & Goodman, E. (1999). Gender or sexual orientation and the risk of suicide attempts among a representative sample of youth. *Archives of Pediatric Adolescent Medicine, 153,* 487-493.

Germain, C. B. (1985). The place of community work within an ecological approach to social work practice. In S. H. Taylor & R. W. Roberts (Eds.), *Theory and practice of community social work* (pp. 30-55). New York. Columbia University Press.

Germain, C. B., & Gitterman, A. (1996). *The life model of social work practice* (2nd ed.). New York. Columbia University Press.

Gochros, J. (1989). *When husbands come out of the closet.* New York. Haworth Press.

________ (1992). Homophobia, homosexuality, and heterosexual marriage. In W. Blumenfeld, (Ed), *Homophobia: How we all pay the price* (pp. 131-153). Boston, MA: Beacon Press.

Goffman, E. (1963). *Stigma: Notes of the management of a spoiled identity*. Englewood Cliffs, NJ: Prentice Hall.

Greene, B. (1994). LGBT gender or sexual orientations: Implications for clinical training, practice and research. In B. Greene & G. M. Herek (Eds.), *LGBT psychology: Theory, research, and clinical applications* (pp. 1-24). Thousand Oaks, CA: Sage Publications.

Greene, Z. (1996). Straight, but not narrow-minded. In P. Kay, A. Estepa, & A. Desetta (Eds), *Out with it: Gay and straight teens write about homosexuality* (pp. 12-14). New York. Youth Communications.

Griffin, C., & Wirth, M. J., & Wirth, A. G. (1986). *Beyond acceptance*. Englewood Cliffs, NJ: Prentice Hall.

Grov, C., & Bimbi, D. S. (2006). Race, ethnicity, gender, and generation factors associated with the coming out process among gay, lesbian, and bisexual individuals. *Journal of Sex Research, 43*(2) 115-121.

Hartman, A., & Laird, J. (1983). *Family-centered social work practice*. New York. Free Press.

Helminiak, D. A. (1997). *What the Bible really says about homosexuality*. San Francisco: Alamo Square Press.

Henrickson, M. (2007). Lavender faith: Religion, Spiritually and identity in lesbian, gay and bisexual New Zealanders. *Journal of Religion & Spirituality in Social work 26*(3), 212-233.

Herman, D. (1997). *The anti-gay agenda-Orthodox vision and the Christian right*. Chicago: University of Chicago Press.

Heron, A. (Ed.) (1994). *Two in twenty*. Boston: Alyson Publications.

Hetrick, E., & Martin, A. D. (1987). Developmental issues and their resolution for gay and lesbian adolescents. *Journal of Homosexuality, 13*(4), 25-43.

Hunter, J., & Mallon, G. P. (1998). Social work practice with LGBT persons within communities. In G. P. Mallon (Ed.), *Foundations of Social work practice with LGBT persons* (pp. 229-248). New York: Haworth Press.

Hunter, J., & Schaecher, R. (1987). Stresses on LGBT adolescents in schools. *Social Work in Education, 9*(3), 180-188.

Hunter, J., Cohall, A. T., Mallon, G. P., Moyer, M. B., & Riddel, J. P. (2006). Health care delivery and public health related to LGBT youth and young adults. In M. D. Shankle (Ed.), *The handbook of lesbian, gay, bisexual, and transgen-*

der public health: A practitioner's guide to service (pp. 221-245). New York: Harrington Park Press.

Israel, T., & Mohr, J. J. (2004). Attitudes toward bisexual women and men: Current research future directions. In R. A. Fox (Ed.), *Current research in bisexuality* (pp. 117-134). New York: Haworth Press.

Israel, G., & Tarver, D. (1997). *Transgender care: Recommended guidelines, practical information, and personal accounts*. Philadelphia, PA: Temple University Press.

Johnston, L. B., & Jenkins, D. (2004). Coming out in mid-adulthood: Building a new identity. *Journal of Gay & Lesbian Social Services, 16*(2), 19-42

Jones, B. E., & Hill, M. (Eds.) (2008). *Mental health issues in lesbian, gay, bisexual, and transgender communities*. Washington, DC: APA.

Kaplan, L. (1986). *Working with multi-problem families*. Lexington, MA: Lexington Books.

Kay, P., Estepa, A., & Desetta, A. (Eds.) (1996). *Out with it: Gay and straight teens write about homosexuality*. New York: Youth Communications.

Kelleher, K. (2009). Minority stress and health: Implications for lesbian, gay, bisexual, transgender, and questioning (LGBTQ) young people. *Counselling Psychology Quarterly, 22*(4), 373-379.

Kinney, J., Haapala, D., & Booth, C. (1991). *Keeping families together: The Homebuilders model.* Hawthorne, NY: Aldine de Gruyter.

Laird, J. (1996). Family-centered practice with LGBT families. *Families in Society*, 559-572.

Lev, A. I. (2004). Transgender emergence: *Therapeutic guidelines for working with gender-variant people and their families*. New York: Haworth Press.

MacPike, L. (Ed.) (1989). *There's something I've been meaning to tell you*. Tallahassee, FL: Naiad Press.

Mallon, G. P. (2010). *Lesbian, gay, bisexual, transgender and questioning youth issues: A youth worker's perspective*(2nd ed.). Washington, DC: Child Welfare League of America.

____________ (Ed.) (2009). *Social work practice with transgender and gender variant youth* (2nd ed.). New York: Routledge.

____________ (Ed.) (2008a). *Social work practice with lesbian, gay, bisexual, and transgender people* (2nd ed.). New York: Routledge.

____________ (2008e). Social work practice with LGBT people within families.

In G. P. Mallon (Ed.), *Social work practice with lesbian, gay, bisexual, and transgender people* (pp. 239-266). New York: Routledge.

___________ (Ed.) (1998a). *Foundations of social work practice with LGBT persons.* New York: Haworth Press.

___________ (1998b). *We don't exactly get the welcome wagon: The experiences of LGBT adolescents in child welfare systems.* New York: Columbia University Press.

Malyon, A. K. (1981). The homosexual adolescent: Developmental issues and social bias. *Child Welfare League of America, 60*(5), 321-330.

McDougall, B. (Ed.) (2007). *My child is gay: How parents react when they hear the news* (2nd ed.) New South Wales, Australia: Allen & Unwin.

McMorris, B., Tyler, K., Whitbeck, L., & Hoyt, D. (2002). Familial and "on-the-street" risk factors associated with alcohol use among homeless and run-away adolescents. *Journal Study alcohol* 63(1): 34-43.

Metropolitan Community Church (1990). *Homosexuality not a sin, not a sickness: What the Bibile does and does not say.* Los Angeles: Author.

Miranda, D. (1996). I hated myself. In P. Kay, A. Estepa, & A. Desetta (Eds.) *Out with it: Gay and straight teens write about homosexuality* (pp. 34-39). New York: Youth Communications.

Monette, P. (1992). *Becoming a man: Half a life story.* New York: Harcourt Brace Jovanovich.

Morales, E. S. (1989). Ethnic minority families and minority gays and lesbians. *Marriage and Family Review*, 14, 217-239.

Mental Health America(n.d.). *Factsheet: Bullying and gay youth.* Available from www.nmha.org/go/information/get-info/children-s-mental-health/bullying-and-gay-youth.

Ochs, R.(1996). Biphobia: It goes more than two ways. In Firestein, B. A. (Ed.) *Bisexuality: The psychology and politics of an invisible minority*(pp. 217-239). Thousand Oaks, CA: Sage Publications.

Page, E. H.(2004). Mental health services experiences of bisexual women and men: An empirical study. *Journal of Bisexuality, 3*(3/4), 138-160.

Parents & Friends of Lesbians and Gays(1990). *Why is my child gay?* Washing, DC: Parents and Friends of Lesbians and gay.

________________________________(1997). *Beyond the Bible: Parents, families and friends talk about religion and homosexuality.* Washington, DC: Author.

Pharr, S. (1988). *Homophobia: A weapon of sexism* (pp. 53-64). Inverness, CA: Chardon Press.

Reid, J. (1973). *The best little boy in the world.* New York: Ballantine Books.

Remafedi, G. (1999). Gender or sexual orientation and youth suicide. *Journal of the American Medical Association, 282,* 1291-1292.

Rothberg, B., & Weinstein, D. L. (1996). A primer on LGBT families. In M. Shernoff (Ed.), *Human services for gay people: clinical and community practice* (pp. 55-68). New York: Harrington Park.

Ryan, C., Huebner, D., Diaz, R. M., & Sanchez, J. (2009). Family rejection as a predictor of negative health outcomes in white and Latino lesbian, gay and bisexual young adults. *Pediatrics, 123*, 346-352.

Saffron, L. (1997). *What about the children? Sons and daughters of LGBT parents talk about their lives.* London: Cassell.

Savin-Williams, R. C. (1998). *And then I became gay.* New York: Routledge.

Savin-Williams, R. (2001). *Mom, dad, I'm gay: How families negotiate coming out.* Washington, DC: American Psychological Association.

Savin-Williams, R. C., & Rodriguez, R. G. (1993). A developmental clinical perspective on lesbian, gay male and bisexual youth. In T. P. Gullotta, G. R. Adams, & R. Montemayor (Eds.), *Adolescent sexual: Advances in adolescent development* (Volume 5, pp. 77-101). Newbury Park, CA: Sage.

Silenzio, V. M., Pena, J. B., Duberstein, P. R., Cerel, J., & Knox, K. L. (2007). Sexual orientation and risk factors for suicidal ideation and suicide attempts among adolescents and young adults. *American Journal of Public Health*, *97*(11): 2017-2019.

Silverstein, C.(1977). *A family matter: A parent's guide to homosexuality.* New York: McGraw Hill.

Strommen, E. F. (1989). "You're a what?" Family member reactions to the disclosure of homosexuality. *Journal of Homosexuality*, *18*(1/2), 37-58.

Suicide Prevention Resource Center (2008). *Suicide risk and prevention for lesbian, gay, bisexual, and transgender youth.* Newton, MA: Education Develoment Center.

Switzer, D. K. (1996). *Coming out as parents.* Louisville, KY: Westminster John Knox Press.

Tracy, E. M. (1991). Defining the target population for family preservation services: Some conceptual issues. In Wells, K. & Biegal, D. (Eds.) *family preservation services: Research and evaluation* (pp. 138-158). Newbury Park, CA: Sage Publications.

Tracy, E. M., Haapala, D. A., Kinney, J., & Pecora, P. (1991). Intensive family preservation: A strategic response to families in crisis. In E. M. Tracy, D. A. Haapala, J. Kinney, & P. Pecora (Eds.) *Intensive family preservation services: An instructional sourcebook* (pp 1-14). Cleveland, OH: Mandel School of Applied Social Sciences.

Troiden, R. R. (1979). Becoming homosexual: A model of gay identity acquisition. *Psychiatry, 42*, 362-373.

____________ (1988). *LGBT identity: A sociological analysis.* Dix Hills: General Hall.

____________ (1989). The formation of homosexual identities. In G. Herdt, (Ed.), *LGBT youth* (pp. 43-74). New York: Harrington Park Press

Tuerk, C. (1995, October). A son with gentle ways: A therapist-mother's journey. *In The Family: A Magazine for Lesbians, Gays, Bisexuals and Their Relations, 1*(1), 18-22.

Valenzuela, W. (1996). A school where I can be myself. In P. Kay, A. Estepa, & A. Desetta (Eds.), *Out with it: Gay and straight teens write about homosexuality* (pp. 45-46). New York: Youth Communications.

Wadley, C. (1996a). Shunned, insulted, threatened. In P. Kay, A. Estepa, & A. Desetta (Eds.), *Out with it: Gay and straight teens write about homosexuality* (pp. 57-60). New York: Youth Communications.

__________ (1996b). Kicked out because she was a lesbian. In P. Kay, A. Estepa, & A. Desetta (Eds.), *Out with it: Gay and straight teens write about homosexuality* (pp. 58-60). New York: Youth Communications.

Walters, K. L., & Old Person, R. (2008). Negotiating conflicts in allegiances among LGBTs of color: Reconciling divided selves and communities. In G. P. Mallon (Ed.), *Social work practice with LGBT persons* (2nd ed., pp. 41-69). New York: Routledge.

Weber, G., & Heffern, K. T. (2008). Social work practice with bisexual people. In G. P. Mallon (Ed.) *Social work practice with LGBT people* (pp. 69-82). New York: Routledge.

Weissbourd, B., & Kagan, S. L. (1989). Family support programs: Catalysts for change. *American Journal of Orthopsychiatry, 59*(1), 20-30.

Weston, K. (1991). *Families we choose: LGBT kinship.* New York: Columbia University Press.

White Holman, N., & Goldberg, J. (2006). Ethical, legal, and psychosocial issues for transgender adolescents. *International Journal of Transgenderism*, *9*(3/4), 95-110.

Whittle, S., Turner, L., & Al-Alami, M. (2007). Endangered penalties: Transgender and transsexual people's experiences of inequality and discrimination. The Equality Review http://www.pfc.org.uk/files/EndangeredPenalties.pdf (http://www.pfc.org.uk/files/EndangeredPenaltied.pdf) (Accessed November 19, 2011).

Zhao, Y., Montoro, R., Igartua, K., & Thombs, B. D. (2010). Suicidal ideation and attempt plus same-sex attraction or behavior: Forgotten groups? *Journal of the American Academy of Child and Adolescent Psychiatry*, *49*(2), 104-113.

16

영적 · 문화적으로 다양한 가족들: 문화, 종교, 영성의 교차점

Zulema E. Suárez and Edith A. Lewis

가족들 내 그리고 가족들 간의 방대한 다양성, 22개의 주요 세계적 종교집단들, 그리고 세계적으로 대략 34,000개로 구별되는 기독교 집단들을 감안할 때(Barrett, Kurian & Johnson, 2001), 문화적으로 다양한 가족들에 대한 종교와 영성을 기술하는 것은 쉽지 않은 일이다. 미국은 세계에서 가장 종교적으로 다양하며 또한 변화하고 있는 국가이다(Fuller, 2001; Lugo, Stencel, Green, Smith, Cox & Pond, 2008). 게다가, 전 세계적으로 종교적 활동의 부활이 있었고(Derexotes, 2009), 많은 미국 이민자들은 그들만의 종교적 전통과 행위들을 갖고 있다(Jasso, Massey, Rosenzweig & Smith, 2003; Lugo 외, 2008). 그러나 미국 사회의 증가하는 복잡성(Pargament, 1997; Pargament, Maton & Hess, 1992), 종교적 영향에 의한 테러리즘, 세계화 등과 같이 최근에 대두되는 이슈들은 사회복지사들이 인간의 삶 속에서의 문화적, 영적, 종교적 측면에 대한 이해가 필요함을 강조한다(Canda & Furman, 2009; Derezotes, 2009; Hodge, 2003). 이러한 방대한 행위들에 대해 기술한다는 것이 비현실적일 수는 있지만, 미국의 문화적 · 종교적 세계관과 종교적 · 영성적 동향을 살펴보는 것은 가족복지의 방향성을 설정하는 데 중요한 지침을 제공할 수 있을 것으로 본다.

이 장에서는 사람들의 종교적 · 영적 정체성에 있어서 증가하는 다양성과 변화들을 이해하기 위해, 먼저 인구학적 맥락에서 오늘날 미국의 종교적 동향을 살펴보고, 민족성과 종교적 정체성 간의 상호관계를 검토하며, 미국인들의 영적 생활에서의 최근의 몇 가지 변화들에 대한 이해를 위해, 과거와는 달리 오늘날 서로 다른 의미를 내포하고 있는 종교와 영성의 차이점을 살펴보고자 한다. 이를 토대로, 종교적 · 문화적 세계관, 이들의 상호관계성, 그리고 어떻게 이러한 것들이 우리의 감정과 행동에 영향을 미치는지를 탐색하고자 한다. 마지막으로, 민족적으로 다양한 가족들 및 지역사회에서의 사회복지실천을 위한 함의를 논의하도록 한다.

본격적인 논의에 앞서 다음과 같은 유념사항들을 밝히고자 한다. 우선 비록 종교들은 교파들 내 그리고 교파들 간에 방대한 차이점을 초래하는 다양한 움직임들이 있지만, 이 장에서는 포괄적인 용어들로 다수의 교파들을 집단화함으로써 미국 내에서의 종교들에 대한 거시적인 수준에서의 개요를 제공하고자 한다. 예를 들면, 기독교는 네 가지 집단들인 복음주의Evangelical, 가톨릭Catholic, 주류 개신교Mainline Protestant, 정교회Orthodox로 구성되고, 유대교도 정통파Orthodox, 보수파Conservative, 세속적 인간주의Secular Humanist, 개혁파Reformed의 네 가지 집단들로, 이슬람교는 수니Sunni, 시아Shia, 기타 다른 집단들로 구성됨을 앞서 밝힌다.

미국의 종교적 동향

비록 대다수의 미국인들은 특정 종교가 있는 것으로 나타나지만, 오늘날의 종교적 · 영적인 동향들은 점점 다양하고 복잡하게 변화되어가는 사회를 보여준다(Lugo 외, 2008). 2008년 미국인의 종교적 정체성 설문조사American Religious Identification Survey: ARIS에 의하면, 미국 시민권자들 중 80%는 특정한 종교를 갖고 있는 것으로 나타났으며, 그 중에서도 압도적으로 약 78%가 기독교인인 것으로 밝혀졌다. 성인 기독교인들의 절반 이상이 개신교로, 가톨릭은 약 25%인 것으로 나타났다. 만약 이러한 추세가 지속된다면, 미국은 "소수 개신교 국가"가 되어가는 과정에 있다고 볼 수 있다(Lugo 외, 2008). 그러나 기독교 인구집단에서의 가장 큰 성장은 사실상 점차적으로 감소하고 있는 주류 교파들 내에서보다는 2001년도부터 증가하고 있는 복음주의 운동Evangelical movement에서 나타난다.

동시에, 미국은 종교적 정체성에 있어서의 중대한 변화를 경험하고 있는데, 미국에서의 기독교인 수는 감소하고 있다(1990년 86%, 2008년 76%)(Kosmin 외, 2008). 반면, "영적이지만 종교적이지 않은" 또는 종교적 소속이 없다는 성인의 수가 15%로 1990년 이후 두 배 이상 증가한 반면, 비기독교에 속한 사람들의 비율 또한 증가하고 있다(Kosmin 외, 2008). 예를 들면, 비록 유대교를 실천하는 사람들의 비율은 대략 1990년 1.8%에서 2008년 1.2%로 감소하였지만, 비기독교인으로 분류되는 다른 집단들(동양종교들, 불교, 이슬람교 등)의 비율은 1990년 1.6%에서 2008년 3.2%로 증가하였다. 이는 무신론자 1.6%, 불가지론자 2.4%를 제외한 비율이다.

또한 미국에서는 다른 종교 집단들 간의 결혼, 즉 혼합 종교 결혼mixed religion marriages이 증가하고 있다(Lugo 외, 2008). 결혼한 사람들의 약 37%가 이러한 혼합 종교 가정들인 것으로 나타났다. 이러한 비율은 기독교 내에서의 다른 교파들 간의 결혼을 포함하는데, 예를 들면 감리교도인과 결혼한 루터교도인들이 있다. 반면, 모르몬교와 힌두교의 경우 더욱 같은 종교 내에서 결혼하는 경향을 나타내고(모르몬교 71%, 힌두교 78%), 다른 종교 집단과의 결혼율이 가장 낮다(모르몬교 83%, 힌두교 90%).

이상과 같이 미국은 압도적인 기독교 국가이긴 하더라도 종교가 없는 사람들과 비기독교 집단들이 증가하는 급속한 변화를 경험하고 있다고 할 수 있다. 또한, 전통적 혹은 주류의 기독교 교회들은 신도들을 잃어가고 있는 반면, 복음주의 운동은 성장하고 있는 것으로 나타났다(Lugo 외, 2008; Hodge, 2003). 이러한 변화들을 감안할 때, 미국에서 기혼자들의 삼분의 일 이상이 혼합 종교 가정에서 살고 있다는 것은 더 이상 놀라운 일이 아니라 할 수 있다. 다음은 인종, 민족성, 그리고 종교적 정체성 간의 관계에 대해 살펴보고자 한다.

인종, 민족성, 그리고 종교적 정체성

비록 인종은 미국에서의 종교들 또는 교파들을 설립하는 데 핵심적인 역할을 해왔지만(예를 들면, 청교도Puritans, 흑인 감리 주교 교회the African Methodist Episcopal: AME, 모르몬교Mormons, 아미쉬the Amish 등), 사회과학자들은 여전히 인종의 외적인 상태와 내적으로 스스로 간주하는 민족성의 상태를 종종 혼동한다. 이 장에서는 시작단계에서부터 인종과 민족성 간의 차이점을 명확히 밝히고자 한다.

인종, 민족성, 종교 간에는 강력한 상호연관성이 있다(Canda & Furman,

2009). 예를 들면, 아미쉬, 모르몬교, 유대교, 미국 힌두교, 불교와 같은 집단들에서 민족성과 종교적 신념 간에는 밀접한 연관성이 있다. 문화와 종교 간의 밀접한 연관성으로 인해, 그러한 집단들은 의도적으로 또는 무의식적으로 그들 자신과 외부집단들 사이에 경계를 유지한다. 사실상, 많은 사회과학자들과 신학자들은 미국에서 여전히 심각한 분리segregation가 있다고 주장하며, 예를 들면 수십 년간 지속되어 온 가장 분리된 시간이라 할 수 있는 일요일 아침 예배가 있다(Kosman 외, 2008).

인종과 종교 간의 상호관련성을 감안할 때, 최근 한 설문조사PEW Religious Landscape Survey에 의하면, 미국에서 전통적으로 수용된 다수의 교파들이 압도적으로 백인들로 구성되어 있다는 사실은 놀라운 일이 아니다(Lugo 외, 2008). 예를 들어, 91%의 주류 개신교 교회는 백인들로 구성되어 있다(흑인 2%, 히스패닉 3%, 아시아인 1%, 나머지 혼혈인종 3%). 이와 유사하게, 유대교의 95%가 백인이다. 미국에서 65%가 백인들로 구성된 가톨릭의 경우 라틴계/히스패닉계 신자들이 29%를 차지하고 있어 다른 기독교파들에 비해 인종이 다양한 편이다. 비록 비율로는 46%의 흑인들이 침례교도이지만, 여전히 백인이 주류를 차지하고 있다. 또한, 흑인 침례교도인의 92%가 오랜 과거부터 흑인 교회에 참석하고 있고, 미국의 주요 도시들에서 에리트레아 개신교 신자들을 많이 볼 수 있는 것처럼 한국인 장로교회 신자들을 쉽게 발견할 수 있다. 한편, 이슬람교는 더욱 인종적으로 다양한 경향을 나타내고 있는데, 비록 여전히 백인이 압도적이긴 하지만, 이슬람교의 37%만이 백인이며, 다음으로 흑인 24%, 아시아인 20%, 혼혈인 15%, 라틴계/히스패닉 4%로 나타나고 있다(Lugo 외, 2008).

동시에, 이러한 민족성과 종교 간의 연관성은 일부 집단들에서는 약하게 나타나고 있는데, 특히 라틴계/히스패닉 집단들에서 두드러진다. 유대인으로 분류되는 성인들 중 53%만이 종교로서 유대교도라고 밝혔다. 나머지 47%는 유대인 혈통을 가졌고, 유대인으로 성장하였거나, 스스로 유대인으로 고려한다고 응답했다. 비록 히스패닉/라틴계 집단들은 압도적으로 로마 가톨릭교인이지만, 24%는 펜타코스트파[Pentecostal], 5%는 주류 개신교 교파들, 3%는 유대교, 그리고 11%는 종교에 소속되지 않은 것으로 나타났다(Lugo 외, 2008).

이와 같이 인종, 민족성, 그리고 종교 간에는 강한 연관성이 있으며, 시민권 운동[Civil Rights Movement]을 통한 진보에도 불구하고 대다수의 미국 교회들은 여전히 격리되어 있다고 할 수 있다. 그러나 이러한 연관성은 점차 약해지고 있다.

■

영성 대 종교

비록 20세기 이전부터 종교적 · 영적이란 용어들이 종종 교체되어 사용되어 왔지만, 오늘날의 지식과 문화적 힘으로 "사적인 생활"과 "공적인 생활" 간의 차이를 강조하는 현대사회에서는 구별되고 있다(Fuller, 2001). 게다가, 과학적이고 성경적인 학문의 출현과 문화적 상대주의는 교육받은 미국인들로 하여금 기존의 정통적 신앙에 대해 의문을 제기함으로써 종교적 기관들의 전통에 대한 맹목적인 충성심에 도전하게 하였다.

영성을 정의하는 것은 어려운 일이며(Canda & Furman, 2009; Richards & Bergin, 1997), 여러 다른 정의들의 종합적인 검토가 필요하다. Canda와 Furman에 의하면(2009), "영성은 인간이 되기 위한 근본적인 측면들과 관련 있는 것으로, 즉 자신, 타인들, 그리고 궁극적인 현실을 이해하기 위한 의미, 목적, 그리고 도덕적 틀을 찾는 것이다"(p. 37). Richards와 Bergin(1997, p. 13)은 영성을 "삶의 초월적이고 실존적인 측면들과 관련되는 경험들, 신념들, 현상들(예를 들면, 신 또는 보다 더 강력한 파워, 삶의 목적과 의미, 고난, 선과 악, 죽음 등)"로 정의한다. 비록 영성이 종교를 통해서 또는 독립적으로 표현될 수도 있겠지만, 오늘날 많은 사람들은 영성을 "사적" 또는 개인적 신념 체계들과 연결시키고, 종교를 기관 멤버십과 같은 공적인 영역, 공식적 의식 참여, 공식적 교파 교리에 대한 충성과 연결시킨다. 반면, 최근의 세계적 평화를 위한 국제적인 명상 이벤트들의 확산은 이처럼 영성이 엄격하게 사적인 영역이라는 가정에 대해 도전한다.

Richards와 Bergin(1997)은 다음과 같은 제안을 통해 종교를 영성의 한 부분으로 본다.

> 종교적인 표현들은 교파적, 외부적, 인지적, 행동적, 의식 절차상의, 그리고 공적인 경향이 있다. 영적 경험들은 보편적, 세계적, 내부적, 정서적, 자발적, 사적인 경향이 있다. 영적이진 않지만 종교적이 되고 종교적이지 않지만 영적이 되는 것은 가능하다.(p. 13)

비록 종교는 종종 제도적, 종파적, 그리고 개인적으로 표현되는 유신론적 신념들, 실천행위들, 감정들과 관련이 있더라도 항상 그러한 것은 아니다. 한 조사결과에 의하면 많은 사람들은 종교와 영성의 요소들을 통합하기 위한 시도를 하고 있는 것으로 나타났다. 또한, 종교적이라고 밝힌 사람들은 교회에 참석하고 정통적인 신념에 대한 헌신에 더 큰 관심이 있다(Fuller, 2001). 따라서 비록 영적이라는 단어와 종교적이라는 단어가 서로 연관되어 있더라도, 두 단어는 다르다. 사실상, Saucier와 Skrzypinska(2006)는 누군가가 "전통을 지향하는 종교심"과 상반되는 "주관적인 영성"에 끌리는지 여부는 다양한 성격적 기질과 관련이 있다고 하였다.

■

영적이지만 종교적이지 않은

비록 미국이 세계에서 가장 종교적인 국가라고 하기에는 논쟁의 여지가 있더라도(Fuller, 2001), 스스로를 "영적이지만 종교적이지 않은" 것으로 간주하는 미국인들은 증가하고 있으며, 아마도 세계에서 가장 빠르게 증가하고 있는 집단일 수 있다. Fuller(2001)에 의하면, 거의 40%의 미국인들이 조직적인 종교와 아무런 연관이 없는 것으로 나타났다. 그러나 다양한 종교들이 있는 것처럼 이러한 집단 내에서도 다양성을 나타내고 있는데, Fuller(2001)에 의하면 비종교적인 미국인들 간에는 세 가지 유형이 있다고 하였다. 첫째, 일부 미국인들은 전혀 종교적이지 않으며(예를 들면, 무신론자나 불가지론자), 대신에 이성, 과학, 상식 등에 매력을 느낀다. 둘째, 일부 집단은 조직적인 종교와 "애매한" 관계를 가지고 있다. 이들은 교회에서 공식적인 신자로 소속되어 있지만 간헐적으로 참석하는 사람들과, 교회에 소속되어 있진 않지만 특별한 행사나 명절 때만 참석하는 사람들을 포함한다. 셋째, 영적 이슈에 대해 고민하지만 조직적인 종교생활을 원치 않는 사람들이다. 예를 들면, 어떤 사람은 기도를 하고 성경을 읽으며 성경구절에 대한 이해대로 살려고 노력하고 있지만 종교적 기관에는 소속되어 있지 않다. 전반적으로 이러한 세 번째 집단이 미국에서 가장 빠르게 증가하고 있는 것으로 나타났다(Lugo 외, 2008).

다수의 연구자들이 종교적 소속을 구별하려는 반면, 종교성과 영성 사이에는 네 번째 관계가 있을 수도 있다. 50년이 넘는 동안, 다수의 신앙 전통들의 측면들을 동시에 실천하려는 기관들을 형성해 온 개인집단들이 있다. 이러한 종파를 초월한 집단들은 종교적 이상과 영적인 이상을 연결하는 일련의 사상을 발전시켜 왔다. 지난 20년 동안 그들은 승인된 자격증을 발급하는 공식적인 학문적 훈련을 개발해 왔으며, 예를 들면 임명된 종파를 초월한 성직자들

ordained Interfaith Ministers이 있다. 이러한 공식적 훈련 외에도, 이들은 미국을 포함한 여러 국가들의 독자들을 위한 잡지와 책을 만들어 내고 전파하는 데 성공하였다.

전통적인 미국 원주민들의 종교적 실천들이 이러한 숫자들에 포함될 수 있다. 비록 실행적 행위, 신념, 그리고 실천가들에 따라 다양하더라도, 이러한 종교적 실천들은 창조신학이나 여성신학과 같은 또 다른 종교적 이론들을 개발하는 데 중요한 역할을 하였다.

세계관과 가치들

어떤 사람이 조직적 종교를 통해 자신의 영성을 본질적으로 또는 비본질적으로 표현하더라도, 모든 사회의 문화적 생활은 세계관, 즉 삶의 의미와 인간의 조건에 대한 가장 어려운 질문들에 대해 답변을 제공하는 우주와 실재의 본성에 대한 신념에 따라 형성되고 통제된다(Wager, 1977, 인용; Richards & Bergin, 1997, p. 51). 우리가 우리의 세계관에 대해 인식하고 있는지에 상관없이, 세계관은 우리의 행동, 우리의 본성에 대한 개념 및 세상에서의 공간에 대한 이해, 그리고 우리의 대인관계에 영향을 미친다. 세계관은 또한 불가분하게 묶여 있고 명백한 것에서부터 명백하지 않은 연속체에 따라 다양한 정서적 인지 요소들을 포함한다(Papajohn & Spiegel, 1975). 사실상, 많은 사회에서 구성원들이 그들의 문화와 삶의 방식과 서양 연구자들의 종교에 대한 개념 사이에 언제나 명백한 선을 긋는 것은 아니다. 예를 들면, 어떤 한국인들은 비록 기독교인이지만, 문화적으로 이들 가족의 삶은 종종 유교의 영향을 받는다(Kim, 1997). 따라서 문화적 · 영적으로 가족들을 이해하기 위해서는, 다양한 세계관들의 존재에 대한 인지가 중요하다. 비록 문화적 세계관과 영적이며 종교적인 세계관이 서로 관련되어 있을지라도, 인류학자들과 사회과학자들은 이 둘을 분리하여 접근해왔다(Richards & Bergin, 1997 참고).

■

종교적 세계관들

Dilthey에 의하면(Richards & Bergin, 1997에서 인용), 비록 이 세상에는 다양한 종교적 신념 체계가 있을지라도, 이들의 실존적이고 형이상학적인 질문들은 세 가지 이내의 유형, 즉 자연주의naturalism, 자유의 이상주의idealism of freedom, 객관적 이상주의objective idealism로 분류될 수 있다.

먼저, 자연주의naturalism는 현실을 오직 오감을 통해서만 접근할 수 있는 신체적 체계라고 간주한다. "Good life"는 행복과 파워를 추구하고, 기계론적 결정론에 대한 생각은 의지의 자유를 무시하는 경향이 있다고 본다. 합리주의, 실증주의, 실존주의, 마르크스주의, 그리고 세속적 인간주의는 이러한 세계관의 예시들이라 할 수 있다. 과학과 기술에 대한 신념을 근간으로 한 세속적 산업국가인 미국은 자연주의적 가치관을 고수한다. 그러나 미국 내의 압도적인 기독교인의 수와 공개토론회에서의 종교적 세계관의 영향력을 감안한다면, 미국이 세속적인 사회라기보다는 기독교 국가라는 사실을 인식하게 된다. 비록 미국 내에서의 종교와 정부의 분리에도 불구하고, "In God We Trust"라는 모토는 모든 통화에 인쇄되어 있다. 실증주의[3]는 물리적 실재를 입증하려는 과학 및 실증적 조사에 대한 우리 사회와 대학들의 숭배를 설명한다. 일부는 세상에서의 모든 경험들은 오감을 통해서만 접근할 수 있는 것은 아니며, 모든 문제에 대해 "내면적 삶"이 있다고 주장한다(Zukav, 1999; Guadalupe & Lum, 2005). 그러한 각각의 경험들은 이러한 다양한 세계관을 분명히 밝히고 있다.

자유의 이상주의idealism of freedom에 대한 칸트의 개념은 인간이 자유의지를 가지고 있다는 주관적 견해 및 초월적인 정신적 영역에 기반을 두고 있다.

—

3 예를 들면, 만약 보이지 않고 측정할 수 없다면, 존재하는 것이 아니라는 주의

"Good life"는 양심 또는 신성한 의지에 대한 순종으로 정의되며, 도덕적 자유를 지향한다(Allison, 1996). 마하트마 간디와 마틴 루터 킹 목사가 satyagraba(비폭력)의 실천을 입증한 것처럼, 불의에 직면한 사람들은 동일하게 반응하거나 그들이 추구했던 변화를 이루기 위해 적들을 사랑하기로 선택함으로써 그들의 도덕적 자유를 실천할 수 있다. 유대교, 기독교, 이슬람, 조로아스터교, 시크교Sikhism와 같은 서양종교나, 일신교를 포함한 세계적 종교들은 이러한 세계관들을 대표한다.

마지막으로, 객관적 이상주의objective idealism는 결정론과 비결정론을 합치는 모든 통합과 신성을 선언함으로써 자유의 이상주의 내에서의 이원론을 피한다(Almeder, 1980). 이 세계관에서는 생각의 이분법들(예를 들면, 흑과 백, 우리가 살거나 죽는 것)은 존재하지 않는다. 사물들은 서로의 반대로서가 아니라 실재를 둘러싼 전체의 한 부분으로 간주된다. 예를 들면, 우리가 흑Black 자체와 흑과 백White이 어떻게 상호작용하는지를 이해하지 못한다면 백White을 이해할 수 없다. 또한, 유명한 Yin과 Yang의 상징처럼 죽음을 모른다면 삶을 알 수 없다. 불교, 힌두교, 자이나교, 신도, 유교, 도교와 같은 동양 종교들이 이러한 세계관을 대표한다.

이러한 다양한 종교들의 유사성을 인식할 수 있는 능력은 오직 다른 종교들의 신성이 인식될 수 있어야만 가능하다(Derezotes, 2009). 비록 Dilthey에 의하면, 자연주의, 자유의 이상주의와 객관적 이상주의가 삶의 중대한 질문들에 대한 대안적 답변을 제공하기 위해 전통적으로 서로 경쟁해 왔더라도, 많은 사람들은 주요 종교들의 압도적인 견해를 초월하는 그들 자신의 고유한 세계관을 형성하기 위해 이러한 세 가지 유형의 요소들을 결합한다.

문화적 세계관들

영성이 인생의 의미와 목적, 우리에게 닥친 고통, 다른 사람과 관계하기 위한 도덕적이고 대인관계적인 틀을 발견하는 것과 관련 있는 것과 같이, 문화적인 가치 체계 또한 대인관계적 행동의 동기와 형태뿐만 아니라 사는 것에 대한 도덕적 기준과 관습을 포함한다(Papajohn & Spiegel, 1975; Guadalupe & Lum, 2005). 문화인류학자들과 사회심리학자들은 우리에게 고유하고 보편적인 문화적 형태들에 대한 더 나은 이해를 제공하기 위해 실존적 판단과 신념체계에서의 다양성들(예를 들면, 다른 문화적 형태들에서의 다양한 종교적 성향, 철학, 과학 등)을 통합해 왔다. 비록 한 문화의 관찰에 근거한 일반화가 보편적으로 적용될 순 없더라도, 일부 학자들은 인간 문제들에 대한 근본적인 보편성이 있다고 주장하며, 어떤 사회에서는 이러한 실존적 도전들의 일부에 대한 유사한 답을 발견해 왔다(Kluckhohn & Strodbeck, 1961; Papajohn & Spiegel, 1975; Guadalupe & Lum, 200). Kluckhohn과 Strodbeck의 연구에 근간하여 Papajohn과 Spiegel은 문화에 의한 사람들의 세계관을 이해하기 위한 분류기준을 제시한다. 가치 성향에 대한 이러한 모델은 세 가지의 근본적 가정들을 갖는다. 첫째, 모든 사람들이 반드시 해답을 찾고자 하는 다수의 실존적 문제들은 우리의 인종적, 민족적 배경과 상관없이 우리 모두는 반드시 죽고 가족과 지역사회와 더불어 살아가도록 제한되어 있다. 둘째, 비록 그러한 문제들에 대한 사람들의 반응은 다양할지라도, 해결방안들은 제한되어 있고 비무작위적인 범주 내에 있다. 예를 들면, 죽음은 보편적인 일로 우리 모두는 이에 대해 애도한다. 애도하는 방법들은 민족적 집단 내에서 그리고 집단들 간에 다양할 수 있다. 예를 들면, 도미니카 여성들의 경우, 외곽에 거주하는 여성들은 애도식에 지역사회 주민들을 초청하는 반면, 도시거주 여성들은 더욱 사적인 것을 지향하며 애도식에 지역사회 주민들을 부르는 것을 원치 않는다. 셋째, 비록 최고로 구성된 가치성향들의 지배적인 프로필이 있을지라도, 또한 보편적으로 다양한 가치성향들이 있을 것이다. 따라서 비록 앞서 언급한 대로 자연주의적 세계관이 미국과 같은 서양 국가들 내에서 지배적일지라도, 수많은 가치들 또한 우리의 개인적이고 공적인 삶 속에 영향을 미칠 수 있다. Guadalupe와 Lum은 사회복지사들이 그들 스스로뿐만 아니라 서비스에 개입된 사람들을 위해서 영성과 종교성에 대한 이해가 반드시 필요하다고 하였다.

Papajohn과 Spiegel의 모델에 의하면, 다음과 같이 시간과 공간을 초월하여 사람들에게 도전해 온 주요 문제들이 있다: 활동 양상이란 무엇인가(활동 성향)?, 인간과 자연 간의 관계는 무엇인가(인간 자연 성향)?, 인간관계의 양상은 무엇인가(관계적 성향)? 이러한 질문들에 대한 답변은 복잡하고 모든 가치성향들을 동시에 반영한다. 따라서 독자들은 이러한 경향들을 문자 그대로 해석하는 것에 대한 주의가 필요하다. 이러한 정의상의 문제를 돕기 위해 각각의 성향들을 살펴보고자 한다.

활동 성향activity orientation에 대한 질문은 활동에 대한 인간의 자기표현 방식을 의미하며, 적어도 다음의 세 가지 —존재being, 생성 중 존재being-in becoming, 행위doing— 존재 성향being orientation의 가능성을 포함한다. 이러한 세 가지를 지닌 문화들은 충동과 욕망에 대한 즉흥적인 표현을 선호한다. 그러나 이것은 비록 문화들마다 다양할지라도 도덕률이 있기 때문에 사람들이 공격적이거나 부정적으로 행동하는 것을 절제하지 못함을 의미하는 것은 아니다. 이러한 성향을 지닌 사람들은 미래를 계획한다거나 예측하기보다는 현재를 충실히 살려는 경향을 지닌다. 현재를 산다는 것은 현재의 순간 또는 처한 상황의 명시적이고 비명시적인 경험들에 집중할 것을 요구한다. 활동의 초점은 인격의 개발이 아닌 인격의 "현재성"에 있고, 이러한 "현재성"의 즉흥적인 표현에 있다. 예를 들면, 이런 성향을 지닌 사람은 학교 가는 길에 오랫동안 못 본 친구를 우연히 만날 경우 수업에 늦는 경향이 있는데, 이러한 기회가 계획된 일보다 더욱 중요할 수 있기 때문이다. 이러한 사람이 계획된 활동을 중히 여기지 않는다는 것을 의미하는 것은 아니며, 단지 즉흥적이라는 것이다. 인도나 라틴아메리카 국가들과 같은 일부 비서구 사회에서는 압도적으로 "존재being" 성향을 지닌 것으로 간주된다. 이러한 "존재적" 성향의 예로 틱낫한Thich Nhat Hanh의 마음을 다스리기 위한 일련의 활동들이 있다.

비록 생성 중 존재being-in-becoming는 앞선 존재 성향과 마찬가지로 인간이 무엇을 성취할 수 있는지보다는 인간이 무엇인지에 대해 관심이 있더라도, 성장 또는 발전의 개념이 중요하다. 따라서 생성 중 존재의 성향 내에서, 활동은 더욱 통합적이고 전체적인 인격을 개발하기 위해 노력한다. 자신을 "영적이지만 종교적이진 않은" 것으로 생각하는 사람들은 영성을 영적인 성장과 발전의 여정으로 간주한다(Fuller, 2002). 따라서 그들은 자신의 성장을 촉진하기 위해 폭넓은 독서를 하고 각종 워크숍과 수련회에 참여하고자 한다. 성향에 있어서 세속적이며 종교적 · 영적인 전통들과는 관련되지 않는 반면, Byron Katie의 작품인 "사랑이 무엇인지Loving What is"에서는 생성 중 존재의 성향과 일치하는 전략들을 담고 있다.

Papajohn과 Spiegel(1975)에 의하면, 행위doing에 대한 선호는 미국 사회를 특징 짓는다 할 수 있다. 이러한 성향은 목표 지향적이고 측정 가능한 성취들을 주도하는 활동들을 보다 중히 여기며, 예를 들면 우리가 더 많이 하면 할수록, 더 많은 것을 성취할 수 있다는 것이다. 우리 사회에서 개인의 가치는 주로 그들의 선행들보다도 과거와 미래의 성취들에 의해 결정되므로 이것은 무엇보다 중요한 것이다. 측정에 대한 자연주의의 가치와 부합하며, 학위와 소유 주식들이 쉽게 수량화될 수 없는 친절과 동정심과 같은 추상적인 개념보다 더욱 중요하다. 따라서 대부분 돈과 지위의 추구가 인격적, 영적인 발달보다도 숭배된다. 이러한 가치는 객관적 관념론적 세계관인 유교, 즉 내적 선행과 적합한 행위가 개인적 및 사회적 조화를 위한 길이라고 여기는 것과는 상반되는 것이다(Richards & Bergin, 1997).

이러한 개념적 틀에 의하면, 두 번째 인간의 문제는 대인적 관계에 대한 것이다. 이러한 성향 역시 세 가지, 즉 직계의lineal, 방계의collateral, 개인주의적인 individualistic 것으로 구분된다. 비록 모든 사회가 인간관계에 있어서 이러한 세 가지 원칙들에 주목할지라도, 이것은 강조의 문제이다. 직계와 객관적 이상주의 세계관을 대표하는 신도Shintoism에서는 "충성심과 가족, 조상 그리고 전통에 대해 자신의 의무를 다하는 것이 중요하다(Richards & Bergin, 1997, p. 70)."

방계적 관계의 형태들은 혈연과 비혈연 친족을 포함하여 대가족 체계를 구성하는 수평적으로 확장된 관계망으로, 이는 인간이 혼자서는 살아갈 수 없는 한 체계의 부분이기 때문이다(Papajohn & Spiegel, 1975). 따라서 아이들은 가족망에 의존하고 복종하도록 교육을 받으며, 가족에 대한 충성심이 중시된다.

개인주의에 대한 가치는 미국 중산층에서 지배적이라 할 수 있다(Papajohn & Spiegel, 1975). 어릴 때부터 아이들은 독립적이며, 자기통제를 훈련하도록 양육된다. 또한, 아이들은 데이케어나 여름캠프 등을 통해 통상적으로 가족과의 헤어짐을 경험하도록 훈련받는다(Papajohn & Spiegel, 1975). 이러한 가치 성향 내에서 성인들은 확장된 가족망의 요구를 고려하기보다는, 이와는 반대로 개인적인 자신의 이익에 근간한 결정들을 내린다. 이러한 가치는 자연주의적 세계관과 일치하는 것이다.

그러나 오늘날의 경제적 상황에서 이러한 개인주의적 세계관이 어느 정도까지 생존할 수 있는지에 대한 의문이 제기된다. 공적으로 중산층이라 할 수 있는 가족들이 직면한 몇 차례의 경제적 타격들, 다시 부모의 집으로 되돌아오는 성인자녀들, 사회학자들이 "부상하는 성인emerging adulthood"으로 지칭하는 젊은 성인 인구의 증가(Arnett, 2004), 그리고 조부모들의 손자녀 양육을 방해하는 건강상의 문제들로 인해 극렬한 개인주의는 경고를 받을 수 있다. 현재 음식과 주거지를 제공하고 있는 다수의 종교단체들, 실업자 가족들을 지원하고 있는 크고 작은 단체들, 세계적인 "기도의 날" 또는 "세계적 명상" 등과 같은 활동들은 미국에서 고집스러운 개인주의에 대한 변화를 나타내고 있다.

세 가지 선호들이 세 번째 실존적 문제인 인간이 거하는 시간을 특징짓는다. 모든 사회는 과거, 현재, 미래를 다루지만 어떤 측면이 지배적인지에 따라 매우 다양하다. 앞서 우리는 존재적 성향을 가진 문화들은 즉각성과 현재를 사는 것을 중히 여긴다고 하였다. 가치들과 종교적 세계관들은 서로 관련되어 있기 때문에, 이러한 시간적 성향 또한 종교적 사고에서 분명하게 나타난다. 예를 들면, 루터교 신학자인 Marcus Borg(2003)에 의하면 대부분의 북미 기독교인들은 "천국에 가기 위한 방법으로 하느님, 성경, 예수님을 믿으면서, 기독교적 삶의 중심을 이후에 있을 구원에 대한 현재의 믿음으로 여긴다(p. xiii)." 이는 "현재의 삶을 변형시킬 하느님과 함께하기 위해 부상하는 패러다임"(p. 15)이라 하였다. 따라서 보상은 내세가 아닌 현재 하느님과의 관계로부터 온다. 상대적으로 젊은 국가라 할 수 있는 미국은 더 크고 더 좋은 것들을 가져올 것이라는 미래적 성향을 강조한다.

네 번째 인간의 문제는 인간과 자연 간의 관계이다. 이러한 성향에서 세 가지 주요 범주는 자연에 대한 종속subjugation-to-nature, 자연과의 조화harmony-with-nature, 자연에 대한 지배mastery-over-nature이다. 행위doing 성향을 지닌 유럽중심주의 학자들은 자연에 대한 종속적 성향을 고집하는 사람들이 종종 자연의 힘 앞에서 수동적으로 싸워보지도 않고 포기하면서, 기후변화, 질병 그리고 죽음에 대해 숙명론적이라고 여긴다. 그러나 이러한 해석보다는, 우리는 자연에 대한 종속적 성향을 우리가 통제할 수 있는 수준을 넘어선 우리보다 더 큰 힘에 대해 항복할 때를 아는 것으로 간주한다. 도교Taoism에서 이것은 무위we-wei, 즉 저항하고 맞서거나 반항해서는 안 된다는 것을 의미하는 수동적 행동원칙으로 알려져 있다(Richards & Bergin, 1997). 역설적으로, 미국 문화에서는 의학적 기술과 기상학을 통해 자연보다 한 수 앞서려는 노력과, 의학계가 갱년기, 노화, 죽음과 같은 우리 몸에서의 자연적인 변화를 치료하도록 허용해

왔다. 호스피스 운동은 서구 의학과 전체론적 방법을 통합하는 치유전략으로써 이러한 치료적 노력에 대한 반응이다.

자연과의 조화 성향은 자연과 인간을 동일한 전체의 부분으로 보기 때문에 자연으로부터 인간을 분리하지 않는다(객관적 이상주의). 이러한 성향은 동부, 다수의 아프리카, 남부 또는 중앙아메리카 국가들, 그리고 인간을 자연적 환경의 일부분으로 여기는 아메리카 원주민들에게 더욱 특징적이다. 예를 들면, 아메리카 원주민 주술사들은 지구에 대해 많은 부족들에서의 통상적인 믿음인 살아 있는 유기체로 간주하고, 자신의 클라이언트들이 자연력과 연결되기를 격려한다(Krippner & Welch, 1992). 아시안 종교인 신도들은 영성을 "자연과 삶의 기쁨에 대한 감사와 친근감들"로 간주한다(Richards & Bergin, 1997, p. 70). 아메리카 원주민들 및 여성의 영성을 실천하는 여성들에게 있어서 어머니와 같은 지구는 신성한 것이고 착취되거나 약탈되어서는 안 되는 것이다(Spretnak, 1982; Starhawk, 1990). 자이나교인[Jains]들은 아힘사[ahims](비폭력)의 원칙을 따르고 이것을 모든 인간, 동물, 식물에 적용한다. 이러한 지식은 우리로 하여금 Julia Butterfly Hill이 2년 동안 Luna라 불리는 커다란 적송나무에서 살면서 이 거대한 나무를 도끼질로부터 보호하고 살리기 위해 사람들의 인식을 모으려고 했던 이유를 더 잘 이해할 수 있도록 돕는다.

이러한 관계를 개념화하는 세 번째 방법인 자연에 대한 지배[Mastery-over-nature]는 자연주의적 세계관과 일치한다. 이러한 관점에 의하면, 인간은 자연력을 극복할 수 있고 이용할 수 있다고 확신하는데, 이는 사용된 자원들이 다시 회복될 수 있고 또는 그 대체재가 발견되어 활용될 수 있기 때문이다. 이러한 성향은 미국과 같은 산업화된 나라에서 지배적인 것으로, 이는 물질적 혹은 과학적 이득을 위해 자연환경을 파괴하거나 착취하는 것을 통해 분명하게 나타난다. 미국은 자연과의 조화적 관점을 공유하지 않는 국가로, 주거단지와 쇼핑몰 건설을 위해 숲을 벨 것이고, 오염으로 인한 기후 변화를 무시할 것이며, 자연과의 조화 성향을 가진 사람들에게 신성시되는 땅을 더럽힐 것이다.

다섯 번째, 통상적인 인간 문제는 내재된 인간 본성을 다룬다. 인간은 사악한가(중립적 혹은 이 둘의 혼합인가)? 인간은 악하고 변화가 불가능한 것으로 또는 악하나 변화가 가능한 것으로 간주될 수 있다. Richards와 Bergin(1997)에 의하면, 많은 기독교인들은 인간을 아담과 이브의 실패 때문에 악하다고 보지만 하느님의 은혜를 통해 변화할 수 있다고 본다. 힌두교에서는 인간을 신성하다고 보고, 신도에서는 인간이 선천적으로 선하고 변하지 않는다고 본다. 이것은 왜 힌두교가 신자들에게 구속력 있는 도덕적 규제를 제공하지 않는지를 설명할 수 있다. 다른 사회에서는 인간을 선하다고 보고 자유의지가 있기 때문에 부패한 것으로 본다(일부 기독교인, 이슬람인, 시크교인sikhs, 조로아스터교 신자Zoroastrianism 등). 어떤 사회에서는 인간을 선과 악의 변화할 수 없는 혼합으로 본다. 대부분 종교가 고통 받고 불완전한 우리의 상태로부터 벗어날 수 있는 방법을 제공하기 때문에 이것은 세속적인 가치일 수 있다. 마지막으로, 일부 사회에서는 인간을 선과 악 양면의 혼합이나 영향력의 문제로 본다. 다시 말하면, 우리는 빛(선)과 어둠(무고한 오해, 또는 사악함)의 혼합이다. 서양 불교 스님인 Phma Chodron(Chodron, 2010 참조)에 의하면, 부처는 다음과 같이 가르쳤다.

> 우리가 공유하는 일종의 무고한 오해가 있는데 이것은 마치 우리가 어두운 방에 있는데 누군가가 우리에게 조명 스위치가 어디에 있는지를 보여주는 것과 같이 호전되고, 고쳐지고, 간파될 수 있는 것이다. 우리가 어두운 방에 있는 것은 죄가 아니다.(1991, p. 13)

이상과 같이 인간행동에서 종교적, 문화적 세계관들의 중요성을 살펴보았다. 비록 사람들은 보편적으로 그들의 삶의 방식과 세계관을 구별하지 않더라도, 이러한 것들에 대한 의식과 지식은 우리로 하여금 우리와 다른 사람들의 행동들과 느낌들을 이해하는 데 도움을 제공할 수 있다.

요약과 함의들

이 장에서 우리는 가족들을 대상으로 이들의 삶 속에서 영적이고 종교적인 전통들을 인정하면서 일해야 할 때 고려해야 할 몇 가지 이슈들에 대해 살펴보았다. 우리는 Papajohn과 Spiegel(1975)의 개념적 틀과 ARIS 설문조사(2001)를 통해 다음과 같은 "교훈들"을 발견하였다.

종교 상호 간의 다양성만큼이나 종교 내에서의 많은 다양성들이 있다. 미국에서 잘 알려져 있지 않은 전통들을 언급하지 않더라도, 방대한 수의 기독교 교파들, 유대교, 이슬람교가 있음을 감안한다면 우리는 클라이언트들의 종교적 믿음과 실천에 대해 어떠한 가정도 할 수 없을 것이다. 대신에 우리는 영성과 종교성의 결합과 순열에 대해 생각해야 한다(Canda & Furman, 2009). 예를 들면, 기독교인들 중 루터교인들은 미주리 주 시노드, 위스콘신 주 시노드, 또는 기독 루터교회Evangelical Lutheran Church in America: ELCA에 소속될 수 있다. 이러한 집단들 간의 차이점은 매우 커서 미주리 주와 위스콘신 주 시노드들은 이들의 성찬식에 ELCA인들을 환영하지 않는 반면, 시노드와 미국의 감독 교회Eipiscopal Church of the United States는 서로 성찬식을 인지하고 공유하기 위한 동맹을 맺어 왔다. 따라서 우리는 클라이언트들로부터 그들이 속한 기독교 내의 소속 그리고/혹은 어떤 다른 전통들에 대해서도 배워야 한다. 이는 심지어 우리와 같은 종교를 가진 클라이언트들과 함께 일할지라도 우리는 그 종교의 전통적 요구사항들에 대한 우리의 이해를 강요하지 않도록 각별히 주의해야 한다. 이것을 성취하기 위한 한 가지 방법은 그들의 믿음 체계와 이러한 체계가 어떻게 그들의 삶과 의사결정과정에 영향을 미치는지를 탐구할 수 있는 초기 상담 시 다른 사람들을 개입시키는 것이다.

미국에서 종교 집단들 간 그리고 집단 내에서의 다양성은 더 이상 미국을 기독교 국가로 볼 수 없을 정도로 증가하고 있다. 동시에 미국은 여전히 숫자상으로, 주로 개신교와 가톨릭교파로 구성된 기독교 국가이다. 최근의 반이슬람교에 대한 민심을 포함하여 주로 여성이나 빈곤층과 같은 소수집단을 대상으로 하는 복음주의 운동을 감안할 때, 우리는 종교적 자유와 사회적 정의에 대한 이슈들에 주목해야 할 것이다(Canda & Furman, 2009; Hodge, 2003)

우리는 그러한 전통들이 우리의 공적인 사회적 삶 속에서 간과되고 있는 방법들에 대해서 그리고 사회복지사로서 그러한 집단들에 대한 억압에 기여하고 있을지도 모르는 것들에 대해 명백히 검토할 필요가 있다. 가장 중요한 것은 영성과 종교성에 대한 우리 자신의 주관적이고 객관적인 성향들이 우리의 삶에 영향을 미쳐 온 방법들을 이해하는 것이다.

우리는 또한 각 전통들의 강점을 강조하면서 이러한 종교적 소수집단들의 욕구를 공론화시킬 수 있어야 한다. 예를 들면, 미국의 여러 장소에서 이슬람교 노동자가 기도매트를 직장으로 가져 오고 건물 내의 조용한 장소를 찾아서 일일 기도를 하는 모습을 보는 것은 흔한 일이다. 이십 년 전까지만 해도 이것은 매우 특이한 일이었다. 디트로이트와 미시간과 같은 도시에서는 많은 숫자의 이슬람교인들의 존재가 이들의 종교적 욕구에 대한 인지 및 이에 대한 긍정적 수용에 영향을 미쳤다. 지금은 큰 기업과 병원에서 영적이고 종교적인 행위를 위해 마련된 장소를 쉽게 발견할 수 있다. 다수의 영적인 전통들로 구성된 기관인 The Peace Alliance Foundation(예전의 the World Renaissance Alliance)은 전국에 걸쳐 기도모임을 조직해 왔는데, 이를 통해 이웃들과 함께 모이면서 국가와 세계평화를 위해 개별적으로 또는 집단적으로 일할 수 있는 방법들을 찾고 있다. 이 기관은 12단계 모델로 구성되어 있으며, 이는 종교적이고 영적인 다양한 전통들이 사회정의를 목적으로 결합하기 시작한 방법을 보여주고 있는 최근의 사례라 할 수 있다.

종교적 정체성이 없는 사람들 역시 눈에 띄게 증가하고 있으므로, 단지 클라이언트가 접수용지에 자신의 종교를 기재하지 않는다고 해서 그 사람이 영적이지 않다고 간주해서는 안 된다. 아마도 "영적이지만 종교적이지 않거나" 또는 불교나 자이나교 전통들과 결합한 기독교인과 같은 적어도 하나의 주류의 종교적 범주를 고수할 수도 있다(Canda & Furman, 2009). 다수의 성향들이 표준적인 기관의 접수용지에 나타나지 않을 수 있기 때문에, 사회복지사들은 클라이언트들에게 그들이 종교적 전통을 행하고 있는지 물어야 하고, 이들의 영적이거나 종교적인 실천들과 관련된 개입들에 주의해야 한다.

사람들은 부분적으로는 인간행동을 바라보는 자신의 사회화된 방식으로 인해 자기 자신과 다른 사람들을 이해하는 방식이 다르다. 따라서 실천에서 종교와 영성을 다루고자 시도할 때 클라이언트와 사회복지사 간의 차이점과 유사성을 살펴보는 것은 도움이 될 수 있다. Papajohn과 Spiegel(1975) 그리고 Dilthey가 제시한 유형분류체계를 사용할 수 있으며, 사회복지사는 클라이언트가 대화 중에 서로 이해할 수 있는 용어들을 사용하도록 주도하면서 유용한 대화를 생산할 수 있다. 특정 종교 혹은 영적 조직들에 의해 제공되는 상담서비스처럼 이러한 유형분류체계에 구체적인 기준 및 조사표를 만들고, 클라이언트 스스로 기재하도록 하는 것은 보다 클라이언트의 입장에서 이들의 세계관을 알아내는 데 유용할 수 있다. 또한, 이러한 기준들을 사용하여, 사회복지사들도 자신의 기관에서 제공할 수 있는 서비스나 제공할 수 없는 서비스를 찾고 있는 클라이언트들과 명백하게 의사소통을 할 수 있을 것이다.

마지막으로, 혼합종교를 가진 결혼의 증가를 감안할 때, 가족들과 커플들이 갈등을 효과적으로 해결할 수 있도록 그들의 영적 및 종교적인 전통에서의 차이점을 인정할 수 있는 도움을 제공해야 한다. McGoldrick, Giordano와 Garcia-Preto(2005)는 그들의 인종적 배경들에 대한 연구에서 혼합인종 가족들에서 발생할 수 있는 갈등들을 발견하였으며, 예를 들면, 공휴일을 기념하는 방법, 자녀양육방법, 죽음을 애도하는 방법 등이 있다. 사회복지사들은 혼합종교 또는 혼합인종 커플들이 자신과 다른 전통들을 조화롭게 수용하며 살아가는 방법들을 결정할 수 있도록 도움을 제공해야 한다. 이러한 도움들로부터 양쪽 커플의 전통들을 통합할 수 있는 새로운 방법들이 모색될 수 있고, 나아가 다른 확장된 가족 구성원들에게도 공유될 수 있을 것이다.

참고문헌

Allison, H. E. (1996). *Idealism and freedom: Essays on ant's theoretical and practical philosophy.* Cambridge: Cambridge University Press.

Almeder, R. F. (1980). *The philosophy of Charles S. Peirce: A critical introduction.* Totowa, NJ: Rowman and Littlefield.

Arnett, J. J. (2004). *Emerging adulthood: The winding road from the late teens through the twenties.* Oxford University Press, USA.

Barrett, D. B., Kurian, G. T., & Johnson, T. M. (2001). *World Christian encyclopedia.* Nairobi: Oxford University Press.

Borg, M. J. (2004). *The heart of Christianity: Rediscovering a life of faith.* HarperOne.

Canda, E. R., & Furman, L. D. (2009). *Spiritual diversity in social work practice: The heart of helping.* New York: Oxford University Press.

Chatters, L. M., Taylor, R. J. Jackson, j. s., & Lincoln, K. D. (2008). "Religious coping among African Americans, Caribbean Blacks and Non-Hispanic Whites. *Journal of Community Psychology, 36*(3), 371-386. http://hdl.handle.net/2027.42/58064

Chodron, P. (2010), *The wisdom of no escape: And the path of loving-kindness.* Shambhala Publications, Boston, MA.

Derezotes, D. (2009). Religious resurgence, human survival, and global religious social work. *Journal of Religion & Spirituality in Social Work: Social Thought, 28*(1-2), 63-81.

Fitzgerald, D. (2002). *Julia Butterfly Hill: Saving the redwoods.* Millbrook Press.

Fuller, R. C. (2001). *Spiritual, but not religious: Understanding unchurched America.* New York: Oxford University Press.

Guadalupe, K. L., & Lum, D. (2005). *Multidimensional contextual practice: Diversity and transcendence.* Thomson Brooks/Cole.

Hodge, D. R. (2003). The challenge of spiritual diversity: Can social work facilitate an inclusive environment? *Families and Society, 84*(3), 348.

Jasso, G., Massey, D. S., Rosenzweig, M. R., & Smith, J. P. (2003). *Exploring the religious preferences of recent immigrants to the United States: Evidence from the New Immigrant Survery Pilot. Religion and Immigration: Christian, Jewish, and Muslim Experiences in the United States, 217-253.* Walnut Creek, CA: Altamira Press.

Kim, S. C. (1997). Korean American families. *Working with Asian Americans: A Guide for clinicians*, 125-135.

Kluckhohn, F. R., & Strodtbeck, F. L. (1961). *Variations in value orientations.* Oxford, England: Row Perterson.

Kosmin, B., & Keysar, A. (2008). *American religious identification survey summary report.* Trinity College, Hartford, CT. Retrieved June 3, 2009.

Kosmin, B., Mayer, E., & Keysar, A. (2001). *American religious identification survey 2001.* Graduate Center of the City University of New York.

Krippner, S., & Welch, P. (1992). *Spiritual dimensions of healing.* Irvington Publications, Inc.

Lugo, L., Stencel, S., Green, J., Smith, G., Cox, D., & Pond, A. (2008). *US Religious landscaped survey.* Religious affiliation: Diverse and Dynamic.

Mattis, J. S., Murray, Y. F., Hatcher, C. A., Hearn, K. D., Lawhon, G. D., Murphy, E. J. & Washington, T. A.. (2001). Religiosity, spirituality, and the subjective quality of African American men's friendships: An exploratory study. *Journal of Adult Development, 8*(4), 221-230. http://hdl.handle.net/2027.42/44637

McGreal, L. P. (1995). *Great thinkers of the eastern world.* HarperCollins: New York, NY.

Papajohn, J., & Spiegel, J. P. (1975). *Transactions in families: A modern approach for resolving cultural and generational conflicts.* Jossey-Bass.

Pargament, K. I., Maton, K. I., & Hess, R. (1992). *Religion and prevention in mental health: Research, vision, and action* (Vol. 9): Routledge.

Pargament, K. I. (2001). *The psychology of religion and coping: Theory, research, practice.* The Guilford Press, New York, NY.

Richards, P. S., & Bergin, A. E. (19997). *A spiritual strategy for counseling and psychotherapy.* Washington, DC: American Psychological Association.

Saucier, G., & Skrzypiska, K. (2006), Spiritual but not religious? Evidence for two independent dispositions. *Journal of Personality, 74*(5), 1257-1292.

Spretnak, C. (1982). *The politics of women's spirituality: Essays on the rise of spiritual power within the feminist movement.* Anchor Publishers: Sioux city, Iowa.

Starhawk. (1990). *Truth or dare: Encounters with power, authority, and mystery.* HarperOne, New York, NY.

Williams, B. J. (2004). *GCP technical note: Global harmony revisited. Global Consciousness Project exploratory analysis.* December, 2. Retrieved from BJ Williams noosphere.global-mind.org on August 1, 2012.

Zukav, G. (1999). *The seat of the soul.* Simon and Schuster: New York, NY.

17

이민자와 난민들을 대상으로 한 실천에서의 법적 이슈들: 취약한 신규 이민자 공동체를 대상으로 한 임상 사회서비스 실천 – 여성, 청소년, 난민

Fernando Chang-Muy

국경을 넘는 인구 이동으로 인한 인구학적 변화를 고려할 때, 비영리 조직들과 그들의 사회서비스 스텝들은 상황에 적응해야 하고 프로그램과 서비스들이 클라이언트들의 욕구 충족에 부응할 수 있도록 해야 한다. 최상의 실천으로, 이사회에서부터 관리자, 일선 직원들에 이르기까지 효과적인 조직은 신규 이민자의 강점과 도전을 통합하고 조직이 서비스를 제공하는 인구집단의 욕구를 충족시키고 있음을 보장하기 위해 지속적으로 조직의 프로그램, 인적 자원, 운용을 평가해야 한다.

효과성을 위해서, 제공자들은 그들의 전문 분야와 서비스를 제공하는 대상(여성, 청소년, 그리고 난민)에 관계없이 클라이언트가 경험하는 이민 이슈에 대한 실용적 지식을 가지고 있어야 한다. (클라이언트가) 이민 과정에서 겪을 수 있는 법적인 어려움에 대한 제공자들의 지식이 부족할 경우 클라이언트에게 정신적, 신체적 건강상의 스트레스 요인을 가중시키고 사회서비스 제공자가 해결하고자 하는 다른 중요 이슈들의 해결을 방해함으로써 케어의 걸림돌이 될 수 있다.

이 장은 여성, 청소년, 난민이라는 세 특정한 신규 이민자 인구집단에 초점을 맞추어 이민정책의 틀을 제공함으로써 서비스 제공자들의 지식을 높이고자 한다. 합법 이민의 도전을 포함하여 신규 이민 클라이언트들의 강점과 도전을 이해하는 것은 제공자들이 클라이언트와 파트너십을 가지고 앞으로 나가기 위한 종합적인 실행 계획을 개발하도록 허락할 것이다. 이를 위해 이 장은 서류미비자, 이민자, 시민권자와 같이 미국 이민자들의 법적 분류에 대해 대략적으로 살펴본다. 그 다음에는 여성, 청소년, 난민들과 그들이 신규 이민자로서 겪게 되는 특정한 법적 어려움에 초점을 맞춘다. 난민은 특히 취약한 집단이므로, 이 장에서는 난민 지위를 신청하기 위한 과정과 어떻게 서비스 제공자들이 망명 신청자들을 지원할 수 있는지에 대해 상세히 다룬다. 이 장은 신규 입국자 공동체에게 서비스를 제공하는 데 있어서의 문화적 역량에 대한 전반적인 제언으로 결론을 맺는다.

궁극적으로 추구하는 결과는 신규 입국자가 그들 스스로의 삶과 공동체에 적극적으로 관여하는 참가자가 되는 것이다. 희망하기는 이민법에 대한 관련 지식들을 이해하기 위한 수단을 제공함으로써 서비스 제공자들이 법적 서비스와 다른 휴먼 서비스 제공자들과 협력하여 신규 이민자들이 그들의 강점과 회복력resilience을 키우고 이민자 자신의 복지, 그들의 가족, 그리고 새로운 주관 지역공동체에 기여할 수 있도록 하는 것이다.

■

미국 이민자 법적 유형: 비이민자nonimmigrant와 서류 미비자undocumented

미국 이민법[4]은 신규 입국자들이 국가에 합법적으로 들어올 수 있도록 다양한 방법들을 제시하고 있다. 이 섹션에서는 입국의 단기적 수단과 장기적 수단을 다룰 것이다. 전형적으로 (이 장에서 신규 입국자라고 칭하는) 외국인들은 장 · 단기로 미국에 들어올 수 있다. 단기 입국의 이유는 (a)인도주의적 이유, (b)여행, (c)교육, (d)단기 취업이다. 이 섹션은 인도주의적 유형의 단기 비자에 초점을 맞출 것이다.

미국에 법적으로 입국하기 위해, 신규 이민자들은 증명서류와 함께 여권과 비자가 있어야 한다. 방에 들어가기 위해서 문과 열쇠가 필요한 것처럼, (출신국에서 발행한) 여권은 문이고 (출신국의 미국 대사관이나 영사관에서 발행한) 비자는 방에 들어가기 위한 열쇠이다. 모든 입국자들은 여권이 있어야 하며 일부는 비자가 필요할 수도 있다. 그러나 비자 면제 프로그램the Visa Waver Program: VWP[5]은 특정한 국가의 국민들이 비자 없이 90일까지 관광이나 사업을 위해 미국을 여행할 수 있도록 허가한다. 상호 동의로서 미국 시민권자들은 이러한 국가들에 입국하는 데 비자를 신청할 필요가 없다. 비자 면제 프로그램에 참여한 모든 국가들은 선진국으로 간주된다(예: 대부분의 유럽 국가들).

또한 만일 여권이나 비자 없이 입국한다면 불법이민자 또는 서류 미비자로 유형화될 수 있다. 그렇지 않으면, 합법적인 증명서류(여권과 비자)를 가지고 입국한 후 비자가 만료되고 자신의 출신국으로 돌아가지 않는 경우 서류 미비자

4 8 U.S.C.
5 8 U.S.C. §1103,1187), and 8 CFR 235.1,264, and 1235.1

가 된다.[6] 미국에는 약 천만 명의 서류미비 이민자들이 있는 것으로 추정된다.[7]

최근 10년간, 서류 미비 신규 이민자들의 주요 출신 국가는 멕시코이다. 멕시코인들이 서류 미비 이민자들의 절반 이상을 차지 — 전체의 57%, 약 530만 명 — 한다고 추정한다. 또 다른 220만 명(23%)은 다른 남미 국가들로부터 왔다. 약 10%는 아시아, 5%는 유럽과 캐나다, 그리고 나머지 5%는 그 밖의 국가들로부터 왔다. 서류 미비자의 약 3분의 2는 6개 주 — 캘리포니아(26%), 텍사스(12%), 플로리다(10%), 뉴욕(8%), 일리노이즈(4%), 그리고 뉴저지(4%) — 에 거주한다. 이러한 추정치는 애리조나, 조지아, 북캐롤라이나의 서류미비 이민 인구들이 급속하게 증가하고 있고 이미 뉴저지의 불법 이민 인구를 넘어섰을 수 있다고 지적하고 있다.[8]

증명서류를 가지고 입국하는 경우, 비자는 신규 입국자들이 입국 항구(공항 또는 육지 국경 교차점)까지 미국을 여행할 수 있도록 허락한다. 이민 문제는 미국 국토안보부the U.S. Department of Homeland Security: DHS의 책임이다. 미국 국토안보부와 세관 집행Customs Enforcement: ICE 지부에서 일하는 미국 이민 공무원officials(관리)은 신규 입국자들이 미국에 입국하는 것을 허가하는 권위를 가진다. 공무원들은 신규 이민자들이 특정 방문을 위해 얼마나 머물 수 있는지를 결정한다(www.unitedstatesvisas.gov/whatis/index.html).

신규 이민 클라이언트들과 만날 때, 사회서비스 제공자들은 이후 가능한 법적 처리 방안을 결정하기 위한 방법으로 먼저 그 사람이 어떻게 입국했는지, 현재 어떤 이민자 지위에 있는지를 확인하기를 원할 것이다. 관련 법적 정보 수집과 클라이언트의 비영리 법적 서비스 이민 기관과 정보를 공유하는 것에 대

6 8 U.S.C. § 1325 Improper entry by alien.

7 서류 미비자 수치 추정과 관련하여, http://pewhispanic.org/files/reports/46.pdf; www.uscis.gov 참조.

8 http://www.urban.org/publications/1000587.html

한 클라이언트의 동의와 함께, 클라이언트, 사회서비스, 그리고 법적 서비스 제공자 사이의 협력은 이민 자격의 해결과 안정을 위한 모든 일들을 순조롭게 만들 수 있다.

사회서비스 제공자에 대한 특별한 관심은 합법적으로 입국하고 그들의 비자가 만료되거나 비자가 없이 입국한 사람들에게 주어지는 비이민 또는 단기 비자에 있다. 그들은 현재 증명서가 없는 또는 불법 이민자들이지만 아래에서 설명되는 이유들로 인해 정부는 그들이 머무는 것을 허가한다.

인도주의적 단기 비자: 인신매매 피해자

어떤 여성들은 그들이 인신매매trafficking의 피해자이기 때문에 미국 안에 머물 수 있다. 만일 어떤 사람이 밀매 때문에 물리적으로 미국, 미국령 사모아 또는 북마리아나 제도 안에 또는 입국 창구에 있다면 그리고 이러한 활동에 대한 연방, 주 또는 지역 정부의 수사 또는 기소를 도와달라는 합리적인 요구에 응한다면, 그 사람은 머무는 것이 허락된다. 정부가 특정인을 인신매매의 피해자로 지정했을 때 그녀는 증명서류를 받거나 인신매매의 피해자로서 분류되며 (여권이 있는 경우) 그들의 여권에 합법적으로 미국에 머무는 것이 허락됨을 보여주는 "T"라는 문자가 찍힌다.[9]

인도주의적 단기 비자: 범죄 피해자

또한 인신매매 피해자들과 마찬가지로 인신매매는 아니지만 범죄 행위 피해자로 상당한 신체적 정신적 학대로 고통 받은 미국의 신규 입국자들이 있다.

---

9 2000년 10월, 의회는 인신매매와 폭력 피해자 보호법the Victims of Trafficking and Violence Protection Act: VTVPA을 통과시킴으로서 "T" 입국 자격을 만들었다. 이 법률은 인신매매를 수사하고, 기소하는 것에 대한 법집행기관의 권한을 강화하고, 또한 피해자 보호를 제공한다.

이러한 활동의 예는 다음을 포함한다.

> 강간, 고문, 인신매매, 근친상간, 가정폭력, 성폭력, 폭력적인 성적 접촉, 성매매, 성적 착취, 여성 생식기의 손상, 인질로 잡아두기, 노역, 비자발적인 노예 상태, 노예 무역, 유괴, 납치, 불법 범죄 규제, 잘못된 감금, 협박, 갈취, 살인manslaughter, 살인murder 중죄의 행, 목격자 매수, 사법 방해, 위증, 또는 위에서 언급된 범죄들을 저지르려는 시도, 음모, 또는 유도

만일 신규 이민자가 범죄를 조사하고 기소하는 연방, 주 또는 지역 법 집행관에게 도움이 된다면, 그 사람은 미국에 머무는 것이 허락될 수 있다. 정부가 한 사람을 범죄 피해자로 지정했을 때, 그 개인에게는 증명서류가 주어지거나 범죄 피해자로서 분류되고 (만일 있다면) 그들의 여권에 합법적으로 미국에 머무는 것이 허락된다는 것을 보여주는 "U"라는 문자가 찍힌다.[10] 아래에서 기술되는 바와 같이 인신매매나 범죄 피해자로서 단기 비자를 획득한 개인들은 이후 미국에 영구 체류를 신청할 수 있다.

T와 U비자를 가진 사람에 대해서 제공자는 심리적인 지원이나 다른 사례 관리 지원을 제공할 수 있고, 다음 섹션에서 기술되는 것처럼, 클라이언트가 이후 합법적 영구 체류 신청을 위해 필요한 서류들을 준비하도록 도울 수 있다.

10 8 U.S.C. § 101(a)(15)(U).

■

미국 이민의 법적 분류: 이민자와 시민권자

위에서 간단히 기술된 다양한 범주(예: 인신매매나 범죄 피해자) 안에서 단기간 비이민자로서 미국에 입국하는 경우와 함께, 개인들은 이민자로서 미국에 입국하고 영구 체류할 수 있다. 만일 그들이 선택한다면, 그들은 출신국으로 돌아갈 필요가 없다. 비이민 비자가 일시적으로 입국을 원하는 사람들을 위한 것이듯 이민 비자는 미국에 영구 체류하고자 하는 사람들을 위한 것이다. 그린카드green card 또는 합법적인 영주권 획득은 모두 같은 의미이다.

신규 이민자들은 다양한 방법으로 미국에 합법적이고 영구적으로 입국하거나 체류할 수 있다. 이 섹션은 사회복지실천과 관련하여 합법적인 영주권 획득을 위한 다음과 같은 주된 방법들을 다룰 것이다.

a. 가족 후원에 의한 거주권 획득
b. 가정 폭력에 의한 거주권 획득
c. 미성년자 자녀dependant minor로 판결되어 거주권 획득
d. 피신/망명을 신청하여 거주권 획득

합법적인 영주권을 위한 통로로서 가족 후원

합법적인 영주권자가 되기를 희망하는 신규 이민자들은 만일 그들을 후원할 수 있는 가까운 친척이 있다면 합법적인 영주권을 획득할 수도 있다. 사회서비스 제공자들은 신규 이민자들을 대상으로 한 종합적인 인테이크의 일부분으로 이민상의 이유와 가족 지원의 이유에서 (비록 가족 구성원이 외상trauma을 초

래한 요인이고 사회적 지지나 이민을 지원할 수 있는 원천이 아니더라도) 클라이언트에게 직계 가족원이 있는지 사정하기를 원할 것이다.

미국 이민법은 합법적인 영주권을 획득하려는 목적으로 특정 유형이나 관계를 인정한다. 다른 말로 하면, 오직 미국 시민권이나 영주권을 가진 어머니/아버지, 남자형제/여자형제, 남편/부인, 또는 21세를 넘은 자녀가 외국인을 후원할 수 있다.[11] 절차상으로 미국 시민권자나 영주권자는 적절한 증빙서류를 제출해야 하고, 관계의 성격(예: 부인을 후원하는 남편, 자녀를 후원하는 부모)에 따라 가족이 재결합하기 위해 더 오래 기다려야 할 수도 있다.

미국에 있는 합법적인 영주권자 친척은 신규 이민자를 후원해야 하고 신청인이 이민을 희망하는 사람을 지원하기 위한 충분한 소득과 자산을 가지고 있음을 입증해야 한다. 클라이언트가 직계 친척들이 있는지 여부를 확인함으로써, 사회복지사는 클라이언트의 미국 이민을 돕기 위해 이민 비영리 서비스 제공자 또는 민간 변호사에게 보다 효과적으로 의뢰할 수 있다. 친척 후원자와 이민자는 미국에 오기 위해 이민 과정을 성공적으로 완료해야 한다. 서비스 제공자들이 도울 수 있는 몇몇 주요 단계들은 다음과 같다.

- 외국인 친척을 대상으로 한 이민 양식 I-130 청원서Immigration Form I-130 Petition for Alien Relative[12] 완성
- 후원자와 신규 이민자 사이의 관계를 입증하기 위한 정보 제공(예: 혼인 증명서, 출생 증명서)
- 후원 이민 진술서 양식 I-134Affidavit of Support Immigration Form I-134[13]를 완성하고 서명함에 의해 입국희망자를 지원하기 위한 적절한 소득이나 자산을 입증하는 지원. 저소득 가정들의 경우, 이는 신규 입국자들이 가족

11 8 U.S.C. § 201(b).
12 서류양식 사본은 www.uscis.gov 참조.
13 Ibid.

후원을 통해 영주권을 획득하도록 돕는 데 장애가 됨.

비록 소득 수준이 영주권을 획득하는 데 장애물이 아니라 할지라도 이민 비자(또는 그린카드)를 얻는 데 있어서 여전히 해결되지 못한 문제는 있다. 미국 정부는 다음 범주에서 매년 최소한의 가족 후원 비자를 책정한다.

미국 시민권자의 직계 친척IR _배우자, 미망인(홀아비), 그리고 미국 시민권자의 결혼하지 않은 21세 미만의 자녀, 그리고 21세를 넘긴 미국 시민권자의 부모.

첫 번째 선호_시민권자의 결혼하지 않은 아들과 딸

두 번째 선호_배우자와 자녀들, 영주권자의 결혼하지 않은 아들과 딸

세 번째 선호_시민권자의 결혼한 아들과 딸

네 번째 선호_성인 시민권자의 남자형제와 여자형제

미국 정부는 비자 회보visa bulletin를 발행하는데 이는 가족 구성원들이 재결합하기 위해 기다려야 하는 기간을 유형별로 보여주고 적체 정도를 제시한다.[14] 서비스 제공자는 진정인(신청인)과 이민 희망자와 함께 이러한 자원을 공유할 수 있고 따라서 그들은 합법적인 영주권 획득을 위한 대기 기간을 가늠할 수 있다.

합법적인 영주의 통로로서 여성 폭력(방지)법

또한 서비스 제공자들이 폭력의 생존자인 신규 이민 여성들을 지원하는 것

---

14 서류 제출에서 친인척 비자 발행까지 걸리는 대기 기간/수의 매달 최신 정보는 http://travel.state.gov/visa/frvi/bulletin/bulletin_1360.html 참조.

은 중요하다. 국회가 이민법을 개정하기 전에 미국과 영주권자 남편들은 영주권 신청을 미끼로 신규이민 여성에게 신체적, 정신적, 성적 학대를 견디도록 강요하면서 사실상 노예와 다름없는 상태로 잡아두었다. 정부는 여성 폭력(방지)법Violence Against Women Act: VAWA[15]을 통해 이민법을 개정하였다. 결과적으로 합법적인 미국 영주권자나 시민권자와 결혼한 신규 이민 여성들은 학대하는 후원자/남편이 신청(청원)할 필요 없이 스스로 청원할 수 있다. 이민 여성은 안전하게 가정 폭력에서 벗어날 수 있고 학대자를 기소(고발)할 수 있다.

또한, 법은 범죄 수사나 기소에 협조하는 데 동의하는 성폭력, 인신매매, 그리고 다른 폭력적 범죄의 이민 희생자에게 이민 구호를 확대한다. VAWA 이민 보호의 주요 목적은 학대자, 인신매매범, 그리고 성폭력의 가해자가 그들의 희생자들을 국외추방을 빌미로 협박하고 이로 인해 기소를 피하는 것을 근절하는 것이다. 현재 미국 시민권자나 합법적 영주권자와 결혼한 학대받은 여성은 스스로 신청서 제출이 가능하다. 스스로 신청서를 제출하지 않은 21세 미만의 결혼하지 않은 자녀들은 파생 수혜자derivative beneficiaries로서 신청에 포함될 수 있다. 사회서비스 제공자들은 다음에 제시되는 진술서나 다른 증빙서류를 통해 신청자가 학대를 입증하도록 도울 수 있다.

- 가정폭력과 관련된 이유로 지난 2년 내에 혼인관계가 종료되었음을 보여주는 진술서 제출
- 학대로부터 보호 처분 사본 획득
- 가능하다면 학대로 인한 의료적 처치에 대한 병원 기록 획득
- 경찰이 출동했음을 보여주는 경찰 기록의 획득
- 사회복지사가 학대로 인한 외상의 결과로 상담을 제공했다는 진술서 제출

---

15 42 U.S.C § 13981.

합법적 영주권을 위한 통로로써 특별 청소년 이민 지위법Special Juvenile Immigrant Status(SJIS) Act

정부에 의존하는 신규 입국 아동들은 그들이 학대, 방임 또는 유기의 희생자들이기 때문에 미국에서 가장 취약한 사람들이다. 그러나 많은 경우, 아동들 또는 그들의 대변인들은 아동들이 스스로의 삶을 통제하고 성인으로 성공적으로 성장하기 위해 중요한 법적 이주 혜택을 획득할 수 있다.

학대를 경험한 신규 이민 아동들은 학대 받은 미국 시민권자 아동들과 마찬가지로 그리고 때로는 더 심각하게 정서적, 신체적 문제들로 고통 받는다. 그들이 당면한 다른 불안정과 함께, 증명서류가 없는 청소년들은 합법적으로 일할 수 없고 대학의 주내 등록금in-state tuition을 받을 자격도 없으며, 국외 추방의 지속적 위협에 직면한다. 또한 아동을 양육하는 카운티는 만일 이 아동들이 서류가 없는 상태(불법 이민 상태)로 머물 경우 연방정부의 위탁 보호 보조금을 요청할 수 없다.

이러한 어려움을 해결하기 위해, 연방 이민법은 현재 영구적으로 보호되고 있는permanent placement 부양 이주 아동들이 "특별 이주 청소년"[16]으로 합법적인 영주권을 신청할 수 있도록 한다.

사회서비스 제공자들의 역할, 특히 아동과 청소년들을 대상으로 일하는 사회서비스 제공자들의 역할은 클라이언트와 정부 기관, 그리고 아동을 대상으로 일하는 다른 비영리 제공자들에게 이러한 혜택에 대한 인식을 높이는 데 중요하다. 만일 아동들에게 변호사나 카운티 개별 사회복지사가 있다면, 그들은 아동이 합법적인 영주권을 획득할 수 있도록 돕기 위해 필수적인 서류들을 완성하고 제출하도록 도울 수 있다.

이미 언급된 바와 같이, 카운티의 보호하에 있지 않은 학대받은 이주 아동

16 8 U.S.C. § 20.(b)(4).

들은 이주 혜택 자격이 있다. 미국 시민권자나 영주권자 부모, 배우자에 의해 구타당하고 학대받은 이민자들은 VAWA 이민 규정(조항)에 따라 영주권을 신청할 수 있다. 이 경우 아동(또는 배우자)은 카운티에 의해 받아들여지거나 법정 부양가족court dependent을 만들 필요가 없다. 그러나 학대 가해자는 반드시 영주권자이거나 시민권자여야 한다.

서비스 제공자들의 역할은 영주권이라는 이민 지위를 위한 신청을 완성하도록 돕는 것이다. 사회서비스 제공자들은 그 아동이 다음의 항목을 확보하도록 보장함으로써 진술서와 다른 서류들을 통해 학대를 입증하도록 도울 수 있다.

- 아동이 학대, 방임, 유기로 인해 장기적 위탁 보호의 자격이 주어진다는 것을 확신하는 자녀보호 법원dependency court으로부터의 명령 획득
- USCIS 양식[17] 완성(신청 과정에서 수수료가 발생하나 수수료는 면제가 가능함)
- 특별한 의료 검사; 그리고 지문, 사진, 나이 증거 제공

연방정부는 (청소년의 경우) 신청이 완료되고 SIJS 인터뷰 날짜가 잡히는 대로 신청자에게 근로 허가를 부여할 것이다. 일반적으로 정부는 SIJS 인터뷰에서 그 케이스에 대한 결정을 한다. 아동이 소년 법정의 피부양자인 경우 SIJS 신청은 중요하다. 왜냐하면 SIJS 인터뷰를 신청하고 6개월에서 18개월의 기간이 걸리기 때문이다. 만일 이민 인터뷰 전에 아동이 방면되고 더 이상 법정이 정한 피부양자가 아닌 경우 최근 정부 정책은 그 케이스를 거절한다.

17 서류양식 사본은 www.uscis.gov 참조.

합법적 영주권의 통로로서 난민 보호

신규 입국자들에게 지원을 제공하는 서비스 제공자의 역할은 아마도 피난처 신청과 가장 관련될 것이다. 130개국 이상의 국가들이 UN 국제 조약[a] United Nations international treaty에 승인했다: 난민의 지위와 관련하여 1951년 협약과 1967년 의정서.[18] 난민 협약에 가입함에 의해서, 협약국들은 난민의 정의를 충족하는 사람들에게 피난처를 제공하는 것에 동의했다. 미국은 1967년 조약에 승인하고 1980년 미국 난민법Refugee Act[19]의 국회 통과를 통해 조약의 원칙들을 국내법과 통합했다. 국제적 그리고 미국의 난민에 대한 정의는 다음 항목을 바탕으로 근거가 충분한 박해의 두려움 속에 있는 사람이다.

- 인종, 종교
- 국적
- 정치적 견해
- 특정 사회 집단의 일원

망명 신청은 망명 담당관이나 이민 판사에게 보호를 신청할 수 있다. 미국에 망명을 신청하는 신규 이민자들을 위해, 사회복지사들의 역할로 클라이언트가 망명을 신청하는 데 법적 지원을 획득하도록 돕는 것과 이후 그 주장을 지지하는 진술서[20]를 제출하는 것에 의해 클라이언트와 변호사를 돕는 것은 중요할 수 있다. 망명 담당관 앞에서든 이민 판사 앞에서든, 서비스 제공자는 신청자가 정부에 제출하는 진술서를 작성하는 데 있어서 신청자를 도울 수 있

---

18 UN General Assembly, Convention Relating to the Status of Refugees, 28 July 1951, United Nations, Treaty Series, vol. 189, p. 137.

19 1980년 미국난민법(Public Law 96-212)

20 8 C.F.R. 208.1 et seq.

다.[21] 서비스 제공자의 역할은 클라이언트가 난민 테스트의 첫 번째 조건, 즉 신청자가 사실상 두려움 가운데 있으며 제공자는 과거 박해 또는 본국으로 소환될 경우 미래의 박해에 대해 가지고 있는 두려움을 감소시키기 위한 치료를 제공하고 있다는 것을 입증하도록 돕는 것은 중요하다. 또한, 서비스 제공자가 난민 정의의 두 번째 조건(보고된 인권 침해를 통해 구체화된 박해)을 지지하는 인권 학대에 관한 조사를 실시하도록 원조하는 것도 도움이 된다.[22]

미국 난민법에 따르면, 국제적으로 받아들여지는 정의와 일치하는 난민은 인종, 종교, 국적, 정치적 견해, 또는 특정 사회집단의 멤버로 인한 과거 박해 또는 박해에 대한 신뢰할 만한 두려움 때문에 출신국을 탈출한 사람이다. 만일 그/그녀가 미국 안에 있지 않다면, 그/그녀는 외국에서 난민으로 사전 인정된 입국enter already recognized을 신청할 것이다. 만일 그 사람이 이미 미국 안에 있다면, 예를 들어 방문자나 학생 또는 증빙서류(여권과 비자) 없이 입국한 경우조차도, 그/그녀는 망명을 신청할 수 있다.[23]

(미국 밖에 있으면서 미국으로의 재정착을 위해) 난민 지위를 획득하기 위해서, 또는 (미국 안에 있으면서 미국에 머무르는 것을 허가받기 위해서) 망명자로서의 보호를 획득하기 위해서, 신청자들은 이미 기술한 것처럼 국제적 그리고 미국 난민 정의의 각 요건들을 증명해야만 한다.

이미 난민으로 인정된 미국의 신규 입국자들을 위해, 서비스 제공자들의 역할은 아마도 무엇보다 신청자들이 정신건강(필요한 경우 신체건강) 상담을 받을 수 있도록 하는 것과 관련된다. 많은 난민들은 그들과 그들 가족들이 인권 침

21 특별히 망명과 이주 보류 신청을 위한 서류양식 Form I-598은 www. uscis.gov/portal/site/uscis for forms 참조.

22 진술서를 지원하는 샘플을 위해서는 www.immigrationequality,org/issues/law-library/lgbth-asylum-manual/sample-cover-letter/ 참조. 샘플 신청과 협조하는 클라이언트를 위한 서류들에 관해서는 www.theadvocatesforhumanrights.org/uploads/app_e_sample_annoted_table_of_contents_for_asylum_filing.pdf 참조.

23 www.dhs.gov/xlibrary/assets/statistics/publications/ois_rfa_fr_2010.pdf

해를 겪은 출신국, (산, 바다, 국경을 가로지르는) 비행, 그리고 현재 언어, 관습, 소외로 인해 이주국 안에서 세 배의 외상으로 고통 받고, 이는 우울증을 유발할 수 있다. 그러므로 문화적으로 역량 있는 정신건강 서비스 이용을 보장하는 것은 주요한 제공자의 역할일 것이다. 난민은 많은 강점 —사업적 재능, 언어 그리고 교육— 을 가지고 있다. 서비스 제공자는 난민을 회복시키고 그들의 강점을 증진하도록 돕는 역할을 수행할 것이다.

또한 사회서비스 제공자들은 신규 입국자들이 미국에 머무를 수 있도록 보호받고자 하는 목적을 지원할 수 있을 것이다. 비이민(예: 학생, 방문자, 또는 불법체류자)으로 미국에 입국한 개인은 아래에 기술되는 "긍정적affirmative" 망명 과정을 통해 망명을 신청할 것이다.

첫 단계: 미국 도착

서비스 제공자는 망명을 신청하고자 하는 신규 입국자들이 마지막 미국 도착 후 1년 이내에 망명을 신청하도록 원조할 수 있다. 비록 신청자들이 도착 후 1년 이내에 신청해야만 하는 것이 법으로 정해져 있지만 만일 입국자가 신청자의 망명 자격에 영향을 미치는 변화된 환경이나 신청이 연기된 이례적인 환경을 증명할 수 있다면 규칙의 예외가 된다.[24] 만일 1년이 지났다면 그리고 신청자가 보호를 신청하고자 한다면, 사회서비스 제공자는 왜 신청자가 1년 기한이 지난 후 신청하는지를 설명하는 변화된 또는 예외적인 환경과 관련한 정보를 수집하도록 돕는 것으로 신청자를 지원할 수 있다.

두 번째 단계: 망명 신청 완료

신청자는 Form I-589, 망명과 철수 보류를 위한 신청서Application for Asylum and for Withholding of Removal를 완성해야 한다. 이 신청서는 신청자가 귀국에 대

24 8 U.S.C. § 208(a)(2)(D);8 C.F.R. § 208.4(a).

한 두려움, 경험한 박해와 그 근거를 설명하도록 요구한다. 사회서비스 제공자는 신청자가 트라우마를 완화하며 망명 신청을 지원하는 진술서를 작성할 수 있도록 도울 수 있다. 법률 상담과 함께 협력하여, 사회서비스 제공자는 신청 과정에서 제출되는 최종 진술서의 기반으로써 이 첫 번째 초안을 사용할 수 있다.

신청자가 무슨 일이 있었는지 대한 이야기와 함께 그/그녀 자신의 진술서를 작성하도록 돕는 것과 더불어, 서비스 제공자는 신청자에게 제공된 임상적 지원에 대해 증언하는 진술서를 작성할 수 있다. 진술서는 서비스 제공자가 관찰한 신체적 흉터나 정신건강상의 트라우마에 대한 사정과 진단에 대해서 구체적으로 작성한다. 서비스 제공자의 진술서는 망명 허가 또는 거부라는 미국 정부의 최종 결정을 원조하는 또 하나의 증거로써 정부에 의해 사용될 수 있다.

세 번째 단계: 망명 인터뷰

정부는 신청자가 어디에 거주하고 어디에서 신청했는지에 따라 8개의 망명 사무실 또는 USCIS 현장 사무실[25]에 있는 망명 사무관Asylum Officer과 함께하는 인터뷰에 대해 신청자에게 알린다. 서비스 제공자들은 통역자로 돕거나 신청자와 변호사 사이의 중재자로서 도우면서 신청자와 동행하고 심리적 지지를 제공할 수 있다. 망명 인터뷰 시간은 케이스에 따라 다양할 수 있지만, 약 한 시간 정도 걸린다. 또한 신청자는 신청자를 위해 증언을 해줄 목격자를 대동할 수 있다. 서비스 제공자는 임상적, 사회적, 그리고 제공된 심리적 서비스를 바탕으로 신청자의 박해에 대한 두려움에 대해 증언할 수 있다.

인터뷰에서, 망명 사무관은 위에서 제시된 신청자가 난민의 정의를 충족하는지 여부를 결정하고, 또한 신청자의 제3국가로의 입국 가능성, 미국 도착 날

25 망명 사무소 의 위치에 대한 리스트는 http://egov.uscis.gov/crisgwi/go?action=offices.type&OfficeLocator.office_type=ZSY 참조.

짜로부터 1년이 지난 후 신청 등의 이유로 망명 허가를 금지할지 여부를 사정한다(그러나 신청자가 신청 지연과 관련된 변화된 환경이나 예외적 환경의 존재를 설명할 수 있다면 신청자는 1년이 지난 후에도 망명 신청이 가능하다[26]). 예를 들어 만일 신청자가 외상 후 스트레스 장애 때문에 1년 기한 전에 신청을 하지 않았다면 서비스 제공자의 진술서가 신청을 지연시킨 예외적 환경을 입증하는 데 유용할 수 있다.

네 번째 단계: 망명 허가 여부 결정(신청자가 결정을 받음applicant receive decision)

대부분의 케이스에서, 정부는 인터뷰 한두 달 내에 신청자에게 통지하고, 신청자는 결정을 알기 위해 망명 사무실에 돌아간다. 결정은 망명 거부이거나 또는 이민 전담 판사에게로의 의뢰일 수 있다.[27]

상황에 따라서, "긍정적인" 환경에서 망명 사무관에게 망명 신청을 하는 것과 함께, 개인들은 이민전담 판사 앞 "방어적인" 환경에서 망명을 신청해야만 하는 경우도 있다. 제공자의 역할은 신청자가 진술서를 작성하도록 돕고 제공자 자신이 신청자를 지원하는 진술서를 작성하는 등 위에서 묘사한 것과 유사하다.[28]

미국 시민권

사회서비스 제공자와 관련된 이민법의 마지막 부분은 어떻게 이민자들이 시민권자가 될 수 있는지를 다룬다. 다른 국가들과는 다르게 미국은 세 가지

---

26 INA Section 208(b)(2).

27 "적극적인affirmative" 망명 과정에 대한 정보는 www.uscis.gov/portal/site/uscis/menuitem.5af9bb95919f35e66f614176543f6d1a/?vgnextoid=888e18a1f8b73210VgnVCM100000082ca60aRCRD&vgnextchannel=f39d3e4d77d73210VgnVCM100000082ca60aRCRD 참조.

28 "방어적인defensive" 망명 과정에 대한 정보는 http://trac.syr.edu/immigration/reports/159/ 참조.

환경에서 시민권을 인정한다.

- 혈통에 의한 시민권
- 미국 국토에서의 출생에 의한 시민권
- 신청에 의한 시민권

많은 국가들은 혈통 또는 핏줄에 의해 시민권이 부여된다. 예를 들어 만일 부모가 독일인이면 자녀는 출생 시 독일인이 된다. 유사하게, 미국 이민법은 속인주의의 원칙을 따르고 미국 밖에서 태어난 아이에게도 시민권이 주어지도록 한다(예: 중국 내 미국 선교사 자녀는 미국 시민권자로 간주됨).

다른 국가들은 만일 개인이 그들의 국토 안에서 태어난 경우 시민권을 제공한다. 유사하게, 미국 이민법은 미국의 헌법에 따라 속지주의의 원칙[29]을 따른다. 그러므로 미국에서 태어난 아동은 부모가 합법적인 체류자인지의 여부에 상관없이 미국 시민권자로 간주된다. 불법 신규 입국자의 증가에 대한 인식으로 일부 사람들은 생득권 시민권의 폐지를 요구하고 미국 헌법 수정 제14조의 개정을 주장해 오고 있다.

마지막으로 다른 국가들과는 달리, 미국 이민법은 시민권을 위한 제3의 통로를 제공하고 있다. 비록 신청자가 미국인 부모가 없고 미국 국토 안에서 태어나지 않았으며, 외국에서 출생한 경우에도 신청에 의한 시민권을 허락한다. 예를 들어, 이러한 경우 신규 입국자는 학생이나 난민으로 미국에 입국한다. 이후 가족 구성원이나 고용주의 후원을 바탕으로 합법적인 영주권자가 되거나 위에서 제시한 것처럼 망명한다. 이러한 경우, 합법적인 영주권자로 3년에서 5년의 기간이 경과한 후 귀화, 즉 신청에 의한 시민권을 신청할 수 있다.

---

29 미국 헌법 수정 제 14조: 미국에서 태어나거나 귀화하고, 앞에서 언급한 관할권의 대상인 모든 사람들은 미국의 그리고 그들이 살고 있는 그 주의 시민이다.

사회서비스 제공자는 법적으로 요구되는 정보를 얻도록 원조함으로써 시민권자가 되기를 희망하는 신청자를 도울 수 있다. 서비스 제공자는 신청자가 다음의 사항을 입증하도록 도울 수 있다.

- 18세 이상
- 미국의 영주권자
- 3년에서 5년 동안 합법적 영주
- 지난 5년 동안 30개월 이상 미국 내에 체류
- 기본적인 영어로 읽고 쓰고, 말하는 능력
- 국민윤리 테스트를 통과하는 능력
- 선한 도덕적 품성을 가진 사람

영어-언어를 학습하는 클라이언트에게, 기본적인 영어 읽기, 쓰기, 말하기 테스트를 통과하는 것은 문제일 수 있다. 이는 특히 오랫동안 거주하였으나 여러 이유로 영어를 사용할 수 없는 노인 신규 이민자에게 그렇다. 그러나 이미 미국에 거주하고, 65세 이상이며, 최소 20년 동안 영주권자로 미국에 거주한 바 있는 노인들의 경우, 역사와 정부 지식에 대한 다른 요구사항이 주어진다. 또한 그들은 영어 읽기 쓰기 능력 요건 테스트에서 제외되어 그들이 선택하는 언어로 테스트를 치룰 수 있다.

사회서비스 제공자들은 그들의 합법적 영주권자 클라이언트들이 다음의 유익이 있는 미국 시민권 신청을 심각하게 고려하도록 설득하고자 한다.

- 선거권
- 빠른 가족 후원
- 공공 보조금/자격
- 교육 지원금과 장학금

- 미국 여행 서류 여권
- 범법 시 비추방

■

난민을 지원하는 사회서비스 제공자의 역할에 대한 제언

위에서 제시한 바와 같이 이민 신청자가 학대받은 여성, 동반자가 없는 어린이, 또는 망명 신청자인지에 따른 가능한 법적 해결책에 따라 서비스 제공자들은 신규이민들을 지원하기 위한 특별한 역할을 할 수 있다. 특정 집단에 관계없이, 서비스 제공자가 보다 문화적으로 역량을 갖출 수 있도록 지원하기 위한 몇몇 일반적인 원칙은 다음을 포함한다.

클라이언트를 대변하기 위한 미시적 대변 역량

- 여성, 아동, 또는 망명 신청자와의 신뢰 관계를 발전시키기 위한 경청 기술[30]
- 법률 제도를 다루도록 법적 서비스 제공자에게 클라이언트를 의뢰하는 능력
- 위기 개입 기술과 주거, 건강, 정신건강, 교육, 이민, 그리고 법률 서비스 등의 영역에서 도움을 줄 수 있는 문화적으로 적합한 파트너 찾기
- 스스로 정서적인 지원과 스트레스 지원을 구하고 접근할 수 있는 능력

---

30 "경청"에 관한 사회복지사의 역할. www.blackwellpublishing.com/journal.asp?ref=1356-7500&site=1

조직 안에서 사내 대변을 위한 중시적 대변 역량

- 신규 입국자의 접근성과 참여를 보장하기 위한 조직의 헌신 확보(신규 입국자 이사회 구성원; 이중 언어 이중 문화 직원, 이중 언어의 외부 커뮤니케이션 도구[웹, 소책자, 신호(표지판)])
- 다른 문화와 신념 체계를 이해하는 직원과 이사회
- 통합 대 동화 사이의 차이에 대한 직원과 이사회의 지식
- 전략과 운용의 수준에서 적절한 사회적 보호에의 접근과 발전을 가능하게 하는, 난민과 망명 신청자의 욕구를 위해 형성된 다기관 파트너십

제도 내 변화를 위해 대변하는 거시적 대변 역량

- 클라이언트의 이탈을 유발한 출신국에서 클라이언트가 경험한 사건, 비행 중에 직면한 외상, 그리고 현지 국가에서의 트라우마(외상)라는 삼중 트라우마(외상)를 포함한 더 큰 그림에 대한 정치적 이해[31]

결국, 서비스 제공자들은 신규 입국자들이 현지 공동체 안에서 자신의 삶을 주도하며 적극적으로 참여할 수 있도록 신규 입국자들의 말을 경청하고 그들의 동반자가 될 수 있다. 서비스 제공자가 이민법에 대한 자신의 인식을 향상시키고, 법률 서비스 제공자와 다른 서비스 제공자들과 협력하며, 솔선하는 신규 입국자와 함께할 때, 신규 입국자들은 그들의 강점을 발휘할 수 있고, 자신의 복지와 그들의 가족, 그리고 그들의 현지 공동체에 기여할 수 있을 것이다.

---

31 www.communitycare.co.uk/Articles/02/07/2010/114825/social-care-for-refugees-and-asylum-seekers.htm

18

이민자와 난민들을 대상으로 한 임상 사회복지실천에서 민족지학적ethnographic 렌즈의 활용

Jessica Rosenberg, Manny J. González,
and Samuel Rosenberg

> "오랜 대지여, 너의 화려했던 과거를 간직하라!" 그녀는 조용한 입술로 울부짖는다.
> "너의 지치고 가난한, 자유를 숨쉬기를 열망하는 무리들을, 너의 풍성한 해안가의 가련한 족속들the wretched refuse을 나에게 보내다오. 집 없는 자, 세파에 시달린 자들을 나에게 보내다오. 나는 황금의 문 곁에서 나의 횃불을 들어올린다."
>
> _EMMA LAZARUS

이 장에서는 이민 경험을 형성하는 주요 심리사회적 조건을 강조하면서 현대 미국 이민을 검토한다. 1세대로 불리는 최근 이민자들에 초점을 둔다. 여기에서는 정신건강 욕구, 서비스에 대한 접근, 그리고 이러한 인구집단에 적용 가능한 임상적 실천을 위한 함의를 탐색한다. 이민자들과 난민들의 경우 우울이나 외상 스트레스와 같은 심리적 문제의 위험이 높음에도 불구하고, 문화적으로 역량 있는 서비스의 부족, 정신건강 치료에 대한 그들 자신의 문화적 금지,

제한된 보험, 그리고 정부 기관에 대한 일반화된 불신 등으로 인해 치료받기를 기피하는 경향이 있다는 것이 조사를 통해 나타난다(Padilla, 1997).

이민자와 난민을 대상으로 하는 역량 있는 다문화 사회복지실천은 효과적인 실천을 위해서 이민 경험을 형성하는 관련 문화, 사회, 역사, 그리고 정치적 요소에 대한 사회복지사들의 이해를 요구한다. 따라서 이민자와 난민을 대상으로 한 임상 실천의 논의는 사회정치적 분석 안에서 시작된다. 이는 최근 미국 이민 경험이 외국인 혐오증이 고조되는 시기, 즉 이질(외국)적인 것에 대한 불신이 있는 시기에 발생하였음을 시사한다.

미국으로 이주한 이민자와 난민들의 경험은 대체로 경제적 불확실성과 사회적 소외이다. 특히, 전쟁과 같은 사회적 혼란기에는 이민자에 대한 반감이 증가되기도 한다. 예를 들어, 2차 세계대전 동안, 일본의 진주만 공격에 대한 반응으로, 약 110,000 일본계 미국인들이 강제적으로 포로수용소에 감금되었다(Wu, 2002). 이와 유사하게, 최근 이민자들의 경험 역시 두 가지 사건, 즉 (a) 2001년 9월 11일 뉴욕 쌍둥이 빌딩과 펜타곤 공격, (b) 2008년에 시작되어 지속적인 불황으로 이어진 경기침체 이후 미국에서 나타난 10년간의 정치경제적 격변의 영향을 받고 있다.

첫 번째로 9.11 사태는 미국 자국 영토 내에서의 테러리즘에 대한 우려를 강하게 자극했고, 중동 출신 사람들이 테러를 저지를 것이라는 대중의 상상과 함께 공포심이 확산되었다. 그 결과, 9.11 사태 이후 아랍과 무슬림 종교를 가진 사람들에 대한 혐오 범죄가 급격히 증가했다(Akram & Johnson, 2004). 9.11 직후, 반이민정책들이 연방정부에 의해 제정되었다. 2001년 10월, 조지 부시 대통령은 미국 애국법the USA Patriot Act을 승인했다. 이 법은 시민의 자유를 축소하는 내용의 조문과 함께 테러리스트로 의심되는 이민자에 대해서는 미국 정부가 재판 과정 없이 무기한 구금할 수 있도록 하는 조문을 포함하고 있다(USA Patriot Act, 2001).

현대 이민을 형성하는 두 번째 주요 사회적 요인은 경제이다. 미국에서는 주거산업의 붕괴로 2008년 이후 경제불황이 시작되었고, 높은 수준의 실업과 빈곤, 특히 이민자 공동체에서 더 방대한 실업과 빈곤이 나타남에 따라 위태롭고 불안정한 경제상황이 지속되었다. 이러한 불안정한 경제는 미국 전역에 걸쳐 가혹한 반이민법들이 새롭게 제정되는 배경이 되었다. (주로 히스패닉계 사람들에게 영향을 미치는) 불법 이민자들을 대상으로 만들어진 주 법안이 앨라배마Alabama(HB-56), 애리조나Arizona(SB-1070), 조지아Georgia(HB-87), 미시시피Mississippi(SB-2179) 등에서 통과되었다. 이 법률은 법 집행관과 고용주에게 한 사람의 이민 지위를 증명할 권한을 부여한다. 앨라배마의 경우, 공립학교를 다니기 위해서 학생들의 이민 지위를 확인하도록 하였다. 사실상 이는 즉각적으로 수천 명의 부모들이 학령기 자녀를 학교에 보낼 수 없도록 만들었다. 이로 인해 히스패닉계 사람들은 이 법이 시행되는 주를 떠나게 되었고, 미국인들에게 일자리가 되돌아가는 결과를 낳았다(http://immigrationpolicy.org).

점점 더해지는 경제적 불안의 상황 속에서 통과된 이 법은 두려움과 긴장의 분위기를 조성한다. 이러한 인구집단을 대상으로 일하는 사회복지사들은 클라이언트들이 반이민 정서로 인해 스트레스가 증가할 수 있다는 것을 인식해야 한다.

신규이민자(입국자)들은 합법적 이민자, 난민, 불법 이민자 등 세 가지 유형으로 구분해 볼 수 있다. 각 유형은 유사점도 있지만 몇 가지 차이점도 있다. 모두 낯선 땅에 온 이방인이라는 스트레스와 새로운 문화에의 적응이라는 어려움을 겪는다. 그러나 대부분의 합법적 이민자들은 계획을 가지고, 주로 새로운 국가에서 가족과 친구와 함께하기 위한 선택으로 미국에 온다. 그들은 다각도로 이민을 위한 경제적, 정서적 준비를 한다. 이와는 대조적으로, 난민들은 대체로 떠나는 것 이외에는 다른 선택의 여지가 없기 때문에 고국을 떠나게 된다. 그들은 필사적인 상황이거나, 공포에 떨거나, 대개 혼자인 경우가 많으며, 충격적인 폭력의 피해자이거나 목격자인 경우가 많다. 이러한 난민들은 그들의 고국으로 다시는 돌아가지 못할 수 있다. 즉, 난민 이민을 둘러싼 상황은 엄청난 고통이 될 수 있다. 1996년 9월 30일 제정된 「불법이민 개정과 이민자 책임에 관한 법률 제601조」Section 601 of the Illegal Immigration Reform and Immigrant Responsibility Act of 1996는 "어떤 사람이 정치적 이유로 인해 곤욕을 치렀거나 곤욕을 치르게 될 것이라는 근거 있는 두려움이 있는 경우, 또는 강압적인 인구억제 과정에 저항하는 경우 난민으로서의 자격을 부여한다. 또한 이 법은 난민 또는 망명자의 지위를 가질 수 있는 사람의 수를 한 해 1,000명으로 제한하고 있다"(U.S. Department of Justice, 1999, p. 109). 마지막으로 해마다 불법적으로 미국에 입국하는 불특정 다수의 사람들이 있다. 이들은 일반적으로 출신국에서의 가난하고 불결한 생활에서 벗어나기 위해 이민을 시도한다. 많은 불법 이민자들은 미국으로 오는 길에 심한 고통을 받기도 한다. 강간, 폭행, 신체적 고통들을 흔하게 경험한다. 더 나아가서 불법 이민자들은 종종 미국 정부에 의해 발견되면 추방될 수 있다는 걱정을 늘 안고 산다. 그들은 정부나 공식적 기관institution에 대해 의심하고, 법률 서비스나 건강 서비스를 이용하는 것도 조심스러워 한다. 불법 이민자들은 세금을 내면서도 일하기 위한 법적 권리, 운전면허증, 사회보장 등과 같은 미국 시민권자들에게 부여된 많은 혜택들을 받지 못한다. 가혹한 환경에서 기준에 못 미치는 임금으로 일하고 있는 미국 내 수백만 불법 이민자들은 보이지 않는 그림자 하위문화를 형성하고 있으며, 이는 미국 경제가 제 기능을 하기 위해 필수적인 것이 되고 있다.

이민자 및 난민은 삶의 변화life transitions, 환경적 문제와 욕구, 문화적 동화 과정의 스트레스, 대인 갈등 등으로 인해 정신건강 서비스를 찾게 된다. 정신건강 실천가(임상 사회복지사, 심리사, 정신과 간호사)는 법적, 경제적, 공중보건에 대해 우려하는 평범한 이민자들, 다양한 지역과 문화에서 온 난민들, 불특정 다수의 불법 이민자들에게 서비스를 제공한다. 이러한 다양한 집단들의 다양한 욕구는 사회복지 전문직과 새로운 사회에 대한 적응 과정을 돕는 사회복지 전문직의 역사적 헌신에 대한 도전을 이룬다. 이 장에서는 이러한 인구집단 가운데 더욱 취약한 인구집단의 욕구에 초점을 두었다. 여기서 더 취약한 집단은 대부분 사회 서비스의 수혜자이다.

■

인구집단

2010년, 1,042,625명의 이민자들이 미국에서 합법적인 영주권을 획득했다. 이 인구집단 중 3분의 2 이상이 북아메리카(427,031명)와 아시아(401,209명) 출신이었다. 이러한 숫자는 미국에서 히스패닉계와 아시아계 인구집단의 두드러진 증가라는 인구학적 변화를 보여준다. 다른 지역 출신의 이민은 상대적으로 적은데, 그 중에서도 유럽(95,379명), 아프리카(98,246명), 남아메리카(85,789명), 오세아니아(5,946명) 등이 가장 적은 것으로 나타났다.

미국에 입국이 허가된 난민의 수는 지난 40년 동안 꾸준히 감소하고 있다. 1980년(데이터가 기록된 첫해)에는 207,116명의 난민이 허가되었지만, 2010년에는 73,293명의 난민들에게 미국 입국이 허가되었다.

난민 중에는 아시아 출신이 52,695명으로 가장 많고, 이를 이어 아프리카(13,325명), 북아메리카(4,856명), 유럽(1,238명), 남아메리카(126명) 순으로 나타나고 있다(U.S. Department of Homeland Security, 2011).

이민연구센터Center for Immigration Studies는 광범위한 종합 보고서를 통해 몇몇 변수에 관하여 미국 이민자 집단을 분석했다. 2007 센서스Census 데이터로부터 추정한 결과에 따르면, 이민자들의 다수가 불법체류 중이고(3분의 1가량이 불법 이민자임), 정식 교육을 제대로 받지 못했으며(31%가 고등학교를 마치지 못함), 사회복지 혜택을 받고 있고(이민자 가정의 33%가 최소 하나의 주요 복지 프로그램을 사용함), 의료 서비스를 충분히 받지 못하며(34%의 이민자들이 건강보험이 부족함), 빈곤에 취약하고, 빈곤율은 17%에 달하고 있다(이는 미국에서 태어난 시민권자의 빈곤율보다 50% 가까이 높은 수치임). 이 보고서에서는 높은 빈곤율, 부족한 건강보험, 사회복지 프로그램에 대한 의존 등으로 인해 이들의 교육 수준이 낮다고 보았다(Camarota, 2007).

요약하면, 이민자들과 난민들은 다양한 민족적, 문화적, 사회경제적 집단으로 구성된다. 따라서 심리사회적 문제의 위기에서 서로 다른 유형의 도움추구 행동help-seeking behaviors을 보인다. 문화가 사람들이 세계를 경험하는 방식에 영향을 미친다는 것은 잘 알려져 있다. 이 장에서는 다문화적 민족지학적 틀 안에서, 클라이언트의 고유한 개인적 내러티브narratives가 유도된다. 이 관점은 클라이언트와 클라이언트 체계에 대한 서비스가 반드시 그들 출신국에서의 삶, 미국으로의 이주, 그리고 미국에서의 이민 경험에 대한 종합적 이해를 바탕으로 이루어져야 한다는 것을 제안한다.

■

심리사회적 위기/욕구

이민자와 난민은 이민국의 언어를 완벽히 말하거나 이해하지 못하기 때문에 종종 혼란과 소외를 느낀다. 최근 아르헨티나에서 온 이민자는 캘리포니아 주에서 고등학생으로 살고 있는 자신의 경험과 관련하여, "나는 내가 이상하게 말하고 종종 그들이 나에게 하는 말을 이해하지 못했기 때문에 다른 학생들이 나를 좋아하지 않는다고 느꼈다. 나는 그 문화 안에서 어떻게 대응해야 하는지 알지 못했다(Rosenberg, 2000)"고 말했다. 결과적으로 그는 위축되었고, 학업성취도는 떨어졌으며, 결국 반사회적 행위에 연루되었다.

사회적 소외와 함께, 언어적 한계는 실업과 저임금 직업을 유발하는 주요 요인이다. 영어를 못하고 교육 수준이 낮은 이민자들은 돈벌이가 되는 직업을 갖기 어려워 일반적으로 저임금 단순직에 머무르게 된다. 미국 노동부 노동통계국(the U.S. Department of Labor, Bureau of Labor Statistics, 2004)은 1996년에서 2002년 동안 25세에서 34세의 근로자들 중 약 7%만이 고등학교를 마치지 못한 반면, 같은 연령대의 최근 이민자 중 약 26%가 고등학교를 졸업하지 못했다고 보고했다.

케어 시스템 이용

이민자와 난민 집단의 서비스 이용상 어려움은 세 가지 주요 영역에서 일어난다. 첫 번째, 정신건강 문제와 정신건강 치료가 매우 부정적으로 인식되는 국가에서 온 사람들은 문화적인 이유로 정신건강 치료를 선택하기 어렵다. 이로 인해 서비스를 받지 않기로 결정할 수 있다. 두 번째, 이들 중 다수는 건강보험이 부족하고, 지불능력이 없기 때문에 정신건강 치료를 받기 어렵다. 세 번째로, 정신건강 서비스는 다문화에 대한 인식을 토대로 만들어지지 않아 직원들 역시 다양한 국가에서 온 사람들을 응대할 만큼의 언어 능력을 갖춘 경우가 거의 없다. 이런 이유로 현존하는 서비스들은 많은 이민자와 난민에게 부적절하기도 하며 흥미를 유발하기에도 부족하다.

불법 이민자

많은 불법 이민자들은 건강보험을 가지고 있지 않기 때문에 서비스를 지속적으로 받기 어렵다. 최근 케어 시스템은 불법 이민자들의 욕구를 충족시키도록 만들어진 경우가 드물다. 예를 들어, 많은 불법 이민자들은 9.11 사태 동안 그곳에 있었거나 그 다운타운 금융지역에서 생계를 위해 생활하고 있었기 때문에 좋지 않은 영향을 받게 되었다. 많은 수의 불법 이민자들, 주로 라틴계 사람들이, 피해지역 안과 주변에서 값싼 노동력을 제공했다는 것은 잘 알려진 사실이다(예: 청소원와 식당 종업원). 그러나 그들이 9.11의 피해자임에도 불구하고, 불법 이민자라는 불법적 지위 때문에 서비스를 받을 자격이 제한되었다. 이 인구집단이 겪는 사회적 · 경제적 · 법적 장애물들로 인해, 그들의 정신건강은 더 높은 위험에 직면할 수밖에 없다.

9.11 이후 상황: 고조된 긴장과 장애물obstacles

9.11 사태 이후 외국인에 대한 대중들의 두려움과 의심이 높아졌고, 이민자들에 대한 정책은 더욱 엄격해졌다. 중동 출신 이민자들에 대한 반감은 불법적 억류와 추방을 포함한 적대적 행동들의 대상이 된 많은 사건들과 함께 잘 기록되어 있다(Bernstein, 2004), 더불어, 많은 이민자들은 그들의 출신국에 관계없이, 이민신청과 근로인가work permit를 위해 오랫동안 기다려야 하며, 운전면허증 발급이 거부되는 경우도 허다하다. 이러한 냉담한 분위기로 인해 많은 이민자들이 법률 시스템, 건강케어 서비스, 사회 서비스 조직들을 포함한 사회서비스 기관들institutions로부터 쉽게 도움을 구하지 못하게 된다.

문화적 규범

정신적 질병은 어떤 다른 심리사회적 상황보다 강력한 문화적 반응을 일으킨다. 정신적 질병은 아픈 개인이 특별한 재능이나 악마적 힘을 가졌다는 종교적인 의미 속에서 이해된다. 많은 문화권에서, 정신적 질병은 정신적으로 질병을 가진 개인과 함께 그가 속한 가족에게 수치를 가져오는 금기 대상이다.

예를 들어, 베트남 문화는 정신적으로 질병을 가진 개인을 불행한 별 아래에서, 불운을 가지고 태어난 것으로 생각한다. 정신병은 가족에게 수치이고 가족 전체의 운명과 미래에 영향을 미친다. 따라서 가족들은 밖에서 도움을 구하기보다 가족 내에서 치료하고자 하는 경향이 있다(Ganesan, Fine, & Lin,

1989).

정신병에 대한 태도는 유사한 문화적 전통을 향유하는 집단들 사이에서도 매우 다양하게 나타난다. 특히, 계층, 교육 수준, 시골/도시 출신 등의 기준에 따라 정신건강에 대한 인식도 달라진다. 예를 들어, 멕시코의 교육 수준이 높은 수도 출신 사람들의 태도는 과테말라의 시골이나 콜롬비아의 시골에 사는 사람들의 태도와는 매우 다를 것이다.

이민자 및 난민들을 대상으로 일을 할 때, 어떻게 그들의 문화가 정신병을 바라보고 있는지를 이해하는 것은 중요하다. 문화적인 인식을 갖고 일함으로써 서비스를 매우 향상시킬 수 있다. 예를 들어, 정신건강센터는 영혼이 정신세계를 지배한다는 믿음 체계를 가지고 있는 라틴아메리카 출신 이민자 공동체에서 그들의 치유 예술을 사용하는 그 지역 주술사curnandero나 산테로santero•와 협력하였다. 정신건강센터는 그들의 클라이언트를 돕기 위해 지역 치유자들을 초청하였다. 산테로의 참여는 그들의 문화가 지역 공동체 안에서 인정받고 있다는 것을 상징적으로 보여주었고, 결과적으로 라틴아메리카 출신 이민자 공동체의 참여도와 신뢰를 향상시켰다(Rosenberg, 2000).

언어적 장벽

임상 서비스를 제공하면서 겪게 되는 가장 큰 문제 중 하나는 두 문화를 공유하며, 두 언어를 구사하는 정신건강 실천가들의 부족이다. 인구학적 경향은 영어를 사용하지 못하는 클라이언트의 숫자가 지속적으로 증가할 것이라는 전망을 보여주고 있으나 두 언어를 구사하는 사회서비스 제공자들은 드물다. 이중 언어/이중 문화 사회복지사들에 대한 수요는 공급을 훨씬 웃돌고 있는데, 영어를 사용하지 못하는 인구집단이 급속도로 증가하면서 그들의 사회서

• 쿠바에서 산테리아Santeria 종교 의식을 담당하는 사제

비스에 대한 욕구 역시 증가할 전망이다(Ortiz-Hendricks, 2004).

의사소통 문제는 많은 이민자들과 난민들이 서비스에 접근하는 것을 방해한다. 영어를 유창하게 하지 못하는 클라이언트에 대한 직원들의 둔감함은 드문 일이 아니다. 많은 서비스 프로그램들은 대체로 가족, 친구 등 클라이언트가 제공한 통역에 의존한다. 이러한 실천은 클라이언트와 통역해주는 사람 간의 친밀감으로 인해 클라이언트의 정보가 통역가에 의해 편집되거나 오역될 수 있다는 점에서 장려되지 않는다. 더불어, 대체로 가족 중 어린 구성원들이 언어를 빨리 습득하게 되어 연장자인 구성원들의 통역을 맡게 되는데, 이 과정에서 문화적으로 연장자인 구성원의 개인적인 정보가 자녀나 조카에게 공개되는 것이 불편할 수도 있다. 이 책에서 이미 언급한 것처럼, 특히 상담 초기에 편안함의 수준을 높일 수 있는 전문적인 통역사의 개발이 필요하다.

많은 이민자와 난민들에게, 언어는 전통을 유지하고, 문화적 정체성을 보호하며, 감성을 표현하기 위한 주요 수단이다. 언어는 이민자들에 대한 치료에서 중심이 되기 때문에, 한 언어 또는 두 언어를 사용하는 클라이언트와 함께 효과적으로 의사소통하기를 희망하는 정신건강 실천가들은 어떤 언어가 클라이언트와의 의사소통에 가장 적합한지를 알고, 위기상황에 있는 사람들 또는 심각한 심리적 어려움을 경험하고 있는 사람들이 제2의 언어로 의사소통한다는 고충에 민감하게 대응하며, 표현의 주요 수단으로 그들의 모국어를 사용하도록 할 수도 있다. 연구자들(González, 2002 참조)은 언어적 비접근성과 이민자들의 임상 서비스 저활용 사이에 상관관계를 제시한다. 그러므로 이민자와 난민 집단을 대상으로 공동체 아웃리치(대상자 발굴) 계획을 실시하는 휴먼서비스 조직들은 이민자들이 역량 있는 이중 언어/이중 문화 실천가들을 만날 수 있도록 보장해야 한다.

■

임상적 요인들

심리사회적 사정

조심스러운 심리사회적 사정은 이민자와 난민을 위한 적절한 진단 계획을 개발함에 있어 주요 요인이다. 인도차이나계 난민 클라이언트들과 일하면서, Kinzie(1981)는 사정 단계를 형성하는 중심 영역을 (a) 출신국에서의 삶, (b) 탈출 과정, (c) 난민 캠프의 문제, (d) 미국에서의 삶에 대한 태도와 걱정, (e) 미래에 대한 전망 등 5가지로 설정하였다.

다음 사례는 철저한 진단적 심리사회적 사정의 중요성을 보여준다.

사례

34~35세인 젊은 라틴계 여성 L은 약 3년 동안 정신병동에 입원되었다. 경찰은 거리에서 집 없이, 매우 초라한 행색으로 침울해 있던 그녀를 발견하여 데려왔다. 그녀는 긴장증적이고, 무미건조하며, 시선을 마주치지 않았고, 언어적으로 무반응이었다. 스페인어를 말하지 못하는 남성 정신과 의사가 그녀를 초기 인터뷰했다. 그녀는 머리를 숙이고 앉아만 있었을 뿐 눈을 마주치지 않았으며, 어떤 질문에도 대답하지 않았다. 아마도 이해하지 못했을 것이다. 그러나 스페인어를 사용하여 인터뷰를 했어도 대답하지 않았을 수도 있다. 정신과 의사는 그녀가 시선을 잘 맞추지 않고 감정상태가 무미건조하며, 반응이 없다는 이유를 들어 그녀를 정신분열로 진단했다. 그리고 그녀는 항정신성 약물치료를 받게 되었다. 이 여

성의 경우, 약물치료는 그녀를 더욱 조용하게 만들었다. 그녀는 점점 소외되고, 침울해졌으며, 2년 동안 아무 것도 하지 않은 채 앉아 있었다.

이 시점에서, 푸에르토리코계 간호사가 그 여성에 대해 관심을 가지게 되었고, L과 개인적인 관계를 형성하기 위해 이야기를 나누기 시작했다. 마침내, L은 매우 미약하게나마 반응하기 시작했고 입을 열기 시작했다.

L의 치료팀은 철저한 심리사회적 사정을 수행하는 데 실패했다. 그녀의 차트에 "출신국: 엘살바도르"라고 기록만 했을 뿐 이에 대한 함의는 탐색하지 않았다. 간호사는 그녀가 1980년대에 엘살바도르에 있었고, 그녀가 살바도르인 군인들에 의해 가족(남편과 아이들)이 살해당하는 것을 눈앞에서 보았다는 것을 알아냈다. 그녀는 유일한 생존자였다. 그녀는 어쩌다가 엘살바도르를 빠져나와 뉴욕에 왔고, 3개월 간 누군가와 함께 지냈고, 길을 잃었다. L은 심각하게 침울했고 외상 후 스트레스 장애로 고통 받고 있었지만, 정신분열로 잘못 진단되었고 잘못된 약물치료를 받게 되었다.

완벽한 진단을 위한 심리사회적 사정이 이루어졌다면, L의 출신국인 엘살바도르가 1980년대 시민전쟁으로 분열되었다는 중요한 사실을 알았을 것이고, L은 정신병동 병실에 수년간 머물지 않았을 것이다(Rosenberg, 2000).

결론적으로, 이민자들에게 서비스를 제공함에 있어서 다음과 같은 영역에서 특별한 주의를 기울여야 한다.

① 클라이언트의 출신국은 전쟁, 시민전쟁, 침략, 불법 무장단체의 폭력 등을 경험해왔다. 클라이언트가 어떤 조직된 폭력을 직접적으로 경험했는가? 클라이언트의 가족이 폭력에 의해 영향을 받았는가? 클라이언트가 폭력 행동을 목격한 적이 있는가?

② 클라이언트의 삶의 경험이 주로 시골에서인지 도시에서인지를 파악한다. 세계화에도 불구하고, 저개발국가에서 대부분의 시골 지역은 실천가들에 의해 일반적으로 허락되는 수도, 전기, 전화, 의료, 그리고 가장 중요한 정신건강 케어 등의 기본 서비스들이 부족하다. 이러한 생활편의 시설에 대한 노출 부족은 이민자들이 치료적 과정에 참여하고자 하는 수용성과 의지에 영향을 미친다.

③ 성별에 따른 상대적 힘을 사정하고 클라이언트의 출신 문화에서 성별 관계의 성격을 파악하고자 한다. 가족과 함께 일하는 경우, 계약 초기단계에 클라이언트의 배경에 의해 형성된 권력의 방식protocol을 존중하는 것은 중요하다. 이는 가족 안에서의 불공평한 힘 관계를 허용하는 것을 의미하는 것은 아니다. 그러나 그것은 정보를 모으고 클라이언트 체계가 치료과정에 관여하는 데 있어서 문화적으로 역량 있는 접근이 된다.

④ 클라이언트가 경험한 상실 수준을 파악하고, 그 상실이 클라이언트의 삶에 가져온 영향을 짐작해본다. 성인과 청소년들은 정서적으로 차별화된 방식으로 가족 분리와 친구의 상실을 경험할 것이다. 클라이언트로 하여금 모든 가족 관계와 그들의 최근 위치location를 보여주는 가계도genogram와 같은 그림을 그리도록 한다.

폭력적 생애 사건들의 높은 비율과 이민 경험에 따른 높은 스트레스는 이민자와 난민들에게 있어서 『정신장애 진단 및 통계 편람*Diagnostic and Statistical Manual of Mental Disorders, DSM IV-TR*』(American Psychiatric Association, 2000)에서 제시한 바 있는 외상 후 스트레스 장애, 급성 스트레스 장애, 적응 장애 및 주요 정서 장애 등의 임상 상황에 대한 위험을 증가시킬 수 있다.

외상성 스트레스 장애

외상 후 스트레스 장애posttraumatic stress disorder: PTSD는 전쟁 전투, 테러리즘 그리고 강간 · 폭행과 같은 폭력적 공격 또는 생명의 위협이나 충격적인 사건에 대한 경험 후에 발생하는 불능을 초래하는 정신의학적 장애를 말한다(Herman, 1992). PTSD는 심각하게 일상 기능을 해칠 수 있다. 플래시백(회상, flashback), 수면 문제와 악몽, 소외감, 죄책감, 편집증, 공황발작 등의 증상이 나타난다. PTSD로 고통 받는 사람들은 일반적으로 고통스러운 기억을 통해 충격적 사건을 반복적으로 다시 체험하고, 두려움과 무력함, 극심한 공포를 느끼는 경향이 있다. 이러한 느낌은 종종 불안이나 공황발작을 동반한다.

남동아시아계 난민들을 대상으로 한 심리치료에 대한 연구들은 고문 및 기타 전쟁과 관련된 끔찍한 경험을 포함하는 심각한 고난들에 대한 많은 설명을 제공한다(Ganesan et al., 1989). 1975년 남베트남 정부의 붕괴 이후 미국에 온 인도차이나계 난민들 중 대부분은 그들의 고국에서 극심한 만행과 학대를 비롯하여 심신을 약화시키는 생활 조건에 노출되었다. 이러한 클라이언트들은, 특히 다른 사람들이 생존하지 못한 상황에서 그들이 생존한 경우, 침울하고 신경질적인 기분, 만연한 불안감과 극심한 죄책감으로 고통 받게 된다.

또한 이민자와 난민의 아동들이 외상성 스트레스 장애에 취약하다는 것은 중요하다. 이민자 부모들이 그들의 자녀를 미국으로 데려올 것을 꿈꿀 때, 그들은 일반적으로 그들의 삶의 질이 향상될 것이라는 믿음을 갖고 있다. 그들은 정치적 박해 혹은 극단적인 경제적 절박함에서 벗어나 민주주의 사회에서의 삶이 교육과 근로의 기회를 가져다 줄 것이라는 기대를 가지고 "기회의 땅"을 찾는다. 그러나 미국에 도착한 순간, 온전한 생존의 현실은 다른 무엇보다 중요하다. 거주지를 찾고 일자리를 구하는 것이 첫 목표가 된다. Igoa(1995)는 "저소득 이민 가족에서, 정든 곳을 떠나는 경험 자체가 부모의 에너지를 쇠약하게 하기 때문에 부모가 아이들을 양육하는 것이 어려울 수 있다"(p. 40)고 밝혔다. 부모와 아동 모두 가능한 한 빨리 영어를 배우고 문화에 동화될 것이라는 희망과 함께 가족 안에서 아동들은 아동 스스로 극복하도록 남겨진다. 아동과 그 가족이 경험한 다양한 상실, 그들이 느끼는 두려움, 혼란, 슬픔, 소외는 흔히 방치된 채 남겨진다. 예를 들어, Urrabazo(2000)는 히스패닉계 불법 이민자 가족들이 미국 국경을 넘는 과정에서 겪게 되는 강도, 성폭행, 기타 신체적 · 심리적 고문 등의 다양한 충격들을 기록하였다. 이민자 아이들은 이러한 상실과 무언의 외상(트라우마trauma)을 가진 채 새로운 학교에 가게 되고, 학교의 교사, 교육 행정가, 학교 정신건강 직원들(예: 생활지도 상담사, 학교 사회복지사, 학교 심리상담사)은 이러한 상실과 무언의 외상에 직면하게 된다.

적응 장애와 우울

이민자들과 난민들이 적응장애 및 우울증 진단을 받는 경우도 빈번하다(Yu, 1997). 이러한 장애들은 일반적으로 외상성 스트레스 장애보다 정도나 기간 면에서 덜 심각하지만, 무기력과 심각한 괴로움을 초래할 수 있다. DSM IV-TR(American Psychiatric Association, 2000)에 따르면, 적응장애는 직업, 교육, 사회적 기능에서의 스트레스 요인과 손상에 의해 일반적으로 기대되는 것을 훨씬 뛰어넘는 고통이다.

우울증 또는 기분저하 장애는 식욕 감소/증가, 수면 감소/증가, 피로 및 활력 저하, 낮은 자아상, 집중력의 감소 또는 우유부단함, 절망감 등의 증상 중 두 개 이상의 특징이 나타난다. 이러한 증상은 임상적으로 중요한 고통을 초래하거나 직업적, 사회적 또는 개인적 기능을 손상시킨다. 이러한 심리적 장애는 출신국에서 경험했던 과거의 끔찍한 경험과 미국에서 겪게 된 심리사회적 스트레스 요인들로 인해 이민자와 난민 사이에 만연한 것으로 보인다. 147명의 성인 베트남계 미국인들에 대한 연구에서, 우울증은 문화적 동화 문제와 관련된 것으로 나타났다(Tran, 1993).

예를 들어, 히스패닉 이민 아동 · 청소년의 정신건강에 관한 연구들은 히스패닉 청소년들이 특히 취약한 경향이 있음을 지속적으로 보여주고 있다. 아동 · 청소년들에 대한 정신의학적 역학 연구들은 히스패닉 청소년들이 상당수의 정신건강 문제를 경험하고 있고 대부분의 경우 백인 청소년들보다 더 많은 문제를 경험하고 있음을 제시한다(U.S. Department of Health and Human Services [USDHHS], 2001). 예를 들어, Glover, Pumariega, Holzer, Wise와 Rodriguez(1999)에 따르면 남서쪽 멕시코계 히스패닉 청소년은 백인 학생들보다 더 많은 불안 관련 문제 행동을 보고했다. Lequerica와 Hermosa(1995) 또한 히스패닉 아동의 13%가 아동행동평가척도Childhood Behavior Checklist: CBCL에서 임상 범주의 점수를 기록하여 소아과 외래에서 정서-행동 문제로 검사를 받았음을 발견했다. 이와 유사하게 다른 연구들(예: Achenbach, Bird, Canino, & Phares, 1990; Chavez, Oetting &, Swaim, 1994; Vazsonyi & Flannery, 1997)에서는 백인 청소년과 비교하여 중학교 히스패닉 청소년의 비행 빈도가 더 높다고 지적한 바 있다.

불안 및 행동 문제와 더불어, 우울증은 히스패닉 청소년의 사회심리적 기능과 적응에 영향을 미치는 심각한 정신건강 문제이다. 우울 증상과 장애에 대한 연구들은 코카시안Caucasian 청소년보다 히스패닉 청소년에게서 심리사회적 고통의 가능성이 더 크게 나타난다고 밝혔다(USDHHS, 2001). 이러한 발견은 아프리카계 미국인 청소년과 히스패닉 청소년 중 약 40%가 빈곤 속에 살고 있으며, 흔히 가족의 삶을 와해시키고 이미 취약한 심리적 상태에 상당한 스트레스를 가중시키는 혼돈스러운 도시에서 살고 있다는 사실과 관련된다(Allen-Mears & Fraser, 2004). 예를 들어, Roberts Chen과 Solovitz(1995)와 Roberts와 Sobhan(1992)은 실증적으로 전국에서 이민자 후예인 히스패닉 아동 · 청소년들이 백인 아동 · 청소년들보다 더 많은 우울 증상을 보고한다고 지적하였다. Roberts, R. E., Roberts, C. R.과 Chen(1997)은 주요 우울증에 대한 자기보고 측정에 의존한 이후의 연구에서, 중학교에 재학 중인 멕시코 출신 히스패닉 청소년들(12%)이 백인 청소년들(6%)보다 상당히 높은 수준의 우울증을 보이고 있음을 발견했다. 이러한 발견은 심리사회적 손상의 정도와 사회인구학적 변수를 고려한 경우에도 변함이 없었다.

가족 와해

전쟁과 이민이 아동과 가족에게 미치는 영향은 지대하다. 가족폭력, 부부문제, 아동 · 청소년들의 행동문제는 가족 붕괴의 증상 중 일부이다. 문화적 전통을 고수하는 부모와 종종 빠른 속도로 문화에 동화되는 자녀들 사이에는 일반적으로 세대 간 긴장이 나타나곤 한다. 1997년 이후에 승인된 난민 신청의 대다수는 미국에 들어온 배우자와 자녀들과의 가족 재결합을 위한 경우였다. 동유럽, 아프가니스탄, 에티오피아로부터 온 최근 난민들 중 많은 수는 가족 재결합을 위한 경우이다. 이러한 가족들에게 영향을 미치는 스트레스 요인들은 심각하며, 이러한 가족들은 가족 역기능으로 어려움을 겪는 경향이 있다 (González, Lopez, & Ko, 2005).

개인 · 가족 · 집단 치료 시 고려사항

집단 · 가족치료는 상당히 도움이 될 수 있으며 클라이언트의 동의하에 치료 결정이 이루어지는 것이 가장 좋다. 집단과 가족의 양상은 문화적으로 꼭 표현될 필요는 없다. 특히 클라이언트에 대한 개인적 정보를 공유하는 것이 문화적으로 금지된 경우에 그러하다. 어떤 문화 집단은 개인적인 사항을 외부인을 비롯한 가족 구성원들에게 공유하는 것을 금지한다. 이런 클라이언트를 대상으로 집단이나 가족치료를 진행한다는 것은 오히려 치료에 방해가 될 수 있다. 한 가지 예로, 무슬림 여성과 일하는 사회복지사는 클라이언트가 무슬림 여성을 위한 지지집단에 참여함으로써 공동체감을 느낄 수 있을 것이라 생각하고 그녀를 의뢰하였다. 그런데 그 클라이언트는 동일한 문화권 집단의 구성원들과 함께 결혼 만족과 같은 금기된 주제를 논의하는 것이 불편하다며 재빨리 치료를 그만두었다.

그러나 쿠바 마리엘리토Marielito•나 쿠바 발세로Balsero••와 같은 히스패닉 이민자와 난민에 대한 치료에서, 개인, 가족, 환경적 개입은 상당히 적절할 수 있다(González et al., 2005). "마리엘리토Marielito"라 불리는 "마리엘 보트 난민"은 쿠바 이민자들의 제3의 이민 물결이다. 이 제3의 이민 물결을 통해 125,000명 이상의 쿠바인들이 미국으로 넘어 왔다. 정치적 피난처와 자유를 찾으려는 수천 명의 쿠바인들을 가득 태운 보트들이 짧은 기간 동안 플로리다 주 마이애미로 몰려들었다. 쿠바의 지속적인 경제적 위기와 정치적 쇠퇴는 제4의 이민 물결인 발세로로 이어졌다. 발세로는 스페인어로 뗏목이나 작은 보트로 쿠바를 떠나는 사람을 의미하는 단어이다. 1989년에서 1994년까지 37,000명 이상의 쿠바인 발세로가 작은 보트와 뗏목 위에서의 위험한 여정을 이겨내고 플로리다 마이애미에 성공적으로 도착했다. 예를 들어, González(2002)는 생태체계 관점의 측면에서, 만일 히스패닉 이민자 환자가 복잡한 사회체계의 중재, 지역사회 자원 획득, 직업기술 습득, 제2언어로서의 영어 학습에 있어서 도움을 받을 수 있다면 그들의 정신건강 문제는 상당히 완화될 것이라고 지적하였다. 쿠바 마리엘리토와 발세로의 가족 재결합 문제는 생태학에 근거한 가족치료적 접근이 이루어져야 한다. 그러므로 생태체계적 가족치료, 이중문화 효과성 훈련 및 사회적/환경적 변화매개 역할 모델 등은 쿠바 이민자/난민 환자에게서 나타나는 가족 재결합의 역동과 갈등을 완화시킬 수 있는 유용한 치료 접근으로 추천된다.

여러 연구들(Szapocznik, Scopetta, & King, 1978; Szapocznik, Hern, &

• 1980년에 쿠바의 Mariel에서 미국으로 집단 이주해 온 망명자

•• 뗏목난민

Rio, 1991; Szapocznik, Kurtines, & Santisteban, 1997)에서 생태체계 가족치료가 히스패닉 가족, 주로 쿠바 출신의 히스패닉 가족들의 세대 간 갈등과 문화적 동화 차이를 다루는 데 있어서 효과적인 치료 접근임을 제안한 바 있다. 환자의 역기능은 내적인 것뿐만 아니라 외적인 것도 중요하기 때문에 생태체계 가족치료는 유기체와 그 환경 사이의 상호작용을 강조한다. Aponte(1974)와 Minuchin(1974)의 이론적이고 임상적인 작업에 근거하여, 이러한 가족치료 접근은 히스패닉 가족 내에서 문화적 동화에 대한 스트레스와 그것의 부정적 영향력을 강조한다. 이 치료 모델은 어떻게 평범한 가족 과정이 세대 간의 차이를 만드는 문화적 동화 과정과 상호작용하며 가족 내 갈등을 악화시키는지에 주목한다.

Altarriba & Bauer(1998)는 쿠바계 이민자들에게 생태체계 가족치료를 적용할 때, 환자 개인과 환경 사이의 상호작용에 대한 사정이 치료의 초기 단계에서 일찍 이루어져야 한다고 제안하였다. 진단적 사정 과정은 가족 구성원 간의 경계에 대한 판단, 가족 구성원 간의 관계의 강점, 가족의 위계와 권력 구조에 대한 이해, 그리고 서비스 요청에 있어서 내재하는 상충에 대한 검토를 포함한다.

Szapocznik과 동료들(1997)은 히스패닉 쿠바계 가족이 그들의 상호작용 문제를 해결하는 데 있어서 생태체계 가족치료의 가치를 내용 수준과 과정 수준 모두에서 실증적으로 연구하였다. 내용 수준에서, 가족치료, 특히 쿠바계 가족을 위한 가족치료 모형을 만드는 데 있어서, 문화적 그리고 세대 간 갈등은 임상적 관심의 초점일 수 있다. 과정 수준에서, 이 치료모형은 문화적 그리고 세대 간 갈등이 심해지도록 하는 의사소통 과정에서의 실패를 수정하는 것을 목적으로 한다. 내용과 과정의 구분은 마리엘리토나 발세로로 미국에 입국한 쿠바계 환자들에게서 흔히 발견되는 가족 재결합의 부적응을 치료하는 데 있어서 중요하다.

Szapocznik(1984), Szapocznik, Rio와 Perez-Vidal(1986)에 의해 마이

애미 대학의 스페인계 가족상담소Spanish Family Guidance Center에서 개발된 이중 문화 영향 훈련Bicultural effectiveness training: BET은 체계적 가족치료에 바탕을 두고 12회기의 심리교육적 치료 접근을 제공한다. 청소년 자녀와 갈등을 경험하고 있는 쿠바계 미국 가족을 대상으로 한 임상실험을 통해 이중문화 영향 훈련은 특별히 두 세대 이민 가족의 문화적 동화와 관련된 스트레스를 감소시키도록 디자인되었다. 이 개입모형은 미국에 바탕을 둔 가족체계에 통합될 쿠바계 발세로 환자를 위한 가족 재결합의 역동을 다루는 데 있어서 유용할 것이다.

최근 입국한 쿠바계 난민들의 다수는 미국에 기반을 둔 대가족으로부터의 도구적 지원이 부족하다. 따라서 이들 중 다수는 최소한의 적절한 지도와 함께 복잡한 환경적 조건과 협상하기 위한 많은 시도(예: 직업, 주거, 건강관리, 제2언어로서의 영어 학습)를 하게 된다. Atkinson, Thomson과 Grant(1993b)는 심리적 성장과 발달을 촉진하거나 저해하는 데 있어서 사회환경의 영향을 인정하는 소수 민족/인종 환자를 위한 정신건강 치료 영역별 개입 접근(사회적/환경적 변화매개 역할모형)을 개발했다. 이러한 치료모형 안에서, 쿠바계 환자를 치료하는 정신건강 임상가는 변화매개자 또는 환자의 지지체계를 강화하는 개인 환자의 상담가나 조언자로써 기능할 수 있다.

Atkinson, Morten과 Sue(1993a)는 한 민족(이민자 또는 난민) 환자를 치료할 때 (a) 환자의 문화적 동화의 수준, (b) (내면적 대 외면적/환경적으로 초래된) 표출된 문제의 인지된 원인과 발달, (c) 치료 과정에서 이루고자 하는 특정 목적 등의 세 가지 요소가 진단적으로 사정되어야 한다고 추천하였다. 쿠바계 난민 환자를 위한 이 치료모형을 이행하는 데 있어서 정신건강 케어 제공자들은 심리치료사의 역할을 넘어 대변자, 중재자, 교육자, 중개자의 역할까지 전문적인 역할을 확대시킬 준비가 되어야 한다(González, 2002).

생태학적 다문화 접근에서 치료과정 중 계약 단계의 기본적 특징은 개인적인 문제와, 클라이언트의 가치와 믿음 체계, 그리고 가족과 집단 체계 내에서

의사소통하는 그들의 언어적 스타일을 공유하는 것에 대한 클라이언트의 문화적 규범에 대한 학습을 수반한다. 생태학적 다문화 접근은 다음의 사례에 담겨 있다.

사례

30대 중반의 남미 여성인 A는 우울과 폭식을 보여 치료를 받게 됐다. 그녀는 이주증명서를 갖고 있지 않으며 전일제 근무하는 유모로 비공식 고용되었다. 그곳에서 그녀는 종종 엄청난 폭식을 한다. A는 미국에서의 끔찍한 여정에 대해 자세히 이야기한다. 그녀와 라틴 아메리카에서 온 다른 사람들과 더럽고 뜨거운 유조선에 잠입해 미국으로 밀입국했다. A는 자신은 신체적인 해를 받지는 않았지만 자신의 동행인이 강간당하는 것을 보았다고 말했다.

치료의 초기단계에서 A는 미국인이면서 스페인어를 하는 치료자에게 그녀의 고향에서 일어났던 정치경제적 격변, 미국에서 겪은 그녀의 충격적인 여정, 강제추방에 대한 두려움 등을 이야기했다. 치료과정은 공유하는 여행이 되었다. 사회복지사는 개방적인 자세를 취했고, A의 문화에 대해서 알고 싶어 했다. 결과적으로 환자는 점차 "안내된 여정guided journey"을 통해 치료하는 것에 대해서 열정적인 지지자가 되었다. 이러한 접근은 점차 A가 그녀의 치료자를 신뢰하고, 이주 전 트라우마에 대해서 그녀가 느끼는 모든 감정을 표현하는 것을 가능하게 하였다. 점차 강박적인 폭식도 해소되었고, 그녀의 기분도 나아졌다.

■

민족지학적인 다문화의 접근

정신건강 전문가는 문화적으로 역량 있는 서비스 접근을 개발해야 한다. 불행하게도 문화적 역량이라는 개념은 역량에 대한 이론적인 개념과 사회복지사, 심리학자, 정신과 의사, 사회학자가 실행하는 역량의 실행 사이에 일치성의 부족으로부터 고통 받고 있는 하나의 아이디어이다(Leigh, 1998; Rosenberg, 2000; Vega & Murphy, 1990). 실천가는 학문적 방법론과 접근법의 일부를 채택하고 임상적인 렌즈와 민속학적 렌즈를 통해 다른 인종/민족적 범주 또는 문화 집단에 속한 개인의 입장이 어떠할지에 대해 탐색하면서 인류학에서의 개념을 활용하여 역량에 대한 아이디어를 재구성할 필요가 있다.

Valle(1986)는 그가 만든 용어인 '비교문화 역량cross-cultural competence' 개발을 위한 필수적인 요소로 다음 사항들을 제시했다.

① 대상 소수민족 집단의 상징적, 언어적인 "의사소통" 유형에 대한 실용적 지식
② 대상 인구집단의 자연주의적/상호작용적 과정과 관련된 지식과 기술
③ 대상 인구집단의 근원적인 태도, 가치, 그리고 믿음 체계에 대한 파악

이민자와 난민을 대상으로 한 민속지학적인 다문화 접근은 고국에서의 삶, 이민 전 스트레스 요인, 미국으로의 여정, 미국에서의 이민 초기 경험에 대한 종합적인 이해에 바탕을 둔다. 이런 과정 동안에 실천가들은 어떤 사람이 낯선 영토에서 여행하면서 경험하는 것과 유사한 임상적 호기심을 적용시켜야 한다. 이렇게 해서 클라이언트는 지금까지 실천가들에게 알려지지 않았던 지역과 경

험으로 들어가는 길로 이끄는 문화 안내인이 된다(Green, 1998; Leigh, 1997). 이런 과정이 진전되면서 실천가는 클라이언트의 이민 전 문화의 문화적, 사회적 측면을 연구하고 반영하는 것을 통해 숙지하게 됨으로써 교육받는 여행자가 된다. 그 결과 상호 간의 신뢰를 병행한 과정은 발전한다. 그리고 그곳에서 실천가는 클라이언트로부터 배우고자 하는 열망을 솔직하게 인정한다. 동시에 클라이언트의 문화적 배경을 알게 됨으로써 그들의 경험에 대한 관심을 클라이언트에게 보여준다. 현명한 여행자는 알려지지 않은 장소에 선험적인 감탄을 하고, 예리한 질문을 할 수 있다. 부수적으로 클라이언트는 그들 문화의 미묘한 차이에 대해 실천가를 가르치게 됨으로써 임파워먼트를 느끼고 이주 경험에서 일반적으로 부족한, 차이를 허용해 주는 느낌을 발달시킨다.

임상적으로, 이 과정은 진실하고 친밀한 정보를 내포하는 클라이언트의 이야기로 구성된다. 이 방법으로, 클라이언트는 강요된 느낌은 갖지 않고 자신의 속도로 자신을 드러낸다. 다시 한 번, 클라이언트는 여정을 안내하고, 실천가는 적극적으로 관심과 걱정을 보여주는 상호적인 과정이라는 것을 되새길 필요가 있다.

■

결론

이주민과 난민의 심리사회학적 욕구는 상당히 다양하다. 미국에서 삶의 전환을 위해 개인이 준비해야 하는 것, 특히 교육과 취업 준비와 관련하여 개인이 준비해야 하는 정도는 그가 얼마나 잘 적응하는지에 영향을 미칠 수 있다. 이런 인구집단에서 종종 보이는 임상적 증후군은 외상 스트레스, 적응장애, 우울증을 포함한다. 부분적으로, 이런 증상은 고국에서의 개인적 경험에 의해 기인된 것일 수 있으며, 그 발현은 문화적 규범에 의해서 형성될 것이다. 이 인구집단에 대한 임상 실천은 이민 전 경험에 대한 이해를 개발시키는 것을 포함하는 종합적인 평가 과정에서 시작해야 한다. 이 인구집단에 대한 심리치료는 개방적이고, 호기심 가득한 태도와 클라이언트의 문화에 대해 배우겠다는 의지를 가지고 이해되어야 한다. "문화적 귀cultural ear"를 가지고 그들의 클라이언트를 경청하는 데 익숙한 정신건강 실천가들은 이 장에서 설명한 대로 클라이언트를 돕고 권한을 주는, 그리고 치료 만남 안에서 신뢰와 치유를 촉진시키는 민족지학적인 다문화 접근을 이용할 수 있다.

참고문헌

Achenbach, T. M., Bird, H. R., Canino, G., & Phares, V. (1990). Epidemiological comparisons of puerto Rican and U.S. mainland children: Parent, teacher, and self-reports. *Journal of the American Academy of Child and Adolescent Psychiatry, 29*(1), 84-93.

Akram, S. M. & Johnson, K. R. (2004). Race and civil rights pre-september 11, 2001: The targeting of Arabs and Muslims. In E. Hagopian (Ed.), Civil rights in peril: The targeting of Arabs and Muslims. Chicago: Haymarket Books.

Allen-Meares, P., & Fraser, M. W. (2004). Intervention with children and adolescents: An Interdisciplinary perspective. New York: Allyn and Bacon.

Altarriba, J., & Bauer, L. M. (1998). Counseling Cuban Americans. In D. Atkinson et al. (Eds.), Counseling American minorities (5th ed., pp. 280-296). New York: McGraw-Hill.

American Psychiatric Association (2000). Diagnostic and statistical manual of mental disorders, (4th ed., text revision). Washington, DC: American Psychiatric Press.

Aponte, H. (1974). Psychotherapy for the poor: An ecostructural approach to treatment. Delaware Medical Journal, 46(3), 1-7.

Atkinson, D. R., Morten, G., & Sue, D. W. (1993a). *Counseling American minorities: A cross-cultural perspective* (4th ed.). Madison, WI: Brown and Benchmark.

Atkinson, D., Thompson, C. E., & Grant, S. K. (1993b). A three dimensional model for counseling racial/ethic minorities. The Counseling Psychologist, 21, 257-277.

Bernstein, N. (2004, July 20). For immigrants, stories of scrutiny and struggle. *New York Times*, p. B3.

Camarota, S. A. (2007, November). Immigrants in the United States, 2007: A Profile of America's Foreign-Born Population. center for Immigration Studies. Retreved online on November 27, 2011 from http://www.cis.org/taxonomy/term/60/all?page=6

Chavez, E. L., Oetting, E. R., & Swaim, R. C. (1994). Dropout and delinquency: Mexican-American and Caucasian non-Hispanic youth. *Journal of Clinical child Psychology, 23*(1), 47-55.

Ganesan, S., Fine, S., & Lin, T. Y. (1989). Psychiatric symptoms in refugee families from Wouth East Asia: Therapeutic challenges. *American Journal of Psycholotherapy, 43*(2), 218-228.

Glover, S. H., Pumariega, A. J., Hozler, C. E., Wise, B. K., & Rodriguez, M. (1999). Anxiety symptomatology in Mexican-American adolescents. *Journal of Family Studies, 8*(1), 47-57.

González, M. J. (2002). Mental health intervention with Hispanic immigrants: Understanding the influence of the client's worldview, language, and religion. *Journal of Immigrant and Refugee Services, 1*(1), 81-92.

González, M. J., Lopez, J., & Ko, E. (2005). The Mariel and balsero Cuban immigrant experience: Family reunification issues and treatment recommendations. *Journal of Immigrant and Refugee Services*, 3(1/2), 141-153.

Green, J. W. (1998). Cultural awareness in the buman services: A Mutiethnic approach (3rd ed.). Boston: Allyn and Bacon.

Herman, J. (1992). *Trauma and recovery*. New York: Basic Books.

Igoa, C. (1995). *The inner world of the immigrant child.* Mahwah, NJ: Lawrence Erlbaum Associates.

Kinzie, J. D. (1981). *Evaluation and psychotherapy of Indochinese refugee patients. American Journal of Psychotherapy, 35*, 251-261.

Leigh, J. W. (1997). *Communicating for cultural competence*. Boston: Allyn and Bacon.

Lequerica, M., & Hermosa, B. (1995). Maternal reports of behavior problems in preschool Hispanic children: An exploratory study in preventive pediatric. *Journal of the National Medical Association, 87*(12), 861-868.

Minuchin, S. (1974). *Families and family therapy*. Cambridge, MA: Harvard University Press.

Ortiz-Hendricks, C. (2004). A strategic plan for the development of the Latino social work workforce. *The Latino Social work Task Force* (Available form NASW NYC, 50 Broadway, NYC, NY 10014).

Padilla, Y. (1997). Immigrant policy: Issues for social work practice. *Social Work, 42*, 595-606.

Roberts, R. E., Chen, Y. W., & Solovitz, B. L. (1995). Symptoms of DSM-III-R major depression Among Anglo, African, and Mexican American adolescents. *Journal of Affective Disorders, 36*(1-2), 1-9.

Roberts, R. E., Roberts, C. R., & Chen, R. (1997). Ethnic differences in levels of depression among adolescents. *American Journal of Community Psychology, 25*(1), 95-110.

Roberts, R. E., & Sobhan, M. (1992). Symptoms of depression in adolescence: A comparison of Anglo, Africa, and Hispanic Americans. *Journal of Youth and Adolescence, 216*(6), 639-651.

Rosenberg, S. (2000). Providing mental health services in a culture other than one's own. *Reflections: Narratives of Professional Helping, 6*, 32-41.

Szapocznik, J., Scopetta, M. A., & King, O. E. (1978). Theory and practice in matching treatment to the special characteristics and problems of Cuban immigrants. *Journal of Community Psychology, 6*(2), 112-122.

Szapocznik, J. (1984). Bicultural effectiveness training (BET): A treatment intervention for enhancing intercultural adjustment in Cuban American families. *Hispanic Journal of Behavioral Sience, 6*(4), 317-344.

Szapocznik, J., Rio, A., & Perez-Vial, A. (1986). Bicultural effective training (BET): An experimental test of an intervention modality for families experiencing intergenerational/intercultural conflict. *Hispanic Journal of Behavioral Science, 8*(4), 303-330.

Szapocznik, J., Herns, O., & Rio, A. T. (1991). Assessing change in family functioning as a result of treatment: The structural family systems rating scale

(SFSR). *Journal of Marital and Family Therapy, 17*(3), 295-310.

Szapocznik, J., Kurtines, W. & Santisteban, D. A. (1997). The evolution of structural ecosystemic theory for working with Latino families. In J. Garcia & M. C. Zea (Eds.), *Psychological interventions and research with Latino populations* (pp. 166-190). Boston: Allyn and Bacon.

Tran, T. V. (1993). Psychological traumas and depression in a sample of Vietnamese peoples in the United States. *Social Work, 18*, 184-194.

Urrabazo, R. (2000). Therapeutic sensitivity to the Latino spiritual soul. In M. T. Flores & G. Carey (Eds.), *Family therapy with Hispanics: Toward appreciating diversity* (pp. 205-227). Boston: Allyn and Bacon.

U.S. Department of Health and Human Services (2001). *Mental health: Culture, race, and ethnicity-A supplement to mental health: A report of the Surgeon General.* Rockville, MD: Author.

U.S. Department of Homeland Security (2011). *2010 Yearbook of Immigration Statistics:* 2010 Washington, DC: US Department of Homeland Security, Office of Immigration Statistics, 2011.

U.S. Department of Justice, Immigration and Naturalization Service. (1999, July). *Annual report: Refugees fiscal year 1997.* Washington, DC: U.S. Government Printing Office.

U.S. Department of Labor, Bureau of Labor Statistics (2004). *Working in the 21st century*. Retrieved July 24, 2004, from http://stats.bls.gov./opub/working/pages5b/htm USA Patriot Act, HR 3162, October 26, 2001.

Valle, R. (1986). Cross-cultural competence in minority communities: A curriculum implementation strategy. In M. Miranda & H. H. Kitano (Eds.), *Mental health research and practice in minority communities* (pp. 29-55). Rockville, MD: National Institute of Mental Health.

Vazsonyi, A. I., & Flannery, D. J. (1997). Early adolescent delinquent behaviors: Associations with family and school domains. *Journal of Early Adolesxence, 17*(3), 271-293.

Vega, W. A., & Murphy, J. W. (1990). *Culture and the restructuring of community mental health*. Westport, CT: Greenwood Press.

Wu, F. H. (2002). Profiling in the wake of September 11: The precedent of the Japanese American internment. Criminal Justice, *Summer (17)*, 52.

Yu, M. (1997). Mental health services to immigrants and refugees. In T. D.

Watkins & J. W. Callicutt (Eds.), *Mental health policy and practice today* (pp. 164-181). Thousand Oaks, CA: Sage.

19

고문 생존자를 위한 임상 사회복지

Marianne Joyce, Mary Bunn, and David Engstrom

사회복지실천 분야는 (다른 인간을 돕는 여타 전문가들과 비교했을 때•) 사회정의/인권의 관점이 요구되는 곳에 개입될 수 있는 전문성이 역사적으로, 그리고 유일하게 갖추어진 영역이다. 하지만 효과적이고 통합적인 치유 과정을 위하여 고문 생존자들과 파트너가 되어야 한다는 개념은 비교적 새로운 실천 영역이다. 그리고 아직 이 분야의 원조자가 적기 때문에, 사회복지사는 융통성 있는 다문화적 모델로 증명된 실천을 이 분야에 통합시킴으로써 실천 영역에 도움이 될 수 있을 것이다. 약 50만 명의 고문 생존자들이 미국에 살고 있으며, 그들 중 대부분은 건강과 안녕에 영향을 미치는 다층적이고 다각적인 신체적 · 심리적 · 사회적 문제들을 경험하고 있다.

고문에 대한 상담치료 안에는 본질적으로 정치적인 차원이 내재되어 있어 원조 실천가가 중립을 유지할 수 없게 만든다(Silove, 2004). 우리가 흔히 아동

• 괄호 안 내용은 역자의 부연설명임.

은 안전한 집에서 보호받아야만 한다고 생각하는 것처럼, 국민은 자신의 국가에서만큼은 공식적으로 허용되는 고문으로부터 자유로울 수 있어야 한다. 고문으로부터 자유로워야 한다는 것은 기본적인 인권으로서 널리 일반에 인식되고 있음에도 불구하고, 여전히 고문은 이 시대 가장 중대한 인권 문제 중 하나로 부각되고 있다. 고문은 매우 심각한 파괴력이 있어 개인, 가족, 그리고 더 넓은 사회 공동체에 영향을 미친다. Diana Ortiz는 널리 사용되는 고문이 가져오는 사회적 손실이 민주주의의 번영에 얼마나 위험한 요소인가에 대해 우리가 간과하고 있다는 점을 실제로 지적한 바 있다(Ortiz, 2002).

그러므로 극심한 학대 생존자, 특히 정치적 이유로 인한 고문을 이겨낸 생존자를 돕는 일은 사회복지의 핵심 가치에 근간을 두면서, 인권이라는 이론적 틀을 적용하게 만드는 매우 중요한 임상분야이다(Reichert, 2003; Engstrom & Okamura, 2004). 고문에 대해 이해하고, 이러한 극단적인 경험을 한 생존자들이 다시 일어설 수 있도록 돕는 일은 역사적, 사회학적, 인류학적, 그리고 신체-심리-사회적bio-psycho-social인 관점에 의해 발전할 수 있다.

교도소와 경찰서 안에서 일어나는 고문에 대한 보고가 미국 내에서 문서화되고 있다는 점에 우리는 주목해야만 한다. 이 사실은 고문 생존자들을 위한 실천이 사회복지실천 분야의 관심을 필요로 하는 또 하나의 분야라는 점을 알려주는 것이다. 그러나 이번 장에서는 (미국 내에서의 고문이 아니라) 전 세계적으로 자국에서 도망 나온 후 미국에서 안전한 안식처를 찾은 생존자를 대상으로 하는 치료 원칙에 관한 내용을 다룰 것이다.

인구사회학적 특성

고문이 얼마나 일어나는지는 예측하기 어렵다. 그 첫 번째 이유는 고문의 정의가 매우 많고 다양하다는 것이다. 그리고 더 중요한 이유는 고문이 은밀하게 일어나고 있으며, 피해자가 고문 사실을 신고할 수 없는 상황이라는 점이다. 정부 차원에서는 고문 실행에 대해 적극적으로 부정하고 그러한 정보를 감추기 마련이다. 국제사면위원회Amnesty International에서는 고문이 얼마나 국제적으로 팽배해 있는가에 대한 정보를 사회복지사들에게 제공하고 있다. 2010년 보고서에 따르면 111개의 국가에서 고문이 존재한다고 나타나 있다(Amnesty International, 2010). 이러한 보고서가 도움이 되기는 하지만, 여전히 고문이 얼마나 일어나는가에 대한 정확한 정보는 없다.

고문은 사회적, 정치적 갈등을 경험하는 국가와 지역에서 흔히 일어난다. 유엔난민기구(UNHCR)는 국제적으로 2,100만 명의 난민, 정치적 망명자, 국제적으로 추방된 사람들이 있다고 예측하고 있으며, 그들 중 일부가 미국에 난민이나 정치적 망명자로 있다고 보고하고 있다. 모든 난민과 정치적 망명자가 고문 생존자는 아니라 할지라도, 많은 경우가 그러할 것이다. Quiroga와 Jaranson(2005)은 미국과 유럽 내 난민과 망명자 중 6~55%가 고문을 경험했다고 보고하였다. 일부 하위집단의 경우는 그 비율이 더 높을 수 있다. 미국에 정착한 노말리족과 오로모족(에티오피아인) 난민에 대해 연구한 Jaranson과 동료들(2004)에 의하면 고문 경험 비율은 인종과 성별에 따라 다르며, 높게는 69%까지 올라간다고 한다.

정확한 통계 수치는 알 수 없지만, 미국 내에는 고문 생존자들이 법적 이민자 혹은 불법 이민자로서 체류하고 있다. 미국 정부는 이들을 모두 합하여 약 50만 명의 고문 생존자들이 미국 내에 살고 있다고 추정하고 있다(U.S. House of Representatives, 2009).

■

고문 생존자의 경험에 대한 이해

힘과 통제의 역학

고문은 고문에 대한 공포가 있는 문화, 고문에 대해 침묵하는 문화, 고문의 존재를 부정하는 문화 속에서 고문의 행사에 대한 법적 처벌이 없을 때 행해진다. 고문은 스트레스 요인에 대한 예측 불가능성과 통제 불가능성을 높임으로써 심리적 영향을 극대화시키도록 고안되었다(Basoglu, 1991; McCoy, 2006). 고문의 영향력은 개개인의 특수한 경험과 자신만의 특정한 신체-심리-사회적 상태에 따라 다르기는 하겠지만, 공통적으로 경험되는 불가피한 결과는 심리적으로, 그리고 건강상에, 또는 사회적으로, 그리고 존재 자체의 취약함 등 복잡한 결과를 초래한다. 정권regime은 장기간에 걸쳐 심리적인 영향을 미치려는 의도로 극도의 잔인함과 고립이라는 방법을 종종 함께 사용한다. 고문 가해자는 극도의 고립과 굴욕의 상태를 만들어, 포로가 비록 살아 나가서 자신의 경험을 이야기한다 해도, 아무도 그를 믿어 주지 않을 것이라고 생각하게 만든다. 고문이 갖는 가장 야비한 여파는 고문의 최악을 견뎌내고 살아남은 생존자의 평생에 걸쳐 남게 될 내재된 심리적인 취약성이다. 고문이 끝난다고 해도, 그로 인한 고통은 끝나지 않는다.

무력 정권은 국민이 모여 말하거나 조직하거나 정부의 권력에 도전하는 것을 두려워하도록 고문의 비인간적인 실행을 제도화한다. 폭력의 위협은 이미 잘 알려져 있고, 돈을 받고 정보를 제공하는 사람들은 항상 정보에 귀를 기울인 채 도처에 깔려 있다. 생존자와 그 가족, 지역사회는 이러한 공포로 얼룩지게 되고, 두려움 속에 침묵하도록 강요당하게 된다. 지역사회나 개인이 이러한 역경 속에서 레질리언스resilience를 발휘할 수도 있을 것이다. 그러나 조심성과 불신은 부정할 수 없는 고문의 부산물이다. 정권은 반체제 인사들이 국가 안전에 너무나 위협적이라고 과장하거나, 그렇기 때문에 그들을 인간 이하의 상태로 전락시켜야만 했다는 신화를 만들어 내어 선전하기도 한다(Gourevitch, 1998). 사회-정치적 변화를 억누르기 위해 고문을 활용하는 체제는 일반적으로 군대와 같이 조직원들이 명령에 강제적으로 따라야만 하는 경직된 위계를 가지고 있다(Conroy, 2000). 하지만 아무리 힘이 센 군대라 할지라도 일부 민간인의 지지가 필요하며, 완전한 힘과 통제의 상태를 유지하기 위한 폭력적인 방법에 대한 믿음을 부여하기 위해 종교 단체(Osiel, 2004), 외국과의 동맹(Danner, 1994), 그리고 의사나 심리학자와 같은 전문가(Lifton, 2004)로 구성된 협력적인 제도적 기구가 흔히 존재한다.

고문 경험의 기본 요소

치료 제공자들은 사람들이 다양한 이유로 고문을 당한다는 점을, 그리고 정치적 고문 생존자들이 모두 위험을 감수하는 정치적 행동가들은 아니라는 점을 알게 되었다. 즉, 권력이 있는 정권에 대항하는 정치적 세력과 단지 관련이 있어서(혹은 관련이 있다고 인식되어서) 고문을 당할 수 있다. 사회적 상황(예: 시골 마을 사람들의 읽고 쓰는 능력)을 개선하려는 노력을 했거나, 인권침해와 부정부패에 대해 기록하고 보고했기 때문에 고문을 당할 수도 있다. 또 엄격한 문화적 규범에서 벗어나기 때문에 고문을 당하기도 한다(예: 레즈비언, 게이, 바이섹슈얼, 성전환LGBT 혹은 여성음핵절제). 혹은 공연히 그 장소, 그 시간에 잘못 있다가 고문을 당하기도 한다(예: 시위 장소). 그리고 종교적인 단체 가입, 특정 인종이나 민족, 국적, 사회적 집단에 소속되어 있어서 고문을 당할 수도 있다.

표 19.1 | 종종 실행되는 고문 방법

심리적인 고문 방법	신체적인 고문 방법
가짜 사형집행	약물을 이용한 고문
강제적인 고문 목격 혹은 고문 참여	장소/위치를 이용한 고문
본인 및 가족에 대한 폭력/죽음에 대한 위협	극단적 감각(빛, 소리, 온도)에의 노출
격리	단순 외상(trauma)
감각적 박탈/과도한 자극	화상
수면 박탈	전기 충격
기본 욕구의 박탈	물 고문
병적 공포증을 이용한 두려움 증진	성적 고문/강간
종교적 수치	매질
문화적 수치	발바닥을 치는 고문
성적 수치	절단

고문은 의도적, 계산적으로 통증과 고통을 가하는 것이며, 그러한 결과를 가져오는 수단은 안타깝게도 무수히 많이 나열할 수 있다. 그럼에도 불구하고, 고문의 기술은 심리적으로 적용되는지 혹은 신체적으로 적용되는지에 따라 두 종류로 분류될 수 있다(표 19.1 참조). 고문 생존자들에게 여러 가지 고문 방법이 사용되는 것은 흔히 있는 일이며, 고문은 종종 장기간에 걸쳐 이루어진다. 모든 고문이 부상을 초래하는데, 특히 심리적 고문의 경우 회복이 가장 어렵다는 점은 보편적으로 인정되고 있다.

재정착

삼중 외상 패러다임tripple trauma paradigm

헤아릴 수 없는 고문의 경험으로부터 살아남은 생존자가 새로운 국가에 재정착하는 과정은 안타깝게도 외상과 극도의 스트레스, 그리고 각종 어려움에 상당히 많이 노출되어 있다. 추방당한 고문 생존자의 집과 가족, 지역사회는 끊임없이 파괴된다. 또한 정치적 망명 요청자의 경우는 추방을 당할지도 모른다는 두려움과 같은 생명의 위협을 느끼는 경험을 끊임없이 하게 된다.

'삼중 외상 패러다임'은 사회복지사가 고문 생존자의 다층적인 외상 경험을 이해하는 데 매우 유용한 개념이다. 이 패러다임은 정치적 망명의 자격으로 입국했든 그렇지 않든 간에, 미국 내에 있는 많은 생존자들에게 적용할 수 있는 외상으로 인한 스트레스의 3단계를 기술하고 있다(National Capacity Building Project at the Center for Victims of Torture, 2005).

탈출 전_탈출 전 단계는 사건을 포함하고 있는데, 그 사건은 간혹 몇 년에 걸쳐 일어나기도 하며, 결국은 모국에서 탈출하기로 결심하게 만드는 사건을 말한다. 이 기간 동안 종종 추행을 당하기도 하고, 은밀하게 갇히기도 하며, 폭력을 당하거나, 가족 구성원이 위협을 당하거나, 재산을 잃게 된다. 또한 생존자 모국의 폭넓은 사회정치적 상황은 지속적인 위협과 공포 분위기를 조성하곤 한다.

탈출_모국에서 탈출한다는 것 자체가 물론 미래의 박해에 대한 절박한 위협에서 결정적으로 벗어나는 것을 의미하는 것이기는 하지만, 생존자는 "탈출" 하는 동안에도 여전히 반복적으로 외상을 경험하는 상황에 노출된다. 탈출 단계는 생존자가 모국을 떠나 피난할 국가에 도착하는 모든 사건과 상황을 포함한다. 이 단계에서 생존자는 힘들게 감옥을 탈출하거나 국경을 넘기 위해 인간밀수범human smugglers의 도움을 받아 맨발로 산이나 사막, 혹은 그밖에 매우 위험한 지역을 넘게 되기도 한다. 난민에게 있어서 매우 고난스러운 난민캠프의 생활이 계속될 수도 있고, 음식과 의료자원 제공이 열악한 상황, 반란군 병사나 자국군의 지속적인 위협이 있는 상황 속에 놓이기도 한다. 탈출은 한 개인의 삶이 극도로 불확실한 상태에 처해 있는 통제력 상실의 상태, 그리고 계속되는 학대와 배신에 지속적으로 취약한 상태라고 말할 수 있다.

탈출 후_ 탈출 후 단계는 재정착 기간을 포함한다. 많은 고문 생존자들은 이 단계에서 안정감과 안녕감을 얻을 수 있을 것이라고 생각할 것이다. 그러나 이 단계 또한 새로운 국가에서의 생활에 적응하는 과정에서 심각한 어려움과 상실을 겪게 되기도 한다.

고문과 강제추방으로 인한 신체적이고 심리적인 스트레스는 생존자가 일상생활을 유지하는 기능이나 실행 능력을 방해한다(예: 자기 신변관리, 가족을 돌보는 능력, 학교생활 유지 등). 생존자가 경험하는 충격적인 사건과 강제적인 이주는 그 사람이 지니고 있던 가장 기본적인 역할과 그 역할에 연결되어 있는 의미 있는 체계를 무너뜨린다. 새로운 환경에 적응하려고 애를 쓰는 동안 생존자는 새로운 국가에서 심각한 고립과 싸워야 한다. 모국과 단절된 상태에서 생존자는 가장이나 부모로서 가족 내에서의 역할상실과 더불어 지역사회 구성원으로서의 역할상실로 인해 슬픔을 경험하게 된다.

고문 생존자와의 임상 사회복지실천

고문 생존자의 복잡한 경험과 욕구를 감안해보면, 실천가는 고문 생존자를 대상으로 한 실천 업무에 대해 자연스럽게 심리적 부담을 느끼게 된다. 다층적인 상실, 슬픔, 외상 그리고 기본적 생존을 위한 절박한 욕구들은 최상의 개입을 위한 개념화와 도구에 도전이 된다. 그러므로 고문과 탈출, 재정착 과정의 경험에 대하여 어떻게 하는 것이 우리의 마음과 정성을 다하는 것인지를 질문하게 된다.

임상 사회복지실천의 기본 원칙

많은 사회복지실천 전문분야가 그러하듯이, 고문 생존자를 위한 유능하고 민감한 치료의 모든 단계는 일반적인 개입계약과 치료의 지침이 되는 다음과 같은 핵심 원칙들에 기반을 두고 있다: (a) 인권, (b) 역량강화와 회복탄력성, (c) 안전, (d) 신뢰 구축, (e) 외상의 개념과 그 의미가 문화적으로 다를 수 있음을 인정하는 융통성. (이 장의 마지막에 첨부된 부록은 고문 생존자를 돕는 사회복지사에게 도움이 될 참고자료를 포함하고 있다.)

인권 프레임워크

세계인권선언과 UN고문금지조약UN Convention against Torture에 의하면 고문이란 기본적인 인권의 침해이다. 고문을 반대하는 국제적인 인권 계약과 조약이 존재한다는 것은 고문이라는 것이 얼마나 부도덕하고, 불법적이며, 비난받아야 될 일인지를 세계적으로 합의하고 있다는 것을 나타낸다. 이렇게 고문을 금지하는 노력에도 불구하고, 정부는 정치적 억압의 도구로 고문을 이용하곤 한다. 고문은 정치적 상황 속에서 나타나고, 그 연장선상에서 고문의 치료 또한 정치적 상황 속에서 존재한다. 지난 수년간 많은 고문에 대한 상담치료 전문가들이 이러한 사실을 간과해 왔다. 미국에서 고문에 대한 상담치료가 시작되었을 때, 클라이언트의 첫 물결은 대부분 남미와 남아시아에서 온 사람들이었으므로 미국과 그 지역 간 관계에 대한 사회정치적인 역사와 현 정책에 대한 이해는 불가피했다. 곧이어 중동 및 아프리카 지역에서 고문 생존자들이 들어오기 시작했고, 사회복지사들은 그 지역의 인권문제에 대해 알아야만 했다 (Engstrom & Okamura, 2004). 치료사는 미국 정부와는 독립적인 관점을 가지고 있으며, 생존자의 자국 정부가 위협적으로 느꼈던 생존자의 활동에 대해 적대적이지 않다는 점을 증명해 보일 필요가 있다. 정치적 상황 속에서 이루어진 고문은 정치적 맥락 안에서 치유되어야 한다. 생존자들은 전 세계 곳곳에서 발생한다. 그들 중 일부는 미국의 외교정책의 영향과 상해를 직접적으로 경험했을 것이므로 미국에 살고 있다는 것 그리고 본질적으로 믿을 수 없는 국가에서 강제적으로 안전과 믿음을 찾아야 한다는 것에 대한 반감을 가질 수밖에 없다. 그 외의 생존자들은 미국으로부터 안전과 존중을 받고 있다는 느낌, 보호를 받고 있다는 느낌을 받을 것이다. 어떤 생존자들은 미국의 박애심에 대한 이상적인 개념만 가지고 미국에 도착해서, 결국은 환멸적인 정치 망명 과정에 직면하게 될 것이다.

힘의 분배에 의한 역량강화 촉진

역량강화란 목표이자, 실천가가 힘을 나누어 가지는 방법이기도 하다. 고문 사용이 본질적으로 가지고 있는 체계에 대한 이해를 토대로 고문에 대한 상담치료 현장 대부분은 치료의 전 과정에 걸쳐 임파워먼트를 체계적으로 적용할 필요가 있음을 인식하고 있다. 임파워먼트는 치료 전반에 걸쳐 선택권을 제공하는 것이며, 고문으로 인한 여러 가지 복잡한 결과를 다루는 다양한 서비스(예: 영어교육, 의료서비스, 직업교육과 취업 등)에 접근할 권한을 제공하는 것을 포함한다. 불면, 우울, 불안 증상이 감소되고, 치료자와의 관계를 넘어서는 활동에 참여하는 것은 자기주체감sense of agency이 증진되었다는 표시이자, 동시에 고문의 핵심적 역동에 변화가 생겼다는 신호이다(Wolf, 1999; Fabri, Joyce, Black, & Gonzalez, 2009).

안전

고문에 대한 상담치료의 주된 과제는 안전감을 회복하는 일이다. 고문 생존자는 종종 그들의 권리에 대해 적대적인 국가에 거주하는 동안 겪은 심각한 심리적 충격에 적응하기 위한 소모적인 도전에 직면한다. 생존자들은 충격으로 인해 위태로워져 타인에게 의존하도록 강요받게 된다. 그들은 애초에 가지고 있던 지위를 잃고, 명성과 기능을 잃은 것에 대해 수치심을 느끼며, 그들의 원가족과 지역사회로부터 분리된 것에 대한 슬픔에 잠겨 있다. 안전감은 이러한 새로운 현실 속에서 그들이 겪고 있는 도전에 대한 이해와 존중을 표현하고, 그들에게 다양한 영역을 지원함으로써 형성된다. 안정적인 주거와 음식 등의 자원에 접근하기 쉬워지고, 그들을 괴롭히던 육체적이고 심리적인 증상들이 다루어질 때, 안전감이 커지고 신뢰의 씨앗이 뿌려질 것이다.

신뢰 구축

고문은 한 인간이 다른 인간에게 의도적으로 해를 입히기 위해 힘을 교묘히 조정하는 것으로 사회적 계약에 대한 궁극적인 위반이다. 고문 경험으로 인해 나타난 현상으로 생존자는 종종 힘의 역학에 민감해진다. 특히 상당한 박탈을 경험하는 낯선 곳에서 특히 그러하다. 생존자들은 힘이나 권력을 가지고 있는 위치에 있다고 생각되는 사람들을 특히 경계할 수 있다. 예를 들면, 초기 사정과 클라이언트-조력자 관계가 본래부터 가지고 있는 힘의 불균형은 고문 생존자에게는 종종 견디기 힘든 경험이 된다. 그 단계는 많은 생존자들에게 있어 그들이 경험한 학대에 대한 자세한 내용을 처음 밝히는 시간이 될 것이다. 초기 접수 시 받는 질문들은 생존자로 하여금 기억의 저편으로 미루려고 노력했던 기억들과 감정들을 떠올리게 만들고, 이때 많은 생존자들은 면접시간 중에 심각한 증상들을 보이기도 한다(예: 흐느낌, 충격적 장면의 환각과도 같은 재현 현상).

안전과 신뢰의 의사소통은 의미 있는 상호작용이 되기 위한 필수요소이다. 이러한 상호작용을 위해 사회복지사는 처음 보는 사람과 익숙하지 않은 언어로 대화를 나누거나 통역사와 함께 이야기를 나누는 것이 얼마나 어려운 일인지를 인정함으로써 생존자에게 적절한 존경심을 보여주면 된다. 생존자가 걱정하는 것들이 충분히 이해할 만하다는 반응, 그리고 실천가나 그 외 다른 사람들을 믿는 일이 어렵다는 것 또한 충분히 이해할 만하다는 반응은 치료 과정에 인내를 가지고 접근하겠다는 의지를 전달하는 데 도움이 될 수 있다. 이러한 노력은 융통성과 이해심을 나타내는 일이며, 힘의 균형과 새로운 관계에서의 안전감을 촉진하는 데 도움이 된다.

융통성

임상가들은 상호작용이 생존자들에게 더욱 편안하고 문화적으로 적절할 수 있도록 만들기 위해서 치료 틀이 수정될 수 있도록 개방적인 태도를 유지해야만 한다. 실천가와 생존자 사이에 상당한 문화적 차이가 있을 수 있다. 그 차이를 좁히려는 노력은 실천가의 책임이다. 그 첫 단계는 클라이언트 본국의 정치적 상황에 대해 익숙해지는 것이고, 그 다음 단계는 과거에 클라이언트에게 도움이 되었던 문화적 실천에 대한 교사/안내자로서의 클라이언트를 인정하고 그를 치료과정에 끌어들이는 것이다. 생존자와 대화를 하면서 어떤 생존자들과는 사무실보다는 집에서 만날 필요가 있음을 알게 될 것이다. 또 어떤 생존자들은 전통적인 방법을 토대로 할 때 더 안전감을 느끼기 때문에 그들에게 의미가 있는 문화적 관습을 치료에 적용시킬 필요가 있으며, 또 다른 생존자들은 치료자가 치료에 영향을 미치는 모든 의사결정에 생존자가 관여하도록 함으로써 생존자가 스스로 자기 자신을 대변할 수 있는 주체임을 인식할 때 더욱 안전감을 느낄 것이다(Fabri, 2001).

실천가들은 생존자들이 처한 비참하고 사기가 저하된 사회적 상황에 대해 진심어린 관심을 보여주어야 한다. 경우에 따라서는 생존자들에게 가장 심하게 영향을 미치는 체계에 개입하거나 생존자들을 위해 옹호를 해야 할 필요가 있다. 클라이언트와 적극적으로 한편이 되거나 또는 과정 중에 클라이언트보다 더 많은 책임을 지는 등 클라이언트의 현재 능력에 맞게 처신할 필요가 있다. 클라이언트와 함께 전문가가 동행하는 동행실천the practice of accompaniment 은 임상적인 경계clinical boundary가 있어야 한다는 전통적인 견해에 도전이 되는 관점이다(Fabri, 2001). 구체적인 예를 들면, 외과 의사가 의료시설이 아닌 곳에서 법적 용도로 건강검진을 하는 것, 고문의 일환으로 강간을 당한 생존자가 건강검진을 받도록 심리치료자가 동행하는 것, 클라이언트가 치과 검진을 받을 수 있도록 사례관리자가 운전을 해서 동행하고, 검진이 끝날 때까지 클라이언트를 기다려 주는 것 등이다. 언제, 어떻게 전통적인 관계의 한계를 조절해야 하는지를 결정하는 원칙은 다음 질문들에 대한 답을 하는 것과 같다. 이러한 행동이 생존자의 치료에 효과적인가? 클라이언트가 치료에 더 많이 관여하도록 하는가? 더 큰 안전감과 신뢰를 촉진하는가? 우리는 임상적인 경계라는 것이 전문가 내면에 내재화되는 것이어서, 전문적 역할을 그 어떠한 물리적 환경 속에서도 유지할 수 있다는 것을 배웠다(Fabri, 2001; Fabri et al., 2009).

그 외 여러 이슈들

정치적 망명

대부분의 고문 생존자들에게 있어서 안전과 안정을 얻는 법적인 과정은 미국에 도착하면서 접수하게 되는 정치적 망명 요청이다. 이러한 법적인 구제책은 배우자와 자식들과 재결합하는 방법을 제공하기도 하고 궁극적으로는 영주권 자격에서 시민권 자격으로 조정되기도 한다. 불행히도 망명 과정 중 마음에 큰 외상을 입을 수 있다. 우선 일반적으로 생존자들은 미국에 도착할 때 아무런 공식적인 신분증을 가지고 있지 않고, 망명인임을 증명할 근거서류 또한 없기 때문이다(Bohmer & Shuman, 2008). 대부분의 생존자들은 도착하기 전까지 망명 과정에 대해 아는 것이 아무것도 없다. 이러한 어려움을 더 복잡하게 만들 듯, 지난 몇 년간 수만 명의 정치적 망명 신청자들이 망명 과정 내내, 혹은 일부 기간 동안 이민자 수용소에 구류되어 있었다. 이민자 수용소에서는 망명 신청자들이 서류를 준비하고 법조인을 만나는 것이 매우 어렵다. 더욱이 수용소는 외상 후 스트레스 장애, 우울증, 불안증을 유발할 확률도 매우 높다.

망명 과정은 생존자에게 고문에 대한 철저하고 구체적인 설명을 요구한다. 하지만 대부분 생존자들은 도착한 첫해에 이러한 요구에 제대로 대응할 만한 준비가 되어 있지 않다. 불행히도, 생존자들은 망명 절차에서 기대하는 것들에 쉽게 순응할 수 없는 경우가 있다. 왜냐하면 그들의 고문에 대한 이야기는 외상 후 스트레스 장애로 인한 어려움(예: 기억의 결함, 구체적 정보 중 중요한 것을 의도적으로 혹은 비의도적으로 누락하는 것 등)에 영향을 받기 때문이다. 그리고 생존자들은 종종 고문과 상실의 경험을 이야기를 하는 도중에 재외상 효과 retraumatizing effect로 인해 매우 힘들어한다. 고문 생존자들에게는 망명을 위한 고문입증책임이 주어지고, 관계자들에게는 그 정보가 믿을 만한 것인지에 대해 매우 주관적인 결정을 내릴 권리가 자유재량으로 주어진다. 생존자들은 그들이 법적 체계에 완벽하게 의존하고 있다는 데 대해 늘 불안해하며, 종종 겁을 먹기도 한다. 생존자들에 대한 이러한 임의적인 망명 경험은 연구에 의해 밝혀진 바 있다. 『Stanford Review Comparison Study』는 미국 전역에서의 망명 결정이 망명 공무원과 이민 판사에 의해 별다른 관리나 기준 없이 무작위로 이루어짐을 밝혔다(Ramji-Nogales, Schoenhotz, & Schrag, 2008).

치료는 생존자의 전반적인 안녕을 위해 안전한 은신처를 확보하는 것이 일차적으로 중요한 역할임을 인식하면서, 법률 팀과의 협력하에 박해한 자들을 고발하고 서류를 준비하는 일 등이 포함된다. 고문 외상에 대해 잘 숙지되어 있는 접근방법은 망명 신청서를 준비할 때 변호사나 변호사 보조원에게 믿음을 쌓을 수 있는 시간을 갖도록 하는 것 그리고 생존자가 고문 외상에 대해 이야기할 수 있는 생존자만의 장소와 편안함을 제공해 주는 것이라 할 수 있다. 생존자는 변호사에게 무엇을 물어봐야 할지 모를 때 치료자를 준비 과정의 고문이자 옹호자로 생각하고 도움을 받을 수 있다. 치료자는 생존자의 외상 후 스트레스 증상들이 심해질 때 관리할 수 있는 방법들을 알려줌으로써 생존자가 망명에 필요한 이야기를 하는 과정에 도움을 줄 수 있다. 생존자로서는 상상할 수 있는 최악을 경험한 이후이긴 하지만, 이상적으로 이러한 망명 과정이라는 프리즘을 통해 생존자들은 인간이 여전히 선한 존재일 수 있다는 희망을 다시금 재건하는 경험을 할 수도 있다.

생존자에 대한 임상적 사정

고문 생존자에 대한 임상적 사정은 외상 그 자체와 문화 그리고 복잡한 욕구들로 인해 복합적인 노력을 요하는 과정이 된다. 고문 생존자에 대한 성공적인 사정과 이해는 고문 자체에 대한 이해, 외상 현상에 대한 이해, 문화를 포괄하는 정신보건실천에 대한 이해가 적당한 융통성과 동정, 겸손함과 어우러질 때 가능하다. 사회복지사가 의미 있는 관계 형성과 균형 있는 사정을 진행하기 위해서 이해해야만 하는 개념에는 여러 가지가 있다. 사회복지사는 체계 틀을 이용하여 고문의 결과를 이해하고 사정해야 한다. 그리고 안녕감 패러다임에 문화가 미치는 영향에 대해 잘 이해하고 있어야 한다. 그리고 외상 관련 증상 중에서도 특히 고문 경험에 의한 증상에 대한 이해가 있어야 한다. 또한 신경생물학적 지식을 가진 상태에서 통역자와는 어떻게 함께 일을 해야 하는지 그리고 고문 외상에 대한 매우 불편한 이야기를 듣게 된 통역자 또한 심리적 외상의 영향을 받을 수 있다는 것에 대해서도 알고 있어야 한다.

다양한 체계 및 다양한 전문직과의 연계 필요성

고문이 인간관계를 어떻게 훼손하는지에 대한 이해를 토대로, 이제 우리는 개인적 측면에서 한 단계 더 나아가 고문이 인간 경험의 모든 측면에 어떻게 스며드는지에 대해 생각해야 한다. 생존자는 서비스를 받으러 올 때 신체적, 정서적, 영적 상처를 가지고 온다. 외상 후 스트레스 장애가 가진 괴로운 심리적 증상과 우울증은 죄책감, 슬픔, 상실감과 함께 고문 생존자들이 느끼는 흔한 감정이다. 고문 경험은 생존자로 하여금 그들이 지금까지 기본적으로 가지고 있던 믿음과 영적인 실천에 대해 의심하게 만든다. 신체적인 건강을 위한 욕구에는 복잡한 부상, 근육골격계통의 손상, 신경 손상, 감각기관의 손상, 심각한 치아 손상, 생식기 외상으로 인한 부상을 포함한다. 생존자 중에는 결핵, HIV, 그밖에 성전염성 질환, 장내 기생충, 열대성 질환과 같은 만성 전염병에 대한 치료가 필요한 경우도 있다. 생존자의 일반적인 건강상태는 심각한 박탈 경험으로 인해 더 악화될 수 있고, 흔히 만성 통증에 시달리게 된다.

보건서비스 제공자가 비록 얼마 되지 않더라도 일부 증상들에 대해서는 도움을 줄 수 있겠지만, 그렇다 하더라도 가능할 때마다 다학제적인 협력하에 응급조치를 하는 것은 매우 중요하다. 사회복지사가 자신이 제공하는 프로그램의 한계를 넘어서는 욕구를 발견했을 때 다양한 서비스 제공자들을 만날 수 있게 하는 것은 매우 자연스러운 옹호자로서의 역할이다. 또한 이러한 역할은 치유 과정에 내재되어 있는 통합인 동시에 고문이라는 것이 가지고 있는 분열의 경험과는 정반대되는 통합이라는 핵심적 목표와도 조화를 이루는 것이다.

생소한 정신보건 체계

고문 생존자와의 사정 과정에서 사회복지사는 상호작용 중에 다양하게 드러나는 문화의 역할을 잘 조율할 수 있어야 한다. 대부분의 생존자는 정신보건서비스에 대한 사전 지식이 거의 없는 상태로 치료 서비스를 받으러 온다. 서구권이 아닌 다수의 국가에서는 개인적인 문제에 직면하게 되면 가족 구성원, 지역사회 지도자, 영적 지도자 혹은 전통문화 지도자에게 도움을 청하곤 한다(Fabri, 2001). 전혀 모르는 사람에게 자신의 개인적인 문제에 대해 이야기한다는 것이 생각만으로도 매우 생소할 수 있다. 생존자의 본국에 정신보건 서비스라는 것이 만약 존재한다고 하더라도 아마 많은 경우 그 서비스는 심각하고 만성적인 정신적 문제를 가지고 있는 사람들만을 위해 마련된 것이라고 생각할 수 있다.

이와는 정반대로 많은 생존자들은 그동안 건강하게 성장해왔고, 가족과 지역사회와 좋은 관계를 맺으며, 단 한 번도 모국을 떠나기를 바란다거나 떠난다는 생각조차 해본 일이 없으며, 심리적인 문제 역시 가지고 있지 않은 경우도 많다. 자국을 떠나는 일 외에는 안전할 수 있는 방법이 없는 생존자들은 흔히 매우 길고도 험난한 미국으로의 여정을 위해 자원을 끌어 모으게 된다. 생존자는 고문을 이겨내기 위해, 보다 더 안전한 나라로 가기 위해 엄청난 양의 내적(개인적) 자원과 외적(공동체적) 자원을 동원한다. 임상가는 생존자의 내면 깊숙히 잠재된 문화적 · 개인적 레질리언스의 가능성을 인식하는 강점기반적 접근방법으로 치료에 임해야 한다. 그리고 생존자의 삶에 고통을 주는 고문의 피해를 정상화(비병리화)시키기 위해서도 강점에 기반을 둔 접근을 진행해야 한다. 고문 경험을 이해하는 것이 중요한 만큼 생존자의 현재를 온전하게 이해하기 위해 외상을 넘어서서 그 이면까지 바라보는 것도 중요하다. 외상에 관한 이야기는 두말할 나위 없이 공포물 같은 이야기이다. 그러나 그 이면에는 강점과 인내, 용기에 관한 이야기도 담겨 있다(Mollica, 2006).

생존자의 모국이 어디냐에 따라 심리적 고통을 묘사하는 방식이 다를 수 있다. 예를 들어, 흔히 외상 증상을 몸으로 표현하곤 하는데, 만성적이고 심각한 두통, 배앓이, 소화기 장애로 묘사하거나 그밖에 구체적이지 않은 고통으로 묘사하곤 한다. 그보다 심각한 건강상의 문제를 제외하고는 사회복지사는 앞서 언급된 신체적 증상들을 전반적인 사정에 포함시켜야 한다. 내면적인 감정 상태를 표현할 수 있는 단어가 존재하는지 역시 언어에 따라 차이가 크다(Okawa, 2008). 그리고 우울과 외상 후 스트레스라는 심리적 개념도 그러하다. 르완다의 한 심리학자는 대량학살이 있기 전에는 "외상trauma"이라는 단어 자체가 존재하지 않았다고 언급한 바 있다. 생존자가 묻고 있는 질문의 개념을 얼마나 이해하는지에는 차이가 있을 것이고, 이는 자연스럽게 사정에 큰 영향을 미칠 것이다. 사회복지사는 다양한 문화 상황에서 사용된 사정도구나 다문화적으로 검증된 사정도구를 사용해야만 하며, 사정도구를 사용할 때 어떻게 하면 친숙하지 않은 개념을 분명하게 표현할 수 있을지를 고려하고, 그러한 기술을 사용해야만 한다.

맥락 안에서의 외상과 외상 후 스트레스 표현

외상이 근본적으로 가지고 있는 만성적이고 심각한 특성을 고려했을 때, 고문 생존자는 다른 난민들에 비해서 심리적 고통을 경험할 확률이 특별히 더 높으며, 그러한 고통은 대부분 외상 후 스트레스 장애의 범주에 속하는 것들이다. 고문 생존자에게 외상 후 스트레스 장애라는 진단이 적절한지에 대해서는 논란이 지속되고 있다. 그 이유는 고문과 관련된 경험이 가지고 있는 난해한 특성을 과연 외상 후 스트레스 장애라는 진단이 모두 포착할 수 있는지 여부가 논란의 대상이 되기 때문이다. 생존자의 증상을 더욱 정확하게 그려내기 위해서는 사정 초기에 외상 후 스트레스 장애에서 더 나아가 우울, 심각한 죄책감 그리고 상실감까지 포함해야 할 것이다(Herman, 1992). 외상 관련 증상에 관한 연구결과와 전문가들은 압도적이고 통제 불가능한 경험 이후에 나타나는 자극에 대한 과민반응, 그리고 심리적으로 무감각한 상태와 회피하려는 상태를 동반하는 외상 재경험의 증상은 정상적인 반응이라고 설명한다(Van der Kolk, 1994; Herman, 1992). 극심한 스트레스를 경험한 많은 사람들에게 외상 후 반응들은 시간이 흐르면 점차 사라지기도 하지만, 경우에 따라서는 지속되기도 한다. 관련 연구에 따르면 만성적 외상 후 스트레스 장애에 대한 가장 중요한 예측인자는 노출된 외상의 규모와 종류 그리고 외상 이전의 상태와 사회적 지지라고 한다(Van der Kolk, 1994).

재경험reexperiencing_고문 생존자의 대다수는 자신이 받은 고문 혹은 목격한 고문의 이미지를 포함하는 기억과 악몽이 문득 문득 떠올라 일상생활에 방해가 된다고 호소하곤 한다. 슬프게도 많은 생존자들의 경우 고문으로 인한 여러 증상들이 눈에 띄게 감소했다 하더라도 이러한 기억과 악몽은 수년 동안 지속될 수 있다. 사람들과의 상호작용이나 주변 환경, 혹은 고문의 기억과 생각 등이 계기가 되어 문득 문득 나타나는 회상장면flashback에 생존자들은 무기력하게 노출되곤 한다. 계기가 되는 자극에는 전체적인 것(모국에서 온 사람들과의 상호작용), 혹은 감각적인 자극과 같이 자기 자신의 경험과 관련된 보다 특수한 것이 있다. 예를 들어, 한 여성은 대중교통수단에서 풍기는 술, 담배 냄새 같은 것이 과거에 그 여성을 고문했던 간수의 입냄새를 연상시키기 때문에 대중교통을 이용할 수 없게 되었다고 한다. 또 다른 생존자는 고기를 익히는 냄새로 인해 고문 받는 동안 썩어가는 시체가 있는 곳에 갇혀 있던 기억이 떠오른다고 한다.

회피avoidance _이러한 고통을 줄이기 위해 생존자들은 외상 기억을 회피하거나 억누르려는 경향을 흔히 습득하곤 한다. 회피하는 증상은 외상 경험 후에 일어나는 반응이 가지고 있는 보충적 심리과정(메커니즘)의 한 유형으로서 생활에 방해가 되는 각종 증상들을 수반하는 것으로 알려져 있다. 많은 생존자들은 극소수의 사람들로 한정된 매우 제한적인 사회적 관계를 맺고 있다고 이야기할 수 있다. 이들은 타인에 대한 깊은 불신 때문에 하루의 대부분을 혼자 집에서 지내는 것을 선호하며, 주변 환경 속에서 예전 기억을 회상시킬 만한 자극들에 노출되는 것을 최소화하길 원한다. 이렇게 기억을 회피하려는 노력은 생존자가 내적인 통제력을 회복하고자 하는 노력이자, 견디기 어려운 고통과 두려움으로부터 스스로를 보호하려는 노력인 것이다. 하지만 이러한 의도와는 달리, 생존자들은 혼자 스스로를 고립시키고 불쑥 떠오르는 기억을 방해할 만한 활동을 하지 않아서 오히려 부지불식간에 삶에 방해가 되는 기억들에 스스로를 노출시키는 결과를 낳기도 한다.

과다각성hyperarousal _충격적인 사건이 또 발생할지도 모른다는 우려는 복잡한 일련의 신체적인 반응을 불러일으킨다. 우리가 흔히 "튀거나 싸우거나flight or fight"라고 표현하기도 하는 반응이기도 한데, 이러한 신체적인 반응은 신경계를 활성화시킨다. 이러한 반응은 자율신경계의 상승된 육체적 경계상태가 오랜 시간 지속되는 과다각성 상태로 진행된다(Van der Kolk, 1994; Taylor, 2006). 고문 생존자는 과다각성을 흔히 불면, 짜증이나 분노, 집중의 어려움

등 여러 가지 특징적인 증상으로 표현하곤 한다.

숙면을 취하지 못하는 현상은 고문 생존자에게 아주 공통적으로 나타나는 증상이다. 잠에 들지 못하거나 자주 깨는 증상은 대체로 생존자가 외상과 상실을 자주 기억으로 떠올리는 시기, 우울증이 심해지는 시기 및 스트레스에 취약한 상태 등과 관련이 있다. 피난 과정에 처해 있는 생존자인 경우 이러한 현상은 이민 공판이 미정인 상황에서 흔히 경험하게 된다. 해결되지 않은 법적 상태는 추방될 수도 있다는 생각을 갖게 하며, 이러한 생각은 생존자가 안전한 미래를 상상하는 것을 저해하는 일이 된다.

수치심

대다수의 여성 생존자들은 성적 고문을 말할 때 그것이 그들이 받은 고문 중 매우 큰 부분을 차지한다고 말한다. 여성에 비하면 적은 강도로 일어나며 보고되지 않기도 하지만 남성 또한 종종 성적 고문을 경험한다. 성적 고문 생존자들은 그들의 경험에 대해 논할 때 극도로 심한 수치심을 자주 표현하곤 한다. 이러한 특수 형태의 회피는 성적 수치심이라는 맥락 안에서 이해해야만 한다. 즉, 성적 고문이 불러일으키는 수치심과 강간이라는 것에 따라다니는 문화적 낙인에 대한 이해가 있어야 한다. 대다수의 문화권 안에서 강간을 당한 여성은 '나쁘게' 혹은 '불결하게' 인식된다. 자국 문화권에서는 비난을 당할 것이 뻔하고 고통스러운 충격적인 기억을 떠올리게 할 최고의 낙인이 부여된 외상에 대해 밝히기를 꺼려하는 현상은 성적 고문 생존자 사이에서는 공통적으로 일어나는 일이다(Herman, 1992, 2008). 이러한 현상은 압도적인 외상에 기인한 침해와 위축이라는 심리적 양극 상태의 연속선상에 놓여 있다.

우울과 상실

우울감은 가족, 집, 지역사회의 상실과 가장 강력하게 연관되어 있다. 도망친 후에 흔히 생존자들은 모국에 남아 위험에 처해 있을 가족들에 대해 걱정이 된다고 이야기하곤 한다. 생존자들은 새로운 환경에 적응해야 하는 어려움과 동시에 고향에 있는 친구들과 가족들을 잃은 것에 대해 슬퍼하면서 매우 심각한 외로움을 느낀다. 연속선상에서, 생존자들은 그들에게 의미를 부여하게 해주고 목적의식을 심어 주었던 그들의 역할을 잃어버린 것에 대해 슬퍼한다. 자녀와 헤어지게 된 부모는 부모라는 역할에서 분리된 느낌을 갖는다. 일을 하지도 못하고, 집으로 돈을 보내지도 못하기 때문에 부모로서, 배우자로서, 형제자매로서, 장남/장녀로서의 역할을 하지 못하는 것에 대해 죄책감을 느낀다.

통역자와 협력하기

많은 생존자들이 영어를 사용하지 않는 국가에서 오기 때문에 사회복지사들은 의사소통을 촉진하기 위해 통역할 사람이 필요하다고 느낄 것이다. 사정이나 치료에서 통역자와 협력하는 일은 훈련과 연습을 통해 발전시킬 수 있다. 생존자, 사회복지사, 통역가 등 세 사람이 함께 일함에 있어 혼란이 있을 수 있지만, 그럼에도 불구하고 적절하게 활용된다면 신뢰와 안전감을 높이고 치료의 목표를 인식시키는 데 통역자들이 놀라운 기여를 하곤 한다(National Capacity Building Project at the Center for Victims of Torture, 2005).

이러한 전제를 떠나서, 통역자와 협력함에 있어서 강조되어야 할 요소들이 여러 가지 있다. 일부 생존자들은 자국에서 온 통역자와 함께 같은 방에 있는 것 자체를 꺼려할 수 있다. 왜냐하면 통역자가 고문을 집행한 사람들에게 돈을 받고 상담 내용을 보고할 것이라는 소문 혹은 그것이 기정사실일 수도 있기 때문인데, 그렇게 되면 자국에 남아 있는 가족들이 위험에 처할 수 있다. 클라이언트가 안전함을 느끼는 것은 매우 중요하기 때문에, 치료자는 이러한 클라이언트의 두려움에 융통성 있게 반응하는 방법을 찾아야 한다. 동시에 치료자는 클라이언트의 두려움에만 너무 치우치지 말고 전문 통역자 혹은 자원봉사 통역자를 적절하게 제공함으로써 그들의 걱정을 보완해야 할 것이다. 현존하는 통역 모델(예: 의료 통역, 외교 통역, 법률 통역)은 관계에 대한 고려를 하지 않는다. 일부 치료센터는 통역자의 역할이 독특하므로 내부 훈련을 통해 통역 자원봉사단을 구성하기도 했다. 그리고 수당을 지급하는 통역자들로 자원봉사단을 보충하기도 한다. 의료적인 상황에서는 전화 통역도 종종 사용된다. 그러나 심리치료의 상황에서 전화 통역은 추가적인 선택사항일 뿐이다. 사회복지사는 상담이 이루어지기 전에 상담의 목적에 대해 통역자에게 설명하도록 권고 받는다. 이때 특수한 용어에 대해 검토하고, 비밀보장의 원칙에 대해 강조하고, 상담 중에 통역자의 역할에 대해 검토해야 한다. 특히 심리적 긴장감을 일으키는 내용이 다루어진 경우에는 상담 후에 통역자와 함께 그 내용에 대해 잠시 이야기하는 시간도 필요하다(Engstrom et al., 2010). 전통적인 치료의 일대일 양자 유형을 삼인조 유형으로 확대했을 때 치료자는 새로운 역학에 적응해야 하고, 치료적 관계가 이러한 새로운 차원을 초월할 것이라는 자신감을 지녀야 한다.

대리 외상 그리고 대리 레질리언스

고문 생존자를 대상으로 하는 실천가들은 대리 외상vicarious trauma의 위험에 처할 수 있다. 대리 외상 이론은 정신보건 실천가들이 클라이언트가 경험하는 것과 비슷한 외상 후 스트레스 장애 증상을 경험할 수 있다는 것이다(McCann & Pearlmn, 1990; Baird & Jenkins, 2003; Morrison, 2007). 가정폭력과 아동학대를 다루는 임상가들 사이에서의 대리 외상이 검토된 바 있으나 고문 생존자를 대상으로 하는 임상가에 대한 연구발표는 단 하나뿐이다. Birck(2002)는 치료자에게 외상 후 스트레스 장애와 비슷한 증상이 늘어났고, 치료자가 지닌 사람들에 대한 가치와 안전에 대한 믿음에 변화가 있었다고 보고했다. 출판되지는 않았으나 Engstrom 또한 고문치료 실천가들의 대다수가 대리 외상의 증상을 경험한다는 것을 발견한 바 있다. 대리 외상은 외상에 대한 보편적인 반응이기 때문에 많은 고문치료센터는 실천가들이 이러한 증상을 극복하는 데 도움이 될 수 있는 동료 대 동료 보고 방식peer-to-peer debriefings을 개발하기도 했다.

그러나 고문치료 임상가는 대리 레질리언스vicarious resilience를 경험했다는 보고를 하기도 한다. 대리 레질리언스란 "극도로 충격적인 사회 맥락 속에서 일하고 있는 치료자는 클라이언트로부터 역경에 적응하는 방법을 알게 된다는 점, 대리 레질리언스의 역할이 치료자에게 긍정적인 영향을 미치고 있다는 점, 그리고 이러한 영향은 그 영향력에 의식적인 관심을 보일 때에 더욱 강화될 수 있다는 점"을 주장하고 있다(Hernandez, Gangsei, & Engstrom, 2007, p. 237). 고문치료 실천가에 관한 두 개의 연구에 따르면 대리 레질리언스에는 세 가지 영역이 있음이 발견되었는데, 이는 클라이언트의 레질리언스에 의한 긍정적 영향, 치료자 자신의 삶에 대한 변화된 관점, 그리고 치료 역할에 대한 가치이다(Hernandez et al., 2007; Engstrom, Hernandez, & Gangsei, 2008). 대리 레질리언스에 대한 연구는 대리 레질리언스가 외상 치료의 유해한 영향력을 저지하는 것을 도울 수 있다는 점을 제시한다.

치료

이 장에서 강조하는 바와 같이 고문 생존자에게 효과적인 민감한 치료란 고문의 복잡한 본질 그리고 몇 년이 지나도록 평생에 걸쳐 드러나는 고문의 결과에 대한 이해로부터 시작된다. 단기목표에서 좋은 결과가 있었다 하더라도(증상 완화, 난민 자격 취득 등), 생존자는 문화와 사회적 연결망의 상실 그리고 자국에 여전히 부당함이 존재한다는 사실을 끌어 안고 살아야 한다. 따라서 실천가는 시작부터 장기적인 관점을 가져야 하며, 치료에 있어 과도하게 협소한 접근을 하지 말아야 하며, 많은 사람들의 필요에 대응하는 역할을 즉각 찾을 수 있어야 할 것이다.

증거기반 실천evidence-based practices

고문 생존자를 대상으로 하는 증거기반 실천의 역할에 대한 논쟁은 최근 현장에 있는 연구자와 실천가 사이에서 그 모습을 드러내고 있다. 저명한 외상 연구자인 Metin Basoglu(2006)는 "대부분의 재활프로그램에서 사용하는 심리적 치료는 일관된 이론을 기반으로 하기보다는 여전히 여러 가지 정신치료적인 요소를 복합적으로 사용하는 것으로 보이며, 그 효과를 제시하는 것이 부족한 것으로 보인다(pp. 1230-1231)"고 주장했다. 그는 덧붙여 외상 후 스트레스 장애를 다루기 위해 "선택되어야 할 치료"는 오로지 인지행동치료라고 말했다. 실천가들은 고문치료에는 개별 치료를 넘어서는 다양한 개입이 필요하다고 주장하면서 Basoglu의 분석에 강한 반감을 표시했다(Jaranson et al., 2007). 더 나아가, 어떤 실천가들은 인지행동치료를 지지하는 근거가 대부분 서유럽과 북미에 사는 사람들을 대상으로 한 실천의 결과인데, 고문 생존자들은 그러한 지역에서 온 사람들이 아니라는 점을 지적했다. Fabri(2011)는 경험을 통해 터득한 임상 지식을 결코 과소평가하지 말라고 경고한 바 있다.

고문치료에는 일반적으로 광범위한 의료적, 심리사회적, 법률적 서비스와 더불어 사례관리 서비스가 이루어져야 하기 때문에 지금까지 치료의 모든 요소들을 충분히 아우르는 연구를 진행하기 어려웠다. 최근 고문치료 결과 연구보고서에 Jaranson & Quiroga(2011)는 "어떠한 치료가 가장 효과가 있는지 알 수 없다(p. 102)"고 발표했다. 이러한 시점에서 고문치료의 효과에 관한 증거가 필요함에도 불구하고 관련 연구 지원이 불충분하여 결국 지식의 발전을 저해했다는 것에 대부분 동의하고 있다.

지지적 정신치료

고문 생존자들이 지지를 절실하게 필요로 하는 이유는 극심한 소외를 경험했기 때문이고, 그들이 경험한 다차원적인 고통은 지지적 정신치료를 치료 과정의 매우 자연스러운 한 단계로 포함하게 만든다. 지지적 정신치료의 필요성은 문화적으로 도움을 청하는 행동과 관습이 다르더라도, 또한 신뢰관계를 맺어야 한다는 것에 대해 생존자들이 불안해하더라도 여전히 존재한다.

치료의 단계별 접근법은 치료의 초기 단계에서 안전감을 회복시키는 것을 추천하고 있다. 안전감 회복은 이 단계가 생존자들에게 얼마나 중요한 단계인지 그 뉘앙스를 이해하면서 치료적 관계와 라포 형성에 초점을 맞출 때 성취된다. 우리는 생존자들이 스스로를 보호하려는 성향을 발달시켰다는 점에 대해 인식하고 인정해 주어야 한다. 사실상 스스로를 보호하려는 의식적 혹은 무의식적 심리 과정이 생존자들을 살아남게 도와준 것이며, 상대적인 안전감을 제공한 것이다. 교감하기를 꺼려 하는 생존자들이라고 해서 관심 없어 보인다고 배척할 필요는 없다. 많은 생존자들은 개별 정신치료 패러다임에 대해 잘 알지 못한다. 그래서 치료팀은 생존자들과 상호작용할 때 가능한 한 생존자가 다양한 방법들을 선택할 수 있도록 도와주어야 한다. 예를 들어, 생존자가 치료자에게 진행 속도를 천천히 해달라는 요구를 할 수 있게 하거나, 생존자가 이야기할 준비가 되기 전까지는 구체적인 내용을 밝히지 않아도 된다거나, 치료자와 정면으로 마주하고 앉거나 옆으로 앉는다거나, 또는 약물치료를 받아들이거나 그러지 않거나 하는 것들을 생존자가 선택할 수 있도록 하는 것이다. 과정에 대한 분명한 설명과 묘사는 합리적인 기대를 할 수 있게 돕는다. 선택권을 제공한다는 것은 바로 생존자의 취약성에 대해 섬세하게 반응하고 있음을 표현하는 효과가 있는 치료적 상호작용이며, 관계에 점진적으로 믿음과 안전감을 심어주는 효과와 더불어 생존자 내부에 있는 치유의 능력에 대한 자신감을 다시 회복시켜 주는 효과를 지닌 치료적 상호작용인 것이다(Fabri et al., 2009).

치료의 첫 단계에서 기본적인 심리 교육을 제공하는 것은 생존자가 그들의 심리적 증상에 대해 스스로를 자책하기보다는 증상에 대한 전반적인 맥락을 이해하는 데 도움이 된다. 많은 생존자들은 스스로 "미치고 있다"고 느끼므로 "비정상적인 상황에 대한 정상적인 반응"을 하고 있다는 것을 배우면 그들이 경험하는 고통을 정상화하는 데 도움이 된다. 심리 교육은 생존자로 하여금 통제력을 다시 찾게 해준다. 고문 생존자는 종종 감정 상태를 통제하는 능력을 잃곤 하는데, 이는 그들로 하여금 스스로를 사회적 고립상태로 몰고 가게 한다. 고문이라는 것이 중추신경계에 영향을 미친다는 기본적인 개념을 공유하고 감정 조절력을 다시 찾을 수 있는 방법을 알려주는 것은 치료의 초기 단계에 매우 중요한 일이다. 치료의 첫 단계에 효과가 있는 방법들로는 이완 기술, 기초지식 제공방법, 감정에 이름 붙이기, 의식적인 재구성, 주의를 기울이는 연습 등이 있다. 치료자와 생존자가 함께 개발하는 상담 회의의 시작과 끝을 나타내는 의식을 만들어 사용하는 것은 안전감(안전한 컨테이너)을 증진시키고 문화에 따른 적절한 실천을 해나가는 데 필요한 일이다. 이러한 과정이 대화에 잘 연결되어 있고 어떠한 것이 도움이 되고 어떠한 것은 도움이 안 되는지에 대한 이해와 함께 융통성이 존재한다면 생존자가 자기 자신을 대변할 수 있다는 느낌과 통제력이 강화된다. 생존자의 통제력 강화에 효과적인 도구를 개발하는 데 도움을 주는 일은 그들이 스스로 가지고 있는 강점과 치유 능력에 대한 자신감을 북돋는 일이기도 하다.

정신과 의사와의 협업도 치료 초기에 특별히 효과가 있다. 정신과 약물은 만성적 불면증, 자꾸 떠오르는 외상적 기억들, 우울과 같은 심각한 증상들을 흔히 경감시켜 준다. 정신과 치료를 치료 계획에 포함시키는 것은 생존자가 다른 치료 모델들에 참여함에 있어 기본적으로 필요한 안정을 찾는 데 도움이 될 수 있다.

시간이 경과하는 동안 지속적으로 치료에 대한 선택권을 제공하면서 고통을 완화하기 위해 지금까지 사용한 전략들이 효과가 있었는지에 대한 대화를 해야 하며, 클라이언트에게는 항상 선택권이 있다는 점과 우리가 제공하는 개입의 유용함(혹은 유용하지 않음)에 대해 가장 잘 아는 전문가는 생존자 자신이라는 점을 상기시켜 주어야 한다. 안전한 환경에서 관계의 질이 보다 확실해지고 예측 가능한 지지가 이루어지면 생존자는 사회복지사의 의견을 받아들일지, 받아들이지 않을지에 대한 자신의 목소리를 점차 내기 시작할 것이다. 추후에는 질문을 할 수 있을 만큼 자신감을 가지게 되고, 부정적인 평가, 혁신적인 전략 및 실천자와 적극적인 협력자로서 행동할 정도로 자신감을 가지게 된다. 많은 경우 생존자가 고문을 받게 되는 이유는 그들이 강력한 리더십이 있고 정치 체계의 부패와 폭력에 반대하는 목소리를 효과적으로 높일 수 있기 때문이다. 치료 전반에 스며들어 있는 역량강화 패러다임은 생존자가 애초에 지니고 있던 그 목소리를 다시 살아나게 하는 치료 환경을 만들어 생존자가 다시금 부정을 탄핵하거나 혹은 그 이외에 그들이 선택하는 또 다른 목표를 향해 에너지를 집중할 수 있게 해준다.

외상통합에 대한 융통성 있는 접근_고문치료 전문가들 사이에서는 클라이언트에 대한 노출 기법이 고문 생존자에게 적절한가에 대하여 의견이 분분하다. 생존자가 가진 취약성은 이민 자격, 생존을 가능하게 하는 직장, 그리고 자국에 남아 있는 위험에 처한 가족들과 같은 구조적인 장애물과 관련이 있다. 기본적인 기능조차 불안정한 상태인 것을 감안했을 때, 안전과 유대라는 중심 목표를 확대하기 위해 언제, 어떻게 노출을 사용할 것인지를 알아내는 일은 어려울 수 있다. 하지만 노출은 치료 과정에서 원하는 것보다 일찍 사용되곤 한다.

정치적 망명 절차를 예를 들면, 외상에 대한 보고에 기한이 있어 치료에 영향을 미친다. 외상에 대한 개인적 기술을 준비하는 일은 종종 생존자를 그들이 경험한 외상에 과도하게 노출시키는 결과를 낳는다. 최선의 방법은 아니지만, 사회복지사가 망명 절차(변호사와의 만남에 동행, 법정에 설 때 동행) 내내 치료적인 동반을 활용하여 치료자를 반복되는 재외상 경험에 준비시키고, 이를 관리하고, 그 과정에서 생기는 일을 처리할 수 있다.

클라이언트가 규정하는 정의_치료의 후반부에도 생존자가 힘을 발휘하는 능력에 대해 언급할 수 있다. 이는 단순히 영어로 말하거나 직장을 유지하는 것(물론 이것도 중요한 요소이기는 하지만)보다 더 심오하고 복잡한 목표이다. 생존자가 목소리를 다시 찾는다는 것은 고문을 행한 정부가 생존자들의 입을 다물게 하거나 무능력하게 하는 데 실패했다는 점을 증명하는 정치적 행위인 것이다. 치료에 대한 이러한 관점은 고문에 의해 의도적으로 해를 입은 생존자들의 정체성과 동기의 일부분을 다시 그들과 결합시켜 주는 기회를 촉진시켜 주기도 한다.

생존자 단체가 설립한 기관인 "국제고문철폐와 생존자지지 연합[TASSC]"은 방송 매체에 나서서 이야기하고 워싱턴 D. C의 공무원들에게 압력을 가하기도 한다. 또 어떤 생존자들은 운동단체를 설립하고 미국에 살고 있는 고문 집행자들을 상대로 민간 소송을 제기하기도 한다. 많은 치료센터들은 클라이언트의 고문위원회 활동을 한다. 일부 센터들은 Center of Justice and Accountability(CJA)의 지지를 받아 민간 사례로 정의를 구축하려는 생존자들을 위해 치료적 동반자 역할을 한다. 이러한 절차가 심리적으로 탈진하게 하고 외상을 다시 경험하게 하며 오래 지속되어 힘들기는 하지만, 많은 생존자들은 이러한 일에 참여하는 데에서 오는 깊이 있는 치료와 역량강화의 경험을 하게 된다.

■

결론

고문 생존자들을 대상으로 한 임상 실천은 전통적으로 누군가를 돕는 전문직이 강조해 왔던 공정성과 중립성을 강조하는 접근에 변화를 요구한다. 고문 생존자는 국가의 대리인들에 의해 고의적이며 의도적으로 행해진 엄청난 인권 유린의 피해자다. 그러므로 이러한 범죄에 대해 중립적인 것은 곧 고문 행위자들의 편에 서는 것과도 같다. 고문 생존자를 돕는 사회복지사는 실천의 일부분으로 인권이라는 준거틀을 적용해야 한다. 이러한 준거틀은 사회복지사가 국제적인 사건들을 적극적으로 점검해볼 때 인권이 "문제가 되는 지역"이 어디인지 확인할 수 있는 눈을 가지고, 그리고 그러한 "문제가 되는 지역"에서 온 클라이언트라면 고문 생존자일 가능성이 다분히 있음을 인지할 것을 요구한다. 생존자의 모국 상황에 근거한 지식을 기반으로 한 인권 준거틀은 고문 생존자를 대상으로 한 임상 사정과 치료에 도움이 될 것이다.

고문 생존자를 대상으로 하는 일은 임상치료가 가지고 있는 권력의 역동에 대해 민감해야 한다. 왜냐하면 고문이란 한 인간의 힘을 빼앗아가는 행위이므로 치료는 반드시 스스로를 대변할 수 있는 힘을 다시 찾는 일을 강조해야 한다. 이번 장에서 강조했듯이 치료는 반드시 강점 관점의 맥락에서 클라이언트가 통제권을 가진 상태에서 이루어져야 한다. 그리고 생존자는 매우 레질리언트하다는 점이 강조되어야 한다. 만약 그들이 레질리언트하지 않다면 고문이라는 외상과 고문으로부터의 탈출, 재정착의 과정을 견뎌내지 못했을 것이다. 고문 생존자의 레질리언스는 외상 치료의 버팀목이 되어야 한다. 고문 생존자가 사회복지사에게 필요로 하는 것은 그들이 경험하는 고통과 괴로움이 줄어들 것이라고 안심시켜 주는 일이며, 외상으로부터 회복할 수 있는 능력이 그들 내면에 있다는 점을 확신시켜 주는 일이다. 강점 관점 혹은 레질리언스 관점은 사회복지사에게 치유의 책임이 있는 것이 아니라, 치유가 촉진되도록 돕는 역할을 해야 한다는 점을 상기시켜 준다.

고문 생존자를 대상으로 하는 일은 사회복지사로 하여금 그들이 익숙한 공간을 벗어나 전 세계적으로 만연되어 있는 억압에 맞설 것을 강요한다. 많은 사회복지사에게 이것은 고문의 피해를 치유하는 데 도움을 주는 일에서 그치는 것이 아니라 고문이 발생하는 것을 예방하는 데에도 기여하는 것을 의미한다. 결국 고문이란 것은 박해와 억압과 같은 거시적인 요소들이 외상 후 스트레스 장애와 우울증과 같은 미시적인 문제들을 만들어내는 그 교차점의 실례이다. 그러므로 고문을 오로지 미시적인 관점에서만 다룬다면 너무나 시급하게 이루어져야 하는 옹호 활동과 고문에 대한 책임을 정부가 지도록 요구하는 것과 같은 거시적인 활동이 무시되는 일이다. 고문 생존자는 사회복지사로 하여금 생존자들 그리고 그 외에 고문에 대항하여 목소리를 높이는 사람들과도 단결하여 하나가 되도록 영감을 불어넣어 주며 이를 강요하기도 한다. 우리는 우리 스스로를 대변하여 목소리를 높이거나 어떤 행동을 취할 수도 있을 것이다.

[알림]

저자는 준비된 유능한 보조연구자인, Kirstin Dickens에게 감사를 표하는 바이다.

참고문헌

Amnesty International (2010). Amnesty International Report 2010. London: Amnesty International Publications.

Baird, S., & Jenkins, S. R. (2003). Vicarious traumatization, secondary traumatic stress, and burnout in sexual assault and domestic violence agency volunteer and paid staff. Violence and Victims, 18(1), 71-86.

Basoglu, M. (1992). Introduction. In M. Basoglu (Ed.), Torture and its consequences (pp. 1-9). New York: Cambreidge University Press.

__________ (2006). Little outcome evaluation has been done in torture rehabilitation. *British Medical Journal, 333*, 1230-1231.

Birck, A. (2002). Secondary traumatization and burnout in professionals working with torture survivors. *Traumatology*, *7*, 85-90.

Bohmer, C., & Shuman, A. (2008). *Rejecting refugees: Political asylum in the 21st century*. New York: Routledge.

Conroy, J. (2000). *Unspeakable acts, ordinary people: the dynamic of torture*. Berkeley, CA: University of California Press.

Danner, M. (1994). *The massacre at El Mozote*. New York: Vintage Books.

Engstrom, D. W., & Okamura, A. (2004). A plague of our time: Torture, human rights, and social work. Families in Society, 85(3): 291-300.

Fabri, M. (2001). Reconstructing safety: Adjustments to the therapeutic frame in the treatment of survivors of political torture. *Professional psychology: Research and Practice, 32*(5), 452-457.

________ (2011). Best, promising and emerging practices in the treatment of trauma. *Torture, 21*(1): 27-38.

Fabri, M. Joyce, M., Black, M., & Gonzalez, M. (2009). Caring for torture survivors: The Marjorie Kovler Center. In Stout, C. (Ed.), *The new humanitarians* (pp. 157-187). Westport, CT: Praeger.

Gerrity, E., Keane, T. M., & Tuma, F. (Eds.) (2001). The mental health consequences of torture. New York: Kluwer Academic/Plenum Publishers.

Gourevitch, P. (1998). We wish to inform you that tomorrow we will be killed with our families, New York: Farrar Straus and Giroux.

Herman, J. L. (1992). *Trauma and recovery: the aftermath of violence.* New York: Basic Books.

___________ (2008). Shattered shame states and their repair. In J. Yellin & K. White K (Eds.), *Shattered states: Disorganised attachment and its repair.* London: Karnac.

Hernandez, P., Gangsei, D., & Engstrom, D. W. (2007). Vicarious resilience: A new concept in work with those who survive trauma. *Family Process, 46*(2): 229-241.

Jaranson, J. M., Butcher, J., Halcon, L., Johnson, D. J., Robertson, C., Svik, K., Spring, M., & Westermeyer, J. (2004). Somali and Oromo refugees: correlates of torture and trauma history, *American Journal of public Health, 94*(4): 591-598.

Jaranson, J. M., et al. (2007). Standard therapy for all torture survivors? *British Medical Journal.* 334.

Jaranson, J. M. & Quiroga, J. (2011). Evaluating the services of torture rehabilitation programmes: History and recommendations. *Torture, 21*(2): 98-140.

Lifton, R. J. (2004). Doctors and torture. *New England Journal of Medicine, 351*, 415-416.

McCann, I. L., & Pearlman, L. A. (1990). Vicarious traumatization: A framewrk for understanding the psychological effects of working with victims. *Jour-*

nal of Traumatic Stress, 3, 131-149.

McCoy, A. (2006). *A question of torture: CIA interrogration, from the cold war to the war on terror* (pp. 88-97). New York: Henry Holt and Company.

Mollica, R., Sarajlic, N., Chernoff, M., Lavelle, J., Vukovic, I. S., & Massagli, M. (2001). Longitudinal study of psychiatric symptoms, disability, morality and emigration among Bosnian refugees. *Journal of the American Medical Association*. 286(5), 546-554.

Mollica, R. (2006). *Healing invisible wounds: Paths to hope and recovery in a violent world.* Orlando, FL: Harcourt.

Morrison, Z. (2007). "Feeling heavy": Vicarious trauma and other issues facing those who work in the sexual assault field. *Australian Institute of Family Studies, 4*, 1-13.

National Capacity Building Project at the Center for Victims of Torture (2005). Working with torture survivors: Core competencies. In *Healing the hurt* (Chapter 3). Minneapolis, MN: The Center for Victims of Torture. Retrieved from http://www.healtorture.org/files/files/Healing_the_Hurt_Ch3.pdf

Okawa, J. (2008). Considerations for the cross-cultural evaluation of refugees and asylum seekers. In L. Suzuki & J. Ponterotto (Eds.), Heandbook of multicultural assessment: Clinical psychological and educational applications (pp. 165-194). San Francisco, CA: Jossey-Bass.

Oritz, D. (2002). *The blindfold's eye: My journey from torture to truth.* New York: Orbis Books.

Osiel, M. (2004). The mental state of torturers. in S. Levinson (Ed), *Torture, a collection* (pp. 129-141).

Quiroga, J. & Jaranson, J. M. (2005). Politically-motivated torture and its survivors; a desk study review of torture. *Torture, 15*(2-3), 1-111.

Ramji-Nogales, J., Schoenholtz, A., & Schrg, P. (2008). Refugee routlette: Disparities in asylum adjudication. *Stanfoed Law Review, 60*, 295.

Reichert, E. (2003). *Social work and human rights* (pp. 224-238). New York: Guilford Press.

Silove, D. J. (2004). The Global challenge of asylum. In J. Wilson, & B. Drozdek (Eds.), *Broken spirits: The treatment of traumatized asylum seekers, refugees, war and torture survivors* (pp. 13-33). New York: Brunner-Routeledge.

Taylor, S. (2006). *Clinician's guide to PTSD: a cognitive-behavioral appreach.* New York: Guilford Press.

U.S. Congress, House of Representatives (2009). *Healing the wounds: Torture treatment centers around the world.* Hearing before the Tom Lantos Human Rights Commission. 111 Cong., 1st session, May 21.

Vad der Kolk, B. (1994). The body keeps the score: Memory and the evolving psychobiology of post traumatic stress. *Harvard Review of Psychiatry, 1*(5), 253-265.

Wolf, E. R. (1999). *Envisioning Power: Ideologies of dominance and crisis.* University of California Press.

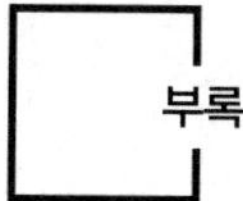

부록

■ 생존자 이야기를 담은 책

Oritz, D. (2002). *The blindfold's eye: My journey from torture to truth.* New York: Orbis Books.

Strejilvich, N. (2002). *A single, numberless death.* Charlottesville, VA: University of Virginia Press.

Timmerman, J. (1981). *Prisoner without a name, cell without a number.* New York: Knopf.

Partony, A. (1986). *The little school: tables of disappearance and survival in Argentina.* San Fracisco, Ca: Cleis Press.

■ 영화 및 다큐멘터리

Don McBreaty. (2004). *Chasing Freedom.* Blueprint Entertainment.

Isabil Coiset. (2005). *The Secret Lives of Words.* MonopolepPathe.

Shari Robertson & Michael Camerini. (2000). *Well-founded Fear.*

Roman Polanski. (1994). *Death and the Maiden.* Fine Line Features.

Kathy Berger & Ines Sommer. (2012). *Beneath the Blindfold.* Percolator Films.

Terry Coonan and Valliere Richard Auzenne. (2007). *Breaking the Silence: Torture Survivors Speak Out.* Florida State University.

■ 참고 사이트

Amnesty International: www.amnestyusa.org

Human Rights Watch: www.hrw.org

Center for Justice and Accoutability: www.cja.org

Torture Abolition and Survivors Support Coalition (TASSC): www.tassx.org

National Consortium of Torture Treatment Programs: www.ncttp.org

The Center for Victims of Torture: www.cvt.org; www.HealTorture.org

United Nations High Commission for Refugees: www.unhcr.ch

20

HIV/AIDS의 영향을 받는 라틴계 가족과의 상담

Claudia Lucia Moreno

미국의 라틴계 인구는 가장 빠르게 성장하고 있는 집단 중 하나이며, 40년 이내에 미국에서 가장 다수인 소수인종 집단이 될 것이라고 추정된다(U.S. 통계청). 이렇게 빠른 성장은 문화적으로 적절한 서비스를 적절하게 다루고 제공할 수 있는 능력을 갖추어야 할 필요가 있는 사회복지사들에게 몇 가지 도전 과제를 제시하고 있다. HIV는 성생활을 하고 있거나, 신체적으로 정맥과 관련된 장비를 사용할 경우엔 누구든지 감염될 수 있는 바이러스이다. 그러므로 어떤 상담 분야에 있는 어떤 사회복지사라도, 반드시 특정 기관이 아니더라도, HIV 양성 반응자들을 만날 수 있는 가능성은 존재하는 것이다. 사회복지사들은 이러한 가능성에 대비하여 HIV 양성 반응 집단의 사람들을 효과적으로 다룰 수 있는 방법에 대한 인식, 지식 및 기술을 갖추고 있어야만 한다. HIV의 생물학, 현재의 발견, 성별 차이, 그리고 전염상 위험 요인들, 영향, 그리고 HIV 감염의 결과, 낙인, HIV/AIDS의 적절한 치료 및 영성 및 인생의 말기 등의 주제들에 대해서는 필수적으로 알고 있어야 한다. HIV/AIDS는 단순히 개인에게 영향을 줄 뿐만 아니라, 가족, 친구, 지역사회, 환경 및 사회 일반에도 영향을 주고 있다.

본 장은 특히 라틴계 가족들에 집중할 것이다. 가족은 가치를 바탕으로 개인과 지역사회 기능의 필수요소가 된다. 전통적으로 가족은 HIV/AIDS에 감염된 사람들을 위한 지지의 원천인데, 그 이유는 HIV/AIDS에 관련된 낙인이 가족들과 관계에 도전을 초래하고 변화시킬 수 있으며, 가족의 지지, 관계, 양육, 및 사회심리적 안녕에 영향을 미칠 수 있기 때문이다. HIV는 개인에게만 영향을 주는 것이 아니라, 가족, 즉 자녀, 부부, 친척 및 부모에게도 영향을 준다 (Bar & Elford, 1998).

미국 내 라틴계 사람들은 20개의 서로 다른 나라에서 서로 다른 역사와 서로 다른 이민의 여정을 가지고 왔다. 비록 라틴계 공동체는 매우 다양하지만, 본 장에서 발견되는 일부 문헌들은 가장 주요한 라틴계 집단을 포함할 것이다. 라틴 공동체가 달라지고 있으며 그 자체로 변화되고 있으면서, 서로 다른 라틴 단체들은 문헌과 연구에서 그 모습을 나타낼 필요가 있을 것이다. 본 장에서의 '가족'은 생물학적 의미나 시민적 관계로만 한정되지는 않는다. 여기에서 가족은 가족으로 생각되는 구성원으로 폭넓게 정의해 본다.

■

문제의 범위 및 심각성

HIV는 질병과 싸우는 특정 혈구(T-세포 또는 CD4 세포)를 파괴하는 면역결핍 바이러스로, 치료할 수 없는 생명을 위협하는 상황으로 귀결된다. 사람들은 무방비적 성관계(구강, 항문, 질)로 인하여 HIV에 걸릴 수 있으며, 감염된 주사를 공유하여 걸릴 수도 있다. 수혈로 인한 감염은 1985년 이후

혈액 공급의 철저한 관리로 드문 경우에 해당하게 되었다.

AIDS는 T-세포의 수가 200 이하일 경우 발생한다, HIV에는 두 가지 구체적인 유형이 있다. 그것은 바로 HIV1과 HIV2이다. 각 유형은 다른 특징을 가지고 있다. HIV1은 세계적으로 가장 일반적인 유형이다(Kanld et al., 1994). HIV1 보균자들은 건강한 라이프스타일을 가지고 의료적으로 철저히 치료를 받는다면 많은 해를 살 수 있다. HIV2는 덜 일반적인 유형이며, 주로 서아프리카에서 발견된다. 이 바이러스는 HIV1보다는 전염성이 덜하며 이 유형의 바이러스에 감염된 사람들은 더 오래 살 수 있지만, 이 바이러스가 AIDS로 전환되면, 더욱 치명적인 병이 된다(Kanld et al., 1994).

HIV 바이러스는 신체 내로 들어가서 구체적인 HIV 테스트에 의하여 발견되기까지는 3개월에서 6개월 정도가 걸린다. 이 기간을 두고 윈도 피리어드 window period라고 한다. 만약 어떤 사람이 음성 판정을 받았다 하더라도 3~6개월의 윈도 피리어드 기간 동안 성적 접촉 시 보호도구를 사용하지 않았거나 다른 사람에게 사용되었던 주사 바늘을 맞았다면 음성이라는 검사 결과를 확신할 수 없으며, 다시 검사를 받아야 한다. 이러한 재검사를 통해 그 사람의 HIV 상태를 더욱 명확하게 알아볼 수 있을 것이다.

신체 내 HIV 바이러스의 양은 사람에 따라서, HIV 보균 시간의 길이에 따라서, 그리고 복용한 약물에 따라서 달라진다. 현재 약물은 바이러스의 양을 낮추고 HIV의 전염성도 낮출 수 있다. HIV 약물을 복용하는 사람들이 종종 겪게 되는 문제들 중 하나는 유착(서로 떨어져 있는 피부나 막 등이 염증이 생겨서 서로 들러붙는 것)이다. HIV 약물은 끔찍하고 좋지 못한 부작용을 가질 수 있지만, 이러한 약물들은 사람들의 수명을 연장시켜 주었다. 유착은 내성으로 이어질 수 있으며, 약물의 효과가 없게 만들 수도 있고, 바이러스의 양을 증가시키며 HIV의 진행으로 이어진다. HIV 보균자들은 바이러스를 전염시킬 뿐만 아니라, 약물에 대한 그들의 내성과 바이러스의 양도 전염시킨다. 따라서 바이러스에 전염된 사람은 HIV를 전염 받을 뿐만 아니라 약물에 대한 전염자의 내

성까지도 받게 되는 것이다. 현재 우리는 시장에 다양한 약물을 가지고 있으며, 새로운 약물들도 개발되고 있다. HIV는 콘돔(남성 및 여성 콘돔)을 사용함으로써 예방될 수 있다. HIV의 과학은 발전하였고, 항레트로바이러스 약물과 살균제를 포함하여, HIV의 감염을 줄일 수 있는 새로운 방법들이 있다. 예를 들면, 새로운 약물은 HIV가 감염된 사람에게서 바이러스를 감소시키며, 바이러스의 전염성도 감소시키는 것을 보여 주었다. 살균제는 국소용 겔로서, 성적 접촉 전에 바르는 것이고, 살균제의 일부 유형은 HIV 바이러스를 죽이는 것으로 발견되었다. 현재 다른 유형의 살균제들의 효과성을 추정하기 위한 임상실험들이 이루어지고 있다. 또 다른 형태의 예방은 PreP(사전노출 예방약)인데, 이는 만약 어떤 사람이 HIV에 감염된 상대방과 무방비 상태의 성관계를 가지고자 한다면, 감염된 사람과 감염되지 않은 사람 모두 항레트로 약물을 복용하여 바이러스의 전염성을 감소시키는 것을 의미한다. PreP는 또한 사람이 자기가 HIV 바이러스에 노출되었다고 생각할 때 사용된다. 이러한 사람들은 바이러스 번식의 가능성을 줄이기 위하여 일정 기간 동안 항레트로 바이러스 약물을 복용해야 할 것이다. 라틴계 남성들은 두 번째로 HIV 감염의 발생률이 높은 집단이며, AIDS로 인한 가장 높은 사망률을 기록하고 있다(Centers for Disease Control and Prevention [CDC], 2010a).

미국에서는 매년 약 50,000명의 사람들이 HIV에 감염되고 있다. 라틴계 집단의 HIV/AIDS 감염률은 비정상적이라 할 만큼 급증했다. 라틴계 남성들은 전체 인구의 16%를 차지하고 있으며, 새로운 HIV 감염자 수의 20%를 차지하고 있다(CDC, 2011a). 라틴계 MSM(남성과 성관계를 가지는 남성)은 HIV에 특히 영향을 받아서, 새로운 감염의 81%를 차지하고 있으며, 모든 MSM의 20%를 차지한다. 이러한 역학적 추세를 고려한다면 어느 시점부터는 라틴계 남성 36명 중 1명꼴로 HIV 진단을 받게 될 수도 있을 것이다.

라틴계 여성들은 새로운 HIV 감염의 21%를 차지한다. 라틴계 사회의 걱정 중 하나는 HIV 테스트의 부족이다. 라틴계 남성들이 HIV 테스트를 받을 때, 대다수는 HIV가 아닌 AIDS에 감염되어 있었던 것으로 나타났는데, 그 이유는 테스트가 수년간 지연되어 왔기 때문이다. 이러한 통계가 의미하는 것은 라틴 남성들은 백인 남성에 비하여 3배 더 많이 AIDS를 확산시키고 있다는 것이며, 라틴 여성들은 백인 여성들에 비하여 6배나 더 빠른 속도로 AIDS를 확산시키고 있다는 것이다. HIV는 어떠한 심각한 증상 없이도 신체 속에 수년간 남아 있을 수 있는 조용한 바이러스이다.

또 다른 형태의 HIV 전염은 출산을 통해 이루어지는데, 이는 임신, 진통, 분만 혹은 모유수유 단계에서 어머니에게서 자녀에게로 발생하는 것이다. 자녀들이 어떻게 감염되는지 알게 된 후, 감염된 임신 여성에게 약물을 제공함으로써 모든 임신 여성에게 예방 테스트가 이루어지고 있다. 이러한 테스트는 제왕절개를 통한 분만과 모유수유를 하지 않는 아기들의 분만 시 전염을 줄이고 예방을 취함으로써 산모의 HIV의 양을 감소시킨다(CDC, 2007).

HIV/AIDS는 여전히 라틴계 남성들에게 많은 낙인을 씌우며, 수많은 사람들은 결과를 알게 되는 것을 두려워한 나머지 테스트를 받지 않고 있다. CDC (2011a)는 미국에서 약 120만 명의 사람들이 HIV를 보균한 채로 살고 있다고 추정하고 있지만, 240,000명만이 자신들이 감염되었는지 모르고 있다고 한다. 테스트의 부족은 바이러스가 퍼져나가도록 하고 있으며, 수많은 개인들과 가족들에게 영향을 주고 있다.

■

라틴 가족들이 공유하는 사회심리적 우려

HIV/AIDS

HIV/AIDS는 미국에 살고 있는 수많은 라틴계 사람들의 삶에 영향을 주고 있다. HIV 양성 반응을 받는 것, 그리고/또는 사랑하는 사람이 HIV 보균자인 것은 여러 가족들과 개인들에 따라서 다르게 나타나고 있는 경험이다. 그들의 반응은 신념, 규범, 가치, 정서적 패턴, 사회경제적 요인, 그리고 지각된 전염방식을 포함하는 문화심리적 맥락에 내포되어 있다. HIV/AIDS는 여전히 높은 수준의 낙인을 가지고 있고, 서비스를 받지 못하도록 상당한 장벽을 형성하고 있으며, 생물학적-심리적-사회적 지원을 제공하지 못하도록 막고 있다. 또한 HIV/AIDS로 인해 개인의 역량과 정신적, 심리사회적 의미가 변화하는 경험을 하게 된다.

환경적/구조적 요인

HIV의 위험에 영향을 주는 여러 사회환경적 요인들은 빈곤, 제한된 교육 및 직업 기회, 차별, 이민 상태, 폭력, 그리고 권한의 수준 등을 포함하고 있다 (Moreno, 2007). 지구에서 HIV의 영향을 받고 있는 대부분의 사람들은 가난하다. 수많은 HIV 보균자들에게 빈곤은 걱정거리이다. 일부 연구들은 빈곤을 HIV에 연결시켰고, HIV가 가난에 시달리는 사람들에게 더욱 일반적이라는 점을 발견하였으며, 미국의 많은 가난한 사람들은 HIV/AIDS에 대한 UN 공동 프로그램(UNAIDS)에 의하여 정의된 HIV에 걸린 전염병을 가지고 있음을 지적했다(CDC, 2010b). 그것은 일정한 이웃에서 거주하는 것은 HIV에 걸릴 수 있는 위험 요인이 될 수 있음을 의미한다. 미국의 라틴계 사람들은 국가 인구의 16%를 차지하지만, 빈곤층의 26.6%나 차지하고 있다. 2010년 인구조사에 따르면, 라틴 계열의 빈곤층은 증가하였고, 1997년 이래로 가장 높은 수치를 기록하고 있다고 한다(DeNavas-Walt, Proctor, & Smith, 2011).

구조적 요인도 HIV 위험을 다루는 데 있어서 중요해지고 있는데, 그 이유는 이러한 요인들이 HIV 감염의 위험에만 영향을 주는 것이 아니라, 서비스에 대한 접근에도 영향을 주기 때문이다. HIV와 관련된 구조적 요인들은 HIV 감염을 피하고자 하는 개인들을 보살피고 방해하는 주변 환경의 물리적, 사회적, 문화적, 조직적, 공동체, 경제, 법적 및 정책적 측면을 포함하고 있다. CDC에 의하여 채택된 대부분의 HIV 중재들은 HIV 바이러스가 번성하는 빈곤, 인종 차별, 성별 불평등, 및 성적 억압은 다루지 않으면서, 개인의 행동에만 특히 집중하고 있다(Sumartojo, Doll, Hotgrave, Gayle, & Merson, 2000).

빈곤은 HIV 감염의 위험요소일 뿐만 아니라 서비스에 대한 접근도 지연시키고 이미 HIV에 감염된 라틴계 사람들의 스트레스와 질 낮은 건강을 악화시키기도 한다(Harris, Firestone, & Vega, 2005; Kalichman & Grebler, 2010). 빈곤 속에 살고 있는 라틴계 가족들은 HIV가 그들의 가정에 들어올 때, 더 많은 스트레스 요인들로 인하여 고통 받을 수 있다.

새로운 이민자인 대부분의 라틴계 사람들은 가난하고 제한된 직업기술을 가지고 있다. 일부 라틴계 사람들은 가난한 주변 환경 속에서 HIV를 접하게 되고, 그들의 경제적 의존도와 이민 상태로 인하여 더 위험한 관계를 가지게 된다. 이러한 구조적 환경은 라틴 계열 사람들의 HIV 위험을 악화시킨다. 역사적으로 라틴계 여성들과 레즈비언, 게이, 양성애자, 트랜스젠더 및 퀴어LGBTQ 사회는 소외되어 왔으며, 권리를 박탈당해왔고, 민족 차별, 동성애혐오증, 성별 및 권력 불균형으로 인하여 고통받아 왔다. 이러한 요인들은 그들의 건강상태, 스트레스 요인, 치료 접근 및 약물 집착에 기여하며, 안전한 성관계를 맺을 수 있는 그들의 능력(Moreno, 2007)과 자기관리 능력을 시사하고 있다.

언어 장벽, 낙인, 금기는 라틴 사회에서 HIV와 관련이 있었다. 일부 라틴 가족들은 영어를 잘 하지 못하며, 이러한 사실은 의료 분야 및 사회복지, 기타 관련 서비스와 소통할 수 있는 능력을 제한하고 있다.

폭력과 학대의 역사는 HIV 위험을 시사하는 것으로 나타나며, HIV에 감염된 사람들의 관리에 영향을 준다. 여성과 트랜스젠더와 같은 집단들은 높은 정신적 충격과 폭력을 당할 발생률을 보인다.

HIV의 사회환경적 맥락을 이해하는 것도 필수적이다. HIV는 개인의 행동으로 인한 것이 아니라 더욱 큰 환경에 기인한 것이다. 유색인종 가족의 HIV를 다룰 때는 사회환경적 중재와 상담이 포함되어야 한다. 한편, 연구자들은 성별, 인종 또는 민족성과 계급이 어떻게 상호작용하여 HIV/AIDS로 고통당하는 저소득층 소수민족들에게 뚜렷한 문제들을 형성하는지에 대하여 다루기 시작했다(Lekas, Siegel, & Schrimshaw, 2006).

사회문화적 요인

HIV 위험에 연결되었을 뿐만 아니라, 어떻게 문화적 가족들이 HIV에 대처하고 있는지에 대한 몇 가지 사회문화적 요인들이 있다. HIV 감염에만 관련되어 있을 뿐만 아니라, 어떻게 라틴계 가족들이 HIV에 대처하는지에 대한 여러 가지 신념체계와 문화적 규범이 있다.

성별에 따른 규범

라틴계 사람들은 자신들의 삶의 여러 차원에 영향을 주는 남자와 여자 사이의 권력 차별(CDC, 2011a)에 대한 뚜렷한 전통을 가지고 있다(Cianelli, Ferrer, & McElmurry, 2008). 이러한 권력의 차별은 남자다움machismo과 여자다움marianismo의 문화 스크립트에 의하여 특징지어진다. 비록 이 두 가지 문화 스크립트는 라틴계열 사람들에게 독특한 것이라고는 할 수 없으며, 다른 문화에서도 발견되는 것이지만, 이러한 힘의 차별은 라틴계 사람들 중에서 남성과 여성 모두를 표시하는 것이다.

남자다움은 지배적이고, 정력이 넘치며, 독립적인 것으로 특징지어지는 반면, 여자다움은 수동적, 복종적, 의존적 그리고 순결함을 강조한다(Moreno, 2007). 모든 라틴 남성과 여성들이 이러한 전통을 고수하는 것은 아니지만, 이러한 특징들은 여전히 라틴 아메리카에서 유행하고 있으며, 관계에 영향을 주고 있고, 궁극적으로는 HIV 위험 행동과 HIV 치료에도 영향을 주고 있다. 남성에게 있어서, 남성스러움은 여자를 더 많이 가질수록 남성성이 더욱 강해진다는 생각으로 인하여 위험 요인이 될 수 있다. 여성에게 있어서는 성모마리아 적인marianista 전통에 따라서 여성들은 성에 관하여 지식을 가지고 있으면 안 되고, 가족을 위하여 남자의 부정도 받아들이도록 기대되며, "그것이 바로 남자기 때문에" 남자의 부정을 받아들여야 한다. 남자의 부정은 용인되지만, 여성이 불순할 경우, 그녀는 거부되며 그녀의 행동은 많은 사람들에 의해 수용될 수 없는데, 그 이유는 그녀는 문화적으로 정해진 성 역할에 알맞지 않기 때문이다.

남성스러움과 여성스러움은 라틴 게이들에게도 영향을 주고 있다. 라틴 LGBT에게 있어서 남성성과 여성성의 문화적 개념은 억압적이고 동성애 혐오적이며, 이 두 가지 체제에 적합하지 않은 개인들의 자기 존중감과 자부심을 손상시킬 수 있다(Diaz, 1998). LGBT 성향을 가진 사람들에게 있어서는 그들의 성적 취향에 대하여 공개하는 것이 매우 고통스럽게 된다.

어떤 경우에는 HIV에 감염된 라틴 남자들은 HIV에 감염된 여자와는 매우 다르게 보인다. HIV 양성 반응을 보이고, "난잡한 여자" 또는 "마약중독자"라는 낙인이 찍힌 여자들에 대해서는 더 그러하다. HIV에 감염된 라틴 여성들은 더 많은 낙인과 오해를 견뎌야 하며, 이들 중 상당수가 자신들의 건강에 소홀하고, HIV에 걸린 파트너를 돌보면서도 자신을 돌보는 사람은 없다(Moreno, 2007).

가족주의

가족은 라틴계 사람들의 중심이며 수많은 라틴계 사람들의 삶에 영향을 주는 가장 중요한 문화적 요인 중 하나이다. 가족은 지지, 양육, 그리고 정체성의 매우 훌륭한 근원이다. 가족주의는 가족 관계의 강조이며 가족생활의 필수적인 부분이자 여성의 성 역할로서 자녀양육에 강한 가치를 두고 있는 것이라고 볼 수 있다. 가족의 의무에 대한 강한 강조가 있으며, 자녀, 교회, 지역사회를 포함하는 가족의 삶에도 큰 강조점을 두고 있다. 가족주의는 개인의 욕구보다는 가족의 중요성과 가족과 연결되는 것의 중요성을 강조한다(Moreno, 2006). 라틴 가족이 HIV/AIDS에 걸린 가족 구성원을 거부할 때, 이러한 사실은 그 당사자에게는 해로운 일일 수 있으며, 자기 존중감과 자기간호를 방해할 수 있다. 동성애혐오증으로 인하여 라틴 LGBT는 가족들에게 자신들의 HIV 상태를 공개하는 데 어려움을 겪을 수 있다. 왜냐하면 많은 경우 그들의 HIV 상태만 공개하게 될 뿐만 아니라, 그들의 성적 지향마저도 공개가 되기 때문이다. 일부 라틴 LGBT는 그들의 성적 지향과 HIV 상태를 가족 외의 다른 사람들에게만 공개하기를 선호한다(Zea, 2004). HIV에 감염된 라틴 여성에게 수행된 한 연구에 의하면(Moreno, 2007), 여성은 가족의 바이러스에 성공적으로 대처할 수 있는 능력에서 중심 역할을 하고 있으며, 그들의 상태를 수용할 수 있는 가족의 능력은 그들의 스트레스와 자부심의 정도에 영향을 미치는 것으로 발견했다. HIV/AIDS 보균자가 있는 라틴 가족들을 상담할 때는 가족들이 HIV와 HIV/AIDS의 진행에 대하여 이해할 수 있도록 성공적인 대처를 제공하는 것이 필수적이다.

Fatalismo(운명론)는 라틴계 사람들에게만 독특한 것은 아닌 문화적 신념이다. 이 신앙은 인간이 통제할 수 있는 것 이상의 사건들이 있다는 믿음으로서 가톨릭교에 자리 잡았다. 운명론fatalism은 종교적이면서도 문화적인 함축을 가지고 있으며, 사건과 운명을 인도하는 것은 사람이 아니라 신의 운명이며, 사람들은 이전에 행한 잘못에 대하여 벌을 받아야 한다는 신념에 의하여 전형적인 예가 되는 것이다(Falicov, 1998). 운명론적 태도는 그것은 HIV 감염으로부터 보호하고자 하는 낮은 능률과 조절에 관련이 있기 때문에 HIV 감염으로 이어질 수 있다(CDC, 2011a). 감염이 되고 나면, 운명론적 태도는 의료적 관리를 방해할 수 있으며 의료기관에 대한 의존을 막을 수도 있다. 한편 가족들은 통제의 관점과 HIV를 피하는 것과 건강관리의 중요성을 통합함으로써 그들의 운명론적 관점에 대해 이해되어야 한다. 예를 들면, 사회복지사들은 가족들에게 "만약 당신이 그것이 신의 주권이라고 믿는다면, 어쩌면 신은 당신이 HIV를 피하기를 원하시고 당신의 건강을 관리하고자 하실 수 있습니다"라고 이야기할 수 있을 것이다.

낙인에 대한 대처와 프라이버시 관리

HIV는 계속해서 크게 낙인을 받는 질병으로 남아 있으며, 동성애혐오증과도 관련이 있다. 수많은 라틴 계열 사람들은 위험행동을 공개하는 것에 대하여 두려워하고, 그들의 성적 지향에 대해서도 걱정한다. 낙인을 받는 것의 두려움은 라틴계 사람들이 테스트와 치료 및 예방 서비스를 구하는 행동을 막는다(CDC, 2011b). 낙인은 가족들과 상담할 때 다루어지는 매우 중요한 분야이다. 가족에 공개하는 것은 달라지며, 종종 고통스럽고 어려운 결정이다. 이 과정은 때때로 단계를 거쳐서 이루어지고, 복잡할 수 있으며, 완전한 비밀로 유지하는 상태에서부터 완전히 공개하는 상태에 이를 수도 있다. 일부 연구들은 라틴계열 사람들이 자신의 대가족들에게 HIV에 대하여 공개하는 비율은 매우 낮다는 것과, 보통 공개는 대상과 관계의 질에 기초하여 이루어진다는 것을 발견하였다(Cusick, 1999).

위험 행동 또는 성적 지향을 공개하는 것의 두려움은 라틴계 사람들이 테스트, 치료, 예방 서비스, 그리고 친구와 가족들의 지원을 추구하지 못하도록 막을 수 있다. 결과적으로 너무나 많은 라틴 사람들은 감염을 막을 수 있는 방법에 대한 결정적인 정보가 부족한 편이다(CDC, 2011a).

여성들은 고정관념으로 인해 감염의 매개체로 여겨지고 있으며, 차별적 행동 및 관행의 대상이 되었다. 일부 연구들은 여성들이 자녀를 낳고 싶은 희망에 대하여 언급할 때, 의료 및 사회복지 제공자들에 의하여 낙인을 경험한다고 제시한 바 있다(Lekas, Siegel, & Schrmshaw, 2006).

지연된 테스트로 인하여 악화되고 예방 서비스에 접근을 잘 하지 못하며, 감염이 되었을 때 적절한 HIV 치료를 받지 못하고 있는 라틴계 가족들이 많다. 그들은 자신의 HIV 상태를 공개하는 것에 더 큰 두려움을 느끼고 있다(CDC, 201 1a).

자녀에게 HIV 상태를 공개하는 어머니

HIV/AIDS는 35~44세 사이의 라틴 여성들의 5번째 주요 사망 원인이다(CDC, 2010b). 의학적 발달로 인하여 어머니에서 자녀로 전이되는 HIV 전염은 엄청나게 감소하였고, 수많은 아동들의 감염을 예방하기 위해 감염 중 항레트로바이러스 치료 및 제왕절개 분만을 비롯하여 모유수유의 금지와 같이 수직감염을 막기 위한 예방책들이 이루어지고 있다.

이 문헌은 가족 구성원이 HIV에 감염되었을 때, 그 감염은 가족의 스트레스의 원인이 되며 가족에 부담이 된다고 제시하고 있다. 자녀를 돌봐야 하는 부모들은 양육을 하면서 자신의 의료적 문제 및 약물 복용 등에 따른 스트레스와 의료적 부담에 대처해야 한다. HIV 양성 반응을 보인 부모의 자녀들은 어머니가 AIDS 단계에 들어가고 건강 문제가 목전에 닥쳤을 때, 조절 장애와 스트레스를 나타낸다(Dorsey, Watts, Morse, Forehand, & Morse, 1999).

자녀와 가족에게 HIV 상태를 공개하는 것은 어머니에게뿐만 아니라, 가족들에게도 상당한 낙인과 차별을 수반한다. 가족주의 운명론Familismo의 문화적 가치 때문에, 가족을 보호하는 차원에서, 그리고 오해의 두려움으로 인하여 일부 라틴계 사람들은 그들의 HIV 상태를 자기 자녀에게 공개하는 데 어려움을 느낄 수 있다. 어떤 연구들은 여성들에게 있어 친구들과 연애 상대방에게 공개하는 것이 더 쉽고, 자기 자녀에게 공개하는 것은 더 어렵다는 것을 발견하였다. 어머니들이 자신의 감염을 공개할 때, 그들은 나이가 더 많은 자녀와 여자아이에게 공개하는 경향이 있으며, 그들의 몸 상태가 더 안 좋고 마지막 날이 다가왔을 때 공개하는 경향이 있다(Shaffer, Jones, Kotchick, & Forehand, 2001). HIV/AIDS는 큰 낙인을 낳기 때문에 라틴계 가족들은 그 감염 사실을 자녀들에게 공개하는 것을 어려워한다. 사회복지사들은 이러한 과정에 적절히 대응해야 하며 공개 과정 가운데 가족들을 도와야 한다. 심리사회적 지원은 가족 구성원 중에 HIV 양성반응자가 있는 가족들에게 필수적이다. 이러한 지원은 맞춤식으로 구성되어야 하며, 언제 공개할지, 장단점의 균형 맞추는 문제, 연령대에 특정된 문제, 관계와 가족 맥락 등과 같은 공개에 따른 문제들을 포함하여 문화적으로 연관성이 있도록 해야 하며, 문화적 가치와 전통도 수용하는 방법으로 감정과 두려움도 다루어야 한다.

LGBT와 가족

라틴계 사람들 중의 HIV는 특히 게이와 트랜스젠더 사회 내에서 더욱 많다. 라틴계 트랜스젠더 사회는 다른 집단에 비하여 더 많은 낙인과 차별로 인해 고통 받는다. 많은 사람들은 자신의 성별 및 성적 지향을 숨기고 살아야 하며, 문화적 규범에 맞추지 못한다는 이유로 많은 반감을 사고 있다 HIV/AIDS는 또 다른 낙인의 층이 되었다. 낙인은 다른 사람들에 비하여 열등하다는 감정을 심어주고, 평가가 저하되기 때문에 사람에게 해로울 수 있으며, HIV 양성 반응의 경우엔 높은 위험의 행동과 자기 간호가 줄어드는 경향과 관련이 있게 된다(Accion Mutua, n.d.). HIV/AIDS는 레즈비언, 게이, 양성애자 및 트랜스젠더[LGBT] 사회에서는 추가적인 낙인 효과를 만든다. 성적 지향과 성별 표현의 경우에는 라틴계 사회에서는 많은 낙인이 씌워진다. HIV는 큰 낙인을 받게 되며, 소수 집단으로부터 나오게 되면 LGBT 인구의 건강과 복지에 해로운 효과를 미치는 3중 억압을 받게 된다. 라틴계 사람들에 있어서 가족의 중요성으로 인하여, 성적 지향과 성별 표현으로 인하여 가족으로부터 거부당하는 것은 라틴계 LGBT의 정신건강 및 건강 결과에 해로운 결과를 가져올 수 있다. 일부 연구들은 LGBT 사회에서의 라틴계 가족 거절 반응을 높아진 자살 시도, 약물 남용, 우울증, 정신병 문제 및 건강 결과 등과 연결 지었다(Ryan, Huebner, Diaz, & Sanchez, 2009).

애인에게 공개

HIV를 특별한 의미가 있는 타인에게 공개하는 것은 단지 의학적 상태만 공개하는 것이 아니라, 연인 혹은 부부에게 정서적인 의미가 포함된 상태, 예컨대 부정, 위험 행동 및 의미 있는 타인에게 전염시켰을 수 있을 가능성에 대한 죄책감 등을 공개하는 것이기 때문에 매우 고통스러울 수 있으며, 엄청난 양의 정서적 응어리를 수반할 수 있다. 공개는 정서적으로 복받치는 과정이다. 죄책감, 거부의 두려움, 수치심, 학대의 공포, 버림에 대한 두려움 등이 있다. 본 연구는 친밀한 애인에게 공개할 경우의 문제에 나타나는 성별 및 맥락적 차이에 대하여 확인하였다(Ortiz, 2005). 이러한 성별 차이는 문화적 규범과 관련이 있다. HIV에 감염된 라틴계 여성들이 자신의 감염을 공개하는 경우엔 잠재적이고 심각한 결과가 뒤따른다. 그들의 HIV 상태를 공개할 때, 본 문헌은 라틴계 여성은 심리적 고통을 경험하고 감소된 신체적 및 사회적 자원, 낙인, 차별, 사회적 고립, 폭력을 경험하게 된다고 보고하고 있다(Moreno, 2007; Ortiz, 2005). 많은 라틴 여성들은 거부를 당하거나 오해를 당할지 모른다는 두려움 때문에 남자 애인에게 자신의 감염사실을 공개하는 것을 두려워한다. 여성이 HIV 감염사실을 공개할 때 그 여성에 대한 폭력은 공개과정 중의 위험 요인으로 나타나는 문제가 된다(Moreno, 2007).

여성 및 남성과 성관계를 가진 라틴 남성은 그들의 HIV 상태를 밝히는 것을 어려워하는데, 특히 더욱 그런 이유는 이를 공개하는 것은 자신이 남성과 성관계를 가진다는 점을 밝혀야 하기 때문이며, 그들은 동성애의 낙인에 대하여 두려워하고, 그 동성애가 가족에 미치게 될 수치심으로 인하여 공개를 매우 힘들어 한다(Ryan et al., 2009). 남자와 성관계를 가진 라틴 남성들은 선택적으로 자신의 상태를 공개하는데, 그 이유는 그들의 공개가 친밀감과 지원과 같은 긍정적인 결과 또는 거부와 버림과 같은 부정적 결과를 가져올 수도 있기 때문이다(Zea, 2004).

사회복지의 반응

HIV/AIDS는 라틴계 가족들에게 다양한 측면에서 영향을 주고 있다. 가족들은 개인의 발달에 있어서 결정적인 역할을 한다. HIV의 문제는 핵가족을 넘어서 대가족과 지역사회에까지 퍼지는 파급효과를 가진다. 가족들은 문화적으로 맞춰지고 반응하는 방식으로 전달되는 포괄적인 서비스를 받을 자격이 있다. HIV/AIDS는 다르고 복잡한 체계를 수반할 수 있는 포괄적인 전달을 요구한다. 종종 HIV/AIDS에 걸린 개인들은 가난하고 그들의 가족 또한 가난한 경우가 많다. HIV/AIDS는 HIV에 영향을 받은 라틴 가족들에 대한 과제를 상정하고 있다. HIV는 수입을 감소시키고, 기회가 줄어들게 하며, 많은 이민 가족들의 경우엔 그들의 가족들과의 재결합과 품위 있는 삶에 대한 꿈을 바꾸어 버린다(Moreno, 2007). 사회복지사들은 HIV의 영향을 받은 가족들을 도울 때 이러한 복잡성을 통합해야 한다. 가족들은 HIV와 그에 수반되는 의학적 및 심리적 과제에 대해 이해할 필요가 있을 뿐만 아니라, 가족들은 또한 자원, 사회 지원, 낙인에 대처하는 방법, 직업, 교육 및 그들의 상황을 개선할 수 있는 방법에 대한 접근도 필요하다. 사회복지사들은 HIV/AIDS의 의학적 과제에 대처하는 부분뿐만 아니라 빈곤이 가져오는 문제들을 다루는 데 있어서도 가족들을 도와주어야 한다. 수많은 라틴 가족들에게 이러한 과제들은 언어적 제한, 낯선 사회정치적 체계와의 협상, 다른 문화, 그리고 증명서 없이 어려운 과제들을 다루어야 하는 문제들도 포함한다. 사회복지사들은 가족들이 HIV/AIDS 감염, 대처기술 및 숙달, 심리교육 서비스, 가족 상담, 권한부여, 그리고 HIV와 관련된 낙인에 대한 대처, 동성애혐오증, 수치심 등에 이르기까지 그들의 여정을 가도록 돕는 것을 목표로 두어야 한다. HIV의 영향을 받은 가족들을 위한 서비스는 단지 HIV에 걸린 개인들에만 집중하기 위해서가 아니라, 그들의 연애 상대방, 가족, 지역사회와의 관계도 다룰 수 있는 포괄적인 방식으로 전달되어야 한다. HIV/AIDS에 영향을 받는 가족들을 돕기 위해서는 구조적 및 정책적 개입 또한 필요하다. 개입 중의 상담 원칙들은 다음에 다룰 것이다.

모든 개입에 일반적인 상담 원칙

위험요인

HIV에 의해 영향을 받는 가족들은 감염된 그들의 가족 구성원을 돕기 위해서뿐만 아니라, HIV가 거기에서 멈출 수 있도록 위험 요인, 전염, 그리고 HIV의 관리에 대하여 이해할 필요가 있다. 사회복지 환경에 관계없이, 사회복지사들은 내담자에게 HIV/AIDS, HIV가 전염되는 경로, 그리고 HIV 감염을 피하기 위하여 우리가 무엇을 할 수 있는지에 대하여 교육해야 한다. HIV에 대한 교육은 HIV의 다른 변형의 감염과 재감염을 예방하기 위한 도구가 된다. 성적으로 왕성한 사람과 주사 바늘을 공유하는 사람이라면 누구든지 HIV의 위험에 있다고 할 수 있다.

낙인과 비밀성

라틴계 사람들은 소수집단이며 억압, 차별, 폭력의 역사를 가지고 있다. 많은 사람들이 수차례 낙인을 경험하였다. HIV에 감염된 가족 구성원을 두고 있는 것은 두려움과 수치심을 악화시킬 수 있으며, HIV에 대한 낙인을 증가시킬 수 있다. 많은 라틴계 사람들은 자신들의 상태를 타인에게 공개하는 것을 어려워한다. 가족들은 누구에게 그들의 HIV 또는 AIDS 진단에 관한 정보를 공개할 것인지 신중하게 선택한다. 그들의 경험을 전체적으로 이해하는 것은 필수적이다. 내담자들은 HIV의 낙인뿐만 아니라, 빈곤, 약물 남용, 실업, 정신병 문제, 그리고 기타 외부적 요인 등과 같은 다른 스트레스 요인을 동시에 맞이하고 있을 수도 있다. 사회복지사들은 신뢰confianza를 확립하고 낙인이 어떻게 가족들에게 해로울 수 있는지 탐구하는 일에 도움이 되는 관계를 구축하고, 그들의 가족 구성원의 상태를 언제, 어디서 누구에게 공개할지에 관해서도 가족들을 안심시킬 필요가 있다. HIV/AIDS는 상당한 낙인을 받게 되는 상태이기 때문에, 내담자들은 HIV, 건강, 영양적 요인 및 의료 관리가 무엇인지에 대하여 교육 받을 필요가 있다. 높은 수준의 낙인은 질 낮은 약물 집착과 관련이 있어 왔다. 질 낮은 약물 집착은 약물의 내성으로 이어질 수 있으며, 결국 사망에 이를 수도 있다. 사회복지사들은 가족들에게 비밀성과 HIPPA 가이드라인에 대하여 설명해야 하며, 가족들을 이해하고 프라이버시에 대한 가족들의 걱정도 맥락화해야 하는 것은 물론, 어려운 공개 결정에 관해서 지원과 안내를 제공해야 한다.

평가

평가는 진행 중의 과정이며 가족들은 사회복지사와의 관계가 발전되면서 지속적으로 평가를 하게 된다. HIV/AIDS의 영향을 받는 가족들과 상담을 진행함에 있어 평가는 강점 관점과 욕구에 따라 개별화된, 맥락적, 문화적 연결성을 고려한 상호적이고 진행 중인 과정이라고 할 수 있다. 사회복지사들은 가족들을 평가해야 하며, 문화적 신념, 비밀, 세계관, 문화적 규범, 그리고 관계, 성관계, 양육, 성 역할, 양육 역할, 이민 역사, 영성, 남용과 억압의 역사 및 해방 상태에 관한 의미에 대하여 탐구해야 한다(Poindexter, 2005).

사회복지사들은 적응해야 하며 각 집단의 요구가 다르다는 점을 인식하고 있어야 한다. 이를테면, LGBT 집단의 가족들은 이성애자 가족들과는 다른 욕구를 가지고 있는데, 그 이유는 가족들은 HIV/AIDS에 따른 낙인과 건강 문제에 대처하는 것뿐만 아니라 질병에 따른 낙인과 함께 다른 성적 지향과 성별 표현을 하는 구성원이 가족 내에 있다는 것에 대해서도 대처해야 하기 때문이다. LGBT 인구에 대하여, 연구는 가족들이 개인을 성적 지향 때문에 자신의 집단 내에서 거절할 때, 그들의 건강은 훼손되며 위험 행동이 증가한다는 것을 보여주고 있다(Ryan et al., 2009).

약물 치료에서의 의학적 발달은 HIV를 가진 수많은 개인들의 생명을 확장시켰고, 이제 사람들은 더 오래 살고 건강한 삶을 살고 있다. HIV/AIDS에 의해 영향을 받은 많은 가족들은 여러 가지 중복적인 스트레스 요인들로 인하여 고통 받고 있다. HIV에 감염된 그들의 가족 구성원은 피로 관리, 빈혈, 소화 장애, 뼈 문제, 지방의 잘못된 분배 등을 포함하는 몇 개의 의학적 문제들을 가지고 있을 수 있다. 심리적 과제에는 우울증, 치매, 고립, 두려움, 낮은 자부심, 죽음이 다가온다는 인식 등이 포함된다. 추가적으로, HIV/AIDS에 걸린 사람들에게는 낙인이 계속되고, 일부 가족 구성원들은 가족 구성원들에 대하여 낙인을 가질 수 있다. 사회복지사는 가족들에 대한 심리교육적 서비스를 제공해야 하며 HIV 전염과 의료 관리에 대하여 알려야 한다(Lichtenstein, Sturdevant, & Mujumdar, 2010). 가족들에게 HIV/AIDS에 걸린 자기 가족 구성원을 도와주라고 권한을 부여하는 것은 필수적이다. 가족들은 결국 내담자를 위한 서비스와 자원들을 조직하고, 요청하고, 구성할 수 있으며, 사회 정책에서도 영향력을 가질 수 있다.

문화적 역량

라틴계 가족들과 상담하기 위해서는, 라틴계 사람들은 매우 다양하고 20개의 서로 다른 나라에서 왔다는 인식을 반드시 가져야 하며, 라틴계 문화와 친숙해져야 한다. 문화역량의 대부분 모델들은 문화적으로 역량 있는 사회복지사들이 반드시 3가지 구체적인 요소들, 즉 (a) 자기 인식, (b) 지식 습득, (c) 기술 개발(Smith & Montilla, 2006)을 가지고 있을 것에 동의하고 있다. 자기 자신을 아는 것은 문화적 역량 개발에 필수적이며 근본적이다. 라틴계 사람들과 HIV/AIDS에 대한 부정적인 고정관념은 가족들과 상담하는 데 있어서 방해가 된다. 라틴계와 라틴계의 다양성에 대한 지식, 문화적 가치, 신념 체계, 그리고 사회경제적 상태에 대한 교차성, 언어, 성별 규범, 권력과 특권, 그리고 가족 구조, 즉 라틴계 사람들의 세계관은 평생의 지식습득 과정이다. 사회복지사가 치료를 개인화하고 널리 적용되는 접근방식을 피하기 위해 모든 다른 차원의 라틴 가족들에 대하여 지식을 갖추어야 하는 것은 필수적이다(Smith & Montilla, 2006).

문화적 역량은 반드시 HIV에 감염된 내담자의 가족들이 낙인, 억압, 차별, 사회경제적 상태, 이민 상태, 성적 지향 및 성별 표현, 지리, 약물 사용 및 건강 상태를 경험하는 모든 방법들을 다루어야 한다(Werkmeister Rozas & Smith, 2009). 사회복지사들은 가족과 대가족의 중요성, 그리고 가족의 다른 정의에 대해 알고 있어야 한다. 사람들은 혈연, 입양, 관계 합의, 정서적 연결, 강한 소속관계에 의하여 연결되어 있다. 가족 내의 강력한 신념인 가족주의는 라틴계 사람들에게 중심이 되며 지지, 보살핌, 안내 및 치유의 원천이 된다. 라틴계 사람들에게 있어 가족의 유대가 끊기게 된다면, 고통, 고립, 우울증, 스트레스가 가중될 수 있다. HIV/AIDS의 영향을 받는 가족들과 상담할 때, 가족의 의미를 탐구하고 가족 관점을 마음에 두고 내담자와 상담하는 것이 중요하다. 미국에서는 많은 가족들이 초국가적으로 형성되어 있는데, 이는 "no son de aqui ni son de alla(그들은 여기로 온 것이 아니며, 그들은 거기에서 온 것이 아니다)"를 의미하고, 초국가주의는 또한 2개의 정체성, 2개 국가, 2개의 문화를 의미한다. 이는 어느 하나를 선택하는 대신 다른 하나를 선택함을 말하는 것은 아니며, 문화변용acculturation의 개념과 대조적인 것이다.

라틴계 사람들과 상담할 때는, 인격주의personalismo의 주제는 매우 중요하다. 라틴계 사람들에게 있어서 중심 문화 구성체인 인격주의는 대인관계적 상호작용과 존중, 명예 및 공손함과 관련된 호혜를 의미한다(Werkmeister Rozas & Smith, 2009). 일부 가족들은 사회복지사와 더욱 중요한 인격주의를 기대할 수 있다. 존중Respeto을 표함으로써 가족 구조 내에서의 권한이 명확히 정리된다. Espritsimo는 일부 라틴계 사람들에게 있어서는 심령술을 의미한다. 이 경우 HIV/AIDS는 신체적 및 정서적 고통을 이끈 정신적 힘에 의해 야기되었다고 여겨진다. 몇몇 가족들은 HIV를 동성연애자인 점에 대하여 신이 내린 벌이라고 생각할 수도 있다. Espiritsmo는 또한 행동은 변화될 수 없다는 운명론적 태도에도 내포되어 있다. 사회복지사는 이러한 신념들을 반드시 탐구해야 하며, HIV/AIDS에 영향을 받는 가족 내에서 발생하는 성적 지향과 성별 표현의 차이에 대한 지원과 교육을 제공해야 한다.

문화적 차이와 더불어 히스패닉 가족들의 HIV/AIDS의 예방과 치료에 대한 더욱 중점적인 교육은 HIV/AIDS의 영향을 받은 사람들과 그 가족들의 건강을 향상시키고 사회적 충격을 완화시키는 역할을 할 것이다.

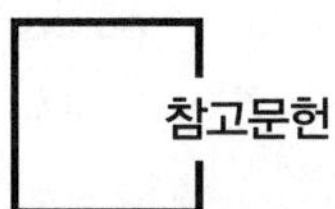

참고문헌

Accion Mutua (n.d.). Transgender Latinas and HIV. Available at: http://www.sharedaction.org/pdf/Transgener_Latinas_and_HIV.pdf

Centers for Disease Control and Prevention (2011a). HIV among Latinos. Available at: http://www.cdc.gov/hiv/latinos/Index.htm

________________________________ (2010a). HIV and AIDS among Latinos: CDC Fact Sheet. Available at: http://www.taadas.org/publications/prodimages/HIVAIDS%20Among%20Hispanics%20US.pdf

CDC (2011b). New hope for stopping HIV: Testing and medical care saves lives. http://www.cdc.gov/vitalsigns/HIVTesting/

____ (2010b). http://www.cdc.gov/nchhstp/newsroom/povertyandhivpressrelease.htm

____ (2007). perinatal http://www.cdc.gov/hiv/topics/perinatal/resources/factsheets/perinatal.htm

Bor, R. & Elford, J. (1998). *The family and HIV today*. London: Cassell.

Cusick, L. (1999). The process of disclosing positive HIV status: Findings from qualitative research. *Culture, Health, and Sexuality: An International Journal for Research, Inrervention and care, 1*(1), 3-18.

DeNavas-Walt, C., Proctor, B. D., & Smith, J. C. (2011). Income, poverty, and health insurance coverage in the United States: 2010. U.S. Census Bureau, Current Population Reports, p. 60-239, U.S. Government Printing Office, Washington, DC. Available at: http://www.census.gov/prod/2011pubs/p60-239.pdf

Dorsey, S., Watts, M., Morse, E., Forehand, R., & Morse, P. (1999). Children whose mothers Are HIV infected: Who reside in the home and is there a relationship to child psychosocial adjustment? *Journal of Family Psychology, 13*(1), 103-117.

Diaz, R. M. (1998). *Latino gay men and HIV: Culture, sexuality, and risk behavior*. Routledge: New York.

Falicov, C. J. (1998). *Latino families in therapy: A guide to multicultural practice*. New York: Guilford.

Harris, J. M., Firestone, J. M., & Vega, W. A. (2005). The interaction of country of origin, acculturation and gender role Ideology on wife abuse. *Social Science Quarterly, 86*(2), 463-483.

Kalichman, S., & Grebler, T. (2010). Reducing number of sex partners: Do we really nedd special intervention for sexual concurrency? *AIDS Behavior, 14*, 987-990.

Kanki, P. et al. (1994). Slower heterosexual spread of HIV2 than HIV1. *The Lancet, 343*(8903), 943-946.

Lekas, H. M., Siegel, K. & Schrirnshaw, E. (2006). Continuites and discontinuities in the experiences of felt and enacted stigma among women with HIV/AIDS. *Qualitative Health Research, 16*(9), 1165-1190.

Lichtenstein, B., Sturdevant, M., & Mujumdar, A. (2010). Psychosocial stressors of families affected by HIV/AIDS: Implications for social work pracrice. *Journal of HIV/AIDS & Social Services, 9*, 130-152.

Moreno, C. L. (2007). The relationship between culture, gender, structural factor, abuse, trauma, and HIV/AIDS for Latinas. *Qualitative Health Research, 17*(3), 340-352.

____________ (2006). Latino families: The use of culture as an informative perspecive. In Fong, R., McRoy, R. G., & Oritz-Hendricks, C. (Eds.). *Interesting child welfare, substance abuse, and family violence: Culturally competent approaches* (pp. 166-186). Washington, DC: CSWE.

Ortiz, C. E. (2005). Disclosing concoerns of Latinas living with HIV/AIDS. *Journal of Transcultural Nursing, 16*, 210-217.

Poindexter, C. (2005). Working with HIV-affected culturally diverse families. In E. Congress and M. Gonzalez (Eds.), *Multicultural perspectives in working with families* (2nd ed., pp. 311-338). New York: Springer.

Ryan, C., Huebner, D., Diaz, R. M., & Sanchez, J. (2009). Family rejection as a predictor of negative health outcomes in white and latino lesbian, gay, and bisexual young adults. *Pediatrics*, 123, 342-346.

Shaffer, Q. Jones, D., Kotchick, B., & Forehand, R. (2001). Telling the children: Disclosure of maternal HIV infection and its effects on child psychosocial adjustment. *Journal of Child and Family Studies, 10*(33), 301-313.

Smith, R., & Montilla, E. (2006). *Counseling and family therapy with Latino populations: Strategies that work*. New York: Routledge.

Sumartojo, E., Doll, L., Hotgrave, D., Gayle, H., & Merson, H. (2000). Enriching the mix: Incorporating structural factors into HIV prevention. *AIDS, 14* Suppl 1, S1-S2.

U.S. Census, U.S. Interim Projections by Age, Sex, Race, and Hispanic Origin: 2000-2050 Retrieved January 4, 2012. http://www.cunsus.gov/population/www/projections/usinterimproj/natprojtab01a.pdf

Werkmeister Rozas, L., & Smith, E. (2009). Being on this boat: The provision of culturally competent mental health services to people living with HIV/AIDS. *Journal of HIV/AIDS & Social Sevices, 8*, 166-187.

World Health Organization. (2007, October). *Health of indigenous peoples* (No. 326) [Fact sheet]. Retrieved from http://www.who.int/mediacentre/factsheets/fs326/en/index.html

Zea, M. C. (2004). Disclosure of HIV status and psychological well-being among Latino gay and bisexual men. *AIDS and Behavior, 9*(1), 15-26.

21

문제 음주자 대상 증거 위주 부부 및 가족치료: 다문화적 관점에서

Meredith Hanson and Yvette M. Sealy

알코올 중독을 비롯한 여러 문제적 음주 행동은 모든 사회적 집단 구성원들에게 영향을 미치는 건강문제이며, 사회적 문제이다. 미국에서 성인인구 중 약 7,900만 명은 알코올 의존자alcohol dependent로, 약 9,700만 명은 알코올 남용자alcohol abusers로 추정되고 있다(Grant et al., 2004). 이러한 방대한 수치는 자기 자신이나 친척들의 알코올 남용 경험이 적어도 50%가량의 성인들에게 나쁜 영향을 미쳐 왔음을 의미한다. 게다가, 전체 아동 및 청소년 중 약 25%는 알코올 중독 부모와의 접촉을 통해 알코올 사용의 부정적인 영향에 노출되어 있다(Fromme & Kruse, 2003; Johnston, O'Malley & Bachman, 2003; Windle 2003). 정신건강 전문가들로부터 도움을 찾고 있는 클라이언트 중 약 50%가량이 자기 자신이나 가족 구성원의 음주와 연관된 문제들을 경험하고 있다(Drake & Mueser, 1996). 전체 사회복지사들 중 3분의 2 이상이 그들의 실천현장에서 알코올이나 다른 약물과 관련된 문제들을 가진 클라이언트들을 대면하고 있다(O'Neil, 2001).

알코올과 관련된 문제들을 발전시킬 위험성은 모든 인구 집단들에게 동일한 것은 아니며, 문제적 음주는 다른 문화적 공동체 구성원들마다 다른 결과들을 초래한다. 이와 관련하여 전국설문조사에 의하면, 음주current drinking와 과음heavy drinking 모두 미국 내 소수 인종 집단들 중에서도 특히 미국계 인디안, 하와이 원주민, 알래스카 원주민 사이에서 가장 만연한 것으로 나타난 반면, 아시아계 미국인과 태평양 섬주민들Pacific Islanders 사이에서 가장 낮게 나타났다. 히스패닉계 및 아프리카계 미국인의 문제적 음주 비율의 경우 중간 정도에 위치하는데, 그 중 히스패닉들이 좀 더 높은 비율을 보이고 있다(National Institute on Alcohol Abuse and Alcoholism[NIAAA], 2002; Substance Abuse and Mental Health Services Administration[SAMHSA], 2003). 알코올 문제를 갖고 있는 청소년 집단 중 아프리카계 미국인 청소년들이 가장 낮은 비율을 차지한 반면, 히스패닉계 청소년들의 경우 가장 높은 비율의 과음 문제를 보였다. 그러나 최근 조사에서는 아프리카계 미국인 여성들과 남성들 사이에서, 특히 보다 젊은 집단들에서 알코올 남용 문제가 증가하고 있는 것으로 나타났다(Grant et al., 2004).

모든 민족과 문화적 집단들을 통틀어, 남성이 여성보다 더욱 자주 음주를 하고, 음주 시에 훨씬 많은 양의 알코올을 섭취하는 것으로 나타났다(NIAAA, 2002; SAMSHA, 2003). 그러나 이러한 차이는 지난 30년 동안 점점 좁혀지고 있다(Morell, 1997; Straussner, 2001). 비록 여성들이 남성들보다 적게 음주를 할지라도, 여성들은 음주와 연관된 더 많은 문제들을 경험하게 된다(Strausser & Zelvin, 1997).

문화적 규범과 가치들은 다른 공동체 구성원들 사이에서 음주 패턴의 차이점을 설명하는 핵심적 요인들이라 할 수 있다. 미국계 유태인들은 다른 문화집단 구성원들보다 금주 혹은 알코올과 관련된 어려움들 모두에서 가장 낮은 비율을 보인다. 아프리카계 미국인을 비롯한 흑인 여성들은 코카시안계 여성들보다 더 높은 수준의 금주율을 나타낸다. 히스패닉계, 아시아/태평양 섬주민 여성들은 흑인 여성이나 백인 여성들보다도 더욱 높은 금주율을 나타낸다. 이러한 여성들이 소유한 문화에서의 전통적 가치들은 여성들의 알코올 사용을 금지하기 때문이다. 비록 이러한 집단들에서 일부 여성들은 여전히 음주를 하더라도, 일반적으로 이들의 음주량은 다른 인종 집단의 여성들보다 적다(Caetano, Clack & Tam, 1998).

또한, 연령, 문화변용acculturation 정도, 결혼상태, 고용상태 등은 음주패턴의 다양성을 설명하는 데 도움이 된다. 젊은 성인들은 알코올 섭취 및 관련 문제들을 초래하는 데 있어 가장 높은 비율을 보인다. 취업 여성들은 비취업 여성들보다 더 자주 음주를 하지만 음주 시 마시는 양은 더 적다. 이와 관련하여, 수입이 낮은 편인 여성들은 더 높은 사회경제적 지위에 있는 여성들보다 음주의 횟수는 적더라도 음주 시에는 더 많은 양을 마신다. 기혼 여성 및 남성들에게서 나타나는 알코올 관련 문제는 미혼 여성 및 남성들에게서 나타나는 문제의 비율보다 낮다.

문화변용과 음주패턴 간의 연관성은 엇갈린 양상을 보인다. 일반적으로, 소수 인종 집단 구성원들이 "주류"인 미국 문화에 더욱 동화되어 갈 때, 그들의 음주패턴과 관련 문제들도 더욱 주류 문화와 유사해지는 경향이 있다. 특히, 아시아계 이민자들 사이에서 그러한 경향이 강하게 나타난다(Westermeyer, 1997). 그러나 언어의 차이, 빈곤, 고향 상실, 인종차별 등과 관련한 "문화적응 스트레스"가 문화적응이 아직 덜 된 사람들 사이에 더욱 심각한 알코올 남용을 가져오는 경우도 있다. 우울증과 불안감이 이러한 스트레스에 대한 보편적인 정신적 반응들인 반면, 과음은 이와 동반하는 행동적 반응일 수 있다(Caetano, 1987; Caetano 외, 1998; Randolph, Stroup-Benham, Black & Markides, 1998).

특정 민족 및 문화 집단 구성원들을 위한 치료

비록 일반적으로 음주 문제가 특정 민족이나 문화 집단 구성원들에게 다른 영향을 미친다는 사실에도 불구하고, 음주 관련 문제들에 대한 실증적으로 검증된 개입들이 다른 문화집단 및 민족들에 대해서는 입증되지 않았다. 따라서 기존 연구들은 특정한 개입방법들이 다른 문화 집단 및 인종 집단 구성원들에게도 유익한지 여부에 대해 약간의 설득력 있는 증거만을 제시하고 있다.

이러한 집단들을 위한 문화적으로 민감한 버전들인 두 개의 알코올 예방 프로그램과 한 개의 치료모델에 대한 효과성 여부가 평가되었다(NIAAA, 2002). "가족 강화 프로그램Strengthening Families Program: SFP"의 수정된 버전이 도시와 지방에 거주하는 아프리카계 미국인과 지방에 거주하는 히스패닉계 미국인들 사이에서 가족문제의 해결 및 알코올 섭취의 감소에 효과적인 것으로 나타났다(Kumpfer, 1998). 마찬가지로, 청소년들의 음주 및 다른 약물 사용의 원인이 되는 사회적 압박들에 잘 대처하도록 설계된 "학교 기반 생활 기술 훈련a school-based Life Skills Training: LST"은 도심에 거주하는 아프리카계 미국 청소년들과 히스패닉 청소년들의 문화적 유산을 고려하도록 수정되었다. 비록 기존의 일반적 LST나 수정된 LST 모두 히스패닉계 및 아프리카계 미국 청소년들의 음주를 상당히 감소시켰으나, 수정된 LST가 훨씬 더 효과적인 것으로 나타났다(Botvin et al., 1995). 음주 행위들을 지속시키고 강화시키는 다양한 환경 및 가족적 요인들을 변화시키는 것을 목적으로 설계된 알코올 중독 치료 패키지인 "공동체 강화 접근Community Reinforcement Approach: CRA"은 그 효과성이 잘 알려져 있으며, 아메리카계 인디언 전통들을 포함하도록 수정되었다(Meyers & Miller,

2001). 수정된 CRA는 뉴멕시코 나바호Navajos족의 금주를 돕는 데 성공적인 결과를 보였다(Miller, Meyers & Hiller-Sturmhofel, 1999; NIAAA, 2002). 마지막으로, "동기강화 인터뷰Motivating Interviewing"(Miller & Rollnick, 2013)는 "문화교차적 실천cross-cultural practice"으로 알려졌다(Hohman & 2012). 예를 들면, 72개의 실증적 연구들에 대한 메타분석 결과에 의하면, 모든 연구에서 "동기부여 인터뷰"는 비소수 민족 집단 대상자들보다 소수 민족 집단 대상자들에게서 거의 두 배의 효과가 있는 것으로 나타났다(Hettema, Steele & Miller, 2005).

알코올 문제로 고통 받는 사람들을 위해 문화적으로 민감하고 그 효과성이 입증된 치료방법들은 매우 부족한 실정이다. 이러한 사실로 인해 많은 전문가들은 알코올 사용 및 치료방법 모색에 영향을 미치는 가족 및 공동체의 가치들을 이해하고 더 많은 연구를 진행해야 한다고 주장하였다(예: Yalisove, 2004). 어떤 연구자들은 특정 민족 집단의 구성원들을 위해 임상을 기반으로 한 치료적 접근방법들을 제안하였다(예: Amodeo, Robb, Peou & Yran, 1996). 다른 연구자들은 다른 문화적 및 사회적 집단 구성원들의 치료적 접근을 제한하는 실천적, 태도적 및 기타 다른 장애요인들에 대해 더 많이 인식해야 한다고 주장하였다(예: Durrant & Thakker, 2003). 이들 각각의 논의들은 장점을 가지고 있다. 이와 더불어, 본 저자들은 사회복지사들이 실증적으로 입증된 기존의 치료접근방법들을 조정하기 위해 클라이언트 중심의 증거기반 실천 패러다임을 사용할 것을 제안한다. 이를 통해 사회복지사들이 특정 문화 및 민족 집단들의 욕구들, 상황들, 선호가치들에 더욱 잘 반응할 수 있을 것으로 본다. Epstein(2009)의 주장처럼, 증거기반 실천은 여전히 더욱 강화될 수 있다.

■

증거기반 실천

"○○실천을 위한 새로운 패러다임"으로 발전된 증거기반 실천evidence-based practice: EBP은 1990년대 초 의학계에서 처음으로 발전된 후 다른 휴먼 서비스 분야 및 보건 분야에서 급속도로 확산되었다(Evidence-Based Medicine Working Group, 1992). Kirk & Reid(2002)는 EBP가 직접적 사회복지실천에서 과학적 영향력의 극치라고 하였다. EBP의 "조사에 기반한 원칙들"과 전략들은 Epstein(2001)이 제시한 실천기반 조사practice-based research: PBR의 개념을 보완하고 있다.

가장 잘 알려진 EBP의 정의는 실천적 결정을 내리기 위해 최고의 연구조사 증거들, 클라이언트의 가치와 선호, 임상적 상태와 조건을 잘 조화시킬 수 있는 임상적 전문성과 경험을 사용할 수 있는 실천가를 포함한다(Gambrill, 2003; Haynes, Devereaux & Guyatt, 2002; Sackett, Straus, Richardson, Rosenberg & Haynes, 2000). 이는 사회복지실천에 있어서 클라이언트들과 실천가들이 의사결정권을 공유하는 것과 같은 협력적 접근방법이다.

EBP에는 두 가지의 기본적 원칙이 있다. 첫째, "증거"는 사건들 간의 관계에 대한 어떤 경험적 관찰로부터 도출된다는 것이다. 증거는 계층적이라고 할 수 있는데, 이는 임상적인 경험들과 같은 비체계적인 관찰들로부터 "무작위적으로 통제된 실험들"에 대한 체계적인 검토들을 포함하기 때문이다(Guyatt et al., 2000, 2002). 둘째, 증거 그 자체는 임상적 결정을 내리기 위해 절대로 충분하지 않다는 것이다(Guyatt et al., 2002). 임상적 판단들은 최선의 이용 가능한 증거뿐만 아니라 개인적, 전문적, 사회적 가치들과 자원들을 고려해야 한다. Haynes, Sackett, Gray, Cook과 Guyatt(1996)의 주장과 같이, 특정한 실천상황에서 임상적 전문성뿐만 아니라 제약들, 그리고 클라이언트의 선호들이 최고의 연구조사 증거들보다도 더욱 중요할 수 있다. McNeece와 Thyer(2004)는 일단 실천가가 클라이언트에게 다양한 개입방법들에 대한 정보들(비용, 혜택 등)을 제공하게 되면, 진행방법에 대한 최종 결정은 클라이언트에게 있다고 강력하게 주장하였다.

증거기반 접근은 다음의 5단계를 따른다(Cournoyer, 2004; Sackett et al., 2000).

① 실천에서 발생하는 문제들과 도전들은 클라이언트의 상태, 개입옵션들, 그리고/또는 예후에 대한 조사 가능한 질문들로 변형된다. 그러한 질문들은 클라이언트의 욕구를 중심으로 해야 한다. 또한 그러한 질문들은 클라이언트들이 희망하는 성취들을 돕기 위해 사회복지사들이 무엇을 할 수 있는지에 대해 유용한 정보를 제공할 수 있도록 충분히 구체적이어야 한다.

② 사회복지사는 첫 번째 단계에서 제기된 질문들을 다루는 효과적인 개입방법들에 대한 정확한 증거들을 찾아내기 위해 문헌들(예: 책, 저널, 서지정보 등)을 조사한다. 이 단계에서의 중요한 측면은 앞선 질문들에 답변하기 위해 필요한 증거의 유형을 결정하는 것이다. 보편적으로 통제된 임상적 실험들에 대한 체계적인 검토가 최고의 증거를 제공한다(예: Gray, 2004). 또한 체계적인 사례연구들을 포함한 다른 출처의 증거들 역시 가치 있는 정보를 제공할 수 있다(예: Epstein, 2001; Nathan, 2004).

③ 일단 관련 있는 문헌들을 발견하게 되면, 사회복지사는 그 증거의 질을 평가해야 한다. 그러한 발견들의 타당성, 특히 일반화 가능성이 결정되어야 한다. 더하여, 그러한 발견들의 임상적 중요성과 유용성도 평가되어야 한다. 그러한 것들의 통계학적인 중요성 이상으로 실천가들은 통계학적인 영향력의 크기가 임상적 의미를 갖기에 충분한지, 그리고 실천

에서 반복될 수 있을 정도로 충분히 정확하게 묘사되었는지를 결정해야만 한다(예: Cournoyer, 2004; Edwards & Steinglass, 1995).

④ 사회복지사들이 실천적 상황에서의 제약들을 극복하면서 타당하고 의미 있는 증거들을 찾아낸 후에는 클라이언트와 함께 그러한 증거들 및 다양한 옵션들에 대해서 상의해야 한다. 이는 클라이언트 스스로 결정들을 내릴 수 있도록 도와주고, 이들의 선호와 걱정들에 관심을 가질 때, 사회복지사들의 임상적 전문성이 가장 중요함을 의미한다. 숙련된 임상가들이 자신의 임상적 조건들, 클라이언트의 선호와 신념들, 실천적 맥락 등이 "최상의 조화"를 이루기 위해, 그리고 기존의 증거들을 조정하기 위해 자신의 전문성과 경험을 활용하는 것이 그들의 실천에서 최고의 증거가 될 수 있다(예: Nock, Goldman, Wang & Albane, 2004).

⑤ 마지막 단계에서 사회복지사로서 특정 클라이언트에게 적용한 증거기반 개입의 효과성을 평가해야 한다. Cournoyer(2004)가 관찰한 것처럼, "과학적 법칙에 입각한 정보 그 자체만으로는 충분하지 않다. 이는 클라이언트들에게 제공된 실천들의 실제적인 효과성에 대한 표의적인 증거를 요구한다(p. 187)." 사회복지사들은 이러한 효과성 검증을 위해 단일사례나 집단연구를 실시하고 다양한 표준화된 평가도구들을 활용할 수 있다. EBP 관점에서의 핵심적 아이디어는 어떤 증거의 유용성도 궁극적으로 특정한 실천상황들을 위한 적합성에 있다는 것이다.

■

증거통지적 실천

증거기반 실천의 개념을 증거통지적 실천evidence-informed practice으로 확장하는 것은 EBP 패러다임의 강점에 근거하고 있으며 실천가들로 하여금 특정한 실천적 상황들에 대처할 필요가 있음을 강조하는 것이다. 실천에 있어서 증거통지적 접근은 실천적 맥락에서 발생하는 상황적 지식에 많은 가치를 부여한다. 이는 실천적 결정을 내리는 데 있어 정보를 제공할 수 있는 증거의 원천인 "실천적 지혜"를 중요하게 여긴다. 증거통지적 실천은 문화적 및 방법론적으로 다차원적이며, 조사를 기반으로 한 실천뿐만 아니라 실천을 기반으로 한 조사를 촉진시키고, 사회복지실천가들에게 지식의 공동창조자co-creators가 될 수 있도록 힘을 실어준다(Epstein, 2009). 또한 지식의 구성에 있어 위계적인 경향을 감소시키고, 실천에 있어 순간적인 심사숙고를 고무하도록 한다.

■

클라이언트 중심적 기반

문제적 음주자들에 대한 효과적인 실천은 실천가가 무엇을 하는지뿐만 아니라, 실천가가 누구이며 어떻게 일하는지에 따라 영향을 받는다(Miller, Forceehimes & Zweben, 2011). 다양한 문화적 집단들을 대상으로 실시한 임상적 연구들에서, 클라이언트가 인지하는 실천가와 클라이언트와의 관계의 질이 긍정적 결과를 위한 가장 강력한 단일 예측변수로 나타났다. 실천가가 어떻게 클라이언트와 상호작용하는지가 치료적 개입에 대한 클라이언트들의 반응에 영향을 미치는 것으로 밝혀졌다. 문화적 반응의 관점에 의하면, 효과적인 실천가는 클라이언트의 경험에 대해 "정중한 호기심", 즉 각각의 상황에 대해 순수하게 접근하려는 "단순성"과 클라이언트 스스로가 자기 삶의 전문가이며 실천가에게 자기 삶의 경험에 대한 정보를 제공해줄 수 있다고 가정하는 "무지의 태도"를 제안한다(Dyche & Zayas, 1995).

실천가는 클라이언트 중심적 실천을 통해 클라이언트를 이해할 수 있는 가능성과, 클라이언트가 자신을 도움제공자로 간주할 수 있는 가능성을 높일 수 있다. 이를 통해 실천가는 클라이언트의 욕구에 대처하기 위해 경험적으로 잘 입증된 실천전략을 선택할 가능성을 더욱 높일 수 있다.

■

알코올중독 치료에서 가족의 개입: 증거통지적 접근

지난 반세기가 넘는 동안 알코올 치료와 관련한 문헌들은 가족과 사회적 네트워크의 개입이 유익한 치료결과들과 연관이 있음을 밝히고 있다(예: Copello & Oxford, 2002; Corcoran & Thomas, 2000; Edwards & Steinglass, 1995; Lam, O'Farrell & Birchler, 2012; MaCrady, Ladd & Hallgren, 2012; Meyers & Miller, 2001; Miller & Wilboume, 2002; Miller, Wilboume & hettema, 2003; OFarrell & Fals-Stewart, 2003; Smith & Meyers, 2004; Steinglass, 1976). 이러한 증거는 문제적 음주자들 중에서도, 특히 동기가 결여된 음주자들을 치료에 참여시키기 위해 가족 구성원들을 개입시키는 것에 대한 중요성을 보여준다(Edwards & Steinglass, 1995; O'Farrell & Fals-stewart, 2003; Smith & Meyers, 2004). 효과적인 의사소통방법과 문제해결기술을 가르치는 개입들 역시 일단 문제적 음주자가 치료를 시작하게 되면 가족들의 스트레스 및 음주를 줄이는 데 도움이 될 수 있다(Edwards & Steinglass, 1995; Lam, O'Farrell & Birchler, 2012; Miller et al., 2003). 또한, 부모와 자식 간의 의사소통 및 청소년 약물남용에 대한 부모들의 이해를 증진시키기 위한 개입을

포함하는 다면적인 가족치료는 청소년 약물남용에 대한 가장 효과적인 개입 중 하나로 밝혀졌다(Vaughn & Howard, 2004).

치료과정에서 가족의 개입이 유익한 것으로 나타나기는 하지만, 그 정도는 다양하다(Edwards & Steinglass, 1995). 첫째, 문제적 음주자가 여자인 경우보다 남자인 경우에 치료결과가 다소 좋게 나타난다. 둘째, 가족 구성원들이 그들의 관계형성을 위해 더 많은 사회적, 정서적 투자를 할수록 치료결과가 더욱 좋게 나타난다. 셋째, 가족 구성원들이 음주는 반드시 해결되어야 할 문제라고 동의하고 적극적으로 치료를 지원할 때 가족들의 개입이 치료결과에 더욱 도움이 된다. 넷째, 가족 구성원 자신의 약물남용 문제는 다른 사람의 알코올 관련 문제를 도울 수 있는 능력을 제한하는 경향이 있다. 마지막으로, 가정폭력의 경험은 동기가 결여된 문제적 음주자를 참여시키기 위한 배우자의 개입을 불가능하게 할 수 있다(예: Thomas & Agar, 1993).

비록 앞서 언급된 문헌들 중에서 어떤 것도 문화적이고 민족적인 요소들을 체계적으로 다룬 것은 없지만, 사회복지사는 클라이언트 중심적이며 증거 통지적 관점을 적용함으로써 다양한 문화적 집단 구성원들을 돕기 위해 기존결과들을 활용할 수 있을 것이다. 다음의 사례는 이와 관련한 유용한 정보를 제공해 줄 수 있을 것으로 본다.

"동기가 결여된" 문제적 음주자 참여시키기

남편의 음주문제를 걱정하는 40세의 푸에르토리코 여성이 정신건강 클리닉에서 사회복지사의 도움을 요청하였다. 그녀는 42세의 사무직 종사자인 남편이 봉급을 대부분 음주에 쓰면서 자주 과음을 한다고 하였다. 그녀의 남편은 일주일에 3~4번가량을 취할 때까지 술을 마셨으며, 음주로 인해 출근하지 않는 날들이 많아져서 직장을 잃을 위기에 처했고, 아침식사 전부터 술을 마시기 시작하였다. 결과적으로 가족은 공과금을 내지 못할 정도로 어려운 상황에 처하게 되었다. 게다가 십대인 아이들은 이러한 아버지의 행동에 대해 당황하고 있었다. 아이들은 친구들을 집으로 데려오지 않았고, 학업에도 집중하지 못하였다. 그녀 자신도 고통스러워했고, "친구들과 많은 대화를 나누지 않습니다. 저는 남편의 직장에 전화를 해서 남편이 과음 때문에 아프다고 말하는 것이 싫습니다"라고 말했다. 그러나 남편은 자신에게 음주문제가 있다는 것을 믿으려 하지 않았고, 음주문제로 자주 싸운다고 하였다.

그녀는 이전에 전문가의 도움을 구한 적이 있었지만 당시 상담가는 그녀가 "상호의존적"으로 음주에 대해 지나친 걱정을 하고 있다고 말하였다. 상담가는 그녀가 남편에게 알코올중독과 관련한 문헌들을 주고 남편 스스로 치료 여부를 결정하도록 할 것을 조언하였다. 그녀는 이러한 조언대로 시행해보았지만 이는 남편을 더욱 화나게 만들 뿐이었다. 또한 누군가가 자신의 가족에 대한 걱정을 문제라고 지적한 것(그녀가 상호의존적이라는 점)에 당황스러워 하였다. 그녀는 "저는 제 가족에 대한 책임이 있습니다. 저는 그렇게 배우고 자랐습니다"라고 확신하였다. 감정이입적이며 클라이언트 중심적 입장에서, 사회복지사는 이전의 그 상담가가 가족 내에서의 그녀의 역할과 관련된 문화적 가치들을 충분히 진단하지 못하였음을 감지할 수 있었다. 게다가 남편에게서 멀어져야 한다는 전략을 비롯하여 어떤 추가적인 진단이나 상의 없이 남편에게 알코올중독과 관련한 문헌들을 제공하도록 하는 전략들은 적합하지 않은 것이었다.

사회복지사는 사회적 측면에서의 진단을 통해 그녀가 자신의 결혼과 가정에 매우 헌신적이며("저는 남편과 아이들을 사랑합니다. 남편을 떠나는 것은 선택사항이 아닙니다"), 약물남용을 한 적이 없었고, 강한 사회적 네트워크(가족, 친구, 교회 등)를 가졌으며, 어떤 신체적인 가정폭력의 기록도 없었음("다투기는 했지만 남편은 한 번도 저와 아이들을 위협한 적이 없습니다. 남편은 술을 마실 때면, 자기만의 세상 속에 빠지는 듯 했습니다")을 파악하였다.

사회복지사는 다양한 개입방법들을 상의하기 위해서 그녀와의 후속 미팅을 계획하였다.

문제를 조사 가능한 질문들로 변형시키기

사회복지사는 앞의 사례에서 나타난 문제들을 조사 가능한 질문들로 변형시키는 데 있어 "가족 구성원", "배우자", "동기가 결여된", "비협조적인", "주저하는", "참여하기", "문제적 음주자", "알코올중독" 등의 단어들을 포함시켜야 한다. 이를 통해 다음과 같은 두 가지의 조사 가능한 질문들을 만들 수 있다. 첫째, "어떤 개입 전략이 동기가 결여된 문제적 음주자를 치료에 참여시키기 위해 배우자와 같이 일하는 데 효과적일까?" 둘째, "배우자와 같이 하는 어떤 유형의 개입(예를 들면, 압력을 가하는 것 혹은 덜 가혹한 반응들을 사용하는 것)이 주저하는 알코올 중독자를 치료에 참여시키는 데 가장 도움이 될 수 있을까?"

문헌조사하기

전문가는 우선 통제된 임상적 실험을 포함한 기존 연구들에서 체계적인 검토가 실시되었는지를 살펴봐야 한다(Gray, 2004; Guyatt et al., 2000). 다행히도, 주저하거나 비협조적인 문제적 음주자를 치료에 참여시키기 위해 가족개입을 실시한 기존 연구들을 체계적으로 검토한 조사들이 있다(예: Edwards & Steingless, 1995; O'Farrell & Fals-Stewart, 2003; Smith & Meyers, 2004).

Edwards와 Steinglass(1995)는 가족개입이 문제적 음주자를 치료에 참여시키기 위한 동기부여에 매우 효과적이며, 공식적인 치료가 시작되기도 전에 음주량을 줄일 수 있다는 결론을 내렸다. 동기부여가 결여된 음주자들을 대상으로 실시한 10개의 통제된 임상적 연구들을 검토한 O'Farrell & Fals-Stewart(2003)도 이러한 결론을 지지하였다. 덧붙여, 근심하는 가족 구성원들이 자신의 동기를 이해하고 문제적 음주자의 행위로부터 해방되도록 도와주기 위한 대처기술 훈련, Al Anon• 개입, 음주자의 행위에서 변화를 촉진하기 위한 전략들 모두 이러한 가족 구성원들의 정서적 고통을 줄이는 데 효과적이었다고 하였다(Smith & Mayers, 2004; Thomas, 1994; Thomas & Agar, 1993 참조).

O'Farrell과 Fals-Stewart(2003)는 가족 구성원들의 공격적인 대면에 의존하는 개입방법이 두 개의 연구에서 성공적이지 못했다고 지적하였다(Leipman, Nirenberg & Begin, 1989; Miller, Meyers & Tonigan, 1999). 이러한 개입훈련을 완수한 대부분의 가족 구성원들이 문제적 음주자들을 치료에 참여시키는 데는 성공했지만, 3분의 1에도 못 미치는 가족들만이 이 훈련을 완수하였다. 이러한 대면적 방법을 연구한 Loneck, Garrett와 Banks(1996)도 유사한 결과를 발견하였고, 덧붙여 문제적 음주자들이 치료를 시작했을 때 그들이 반드시 치료를 완수해야만 하는 동기가 부족하였고 이러한 치료가 유익하지도 않았다고 하였다(Miller, Meyers & Tonigan, 1999 참조). 이와 관련하여, Loneck과 동료들(1995)은 가족 구성원들과 다른 근심하는 사람들에게 미치는 음주의 부정적 영향에 초점을 두는 것은 음주자가 치료를 수용하는 것과 간접적으로 연관되어 있음을 발견하였다.

비록 이러한 연구들은 일반적으로 결과에 영향을 미친 개입 구성요소들이 각기 다른 결과를 가져온 이유를 밝히지는 못했지만(예: Smith & Meyers, 2004; Thomas & Agar, 1993), 문제적 음주자들의 치료 참여를 돕기 위해 가족 구성원들의 개입을 희망하는 사회복지사들에게 다음과 같은 전략들을 제안한다.

- 가족 구성원들은 반드시 문제적 음주와 알코올중독의 본질에 대한 교육을 받음으로써 과음을 초래하는 요인 및 절주를 방해하는 요인들을 더

• Al Anon(알아논)은 알코올 의존자들의 가족 및 친구들이 함께하는 자조모임이다.

욱 잘 이해할 수 있다.

- 사회복지사들은 음주자의 행위뿐만 아니라 가족 구성원들의 행위에도 초점을 맞추어야 한다. 효과적인 가족개입은 가족 구성원들이 음주자 및 음주자의 행위로부터 다소 해방되며, 다른 사회적 지원들을 발견하고(예: Al Anon 집단개입, 가족지원), 그들의 삶이 풍요로워질 수 있도록 돕는다(예: 음주자의 행위들로 인해 중단되었을 가능성이 있는 과거에 즐겨왔던 활동과 취미에 참여하기).
- 성공적인 개입은 가족 구성원들이 문제적 음주자들과 그들의 걱정들을 더욱 효과적으로 소통하고, 동시에 그들의 사랑과 지지를 소통할 수 있는 방법을 배울 수 있도록 돕는다(예: 자기주장 및 갈등해소 기술 배우기).
- 가족 구성원들은 단지 음주행위 자체에 반응(예: 잔소리나 불평 같은 행위)하는 것보다는, 바람직한 행위(예: 침착하거나 분별력 있는 행위)에 대한 긍정적인 피드백을 제공하는 방법을 배우기 위한 도움이 필요하다.

증거의 질과 임상적 유용성에 대해 평가하기

가족개입과 관련한 연구들은 일반적으로 다양한 민족 및 공동체 집단들을 대상으로 문제적 음주자들을 치료에 참여시키기 위해 가족개입의 차별적인 유익을 발견하기 위한 시도를 하지 않았다. 연구대상자들은 상당수 다양한 인종으로 구성되었지만, 어떤 연구도 인종과 관련된 차별적인 발견들을 보고하지 않았다. 예를 들면, 어떤 한 연구에서는 히스패닉계 사람들이 연구대상자의 3분의 1 이상을 차지하고 있었지만, 인종은 결과에 영향을 미치는 주요 요인으로 나타나지 않았다(Miller et al., 1999).

주저하는 문제적 음주자들을 치료에 참여시키기 위해 가족 구성원들을 개입시킨 두 개의 방법은 임상적 유용성을 충분히 강화시킬 수 있을 것으로 묘사되었는데, 하나는 "공동체 강화 접근과 가족치료Community Reinforcement Approach and Family Treatment: CRAFT"(Smith & Meyers, 2004)이고, 다른 하나는 "단독 가족치료Unilateral Family Therapy"(Thomas, 1994; Thomas & Agar, 1993; Thomas & Santa, 1982)이다. CRAFT 개발자들은 치료형태와 범위를 비롯하여 개입에 따른 반응들을 완벽하게 기술하였다. 또한 클라이언트의 선호를 고려하고 실천적 상황의 제약에 잘 적응하며 손쉽게 반복될 수 있도록 사례를 제공하는 등 고도의 실용적인 치료 매뉴얼을 만들었다.

클라이언트와 증거 및 개입옵션에 대해 상의하기

일단 사회복지사가 증거에 대한 조사를 마치게 되면, 조사결과와 다양한 개입옵션을 클라이언트와 상의해야 한다. 앞서 제시된 사례에서, 사회복지사는 푸에르토리코 여성이 도움을 받을 수 있는 방법이 있으며 그러한 방법이 히스패닉계 사람들에게 유용한 것으로 나타났음을 자신감을 가지고 알려주어야 한다(예: CRAFT의 사례). 그녀에게 앞으로 진행될 10~12회기에 대한 시간 약속, 그녀가 가져야 할 책임감을 비롯하여 그녀에게 필요한 변화(예: 남편으로부터 조금 멀어지면서 그녀 삶의 다른 측면들에 집중하기, 남편과 대화하는 새로운 방식들 배우기 등)를 강조하는 것이 중요할 것이다. 또한 사회복지사는 검토되어 온 공격적인 대면적 접근방법도 논의할 수 있다. 그리고 남편의 음주에 대한 그녀의 결정이나 과거에 보였던 반응의 일부가 왜 기대했던 결과를 산출하지 못했었는지를 이해할 수 있는 정보를 찾는 것도 중요하다. 그녀가 기대할 수 있는 결과들로 가족의 스트레스가 감소되는 것, 남편이 치료를 고려하도록 하는 것, 남편의 음주패턴을 변화시키는 것 등을 꼽을 수 있다.

그녀와 개입옵션을 상의하면서, 사회복지사는 푸에르토리코 공동체에서 중요시되는 가치, 믿음, 문화적 실천을 염두에 두어야 한다. 앞서 지적한 것처럼, 그녀의 첫 번째 상담가는 분명히 이러한 가치와 실천에 민감하지 못하였다. 결과적으로, 그녀는 도움을 받는 과정으로부터 소외감을 느꼈을 수 있으며,

그 상담가가 제시한 개입전략 자체는 사실상 적합하지 못했다. 사회복지사는 그녀의 가치적 선호, 바람, 상황을 이해하기 위해 최선을 다해야 한다. 푸에르토리코 사람들의 가치 및 전통을 따르는 그녀의 가족에 대한 강한 헌신은 그녀의 노력이 지속될 수 있도록 돕기 위한 중요한 요인이 될 수 있다. 또한 가족의 중요성, 가족에 대한 각자의 책임, 남편의 음주행위가 자신의 가족에 미치는 부정적 영향력 등도 남편의 치료개입 촉구를 위해 중요한 요소들일 수 있다. 그녀와의 상담을 통해 활용할 수 있는 사회적 지원들(예: 교회 및 친구들)을 탐색해야 한다. 상담을 통해 그녀가 남편과 나눌 수 있는 논의의 주제와 의사소통 스타일도 조사해야 한다.

클라이언트와 개입의 효과성 평가하기

사회복지사가 가족개입의 효과성을 평가할 때에는 개입의 다양한 목표들을 고려해야 한다. 비록 제시된 걱정은 남편의 음주였지만, 다른 개입목표들은 그녀의 진술들과 아이들의 행동에서 나타난 가족의 스트레스와 그녀의 행동(의사소통 유형의 변화, 남편에서 조금 떨어져 자신의 삶을 풍요롭게 하기 등)을 포함할 수 있다. 이러한 영역들 역시 개입의 효과성을 확인하기 위해 조사되어야 한다. 가장 바람직한 결과는 남편이 치료를 시작하였고 음주문제가 해결되었는가 하는 것이다. 그러나 이러한 결과를 얻지 못했더라도, 만약 그녀의 스트레스가 줄어들었고, 가족의 기능이 향상되었으며, 가족 구성원들이 문제적 음주자와 살기 위해 더욱 잘 적응할 수 있는 방법들을 배웠다면 그 개입은 성공적이라 할 수 있다.

가족개입의 성공은 그녀가 치료를 완수했는지 여부를 조사함으로써 측정될 수 있다. 덧붙여 개입 전과 후의 행동변화를 측정하는 단일사례연구, 감정이나 고통의 정도를 측정하는 척도의 활용, 임상적 실험 등을 통해 사회복지사는 개입의 목표들이 어느 정도 달성되었는지를 결정할 수 있다. 사회복지사가 다른 클라이언트를 대상으로 유사한 가족개입들을 사용했을 때, 사회복지사는 이러한 가족개입의 가치를 진단할 수 있는 종합적 데이터를 구축할 수 있다.

■

결론

이 장에서 우리는 증거기반 실천 패러다임을 근거로 한 실천에서 클라이언트 중심적, 증거통지적 접근이 알코올과 관련된 문제를 가진 가족들을 돕기 위해 어떻게 활용될 수 있는지를 살펴보았다. 앞선 사례에서는 주저하는 문제적 음주자가 치료를 시작하도록 동기를 부여하기 위한 가족개입에 이러한 패러다임을 적용했지만, 그 원칙들은 일단 음주자가 치료를 시작하게 되면 결혼생활 및 가족치료, 그리고 청소년 약물남용 상황들에도 동일하게 적용될 수 있다.

한편, 음주문제를 가진 사람들을 돕기 위한 결혼생활 및 가족치료들의 효과가 아직까지 특정 민족과 문화집단 구성원들에게는 입증되지 않았다. 따라서 아직까지 이러한 접근이 다른 공동체의 구성원들에게 특별히 유익할 수 있을지 혹은 제약이 될지에 대해 확신할 수 없다. 음주문제들을 치료하기 위한 가족개입의 효과성을 진단하기 위해서는 더 많은 연구가 다른 민족과 문화집단들을 대상으로 실시되어야 하며, 그 전까지는 가장 일반화된 접근방법들을 사용하는 것이 현명할 수 있다.

사회복지사가 입증된 치료방법을 사용할 때, 문화적으로 민감해야 함은 중요하다. 즉, 사회복지사는 알코올 섭취의 측면뿐만 아니라 부부 및 가족의 역할과 책임감의 측면 모두에서 다른 민족적 공동체들을 특징짓는 가치, 신념, 규범, 실천들을 인지해야 한다. 덧붙여 사회복지사는 어떻게 문화적 및 공동체적 규범이 자신의 클라이언트에게 경험되고 있는지를 명백히 인지할 수 있어야 한다. 사회복지사들은 클라이언트들의 관점, 신념, 선호에 대해 이해함으로써 모든 민족 및 문화적으로 다양한 클라이언트들의 욕구와 상황들에 적합한 치료 방법들을 적용할 수 있다. 책임감 있는 전문적 실천은 실증적으로 검증된 개입 옵션들의 사용을 요구한다. 또한 이것은 사회복지사들로 하여금 클라이언트가 최고로 성공할 수 있는 가능성을 높이고 개입옵션을 스스로 선택할 수 있도록 돕기 위해 상호협조적으로 일할 것을 요구한다.

참고문헌

Amodeo, M., Robb, N., Peou, S., & Tran, H. (1996). Adapting mainstream substance-abuse interventions for Southeast Asian clients. *Families in Society, 77*, 403-413.

Botvin, G. J., Schinke, S. P., Epstein, J. A., Diaz, T., & Botvin, E. M. (1995). Effectiveness of culturally focused and generic skills training approaches to alcohol and abuse prevention among minority adolescents: Two-year follow-up results. *Psychology of Addictive Behaviors, 9,* 183-194.

Caetano, R. (1987). Alcohol use and depression among U.S. Hispanics. *British Journal of Addiction, 82,* 1245-1251.

Caetano, R., Clark, C. L., & Tam, T. (1998). Alcohol consumption among racial/ethnic minorities: Theory and research. *Alcohol Health & Research World, 22*(4), 233-238.

Copello, A., & Orford, J. (2002). Addiction and the family: Is it time for services to take notice of the evidence? [Editorial]. *Addition, 97*, 1361-1363.

Corcoran, J., & Thomas, C. (2000). Family treatment with adult substance abuse. In J. Corcoran (Ed.), *Evidence-based social work practice with families: A lifespan approach* (pp. 369-394). New York: Springer.

Cournoyer, B. R. (2004). *The evidence-based social work skills book.* Boston: Allyn and

Bacon.

Drake, R. E., & Mueser, K. T. (1996). Alcohol-use disorders and severe mental illness. *Alcohol Health and Research World, 20*(2), 87-93.

Durran t, R., & Thakker, J. (2003). *Substance use and abuse: Cultural and Historical perspectives.* Thousand Oaks, CA: Sage.

Dyche, L., & Zayas, L. H. (1995). The value of curiosity and naivete for the cross-cultural therapist. *Family Process, 34*, 389-399.

Edwards, M. E., & Steinglass, P. (1995). Family therapy treatment outcomes for alcoholism. *Journal of Marital and Family Therapy, 21*, 475-509.

Epstein, I. (2001). Using available clinical information in practice-based research: Mining for silver while dreaming of gold. In I. Epstein & S. Blumenfield (Eds.), *Clinical data-mining in practice-based research* (pp. 15-32). New York: Haworth Press.

_________ (2009). Promoting harmony where there is commonly conflict: Evidence-informed practice as an integrative strategy. *Social Work in Health Care, 48*, 216-231.

Evidence-Based Medicine Working Group (1992). Evidence-based medicine: A new approach to teaching the practice of medicine. *Journal of the American Medical Association, 268,* 2420-2425.

Fromme, K., & Kruse, M. (2003). Socio-cultural and individual influences on alcohol use and abuse by adolescent and young adults. In B. Johnson, P. Ruiz, & M. Galanter (Eds.), *Handbook of clinical alcoholism treatment* (pp. 26-36). Philadelphia, PA: Lippincott Williams & Wilkins.

Gambrill, E. (2003). Evidence-based PRACTICE: Sea change or the emperor's new clothes? [Editorial]. *Journal of Social Work Education, 39*, 3-23.

Grant, B. F., Dawson, D. A., Stinson, F. S., Chou, S. P., Dufour, M. C., Pickering, R. P. (2004). The 12-month prevalence and trends in DSM-IV alcohol abuse and dependence: United States, 1991-1992 and 2001-2002. *Drug and Alcohol Dependence, 74,* 223-234.

Gray, G. E. (2004). *Concise guide to evidence-based psychiatry.* Washington, DC: American Psychiatric Publishing.

Guyatt. G. H., Haynes, R. B., Jaeschke, R. Z., Cook, D. J., Green, L., Naylor, C. D., et al. (2000). Users' guide to the medical literature XXV: Evidence-based medicine: Principles for applying the users' guides to patient care. *Journal of the American Medical Association, 284*, 1290-1296.

Guyatt. G. H., Haynes, R. B., Jaeschke, R. Z., Cook, D. J., Greenhaigh, T., Meade, M., et al. (2002). Introduction: The philosophy of evidence-based medicine. In G. Guyatt & D. Rennie (Eds.), *Users guides to the medical literature: A manual for evidence-based clinical practice* (pp. 3-12). Chicago: AMA Press.

Haynes, R. B., Devereaux, P. J., & Guyatt, G. H. (2002). Physicians' and patients' choices in evidence based practice. [Editorial]. *British Medical Journal, 324,* 1350.

Haynes, R. B., Sackett, D. L., Gray, T. M., Cook, D. J., & Guyatt, G. H. (1996). Transferring evidence from research to practice: 1 The role of clinical care research evidence in clinical decisions. [Editorial]. *ACP Journal Club, 125*(3), A14, 1-4.

Hettema, J., Steele, J., & Miller, W. R. (2005). Motivational interviewing. *Annual Review of Clinical Psychology, 1,* 91-111.

Hohman, M. (2012). *Motivational interviewing in social work practice.* New York: Guilford.

Johnston, L. D., O'Malley, P. M., & Bachman, J. G. (2003). *Monitoring the future national survery results on drug use, 1975-2002: Vol II. College students and young adults ages 19-40.* (NTH Pub, No. 03-5376). Bethesda, MD: National Institute of Drug Abuse.

Kirk, S. A., & Reid, W. J. (2002). *Science and social work: A critical appraisal.* New York: Columbia University Press.

Kumpfer, K. L. (1998). Selective prevention interventions: The Strengthening Families Program. In R. S. Ashery, E. B. Robinson, & K. L. Kumpfer (Eds.), *Drug abuse prevention through family interventions* (NIDA Research Monograph 177, pp. 160-207). Rockville, MD: National Institute of Drug Abuse.

Lam, W. K. K, O'Farrell, T. J., & Birchler, G. R. (2012). Family therapy techniques for substance abuse treatment. In S. T. Walters & F. Rotgers (Eds.), *Treating substance abuse: Theory and technique* (3rd ed., pp. 256-280). New York: Guilford.

Liepman, M. R., Nirenberg, T. D., & Begin, A. M. (1989). Evaluation of a program designed to help family and significant others to motivate resistance alcoholics into recovery. *American Journal of Drug and Alcohol Abuse, 15,* 209-221.

Loneck, B. M., Banks, S. M., Coulton, C. J., Kola, L. A., Holland, T. P., & Gerson, S. N. (1995). Stress and outcome in the alcoholism intervention: A preliminary investigation. *Alcoholism Treatment Quarterly, 13*(2), 33-42.

McCrady, B. S., Ladd, B. O., & Hallgran, K. A. (2012). Theoretical bases of family approaches to substance abuse treatment. In S. T. Walters & F. Rotgers (Eds.), *Treating substance abuse: Theory and technique* (3rd ed., pp. 224-255). New York: Guilford.

McNeece, C. A., & Thyer, B. A. (2004). Evidence-based practice and social work. *Journal of Evidence-Based Social Work, 1*(1), 7-25.

Meyers, R. J., & Miller, W. R. (Eds.). (2001). *A community reinforcement approach to addiction treatment.* New York: Cambridge University Press.

Miller, W. R., Forcehimes, A. A., & Zweben, A. (2011). *Treating addition: A guide for professionals.* New York: Guilford.

Miller, W. R., Meyers, R. J., & Hiller-Sturmhofel, S. (1999). The community reinforcement approach. *Alcohol Research and Health, 23*(2), 116-121.

Miller, W. R., Meyers, R. J., & Tonigan, J. S. (1999). Engaging the unmotivated in treatment for alcohol problems: A comparison of three strategies of intervention through family member. *Journal of Consulting and Clinical Psychology, 67*, 688-697.

Miller, W. R., & Rollnick, S. (2013). *Motivational interviewing: Helping people change (3rd ed.).* New York: Guilford.

Miller, W. R., Wilbourne, P. L., & Hettema, J. E. (2003). What works? Summary of alcohol outcome research. In R. K. Hester & W. R. Miller (Eds.), *Handbook of alcoholism treatment approaches: Effective alternatives* (3rd ed., pp. 13-63). Boston: Allyn and Bacon.

Morel, C. (1997). Women with depression and substance abuse problems. In S. L. A. Straussner & E. Zelvin (Eds.), *Gender and addictions* (pp. 223-242). Northvale, NJ: Aronson.

Nathan, P. E. (2004). The evidence base for evidence-based mental health treatments: Four continuing controversies. *Brief Treatment and Crisis Intervention, 4*, 243-254.

National Institute on Alcohol Abuse and Alcoholism. (2002). Alcohol and minorities: An update. *Alcohol Alert,* 55, 1-4.

Nock, M. K., GOLDMAN, j. l., Wang, Y., & Albano, A. M. (2004). From science to practice: The flexible use of evidence-based treatments in clinical settings. *Journal of the American Academy of Child and Adolescent Psychiatry,* 43, 777-780.

O'Farrell, T. J., & Fals-Stewart, W. (2003). Marital and family therapy. In R. K Hester & W. R. Miller (Eds.), *Handbook of alcoholism treatment approaches: Effective alternative* (3rd ed., pp. 188-212). Boston: Allyn and Bacon.

O'Neil, J. V. (2001, January). Expertise in additions said crucial. *NASW News,* p. 1.

Randolph, W. M., Stroup-Benham, C., Black, S. A., & Markides, K. S. (1998). Alcohol use among Cuban-Americans, Mexican-Americans, and Puerto Ricans. *Alcohol Health & Research World, 22*(4), 265-269.

Sackett, D. L., Straus, S. E., Richardson, W. S., Rosenberg, W., & Haynes, R. B. (2000). *Evidence-based medicine: How to practice and teach EBM (2nd ed.).* London: Churchill Livingstone.

Smith, J. E., & Meyers, R. J. (2004). *Motivating substance abusers to enter treatment: Working with family members.* New York: Guilford Press.

Steinglass, P. (1976). Experimenting with family treatment approaches to alcoholism, 1950-1975: A review. *Family Process, 15*, 97-123.

Straussner, S. L. A. (2001). Ethnocultural issues in substance abuse treatment: An overview. In S. L. A. Straussner (Ed.), *Ethnocultural factors in substance abuse treatment* (pp. 3-28). New York: Guilford Press.

Straussner, S. L. A., & Zelvin, E. (Eds.). (1997). *Gender and addition.* Northvale, NJ: Aronson.

Substance Abuse and Mental Health Services Administration (2003). *Overview of findings from the 2002 National Survey on Drug Use and Health.* Office of Applied Studies, NHSDA Series H-21, DHHS Publication No. SMA 03-3774. Rockville, MD: Author.

Thomas, E. J. (1994). Evaluation, advanced development, and unilateral family therapy experiment. In J. Rothman & E. J. Thomas (Eds.), *Intervention research: Design and development for human service* (pp. 267-295). New York: Haworth Press.

Thomas, E. J. & Agar, R. D. (1993). Unilateral family therapy with spouses of uncooperative alcohol abusers. In T. J. O'Farrell (Eds.), *Treating alcohol problems: Marital and family interventions* (pp. 3-33). New York: Guilford Press.

Thomas, E. J. & Santa, C. A. (1982). Unilateral alcohol therapy for alcohol abuse: A working conception. *American Journal of Family Therapy*, 10, 49-58.

Vaughn, M. G., & Howard, M. O. (2004). Adolescent substance abuse treatment: A synthesis of controlled evaluations. *Research on Social Work Practice*, 14, 325-335.

Westermeyer, J. (1997). Native Americans, Asians, and new immigrants. In J. H. Lowinson, P. Ruiz, R. B. Millman, & J. G. Langrod (Eds.), *Substance abuse: A comprehensive textbook* (3rd ed., pp. 712-716). Baltimore: Williams & Wilkins.

Windle, M. (2003). Alcohol use among adolescent and young adults. *Alcohol Research & Health, 27*(1), 79-85.

Yalisove, D. (2004). *Introduction to alcohol research: Implications for treatment, prevention, and policy*. Boston: Pearson Education.

22

가정폭력 피해 이주여성을 위한 다문화 사회복지실천

Patricia Brownell and Eun Jeong Ko

1970년대부터 사회복지사들은 변호사, 민중 옹호자 그리고 깨어있는 정부 관료들 및 입법자들과 함께 가정폭력 피해자인 여성들의 안전과 복지를 위해 합법적이고 통제적이고 단계적인 해결책을 강구해 왔다(Dziegielewski & Swartz, 2007). 애초 이러한 노력으로 일차적인 혜택을 본 사람들은 시민권이 있는 여성과 그 자녀들이었다. 그러나 이제 옹호자들은 시민권이 없는 가정폭력 피해자들도 학대와 착취를 지속적으로 당하고 있고, 아동 양육권 싸움에서 불이익을 당하고 있으며, 나아가 추방을 당할 극심한 위험에까지 처해 있다는 것을 잘 알고 있다. 이 장의 목적은 이주 여성들을 대상으로 한 가정폭력과 사회복지실천을 다문화적 맥락에서 살펴보는 것이다.

여성운동의 초기에 가정폭력 피해자들을 위한 놀라운 사회적, 법적 해결책이 모색되었다. 그러나 입법적으로 통제적인 변화들은 정작 이민자 그리고 난민 자격으로 있는 가정폭력 피해자들에게 절실하게 필요한 것이었다. 즉, 피해자들에게는 사회복지서비스와 소득지원, 보건, 일자리, 교육, 거주지, 기타 개인을 위한 각종 공공부조 혜택을 받을 수 있도록 보장해 주는 변화들이 필요했다. 또한 사회복지사들은 이민자이면서 가정폭력 피해자인 이들에게 필요한 새로운 개입모델과 실천방법을 개발하는 데 어려움을 겪었다.

가정폭력은 사회복지 전문직의 초기부터 사회복지사와 사회개혁가들이 관심을 갖는 영역이었다. 19세기 후반 아내학대가 있는 가정에 대한 사회적 대응은 아동을 집으로부터 분리시키려는 노력이었다(Brace, 1872). 사회복지 전문직은 자선조직협회와 인보관에서 가난한 도시 이민자들을 돕는 일에서부터 시작되었다(Gordon, 1988). 이렇게 다양한 문화권의 사람들이 필요로 하는 자원과 서비스, 기회를 얻도록 도와주는 임무는 오늘날에도 여전히 사회복지 전문가에게 주어진 임무이다. 이는 전미사회복지사협회의 윤리강령에도 나타나 있다(NASW, 2008).

전미사회복지사협회의 윤리강령은 사회복지 전문가가 문화적으로 적절한 방식으로 실천하도록 안내지침을 제공하고 있다. 윤리강령 중 문화적 유능함과 사회적 다양성Cultural Competency and Social Diversity이라는 제목의 제1장 제5절에서는 문화적으로 유능한 사회복지실천에 대하여 문화에 대한 이해, 인간행동과 사회에 문화가 미치는 역할에 대한 이해, 클라이언트의 문화에 대한 기본지식을 지니고 있는 것, 사람들 사이의 차이와 문화 집단 사이의 차이와 클라이언트의 문화에 대해 민감한 서비스를 제공하는 유능함을 보이는 것, 그리고 문화적 다양성과 억압에 대해 이해하는 것이라고 정의하고 있다(NASW, 2008). 문화적 인식이라 함은 한 개인에게 여러 문화가 있다는 것을 이해하는 것을 의미한다. 여러 문화란 인종, 종교, 성별, 나이 및 육체적 장애의 정도에 따른 문화를 의미한다(Fong, McRoy, & Hendricks, 2006). 가정폭력은 미국 내 심각한 사회 문제이다. 사회복지사들에게 가정폭력을 발견하고 대처하는 것은 매우 중요한 일인데, 이는 그만큼 가정폭력이 만연해 있고, 그 결과가 심각하기 때문이다. 사회복지사의 교육과 훈련 내용에는 인종, 민족, 문화, 이민자격 등이 미치는 영향력이 강조되어야 한다. 그래야만 실천가가 문화적으로 적절한 서비스를 제공하는 능력을 더욱 향상시킬 수 있다(Davis, 2003).

미국 내 이민자 인구사회학적 현황

미국 인구통계청Census Bureau의 2002년 3월 인구조사CPA 보고서에 의하면 미국 거주자 중 11.5%가 외국 태생이라고 했다(Schmidley, 2003). 이들 중 7.3%는 시민권이 없고 4.2%는 시민권자이다. 미국에는 3,250만 명의 외국 태생자들이 살고 있으며, 이들 중 63%, 2,050만 명은 시민권이 없다. 가장 최근의 인구조사는 시민권이 없는 사람들 중 가장 큰 규모는 라틴계(60.3%)이고, 그 다음이 동양계(19.4%)라고 한다(U.S. House of Representatives, 2004).

약 800~900만 명의 이민자들이 이민자격을 나타내는 그 어떠한 법적인 서류도 가지고 있지 않다. 해마다 몇 천 명의 이주 여성들이 미국 시민권자 혹은 미국 영주권자LPR와 결혼하여 미국에 입국한다(Raj & Silverman, 2002). 가정폭력은 민족, 성별, 종교, 나이 및 사회경제적 지위에 상관없이 발생한다(Kwong, 2002; Orloff, 2001; Rothwell, 2001). 학대를 당한 이주 여성의 이민 신분, 사회적 지지망의 부족, 언어적 장벽, 낮은 경제적 지위 등은 폭력적인 관계를 벗어나는 데 큰 장애물로 작용한다(Orloff, 2001; Raj & Silverman, 2002; Rothwell, 2001; Romkens, 2001). 19세기 후반에서 20세기 초기에 대부분의 이민자들은 유럽에서 왔다(Schmidley, 2003). 하지만 지난 1세기 동안의 이민자들 속에는 아프리카, 동남아시아, 중남미 사람들이 포함되기 시작했다. 1890년에는 87%의 외국 태생 미국인이 유럽에서 왔고, 아시아에서 1%, 남미Latin America에서 1%가 왔다. 그런데 1990년 이민 인구 통계는 100년 전과 비교했을 때 놀라울 만큼 변화했다. 이민자 비율 중 남미 출신이 43%로 뛰어 올랐고, 아시아 이민자 비율도 25%로 늘어났다(Gibson & Lennon, 1999). 과거 이민자들과 비교했을 때 새로 이민한 사람들의 문화, 언어, 가족의 기대, 사회 서비스 이용 양상 등이 모두 달라졌다.

■

정의

가정폭력

가정폭력이란 한 사람의 재산, 건강, 생명을 가족 구성원 혹은 친밀한 관계를 맺고 있는 누군가의 의도적인 행위에 의해 위험에 처하게 하거나 이에 해를 끼치는 것으로서 사회적인 문제로 정의된다(Barker, 2003). 가정폭력은 주 법령과 형법에 의해 정의되어 있다. 예를 들어 매사추세츠 주에서 가정폭력은 신체적인 해가 실제로 가해졌거나 의도된 것, 당장 심각한 신체적인 해를 입을 것 같은 두려움, 혹은 현재나 이전 남편, 남자친구/여자친구, 약혼자, 현재나 이전 동거인, 혈육관계에 있는 사람, 현재 혹은 이전 시댁식구, 혹은 피해자 아이의 생부 등에 의한 합의되지 않은 성적인 관계를 모두 포함한다. 이러한 정의는 주마다 다를 수 있다.

Roberts(2007)에 의하면 미국 내 여성의 경우 강도와 사고를 모두 포함한 것보다 남편이나 남자친구에 의한 폭력을 더 많이 경험한다고 한다. 여성이 응급실을 찾게 되는 주된 이유는 가정폭력 때문이다. 전 세계적으로 최소한 3명의 여성 중 1명은 평생에 걸쳐 한 번쯤 신체적, 성적, 혹은 기타 다른 유형의 학대를 경험한다고 한다(www.info@womenslaw.org, 2003). 가정폭력은 아이들에게 심각한 영향을 미치기도 한다. 약 1,500만 명 이상의 미국 거주 아동들이 작년 한 해 동안 최소한 한 번은 가정폭력이 일어나는 집에서 살고 있으며, 약 700만 명의 아이들은 심각한 가정폭력이 일어나는 집에서 살고 있다(McDonald, Jouriles, & Ramisetty-Mikler, 2006).

가정폭력은 미국 시민보다 이민자에게 더욱 광범위하게 일어나는 것으로 알려져 있는데, 미국 이민자의 대다수는 여성과 아동이다(Erez & Globokar, 2009).

이민자라는 지위와 성별 및 인종에 따른 문제들이 뒤섞여 여성과 아이들은 학대 상황에서도 아무런 대처를 할 수 없게 될 위험성이 높아지는데, 그 이유는 가족관계 및 지역사회 내에서의 사회적 소외에 따른 그들의 취약성 때문이다(Zarza, Ponsoda, & Carrillo, 2009).

이민 자격

물론 남성 이민자도 가정폭력과 같은 폭력의 피해자가 될 수 있겠으나 이 장의 초점은 가정폭력 피해자 중 이주 여성에 관한 것이다. 이민 및 난민 신분과 관련된 용어들의 정의가 이 장에 포함되어 있다. 미국 정부에 의하면 이민자란 미국 시민이 아니며, 미국이 아닌 다른 나라에서 태어나 미국에서 일시적 혹은 영원히 거주할 수 있는 법적인 서류가 있는 사람들과 없는 사람들을 모두 의미한다. 미국에 체류할 수 있는 서류를 갖춘 이민자로 시민권이 미정 상태여도 이민자 신분으로 인정될 수 있다. 또 다른 이민자들은 일을 하기 위해, 학생으로, 혹은 일시 체류 비자나 허가증으로 미국에 입국하기도 한다. 하지만 비자나 허가증이 만기된 상태인 경우도 있다(Chang-Muy, 2009).

만기되지 않은 이민자 신분증이 없거나 이민자 자격을 발부 받은 기록이 없는 경우를 일컬어 불법체류자라고 한다. 난민이란 자국 밖에 있는 사람들로서 박해 혹은 박해를 받을 것 같은 실제적인 두려움 때문에 자국으로 돌아가지 못하는 사람을 말한다. 난민 자격은 미국 정부에 의해 결정되는데, 인종, 종교, 국적, 특정 사회집단 소속 혹은 정치적 선택 등을 토대로 본국으로 돌아갔을 때의 위험도를 사정하여 결정된다(U.S. Department of Homeland Security, 2004). 이 장에서는 토론의 목적을 위해 특별히 구분하지 않은 이상 시민이 아닌 가정폭력 피해자를 이민 자격에 상관없이 모두 이민자로 통칭하기로 한다.

가정폭력과 이민

가정폭력 피해자에 대한 옹호자들은 학대를 당한 이주 여성들을 위해 가정폭력의 개념을 확대시켰다. 이주 여성 관련 가정폭력과 학대 유형은 정서적인 학대, 경제적인 학대, 성적인 학대, 강제와 위협, 아이들을 이용하기, 시민권이나 영주권 자격을 이용하기, 협박, 소외시키고 무시하기, 책임 전가하기, 그리고 자신의 폭력적인 행동을 부정하는 것을 포함한다. 학대란 강제적인 행동(신체적, 성적, 정신적)을 사용하는 것을 의미하는데, 이 행동은 여성의 욕구나 희망, 권리 혹은 최선의 이득과는 무관하게 자신이 원하는 것을 시키는 남성이 밀접한 관계를 맺고 있는 여성에게 행하는 것을 말한다(Dziegielewski & Swartz, 2007).

옹호자들은 이러한 학대 유형이 이주 여성들에게 특별한 영향을 준다고 주장한다. 이는 폭력 행위자가 심리적인 학대의 일종으로서 이민자 자격에 대해 거짓말을 할 수도 있고, 경제적 학대의 일종으로서 돈 받고 일하는 것에 대해 이민국에 신고하겠다고 엄포를 놓을 수 있으며, 성관계를 거부하면 정부에 고발하겠다고 협박하기도 한다. 또한 그녀와 아이들을 이민국에 신고하겠다고 으름장을 놓기도 하고, 이민 서류를 접수하지 않거나, 서류를 숨기거나 혹은 여권과 같은 중요한 서류를 없애버리거나, 영어를 배우지 못하게 하거나, 그녀가 학대의 원인이며 부담스러운 존재라고 믿게 만들기도 하기 때문이다. 이 시점에서 과거의 이민국Immigration and Naturalization Service: INS은 그 명칭을 시민권과 이민서비스국the Bureau of Citizenship and Immigration Services: BCIS으로 바뀌었으며, 미국의 국토안전부 산하기구가 되었다(Carey, 2003).

미국 시민권자 혹은 영주권자와 결혼한 여성이 모두 배우자에 의해 법적인 신분 보증을 받는 것은 아니다. 학대가 발생한 가정의 경우는 시민권이나 영주권이 있는 배우자가 아내의 이민 서류를 접수하지 않을 수도 있다(Dutton, Orloff, & Hass, 2000). 다수의 연구결과에 의하면 남편에게 신분 보증을 의존하는 여성의 경우에 의존하지 않는 여성에 비해 더욱 가정폭력을 당할 위험성이 크다고 한다(Kwong, 2002; Orloff, 2001, 2003). 지속적으로 추방당할지도 모른다는 두려움은 이주 여성으로 하여금 학대 관계를 벗어나지 못하게 한다. 학대 행위자는 흔히 피해자의 이민자 신분을 이용해 피해자를 통제하곤 한다(Romkens, 2001; Sitowski, 2001).

■

가정폭력 피해를 입은 이민자의 위험요소와 욕구

학대를 당한 이주 여성은 경제적 · 사회적 · 법적인 문제를 경험하고 있으며, 이러한 문제들은 미국에서의 그들의 법적 · 문화적 지위와 특별한 관련이 있다. 미국에서는 다양성과 다문화주의에 대한 자부심이 있다(Sue, 2006). 그러나 새 난민과 새 이주민 그리고 소수자들은 종종 오해와 혼동에 직면하곤 하는데, 특히 미국의 전통적 가치관이 그들의 신념 및 전통과 충돌을 일으킬 때 그러하다. 이민자들은 민간 그리고 형사상의 법률 체계와 갈등을 경험할 수 있다.

가부장주의와 운명에 대한 신념은 여성들로 하여금 폭력을 통제할 수 없다고 느끼게 만들며, 전쟁으로 인해 분리된 국가에서 온 여성의 경우 전쟁과 같은 심한 폭력에 오래 노출이 되어 가정 내에서 일어나는 폭력 정도는 폭력으로 인식하지 못할 수 있다. 최근 이민자들은 동화되어야 한다는 부담을 포함하는 다양한 스트레스에 직면한다. 전통적인 성역할을 고수하고자 하는 학대 행위자와 교육의 기회를 통해 혜택을 보고자 하는 피해자 사이에서 가정폭력은 심화될 수 있다. 학대에 대해 신고하지 않거나 발설하지 않음으로써 이민자 사회를 긍정적으로 보이게 해야만 한다는 피해자의 부담감과 이민자 자격을 갖추기 위해 학대 행위자에게 의존해야 하는 상황은 매우 두드러지는 특징이다(Mills, 1998).

가정폭력 피해 이민자를 위한 보호서비스에 장애가 되는 것들에는 성별, 문화적 규범, 추방에 대한 두려움 등이 있다. 타국으로 이민을 할 때 사람들은 문화적 규범과 가치관을 함께 가지고 떠난다. 규범과 가치가 다른 상황 속에서 이주 여성의 가정폭력에 대한 행동과 철학은 다르게 표현될 수밖에 없다(Raj & Silverman, 2002). 평등과 독립심을 강조하는 서구 문화와는 달리 다른 문화권에서는 여성들로 하여금 남편에 대한 종속과 복종을 기대할 수도 있다(Liao, 2006; Ahmed, Driver, McNally, & Stewart, 2009; Orloff, 2001).

유색인종 여성을 향한 폭력에 대한 정보 부족은 가정폭력에 대한 연구 자료가 실제와는 다른 오류를 만들어내는 결함이 된다(Lee, Thompson, & Mechanic, 2002). 최근 이민자들은 조사 연구에 잘 참여하지 않는다. 그 이유는 문화 및 언어 장벽에 따른 어려움, 추방에 대한 두려움, 친척들의 이민 접수에 영향을 미칠지도 모른다는 두려움 등이 조사 연구에 참여하지 않는 이유로 나열된 바 있다. 유사한 이민자 집단에서 여성의 문화적 순응이 가정폭력 위험요소에 미치는 영향에 관한 연구는 거의 없다(Lee et al., 2002).

폭력 피해 불법이민 여성

Erez와 Hartley(2003)에 따르면, 불법으로 체류• 중인 많은 이주 여성들은 추방당할 수도 있다는 두려움 때문에 도움을 청하기를 꺼려할 수 있다고 한다. 이는 아내에게 폭력을 행사하는 남편을 보호하는 법이 그들의 출생지에 있는 경우, 추방을 당하게 되면 폭력을 당한 불법체류 여성은 지지를 얻기 위해 의존해야 할 출생지에 있는 가족들에게 오히려 더 학대를 받을 위험에 처할 수도 있기 때문이다. 또한 이는 가족의 이익을 보호해야 하는 피해자의 욕구 때문일 수도 있다. Maria는 미국 시민을 만나 남미의 가난으로부터 벗어나 남편과 함께 미국에서 살기 위해 남미를 떠났다. 그녀와 남편은 세 명의 아이를 낳았고, 아이들은 남미에서는 얻을 수 없는 물질적인 혜택을 제공받았다. 하지만 그녀의 남편은 그녀를 위한 시민권을 신청하지 않았고, 지속적으로 폭력을 행사했다. 그러나 Maria는 남편을 고소하거나 떠나기를 꺼려 했는데, 그 이유는 아이들을 남편에게 빼앗기게 될까봐, 또 그녀가 결혼 덕분에 벗어날 수 있었던 과거의 그 가난한 삶을 다시 살 수밖에 없는 남미로 쫓겨날까봐 두려웠기 때문이었다.

이 사례에서 Maria의 남편이 그녀에게 영주권 신청을 해주지 않은 것은 그녀를 실질적인 노예 상태로 남아 있게 한 것이다. 만약 그녀가 남편을 떠나려고 했다는 이유로 남편이 그녀를 이민국에 신고라도 한다면 그녀는 곤경에 처하게 된다. 그녀의 이민 자격은 공공부조 대상에서 제외되며 자기 자신과 아이들을 지원할 수 있는 직장을 갖는 것에도 제약이 따른다.

가정폭력 피해자인 이주 여성을 대상으로 서비스를 제공하는 사회복지사에게 몇 가지 선택권이 있다. 영어뿐만 아니라 특정 국가의 모국어로 서비스와 혜택을 제공하고 정보도 제공하는 기관과 협력하는 것, 이민법과 옹호를 전문

• 적법적인 체류 관련 서류가 없이 체류 중인

으로 하는 법률기관과 협력하는 것, 마지막으로 가정폭력 쉼터와 가정폭력 프로그램 이용시설과 협력하는 것 등이다. 대부분의 쉼터와 가정폭력 프로그램은 정부의 지원을 받는다고 하더라도 시민권 상태에 관계없이 가정폭력 피해자와 그 자녀들에게 위기개입 서비스를 제공할 것이다.

불법체류 중인 학대 피해 여성은 돕기 가장 어려운 피해자들이다. 피해 여성들이 가지고 있는 심리적인 문제들 외에도 사회적인 문제들이 실제적인 어려움을 조성할 수 있다. 전국이민자권리센터National Center for Immigrants' Rights와 같은 자원은 불법체류 여성을 대상으로 가정폭력이라는 문제를 다루는 일을 도와주는 사회복지사들에게 정보를 제공해 준다. 사회적 상호작용과 임상적 상호작용 그리고 교육은 이민 서류가 없는 여성들이 폭력적인 상황으로부터 스스로를 성공적으로 벗어나게 하는 데 중요한 요소이다. 그러나 Warrier와 Rose(2009)는 가정폭력 피해자를 대상으로 하는 사회복지실천은 인종적, 문화적 요소에 관심을 두어야 한다고 했다. 서로 다른 문화적 배경을 가지고 있는 이주 여성이 가정폭력을 어떻게 경험하고 있고 어떠한 장벽에 직면해 있는가를 사회복지사들이 이해하는 것은 피해여성의 안전을 보장하는 데 매우 중요하다.

라틴계 피해 여성

Rios는 "이중 위험: 라틴계 가정폭력 피해 여성이 직면하는 문화적 그리고 체계적 장애"(n.d.)라는 제목의 글을 통해 라틴계 피해 여성이 가지고 있는 문화적 차이를 이해하고 존중해야 한다고 가정폭력 관련 사회복지사들에게 강조하고 있다. 또한 사회복지사들에게 라틴계 지역사회와 유색인종의 지역사회까지 부정적인 영향을 미치는 사회정의의 부재와 같은 제도적인 요소에 맞서 지역사회 단위에서의 옹호활동을 펼치라고 강조하고 있다. 백인계 및 라틴계 가정의 가치관과 구조를 비교해 보면 라틴계 여성 피해자를 효과적으로 돕기 위해 알아야 할 중요한 차이점을 알 수 있다(Rios, n.d.).

라틴계 문화에 의하면 개인이 먼저 인식되며, 그 개인은 가족의 주요 구성원으로 인식된다. 그리고 가족 구성원인 개개인은 가족의 조화와 유지를 위해 적극적이기를 기대한다. 그러나 라틴계 문화는 또한 가부장적인 가족 구조라는 특징이 있어서 전통적인 성별 역할을 철저히 고수하기를 기대한다. 결국 라틴계 여성은 가족에 의해 신분이 결정되어야 한다는 것이다. 즉, 여성의 주체성과 자신감은 자기희생적인 엄마와 아내라는 이상적인 역할을 완수할 수 있는 능력이 얼마나 있느냐와 연결되어 있다. Rio는 이러한 요소들이 라틴계 피해 여성들로 하여금 법적인 혹은 경찰의 보호를 요청하거나, 쉼터나 가족 서비스 기관 등의 도움을 통해 학대에 맞서려는 행동을 취하는 것을 어렵게 한다고 보았다. 라틴계 여성들은 가족을 위해 본인의 욕구를 미루는 것에 익숙해 있으며, 그로 인해 본인의 안전이 위험해 처한다 하더라도 종속하는 것에 익숙하다는 것이다. 또한 자신의 주체성이 아내로서의 역할 및 엄마로서의 역할에 강하게 연결되어 있기 때문에 가족을 깨뜨리는 행동을 취하게 되면 스스로를 실패자라고 생각하게 될 수도 있다.

이러한 생각은 가족, 친구, 지역사회에 의해 지지되고 강화될 수 있다. 그리고 피해자는 현재의 관계에 한 번 더 기회를 주기를 강요당할 것이다. 결혼의 신성함에 대한 종교적인 신념 또한 장애가 된다. 서비스 제공자들은 라틴계 여성이 학대 상황에 맞서려고 결심하는 것이 어떤 갈등 상황을 야기하게 될지에 대해 반드시 이해하고 있어야 한다. 라틴계 여성은 경찰 및 사법 체계로부터 억압을 당한 경험이 많아, 경찰 및 사법 체계에 대한 의심이 많다. 이중 언어를 구사하고 문화적인 민감성이 있는 사회복지사가 부족하다는 점은 내면적이고 구조적인 장애에도 불구하고 도움을 받으려고 결심하는 라틴계 가정폭력 피해자를 더욱 소외시킬 수 있다.

Bonilla-Santiago(2002)는 라틴계 피해 여성이 경험하는 문화적 장애물을 비롯하여 그들이 필요로 하는 사회적 서비스와 법률적 도움에 대한 개괄적인 설명을 제공하였다. 그 연구는 대부분의 라틴계 여성들이 문화적이고 언어적인 장벽 때문에 경찰의 도움이나 법적 원조, 복지 · 정신보건 · 상담 서비스를 약간 또는 거의 받지 못한다는 결과를 보여주고 있다. 또한 라틴계 여성은 주로 쿠바, 멕시코, 도미니카공화국, 중미, 남미에서 온 여성들로서 그들의 서로 다른 이민 신분은 정책 및 실천의 이슈들을 더욱 복잡하게 만든다. 많은 라틴계 여성들은(약 34%가 폭력의 한 유형을 경험하고 있다고 함) 가정폭력 속에 소외되어 있고 갇혀 있다. 또한 그들이 가지고 있는 신체적, 정신적 학대에 관한 인식은 백인계 및 라틴계 이외의 여성들이 가진 관점과는 차이가 있을 것이다.

이주 여성 관련 가정폭력 연구에 의하면 이주 여성들은 배우자나 애인에 의해 학대당하는 확률이 매우 높다고 보고하고 있다. 한 연구에 의하면 라틴계 여성의 48%가 미국에 이주한 후에 배우자에게 학대를 당한 경험이 더 증가했다고 보고했다(Dutton et al, 2000). 이에 대해 문화적, 사회적, 구조적 설명이 제안되었다. 즉, 언어 장벽이 가정폭력 피해 이주 여성의 여러 능력을 제한하는데, 그 능력에는 이주 체계 및 서비스에 대해 이해하고 협상하는 능력과 사회적 기대를 비롯한 지역사회의 압력에 도전하는 능력, 배우자로부터 독립하여 재정적인 자원을 구하는 능력 등이 포함된다(Warrier & Rose, 2009). 배우자 폭력을 경험하는 히스패닉계 여성들은 경제적 문제, 문화적응 스트레스, 알코올 문제, 충동성, 외상 등과 관련이 있다고 보고되고 있다(Zarza et al., 2009).

아시아계 피해 여성

미국에서 거주하는 아시아와 아시아-태평양계 사람들은 가정폭력에 대해 그들이 경험한 학대에 어떠한 의미를 부여하느냐에 따라 서로 다른 반응을 보일 것이다(Tjaden & Thoennes, 2000). 아시아계 여성들은 흔히 아내로서의 역할과 엄마로서의 역할에 대해 어떠한 상황에서도 가족을 하나로 유지시켜야 할 책임이 따른다고 배워 왔다(Kwong, 2002). 가정폭력 상황에 처한 아시아계 여성들은 그들이 본국의 사회적 규범과 자국 문화를 따르지 않아 가정을 불안정하게 만든 원인을 제공했기 때문이라는 질책을 흔하게 당하곤 한다(Orloff, 2001). 미국 거주 한인 가정에 대한 연구에 의하면 남성우월주의적인 부부 사이에서 아내 학대가 4배나 더 발생한다는 점을 발견했다(Kim & Sung, 2000). 아시아 문화에서 아내 학대는 경제적 스트레스와도 연관이 있는 것으로 나타났다(Kurst-Swanger & Petrosky, 2003).

다양한 민족적/인종적 배경을 가진 여성 피해자 및 남성 학대 행위자에 대한 지식이 부족하다는 점을 언급할 필요가 있다. 중국 문화권 내에서의 배우자 학대가 얼마나 심한지에 대한 정보는 존재하지 않는다. 중국계 이민자에 대해서는 그들 사이에 가정폭력이 존재하지 않는다는 근거 없는 신화가 존재한다. 그 이유는 중국계 여성들이 공식적인 서비스를 사용하지 않기 때문일 것이다. 사실 중국계 이민사회에는 문화적으로 아내 학대에 대한 특별한 영향이 있다. 예를 들어, 유교주의에 의하면, 전통적 중국 문화에서 한 인간은 가족 내 다른 구성원과의 관계에 그 뿌리를 두고 있다고 믿고 있으므로 전통적 가족 체계로부터의 독립은 기본적으로 강조되지 않는다(Yick, 2000). 여성은 공동체의 존재와 가족의 평화를 유지하기 위해 인내와 복종이라는 가치를 내면화하도록 독려된다. 그 결과 여성은 가정 내에 존재하는 학대의 고리를 끊는 것에 대해 엄청난 부담을 가지게 된다. 가족의 이름은 그 어떠한 경우라도 지켜져야 한다는 기대가 있다. 이민 지위를 포함하는 상황적 요소는 이러한 부담을 더욱 악화시킬 수 있다.

중국계 남성은 이민 자격을 이용하여 배우자를 심리적으로 협박하여 학대 상황에 순응하게 만들 수 있다. 이민 서류가 없는 중국계 여성은 특히 언어, 사회적 기술, 경제적 독립 등의 측면뿐만 아니라, 미국 문화에 대한 지식이 없는 새로운 이주민들이라는 점에서 더욱 취약한 집단이다. 망명 자격을 받을 수 없는 것은 또 다른 장벽으로 작용한다. 여성들이 남성에 비해 직장을 더 잘 구할 수 있다는 현실(낮은 임금의 의류 제조업)은 남성들을 화나게 만든다. 즉, 권력의 재분배는 가족 내 긴장의 원인이 될 수 있다. 사회적 고립과 이민 자격은 여성들이 도움을 청하는 일을 제한한다. 문화적으로 민감한 사회적 서비스를 필요로 할 것이며, 통역도 있어야 할 것이다. 대부분의 경우는 학대 행위자와 함께 지내기를 바랄 것이므로 부부 치료를 받을 수 있도록 하는 것은 매우 중요하다. 지역사회를 대상으로 하는 교육, 특히 남성을 대상으로 하는 교육 또한 중요한 개입 전략이다.

동유럽계 피해 여성

러시아계 유대인 이주민은 냉전 직후 많은 수가 망명인 자격을 받고 미국에 들어왔다. 이러한 현상은 19세기 대규모 이주와 비슷한 것이었으며 뉴욕과 같은 큰 도시 중앙에 새로운 소수민족 군락을 형성하는 결과를 낳았다. 유대교는 유대인의 집을 Mikdash Me'at, 즉 성스러운 장소라고 가르치며, 전통적으로 유대인 여성은 집안의 평화에 주된 책임을 가지고 있다. 그러므로 학대를 당한 유대인 이주 여성은 마음 깊이 자리한 수치심 때문에 도움을 청하지 못하는 경우가 많으며, 이러한 수치심을 피하기 위해 학대 피해를 축소하거나 학대의 의미를 재정의하게 된다. 또 다른 장애는 유대인 여성이 필요한 것을 제공할 만한 서비스가 없다는 점, 즉 유대인들의 법도에 맞는 음식을 제공하는 쉼터가 없고, 피해자의 아이들이 계속 교육을 받을 수 있으면서 기독교 주일이 아닌 그들의 주일을 지킬 수 있는 유대교 교육 체계를 갖춘 쉼터가 없다는 점이다.

이중 언어를 구사하는 직원이 없는 것과 유대인이 아닌 직원이 반유대주의자일지도 모른다는 두려움은 유대인 여성이 가정폭력 피해 여성 쉼터의 서비스를 받는 일을 꺼려 하게 만든다. 또 자신이 학대를 당했다는 것이 유대인 지역사회에 알려질 수도 있다는 것이 두려워 유대인 기관에서 서비스를 받는 것도 부담을 느낄 수 있다. 이들에게 서비스를 효과적으로 제공하기 위해서는 유대인 율법에 맞게 요리할 수 있는 부엌 도구의 제공, 랍비를 만날 수 있는 접근성,

유대인 상담자와 유대인이 아닌 상담자 중 원하는 대로 선택할 수 있는 기회를 제공해 주는 것이 필요하다. 사원이나, 종교 여성단체 혹은 사원 내 여성조직, 하다사Hadassah•, 버네이 브리스B'nai B'rith••, 랍비, 힐렐Hillel•••, 그밖에 유대인 이민자를 위한 센터 등을 통해 서비스에 대한 광고를 하는 것이 도움이 될 것이다.

유대인 가정에서 일어나는 학대의 역학은 비유대인 가정과 동일하다는 점을 인식하는 것이 중요한 일이기는 하지만, 유대인 여성이 비유대인 여성에 비해 학대 관계에 조금 더 오래 머무는 경향이 있고, 쉼터를 찾는 여성의 연령이 비유대인 여성에 비해 조금 더 높다는 증거가 다소 있기는 하다. 이주에 따른 스트레스와 집안에서의 역할 변화 등이 러시아계 이민 가정의 가정폭력에 기여하는 요소일 수 있다(Chazin & Ushakova, 2005). 유대인 가정폭력 피해여성을 지원하기 위해서는 유대인의 삶 속에 가정이 가지고 있는 의미와 학대에 대해 마음 깊이 느끼게 되는 수치심에 대해 이해하는 것이 필요하다.

인도 및 남아시아계 피해 여성

미국 거주 인도 이민자들은 가정폭력 문제가 가난하고 배우지 못한 사람들 사이에서만 일어나는 일이라고 주장하면서, 이를 인도 이주민의 문제로 인식하려 하지 않는다(Bhandari, 2008; Liao, 2006). 하지만 인도 이주민 여성 옹호자들은 가정폭력이 가난하고 배우지 못한 사람들 사이에서만 일어나는 일이 결코 아니라고 말하고 있다. 인도의 대서사시, 『라마야나*Ramayana*』의 주인공 Sita의 이야기는 남편인 Ram에게 자신의 가치를 인정받기 위해 끊임없이 노

• 미국에서 유대인 교육, 옹호, 자원봉사, 연구, 이스라엘과의 연결고리 역할을 하고 있는 유대인을 위한 기관

•• 히브리어로 신의 자녀들이라는 뜻을 가진 역사적으로 가장 오래된 유대인을 위한 서비스 기관

••• 종교 집단의 리더가 되는 남성

력하는 자기희생적인 Sita를 "이상적인 여성"으로 만들어 신화적으로 해석하고 있다. 이렇게 순종적인 여성상은 인도의 여자아이들에게 롤모델로 교육되고 있다.

인도 이주민들 사이에서의 가정폭력 역학에 특별할 것이 없기는 하지만, 인도 이주 여성에 대한 이민 자격과 문화적 적응 상태, 문화적 민감성이 떨어지는 미국인 주류 기관은 인도 이주 여성이 필요한 도움을 얻는 데 장애가 되고 있다(Bhandari, 2008). 전통적인 중매결혼은 남편가족을 중심으로 가족 구성원이 결정되므로 남편과 시댁 식구들에 의해 인도 여성은 나약한 위치에 처하게 된다. 인도 여성의 결혼 전 원가정은 흔히 딸을 시집보내고 나면 더 이상 신경을 쓰지 않기 때문에 더 이상의 지원을 하지 않을 것이다.

Bhandari(2008)에 의하면, 가정을 깨지 않아야 한다는 인도 지역사회로부터의 압력과 사회적 낙인은 인도 여성이 공식적 서비스 기관을 통해 도움을 요청하는 일을 포기하게 만든다. 최근 몇 년간 다수의 인도와 남아시아계 여성들이 스스로 서비스 네트워크를 구축하기 시작했다. 그 서비스 네트워크에는 그들의 지역사회 내에서 그들에게 도움을 줄 수 있도록 쉼터 서비스를 포함하고 있다. 뉴욕에 위치한 SAKHI는 인도계 및 남아시아계 이주민에 의해 만들어진 여성지원단체로, 가정폭력 피해 여성과 그 가족을 도우려는 많은 기관 중 하나이다.

가정폭력의 국제적 관점: 미국 내 이민자를 대상으로 하는 사회복지적 함의

Summers와 Huffman(2002)은 가정폭력에 대한 문화 간 비교를 실시하였고, 이는 세계적인 문제라고 언급하였다. 이 연구는 미국을 포함한 13개 국가에서 일어나는 가정폭력에 관하여 살펴본 것이다. 가정폭력 피해 이주여성의 본국의 여성들에게 일어나는 가정폭력에 대한 이해는 미국으로 이주한 여성이 직면하는 문화적 장애에 대한 통찰력을 제공할 수 있다.

Yoshihama(1998)는 일본에서 전국 단위로 이루어진 연구를 통해 신체적 · 심리적 학대에 대한 인식을 강화시켰다. 아내 학대, 아동 학대 및 임신 중 학대는 모두 연결되어 있다고 보고되고 있다. 일본에서는 학대 피해 여성이 산부인과 등 병원을 통해 도움을 청한다고 한다. 그러나 가정폭력은 개인적이고 부끄러운 일이라고 인식되기 때문에 정식 가정폭력 관련 체계를 통해서 도움을 청하지는 않는다고 한다. 가정폭력 피해 여성이 폭력의 원인이라는 믿음은 도움을 청하는 일을 어렵게 만든다. 일본 여성들은 다른 문화권의 여성들과는 또 다르게 학대를 해석한다(이를 테면, 밥상을 엎거나 "정화시키기" 위해 물을 끼얹는 행위 등을 심리적 학대로 인식함). 일본 내 여성 살인 피해자의 3분의 1은 남편이나 애인에 의한 살인이라고 한다. 일본에 있는 학대 피해여성과의 집단 인터뷰를 통해 얻은 결과는 학대 상황에서 탈출할 수 있을 것이라는 기대를 거의 하지 못하고 덫에 걸려 있는 느낌을 받는다는 것이다. 가족, 친구, 전문가가 피해자를 질책하는 현상을 비롯하여 지원 프로그램이나 경찰의 보호가 적다는 점은 이러한 덫에 걸린 것 같은 느낌을 더욱 심화시킨다.

■

해결방안

미국 인구통계청에 의하면 미국 내 이주민의 숫자는 지난 20년 동안 놀랍게 늘어났다고 한다(U.S. Census Bureau, 2002). 더 나아가

2050년이 되면 미국 내 거주민의 반 이상이 서구 유럽으로부터 온 사람들이 아닐 것이라고 예측하고 있다. 개발도상국으로부터의 이주급증 현상은 사회복지사들로 하여금 민족적 민감성을 지닌 실천을 촉진할 수 있는 사정도구와 개입기술을 개발하고자 하는 관심을 불러 일으켰다.

그 대표적인 예로 Congress(1994, 2002, 2008)에 의해 개발된 문화사정도 culturagram를 꼽을 수 있는데, 문화사정도는 다양한 문화권에서 온 가족들을 개별화하고, 가족 구성원에게 문화가 미치는 영향을 사정하는 것이며, 문화적으로 다양한 클라이언트들을 향한 감정이입과 그들의 역량강화를 촉진하기 위해 사회복지사들이 사용할 수 있는 도구로써 개발된 것이다. 문화사정도에 대한 내용은 앞서 살펴본 제1장에 상세히 기술한 바 있다. 사회복지사들이 클라이언트의 문화적 다양성이 늘어나고 있다는 점을 이제는 널리 인식하고 있기는 하지만(Harper-Dorton & Lantz, 2007), 그렇다고 이러한 인식이 항상 가정폭력으로 사회적 낙인문제를 짊어지게 되는 클라이언트를 위한 특별한 개입방법의 개발로 연결되어 온 것은 아니다. 앞으로 4가지 해결책을 제시하고자 하는데, 그 중 3가지는 가정폭력 피해자를 대상으로 하는 사회복지실천에서 발전한 3가지 범주의 해결책 혹은 개입방법이다. 이 3가지 범주는 사회적 개입, 임상적 개입 및 개입 전략으로서 형사법 체계를 종종 이용하는 역량강화적 개입 등이다. 입법적 해결책은 네 번째 범주로 여기에서 논의되는데 이는 가정폭력 피해 이주 여성이 필요로 하는 혜택과 서비스의 접근성에 대한 것이다. 각각은 이주 여성과 사회복지사에게 기회와 도전을 제시한다.

사회적 해결책

가정폭력 피해자를 위한 사회적 개입은 피해 여성과 가족의 실질적인 문제해결에 초점을 맞춘다. 단기개입이 위기 중심의 접근이라면, 장기개입은 피해자가 학대 행위자로부터 벗어나 독립적으로 살 수 있도록 피해자를 돕는 데에 그 목적이 있다. 예를 들면, 거주시설과 이용시설 서비스가 모두 포함된다.

1년 전 중국에서 이주해 온 L부인은 남편과 시어머니에 의해 죄수처럼 집에 갇혀 지내야 했으며, 아이들은 물론 모든 가족 구성원을 보살피고 온갖 집안 일을 하도록 강요받았다. 남편과 시어머니는 그녀가 그들의 요구대로 하지 않고 거부하면 그녀를 학대했다. L부인은 신체적 학대와 심리적 학대를 모두 경험했으므로 통역이 제공되는 사회복지서비스와 보건서비스에 의뢰되는 사례관리 및 위기상담을 모두 받을 수 있다. 또한 안전을 제공하는 동시에 장기적 거주지를 찾을 수 있도록 돕는 쉼터로 옮길 수 있도록 하는 도움을 필요로 할 것이다.

거주서비스는 모든 쉼터서비스 모델을 포함하는데, 이는 가정폭력 피해자와 가족 구성원들이 학대 상황에서 탈출하여 단기적으로 안전한 피난처를 제공하는 데에서 발전된 것이다. 이 서비스는 피해자 중심적인 개입 중 가장 최후의 수단으로 인식된다. 왜냐하면 쉼터 체계에 들어가는 피해자는 어느 누구에게도, 아무리 친한 친척이라 하더라도 자신의 위치를 밝혀서는 안 되기 때문이다. 한편으로는 학대 행위자의 해악으로 인해 협박을 당한 피해여성과 아이들을 보호함에 있어 가장 효과적인 것으로 인식되고 있다. 최근 가정폭력으로부터 보호를 원하는 여성과 그 자녀에게 쉼터는 가장 중요한 자원이 되고 있다(Roberts, 2007).

사례관리 서비스는 지역사회나 제한된 시간 동안 최대의 안전을 보장하는 쉼터를 통해 가정폭력 피해자에게 제공되는 서비스이다. 가정폭력 피해자에게 제공되는 생활시설 서비스가 아닌 것들로는 응급 전화상담 서비스, 거주지 이사 서비스, 응급 현금지원 혹은 그 외 자원의 지원, 위기상담 등이 있다(Robert, 2007). 장기적인 사회적 개입에는 학대 피해 여성과 그 자녀들을 위한 소득지원, 이사, 직업훈련 등이 있다. 공적 부조는 일부 학대 피해 여성과 그 가족에게 정말 중요한 자원이다. 각 주에 제공되는 제한된 보조금 제도가 포함되어 있는 복지 개혁의 시도가 이러한 중요한 안전망을 제거하게 될지의 여부는 앞으로 지켜봐야 할 일이다.

주류가 아닌 문화적 배경을 가지고 있는 가정폭력 피해자에게 대부분의 사회적 개입은 처음부터 내재된 장벽을 가지고 있다. 쉼터는 여러 언어를 구사하는 직원을 갖추고 있기 어렵다. 그리고 정부의 돈을 지원 받는 곳은 이민 서류가 없는 체류자에게 서비스를 제공할 수 없다. 다양한 언어를 구사하는 직원을 고용해야 한다는 점과 문화적으로 민감한 서비스를 제공해야 한다는 것은 효과적인 쉼터 개입을 위해서는 필수적인 것으로 인식되고 있지만 이용시설에서는 이를 제공할 수 없을 때가 있다(Erez & Hartley, 2003). 가정폭력 피해 이주여성은 어떠한 서비스들이 제공되고 있고 어떻게 그 서비스들을 제공 받을 수 있는지에 대해 잘 알지 못할 수 있다.

불법체류자의 경우는 장기적인 사회적 개입서비스를 이용하기가 어려울 것이다. 공적 부조의 경우는 아예 불가능한 것이고, 새로운 집을 구한다는 것은 너무 비싸서 비용을 감당하기 어려울 것이고, 착취당하지 않는 직장을 구하는 것도 어려운 일일 것이다. 이주여성을 대상으로 일하는 사회복지사는 이주민들의 이주 자격과 상관없이 조용히 서비스를 제공하는 기관에 의뢰하는 방법을 알고 있는 것이 매우 유익하다는 것을 곧 발견하게 될 것이다. 예를 들면, 뉴욕시에 있는 새이주민을 위한 뉴욕 기관New York Agency for New Americans: NYANA은 러시아에서 온 사람들과 중부유럽 지역에서 온 사람들에게 도움을 주고 있으며, SAKHI는 주로 남아시아와 인도 여성들을 돕는 곳이며, 뉴욕아시아여성센터는 중국인을 위한 곳이다. 가정폭력 피해자를 대상으로 한 다문화적 실천의 한 측면은 서비스를 제공하고 있는 지역사회 내에 있는 모든 민족에게 제공 가능한 자원을 깊이 있게 알고 있어야 한다는 점이다.

많은 문화에서 가정폭력을 인식하지 못하고 있으며, 이주민의 본국에서는 가정폭력에 관한 민사적 · 형사적 제재가 규정된 법률이 없을 수도 있다. 그 결과 이러한 문화권에서 이주한 여성과 그 자녀들은 법적인 보호에 대한 지식이나 지원 없이 홀로 학대 상황에 맞서야 할지도 모른다. 언어적 장벽 및 경제적 빈곤과 같은 미국에서의 힘든 생활환경은 폭력을 조장하고 학대 피해 여성이 학대 행위자를 피해 달아나는 것을 포기하게 만든다(Orloff, 2001).

추방될지도 모른다는 두려움은 가정폭력 피해자가 도움을 구하는 행동에 영향을 미친다. 피해 여성이 불법체류자인 경우에는 미국 시민권자나 영주권자에 비해 경찰에 연락할 확률이 적다고 한다(Orloff, 2003). 법적 보호와 공적 부조는 피해 이주여성이 가정폭력 상황을 벗어나기 위한 기본적인 것들이다(Dutton et al., 2000; Orloff & Kaguyutan, 2001). 가정폭력 피해 이주여성이 시민권자에 비해 적은 해결책을 가지고 있지만, 특별히 이주민과 난민을 위해 존재하는 서비스나 개입도 있다. 법적 신분과 상관없이 모든 이주민들은 응급 의료서비스를 받을 수 있고, 치료비는 연방정부의 저소득층 의료보조 제도인 의료급여(Medicaid) 프로그램을 통해 상환을 받을 수 있다. 그밖에 임상 혹은 상담 서비스, 법률 정보 및 법집행 전략 관련 서비스, 정보 제공과 의뢰 서비스 등이 있다.

옹호 단체들은 인터넷을 통해 가정폭력 피해 이주여성들이 이용할 수 있는 사회적, 법률적 서비스에 대한 많은 정보를 제공하고 있다. 서비스와 혜택에 대한 정보를 담고 있는 매뉴얼은 가정폭력 이주여성에게 제공되는 모든 측면의 정보를 제공한다. 여기에는 가정폭력과 이주여성에 대한 개괄적 설명, 문화 간의 이슈, 이주민 가정폭력 사례에서의 법적 · 정책적 이슈, 공공부조 접근 및 모델 프로그램 등이 포함된다. 또 다른 인터넷을 기반으로 하는 정보 제공처는 미국으로 이민을 온 지 얼마 안 된 사람들의 다양한 이주 자격에 대해 검토하고, 각기 다른 자격의 경우 어떠한 서비스를 필요로 하는지, 어떠한 서비스가 제공되는지, 그러한 서비스에 접근하고 사용하는 데 이민 자격이 어떠한 영향을 미치는지 등에 대해 언급해 놓았으며, 마지막으로 이민법 및 이민법이 서비스에 미치는 영향에 대해서도 언급하고 있다(NOW, 2012).

임상적 해결책

의료 전문가와 정신과 의사의 영향을 받은 사회복지사들에 의해 가족서비스 기관의 한 부분으로 발전된 임상개입은 Jane Addams와 Florence Kelley가 행했던 전통적 옹호활동에서 사회복지사들을 멀어지게 했다. 그러나 1970년대 여성운동이 시작되어 임상 사회복지사들을 다시금 전통적인 임상개입에서 멀어지게 하고 실천에 역량강화 전략이 동원되기 시작했다(Gondolf, n.d). 학대 이주여성을 대상으로 하는 실천은 전문가에게 문화적으로 적절한 실천모델을 만들도록 우리에게 새로운 도전장을 내민다. 다음 D부부의 사례처럼 이주민들은 각기 다른 속도로 문화적응을 하게 된다. 이러한 적응 속도의 차이는 집안 그리고 부부 사이에 갈등의 원인이 될 수 있다.

D부부는 지역사회 내 인도 치료자에게 상담을 받고자 했다. 부인은 인도에서 미국으로 이주하면서부터 남편이 신체적, 정신적으로 모두 폭력적이 되었다고 불평을 했다. 남편은 그와는 반대로 아내가 미국에 오면서부터 변했다고 했다. 인도에서 아내는 순하고 착하고 남편을 존경하는 아내였다고 했다. 미국에 오자 아내가 더 많은 자유와 자율권을 요구하면서 더욱 독립적이 되었다고 했다.

가족치료자는 이러한 상황에서 문화적으로 민감해야 할 필요가 있다. 전통적인 정신분석적 개입은 가정폭력 피해자들에게 효과적이지 않은 것으로 밝혀졌다. 고전적인 정신분석은 가정폭력 피해자를 자학적이라고 정의한다. 즉, 학대 상황 속에서 어떠한 만족을 느낀다고 추측하는 것이다. 비평가들은 가정폭력 피해자 치료에 전통적인 정신분석 접근법을 사용하는 것은 "피해자 비난하기"를 촉진하는 것이며, 이는 곧 피해자의 자책을 조장하는 것이라고 말한다.

일부 여성주의 실천가(Shainess, 1984)가 가정폭력 피해자에게 적절하도록 정신분석을 재구조화하기는 했지만, 정신분석적 생각은 여전히 서구 유럽 문화와 사고에 뿌리를 두고 있다. 그렇기 때문에 정신분석은 개발도상국이나,

동양 문화 혹은 유색인 지역사회에 근간을 둔 가정폭력 피해자들에게는 큰 의미가 없을 수 있다. 가족치료는 가정폭력을 경험한 부부에게는 논쟁의 여지가 있는 치료 모델이다. 미국의학협회에 의하면 부부 상담 혹은 가족 개입은 가정폭력이 존재하는 경우 일반적으로는 금기시된다. 왜냐하면 심각한 해를 불러올 위험을 높일 수 있기 때문이다(American Congress of Obstetricians and Gynecologists, 2012).

학대가 진행 중인 부부관계를 이해하는 데 가족체계 이론을 적용하는 것은 부적절하다는 비판이 있어 왔다(Wilback, 2007). 이 접근은 가족을 하나의 체계로 바라보며, 학대는 체계의 역기능적 증상이라고 본다. 어떠한 구성원도 비난의 대상이 아니다. 즉, 피해자를 학대 상황의 적극적인 참여자로 보는 것이다. 이 모델 속에서 학대 행위자는 도발에 의한 것이라는 주장 혹은 가족 체계의 균형을 유지하기 위한 것이었다는 주장으로 학대 행위의 책임을 회피할 수 있다. 여성에게 어떤 희생을 해서라도 가족의 안정에 대한 책임을 강조하는 문화에서 온 이주 가족에게 이러한 접근은 문화적 가치의 내재화를 강화시킬 수 있고, 결국 가족을 위해 여성이 학대 상황에 머물 수밖에 없도록 하는 결과를 가져올 수 있다.

이전에는 부부 갈등으로 인한 가정폭력이 있는 경우 부부를 함께 가족치료에 참여하게 하여 성공했다고 주장하는 치료자들도 몇몇 있었다. 이러한 경우의 전제는 부부가 함께 치료를 받을 때 부부는 "서로의 반응에 상호 의존하는 패턴을 가진 하나의 역동체"로 치료를 받는 것이어야 한다는 것이다(Geller & Wasserstrom, 1984, p. 35). 더 나아가 문화적 배경과 민족적 정체감이 도움을 청하려는 행동에 장애물이 될 수 있고, 특히 가정폭력을 경험하는 이주민 부부의 경우에 그러하다. 그런 상황에서 도움을 받기로 결심을 하면 부부가 함께 받는 가족치료만이 부부의 의지로 받아들일 수 있는 유일한 개입일 수 있다. 이렇게 일부 실천가들이 가정폭력이 문제의 요소인 경우 부부치료가 좋다고 지지하는가 하면, 여전히 많은 치료자들은 학대가 진행 중인 경우 부부를 함께 치료해서는 절대로 안 된다고 주장하고 있다. 그 이유는 피해자와 치료자 모두에게 위험할 수 있기 때문이고, 또한 "치료cure"될 수 있다는 희망이 피해자로 하여금 위험 신호에 주위를 기울이는 일 혹은 필요할 때 보호를 요청하는 일을 하지 못하게 할 수 있기 때문이다.

위기개입 모델 치료가 가정폭력 쉼터에서 그리고 가정폭력 피해자를 위한 지역사회 기관에서 활용되고 있다(Dziegielewski & Schwarz, 2007). 위기상황에서 사람들은 자신이 가지고 있는 성격 특성대로, 그리고 적응 기제와 문화적 가치에 따라 충격적인 사건에 반응한다. 위기개입 모델에 의하면 정신적이고 신체적인 학대에 직면했을 때 피해자들은 새로운 적응기제와 문제해결 기술을 습득할 수 있다고 한다.

인지행동 접근은 가정폭력 피해자에게 효과적인 단기치료 모델로 알려져 있다(Dziegielewski & Swartz, 2007). 또한 학대상황을 문화적 맥락에 맞게 이해하고 피해자를 돕기 위해 활용될 수 있다. 인지행동 접근의 한 가지 예로 합리적 정서치료Rational Emotive Therapy: RET가 있는데, 이 요법은 클라이언트가 정서적 불안정함을 다룰 수 있도록 돕고, 비합리적인 믿음 체계를 집중적으로 다루어 삶의 상태를 개선하도록 돕는다.

Lega와 Ellis(2001)에 의하면 합리적 정서치료는 다양한 문화를 다루는 치료나 상담에 매우 좋은 치료 모델이라고 한다. 합리적 감정 요법은 클라이언트로 하여금 문화적 현실을 유지하도록 격려하면서 동시에 오래도록 소중히 여겨왔던 문화적 신념이 역기능적인 감정, 행동, 결과를 초래하는 경우 그 문화적 신념을 검토하고 도전할 수 있는 기반을 제공한다. 이 치료는 클라이언트에게 신념, 감정, 행동이 어떻게 연결되어 있는지를 이해할 수 있는 도구가 되지만, 변화를 위해 주류 문화에 소속된 구성원처럼 생각하고 느끼고 행동하라고 강요하는 것은 아니다(Lega & Ellis, 2001).

여성주의 치료 모델은 여성들의 역량강화를 위해 특별히 만들어졌다(Bricker-Jenkins & Hooyman, 1986; Peled, Eisikovits, Enosh & Winstok, 2000). 예를

들어, Walker(2000)에 의해 만들어진 생존자 치료의 경우는 학대 피해여성의 문제를 해결하려는 의도를 가진 개입모델이다. 이 모델은 여성주의 치료이론과 외상이론 두 가지에 기반을 둔 치료접근이다. 학대관계가 가지고 있는 힘과 통제의 요소를 분석하여 학대 피해자를 치료하는 생존자 치료는 생존자의 강점에 초점을 두고 있어서 사회복지사들에 의해 강점기반 치료strengths-based therapy로 알려진 실천모델이다.

이 모델은 여성의 사회정치적, 문화적, 경제적 상황을 고려하면서 Dutton (2006)에 의해 제안된 생태학적 이론에 기반을 둔 차원들을 반영하고 있다. 또한 이 모델은 인지행동 치료 모델의 여러 기술을 사용하여 피해자의 적응 전략을 탐색하고 새로운 전략을 세울 수 있도록 도움을 준다. 정신분석의 여성주의적 모델로서 이 모델은 치료자가 클라이언트의 문화적, 경험적 차이를 알아내고 존중하는 것을 목표로 실천할 것을 치료자의 윤리적인 지침으로 삼고 있다.

여성주의 치료개입 모델의 목적에는 클라이언트가 스스로를 (피해자가 아닌) 생존자로 다시 정의 내릴 수 있도록 돕는 전략을 사용하여 클라이언트의 역량을 강화하는 것을 포함하고 있다. 또한 자신의 능력, 강점, 가치를 비롯한 학대 행위자로부터 독립할 수 있다는 느낌을 강화하려 한다(Walker, 2000). 여성주의 치료 모델, 위기개입, 합리적 정서 치료 등과 같은 인지행동 모델은 클라이언트가 정의한 임박한 위기에 직면한 가정폭력 피해자를 돕기 위한 것이다. 그리고 피해자화하는 것이 아니라 역량강화와 강점을 기반으로 한 새로운 삶의 철학을 개발하고자 하는 것이다.

여성주의 치료자들도 간혹 이주민 부부 중 특히 자발적으로 상담을 요청하는 경우에는 부부상담을 진행하기도 한다. Lipchik(1994)에 의하면 만약 발견된 문제가 가정폭력에 관한 법률에 대한 이해 부족이면서 부부 모두 상담을 받고자 하는 의지가 있다면, 학대 행위자인 남편을 행위자 집단상담에 의뢰하여 남녀관계에 관한 미국 문화 및 아내 학대와 관련한 법규들을 배우도록 할 수 있다. 부부에 대한 사정의 결과 그들이 미국이 가지고 있는 신체적 학대 관련 법률을 알지 못하는 것으로 밝혀지면 학대 행위자 교육은 개입전략의 일부에 포함될 수 있다. 이것은 문화적 동화와 적응의 단계가 각기 다른 이주민 가족의 특수한 욕구를 돕기 위한 해결중심 접근의 일부로 설명될 수 있다. 그밖에 가정폭력 상황에 처한 가정, 특히 학대 피해자에게 이민 서류가 없는 경우 문제는 더욱 커진다.

문화적 변수들과 상황적 요소들이 학대 피해여성이 학대에 어떻게 대응하는지에 영향을 미친다는 점을 인식하는 것은 효과적인 사정과 개입에 반드시 필요한 일이다. 아울러 임상개입의 효과는 사회복지사와 클라이언트가 언어로 의사소통을 하는 능력에 따라 어느 정도 좌우된다. 클라이언트가 영어를 이해한다고 해도 문화적 가치의 영향으로 그 의미가 잘못 해석될 수 있고, 그리하여 결국 사회복지사는 자신과 문화적 배경이 다른 클라이언트를 성공적으로 돕지 못할 수 있다.

법률적 해결책 그리고 형사사법제도

1970년대에 가정폭력 피해자를 돕는 옹호인들은 당시 형사사법제도가 학대 피해 여성을 제대로 보호하지 못한다고 비판했다. 점차 가정폭력 옹호자들은 피해자를 위한 더욱 강력한 보호책을 찾고 학대 행위자에 대한 처벌을 강구하였다. 그리하여 가정폭력 상황에서 보호와 제재를 높이는 법률이 통과되었다. 그러나 많은 가정폭력 피해 이주여성들은 이민자격과 법률의 모호한 관계 때문에 이러한 법적 보호를 활용하지 못하기도 하고 활용을 꺼려 하기도 한다. 그렇기 때문에 가정폭력 피해 이주민을 대상으로 일하는 사회복지사는 이민 변호사 혹은 사회복지 분야와 법률 분야 내에서 다학제적으로 활동할 필요가 있다.

1960년대부터 가정법원에서는 가정 내 분쟁에 개입하고 접근금지 등의 판결을 내림으로써 가정폭력 피해자를 어느 정도 보호하고 구제하기 시작했다. 그리고 이 형사사법제도를 통해 연방정부, 주, 지방정부가 가정폭력 피해자와 그 가족에게 서비스 수급을 위한 지원금을 제공하도록 했다. 아직까지 가정폭력에 관한 서비스들은 주로 피해자 및 피해자 가족에게 초점이 맞추어져 있지만, 점차 학대 행위자의 치료에 대한 관심도 증가하고 있다. 학대 행위자에 대한 치료 모델로는 의무적 체포와 법원의 상담 명령을 비롯한 알코올 자조집단과 같은 형식의 행위자 자조집단 등이 있다. 행위자를 대상으로 존재하는 모델들이 성공했다는 소식은 간헐적으로만 들릴 뿐, 그 성공조차도 학대를 완화하는 주변 상황에 따라 달라지는 것이지 행위자 치료 모델에 의한 것은 아니다 (National Institute of Justice, 2003).

피해 이주여성에게 있어 형사사법제도를 통한 해결은 그리 유용한 전략이 아닐 수도 있다. 이주민 지역사회에서는 남편과 아내 모두에 해당하는 부부 사이의 학대를 금지하는 법이 있다는 것조차 모를 수 있다. 게다가 불법체류 중인 가정폭력 피해자라면 이민국에 노출될 것에 대한 두려움 때문에 형사사법제도를 이용하고 싶지 않을 수도 있다. 법정 체계는 새로 이주하여 영어로 의사소통을 하는 것이 어려운 사람에게 위협과 혼란을 가중시킬 수 있다.

이주민 가정의 폭력 상황은 사회복지사와 옹호자들에게 특별한 도전이 된다. 이러한 상황에서는 이민 관련 문제뿐만 아니라 가정폭력 문제에 대해서도 잘 알고 있는 이민변호사의 지원이 필요할 것이다.

사회복지사와 이민변호사는 법정 절차에서 함께 일하게 되는 통역자가 편견은 없는지, 가정폭력 상황에 대해 잘 알고 있는지 등을 확실히 확인할 필요가 있다. 만약 피해자가 특정 지역의 표현(사투리와 같은)을 사용한다면 그 표현을 잘 아는 사람이 통역을 맡는 것이 좋다. 학대 행위자는 법정에서 자신의 힘과 통제를 사용하여 자녀들의 양육권을 갖기 위해 피해자가 추방되도록 하는 방법을 사용하는데, 이로 인해 피해자와 그 자녀들은 더 위험한 상황에 처하게 된다.

입법적 해결책

미국의 가정폭력 이주여성에게 제공되는 대부분의 사회적, 법적, 의료적, 재정적 서비스와 혜택은 연방정부 및 주정부의 법률과 법률 제정에 의해 규정된다. 그리고 연방정부, 주정부, 지방정부의 입법에 따라 지원된다. 사회서비스, 법률, 의료 및 기타 기관에서 이주 여성을 위해 일하는 사회복지사들은 효과적인 사정을 진행하기 위해서, 그리고 효과적인 안전 전략의 계획 및 시행을 위해 법률과 규정들에 관한 충분한 지식을 갖추어야 한다. 사회복지사는 이민법과 가정폭력에 관한 전문성을 갖춘 변호사와 어떻게 협력해야 하는지 알아야 한다. 마지막으로 사회복지사들은 서비스에 어떤 문제가 있는지, 학대 피해 이주여성의 욕구를 충족하지 못한 부분은 무엇인지, 그리고 이러한 문제들이 학대 피해 이주여성과 그 자녀들의 안녕에 미치는 결과가 어떠한 것인지 알아내는 데 가장 적격인 사람들이다. 그러므로 입법 증언과 클라이언트에 대한 이야기를 비밀보장의 원칙에 저촉되지 않는 한도 내에서 제공하고 나눔으로써 정책 변화의 필요에 대해 강조하는 것을 통하여 사회복지사는 삶을 향상시키고 나아가 생명을 살리는 정책 변화에 영향을 미칠 수 있다.

사회복지정책은 미국에 사는 가정폭력 피해 이주여성들이 서비스와 혜택에 접근하는 데 영향을 미칠 수 있다. 그러한 정책에는 1994년 여성 대상 폭력에 관한 법률VAWA I, 1996년 개인의 책임 및 노동 기회 조정 법률PRWORA, 1996년 불법 이민 개혁 및 이민자 책임에 관한 법률IIRIRA, 2000년 여성 대상 폭력에 관한 법률VAWA II 등이 있다. 이와 같은 각 연방법은 어떠한 학대 피해 이주여성이 추방을 당하거나 가족으로부터 분리되지 않고, 학대를 피해서 사회복지서비스와 혜택을 받을 수 있는지에 대한 조건을 바꾸어 놓았다.

1994년 여성 대상 폭력에 관한 법률(VAWA)

가정폭력의 문제를 다루고자 하는 가장 첫 번째 체계적인 시도로 1994년 여성 대상 폭력에 관한 법률VAWA(1994년 폭력범죄 통제 및 집행법[Violent Crime Control and Law Enforcement Act of 1994—P. L. 103-322]의 제4장)이 마련되었다. 이 법은 가정폭력이 심각한 문제라는 사회적 인식을 토대로 양당의 지지를 받아 통과되었다. 국회는 가정폭력을 방지하고 가정폭력 피해자의 안녕감을 증진하기 위해 1994년에 VAWA를 통과시켰다. 국회는 또한 많은 미국 시민 혹은 합법적인 영주권 자격을 가진 사람이 배우자를 학대하고 배우자의 이민 상태를 무기삼아 배우자를 통제한다는 것을 인식하였다(Kwong, 2002; Orloff, 2001).

국회는 학대 피해 이주여성에게 합법적인 자격을 갖출 기회를 줌으로써 그들을 구제하기 위해 1994년 VAWA(VAWA I)를 통해 학대 피해 여성과 자녀들을 보호하고자 했다(Kwong, 2002; Orloff, 2001; Raj & Silverman, 2001; Orloff & Kaguyutan, 2001). VAWA I은 폭력적인 배우자에게 의존하지 않고도 학대 피해 이주여성이 독자적으로 합법적인 영주권을 신청할 수 있는 길을 제공해 주었다(Orloff, 2001; Kwong, 2002).

1996년 개인적 책임 및 노동 기회 조정 법률(PRWORA)

1996년 개인의 책임 및 노동 기회 조정 법률PRWORA(PRWORA-P. L. 104-193)의 제1장Title I은 빈곤가족을 위한 일시적 지원제도에 관한 규정을 담고 있는데, 이는 1935년 사회보장법에서 규정했던 빈곤 가족과 부양 자녀라면 누구나 언제든 받을 수 있는 연방정부의 현금보조인 가족 · 부양자녀 원조제도Aid to Families and Dependent Children를 대체한 것으로서, 연방정부가 주에 한정된 액수만을 지원해 주는 정액교부금 제도로 변화한 것이다. PRWORA의 제1장을 비롯한 그 밖의 장을 통해 복지 관련 혜택, 푸드 스탬프, 의료급여, 현금보조 등과 같은 연방정부의 혜택과 주정부의 혜택을 받을 수 있는 이주민의 자격이 대폭 축소되었다. 복지개혁은 그동안 SSI 연금과 푸드 스탬프를 받아 왔던 50만 명 이상의 합법적 이주민들에게 영향을 미쳤다(Orloff & Little, 1999).

당시 상원의원이었던 Paul Wellstone(메릴랜드의 민주당)과 Patty Murray(워싱턴의 민주당)의 노력으로 다행히 가정폭력 피해자에 대한 수혜자격을 완화시키는 수정안이 통과되었고, 이는 가정폭력 옵션Family Violence Option이라는 명칭으로 법률에 통합되었다. 하지만 가정폭력 피해자를 포함한 많은 이주민(합법적인 이주민과 이민 서류가 없는 이주민을 모두 포함)들은 여전히 미국에 입국한 후 5년 동안 복지혜택을 신청할 수 없게 되었다. 이 규정은 클린턴 전 대통령이 이 법을 통과시킨 1996년 8월 26일 이후 입국한 이주민들에게 모두 해당된다.

PRWORA는 이주민 중 특정 범주에 속하는 경우는 공적 부조를 받을 수 있다. 이 특정 범주에는 합법적인 영주권자, 난민 및 망명인, 미국에 조건부로 입국이 허용된 사람들, 최소 1년간의 미국 거주를 허가받은 외국인, 미국 시민이나 합법적인 영주권자에 의해 폭력을 당했거나 잔인한 학대를 당한 여성 및 자녀들, 마지막으로 여성을 대상으로 한 폭력에 관한 법률에 의해 이민국에 탄원서를 넣어 이민심사 중에 있는 사람들이 포함된다.

1996년 불법 이민 개혁 및 이민자 책임에 관한 법률(IIRIRA)

PRWORA가 제정된 후 국회는 재정지원을 받고 있는 가정폭력 피해 이주여성들이 이중적인 위험에 처하게 된다는 점을 알게 되었다(Orloff, 2001; Orloff & Kaguyutan, 2001; Kwong, 2002). 왜냐하면 불법체류 중인 이주여성은 "자격이 없는 이주민"이므로 공공 혜택에 접근할 수 없게 되었기 때문이다.

그러나 1996년 불법 이민 개혁 및 이민자 책임에 관한 법률IIRIRA(IIRIRA-P. L. 104-208)을 통해 국회는 (이민서류를 갖추지 못한 가정폭력 피해) 이주여성이 합법적인 이주 자격을 신청할 수 있는 복지 안전망에 접근할 수 있도록 허락하는 해결책을 통과시켰다. 이러한 법률은 가정폭력 피해 이주여성이 가정폭력을 벗어나기 위해서는 경제적인 독립이 매우 중요하다는 것을 인식함으로써 마련된 것이다(Orloff, 2001; Orloff & Little, 1999).

2000년 여성 대상 폭력에 관한 법률(VAWA II)

2000년에 통과된 여성 대상 폭력에 관한 법률VAWA II(P. L. 106-386)에는 인신매매와 폭력으로부터 피해자를 보호하기 위한 방안을 포함하고 있다. 이는 1994년 여성 대상 폭력에 관한 법률을 수정한 것이다. 이 수정안에는 가정폭력 피해자를 보호하기 위해 피해자나 자녀를 집에서 분리시키는 결정을 취소하는 것, 추방을 중지하는 것 외에 보호책에 접근하는 방법의 개선을 포함하였다. 또한 VAWA II를 통한 지원에 있어 가정폭력 피해를 입은 이주민에 대하여 이민 관련 지원에도 예산을 사용할 수 있도록 허가했다. 마지막으로 이 법률은 미국 영주권자여야 한다는 조항을 없애고 가정폭력, 스토킹, 성추행에 관련된 심각한 범죄의 희생자들을 위해 새로운 비자인 U-비자를 만들어 피해자에게 거주권을 허가하였다.

사회복지실천적 함의

미국 사회의 문화적 다양성은 사회복지가 전문성을 갖추기 시작한 19세기부터 늘 사회복지실천 모델을 성장시키는 자극이 되어 왔다. 당시 자선조직협회와 인보관에서 활동했던 전문직의 선두주자들에게 가정폭력 피해자를 위한 서비스 제공은 가족서비스 중에서 중요한 부분이었다. 사회복지실천의 초기였던 당시 자선조직협회에서 도시 이민자 지역사회를 위해 일했던 사람들은 비록 "아동구조" 사명에 초점을 두었지만, 가정폭력의 문제 또한 강조하였다.

초기 사회복지 개혁가들은 모성주의자였기 때문에 가정폭력 금지운동 및 피해자 옹호활동을 진행했으며, 여성들이 집에 머물러 자녀를 돌보도록 하는 (백인 중산층의) 목적을 달성하기 위해서 여성 연금제도를 옹호했다(Gordon, 1988). 그들의 클라이언트는 주로 모국의 시골에 거주했던 여성들이었고, 도시에서의 산업화된 삶이 가지고 있는 거칠음과 불확실성에 대처해야만 했던 이주 여성들이었다. 초기 사회복지사들은 이주 여성이 가지고 있는 (문화적 혹은 영성적) 역할에 대해 공감하려는 노력보다는 오히려 클라이언트에게 너무도 생소한 가치를 주입시키려고 했고, 종종 역효과를 일으킬 정도의 조언을 제공하기도 했다.

진보적인 시대의 이민자 가정이 겪고 있는 문제들에 대한 초기 개혁가들의 관점이 근시안적이기는 했지만 그럼에도 그들은 모든 여성에게 영향을 미치는 사회문제에 대한 해결책을 찾기 위해 열심히 노력했다. 1920년대에 들어서면서 사회복지실천이 사회문제의 내부를 들여다보기 시작하면서 정신분석 기술을 통해 사회문제의 해결책을 찾기 시작했다. 1960년대, 1970년대에 진행된 시민운동 및 여성운동은 사회복지사들로 하여금 가정폭력 문제를 포함한 여러 사회문제에 대하여 정치적이고 구조적인 관점을 가질 수 있도록 하는 데 일조했다.

21세기 초반 사회복지 전문가는 사회문제의 세계화에 대응하고, 주류였던 유럽계 미국 문화와는 다른 문화권에서 온 이주 가정이 급증하는 것에 대응하기 위해 다문화적 접근방안을 개발하게 되었다. 다문화적 맥락에서의 가정폭력 문제를 다루기 위해 사회복지사들은 피해자를 내면적인 심리 과정은 물론이고 가족, 지역사회 그리고 그들에게 익숙한 문화적 맥락 안에서 다각도로 이해하는 방법을 습득해야만 했다. 사회복지실천의 생태학적 모델은 사회적, 심리적 기술을 통합하여 나타내는 개입전략을 제시했다. 이 모델은 다른 문화권에서 온 가정폭력 피해자에 대해, 그리고 그들에게는 새롭지만 미국 내에 이미 존재했던 서비스 체계와 모델들에 대해 보이는 그들의 반응에 대해 폭넓은 지식과 이해를 요구하는 것이었다. 1960년대부터 사회복지사들은 "클라이언트가 있는 곳에서 시작하라Begin where the client is"라는 사회복지실천의 기본신조에 따라 다문화적 서비스 전달 모델을 개발하기 위해 노력해 왔다. 20세기 여성주의 운동은 비록 백인 중산층 여성 전문가들에 의해 시작되기는 했어도 분명 유색 이주민들에게 영향을 미친 바 있다.

사회복지사들에 의한 가정폭력의 다문화 현상에 대한 연구는 이주민 지역사회의 학대 특성, 서비스 활용의 장애요인들, 성공적인 실천 모델이 무엇인지 등에 대한 중요한 정보를 제공해줄 수 있다. 가정폭력 분야에서 가정폭력이 미국 내 이주여성들에게 어떠한 영향을 미치는지는 아직 충분히 알려져 있지 않다. 하지만 특정 집단을 대상으로 한 연구(Yoshihama, 2000; Yick, 2000) 및 심층면접(Yoshihama, Gilbert, El-Bassel, & Baig-Amin, 2003) 등을 통해 가정폭력 피해 이주여성에 대해 점차 알아가는 과정에 있다. 20세기 여성운동의 주요 문제였던 가정폭력에 기인한 가족 구성원의 제거는 문화적으로 민감한 서비스 전달 모델을 만들어야 한다는 점에 있어서 운동가와 사회복지사 모두에게 도전이 되는 사회문제였다. 이것은 다양성에 대한 새로운 존중의식을 나타내는 것이며, 언어와 문화로 인해 소외되었던 소외계층에게 다가가겠다는 약속을 나타내는 것이다. 이리하여 21세기에도 여전히 중요하고, 연관이 있고, 효과적인 실천을 위해 계속해서 문화적으로 민감한 가치와 기술을 통합해야 한다는 도전과제가 사회복지 분야에 남아 있다.

가정폭력 피해 이주민과 문화적으로 역량있는 사회복지실천을 위해서는 연방정부와 주정부의 법과 제재를 포함하는 사회복지정책과 이민정책을 모두 알고 있어야 한다. 가정폭력 피해 이주여성이 자기 자신과 자녀의 안전을 보장할 수 있는 능력, 그리고 자녀를 빼앗기거나 추방당하는 것을 피할 수 있는 능력은 기존 정책에 대한 이해가 분명한 상태에서 기존 정책을 활용할 수 있는 서비스 제공자와 옹호자에 의해 좌우된다.

이러한 과정은 많은 경우 법과 제재에 따른 매우 기술적인 특징을 가지고 있기 때문에 복지 및 이민법과 관련하여 경험이 많은 사회복지사와 변호사 간의 협력이 필요하다. 하지만 의료기관이나 가족서비스 기관, 혹은 피해자 서비스 프로그램을 통해 가정폭력 피해 이주여성에게 도움을 주기 위해 가장 먼저 접촉하는 전문가는 일반 사회복지사인 경우가 종종 있다. 그렇기 때문에 사회복지사가 복지혜택과 이민법에 대해 충분히 이해하고 있는 것은 매우 중요하다. 그래야 가정폭력의 피해를 입은 이주민 클라이언트가 필요로 하는 지지와 역량강화, 법률 상담, 옹호와 같은 다학제적인 의뢰 지원을 할 수 있기 때문이다.

현존하는 사회복지 및 이민 관련 법규들 사이에서의 간극과 결점은 많은 가정폭력 피해 이주여성과 그 가족들에게 있어서 위험과 역경의 지속을 의미한다. 전미사회복지사협회 윤리강령 제6장 제4조에서는 "사회복지사는 정치적 현상이 실천에 미치는 영향에 대해 알고 있어야 한다. 그리고 사회정의를 촉진하고 인간의 기본욕구를 충족하기 위하여 사회적 조건을 개선할 정책과 입법의 변화를 위해 옹호활동을 해야 한다(NASW, 2008, p, 27)"라는 규정을 두고 있다. 사회복지사는 사정하고 치료하고 가정폭력 피해자의 역량을 강화하여 그들이 폭력 관계를 벗어나 그들 스스로와 자녀를 위한 안전함을 찾을 수 있도록 임상적 개입을 할 수 있다. 그러나 법률적인 장애가 있는 한 클라이언트는 그들의 안녕감에 기본이 되는 안전함과 안정감을 얻기 어려울 것이다. 정치적 옹호활동을 통해 사회운동과 사회변화에 개입함으로써 사회복지사는 클라이언트가 필요로 하는 혜택, 서비스, 법률적 보호에 접근하여 치료의 목적에 도달할 수 있도록 돕고 역량을 강화할 수 있다.

사회복지사는 사회복지 정책과 실천 함의에 대해 이해할 필요가 있다. 그래야 클라이언트가 필요로 하는 서비스에 스스로와 가족을 위해 접근하도록 역량을 강화할 수 있다. 그리고 클라이언트를 대상으로 보다 좋은 서비스를 제공하기 위해서 어떻게 관련 있는 정책에 영향을 미치고 정책을 만드는지를 배울 필요가 있다. 정책 실천은 사회복지실천에 매우 중요한 차원이다(Jansson,

2010). 전미사회복지사협회 윤리강령 제6장에는 사회복지 전문가로서 정책 실천의 윤리적 책임에 관하여 명시하고 있다. "사회복지사는 사회 전반에 관한 윤리적 책임을 갖는다"는 내용의 이 조항은 사회복지사가 일반적인 사회복지의 촉진이나 인간의 기본욕구 충족에만 머무르는 것이 아니라 모두를 위한 사회정의를 촉진할 수 있도록 사회적, 정치적인 행위에 개입해야 함을 의미한다(NASW, 2008).

Jansson(2010)은 정책적 실천이란 사회정책의 개발, 정책의 제정, 구현 및 평가에 영향을 미치는 노력이라고 정의하고 있다. 정책옹호란 정책적 실천의 일환으로서 사회와 정치적 변화에 영향을 미치지 못하는 힘이 약한 사람들을 돕는 것을 의미한다. 가정폭력 피해 이주민을 위한 정치적 실천과 옹호는 사회복지 전문가가 개인의 욕구충족에 초점을 맞추어야 하는가 아니면 보다 넓은 사회 전체에 초점을 맞추어야 하는가 하는 논쟁을 초월하는 것이다. 가정폭력 피해 이주민을 대상으로 임상적 혹은 행정적 실천을 하거나 연구를 하는 사회복지 전문가는 반드시 영향력 있는 정책적 실천가가 되어 클라이언트를 위한 가장 좋은 서비스 성과를 이루어내야 한다.

■

결론

최근 미국에 입국한 이민자들은 1세기 전 만큼이나 오늘날에도 취약한 상태에 있다. 문화적으로 적절하고 민감한 사회복지실천의 필요성에 대한 관심과 이해가 아무리 커지고 있다고 하더라도, 이주여성과 유색인종을 대상으로 한 가정폭력의 발생률 및 심각성에 대한 지식은 여전히 부족하다. 지배문화인 유럽계 미국인 문화가 아닌 다른 문화권의 가정폭력 피해자에게 현존하는 서비스와 개입이 미치는 영향에 대한 체계적인 연구가 이루어져야 하며, 서비스 전달체계에서의 변화도 요구된다.

많은 이주민들은 개발도상국에서 오며, 그들의 문화와 언어는 미국 주류의 언어와 문화와는 확연히 다르다. 아시아, 남아시아 및 푸에르토리코나 중남미와 같이 스페인어를 사용하는 국가에서 유입된 이주민들은 미국 내에서 종종 소외당하는 유색인종 지역사회를 구성한다. 아시아, 동유럽, 인도에서 온 학대 피해여성들은 미국에서 필요한 서비스를 받는 데 어려움을 겪으며, 이는 정식 이민자 서류가 없는 사람들만이 겪는 것은 아니다. 각기 다른 이주민 지역사회가 가정폭력에 대해 각기 다른 관점을 가지고 있다는 것을 이해하는 것은 사회복지사로 하여금 기존에 있던 실천 및 정책 변화에 대한 옹호를 재구성하고, 가정폭력 피해 이주여성을 도울 수 있는 효과적인 대안을 제시하는 데 도움이 될 것이다.

참고문헌

Ahmad, F., Driver, N., McNally, M. J., & Stewart, D. E. (2009). "Why doesn't she seek help for partner abuse?" an exploratory study with south Asian immigrant women. *Social Science and Medicine, 69*(4), 613-622.

American Congress of Obstertricians and Gyneocologists (2012). Intimate partner violence. Retrieved on July 1, 2012, at http://www.acog.org

Barker, R. L. (2003). *The social work dictionary.* Silver Springs, MD: National Association of Social Workers.

Bhandari, S. (2008). Analysis of Violence against Women Act and the South Asian immigrants in the United State. *Advances in Social Work, 9*(1), 44-50.

Bonilla-Santiago, G. (2002). Latina battered women: Barriers to service delivery and cultural considerations. In A. R. Roberts (Ed.), *Handbook of domestic violence intervention strategies: Policies, programs, and legal remedies* (pp. 464-471). New

York: Oxford University Press.

Brace, C. L. (1872). *The dangerous classes of New York, and twenty years' work among them.* Silver Springs, MD: National Association of Social Works.

Bricker-Jekins, M., & Hooyman, N. (1986). *Not for women only: Social work practice for a feminist future.* Silver Springs, MD: National Association of Social Works.

Carey, C. (2003). *Immigration assistance for battered immigrant women: Self-petitions and battered spouse waivers.* New York: Asian Women's center.

Chang-Muy, F. (2009). Legal classifications of immigrants. In F. Chang-Muy and E. Congress (Eds.), *Social work with immigrants and refugees: Legal issues, clinical skills, and advocacy* (pp. 39-62) New York: Springer Publishing Company.

Chazin, R., & Ushakova, T. (2005). Working with Russian-speaking Jewish immigrants. In E. Congress and M. Gonzalez (Eds.), *Multicultural Perspectives in Working with Families* (pp. 167-198). New York: Springer, this volume.

Congress, E. (1994). The use of culturagrams to assess and empower culturally diverse families, *Families in Society: The Journal of Contemporary Human Services,* 531-540.

__________ (2002). Using culturagrams with culturally diverse families. In A. Robert & G. Greene (eds.), *Social work desk reference* (pp. 57-61). New York: Oxford University Press.

__________ (2008). The culturagram. In A. Robert, *Social work desk reference* (2nd ed., pp. 969-975). New York: Oxford University Press.

Davis, F. S. (2003). Social work response to domestic violence: Encouraging news from a new look. *Affilia, 18*(2), 177-191.

Dutton, M. (2006). *The abusive personality* (3rd ed). New York: Guilford Press.

Dutton, M. A., Orloff, L., & Haas, G. A. (2000). Symposium Briefing Papers; Characteristics of help-seeking behaviors, resources and service needs of battered immigrant Latinas: Legal and policy implications. *Georgetowm Journal on Poverty Law & Policy, 7*(2), 245-305.

Dziegielewski, S., & Swartz, M. (2007). Social work's role with domestic violence: Women and the criminal justice system. In A. Roberts and D. Springer (Eds.), *Social work in Juvenile and Criminal Justice Settings* (3rd ed., pp. 269-284). Springfeild, IL: Charles Thomas.

Erez, E., & Globokar, J. (2009). Compounding vulnerabilities: the impact of immigration status and circumstances on battered immigrant women. *So-*

ciology of Crime, Law, and Deviance, 13, 129-145.

Erez, E., & Hartley, C. C. (2003). Battered immigrant women and the legal system: A therapeutic jurisprudence perspective. *Western Criminology Review 4*(2), 155-169.

Fernandez-Esquer, M. E., & McCloskey, L. A. (1999). Coping with partner abuse among Mexican American and Anglo women: Ethnic and socio-economic influences. *Violence and Victims, 14*(3), 293-310.

Fong, R., McRoy, R., & Oritz Hendricks, C. (Eds.). (2006). *Interesting child welfare, substance abuse, and family violence: Culturally competent approaches.* Washington, DC: Council of Social Work Education.

Geller, J. A., & Wasserstom, J. (1984). Cojoint therapy for the treatment of domestic violence. In A. R. Roberts (Ed.), *Battered women and their families* (pp. 33-48). New York: Springer Publishing Company.

Gordon, L. (1998). *Heroes of their own lives: The politics and history of family violence.* New York: Viking.

Gibson, C., & Lennon, E. (1999). *Technical paper 29: Table 2. Region of birth of the foreign-born poplation: 1850 to 1930 and 1960.* U.S. Bureau of the Cencus, Washington, DC: Internet Release date: March 9, 1999.

Harper-Dorton, K., & Lantz, J. (2007). *Cross-cultural practice 2E: Social work with diverse populations.* Chicago, IL.: Lyceum.

Jansson, B. S. (2010). *Becoming health care advocate.* Pacific Grove: Brooks/Cole.

Kim, J. Y., & Sung, K. (2000). Conjugal violence in Korean-American families: A residue of cultural tradition. *Journal of Family Violence, 15(*4), 331-345.

Kurst-Swanger, K., & Petcosky, J. L. (2003). *Violence in the home: Multi-disciplinary perspectives.* New York: Oxford University Press.

Kwong, D. (2002). Removing barriers for battered immigrant women: A comparison of immigrant protections under VAWA I & II. *Berkeley Women's Law Journal, 17,* 137-152.

Lee, R., Thompson, V., & Mechanic, M. (2002). Intimate partner violence and women of color: A call for innovations. *American Journal of Public Health 92*(4), 530-534.

Lega, L., & Ellis, A. (2001). Rational emotive behavior therapy (REBT) in the new millenium: A cross-cultural approach. *Journal of Rational Emotive Behavior Cognitive Behavioral Therapy 19*(4), 201-222.

Liao, M. S. (2006). Domestic violence among Asian Indian immigrant women: Risk factors, acculturation, and intervention. *Women and Therapy, 29*(1-2), 23-39.

Lipchik, E. (1994). Therapy for couples can reduce domestic violence. In K. Swisher & C. Wekesser (Eds.), *Violence against women* (pp. 154-163). San Diego, CA: Greenhaven Press.

McDonald, R., Jouriles, E. N., Suhasini Ramistty-Mikler, et al. (2006). Estimating the number of american children living in partner-violent families. *Journal of Family Psychology 10*(1): 137-142.

Mills, L. G. (1998). *The heart of intimate abuse: New interventions in child welfare, criminal justice, and health settings.* New York: Springer.

National Association of Social Workers (2008). *NASW code of ethics.* Washington, DC: National Association of Social Workers.

National Institute of Justice (2003). *Do battered programs work? Two studies.* Washington, DC: United States Department of Justice, NCJ 200331.

NOW (2012) NOW and violence against women. http://www.now.org/issues/violence/ Retrieved March 29, 2012.

Orloff, L. (2001). Lifesaving welfare safety net access for battered immigrant women and children. *William & Mary Journal of Women and Law,* 7(3), 597-657.

________ (2003). *Concerning New York City executive order.* Federal Document Clearing House Congressional Testimony. Retrieved April 3, 2003, from http://80-ewb.lexix.com.avoserv.library.fordham.edu/universe/doc

Orloff, L., & Little, R. (1999) Public benefits access for battered immigrant women and children. In L. E. Orloff, *Somewhere to turn: Making domestic violence services accessible to battered immigrant women* (chapter 11). Retrieved February 3, 2003, from http://www.vawnet.org/vnl/library/general/BIW99-cll.html

Orloff, L., & Kaguyutant, J. V. (2001). Offering a helping hand: Legal protections for battered immigrant women: A history of legislative reponses. *American University Journal of Gender, Social Policy and the Law, 10*(1), 95-183.

Peled, E., Eisikovits, Z, Enosh, G., & Winstok, Z. (2000). Choice and empowerment for battered women who stay: Toward a constructivist model. *Social Work 45*(1), 9-25.

Raj, A., & Silverman, J. (2002). A violence against immigrant women: The roles of culture, context and legal immigrant status on intimate partner violence. *Violence Against Women, 8*(3), 367-398.

Rios, E. A. (n.d.). *Double jeopardy: Cultural and systemic barriers faced by the Latina battered woman.* Unpublished paper.

Roberts, A. (2007). *Battered women and their families: Intervention strategies and treatment programs* (3rd ed.). New Tork: Oxford University Press.

Romkens, R (2001). Law as a Trojan horse: Unintended consequences of rights-based interventions to support battered women. *Yale Journal of Law and Feminism, 13*(2), 265-290.

Rothwell, L. (2001). VAWA 2000's retention of the "Extreme Hardship" standard for battered women in cancellation of removal cases: Not your typical deportation case. *Hawaii Law Review, 23,* 555.

Schmidley, D. (2003). *The foreign-born population in the United States: March 2002.* Cureent Population Reports, P20-539, U.S. Census Bureau, Washington, DC (see p. 441).

Shainess, N. (1984). *Sweet sufferring: Woman as victim.* New York: Bobbs-Merrill.

Sitowski, L. R. (2001). Congress giveth, congress taketh away, congress fixith its mistake? Assessing the potential impact of the battered immigrant Women Protection Act of 2000. *Law and Inequality Journal, 19*(2), 259-305.

Sue, D. W. (2006). *Multicultural social work practice.* Hoboken, NJ: Wiley.

Summers, R. W., & Hoffman, A. M. (2002). Introduction. In R. W. Summers & A. M. Hoffman (Eds.), *Domestic violence: A global view* (pp. xi-xvi). Westport, CT: Greenwood Press.

Tjaden, P., & Thoennes, N. (2000). *Full report of the prevalence, incidence, and consequence of intimate partner violence against women. Findings from the National Violence Against Women Survey.* Washington, DC: National Institute of Justice, Grant 93-IJ-0012.

U.S. Bureau of Justice Statistics Special Report (1994). *National crime victimization survey, violence against women* (NCJ-145325).

______________________________ (1995). *Violence against women: Estimates from the redesigned survey* (NCJ-154348).

U.S. Bureau of the Census (1988). *Projection of the population of the United States by age, sex and race, 1988 to 2080. Current population reports (series P-25, no. 1018).* Washington, DC: U.S. Government Printing Office.

U.S. Census Bureau (2002). Number of foreign-born up 57 percent since 1990, according to Census 2000. Retrieved from internet on July 1, 2012, at http://www.census.gov/newsroom/relreases/archives/census_2000/cb02-cn77.html

U.S. House of Representatives (2004). *Green book: Background material and data on the programs within the jurisdiction of the Committee on Ways and Means.* Washington, D.C: U.S. Government Printing Office.

Walker, L. (2000). *Abused women and survivor therapy.* Washington, DC: American Psychological Association.

Warrier, S., & Rose, J. (2009). Women, gender-based violence and immigration. In F. Chang-Muy & E. Congress (Eds.) *Social work with immigrants and refugees* (pp. 235-256). New York: springer.

Wilback, D. (2007). Ethics and family therapy: The case management of family violence. *Journal of Marital and Family Therapy 15*(1), 43-52.

Yick, A. G. (2000). Domestic violence beliefs and attitudes in the Chinese America community. *Journal of Social Services Research, 27*(1), 29-51.

Yoshihama, M. (1998). Domestic violence in Japan: Research, program developments, and emerging movements. In A. R. Roberts (Ed.), Battered women and their families: Intervention strategies and treatment programs (2nd ed., pp. 405-447). New York: Oxford University Press.

____________ (2000). Reinterpreting strength and safety in a socio-cultural context: Dynamics of domestic violence and experiences of women of Japanese descent. *Children and Youth Services Review, 22*(3/4), 207-229.

____________ (2002). Breaking the web of abuse and silence: Voices of battered women in Japan. *Social Work, 47*(4), 389-414.

Yoshioko, M. R., Gilbert, L., El-Bassel, N., & Baig-Amin, M. (2003). Social support and disclosure of abuse: Comparing South Asian, Africa-American, and Hispanic battered women. *Journal of Family Violence, 18*(3), 171-180.

Zarza, M. J., Ponsoda, V., & Carrillo, R. (2009). Predictors of violence and lethality among Latina immgrants: Implications for assessment and treatment. *Journal of Aggression, Maltreatment & Trauma, 18*(1), 1-16.

23

다문화 인구와 자살

Dana Alonzo and Robin Gearing

세계적으로 자살률은 지난 50년간 지속적으로 증가해 왔으며, 2020년까지 매해 153만 명씩 증가할 것으로 예측되고 있다(Khan, 2005). 자살 문제에 대한 인식이 높아지고, 자살과 관련된 다른 정신질환에 관한 경험적으로 입증된 치료법supported treatment이 발전하고, 보다 안전하고 효과적인 향정신성 약물이 만들어지고 있음에도 불구하고 전 세계의 자살률은 걱정스러울 만큼 증가하고 있다. 이러한 자살률의 증가 추세는 전 세계 절반 이상의 국가에서 자살에 대한 자료가 없거나 거의 존재하지 않는다는 사실을 감안해볼 때, 더욱 우려된다(Khan, 2005).

2050년경이 되면 백인은 더 이상 미국 내 다수 인구가 되지 않을 것으로 보인다(Department of Health, 2002). 또한 미국 내에서 소수 민족, 특히 우울증과 자살 위험이 있는 소수 민족이 정신건강 서비스를 충분히 이용하지 않는 것으로 보고되고 있다(Hough et al., 1987; Wells, Golding, Hough, Burnam, & Karno, 198; Vega & Lopez, 1999). 정신건강 서비스의 이용은 자살한 사람의 약 90%가 정신질환 중에서도 가장 빈번하게 진단되는 우울증과 같은 정신질환을 가지고 있었다는 점에서 중요하게 고려해야 할 사항이다(Brent, Baugher, Bridge, Chen, & Chiappetta, 1999; Malone & Lartey, 2004; Shaffer Gould, Fisher, Trautman, Moreau, & Kleinman, 1996; Worchel & Gearing, 2010). 만약에 문화, 인종, 민족적 성향 등의 요인이 치료 과정에 적절하게 반영되지 않으면, 자살률을 낮추려는 예방 및 개입에 대한 노력은 성공하지 못할 수 있다. 효과적인 자살 예방 및 개입 전략을 위해서 다양한 민족 집단들 간에 나타나는 독특한 자살 위험 요인 및 보호 요인을 찾아내고 이해하며, 각각의 집단을 평가하고 치료할 때 이러한 요소를 포함시키는 것이 대단히 중요하다.

이 장에서는 미국 내 자살 행동에 대한 다양한 인구학적 개요에 대해 살펴보고, 지금까지 알려진 각 문화 집단의 자살에 영향을 미치는 심리사회적 위험 요소를 검토하고자 한다. 자살 위험 환자에 대한 위험도 평가를 진행할 때에 고려할 수 있는 문화 내 결정적 요인에 대해서도 검토해 보고자 한다. 자살 위험 환자의 문화에 맞추고 증거기반 실천 측면에 기반을 둔 치료법에 대해서도 살펴볼 것이다.

■

미국 내 자살 위험 행동에 대한 인구학적 개요

미국 내 자살률은 민족과 연령대에 따라 매우 다양하다. 미국 내 가장 큰 비중을 차지하는 민족 집단은 백인, 히스패닉, 아프리카계, 아시아계 등이며, 이들은 중요한 고려 대상이다(U.S. Bureau of Census, 2011). 백인은 현재 미국 내에서 가장 다수를 차지하는 민족 집단으로, 미국 인구의 약

72%를 차지한다(U.S. Bureau of Census, 2011). 백인 남성은 여성보다 더 높은 자살률을 보이는데, 특히 85세 이상 백인 남성의 자살률이 가장 높다(Joe, Baser, Breeden, Neighbors, & Jackson, 2006). 한 연구에서는 백인이 일반적으로 흑인보다 자살률이 높다는 것을 발견했다. 이러한 경향은 연령과 함께 볼 때 더욱 뚜렷하게 나타나며, 백인 노인 남성의 자살률이 흑인 노인 남성의 자살률보다 2배 이상 높다고 한다(Joe et al., 2006). 다소 낮은 비율이긴 하지만, 백인 청소년의 실제 자살률은 역시 흑인과 히스패닉 청소년에 비해 높다(Rutter & Behrendt, 2004). 백인 여성의 자살률은 18 대 1의 비율로 흑인 여성의 자살률에 비해 현저히 높다(Joe et al., 2006).

히스패닉계 인구는 전체 인구의 16.3%를 구성하고 있으며, 미국 내 가장 큰 소수 민족 집단이다(U.S. Bureau of Census, 2011). 히스패닉계 인구 집단은 백인보다는 낮은 자살률을, 흑인보다는 높은 자살률을 보인다(Oquendo et al., 2004). 조사에 따르면, 비슷한 자살 의도를 가지고 있음에도 불구하고 히스패닉계가 비히스패닉계보다 자살 생각과 치명적인 자살 시도에 있어서는 낮은 수치를 보인다(Oquendo et al., 2005). 하지만 히스패닉계 인구 집단을 세분화하여 살펴보면 또 다른 양상이 나타난다. 쿠바계 미국인들은 백인과 아프리카계 미국인을 포함했을 때에도 생애 기간 중 가장 낮은 자살 시도율(2%)을 보이며, 멕시코계 미국인(3%)이 그 다음으로 나타난다. 푸에르토리코인은 모든 히스패닉계 집단, 백인, 아프리카계 미국인을 통틀어 가장 높은 자살 시도율(9.1%)을 보인다(Oquendo et al., 2004; Ungemack & Guarnaccia, 1998). 하지만 푸에르토리코인의 실제 자살률은 다른 히스패닉 민족 집단이나 백인보다는 낮은 수치를 보인다(Oquendo, Ellis, Greenwald, Malone, Weissman, & Mann, 2001). 멕시코계 미국인들의 실제 자살률Completed Suicide Rate 역시 백인보다 낮다(Oquendo et al., 2001). 라틴계 청소년들의 자살 시도율은 다른 민족 집단 내 여자 청소년에 비해 높게 나타난다(Zayas, Lester, Cabassa, & Fortuna, 2005).

아프리카계 미국인들은 인구의 12.6%를 차지하며, 미국 내에서 두 번째로 큰 소수 민족 집단이다(U.S. Bureau of the Census, 2011). 전체적으로 아프리카계 미국 여성은 남성에 비해 낮은 자살률을 보인다(대략 1대 3의 비율)(Joe, Baser, Breeden, Neighbors, & Jackson, 2006). 아프리카계 미국 여성은 백인 여성에 비해서도 낮은 자살률을 보인다(약 1대 2의 비율)(Joe et al., 2006). 역사적으로, 아프리카계 미국인 청소년은 백인 청소년에 비해 낮은 자살률을 유지하고 있다(Borowsky, Ireland, & Resnick, 2001; Center for Disease Control and Prevention, 2006; Garlow, Purselle, & Heninger, 2005; Joe et al., 2006; Joe & Kaplan, 2001).

아시아인들은 미국 내에서 세 번째로 큰 소수 민족 집단이며, 전체 인구의 4.8%를 차지하고 있다(U.S. Bureau of the Census, 2011). 아시아인들 중에서는 남성과 노인들의 자살률이 높게 나타나고 있다. 전체적으로, 아시아인들은 백인보다 낮은 자살 행동 비율을 보이며(Evans et al., 2005), 특히 아시아계 청소년들의 경우에 더욱 그러하다(Evans, 2005). 그러나 성별로 집단을 나누게 되는 경우, 백인이나 아프리카계 미국인 여성보다 아시아 여성이 자살 행동을 하는 경우가 높은 것으로 나타나고 있다(Shiang, Bonger, Stephens, Allison, & Schatzberg, 1997). 이러한 결과는 노인층에서 더 두드러진다(Shiang et al., 1997).

■

심리사회적 위험 요인과 보호 요인들

몇몇 연구에서 문화나 민족을 넘어 일반화하여 자살 위험에 대한 평가에 이용할 수 있는 자살 위험 요인 및 보호 요인을 알아보기 위해 시도한 적이 있으나, 이에 대한 연구는 많지 않다. 과거 자살 시도 이력은 민족(히스패닉, 아프리카계 미국인, 백인)을 통틀어, 특히 남성에 있어 앞으로의 자살 시도를 예측하는 가장 일관된 위험 요소이다(Borowsky et al., 2001; Colucci, 2007). 청소년, 노인, 낮은 사회경제적 지위, 약물 중독, 그리고 스트레스가 많은 최근의 생활 또한 문화를 통틀어 밀접한 위험 요소로 인지되어 왔다(Colucci & Marti, 2007; Rew, Thomas, Horner, Resnick, & Beuhring, 2001). 가족이나 친구의 자살은 문화를 아울러 공유되는 또 다른 자살 위험 요소이다(Colucci, 2007; Rew et al., 2001). 반대로, 부모-가족 유대감(Borowsky et al., 2001)과 독실한 신앙심(Gearing & Lizardi, 2009; Lizardi & Gearing, 2010)은 자살 행동에 대한 일반적인 보호 요인으로 확인되어 왔다.

자살 충동을 느끼는 사람을 효과적으로 평가하고 치료하기 위해서는, 각 환자의 문화 집단에 적절한 문화 고유의 위험 요인들을 이해하는 것이 필수적이다. 몇몇 연구가 민족에 따른 자살 행동 위험 요인에 대해 살펴보았으며, 이런 연구의 대부분은 백인과 아프리카계 미국인을 비교 연구한 것이다. 연구결과에 따르면, 대개의 경우 아프리카계 미국인에 비해 자살 행동을 하는 백인의 나이가 더 많으며, 백인이 더 많은 불안 장애를 가진다고 한다(Garlow et al., 2005; Vanderwerker et al., 2007). 또한 백인들은 아프리카계 미국인에 비해 우울로 인한 자살이 더 빈번하게 일어난다(Hollis, 1996; Malone, Oquendo, Haas, Ellis, Li, & Mann, 2000; Oquendo et al., 2001; Shaffer et al., 1996). 백인의 자살에 영향을 미치는 주요 자살 위험 요소는 분열된 가정환경이다(Handy, Chithiramohan, Ballard, & Silveira, 1991). 백인의 자살 시도는 음주와도 관련이 있음이 발견되어 왔는데(Groves, Stanley, & Sher, 2007; Vanderwerket et al., 2007), 자살을 시도하기 전에 술을 마시는 백인의 수는 같은 경우의 아프리카계 미국인보다 2배 많다(Groves et al., 2007). 가족 구성원이나 친구의 자살로 인한 상실감(Borowsky et al., 2001; Brent, Bridge, Johnson, & Connolly, 1996; Brent, Perper, & Moritz, 1993), 총기 사용access to firearms(Brent et al.,

1993), 여성(Grossman, Milligan, & Deyo, 2991; Lefebvre, Lesage, Cyr, & Toupin, 1998; Moscicki, O'Carroll, Rae, Locke, Roy, & Regier, 1988; Pirkis, Burgess, & Dunt, 2000; Schmidtke et al., 1996; Suominen, Isometsa, Haukka, & Lonnqvist, 2004; Woods, Lin, Middleman, Beckford, Chase, & DuRant, 1997) 역시 백인의 자살 위험 요소로 드러나고 있다. 또한, 백인 노인층에서는 신체적 질병이 자살 위험을 높이는 것으로 나타났다(Vanderwerker et al., 2007).

반대로, 15세 이상의 아프리카계 미국인은 같은 연령대의 백인 집단에 비해 총기 사용을 통한 자살률이 2배 이상 높게 나타난다(Joe, Marcus, & Kaplan, 2007). 한 연구는 자살을 하는 데 있어 아프리카계 미국인이 과격한 방법을 선택하는 비율이 백인의 2배에 이른다고 보고한다(Stack & Wasserman, 2005). 자살 행동을 하는 아프리카계 미국인은 백인에 비해 더 코카인을 사용하는 경향이 있다(Garlow, 2002). 대인관계 갈등, 남성, 어린 나이는 일관되게 아프리카계 미국인들의 자살 예측 인자로 나타났다(Gibbs, 1997; Groves et al., 2007). 사회경제적 측면에서, 낮은 교육 수준은 자살 위험의 증가와 연관성을 보이는데(Kellerman et al., 1992), 아프리카계 미국인은 백인에 비해 상대적으로 교육 수준이 낮다(U.S. Bureau of the Census, 2005). 또한, 아프리카계 미국인 남성과 여성 모두 백인보다 높은 실직률을 보이며(Bureau of Labor Statistics, 2004), 실직자의 자살률은 사무직 근로자가 노동자보다 2배 이상 높은 수치를 보인다(Cubbin, LeClere, & Smith, 2000).

임상적 평가

문화적 요인을 감안한 자살 행동 모델을 사용하여 자살 위험 평가의 틀을 만드는 것이 유용하다. 비록 자살 경향성에 대한 하나의 보편적인 모델은 없지만 자살 행동의 스트레스 소인 통합모델stress-diathesis model of suicidal behavior이 제안되었고(Goldney, 2002, Mann, Waternaux, Haas, & Malone, 1999), 이 모델이 받아들여지고 있다(Grunebaum et al., 2006). 이 모델에 따르면, 환경적 요인들(촉발요인 혹은 스트레스 요인과 같은)은 특정 시간에 존재하며 상태 의존적인 것으로 간주된다(Mann et al., 1999). 또한, 유전적이고 생화학적 요인 혹은 기제(한계치 혹은 기질과 같은)는 속성 의존적인 것으로 간주된다. 위험 요소 중 한 개의 유형이 나타난다면(상태 혹은 속성), 이는 자살 행동을 야기하는 데 충분하지 않다(Mann et al., 1999). 그러나 두 가지 위험 요소가 모두 나타나면(상태 그리고 속성), 자살 행동의 출현 가능성은 증가한다(Malone, Haas, Sweeny, & Mann, 1995). 자살 행동 취약성은 자살 시도 이력을 가진 일차 친족(혹은 부모형제)의 유무와 같은, 유전적 혹은 가족적 요인들과 같이 선천적일 수도 있으며(Malone et al., 2000; Mann et al., 1999; Preffer, Normandin, & Kakuma, 1994; Roy, 1983, 1986; Roy, Segal, Centerwall, & Robinette, 1991), 부모 사별, 어린 시절 겪은 육체적 혹은/그리고 성적 학대 등의 트라우마 때문일 수도 있고(Adam et al., 1982; Briere and Runtz 1990; Farber et al., 1996; Levi et al., 1996), 알코올 중독이나 약물 중독의 결과일 수도 있다(Malone, Hass, Sweeny, & Mann, 1995).

스트레스 소인 통합모델은 자살 요인에 대한 문화적 영향을 설명함으로써, 문화와 민족에 따라 여러 영역에서 나타나는 자살행동의 차이를 고려한다. 예를 들어, 약물 중독, 육체적 학대, 성적 학대, 실직, 불충분한 교육, 이민 신분,

이주 경험, 문화적응 경험 등은 문화를 가로질러 다양하게 나타나고 한 개인의 자살 행동 취약성에 직접적인 영향을 미치기 때문에 어떠한 자살 위험 평가에서든 반드시 포함되어야 한다(Worchel & Gearing, 2010). 이민, 문화적응, 정신건강 서비스 이용과 같은 상태 요인 중 몇몇은 문화권을 통틀어 개인의 자살 행동 위험에 직접적 · 간접적인 영향을 미치기 때문에 다음 내용에서 좀 더 자세히 살펴볼 것이다.

이민과 자살 위험

이민은 스트레스와 정신질환 정도를 높이며(Shoval et al., 2008), 자살 위험(Kushner, 1991; Lester, 1997, 1998) 증가에도 관련된다. 비록 종종 스트레스성 생활 사건으로 여기기도 하지만, 이민 과정은 많은 경우 위기상황으로 설명된다(Ponizovsky, 1999). 이민자들은 사회적 지지망과 같이 기존에 형성된 보호 요인 상실에 대처해야 함과 동시에 문화적응 과정에도 참여하도록 강요된다(Sorenson & Shen, 1996). 이민자들은 또한 심각한 편견과 차별을 경험하기도 한다(Shoval, 2007). 또한, 대다수의 이민자들은 소득이 적고(Sorenson & Shen, 1996), 사회경제적 지위가 낮은데, 이러한 요인들은 자살 행동 위험 증가와 관련이 있다(Worcheh & Gearing, 2010). 이민자들은 이민으로 인해 어려운 과도기를 겪고 있는 이들을 잠재적으로 도와줄 수 있는 정신건강 서비스를 찾는 경향도 적다고 한다(Sorenson & Shen, 1996).

그러나 이민과 자살 사이의 연관성에 대한 연구는 상대적으로 많지 않다. Kushner(1991)는 이 문제에 대해 중추적 연구를 시행했으며, 20세기 중반 이민이 자살 위험을 높였다는 사실을 발견했다. 연구결과에 따르면, 외국 태생 사람들의 자살률은 본토 태생보다 거의 2배에 이른다(Kushner, 1991). Kushner(1991)는 자살률이 높은 나라에서 태어난 이민자들은 자살 위험률 또한 높게 나타난다고 주장했다. Lester(1997)와 Lester(1998)는 이와 비슷한 결과를 발견함으로써 이민과 자살 위험 사이의 연관성을 더 지지했다.

그러나 연구결과는 일관적이지 않다. 예를 들어, 미국 내 가나 이민자들에 대한 연구에 따르면, 미국 거주 기간과 자살에 대한 부정적인 태도 사이에 중대한 관련이 있으며 심리적 적응과 자살에 대한 부정적 태도 사이의 관련성도 발견되었다(Eshun, 2006). 비슷한 연구로, Sorenson과 Shen(1996)은 캘리포니아의 자살 추세와 민족에 대해 알아보았다. 외국 태생의 사람들은 일반적으로 미국에서 태어난 이들보다 적은 자살 위험도를 가지고 있음을 발견했다(Sorenson & Shen, 1996). 하지만 이러한 위험은 민족에 따라 다양하게 나타나는데, 백인의 경우, 미국에서 태생한 백인보다 외국 태생인 경우 더 높은 자살 위험을 보이나, 히스패닉의 경우 미국에서 출생한 이가 더 낮은 자살 위험을 보였다. 흑인과 아시아인의 경우는 미국 태생과 외국 태생의 수치가 비슷하게 나타났다(Sorenson & Shen, 1996). 이러한 발견들은 이민과 연관된 자살 위험은 문화 고유적인 성향을 보이지만, 다른 요소들이 이민과 자살 위험의 관계를 중재할 수도 있음을 보여준다.

문화적응과 자살 행동

문화적응은 이민자들이 그들의 주류 문화에 적응해가는 경험의 과정을 의미한다. 문화적응은 그들이 이주한 주류 문화에 적응하면서, 자신이 가지고 있는 기존 문화의 정체성, 전통, 가치, 관습을 유지하기 위해 노력하는 것을 특징으로 한다. 문화적응 기간은 많은 경우 우울감, 불안감, 고립감, 자살경향성의 증가와 관련이 있으며(Hovey & King, 1997), 이를 문화적응 스트레스라 부른다(Berry & Kim, 1998; Hovey & King, 1996;, 1996; Padilla, Cervantes, Maldonado, & Garcia, 1998; Williams, 1991).

문화적응과 연관된 자살 위험 요인 혹은 보호 요인은 지금까지 연구되어 왔으며, 각자의 문화에 맞는 자살 위험 평가 요소가 모두 포함되어야 한다. 이러한 요소는 새로운 커뮤니티 내 사회적 지지의 유효성, 가까운 가족이나 먼 가족 네트워크로부터 받는 가족 지지 수준, 독실한 신앙심, 사회경제적 수준, 직업상 지위의 변화를 포함하여, 교육과 취업, 언어 능력, 미래에 대한 기대감, 이민 결정 전 인지 기능 수준, 그리고 대처 기술의 질을 포함한다(Hovey & King, 1997; Williams, 1991).

자살 위험과 문화적응 사이의 연관성에 대한 연구는 미국 내 많은 문화 집단(cultural groups) 내에서 높은 수준의 문화적응을 하는 사람이 낮은 수준의 문화적응을 하는 이보다 자살 행동을 할 위험이 더 크다는 점을 발견했다. 예를 들어, 아메리카 인디언들의 문화적응 스트레스는 자살에 영향을 미치는 강력한 예측 요인이다(Lester, 1999). 이와 비슷한 결과는 하와이 원주민(Yuen, Nahulu, Hishinuma, & Miyamoto, 2000)과 히스패닉(Gutierrez, Osman, Kopper, & Barrios, 2000; Vega, Gil, Warheit, Apospori, & Zimmerman, 1993; Zayas, 1987)에게서도 발견되었다. 예를 들어, 미국 태생 멕시코계 미국인은 멕시코에서 태어난 멕시코계 미국인보다 더 높은 자살률과 자살 생각을 보여준다(Sorenson & Golding, 1998; Swanson et al., 1992). 높은 수준의 문화적응 스트레스 또한 중앙 아메리카인들(Hovey, 2000)과 푸에르토리코인(Monk & Warshauer, 1974; Oquendo et al, 2004)의 자살 위험 요소임이 발견되었다.

정신건강 서비스의 이용과 민족

보편적으로 정신질환과 관련된 낙인은 정신건강 서비스 이용을 막는 주요 요소이다(Worchel & Gearing, 2010). 또한 자살 위험이 있는 소수 민족 집단에게 있어서 정신질환에 대한 의식 부족, 정신건강 시스템에 대한 이해 부족, 정보의 부족, 언어장벽, 의료보험의 부재(Sadavoy, Meier, Ong, & Yuk, 2004; Snowden, 2003; Fiscella, Franks, Doescher, & Saver, 2002; Strug & Mason,

2001; Vega, Kolody, Aguilar-Gaxiola, & Catalano, 1999; Wells et al., 1986) 등은 낮은 서비스 이용률의 원인이 된다.

정신건강에 대한 도움추구 행동은 민족에 따라 다양하게 나타나는데(Alegría et al., 2002; Cauce et al., 2002; Hough et al., 2002), 아시아계 미국인들은 백인이나 아프리카계 미국인에 비해 가족 밖에서 도움을 구하려는 경향이 덜하다고 한다(Lin, Tardiff, Donetz, & Goresky, 1978). 또한 백인들은 증상이 나타난 후 도움을 찾기까지 걸리는 시간이 가장 짧은 것으로 나타났다(Lin, Inui, Kleinman, & Womack, 1982). 아시아계 및 아프리카계 미국인은 백인에 비해 도움추구에 대한 결정을 내리는 데 있어 가족개입의 경향이 더 짙게 나타난다고 한다(Lin et al., 1982).

백인과 비교할 때 히스패닉계 미국인은 정신건강 서비스를 충분히 이용하지 않는다고 한다(Hough et al., 1987; Wells, Hough, Goldberg, Burnam, Karno, 1987; Vega & Lopez, 1999). 연구결과에 따르면, 심지어 사회인구학적 요인과 정신질환을 통제한 후에도 정신건강 치료를 시작하는 히스패닉의 비율이 백인에 비해 낮게 나타났다(Hough et al., 1987; Wells et al., 1987; Vega & Lopez, 1999). 또한, 연구는 히스패닉계 미국인의 경우 백인에 비해 정신과 치료 시작 후 더 많은 조기 종결을 보임으로써 낮은 정신과 치료 유지 비율을 보이며(Marcos & Cancros, 1982; Sanchez-Lacay et al., 2001), 전체적인 치료 참여 횟수도 적다(Hough et al., 1987; Padgett, Patrick, Burns, Schlesinger, 1994; Temkin-Greeener & Clark, 1988)는 것을 발견했다.

이러한 차이점에도 불구하고, 민족을 통틀어 일관되게 나타나는 것은 자살을 기도한 이들이 치료를 받고 이를 지속하는 비율이 매우 낮다는 점이다(Lizardi & Stanley, 2010). 연구에 따르면, 응급실을 찾은 자살 기도자의 50%에 육박하는 이들이 외래 치료에 의뢰되는 것을 거부하거나 조기에 외래 상담을 그만둔다고 한다(Kurz & Moller, 1984). 연구에서는 자살 기도자의 60%가 응급실에서 퇴원한 지 일주일 만에 치료를 그만두며(O'Brien, Holton, Hurren,

Wyatt, Hassanyeh, 1987), 정신과 입원 치료를 마친 후 약 40%가 3개월 이내에 치료를 그만두고(Monti, Cedereke, & Ojehagen, 2004), 퇴원 1년 후 약 70%가 치료를 그만둔다고 한다(Krulee & Hayes, 1988).

결론적으로 자살 위험 평가는 다양한 문화/민족 집단 사이의 자살 행동의 비율이나 경향을 단순히 고려하는 것에 그쳐서는 안 된다. 각자의 문화에 맞는 효과적인 자살 위험 평가는 개인의 이민 과정, 문화적응 과정과 문화적응 스트레스의 징후들, 자신의 기존 문화와의 연대 정도, 주류 문화와의 연결 수준, 서비스 이용에 방해가 되는 요소들의 특징 및 정도 등이 함께 포함되어야 한다(Worchel & Gearing, 2010).

■

치료

최근 들어 자살행동 치료에 대한 증거기반 실천이 발달해 왔지만 소수 민족 인구에 문화적으로 적합한 치료에 관한 연구는 여전히 부족한 편이다. 자살충동을 느끼는 사람들은 치료에 참여하도록 유도하기가 매우 어렵기 때문에 상담 시작 비율이 저조하며, 상담 유지 비율은 그보다도 더 낮다(Lizardi & Stanley, 201). 다양한 문화의 환자들을 치료에 참여시키고 이를 유지하기 위해서는 치료에 대한 환자의 기대와 함께 그러한 기대에 영향을 미친 문화적 맥락을 고려해야 한다. 현재로서는 문화집단을 통틀어 자살행동 치료에 효과적이라고 입증된 치료 모델은 존재하지 않는다.

인지행동 치료Cognitive Behavioral Therapy: CBT는 가장 넓게 연구된 심리사회적 개입 중 하나이다. 일반적으로 하나의 심리치료적 치료 모델로서 이 접근과 관련한 중대한 연구가 있었지만 구체적으로 CBT를 이용한 자살 행동 치료에 대한 연구는 극소수이다(Worchel & Gearing, 2010). 그럼에도 불구하고 이 개입은, 특히 우울증의 맥락 내에서, 자살 생각 및 행동에 대한 치료법으로 다른 접근법보다 더 많은 지지를 받아 왔다. 문화집단을 통틀어 자살 생각 및 행동에 대한 효과적인 개입방법으로서 CBT를 살펴본 연구는 더욱 적은 편이다. 자살 생각 및 행동에 대한 치료의 효과성에 관한 대부분의 연구들은 민족집단 표본 전체에 대해 설명하는 데에 실패하거나, 백인 인구만을 대상으로 했다는 한계가 있다. 그러므로 현재 시점에서 CBT를 평가하자면, 백인의 자살행동 치료에 대한 효과적인 접근법이라고 말할 수 있다.

CBT는 자살행동을 인지적 경직성, 부절적한 문제해결 기술, 부족한 대체 기술 등과 같은 부정적인 인지 성향에서 비롯된 취약성에서 기인한 것으로 파악한다(Brown et al., 2005; Coleman & Casey, 2007; Freeman & Reinecke, 1994; Joiner, 2006; Pollock & Williams, 1998). 자살위험이 있는 사람들은 자기 자신과 자신의 미래를 부정적 관점에서 바라보는 경향이 있다. 일반적으로 그들은 그들 자신, 타인, 세상을 인지적 왜곡 혹은/그리고 비합리적 신념에 기반을 둔 경험을 한다.

Tarrier와 동료들(2008)은 자살행동에 대한 치료법으로서의 CBT을 사용한 28개의 연구를 비교하여 메타분석을 시행하였다. 이 연구결과에 따르면, CBT는 자살행동을 낮추는 데 즉각적, 단기적, 중단기적 효과가 있다고 한다. 그러나 이는 자살행동을 가지고 있는 성인에 대한 치료로 제한된다. 전반적으로 연구는 자살위험이 있는 청소년에 대한 개입에서는 효과성을 찾아내지 못했다(Tarrier, 2008). 청소년에 초점을 맞춘 연구의 경우, 표본 크기가 작아 결과에 대한 신뢰도가 떨어질 수 있기 때문이다. 부정적 스키마schema와 부적응 사고에 초점을 맞춘 다른 연구는 부적응적인 자동 사고를 줄이는 것이 자살생각을 감소시키는 것과 연관이 있음을 발견했다(Coleman, 2007). CBT의 관점에서 문제해결과 대처 기술에 초점을 맞춘 다른 연구에서는 문제해결 기술의 증가가 자살행동의 감소를 이끌 수 있다는 견해를 뒷받침하고 있음을 발견했다(Asarnow et al., 2009; Bilsker & Forster, 2003; Eskin et al., 2008; Salkovskis et al., 1990).

CBT는 한 사람이 가지는 사고의 성향에 초점을 맞춘다는 점에서 한 개인의 문화적 맥락에 대해 검토하고 이를 포함할 수 있다. 즉, 이 모델은 한 사람의 사고와 이 사고가 어떻게 형성되는지에 대해 살펴보기를 요구한다. 문화 적합성을 고려한 CBT 임상적 실천은 개인의 문화가 그 사람에게 일어난 사건과 그에게 주어진 의미를 해석하는 데 어떠한 영향을 미치는지 의문을 가져야 한다. 이러한 관점에서, CBT는 다양한 문화를 통틀어 효과적일 수 있다는 잠재력을 보여준다. 그러나 앞으로의 연구에서는 문화를 통틀어 적용할 수 있는 자살 생각 및 행동 치료 모델에 대한 증거를 제공하는 것이 필요하다.

소수 민족 집단 내에서 정신건강에 대한 도움추구 행동을 하는 데 미치는 가족역할의 중요성을 감안할 때, 가족의 참여를 강조하는 치료 접근은 치료의 성공 가능성을 가장 높여준다고 볼 수 있다. 특히, 단기 전략적 가족치료Brief Strategic Family Therapy: BSFT는 문화적으로 다양한 인구, 특히 히스패닉계 및 아프리카계 미국인, 가족관계의 문제, 약물 중독, 청소년 범죄를 포함한 청소년의 행동문제 등에 효과적인 치료법으로 지지되어 온 증거기반 실천 모델이다(Santisteban, Szapocznik, Perez-Vidal, Kurtines, Murray, & LaPerriere, 1996; Szapocznik et al., 1988; Szapocznik & Kurtines, 1993). BSFT는 보통 3개월에 걸쳐, 12~15회기를 제공하는 단기의short-term 구조화된 개입이다.

Minuchin(1974)의 구조적 접근 및 Haley(1976)와 Madanes(1981)의 전략적 접근에 바탕을 둔 BSFT는 가족관계가 행동문제를 발전시키는 핵심적 역할을 한다고 판단하며, 따라서 가족관계를 주된 치료대상으로 본다. BSFT는 가족은 큰 사회 시스템의 한 부분이며 사회 시스템에 의해 영향을 받는다고 주장한다(Szapocznik & Kurtines, 1993). 아동의 행동문제 발달에 영향을 미치는 친구, 학교, 이웃 등의 영향력에 대한 이해를 포함한 큰 사회 시스템과 맥락적 요소에 대한 민감도가 이 모델의 핵심 요소이다(Szapocznik & Kurtines,

1993). 가족 과정에 미치는 이민, 사회경제적 지위, 문화적응의 영향을 이해하는 것은 BSFT의 중심이다(Szapocznik, Santisteban, Kurtines, Perez-Vidal, & Hervis, 1984). 이 접근법은 한 가족 구성원의 문제행동을 그 가족을 통해 살펴볼 수 있고, 이를 통해 개입을 성공적으로 이끌 수 있다고 주장한다. 그러므로 그들은 가족 수준에서 개입을 시행하고, 가족 시스템 안의 복잡한 관계를 설명해야 한다고 주장한다. 가족의 구조를 이해하고, 가족 구성원들 사이에서 가족의 목표를 달성하도록 도와주거나 행동문제를 촉발시키거나 유지하게 만드는 반복적인 상호작용 패턴을 이해하는 것 역시 마찬가지로 중요하다(Szapocznik & Kurtines, 1993).

BSFT는 내용(어떤 말을 들었나)보다 과정(상호작용의 패턴)에 초점을 맞추며, 개개의 가족에 맞춘 실용적이며, 문제중심적인, 그리고 계획된 개입을 이용하는 전략적인 접근을 사용한다. 이러한 개입법은 청소년의 부정적인 행동증상에 직접적으로 관련된 가족 시스템 내의 상호작용을 파악하고 이를 바꾼다. 그리고 이러한 수정 과정 속에서 변화가 나타난다(Szapocznik & Kurtines, 1993).

이 개입법이 갖는 단기치료적 성향, 가족의 치료 참여, 특히 이민 혹은 문화적응과 같은 가족에 영향을 미치는 문화에 기반을 둔 맥락적 요소를 고려해볼 때 이 방법이 문화적으로 다양한 청소년들의 자살행동 치료에 대해 효과적으로 개입할 수 있는 잠재력을 보여준다. 앞으로는 자살행동에 대한 이러한 개입의 효과를 측정하는 데 초점을 맞춘 연구가 진행되어야 한다.

■

결론

자살은 문화의 경계와 관계없이 나타나는 문제이다. 미국 내

소수 민족의 지속적인 증가와 함께, 이러한 위기에 처한 인구를 다룰 수 있는 문화적으로 적절한 예방 및 개입 노력을 계발하는 것이 중요하다. 문화적 역량cultural competency은 환자의 문화집단에 기반을 두고 추정을 삼가는 특징이 있다. 문화적 뉘앙스를 강조하는 것은 다른 문화에 대한 선입견을 증가시키고 이를 지나치게 일반화시키는 것을 강화시킬 수 있다(Takahashi, 1997). 그러나 문화적 특징을 지나치게 강조하는 것과 더 나은 치료를 위해 알려주는 문화적으로 주요한 요인을 간과하는 것 사이에 작은 차이는 존재한다. 그러므로 맞춤형의, 개인의 특성을 파악하는 평가에 대해 고려하는 모델을 따르는 것은 매우 중요하다. 앞으로의 연구는 자살 평가와 치료에 대한 증거기반적이며 문화적으로 적합한 모델을 개발하는 데에 초점을 맞출 필요가 있다.

참고문헌

Adam, K. S., Bouckoms, A., & Streiner, D. (1982). Patrental loss and family stability in attempted suicide. *Archives of General Psychiatry, 39*, 1081-1085.

Alegría, M., Canino, G., Ríos, R., Vera, M., José, C., Rusch, D., & Ortega, A. N. (2002). Inequalities in use of specialty mental health services among Latinos, African Americans, and non-Latino Whites. *Psychiatric Services, 53*(12), 1547-1555.

Asarnow, J., Berk, M., & Baraff, L. J. (2009). Family intervention for suicide prevention: A specialized emergency department intervention for suicidal youth. *Professional Psychology: Research and Practice 40,* 118-125.

Berry, J. W., & Kim, U. (1988). *Acculturation and mental health*. London: Sage.

Bilsker, D., & Forster, P. (2003). Problem-solving intervention for suicidal crises in the psychiatric emergency service. *Crisis: The Journal of Crisis Intervention and Suicide Prevention, 24*(3), 134-136.

Borowsky, I. W., Ireland, M., & Resnick, M. D. (2001). Adolescent suicide atempts: Risks and protectors. *Pediatrics, 107,* 485-493.

Brent, D. A., Baughter, M., Bridge, J., Chen, T., & Chiappetta, L. (1999). Age- and sex-related risk factors for adolescent suicide. *Journal of the American Academy of Child & Adolescent Psychiatry, 38*(12), 1497-1505.

Brent, D., Bridge, J., Johnson, B. A., & Connolly, J. (1996). Suicidal behavior runs in families: A controlled family study of adolescent suicide victims. *Archives of General Psychiatry, 53*(12), 1145-1152.

Brent, D., Perper, J. A., Moritz, G., Baugher, M., Schweers, J., & Roth, C. (1993). Firearms and adolescent suicide: A community case-control study. *American Journal of Disorders of Childhood, 147*, 1066-1071.

Brent, D., Perper, J. A., & Moritz, G. (1993). Psychiatric sequelae to the loss of an adolescent peer to suicide. *Journal of the American Academy of Child & Adolescent Psychiatry, 32*, 509-217.

Briere, J., & Runtz, M. (1990). Differential adult symptomatology associated with three types of child abuse histories. *Child Abuse and Neglect, 14,* 357-364.

Brown, G. K., Have, T. T., Henriques, G. R., Xie, S. X., Hollander, J. E., & Beck, A. T. (2005). Cognitive Therapy for the prevention of suicide attempts: A randomized controlled trial. *Journal of the American Medical Association, 294,* 563-570.

Bureau of Labor Statistics. (2004). Unemployed persons by marital status, race, Hispanic or Latino ethnicity, age, and sex: US Department of Labor.

Cauce, A. M., Domenech-Rodriguez, M., Paradise, M., Cochran, B. N., Shea, J. M., Srebnik, D., & Baydar, N. (2002). Cultural and contextual influences in mental health help seeking: a focus on ethnic minority youth. *Consulting and Clinical Psychology, 70*(1), 44-55.

Centers for Disease control and Prevention. (2006). National Center for Injury Prevention and Control.

Coleman, D., & Casey, J. T. (2007). Therapeutic mechanisms of suicidal ideation: the influence of changes in automatic thoughts and immature defenses. *Crisis: Journal of Crisis Intervention & Suicide, 28*(4), 198-203.

Colucci, E., & Martin, G. (2007). Ethnocultural aspects of suicide in young people: A systematic literature review part 2: Risk factors, precipitating agents, and attitudes toward suicide. *Suicide & Life Threatening Behavior, 37*(2), 222-237.

Cubbin, C., LeClere, F. B., & Smith, G. S. (2000). Socioeconomic status and the oocurrence of fatal and nonfatal injury in the United States. *American Jornal of Public Health, 90*, 70-77.

Department of Health (2002). National Suicide Prevention Strategy For England. London: Doh.

Eshun, S. (2006). Acculturation and suicide attitudes: A study of perceptions about suicide among a sample of Ghanaian immigrants in the United States. *Psychological Reports, 99*(1), 295-304.

Eskin, M., Ertekin, K., Dereboy, C., et al. (2008). Risk factors for and protective factors against adolescent suicide behavior in Turkey. *Crisis: The Journal of Crisis Intervention and Suicide Prevention, 28*, 131-139.

Evans, E., Hawton, K., Rodham, K., & Deeks, J. (2005). The prevalence of suicidal phenomena in adolescents: A systematic review of population-based studies. *Suicide and Life-Threatening Behavior, 35*(3), 239-250.

Farber, E. W., Herbert, S. E., & Reviere, S. L. (1996). Child abuse and suicidality in obstetrics patients in a hospital-based urban pre-natal clinic. *General Hospital psychiatry, 18*, 56-60.

Fiscella, K., Franks, P., Doescher, M., & Saver, B. (2002). Disparities in health care by race, ethnicity, and language among the insured: Findings from a national sample. *Medical Care, 40*, 52-59.

Freeman, A., & Reinecke, M. (Eds.). (1994). *Cognitive therapy of suicidal behavior.* New York: Springer.

Garlow, S. J. (2002). Age, gender, and ethnicity differences in patterns of cocaine and ethanol use preceding suicide. *American Journal of Psychiatry, 159,* 615-619.

Garlow, S. J., Purselle, D., & Heninger, M. (2005). Ethnic differences in patterns of suicide across the life cycle. *American Journal of Psychiatry, 162,* 319-323.

Gearing, R. E., & Lizardi, D. (2009). Religion and Suicide. *Journal of Religion and Health, 48*(3), 332-341.

Gibbs, J. T. (1997). African-American suicide: a cultural paradox. *Suicide & Life-Threatening Behavior, 27,* 68-79.

Goldney, R. D. (2002). A global view of suicidal behavior. *Emergency Medicine, 14,* 24-34.

Grossman, D. C., Milligan, B. C., & Deyo, R. A. (1991). Risk factors for suicide attempts among Navajo adilescents. *American Journal of Public Health, 81,* 870-874.

Groves, S. A., Stanley, B., & Sher, L. (2007). Ethnicity and the relationship between adolescent alcohol use and suicidal behavior. *International Journal of Adolescent Medicine & Health, 19*(1), 19-25.

Grunebaum, M. F., Ramsay, W. R., Galfalvy, H. C., Ellis, S. P., Burke, A. K., Sher, L., Printz, D. J., Kahn, D. A., Mann, J. J., & Oquendo, M. (2006). Correlates of suicide attempt history in bipolar disorder: a stress-diathesis perspective. *Bipolar Disorder, 8*(5), 551-557.

Gutierrez, P. M., Osman, A., Kopper, B. A., & Barrios, F. X. (2000). Why young people do not kill themselves: The Reasons for Living Inventory for Adolescents. *Journal of Clinical Child Psychology, 29,* 177-187.

Haley, J. (1976). *Problem-solving therapy.* San Francisco, Ca: Jossey-Bass.

Handy, S., Chithiramohn, R. N., Ballard, C. G., & Silveira, W. R. (1991). Ethnic differences in adolescent self-poisoning: A comparison of Asian and Caucasian groups. *Journal of Adolescence, 14*(2), 157-162.

Hollis, C. (1996). Depression, family environment, and adolescent suicidal behavior. *Journal of the American Academy of Child & Adolescent Psychiatry, 35,* 622-630.

Hough, R. L., Landsverk, J. A., Karno, M., Burnam, A., Timbers, D. M., Escobar, J. I., & Regier, D. A. (1987). Utilization of health and mental health services by Los Angeles Mexican Americans and non-Hispanic *Archives of General Psychiatry, 44,* 702-709.

Hovey, J. D. (2000). Acculturative stress, depression, and suicidal ideation among Central American immigrants. *Suicide & Life Threatening Behavior, 30*(2), 125-139.

Hovey, J. D., & King, C. A. (1996). Acculturative stress, depression, and suicidal ideation among immigrant and second-generation Latino adolescents. *Journal of the American Academy of Child and Adolescent Psychiatry, 35*(9), 1183-1192.

Hovey, J. D., & King, C. A. (1997). Suicidality among acculturating Mexican Americans: Current knowledge and directions for research. *Suicide & Life Threatening Behavior, 27*(1), 92-103.

Joe, S., & Baser, R. E., Breeden, G., Neighbors, H. W., & Jackson, J. S. (2006).

Prevalence of and risk factors for lifetime suicide attempts among blacks in the United States. *Journal of the American Medical Academy, 596, 2112-2123.*

Joe, S., & Kaplan, M. S. (2001). Suicide among African American men. *Suicide and Life Threatening Behavior, 31* (suppl), 106-121.

Joe, S., Marcus, S. C. & Kaplan, M. S. (2007). Racial differences in the characteristics of firearm wuicide decendents in the United States. *American Journal of Orthopsychiatry, 77*(1), 124-130.

Joiner, T. (Ed.). (2006). *Why people die by suicide.* Cambridge, MA: Harvard University Press.

Kellerman, A. L., Rivara, F. P., Somes, G., Reay, D. T., Francisco, J., Banton, J. G., et al., (1992). Suicide in the home in ralation to gun ownership. *New England Journal of Medicine,* 327, 467-472.

Khan, M. (2005). Suicide prevention and developing countries. *Journal of the Royal Society of Medicine, 98,* 459-463.

Krulee, D., & Hayes, R. (1988). Compliance with psychiatric referrals from a general hospital psychiatry outpatient clinic. *General Hospital Psychiatry, 10,* 399-345.

Kurz, A., & Moller, H. (1984). Help-seeking behavior and compliance of suicidal patients. *Psychiatrische Praxis, 11,* 6-13.

Kushner, H. I. (1991). *American suicide: A psychocultural exploration.* New Brunswick, N.J.: Rutgers University Press.

Lefebvre, F., Lesge, A., Cyr, M., & Toupin, J. (1998). Factors related to utilization of services for mental health reaasons in Montreal, Canada. *Social Psychiatry and Psychiatric Epidemiology, 33, 291-298.*

Lester, D. (1997). Suicide in America: A nation of immigrants. *Suicide & Life Threatening Behavior, 27,* 50-59.

________ (1998). Suicide rates of immigrants. *Psychological Reports, 82,* 50.

________ (1999). Native American suicide rates, acculturation stress and traditional integration. *Psychological Reports, 84*(2), 398.

Levi, L. D., Fales, C. H., Stein, M., & Sharp, V. H. (1966). Separation and attempted suicide. *Archieves of General Psychiatry, 15,* 158-164.

Lin, K., Inui, T. S., Kleinman, A. M., & Womack, W. M. (1982). Sociocultural determinants of the help-seeking behavior of patients with mental illness. *Journal of Nervous and Mental Disease, 170*(2), 78-85.

Lin, T., Tardiff, K., Donetz, G., & Goresky, W. (1978). Ethnicity and patterns of help-seeking. *Culture, Medicine, and Psychiatry, 2*(1), 3-13.

Lizardi, D., & Gearing, R. E. (2010). Religion and Suicide: Buddhism, Native American and African Religions, Atheism, and Agnosticism. *Journal of Religion and Health, 49*(3), 377-384.

Lizardi, D., & Stanley, B. H. (2010). Treatment engagement of suicide attempters: A review. *Psychiatric Services, 61,* 1183-1191.

Madanes, C. (1981). *Strategic family therapy.* San Francisco, CA: Jossey-Bass.

Malone, K. M., Haas, G. L., Sweeny, J. A., & Mannm J. J. (1995). Major depression and the risk of attempted suicide. *Journal of Affective Disorders, 34,* 173-185.

Malone, K. M., Oquendo, M. A., Haas, S. L., Ellis, W. P., Li, S. & Mann, J. J. (2000). Protective factors against suicide acts in major depression: reasons for living. *American Journal of Psychiatry, 157,* 1084-1088.

Malone, D. A., & Lartey, P. (2004). Depression and suicide. In R. S. Lang & D. D. Densrud (Eds.). *Clinical Preventive Medicine II* (69-80). American Medical Association.

Mann, J. J., Waternaux, C., Haas, G. L., & Malone, K. M. (1999). Towards a clinical model of suicidal behavior in psychiatric patients. *American Journal of Psychiatry, 156,* 181-189.

Marcos, L. R., & Cancro, R. (1982). Pharmacotherapy of Hispanic depressed patients: Clinical observations. *American Journal of Psychotherapy, 36*(4), 505-512.

Minuchin, S. (1974). *Families and family therapy.* Cambridge, MA: Havard University Press.

Monk, M., & Warshaur, M. E. (1974). Completed and attempted suicide in three ethnic groups. *American Journal of epidemiology, 130,* 348-360.

Monti, K., Cedereke, M., & Ojehagen, A. (2003). Treatment attendance and suicidal behavior 1 month and 3 months after a suicide attempt: A comparison between two samples. *Archives of Suicide Research, 7*(2), 167-174.

Moscicki, E. K., O'Carroll, P., Rae, D. S., Locke, B. Z., Roy, A., & Reigier, D. A. (1988). Suicide attempts in the Epidemiologic Catchment Area Study. *Yale Journal of Biology & Medicine, 61*, 259-268.

O'brien, G., Holton, A., Hurren, K., Wyatt, L., & Hssanyeh, F. (1987). Deliberate self-harm and predictors of outpatient attendance. *British Journal of Psychiatry, 150,* 246-247.

Oquendo, M. A., Dragatsi, D., Harkavy-Friedman, J., Dervic, K., Currier, D., Burke, A. K., & Mann, J. J. (2005). Protective factors against suicidal behavior in Latinos. *Journal of Nervous & Mental Disease, 193,* 438-443.

Oquendo, M. A., Ellis, S. P., Greenwald, S., Malone, K. M., Weissman, M. M., & Mann, J. J. (2001). Ethnic and sex differences in suicide rates relative to major depression in the United States. *American Journal of Psychiatry, 158*(10), 1652-1658.

Oquendo, M. A., Lizardi, D., Greenwald, S., Weissman, M. M., & Mann, J. J. (2004). Rates of lifetime suicide attempt and rates of lifetime major depression in different ethnic groups in the United States. *Acta Psychiatrica Scandinavia, 110*(6), 446-451.

Padgett, D. K., Patrick, C., Burns, B. J., Schlesinger, H. J. (1994). Ethnicity and the use of outpatient mental health services in a national insured population. *American Journal of Public Health, 84*(2), 222-226.

Padilla, A. M., Cervantes, R. C., Maldonado, M., & Garcia, R. E. (1988). Coping responses to psychosocial stressors among Mexican and Central American immigrants. *Journal of Community Psychology, 16,* 418-427.

Pfeffer, C. R., Normandin, L., & Kakuma, T. (1994). Suicidal children grow up: Suicidal behavior and psychiatric disorders among relatives. *Journal of the American Academy of Shild & Adolescent Psychiatry, 33*(8), 1087-1097.

Pirkis, J., Burgess, P., & Dunt, D. (2000). Suicidal ideation and suicide attempts among Australian adults. *Crisis: The Journal of Crisis Intervention & Suicide Prevention, 21*(1), 16-25.

Pollock, L. R., & Williams, M. G. (1998). Problem solving and suicidal behavior. *Suicide and Life-Threatening Behavior, 28*(4), 375-387.

Ponizovsky, A. M., & Ritsner, M. S. (1999). Suicidal ideation among recent immigrants to Israel from the former Soviet Union: An epidemiological survey of prevalence and risk factors. *Suicide and Life-Threatening Behavior, 29,* 376-392.

Rew, L., Thomas, N., Horner, S. D., Resnick, M. D., & Beuhring, T. (2001). Correlates of recent suicide attempts in a triethnic group of adolescents. *Journal of Nursing Scolarship, 33,* 361-367.

Roy, A. (1983). Family history of suicide. *Archives of General Psychiatry, 40,* 971-974.

______ (1986). Genetics of suicide. *Annals of New York Academy of Science, 487,* 97-105.

Roy, A., Segal, N. L., Centerwall, B. S., & Robinette, C. D. (1991). Suicide in twins. *Archives of General Psychiatry, 48,* 29-32.

Rutter, P., & Behrendt, A. (2004). Adolescent suicide risk: Four psychosocial factors. *Adolescence, 39*(154), 295-302.

Sadavoy, J., Meier, R., Ong, A., & Yuk, M. (2004). Barriers to access to mental health services for ethnic seniors: The Toronto Study. *Canadian Journal of Psychiatry, 49*(3), 192-199.

Salkovskis, P. M., Atha, C., Storer, D. (1990). Cognitive-behavioural problem solving in the treatment of patients who repeatedly attempt suicide. A controlled trial. *British J Psychiatry, 157,* 871-876.

Sánchez-Lacay, J. A., Lewis-Fernández, R., Goetz, D., Blanco, C., Salmán, E., Davis, S. & Liebowitz, M. (2001). Open trial of nefazodone among Hispanics with major depression: Efficacy, tolerability, and adherence issues. *Depression and Anxiety, 13,* 118-124.

Santisteban, D. A., Szapocnik, J., Perez-Vidal, A., Kurtines, W. M., Murray, E. J., & LaPerriere, A. (1996). Engaging behavior problem drug abusing youth and their families into treatment: An investigation of the efficacy of specialized engagement interventions and factors that contribute to differential effectiveness. *Journal of Family Psychology, 19*(1), 35-44.

Schmidtke, A., Bille-Brahe, U., DeLeo, D., Kerkhof, A., Bjerke, T., Crepet, P., Sampaio-Faria, J. G. (1996). Attempted suicide in Europe: rates, trends and sociodemographic characteristics of suicide attempters during the period 1989-1992. Results of the WHO/EURO Multicentre Study on Parasuicide. *Acta Psychiatrica Scandinavia, 93*(5), 327-338.

Shaffer, D., Gould, M., Fisher, P., Trautman, P., Moreau, D., & Kleinman, M. (1996). Psychiatric diagnosis in child and adolescent suicide. *Archives of General Psychiatry, 53,* 339-348.

Shiang, J., Blinn, R., Bonger, B., Stephens, B., Allison, D., & Schatzberg, A. (1997). Suicide in San Francisco CA: A comparison of Caucasian and Asian groups, 1987-1994. *Suicide & Life Threatening Behavior, 28*(4), 338-354.

Shoval, G., Sxhoen, G., Vardi, N., & Zalsman, G. (2007). Suicide in Ethiopian immigrants in Israel: A case for study of the genetic-environmental relation in suicide. *Archives of Suicide Research, 11*(3), 247-253.

Snowden, L. R. (2003). Bias in mental health assessment and intervention: Theory and evidence. *American Journal of Public Health, 93*(2), 239-243.

Sorenson, S. B., & Golding, J. M. (1988). Prevalence of suicide attempts in a Mexican-American population: Prevention implications of immigration and cultural issues. *Suicide and Life Threatening Behavior, 18*, 322-333.

Sorenson, S. B., & Shen, H. (1996). Youth suicide trends in California: An examination of immigrant and ethnic group risk. *Suicide & Life Threatening Behavior, 26*(2), 143-154.

Stack, S., & Wasserman, I. (2005). Race and method of suicide: culture and opportunity. *Archives of Suicide Research, 9*(1), 57-68.

Strug, D., & Mason, S. (2001). Social service needs of Hispanic immigrants: An explratory study of the Washington Heights community. *Journal of Ethnic & Cultural Diversity in Social work, 10*(3), 69-88.

Suominen, K., Isometsa, E., Haukka, J., & Lonnqvist, J. (2004). Substance use and male gender as risk factors for deaths and suicide-A 5-year follow-up study after deliberate self-harm. *Social Psychiatric Epidemiology, 39*(9), 720-724.

Swanson, J. W., Linskey, A. O., Quintero-Salinas, R., Pumariega, A. J., & Holzer, C. E. (1992). a binational school survey of depressive symptoms, drug use, and suicidal ideation. *Journal of the American Academy of Child and Adolescent Psychiatry, 31,* 669-678.

Szapocznik, J., & Kurtines, W. M. (1993). Family psychology and cultural diversity: Opportunities for theory, research and application. *American Psychologist, 48*(4), 400-407.

Szapocznik, J., Perez-Vidal, A., Brickman, A. L., Foote, F. H., Santisteban, D. A., Hervis, O. E., & Kurtines, W. H. (1988). Engaging adolescent drug abusers and their families onto treatment: A strategic structural systems approach. *Journal of Consulting and Clinical Psychology, 56,* 552-557.

Szapocznik, J., Santisteban, D., Kurtines, W. M., Perez-Vidal, A., and Hervis, O. E. (1984). Bicultural Effectiveness Training (BET): A treatment intervention for enhancing intercultural adjustment. *Hispanic Journal of Behavioral Sciences, 6*(4), 317-344.

Takahashi, Y. (1997). Culture and suicide: From a Japanese psychiatrists perspective. *Suicide and Life Threatening Behavior, 27*(1), 137-145.

Tarrier, N., Taylor, K., & Gooding, P. (2008). Cognitive-behavioral interventions to reduce suicide behavior: A systematic review and meta-analysis. *Behavior Modification, 32*(1), 77-108.

Temkin-Greener, H., & Clark, K. T. (1988). Ethnicity, gender, and utilization of mental health services in a Medicaid population. *Social Science and Medicine, 26*(10), 989-996.

Ungemack, J. A., & Guarnaccia, P. J. (1998). Suicidal ideation and suicide attempts among Mexican Americans, Puerto Ricans and Cuban Americans. *Transcultural Psychiatry, 35,* 307-327.

U.S. Bureau of the Census (2005). Educational attainment of the population 15 years and over, by age, sex, race, and Hispanic origin.

U.S. Bureau of the Census (2011). State and Coutry QuickFacts.

Vanderwerker, L. L., Chen, J. H., Charpentier, P., Paulk, M. E., Michalski, M., & Prigerson, H. G. (2007). Differences in risk factors for suicidality between African American and White patients vulnerable to suicide. *Suicide & Life Threatening Behavior, 37*(1), 1-9.

Vega, W. A., Gil, A., Warheit, G., Apospori, E., & Zimmerman, R. (1993). The relationship of drug use to suicide ideation and attempts among African American, Hispanic, and white non-Hispanic male adolescents. *Suicide & Life Threatening Behavior, 23(2),* 110-119.

Vega, W. A., Kolody, B., Aguilar-Gaziola, S., & Catalano, R. (1999). Gaps in Service utilization by Mexican Americans with mental health problems. *American Journal of Psychiatry, 156*(6), 928-934.

Wells, K. B., Golding, J. M., Hough, R. L., Burnam, M. A., & Karno, M. (1989). Acculturation and the probability of use of health services by Mexican Americans. *Health Services Research, 24*(2), 237-257.

Wells, K. B., Hough, R. L., Golding, J. M., Burnam, M. A., Karno, M. (1987). Which Mexican-Americans underutilize health services? *American Journal of Psychiatry, 144*(7), 918-922.

Wells, K. B., Manning, W. G., Duan, N., et al. (1986). Sociodemographic factors and the use of outpatient mental health services. *Med Care, 24*(1), 75-85.

Williams, C. L., & Berry, J. W. (1991). Primary prevention of acculturative stress among refugees: application of psychological theory and practice. *American Psychologist, 46,* 632-641.

Woods, E. R., Lin, Y. G., Middleman, A., Beckford, P., Chase, L., & DuRant, R. H. (1997). The associations of suicide attempts in adolescents. *Pediatrics, 99,* 791-796.

Worchel, D., & Gearing, R. E. (2010). *Suicide Assessment and Treatment; Empirical and Evidence-Based Practices.* New York: Springer.

Yuen, N. Y., Nahulu, L. B., Hishinuma, E. S., & Miyamoto, R. H. (2000). Cultural identification and attempted suicide in Native Hawaiian adolescents. *Journal of the American Academy of Child & Adolescent Psychiatry, 39*(3), 360-367.

Zayas, L. H., Lester, R. J., Cabassa, L. J., & Fortuna, L. R. (2005). Why do so many Latina teens attempt suicide? A conceptual model for research. *American Journal of Orthopsychiatry, 75*(2), 275-287.

Zayas, L. (1987). Toward an understanding of suicide risks in youth Hispanic females. *Journal of Adolescent Research, 2*(1), 1-11.

24

윤리적 이슈와 미래의 동향

Elaine P. Congress

가족치료는 종종 가장 가치갈등적이며 윤리적으로 도전을 주는 기법이다. 왜냐하면 가족치료는 종종 실천가에게 역전이countertransference라는 감정을 강하게 일으키기 때문이다. 비록 전문가들이 그들의 개별 클라이언트와 같은 경험을 가지고 있지는 않다 할지라도, 대부분의 가족치료사들은 가족 내에서 성장해왔기 때문에 그들의 클라이언트와 유사한 경험을 갖고 있다. 가족치료사들은 치료를 위해 만나는 가족들에게 자신들의 가치를 강요하지 않도록 경계해야 한다. 가족에 대한 실천가의 신념은 자신의 개인적 경험과 문화적 배경에 의해 크게 영향 받을 수 있다. 한 연구는 이민 3세대 혹은 4세대인 임상가가 아무리 경험이 많더라도 자신의 문화적 배경에 따른 영향을 여전히 강하게 받을 수 있다고 설명한다(McGoldrick, 1998). 문화적으로 다양한 배경을 가진 가족과 일하는 윤리적 실천에 있어 임상가들은 다른 문화를 가진 가족들과 일하기 전에 그들 자신의 문화적 배경에 대한 이해가 선행될 필요가 있다(Congress, 1999; McGoldrick, Almeida, Preto, & Bibb, 1999).

미국사회복지사협회 윤리강령(NASW, 2008)에서는 사회복지사가 그들의 클라이언트를 이해하고, 서비스를 제공하는 데 있어서 클라이언트의 문화, 개인차, 문화집단 간 차이 등에 대한 민감성 같은 능력을 보여줄 필요성이 있음을 강조한다(NASW, 2008, p. 8). 미국사회복지사협회 윤리강령(2008)은 또한 사회복지사가 이민자의 법적 신분에 근거한 차별에 반대할 것을 권고한다. 1장에서 논의된 문화도(Congress, 1994, 2002, 2008)는 임상가들이 그들 자신과 클라이언트의 문화적 배경을 보다 잘 이해하도록 도울 수 있다.

지난 25년간 임상가들은 개별 클라이언트와 일하는 데 있어서 가치, 윤리적 이슈 및 딜레마에 대한 초점을 더욱 증가시켜 왔다(Congress, 1999; Lowenberg, Dolgoff, & Harrington, 2000; Reamer, 1999). 그리고 다문화적 관점에서 가족치료에 대한 문헌에 관심을 가져 왔다(Cole, 2008; Fallicov, C., 2009; Keeling & Piercy, 2007; Pakes & RoyChowdhury, 2007; Shibusawa, 2009; Singh, 2009). 사회정의의 관점으로 문화적 다양성에 초점을 둔 가족치료 프로그램을 통합하려는 시도들이 있어 왔지만(McGoldrick et al., 2008), 가족과 함께 일하는 데 있어서 윤리적 이슈에 대한 관심은 다소 부족했다(Congress, 2005). 문헌들 중에는 최근에 가족치료에서의 윤리에 대해 다룬 도서(Wilcoxon, Remley, & Gladding, 2011) 한 권과 문화적으로 다양한 배경을 가진 가족들과의 윤리적 실천에 관한 소수의 논문만이 있을 뿐이다(Bryan, 2000; Cole, 2008; Donovan, 2003). 최근 미국사회복지사협회 윤리강령(2008)은 가족실천과 관련하여 비밀보장에 관한 한 가지만 언급하고 있다. 가족치료사로서 배워 온 윤리적 규칙에 대한 관심이 문화적으로 다양한 배경을 가진 가족들과 함께 일하는 가족치료에 있어서는 적용이 적절하지 않을 수 있다는 점이 지적되기도 하였다(Cole, 2008).

비록 대부분의 가족치료사가 자기결정권과 비밀보장을 중요하게 여기지만, 이런 가치들이 어떻게 윤리적 실천에 적용될 수 있을 것인가? 어떻게 가족치료가 자기결정권에 영향을 미칠 것인가? 개별 가족 구성원과 전체 가족은 자신의 행동을 자유롭게 결정할 수 있는가, 또는 특정 행동유형이 나쁘고 역기능적인 것으로 간주되는가? 이러한 문제들은 실천가의 문화적 배경과 매우 상이한 문화적 배경을 가진 가족들과 특히 관련된다. 임상가는 종종 "아는 사람knower"으로 전문가의 역할을 담당하고, 개별 구성원의 인식을 통한 가족의 이해보다는 임상가의 인식을 통해 가족을 평가한다(Laird, 1995). 이야기치료narrative therapy는 치료자가 가족에 대해 사전에 형성된 이해를 가지고 가족치료를 하지 않도록 하며, 각 가족 구성원에게 그들 자신의 이야기를 말하도록 하는 것이 필요한 가치기반 모델value-based model로서 나타났다. 가족들이 그들 자신의 문화적 이야기들을 말하도록 허용하는 것(McGill, 1992), 다문화적 관점에 있어서 가계도를 사용하는 것(Estrada & Haney, 1995), 가족 문화도를 발달시키는 것(Congress, 1994, 2002), 포스트모더니즘 접근을 사용하는 것(Donovan, 2003)은 자기결정권을 최대화하는 것으로 간주된다.

문화적으로 다양한 배경을 가진 가족들의 가족관계의 중요성이 강조되어 왔다(McGoldrick, 2008). 개인주의적 접근을 강조하는 문화적 배경을 가진 가족치료사들은 가족 구성원들이 매우 친근해서 너무 "얽혀 있는enmeshed" 가족 연대를 강조하는 문화적 배경을 가진 가족을 이해할 때 주의해야 한다. 예를 들어, 어머니가 쇼핑을 갈 때 청소년 자녀와 동행해야 하거나, 자녀가 다른 주에 있는 대학에 가는 것에 대한 허락을 주저하는 것은 청소년들의 독립과 개별화에 대한 적절한 경계를 세우지 못한 것으로 설명될 수 있다. 자녀가 어린 동생을 돌보도록 요구하는 것이나 자녀가 가업을 위해 일하게 하는 것은 아동에 대한 착취로 보일 수 있다. 가족치료사들은 다른 문화적 배경을 가진 가족들이 실천가들보다 더 집합주의적 경향을 보인다는 이유로 인하여 그들이 역기능적이라고 꼬리표를 붙이는 것을 피해야 한다.

중요한 문제는 가족치료가 개인의 자기결정권을 얼마나 증진시키느냐 하는 것이다. 종종 가족치료사는 가족 구성원 간 목표가 달라 갈등을 겪는 상황에 직면하기도 한다. 예를 들어, 한 배우자는 가족치료가 결혼을 강화하게 만드는 역할을 한다고 보는 반면, 다른 배우자는 가족치료가 그들의 분리와 이혼을 부추기는 역할을 한다고 볼 수도 있다. 가족치료사는 어떠한 목표를 추구해야 하는가? 가족치료사들은 특히 갈등상황에서 다른 가족 구성원들보다 한 가족 구성원의 자기결정권을 지지하는 것이 필요할 때도 있다. 이러한 경우 가족치료사는 어떠한 결정을 해야 하는가?

가족치료사는 자신의 객관성을 유지하기 위해 노력해야 한다. 가끔 가족치료사는 자신의 배경과 경험을 통해 친숙해진 것에 기대게 되는 자신을 발견하기도 한다. 가족은 함께 살아야 하고, 모든 갈등은 해결될 수 있다고 믿는 가족치료사는 관계의 지속을 원하는 배우자를 지지할 가능성이 높다. 심각한 갈등관계에서 분리와 이혼이 타당한 선택이라고 보는 가족치료사는 관계를 끝내기를 원하는 배우자를 지지하는 경향이 있다.

윤리적 딜레마는 종종 가족의 갈등을 조정하는 도움 과정에서 발생한다. 가족치료사는 문화변용 차이 간 일어난 가족갈등에 어떻게 개입해야 하는가? 아동과 청소년은 미국의 교육시스템과 또래문화의 영향을 많이 받기 때문에 부모들보다 더 빠르게 문화변용이 일어난다는 사실은 잘 알려져 있다. 이로 인해 가족갈등, 특히 청소년기 동안 가족갈등이 일어날 수 있다. 청소년 클라이언트는 또래와 어울리고 집밖의 활동을 더 바라지만 부모들은 청소년들이 가정과 가족의 책임을 우선적으로 생각하기를 원할 때, 가족치료사는 개인의 자기결정권을 어떻게 지지해야 하는가? 이러한 갈등은 일반적으로 가정 밖의 또래 접촉이 정상적인 청소년 발달의 일부라고 보는 미국 문화에서 자라고 훈련된 가족치료사에게 도전이 될 수 있다. 이때 가족치료사는 가족 내 청소년과 한편이 되어 어른의 입장을 무시하지 않도록 유의해야 한다. 반면, 가족을 중심으로 생각하는 문화를 가진 가족치료사는 부모를 지지함에 따라 아이들의 입장을 무시할 위험성이 있다. 가족치료사는 전체적인 가족체계에 초점을 맞추어야 하고, 가족의 특정 구성원이나 하위집단만을 편들지 않도록 노력해야 한다.

비밀보장은 가족치료사들에게 도전적인 이슈이다. 실천가들은 어떤 정보가 비밀보장이 되어야 하는지, 누구로부터 비밀보장이 되어야 하는지에 대해 다른 견해를 갖게 되는 경우가 많다. 어떤 치료사들은 개인상담 시간 동안 진행된 모든 이야기는 비밀보장이 되어야 한다고 믿는 반면, 또 다른 치료사들은 개인적인 이야기라 할지라도 모든 가족들과 함께 논의되어야 한다는 입장을 견지한다(Corey, G., Corey, M., & Callahan, 2002). 가족실천에 있어서 개별적 의사소통을 다루는 것과 관련된 기관의 정책에 대한 정보를 클라이언트에게 알리는 것은 윤리적 실천과 관련된다(NASW, 2008).

미국사회복지사협회 윤리강령은 치료사가 가족과 함께 일을 함에 있어 "가족 개개인의 비밀보장에 대한 권리와 관련해 가족의 동의를 구해야 하고, 다른 사람들과 공유한 정보들의 비밀보장을 유지할 의무가 있다"고 강조함으로써 가족실천에 있어서 비밀보장의 중요성을 언급하고 있다(NASW, 2008, p. 8). 그러나 클라이언트에게 비밀유지가 보장되지 않을 수 있음에 대해서도 알려야 한다.

비밀보장은 비밀보장에 대한 이해가 매우 다른 문화의 가족과 일할 때 더 유의해야 한다. 문화적으로 다양한 배경을 가진 아동에 대한 이전 글에서 저자는 다른 문화를 가진 아동과 부모들의 비밀보장에 대한 개념은 일반적으로 사회복지 가치로 중요시 여기는 비밀보장과는 다르다고 언급한 바 있다(Congress & Lynn, 1994). 아동이든 성인이든 누구도 집단의 리더가 집단상담 시간에 공유된 정보에 대한 비밀보장을 해야 한다고 믿지 않는다. Healy(2001)는 아프리카에서는 가족과 일을 함에 있어서 종종 대가족과 지역의 네트워크가 참여되어 엄격한 의미의 비밀보장이 어려울 수 있음을 언급하였다. 아프리카 가족과 집단적인 접근을 더 선호하는 다른 국가의 가족들은 미국적 개념의 비밀보장에 대해서 의문을 가질 수 있다. 우리는 점차적으로 개인의 비밀보장을 강조하는 미국적 개념과 다르게 문제해결을 위한 가족공동체적 접근을 활용하는 세계의 다양한 나라에서 온 가족들과 함께 일하게 된다.

저자는 이 책 '다문화 클라이언트와 가족을 위한 사회복지실천' 제2판을 쓴 후 미국사회복지사협회 윤리강령 및 가족들과 일하는 방법이 얼마나 앵글로색슨 관점Anglo Saxon perspective에 기초하고 있는지를 점차 인식하게 되었다. 심지어 다른 선진국들의 윤리강령과 비교해 보아도 미국사회복지사협회 윤리강령의 비밀보장에 대한 조항은 가장 포괄적이고 가장 구체적인 실천 상황들을 포함하고 있다(Congress & McAuliffe, 2006; Congress & Kim, 2007). 엄격한 비밀보장에 초점을 맞추는 것은 보다 다양한 배경을 가진 가족들이 더욱 많아지는 시기에 특히 도전적일 수 있다. 전문가들은 비밀보장에 대한 개념의 한계를 지닌 가족들의 비밀보장을 증진하기 위해 지속적으로 노력해야만 한다. 종종 비밀보장의 미국적 개념을 강제하는 것과 비밀보장에 있어 문화적 차이를 민감하게 다루는 것 사이에서 딜레마가 발생한다. 국제사회복지사연맹International Federation of Social Workers: IFSW의 윤리적 기준(2004)은 전 세계의 사회복지사를 위한 윤리적 기준을 발전시키기 위한 것이다. 이 기준은 비밀보장에 대한 일반적인 내용을 제시하고 있는데 이는 사회복지사가 생명의 보존과 같은 "중대한 윤리적 필요a greater ethical requirement"가 있을 때를 제외하고는 서비스를 이용하는 사람들에 대한 비밀보장을 유지해야 한다고 말한 것이다(IFSW, 2004). 이 같은 국제적인 기준이 사회복지서비스를 제공하는 데 있어서 비밀보장에 대한 개인주의적 접근을 취하고 있고, 더 집단적인 관점으로 인식하지 않는 것은 흥미로운 점이다. 그러나 진술문에서 사회복지사는 또한 비밀보장의 사용에 있어서 문화적 차이를 고려하기 위해 그들 각 나라의 윤리강령을 충실히 따라야 한다고 말하고 있다.

비록 사생활보호와 비밀보장에 대한 권리가 일반적으로 미국 문화에서, 그리고 특히 사회복지실천에서 강조된다 할지라도 이러한 가치들은 다른 문화적 배경을 가진 가족들에게는 같은 의미를 갖지 않을 수 있다. 예를 들어, 불법체류 가족들은 가족치료사들과 이야기하는 것을 꺼릴 수 있다. 그들은 실천가들을 정부와 관련된 사람으로 오인해서 혹시 실천가들이 자신들의 정보를 이민국 직원에게 넘겨주어 강제추방을 당할지도 모른다는 두려움을 가질 수도 있다. 이는 특히 9.11 테러 이후 애국자법Patriot Act이 통과되면서 미국 시민이 아닌 사람에 대한 정부의 정밀조사가 강화되었다는 사실과도 관련된다. 심지어 합법적 지위를 가진 가족일지라도 과거에 억압과 차별을 경험한 가족 구성원들은 가족치료사를 비롯한 다른 문화적 배경을 가진 외부사람들과 정보를 공유하는 것을 주저한다.

모든 가족들은 서로 다른 의사소통 방법과 개인정보 공유 방법을 가지고 있다. 어떤 가족들은 가족 구성원들 간에 의사소통이 매우 개방적(아마도 너무 개방적)인 반면, 다른 가족들은 비밀유지, 특히 아이들과 공유하지 않는 많은 비밀을 가지고 있다. 가족치료사들이 비밀보장을 다룰 때 다양한 방법을 사용하는 것처럼 다른 가족들은 다른 방법으로 비밀보장을 다룬다. 비슷한 문화적 배경을 지닌 어떤 가족들은 비슷한 방법으로 비밀보장을 다룰 수 있고, 또 다른 가족들은 비밀보장에 접근하는 데 있어 독특한 방법을 사용하기도 한다. 가족치료사는 사생활보호, 비밀보장, 비밀유지에 대한 가족의 독특한 신념에 대해 탐구할 필요가 있다. 그리고 가족치료사는 가족치료에 있어서 비밀유지와 관련해 자신의 신념을 강요하지 않도록 주의해야 한다. 예를 들어, 가족치료에 어떠한 비밀이 있어서는 안 된다고 주장하는 가족치료사가 실업자인 아버지의 부적절한 감정을 가족상담 시간에 이야기하도록 했는데, 그 후 아버지와 가족은 추가적인 상담회기에 다시 오지 않았다.

가족 구성원들 각각은 비밀보장에 대해 서로 다르게 이해할 수 있다. 청소년들이 신념과 행동을 부모와 공유하고 비밀을 가져서는 안 된다고 믿는 문화를 가진 부모들과 다른 가족 구성원에게 개인정보를 감추기를 원하는 미국 청소년 문화의 영향을 받은 청소년 자녀 사이에는 갈등이 일어날 수 있다. 건강보호 결정을 위한 청소년의 비밀보장 권리를 지지하는 최근 법정의 판결은 다양한 배경을 지닌 가족들의 가족치료에 영향을 줄 수 있다.

고지된 동의는 윤리적 사회복지실천을 위해 필수적으로 고려되어야 한다

(NASW, 2008). 많은 빈곤한 다문화 클라이언트의 취약함 때문에 고지된 동의의 사용은 다양한 배경을 지닌 가족들을 강화하고 역량강화를 하는 것으로 보인다(Palmer & Kaufman, 2003). 게다가 고지된 동의는 증거기반 사회복지의 필수적인 구성요소이다. 그러나 고지된 동의는 클라이언트와 가족이 그들이 받는 치료의 특성을 이해하고 있는 경우에만 적용될 수 있다.

가족치료사는 어떻게 다양한 문화와 언어적 배경을 가진 가족들의 고지된 동의를 촉진할 수 있을까? 가족치료사는 가족들이 이해할 수 있는 언어로 의사소통을 해야만 한다. 이는 결국 같은 언어를 사용하는 가족치료사를 양성해야 할 필요가 있음을 의미한다. 이는 종종 미국 이민가족들이 다양한 언어들을 사용하기 때문에 도전을 준다.

아이들을 통역자로 사용하는 것은 의사소통이 왜곡될 수 있고, 가족 내의 부모 권력이 위협받을 수 있다는 점에서 문제가 될 수 있다. 사회복지를 공부하는 학생이 어머니의 감정을 알기 위해 10세의 딸에게 물어보는 과정에서 의사소통이 어떻게 왜곡되는지를 알 수 있는 예가 있다. 어머니는 10분간 이야기했는데, 딸은 어머니의 대답을 "그녀는 괜찮다고 합니다She says she feels fine"라고 통역했다. 또 다른 예를 들면, 문제행동이 있는 15세 소년이 가족상담 시간에 부모를 위해 통역가로 요청되었을 때의 상황에서는 더 큰 문제가 발생할 수 있다. 청소년에게 통역을 맡긴다면 가족 내 문제적 권력관계를 보다 더 악화시킬 수 있다.

치료사가 가족들의 언어로 의사소통이 가능하다고 할지라도, 고지된 동의의 보장은 문제가 될 수 있다. 부모에게 고지된 동의가 보장된다 할지라도 얼마나 많은 고지된 동의가 아이들에게도 보장될 것인가? 이 문제는 모든 가족치료에 있어서 이슈가 되고, 아마도 아이들의 권리가 없다고 보는 문화적 배경을 가진 가족의 경우에는 더 뚜렷하게 문제가 된다. 가족치료는 아이들에게 그들이 치료를 받는 이유를 설명하지 않는 부모들, 게다가 가족치료가 필요하지 않다고 생각하는 부모들의 영향을 받을 수 있다. 윤리적 가족치료사는 모든 가족 구성원들에게 고지된 동의가 가능하도록 노력해야만 한다. 가족치료의 목적은 아이들과 가족치료에 익숙하지 않은 사람들이 이해할 수 있도록 설명되어야 한다.

21세기 가족치료에 영향을 주는 새로운 경향은 무엇인가? 정신건강치료는 단기치료 후에 긍정적인 결과를 보여준 증거기반 모델의 영향을 많이 받았다. 최근 들어 단기해결중심모델 치료에 더욱 초점을 두는 것은 자원이 한정적이거나 매우 구체적인 치료목표를 가지고 제한된 시간에 치료를 원하는 이민가족에게 매우 효과적이기 때문이다. 증거기반을 강조한 치료는 제한된 시간 안에 확실한 결과를 얻고자 하는 문화적으로 다양한 배경을 가진 가족들에게, 분명한 목표와 목적에 구체적인 초점을 두게 한다는 점에서 필요하다.

정신건강치료를 보험에서 보장할 수 있는 현재의 한계점으로 인해 가족치료가 항상 변제reimbursable될 수 있는 것이 아니라는 사실에 문제가 있다. 개인의 역기능과 증상을 측정함에 있어서 DSM-Ⅳ에 견줄만한 가족을 위한 입증된 진단체계는 없다고 본다. 정신건강 가족치료는 종종 주요 클라이언트(확인된 환자)에게 모든 비용을 청구하고, 다른 가족 구성원들은 협력적 방문collaborative visit으로 보고 그에 맞게 비용을 청구한다. 약 80%의 정신건강 치료비용 비율 중 35%는 민간보험에서 지불되고, 44%는 의료부조medicaid와 의료보험medicare에서 지불된다(OAS, 2011). 그러므로 이민자, 특히 불법체류자와 저소득자들은 가족치료 비용을 지불하는 데 어려움을 겪을 수 있다.

증거기반 실천은 다양한 배경을 가진 가족들의 가족치료에 도움이 된다. 첫째 요소로 클라이언트의 가치탐색이 진행된다는 점이다. 이는 치료사와는 다른 가치 시스템을 가진 가족들과 함께 일하기 위해서 필수적이다. 두 번째로 중요한 요소는 고지된 동의의 필요성으로서 이를 통해 가족들이 다른 가족치료 모델을 선택할 수 있다. 앞서 언급했다시피, 문화적 배경과 언어의 다양성을 고려할 때 이는 도전적인 일이다. 일부 문화적으로 다양한 배경을 가진 가족들은 치료자를 전문가로 여겨 의존할 수 있고, 다른 대안들 사이에서 선택하는 것을 원하지 않을 수 있다. 또한 치료자는 자신이 전문가이고 가족들과 함께 일할 때 어떤 모델이 가장 좋은지를 안다고 믿을 수 있다. 셋째, 윤리강령을 통해 확실히 지지되고 있는 증거기반 실천의 주요 구성요소로, 사회복지사는 효과성이 증명된 모델만을 적용해야 한다. 이와 관련해서는 다양한 가족치료 모델의 효과성에 대한 연구에 한계가 있고, 다양한 문화적 배경을 가진 클라이언트에 대한 가족치료 모델의 효과성에 대한 연구는 더더욱 수행되지 않은 관계로 도전이 된다.

실천적 지혜는 가족실천이 문제를 해결함에 있어 집단적 접근을 선호하는 다양한 문화적 배경을 가진 사람들을 위해 권장할 만하다고 제안한다. 가족치료는 개별치료를 찾는 많은 미국인과 대조적으로 가족들이 집단으로서 치료를 원할 때 특히 적절한 것으로 보인다. 가족들이 그들의 이야기를 하도록 권장하는 이야기치료와 같은 특정 치료 모델은 문화적으로 다양한 배경을 가진 가족들과 일을 함에 있어 특히 유용할 수 있다(Freeman & Couchonnal, 2006). 그러나 가정 내 남성 중심의 위계라는 문화적 배경을 지닌 가족의 경우라면, 각 가족 구성원들이 동등한 목소리를 내고 모든 구성원이 각자의 감정과 문제를 논의하도록 이끄는 가족치료에 대해 저항할 수 있다는 문제도 있다.

인터넷의 증가는 가족치료 분야에 큰 영향을 주었다. 첫째, 이는 가족치료사들이 사이버 섹스와 사이버 중독을 포함해 새롭게 진단해야 하는 영역을 만들었다(Goldberg, Peterson, Rosen, & Sara, 2008; Delmonico & Griffin, 2008). 그리고 새로운 윤리적 도전을 제기하는 웹기반 치료(web-based treatment)와 같은 새로운 유형도 만들어냈다(Gilkey, Carey, & Wade, 2009).

세계의 다른 국가들과 마찬가지로 미국도 문화적 다양성이 급격하게 증가하고 있다. 뉴욕시는 인구의 40%가 외국 태생이고, 미국 전체로 봤을 때 외국 태생은 평균 20%를 차지한다(U.S. Census Bureau, 2010). 빈곤과 폭력의 증가로 인하여, 새로운 이민자들이 생활하는 많은 커뮤니티는 현재 위기에 봉착해 있고, 거주민에게 단지 제한적인 지지만을 제공할 뿐이다. 예상하건데, 이러한 상황은 가난한 사람들을 위한 재정적, 사회적 서비스 자원에 대한 감축으로 인하여 금방 개선되지 않을 것이다. 가족기능의 강화에 초점을 맞추는 문화적으로 유능한 가족치료는 도전적인 사회환경 내에서 가족들에게 많은 지지를 제공한다.

가족치료사들은 앞으로 다양한 문화적 배경을 가진 가족들과 더욱 많이 일하게 될 것으로 전망되고 있다. 또한 다양한 문화적 배경을 가진 사람들이 전문교육을 받고 있기 때문에, 그와 같은 배경을 가진 가족치료사들이 증가할 것이라 예측할 수 있다. 그러나 "비록 그들 자신의 가치는 가족주의를 지향하고 있을지라도 가족치료는 그들에게 친숙한 세계가 아니기 때문에"(McGoldrick et al., 1999, p. 194), 유색인 등 소수민족 배경의 훈련생들의 관심을 이끌어내고 유지하기가 쉽지 않다는 증거가 있다. McGoldrick과 동료들은 소수민족 배경의 훈련생이 적은 이유를 첫째, 백인이 아닌 배경을 가진 많은 사람들이 가족치료 분야를 백인지배적으로 보고 있고, 둘째, 소수민족 치료사들은 가족치료의 전문적인 훈련을 받는 데 방해가 될 수 있는 삶의 스트레스를 많이 가지고 있기 때문이라고 주장하였다. 그러나 가족치료사들은 상호보완적이고 대안적인 의료실천에서 더 많이 수용할 수 있다는 증거들이 있다(Becvar, Caldwell, & Winek, 2006). 또한 최근 가족치료사들이 가족들에게 그들 자신의 이야기를 하도록 권장하는 이야기치료에 초점을 두는 것은 치료사와 문화적으로 다양한 가족들 간의 관계를 강화시킬 수 있다. 다양한 나라와 다양한 문화적 배경을 지닌 가족치료사들이 성, 문화, 권력의 문제에 따라 다르게 일할 수 있다는 증거도 있다(Keeling & Piercy, 2007).

더 많은 소수민족 사람들이 중산층이 되고, 전문교육을 받기 때문에 이러한 현상은 변화할 것이다. 많은 사람들이 사회복지 석사과정을 마친 후 가족과 함께 일하기 시작하였다. 최근 미국사회복지교육협의회Council on Social Work Education: CSWE는 사회복지 석사학위를 취득한 사람의 약 20%가 백인 배경을 갖고 있지 않다고 보고하였다(Lennon, 2002). 사회복지교육의 초점은 학생들이 가족, 개인, 집단, 지역사회에서 문화적으로 유능한 실천을 할 수 있도록 준비시키는 데 있다. 머지않은 장래에 점점 증가하고 있는 다양한 문화적 배경을 가진 가족들은 전문 사회복지사로부터 문화적으로 유능한 가족치료를 받을 수 있을 것이다.

참고문헌

Becvar, D. S., Caldwell, K. L. & Winek, J. L. (2006). The relationship between marriage and family therapists and complementary and alternative medicine approaches: A qualitative study. *Journal of Marital and Family Therapy, 32*(1), 115-126.

Bryan, L. (2000). Neither mask nor mirror: One therapist's journey to ethically integrate feminist family therapy and multiculturalism. *Journal of Feminist Family Therapy and Multiculturism, 12*(2/3), 105-121.

Cole, E. (2008). Navigating the dialectic: Following ethical reules versus cultural appropriate practice. *The American Journal of Family Therapy, 36*, 425-436.

Congress, E. (1994). The use of culturagrams to assess and empower culturally diverse families. *Families in Society, 75*(9), 531-540.

__________ (1999). *Social work values and ethics: Identifying and resolving professional dilemmas*. Belmont, CA: Wadsworth.

__________ (2002). Using culturagrams with culturally diverse families. In A. Roberts & G. Greene (Eds.), *Social work desk reference* (pp. 57-61). New York: Oxford University Press.

__________ (2005). Ethical issues and future directions. In E. Congress and M. Gonzalez, *Multicultural Perspectives in Working With Families* (2nd ed., pp. 442-452). New York: Springer Publishing Company.

__________ (2008). The culturagram. In A. Roberts (Ed.), *Social workers' desk reference* (2nd ed., pp. 969-975). New York, NY: Oxford University Press.

Congress, E., & Lynn, M. (1994). Group work programs in public schools:

Ethical dilemmas and cultural diversity. *Social Work in Education, 16*(2), 107-114.

Congress, E., & McAuliffe, D. (2006). Social work ethics: Professional codes in Australia and the United States. *International Social Work, 49*(2), 165-176.

Congress, E., & Kim, W. (2007). A comparative study on social work ethical codes in Korea and the United States. *Korean Journal of Clinical Social Work, 4*(2), 175-192.

Corey, G., Corey, M., & Callahan, P. (2002). *Issues and ethics in the helping professions.* Pacific Grove, CA: Wadsworth Publishing Company.

Delmonico, D. L., & Griffin, E. J. (2008). Cybersex and the e-teen: What marriage and family therapists should know. *Journal of Marital and Family Therapy, 34*(4), 431-444.

Donovan, M. (2003). Family therapy beyond post modernism: Some consideration on the ethical orientation of contemporary practice. *Journal of Family Therapy, 25*, 285-306.

Estrada, A., & Haney, P. (1998). Genograms in a multicultural perspective. *Journal of Family Psychotherapy, 9*(2), 55-62.

Fallicov, C. (2009). Commentary: On the wisdom and challenges of culturally attuned treatments for Latinos. *Family Process, 48*(2), 292-309.

Freeman, E. M., & Couchonnal, G. (2006). Narrative and culturally based approaches in practice with families. *Families in Society: The Journal of Contemporary Social Servieces, 82*(2), 198-208.

Gilkey, S. L., Carey, J., & Wade, S. L. (2009). Families in crisis: Considerations for the use of Web-based treatment models in family therapy. *Families in Society: The Journal of Contemporary Social Services, 91*(1), 37-45.

Goldberg, P. D., Peterson, B. D., Rosen, K. H., & Sara, M. L. (2008). Cybersex: The impact of a contemporary problem on the practices of marriage and family therapists. *Journal of Marital and Family Therapy, 34*(4), 469-480.

Healy, L. (2001). *International social work: Professional action in an interdependent world.* New York: Oxford University Press.

International Federation of Social Workers (2004). *Ethical standards.* Geneva: Author.

Keeling, M. L., & Piercy, F. P. (2007). A careful balance: multinational perspectives on culture, gender, and power in marriage and family therapy practice. *Journal of Marital and Family Therapy, 33*(4), 443-463.

Laird, J. (1995). Family centered practice in post modern era. Families in Society, 76(3), 150-160.

Lennon, T. (2002). *Statistics on social work education in the United States: 2000.* Silver Springs, MD: Council on Social Work Education.

Lowenberg, F., & Dolgoff, R., & Harrington, D. (2000). *Ethical decisions for social work practice.* Itasca, IL: F.E. Peacock Publishers.

McGill, D. W. (1992). The cultural story in multicultural family therapy. *Families in Society, 73*(6), 339-349.

McGoldrick, M. (2008). *Revisioning family therapy: Race, culture, and gender in clinical practice.* New York: Guilford Press.

McGoldrick, M., Almeida, R., Preto, N. G., & Bibb, A. (1999). Efforts to incorporate social justice perspectives into a family training program. *Journal of Marital and Family Therapy, 25*(2), 191-210.

National Association of Social Workers. (2008). *Code of ethics.* Washington, DC: NASW Press.

OAS, Samhasa (2011). The NSDUH Report, http://store.samhsa.gov/product/Souces-of-Payment-for-Mental-Health-Treatment-for-Adults/NSDUH11-0707.Retrieved February 11, 2012.

Pakes, K., & Roy-Chowdhury, S. (2007). Culturally sensitive therapy? Examining the practice of cross-cultural family therapy. *Journal of Family Therapy, 29*, 267-283.

Palmer, N., & Kaufman, M. (2003). The ethics of informed consent: Implications for multicultural practice. *Journal of Ethnic and Cultural Diversity in Social Work, 12*(1), 1-26.

Reamer, F. (1999). *Social work values and ethics.* New York: Columbia University Press.

Shibusaw, T. (2009). A commentary on "Gender perspectives in cross-cultural couples". *Clinical Social Work Journal, 37*(3), 230-233.

Singh, R. (2009). Constructing the family across culture. *Journal of Family Therapy, 31*(4), 359-383.

U.S. Census Bureau (2000). Retrieved from http://factfinder.census.gov/home/saff/main.html?_lang=en

U.S. Census (2012). The Foreign-Born Population in the United States 2010:

American community survey report. http://www.census.gov/prod/2012pubs/acs-19.pdf Retrieved July 28, 2012

Wilcoxon, A., Remley, T., & Gladding, S. (2011). *Legal, and professional issues in the practice of marriage and family ethical therapy* (5th ed.) New York: Prentice Hall.

옮긴이 소개

김욱 **Kim, Wook**

Fordham University Graduate School of Social Service (Ph.D.)
현) 경기대학교 사회과학대학 사회복지학과 교수

최중진 **Choi, Jung-Jin**

University of Kansas School of Social Welfare (Ph.D.)
현) 경기대학교 사회과학대학 청소년학과 조교수

김연수 **Kim, Yoen-Soo**

Ewha Womans University, Social Welfare (Ph.D.)
현) 백석대학교 사회복지학부 부교수

심우찬 **Shim, Woo-chan**

University of Illinois, Urbana-Champaign, School of Social Work (Ph.D.)
현) 대전대학교 사회복지학과 부교수

박소연 **Park, So-Youn**

New York University Silver School of Social Work (Ph.D.)
현) 경기대학교 사회과학대학 사회복지학과 조교수

임인걸 **Lim, In-gul**

Fordham University Graduate School of Social Service (Ph.D.)
현) 국민연금공단 국민연금연구원 부연구위원

박소영 **Park, So-Young**

New York University Silver School of Social Work (Ph.D.)
현) New York University Silver School of Social Work, Adjunct Lecturer

이지하 **Lee, Jie-ha**

Boston University School of Social Work (Ph.D.)
현) 숭실대학교 사회복지학부 부교수

원지영 **Won, Ji-Young**

University of Chicago, School of Social Service Administration (Ph.D.)
현) 강남대학교 사회복지학부 조교수

다문화 클라이언트와 가족을 위한
사회복지실천

초판 1쇄 발행 2016년 1월 5일

편저 Elaine P. Congress · Manny J. González
옮긴이 김욱, 최중진, 김연수, 심우찬, 박소연, 임인걸, 박소영, 이지하, 원지영
펴낸이 박정희

기획편집 이주연, 양송희, 이성목 **마케팅** 김범수, 이광택, 김성은
관리 유승호, 양소연 **디자인** 하주연, 이지선 **웹서비스** 백윤경, 최지은

펴낸곳 사회복지전문출판 나눔의집
등록번호 제25100-1998-000031호
등록일자 1998년 7월 30일

주소 서울시 금천구 디지털로9길 68, 1105호(가산동, 대륭포스트타워 5차)
대표전화 1688-4604 **팩스** 02-2624-4240
홈페이지 www.ncbook.co.kr / www.issuensight.com
ISBN 978-89-5810-323-3(93330)

이 도서의 국립중앙도서관 출판예정도서목록(CIP)은 서지정보유통지원시스템 홈페이지(http://seoji.nl.go.kr)와 국가자료공동목록시스템(http://www.nl.go.kr/kolisnet)에서 이용하실 수 있습니다.(CIP제어번호: CIP2015034676)

• 책값은 뒤표지에 있습니다.
• 잘못된 도서는 구입하신 서점에서 교환해 드립니다.